Thomas von Kempen
Dialogus noviciorum / Novizengespräche

Thomas von Kempen
Dialogus noviciorum / Novizengespräche

lateinisch und deutsch

herausgegeben von
Nikolaus Staubach und Stefan Sudmann

Aschendorff
Verlag

Gedruckt mit Unterstützung der Thomas-Stiftung Kiefer, Kempen.

Umschlagabbildung:
Thomas von Kempen, Autorbild zur 'Imitatio Christi'. Wien ÖNB Cod. 1576, fol. 9r (nach Dagmar Thoss, Flämische Buchmalerei. Handschriftenschätze aus dem Burgunderreich, Graz 1987, Abb. 5).

www.aschendorff-buchverlag.de

Printed in Germany
Gedruckt auf säurefreiem, alterungsbeständigem Papier

ISBN 978-3-402-24678-8
ISBN 978-3-402-24679-5 (E-Book PDF)

VORWORT

Im umfangreichen Œuvre des Thomas von Kempen (1379/80–1471) ist der 'Dialogus noviciorum' eines von drei im weiteren Sinne historiographischen Werken. Während jedoch die Vita der hl. Lidewigis/Lidwina von Schiedam und die Chronik seines Klosters Agnetenberg bei Zwolle jeweils einen festumrissenen Gattungstyp repräsentieren, stehen die zur Novizenunterweisung bestimmten und in einen dialogischen Rahmen eingefügten Biographien aus der Gründerphase der Devotio moderna in lockerer formaler Beziehung zu den verschiedenen Traditionen der frühchristlichen Altväterliteratur und der mittelalterlichen Klostererzählungen und Ordensgeschichten. Damit ist der 'Dialogus' nicht nur als historische Quelle wichtig, sondern auch als lebendiges Zeugnis klösterlicher Gesprächs- und Erinnerungskultur interessant. Da dieses reizvolle Werk bislang nur innerhalb der 'Opera omnia' des Thomas verfügbar war, die der verdienstvolle, aber etwas marottenhafte Herausgeber M. J. Pohl in den ersten Jahrzehnten des vorigen Jahrhunderts bearbeitete, erschien eine durch transparentere Textgestaltung, Sacherläuterungen und die Zugabe einer Übersetzung leichter zugängliche Neuedition überfällig. Der Plan dazu entstand in dem 1991–1999 von der Deutschen Forschungsgemeinschaft geförderten Projekt 'Pragmatische Schriftlichkeit im Bereich der Devotio moderna'. Seine Realisierung wurde durch die finanzielle Unterstützung der Thomas-Stiftung Kiefer in Kempen und die Bereitstellung einschlägiger Materialien des Kempener Thomas-Archivs ermöglicht. Der Geschäftsführerin der Thomas-Stiftung, Frau Angela Janssen, und der Leiterin des Thomas-Archivs, Frau Dr. Ulrike Bodemann-Kornhaas, gebührt daher unser großer Dank. Unser Kollege Rijcklof Hofman vom Titus Brandsma Instituut Nijmegen hat uns den Abdruck der 'Notabilia verba' und des Lubbert-Exercitium im Anhang der Edition ermöglicht, indem er uns Kopien der maßgeblichen Handschrift, die beim deutschen Luftangriff auf Rotterdam 1940 verbrannt ist, zur Verfügung stellte. Dafür sei ihm herzlich gedankt.

Nikolaus Staubach

INHALTSVERZEICHNIS

Nikolaus Staubach

EINFÜHRUNG

> [*Thomas fuit*] *custos oris sui praecipuus, et tamen cum devotis valde libenter de bonis loquebatur, ut puta de antiquis moribus et patribus, et tunc proprie jocundus erat.*
> (Thomas-Biographie Brüssel KB 11841, bei Malou, S. 388)

> *Composuit varios tractatulos ad aedificationem iuvenum in plano et simplici stilo, sed praegrandes in sententia et operis efficacia.*
> (Chronica Montis S. Agnetis, Pohl 7, S. 466f.)

Mit den 'Vier Büchern von der Nachfolge Christi' hat Thomas von Kempen eine weltweite Berühmtheit erlangt, die den denkbar größten Kontrast bildet zu seinem Lebensmotto *Ama nesciri* – 'Es sei dir lieb, wenn man dich nicht kennt.'[1] Dies gilt jedoch nicht für die zahlreichen übrigen Schriften seines umfangreichen Œuvres, die stets nur ein geringeres Interesse bei der Nachwelt fanden. Dieser ungleiche Erfolg bleibt ein Rätsel der Rezeptionsgeschichte und lässt sich wohl kaum durch gravierende Qualitätsunterschiede erklären. Denn allen seinen Werken gemeinsam ist die Verbindung von asketisch-erbaulicher Lehrintention und ambitioniert-kunstvoller literarischer Gestalt. Ein begrenztes Stoffreservoir – mit der Bibel als Hauptkontingent – wird durch die bewusste Wahl unterschiedlicher Gattungen und eine Vielfalt allegorisch-poetischer Werktitel in immer neue Darbietungsformen gebracht. Zudem ist seine Prosa durch ihre kaleidoskopartig-assoziative Variations- und Repetitionsstruktur und durch Stilmittel wie Parallelismus, Anapher und Reim perfekt auf eine meditative Lektüre und psalmodierende Rezitation angelegt[2].

Im Gesamtwerk des Thomas von Kempen bilden seine drei historisch-biographischen Schriften aufgrund ihrer Quellenabhängigkeit eine eigene Gruppe, obwohl auch sie dem Bildungsanliegen des Autors ent-

[1] Thomas von Kempen, De imitatione Christi I,2, Pohl 2, S. 8; ebd. III,15, S. 173; Ders., Parvum alphabetum monachi, Pohl 3, S. 317; Ders., Dialogus noviciorum I,4: *Ama nesciri, disce mori.* Als Lebensregel und bekanntes Zitat kennzeichnet Thomas diese Worte in der Chronica S. Agnetis, cap. 3, Pohl 7, S. 348: [...] *humilitas custodita in corde, iuxta illud: 'Ama nesciri'.* – Vgl. Bernhard von Clairvaux, Sermo in nativitate Domini 3,2, Leclercq/ Rochais, Bd. 4, S. 259: *Ama nesciri, laudet te os alienum, sileat tuum.*

[2] Vgl. dazu Staubach 2002 sowie die Beiträge des Sammelbandes Bodemann/ Staubach.

sprechend ganz in den Dienst geistlicher Erbauung gestellt sind. Während die Klosterchronik von Agnetenberg und die hagiographische Lidewigis-Vita jeweils einen klar umrissenen Gattungstyp repräsentieren, ist der sogenannte 'Dialogus noviciorum' das Ergebnis einer originellen Gattungsmischung. Anhand der biographischen Überlieferung von Geert Grote (Buch II), Florens Radewijns (Buch III) und seinen Schülern (Buch IV) schildert Thomas die Entstehung der Devotio moderna in Deventer. Vorangestellt ist ein als Dialog zwischen Senior und Novicius stilisierter Diskurs über die Gnaden und Anfechtungen des Klosterlebens, ergänzt durch einige Beispiele, die geeignet sind, das religiöse Propositum zu befestigen (Buch I).

Obwohl die Dialogform in den folgenden Büchern nicht mehr konsequent durchgeführt wird, sondern nur noch sporadisch zur Geltung kommt, ist sie für die Funktion des Werks aufschlussreich und damit zu Recht namengebend geworden. Denn sie situiert die Novizenunterweisung im Rahmen einer klösterlichen Gesprächskultur, die neben der Lektüre einen wichtigen Beitrag zur Eingewöhnung in das religiöse Gemeinschaftsleben leistet[3]. Den Klosterzöglingen Leben und Lehre der Gründergestalten zu vermitteln ist eine der Einschärfung der Klosterregeln funktional äquivalente Aufgabe, weil jene ehrwürdigen Väter gewissermaßen die Norm als Exempel verkörperten. Überdies stärkt die Kenntnis von den Anfängen, Fortschritten und Krisen der eigenen Reformbewegung bei ihren Mitgliedern Identitätsbewusstsein und Solidaritätsgefühl[4].

Mit dem programmatischen Eingangszitat des Prologs *Colligite fragmenta ne pereant* (Io. 6,12) stellt Thomas seine Schrift bewusst in die Tradition erbaulich-unterhaltsamer Kloster- und Ordensgeschichten[5]. Eine unmittelbare Anregung verdankte er zweifellos dem 'Dialogus miraculorum' des Caesarius von Heisterbach, wie dessen Prolog zeigt[6]. Neben

[3] Die fiktive Gesprächssituation des 'Dialogus' wird von Thomas durch die Berufung auf göttliche Präsenz geheiligt, indem er an die Unterredung der Emmausjünger erinnert und an Jesu Wort: *Ubi duo vel tres congregati sunt in nomine meo, ibi sum in medio eorum* (Mt. 18,20). Dabei scheut er nicht den unvermittelten Übergang von der Mündlichkeit zur Schriftlichkeit, Dialogus I,1: *Cupio autem tecum de Deo et servis Dei aliqua loqui, ut tibi ex lectione solacium veniat et mihi meritum ex huius operis edicione accrescat.*

[4] Zu Gattungscharakter und Funktion des 'Dialogus' s. Hofman 2002. – Vgl. auch die Zweckbestimmung der im Emmericher Schwesternbuch vorliegenden Vitensammlung, Bollmann/ Staubach, S. 14–22.

[5] Das Zitat Io. 6,12 hat Scheepsma, S. 211, passenderweise als Titel für seinen Überblick über die devote Vitenliteratur gewählt.

[6] Caesarius von Heisterbach, Dialogus miraculorum, hg. von J. Strange, Bd. 1, Köln/ Bonn/ Brüssel 1851, S. 1: *Colligite fragmenta ne pereant. Cum ex debito iniunctae sollicitudinis aliqua ex his quae in ordine nostro nostris temporibus miraculose gesta sunt et quotidie fiunt, recitarem noviciis, rogatus sum a quibusdam cum instantia multa, eadem scripto perpetuare. Dicebant enim irrecuperabile fore damnum, si ea perirent per oblivionem, quae posteris esse poterant ad aedificationem.* – Vgl. Ders., Homiliae dominicales, Pars II, hg. von Johann

dieser Sammlung anekdotischer Wunderberichte boten sich ihm als Gattungsmuster die Denkwürdigkeiten aus der Vor- und Frühgeschichte des Dominikanerordens an, die von Gerardus de Fracheto in Anspielung auf die 'Vitas patrum' der Wüstenväter unter dem Titel 'Vitas fratrum' kompiliert worden sind[7]. Zudem hat Thomas den Sammelcharakter und die Authentizität seines 'Dialogus' in der Tradition der Altväter-Literatur durch die wörtliche Übernahme von persönlichen Zeugnissen der devoten Brüder, von Briefen sowie Aufzeichnungen bemerkenswerter Aussprüche (*dicta, notabilia verba*) und geistlicher Vorsätze und Übungen (*proposita, exercitia devota, puncta*) dokumentiert[8]. Das besondere Interesse gerade an diesen Texten zeigt ihre breite Separat-Überlieferung, die teils aus dem Dialogus hergeleitet ist, teils unabhängig davon aus originären Quellen stammt[9].

Andreas Coppenstein, Köln 1615, Sermo XVI, S. 71: *Colligite fragmenta* [...]. *Fragmenta sunt memoria digna virtutum exempla, de quibus maxima diligentia debet esse praelato, ut aliquibus fratribus litteratis illa per scripta colligere praecipiat, ne per oblivionem pereant.* [...] *Ego siquidem abbate meo praecipiente et fratrum charitate instigante duodecim sportellas implevi ex fragmentis huiusmodi, Dialogum ex eis conficiendo duodecim distinctionum.* – Zur normativen Bedeutung der 'Dialogi' Gregors d. Gr. für die mittelalterliche Gattungstradition s. Lesser 2005, S. 99f.

7 Gerardus de Fracheto, Vitae fratrum, hg. von B. M. Reichert, Löwen 1896, Prologus, S. 1f.: [...] *restat ut* [...] *fragmenta ea, videlicet quae in nostro Ordine Praedicatorum habentur digna memoria colligantur, ne oblivione pereant vel neglectu, ait enim: 'Colligite fragmenta ne pereant.'* [...] *Colligemus ergo in unum volumen ad utilitatem legentium omnia exempla et illustria facta fratrum nostrorum, quorum laboribus et quorum sudoribus Ordo incoepit et crevit et quorum meritis perseverat, quae in nostro Ordine vel extra de ipso Ordine acciderunt, vel quae annexa fuerunt Ordini, de quibus potest haberi veritas et recordatio digna, ut discant posteri et sui Ordinis dignitatem, necnon manifeste attendant in quanta perfectione ambulaverunt priores fratres, patres nostri.* (Der Herausgeber hat den authentischen Titel 'Vitas fratrum' normalisiert, s. ebd. S. xi mit Anm. 1). – Vgl. Markus Schürer, Das Exemplum oder die erzählte Institution. Studien zum Beispielgebrauch bei den Dominikanern und Franziskanern des 13. Jahrhunderts (Vita regularis 23) Berlin 2005, S. 179–224.

8 Die Verbindung von Biographie und Apophthegmata-Sammlung ist in der Mönchsliteratur der Frühzeit angelegt und entspricht dem Prinzip der Funktionseinheit von Leben und Lehre, Wort und Exempel. Vgl. Karl Suso Frank, Fiktive Mündlichkeit als Grundstruktur der monastischen Literatur, in: Viva vox und ratio scripta. Mündliche und schriftliche Kommunikationsformen im Mönchtum des Mittelalters, hg. von Clemens M. Kasper/ Klaus Schreiner, Münster 1997, S. 51–74.

9 S. unten die Ausführungen zur handschriftlichen Überlieferung des Dialogus. – Mit seinem geistlichen Lebensplan hat Geert Grote eine für die Devoten vorbildlich gewordene Textsorte asketisch-religiöser Selbstreflexion und -disziplinierung ('écriture de soi') initiiert, deren formal anspruchslose Notate auch über den Tod des Autors hinaus als Vermächtnis für die Gemeinschaft tradiert werden konnten. Vgl. etwa Rudolf Dier, Scriptum, Dumbar, S. 51: [Florens Radewijns] *scripsit quedam puncta, secundum que actus suos volebat moderare, que quis legens poterit aliqualiter cognoscere interiora ipsius domini Florencii. Consimiliter magister Gherardus Grote conscripsit aliqua puncta, veluti conclusiones, iuxta quas intendebat dirigere mores suos. Iohannes Kassel et dominus Lubbertus etiam conscripserunt notabilia puncta, secundum que intendebant ordinare vitam suam, que*

Von den frühen Drucken bis ins 19. Jahrhundert ist unter dem Titel 'Dialogus noviciorum' allein das erste Buch des Werks geführt worden, während die drei übrigen Bücher aufgrund ihrer inhaltlichen und formalen Verschiedenheit getrennt davon als Vitensammlung deklariert wurden[10]. Doch ist die Einheit des Werks durch zeitgenössische Testimonien – darunter auch Thomas selbst – und die maßgeblichen Handschriften bezeugt[11]. Das Missverständnis der Rezeptionsgeschichte ist umso auffallender, als sich bereits der Prolog, der eine Memorabiliensammlung (*colligite fragmenta*) und eine Belehrung durch die Doppelfunktion von *verba* und *exempla* ankündigt, insbesondere auf die biographischen Bücher bezieht.

Im Unterschied zu der Erzählhaltung, die diese Lebensbilder bestimmt, wird im Eingangsdialog (Buch I) die Novizenunterweisung im Lehrmodus praktiziert. Ihr Tenor lautet zugespitzt formuliert: 'Außerhalb des Klosters ist kein Heil.' Nur wer sich von der Welt absondert und ein Leben radikaler Nachfolge Jesu in Demut, Gehorsam und brüderlicher Liebe wählt, wer durch strenge Askese und Bußdisziplin das sündige Fleisch bezähmt, kann den Nachstellungen des Teufels und der ewigen Verdammnis entgehen. Das Klosterleben ist hart, doch werden seine Mühen und Entbehrungen erleichtert durch die Erfahrung göttlicher Gnade und die Tröstungen der Gemeinschaft und überstrahlt von der Hoffnung auf himmlischen Lohn.

In der realistischen Einschätzung, dass die Attraktivität dieses Ideals Schwankungen unterliegen könne, setzt der Lehrer alles daran, den Novizen in seiner existentiellen Entscheidung für das Klosterleben zu bestärken und gegen die Versuchungen zur Rückkehr in die Welt zu immunisieren. Er warnt eindringlich vor allen Kontakten zu Verwandten, Freunden und Bekannten, die versuchen würden, ihn mit Bitten, Mahnungen oder Spottreden umzustimmen[12], und zeigt sogar am Beispiel plötzlicher To-

nobis valde forent edificatoria, si ea legeremus intento corde. Allerdings hatte Grote verfügt, dass die Protokolle seiner Gewissensprüfung, seine 'Sündenregister', nach seinem Tode verbrannt würden; ebd. S. 9: *Magister Gherardus colligerat quasdam scedulas, in quibus annotaverat peccata sua, precipiens districte suis discipulis, quod eo mortuo traderent eas ignibus, quod et fecerunt, licet quibusdam hec combustio displicuit.* – Vgl. unten Buch II, Anm. 83, Buch IV, Anm. 62 und 120, sowie die Texte in den Anhängen 1–3.

10 So lautet die Überschrift in der lange Zeit maßgeblichen Ausgabe des Sommalius: 'Vita undecim virorum sanctimonia illustrium, qui syncronei aut familiares Thomae a Kempis extiterunt'.

11 Thomas v. K., Ex Chronica ad domum Montis S. Agnetis non attinentia, cap. 11, Pohl 7, S. 495: *Cuius* [sc. *domini Florentii*] *vita virtutibus ornata in Dialogo noviciorum plenius est descripta.* Vgl. Brugman, Epistola, S. 215f.: [...] *Florencius venerabilis et discipuli eius, de quibus mencio fit in Dyalogo quodam, qui super conversacione eorum laudiflue conflatus est.*

12 Dialogus I,4; ähnlich die fiktiven, aber lebensnahen Einwände eines Laien gegen das Ideal der Weltflucht, Thomas, Epistula de conversione et perseverantia in proposito, Pohl 4, S. 478f.: *Solent quidam homines sine spiritu et scientia Dei obicere quandoque saeculo renuntiantibus: „Ergo qui in saeculo sunt peribunt, et vos soli salvi eritis? Aut non potest*

desfälle, dass nicht nur die seelische, sondern auch die körperliche Unversehrtheit außerhalb der Klostermauern in Gefahr ist. Wenn Thomas in diesem Zusammenhang an die Gestalt des frommen Priesters Alardus († 1436) erinnert, der nach anfänglichen Zweifeln an seiner geistlichen Berufung drei Jahrzehnte im Kloster Agnetenberg ausharrte, so ist dies nicht nur eine Mahnung zur Beständigkeit in Anfechtung und Lebenskrise, sondern wohl auch ein Hinweis auf den Genius loci des Novizengesprächs[13]. Denn die Adressaten des 'Dialogus' sind Klosterzöglinge und gehören damit zu jenem Zweig der als 'Devotio moderna' bekannten Reform, der sich durch die Annahme der Kanonikerregel der Tradition des mittelalterlichen Ordenswesens angeschlossen hatte.

Bekanntlich ist die Devotio moderna im Kontext der religiösen Laienbewegungen des Spätmittelalters entstanden, die sich in einer Vielzahl von halbklösterlichen Kommunitäten manifestierten und von den kirchlichen Obrigkeiten oft argwöhnisch als häresieanfällig verdächtigt wurden[14]. Dass die in ihrem niederländischen Ursprungsgebiet rasch erfolgreiche Devotio moderna neben verwandten Bestrebungen ihrer Zeit eine unverwechselbare Identität erlangen und sich im historischen Bewusstsein als eine markante Größe durchsetzen konnte, war durch verschiedene Faktoren bedingt: die Berufung auf die charismatische Gründergestalt Geert Grote und die Genealogie seiner Schüler, das duale Organisationsmodell der semireligiosen Brüder- und Schwesternhäuser und des Windesheimer Klosterverbandes, das konkurrierende Lebensentwürfe innerhalb einer umfassenden Werte- und Solidargemeinschaft anbot, die suggestive Selbstbezeichnung als 'neue Frömmigkeit', die sowohl Wiederkehr einer verlorenen Idealzeit wie auch Opposition zur defizitären Gegenwart proklamierte, und nicht zuletzt eine intensive literarische Memorialkultur, durch die sich die Bewegung schon früh ihrer Geschichtlichkeit bewusst wurde und versicherte. Alle diese Faktoren haben die Werkkonzeption des 'Dialogus noviciorum' mitgeprägt.

aliquis venire ad caelum, nisi ita vivat sicut vos vivitis?" – Quid fabulamini sic iniuste contra Deum et servos Dei? Neque hoc Christus dixit, neque servi eius ita locuti sunt. Bene facite, iuste vivite et mandata Dei custodite, et nemo vobis salutem negabit. Ad haec illi iterato: „Mandata", inquiunt, „vellemus servare, sed non possumus. Si debemus lucrari victum et necessaria vitae, oportet nos saepe contraria agere. Qui cum saeculo conversamur: saecularia negotia quomodo cavebimus?" – Si ista perfecte consideratis et pericula atque fallacias mundi non ignoratis, quid ergo obloquimini, quia servi Dei mundum fugiunt et monasteria aut congregationes devotorum intrant, ut Deo sine tali impedimento serviant? Si imitari non vultis aut non valetis, ad minus congaudere et adiuvare bonos pro vestra salute deberetis.

13 Dialogus I,5: *Erat apud nos sacerdos quidam Alardus nomine* [...]. – Dass Thomas häufig als 'Novizenmeister' seines Klosters bezeichnet wird, ist streng genommen unzutreffend, weil es ein solches Amt in der Windesheimer Kongregation nicht gab, s. Lesser 2005, S. 97f.

14 S. dazu Elm 1985; Elm 1998; Staubach 2004; J. van Engen 2008.

Die Selbsthistorisierung der Devotio moderna war die Verarbeitung der einem Wundererlebnis vergleichbaren paradoxen Erfahrung, dass sich in einer kirchlich-religiösen Krisen- und Niedergangszeit eine spontane Erneuerung des christlichen Lebens, eine 'Kirchenreform von unten' angebahnt und durchgesetzt habe. Die Genese dieses Wunders wurde in Erfolgsgeschichten unterschiedlicher Gattungen, Perspektiven und Zeitdimensionen dargestellt[15]. Dazu gehören die Viten Geert Grotes und der Brüder und Schwestern vom gemeinsamen Leben im Rahmen ihrer jeweiligen Hauschroniken ebenso wie die Geschichte des Chorherrenstifts Windesheim und der von ihm gegründeten oder reformierten Klöster, aber auch weiter ausgreifende Werke, die der Devotio moderna einen späten Platz in der Geschichte des Kanonikerordens und der Hagiographie des niederländisch-burgundischen Raums zuweisen oder ihre Verpflichtung gegen den brabantischen Mystiker Jan Ruusbroec herausstellen. Obwohl diese Schriften sich nach Berichts- und Interessenhorizont deutlich unterscheiden, ist ihnen doch das Bewusstsein der Zugehörigkeit zu einer epochalen Reformbewegung gemeinsam.

Aus dem Gattungsspektrum der devoten Historiographie hat Thomas von Kempen als Exempelvorrat für seine Novizen nicht eine Klostergeschichte – wie seine später verfasste Chronik von Agnetenberg – gewählt, sondern die Biographien Grotes und der Brüder vom gemeinsamen Leben in Deventer. Diese Entscheidung ist bemerkenswert, weil die Fraterhäuser den Regularkanonikern an Rang und Ansehen weit unterlegen waren, aber wie zur Kompensation dieses Nachteils ein besonderes Ethos der *humilitas* und *libertas* pflegten, das gewissermaßen aus dem Mangel eine Tugend machte. In der alles entscheidenden Frage, ob es verdienstlicher sei, die *consilia evangelica* freiwillig oder unter einem Gelübde zu befolgen, konnte es daher zwischen Semireligiosen und Ordensvertretern zu durchaus heftigen Meinungsverschiedenheiten kommen. Bei Thomas gibt es jedoch keinen Hinweis auf einen solchen Konflikt. Hatte er doch selbst in der Brüdergemeinschaft des Florens Radewijns seine religiöse Bildung erhalten und bewunderte ihre Lebensweise als vollkommene Nachfolge Christi, der Urgemeinde und der Wüstenväter[16]. Zudem

15 Vgl. dazu ausführlich Aloysia E. Jostes, Die Historisierung der Devotio moderna im 15. und 16. Jahrhundert. Verbandsbewusstsein und Selbstverständnis in der Windesheimer Kongregation, Diss. Groningen 2008. – Zur Selbstdeutung der devoten Bewegung als 'Kirchenreform von unten' s. Staubach 2004, S. 384f. – Die Bezeichnung 'Devotio moderna', die bereits bei Thomas und anderen Zeitgenossen belegt ist (s. Dialogus I,8), meint soviel wie 'Erneuerung der urkirchlichen *antiqua devotio* in der Gegenwart' und hat im Kontrast zu der mit *modernus* nach verbreiteter Zeitstimmung assoziierten Verfallstopik den paradoxen Beiklang eines wunderbaren Geschehens; vgl. Staubach 1994, S. 200f.; Ders. 1996, S. 170ff.

16 Dialogus III,21: *Ibi antiquorum patrum memoria et Egipciorum monachorum fervida conversacio, que quasi semimortua iacuit in terra, ad vitam rediit, et clericorum status ad summe perfectionis normam secundum ecclesie primordia surrexit.* Vgl. Chronica Montis S. Agnetis,

war das 'Propositum' der Brüder in seinen Augen nicht weniger heilsrelevant als die 'Vota' der Religiosen[17]. Schließlich hatte ja Geert Grote, der 'für die Anforderungen des Ordenslebens weniger geeignete'[18] Urheber der Reformbewegung, seine persönlichen Lebensregeln mit dem programmatischen Titel *Conclusa et proposita, non vota* überschrieben. Daher überrascht es nicht, dass Thomas die Grote-Vita seines 'Dialogus' den 'Brüdern unserer Kongregation' zugeeignet hat[19].

Allerdings hält Thomas das Kloster wegen seiner größeren Abgeschiedenheit für einen sichereren Ort der Weltflucht. Jedenfalls lässt er die Bewohner des Fraterhauses von Zwolle ihren Wunsch nach Sezession aus der Stadt so begründen: *Desiderium secretioris vitae sibi inesse fatentur nec posse occursum saecularium absque nocumento interiorum sufferre, sed potius extra oppidum* [...] *velle morari.*[20] Daher ist der Statuswechsel einzelner Devoten oder ganzer Gemeinschaften, der von vielen Brüdern wie ein Verrat an der eigenen Sache kritisiert wurde, für Thomas ein unproblematischer und konsequenter Schritt[21].

cap. 3, Pohl 7, S. 345. – Zum Wüstenväter-Ideal in der Devotio moderna und insbesondere bei Johannes Busch s. M. van Dijk 2006.

17 Zum 'Propositum' s. Kors; Klausmann, S. 36f., 306 u. ö.

18 Vgl. Dialogus II,8: *magister ad predicandum idoneus et ad ferendum onus ordinis minus pervalidus,* [...] *qui viam humilitatis didicit incedere terrena omnia aspernando.*

19 Dialogus II,16: *Hec pauca de pluribus et magnificis actibus venerabilis magistri Gerhardi pro edificacione presencium et futurorum fratrum nostre congregacionis sint dicta.* – Nach dem Sprachgebrauch der Devoten heißen die Brüder- und Schwesternhäuser *congregationes*, die Kanonikerstifte dagegen *monasteria.* S. etwa Thomas, Imitatio I,17, Pohl 2, S. 28f.: *Non est parvum in monasteriis vel in congregatione habitare et inibi sine querela conversari et usque ad mortem fidelis perseverare.* Ders., Hospitale pauperum, cap. 8, Pohl 4, S. 216: [...] *quicumque monasterium vel devotam congregationem intrat.* Ders., Sermones ad novicios regulares I,1, Pohl 6, S. 8: *Vere fratres nulla maior extat iucunditas in monasterio religiosorum et congregatione fratrum ac sororum, quam unanimitas animorum, et concordia morum cum observantia regulae et statutorum secundum decreta praelatorum et monita seniorum.* – Vgl. auch Victor Becker, L'auteur de l'Imitation et les documents néerlandais, La Haye u. a. 1882, S. 111f.

20 Thomas, Chronica Montis S. Agnetis, cap.1, Pohl 7, S. 338. – Die Neugründung auf dem Nemelerberg bei Zwolle war zunächst eine Brüdergemeinschaft und konnte erst 1398 in ein Regularkanoniker-Kloster umgewandelt werden; vgl. Weiler, S. 55–58; R. van Dijk 1998, S. 54ff.

21 Vgl. etwa Dialogus II,15: [...] *ut de paucis granis conversis surgerent multe congregaciones devotorum fratrum et sororum in castimonia vite Deo serviencium, ex quibus nonnulla monasteria regularium ac sanctimonialium feminarum inicium sancte conversacionis acceperunt.* Ähnlich Thomas, Ex Chronica ad domum Montis S. Agnetis non attinentia, cap. 5, Pohl 7, S. 486: [...] *nonnulli tumultum populi in civitatibus non ferentes, congruas sibi extra hominum frequentiam quaesierunt mansiones, et erectis pauperculis domibus statuerunt cum patribus antiquis secretam ducere vitam. Sed processu temporis cum personis et rebus convaluissent, Deo disponente sanctae religionis habitum assumpserunt, locis suis in monasteria canonicorum regularium utilitate maiore translatis.*

Das zweite Buch des 'Dialogus noviciorum' gehört zu einem Quartett früher Grote-Biographien, die einen gemeinsamen Grundbestand an Informationen bei jeweils ganz eigenem Gattungs- und Werkcharakter bieten[22]. Das 'Dictamen rigmicum per modum ymni compositum' eines anonymen Donaten aus Windesheim datiert sich selbst auf das Jahr 1421 und wäre demnach wohl das älteste Zeugnis der Gruppe[23]. Zudem nimmt es als poetisches Elaborat von 238 gereimten Verspaaren[24] gegenüber den drei Prosa-Viten von Thomas, Petrus Horn und Rudolf Dier eine Sonderstellung ein. Das nähere Verhältnis dieser Texte zueinander wurde in der ersten Hälfte des vergangenen Jahrhunderts intensiv, aber ohne ein abschließendes Ergebnis diskutiert. Weil dabei die quellenkritische Frage nach der historischen Glaubwürdigkeit der Autoren und ihrer wechselseitigen Abhängigkeit im Vordergrund stand, blieben Aspekte der Form und Funktion unterbelichtet. So ist die rhetorisch-hagiographische Stilisierung der devoten Gründergestalt, die sich der historischen Faktizität als störende Deformation überlagert, für das Interesse an der Gedächtniskultur der Devotio moderna gerade umgekehrt von entscheidendem Aussagewert.

Das Hauptaugenmerk der auf das Quellenproblem gerichteten Forschung galt dem Befund, dass die seit langem bekannte, aber erst 1909 edierte Grote-Vita des Petrus Horn[25] in zahlreichen Passagen wörtlich mit Thomas von Kempen übereinstimmt. Einerseits war nicht anzunehmen, dass Horn (1424–1479), der seit 1442 als Bruder vom gemeinsamen Leben das Fraterhaus zu Deventer bewohnte, durch den nicht nur um mehr als eine Generation älteren, sondern auch literarisch produktiveren und ambitionierteren Thomas plagiiert worden wäre[26]. Dieser hat zudem an einer Stelle die offensichtlich bessere Lesart[27]. Andererseits bietet Horn die identischen Textstücke vielfach in kompakterer Form und schlüssige-

22 Vgl. van Ginneken, S. 5–19; Post 1968, S. 176–196; van Zijl, S. 1–24; Epiney-Burgard, S. 1–8; R. van Dijk 2003, S. 17–48.

23 Brandsma, S. 32–37. – Vgl. Carasso-Kok, Nr. 215. – Nach Lesser 2005, S. 87–89, war der Verfasser nicht, wie Brandsma (S. 11–14) vermutete, Hendrik Mande, sondern Johannes Scutken († 1423).

24 Es handelt sich um vierhebige akzentrhythmisch-jambische (Hymnen-)Verse, bei denen Wort- und Versakzent oft auseinanderfallen; von Brandsma als Langverse mit Binnenreim gedruckt. Die gelegentliche Bezeichnung als 'leoninische Hexameter' (van Ginneken, S. 6; Epiney-Burgard, S.2) ist ein Lapsus.

25 Kühler 1909, S. 332–370 (im folgenden nach der Kapitelzählung dieser Ausgabe zitiert). Zu älteren Erwähnungen s. ebd. S. 326. Vgl. Carasso-Kok, Nr. 347.

26 Dagegen spricht auch, dass Horns Grote-Vita allein als Autograph mit Bearbeitungsspuren und Zeichen der Unfertigkeit erhalten ist (Brüssel, KB 8849–59, fol. 3r–26v) – vielleicht weil der Autor durch den Tod an der Vollendung des Werks gehindert wurde; s. Kühler 1909, S. 327; van Zijl, S. 23; Lesser 2005, S. 451.

27 Kühler 1932, S. 57; Kühler 1933, S. 86.

rer Anordnung als Thomas[28]. Zur Lösung des Dilemmas wurde die Existenz einer verlorenen gemeinsamen Vorlage vermutet[29].

Zwar stand diese These im Widerspruch zu der Aussage des Thomas, seine Nachrichten über Grote mündlichen Mitteilungen zu verdanken[30]. Doch gehören solche Quellenberufungen zur Exordialtopik historischer Werke und sind daher nicht allzu genau zu nehmen. Dass Thomas für seine Grote-Vita nicht nur die von ihm wiedergegebenen Originaldokumente, sondern auch biographische Darstellungen benutzen konnte und benutzt hat, ist an sich durchaus wahrscheinlich – man denke etwa an das 'Dictamen rigmicum'[31]. Allerdings bietet die Schnittmenge zwischen Horn und Thomas für den Nachweis und die Rekonstruktion einer verlorenen Ur-Vita, die der Zensur des Windesheimer Kapitels zum Opfer gefallen sei[32], keine Grundlage. Denn die fraglichen Passagen sind den Werken des Thomas nach inhaltlichen, phraseologischen und stilistischen Übereinstimmungen so eng verwandt, dass seine Autorschaft wohl nicht zu bezweifeln ist[33].

28 Vgl. KÜHLER 1932, S. 54f. und unten Anm. 47f.

29 KÜHLER 1932; KÜHLER 1933; VAN GINNEKEN.

30 Dialogus II, Prologus: *Quem licet in carne non viderim, plures tamen discipulatui eius adherentes corporaliter agnovi, a quibus multa de felicibus actibus eius frequenter audivi, ut non putes me propria imaginacione hec confinxisse, sed a valde fidelibus utriusque sexus personis veridica relacione percepisse.*

31 Vgl. auch seine Aussage in der Agnetenberg-Chronik, POHL 7, S. 484: *Multa quidem et alia bona magister iste in diebus suis fecit, sicut quaedam de eo digna scripta loquuntur.*

32 Zu solchen Spekulationen vgl. etwa VAN GINNEKEN, S. 23–33; KÜHLER 1932, S. 53ff.

33 POST 1942/43, versuchte ohne wirklich durchschlagende Argumente die These einer von Thomas und Horn separat benutzten 'Ur-Vita' zu widerlegen. Gegenstandslos wird sie erst durch den bislang offenbar noch nicht unternommenen Nachweis, dass Thomas der Autor der gleichlautenden Textpassagen ist: Grotes Gespräch mit Brinckerinck über den geistlichen Sinn des Stundengebets (Dialogus II,12, Horn, cap. 12 [verkürzt]) bringt Thomas auch in seinem Hospitale pauperum, cap. 2, POHL 4, S. 206. Stilistisch verweisen die Passagen durch Parallelismus und Homoioteleuta (zumeist gleichklingende Verbformen am Ende der Kola) auf Thomas. Schließlich lassen sich auch für charakteristische Wörter und Wendungen Parallelbelege bei Thomas nachweisen [Th.=Thomas, Dialogus; H.=Horn; P.=POHL]. Vgl. z. B. Th.II,5/H.3: *ducere ad effectum* – P.2,111: *ad effectum perducens*; Th.II,5/H.3: *obstupescentes de novitate* – P.7,297: *obstupescentes de novitate*; Th.II,5/H.3: *hominum fabulaciones* – P.1,145: *fabulationes hominum*; Th.II,6/H.3: *dulcedine praegustata* – P.4,171: *manna praegustatum*; Th.II,6/H.3: *cordis dispersiones* – P.2,38: *cordis dispersionem*; Th.II,6/H.3: *veteris vitae rubigines* – P.2,239: *rubiginem vitiorum*; Th.II,8/H.7: *famam eius denigrare* – P.5,307: *famam eorum denigrare*; Th.II,11/H.9: *longas epulaciones* – P.2,300: *longas epulationes*; Th.II,11/H.9: *aures obturarem* – P.2,337: *aures obtura*; Th.II,12/H.12: *superhabundantis gracie* – P.1,312: *superabundantis gratiae*; Th.II,12/H.12: *in vocem iubilacionis erupit* – P.3,45: *in vocem iubilationis erupit*; Th.II,12/H.12: *mentem refocillabat* – P.4,48: *ad refocillandum spiritum*; Th.II,15/H.6: *pia aviditate* – P.5,123 und 199: *pia aviditate*; Th.II,16/H.15: *non refugit flagellari* – P.5,93: *flagellari refugiunt*; Th.II,16/H.15: *defuncti sunt in confessione bona* – P.7,343: *in bona confessione defunctus est.*

Wie dem auch sei, interessanter als die Gemeinsamkeiten sind die Unterschiede zwischen den Erzählungen von Thomas und Petrus Horn. Auch der dritte einschlägige Prosa-Text, das sogenannte 'Scriptum de Magistro Gherardo Grote, Domino Florencio et multis aliis devotis fratribus' des Rudolf Dier ist in diesen Vergleich einzubeziehen[34]. Rudolf Dier van Muiden war wie Petrus Horn, der seine Vita verfasst hat[35], Frater in Deventer. Seine Aufzeichnungen soll er im letzten Lebensjahr 1458/59 aus dem Gedächtnis niedergeschrieben haben. Sie sind knapp und nüchtern, dabei von konkreter Anschaulichkeit und voller anekdotischer Details. So erwähnt er die Exhumierung von Grotes Gebeinen beim Umbau der Marienkirche in Deventer und beschreibt aus eigener Anschauung dessen Schädel, der dann ins Grab des Florens Radewijns transferiert worden sei. Da Thomas und Petrus Horn dieses Ereignis, das spätestens 1450 stattfand[36], in ihrem übereinstimmenden Bericht von Grotes Begräbnis unerwähnt lassen, wird dieses Jahr gewöhnlich als Terminus ante quem ihrer Biographien genannt. Allerdings muss Petrus Horn wohl später geschrieben haben, da er das 'Scriptum' Diers offenbar kannte[37]. Somit ist die fehlende Umbettungsnachricht allein für den Dialogus ein Argumentum e silentio, das eine Datierung zwischen 1436 und 1450 erlaubt[38].

Anders als die assoziativ gereihten Kurznachrichten und Reminiszenzen Rudolf Diers sind die Grote-Viten von Thomas und Petrus Horn nach einem dreiteiligen Dispositionsschema gegliedert: Auf einen chronologischen Teil über Grotes Werdegang und Wirken bis zum Predigtverbot und dem Besuch bei Ruusbroec in Brabant folgen systematische Kapitel zur häuslichen Lebensweise (Nahrung, Kleidung), Gebetspraxis (geistlicher Tageslauf, Gnadenerfahrung, Prophetie) und Lektüre (Buchbesitz und -gebrauch, Gelehrsamkeit). Der Schlussteil ist den Gründungsinitiativen und -plänen des Meisters sowie seinem Lebensende (Krankheit, Vermächtnis, Tod und Begräbnis) gewidmet.

Ein Vergleich der Viten mit dem Verspanegyricus zeigt, dass nicht nur die biographischen Fakten, sondern vielfach auch ihre erbaulich-heilsge-

[34] Dumbar, S. 1–12. Vgl. Post 1942/43, S. 315–323; van der Wansem, S.14–17; Carasso-Kok, Nr. 361.

[35] Dumbar, S. 127–138.

[36] Nach der volkssprachigen Grote-Vita durch Fraterhaus-Rektor Godfried Toorn († 1450), Brinkerink 1901, S. 423. Auch die Nachricht von der Beisetzung Johann Grondes in der Marienkirche an der Seite Grotes (Dialogus IV,2) muss Thomas vor 1450 geschrieben haben. Vgl. van Zijl, S. 11–13 und 23 Anm. 51.

[37] Nachweise bei Post 1942/43, S. 15–17; anders Tesser, S. 36. – Horn hat den Begräbnisbericht des Thomas übernommen, ohne ihn zu aktualisieren. Die Datierung seiner Grote-Vita „um 1450" noch bei R. van Dijk 2003, S. 45. Vgl. oben Anm. 26.

[38] 1436 ist terminus post quem als Todesjahr des Alardus (s. oben Anm. 13). Für eine Abfassung kurz vor 1450 spricht auch die Datierung der ältesten Dialogus-Handschrift K11 (s. unten die Handschriftenliste).

schichtliche Deutung und markante Formulierung in einer etablierten Grote-Tradition vorgegeben waren. Dagegen hat Thomas das Stoffarrangement seiner Vita zweifellos selbst konzipiert. Petrus Horn ist ihm darin gefolgt, hat aber an passender Stelle erhebliche Erweiterungen und auch Kürzungen vorgenommen. So zeichnet er ein krasses Bild der kirchlichen Missstände, gegen die Grote zu kämpfen unternahm, und bietet über seine Predigten und Widersacher – Ketzer und beweibte Kleriker – deutlich konkretere Informationen als Thomas. Eigene Betrachtungen stellt er über die providentielle Berufung Grotes und seine Wandlung vom 'verlorenen Sohn' zum apostelgleichen Missionar an (*ab utero vocatus; vas electionis; alter Paulus*[39]). Ein ganzes Kapitel dient dem Nachweis, dass die von Grote gewirkten geistlichen Wunder alle *corporalia miracula* bei weitem übertrafen[40]. Zudem präsentiert er Sondergut über Grote im Zusammenhang mit der etymologisch-spirituellen Deutung seines Namens[41] und den prophetischen Vorhersagen, die andere über ihn[42] oder er selbst über andere gemacht haben soll[43]. Eine besondere Sympathie für die semireligiose Lebensform verrät Horn durch die Hervorhebung von Grotes selbstaufgestellter 'Privatregel' (*sibi ipsi prefecit absque voto regulas religiose vivendi*)[44] und in der ausführlichen Laudatio der devoten Schwesternhäuser[45].

Aufschlussreich für die unterschiedliche Stoffbehandlung der beiden Biographen ist die retrospektive Leistungsbilanz, die Thomas ohne chronologische Verortung und wie eine Dublette dem Schlussteil der Vita vorangestellt hat. Durch eine an biblischer Baumallegorese entwickelte Tugendpanegyrik und die summarische Rekapitulation von Grotes Predigt- und Bekehrungserfolgen wird der Bericht über sein Lebensende zu

39 Horn, cap. 1, 2 und 4.

40 Horn, cap. 5. Dieses Kapitel wirkt wie ein selbständiger Text, etwa eine Collatio, s. die unvermittelte Anrede der Zuhörer: *Hec, fratres, hec sunt solius Spiritus Sancti opera* [...].

41 Horn, cap. 2: Einschub eines umfangreichen Texts, *quemadmodum in quodam vetustissimo dyalogo, videlicet cantoris* [Salvarvilla] *et regis* [Christus] *aperte descriptum inveni.* Vgl. van Zijl, S. 75–79.

42 Horn, cap. 1–2.

43 Horn, cap. 13.

44 Horn, cap. 9. – Diese 'Conclusiones' werden dem Leser wiederholt empfohlen (cap. 12 und Dokumentenanhang S. 367), doch hat Horn entgegen seiner Ankündigung und anders als Thomas den Text nicht angefügt.

45 Horn, cap. 14. – Von seinem Biographen wird Petrus Horn gerühmt, weil er sich niemals in seiner Treue zum Fraterhaus habe beirren lassen: 'Wenn einmal gewisse Mönche oder andere Personen ihn zu einem Orden oder einer anderen Lebensweise bewegen wollten, so mussten sie nicht ohne Beschämung von ihm ablassen, denn er biss mit dem Zahn frommen Eifers in die Hand eines jeden, der ihn aus unserem Hause zu ziehen versuchte. [...] Er liebte nicht nur von Herzen unser Haus, sondern unseren ganzen Stand, und daher konnte er es auch nicht mit Gleichmut ertragen, wenn etwas gegen die Ehre unseres Hauses oder unseres ganzen Standes gesagt oder getan wurde.' (Dumbar, S. 149 und 154; vgl. Staubach 2004, S. 387).

einem gleichgewichtigen Pendant des ersten Werkteils gemacht[46]. Horn hat diese Ausführungen teils übergangen und teils in den Kontext der früheren Predigtkapitel transponiert[47]. Das entspricht seinem auch in anderen Details erkennbaren Bemühen um einen stringenten Sachzusammenhang des biographischen Materials[48].

Horns Grote-Vita ist eine Kompilation aus heterogenen Quellen und daher in Stil und Proportionen unausgeglichen[49]. Fromme Betrachtungen und biblische Assoziationen wechseln einander ab mit sachlichen Erzählpassagen, die stellenweise ins Kurios-Anekdotische führen. Dagegen hat Thomas sein Werk durchgehend zu einem für die meditative Lektüre bestimmten Erbauungstext stilisiert. Dabei werden die Nachrichten aus Grotes Leben durch eine andachtsvoll umschreibende und kommentierende Formulierung gewissermaßen entkonkretisiert und zu allgemeinerer Bedeutsamkeit sublimiert und amplifiziert. Es entsteht eine Sammlung geistlicher Motive, die wie die 'Punkte' der devoten Meditationstechnik rezipiert werden konnten[50]. Unterstützt wird eine solche Nutzung durch die rhythmisch und klanglich hochartifizielle Reimprosa, die auch seine übrigen Schriften, allen voran die 'Imitatio Christi' auszeichnet. Nach ihrer Funktion in der religiösen Praxis der Devotio moderna steht seine Grote-Vita also zwischen dem zu Rezitation oder Gesangsvortrag bestimmten 'Dictamen rigmicum' und dem aus Texten unterschiedlicher Herkunft und Stilhöhe kompilierten Werk des Petrus Horn.

Allerdings haben beide, Thomas wie Horn, ihre Schriften durch einen Dokumentenanhang ergänzt, der wohl zur Authentifizierung der hagiographischen Memoria dienen sollte. Hatten doch die Anhänger Grotes nicht nur seine Briefe, sondern sogar sein härenes Bußgewand (*cilicium*) wie Reliquien aufbewahrt und verehrt[51]. Das formal anspruchslose 'Scrip-

46 Dialogus II,14–15.

47 Dialogus II,15: *Tantusque affectus audiendi* [...] = Horn, cap. 6.

48 Die Szene, in der Grote seine Todes- und Jenseitssehnsucht bekundet und einen deswegen besorgten Jünger tröstet, hat Thomas dem Kapitel über seine Gebetspraxis angefügt (cap. 12), während sie bei Horn passender das Sterbekapitel (cap.15) eröffnet. Grotes Klagen über seine Widersacher sind von Thomas auf zwei Kapitel verteilt (cap. 8 und 9), bei Horn aneinandergefügt (cap. 7). – Vgl. Kühler 1932, S. 54f.

49 Im Zusammenhang mit Grotes Conversio (cap. 3) wird seine Neigung fassbar, einander widersprechende Nachrichten der Überlieferung zu harmonisieren. So hat er das fast ganz aus Thomas übernommene Ruusbroec-Kapitel (cap. 8) durch eine Nachricht der Groenendaal-Chronik des Henricus de Pomerio ergänzt, s. Kühler 1909, S. 350 Anm. 3. – Zur Rezeption von Johannes Buschs 'Liber de viris illustribus' s. Lesser 2005, S. 453.

50 Vgl. etwa den emotionalen Dialog des Lesers mit dem in seiner Klostereinsamkeit von Anfechtungen heimgesuchten Meister, II,7. – Für die Vitensammlung aus dem von Grote begründeten Schwesternhaus in Deventer (Meister-Geerts-Haus) ist diese 'punktuelle' Rezeption sogar titelgebend geworden: Hier beginnen sommige stichtige punten van onsen oelden zusteren, hg. von D. de Man, 's-Gravenhage 1919.

51 Dialogus II,7 und 11 (*cilicium*) sowie II,13 (*epistulae*).

tum' Rudolf Diers kann in diesem Sinne als eine Reliquie der Erinnerung gelten, die mitsamt ihren Fortsetzungen für die Haustradition der Brüder von Deventer von identitätsstiftender Bedeutung gewesen ist.

Das dritte Buch des 'Dialogus' hat Thomas der rühmenden Erinnerung an seinen hochverehrten geistlichen Mentor Florens Radewijns gewidmet, während das abschließende vierte Buch neun *discipuli* des Meisters porträtiert. Da er sie alle persönlich kannte und aus eigener Erfahrung über sie berichtet, ist die Darstellung hier trotz ihrer formelhaft-redundanten und hochgestimmten Erbauungstopik durch viele anekdotische Details, anrührende Szenen und treffende Aussprüche lebendig und anschaulich. Darunter sind wertvolle autobiographische Nachrichten, die das *ama nesciri* des Autors in willkommener Weise unterlaufen[52]. So berichtet er, dass er am Beginn seiner Schulzeit in Deventer auf Rat seines älteren Bruders den Kontakt zu Radewijns gesucht habe und seit der ersten Begegnung in enger Verbindung mit ihm geblieben sei, untergebracht zunächst bei ihm selbst, dann bei einer frommen Witwe und schließlich in seinem zur Schülerburse umgewandelten Vikariatshaus, der sog. 'Domus antiqua'[53]. In dem *septennium* seines Aufenthalts in Deventer – 1392–1399 – war Florens Radewijns sein beständiger Wohltä-

52 Joseph Pohl hatte mit spitzfindiger Pseudogenauigkeit für dessen Geburtsdatum den Zeitraum vom 29. September 1379 bis zum 24. Juli 1380 bestimmt. (Art. 'Thomas von Kempen' in Wetzer und Welte's Kirchenlexikon Bd. 11, Freiburg/Br. 1899, Sp. 1673–1689, hier Sp. 1673), und diese Daten werden bis heute ungeprüft wiederholt (z. B. R. van Dijk 1991, Sp. 817; van Geest, S. 43). Grundlage der Berechnung waren offenbar folgende Angaben in der Chronica Montis S. Agnetis: *Anno M.CCC.XCIX fuerunt Zwollensibus datae indulgentiae apostolicae, quas dominus papa Bonifatius nonus ad fabricam ecclesiae sancti Michaelis in festo inventionis sanctae crucis et in festo sancti Michaelis* [29. Sept.] *omnibus vere paenitentibus concessit. Eodem anno ego Thomas Kempis, scholaris Daventriensis ex dioecesi Coloniensi natus veni Zwollis pro indulgentiis. Deinde processi laetus ad montem sanctae Agnetis et feci instantiam pro mansione in eodem loco, et fui misericorditer acceptatus* (Pohl 7, S. 368). Der anonyme Fortsetzer der Chronik schreibt in seinem Nachruf auf den jüngstverstorbenen Chronisten, dass Thomas *anno aetatis suae XX* (also nach vollendetem 19. Lebensjahr) von Florens Radewijns zum Agnetenberg-Kloster gesandt worden sei, wo dessen Bruder zu der Zeit Prior war (Pohl 7, S. 466). Weiter heißt es dort, dass Thomas am 25. Juli 1471 verstorben sei, *anno aetatis suae XCII* (also nach vollendetem 91. Lebensjahr). Dass diese Eckdaten keine sichere Basis zur Bestimmung des Geburtsjahres bieten, zeigt eine Notiz der Chronik, in der Thomas sein Lebensalter bei seiner Wahl zum Subprior am 25. Juli 1448 (*in festo sancti Iacobi apostoli*) mit 67 Jahren angibt (*unus de senioribus LXVII annorum*, Pohl 7, S. 423), so dass man schließen muss, er sei nicht vor, sondern nach dem 25. Juli 1380 geboren.

53 Dialogus IV,1: *aliquantisper me secum in domo tenuit et ad scolas instituit* [...]. *Demum hospicium cum quadam honesta et devota matrona gratis impetravit, que michi et aliis multis clericis sepius benefecit.* – Vgl. IV,14: *Eodem tempore adiuvante domino Florencio et consulente domum* [*antiquam*] *inhabitare cepi.*

ter[54], dem er mit Liebe und Ehrfurcht anhing und bereitwillig mancherlei persönlichste Dienste erweisen durfte.

Aber auch die Brüder des Herr-Florens-Hauses betrachtete er voller Bewunderung für ihre beispielhaften Tugenden der Askese, Demut und Frömmigkeit. Von einigen dieser Vorbildgestalten hat Thomas mit der Wiedergabe ausführlicher Sterbeprotokolle, Abschiedsbriefe und letzter Worte sowie durch die Mitteilung ihrer hinterlassenen Aufzeichnungen zur religiösen Praxis und Selbstdisziplinierung (*exercitia devota*) eindrucksvolle Zeugnisse von Sündenbewusstsein und Vollkommenheitsstreben überliefert[55]. Während der Todeskampf von Lubbert ten Busch und Johannes Kessel durch den Wechsel von Ängsten, teuflischen Versuchungen und Heilshoffnung dramatisiert ist, gehören zur hagiographischen Stilisierung der Radewijns-Vita Berichte über Wunder, Visionen und Mitteilungen aus dem Jenseits, wie sie in der mittelalterlichen Mirakeltradition geläufig waren[56].

Den Schluss des vierten Buchs bildet das Kapitel über einen Bewohner des Fraterhauses, der auch durch sein Todesdatum der letzte der im 'Dialogus' versammelten Brüder ist: Arnold von Schoonhoven (†1430)[57]. Ihn hatte Thomas noch als Mitschüler und Zimmergenosse in der 'Domus antiqua' kennengelernt, und er beschreibt ihn mit besonderer Sympathie. Sein friedvolles Sterben ist der verdiente Lohn des guten Gewissens nach einem von Jugend an über mehr als drei Jahrzehnte in der devoten

54 Dialogus III,16: *misericordias domini Florenii in eternum cantabo, quia indubitata fide ipso adhuc vivente per septennium multitudinem miseracionum suarum experiencia rerum probavi.*

55 Vgl. Dialogus IV,4–6; 9–10; 12–13.

56 Vgl. Dialogus III,19–21 und 29. – Die Kreuzerscheinung über dem Herr-Florens-Haus (III,21) hat Thomas vielleicht selbst erlebt. Unerwähnt bleiben im 'Dialogus' zwei Visionen, die im 'Speculum exemplorum' ihm zugeschrieben werden: eine Strafvision Mariens und eine Teufelsvision, die er durch die Anrufung Jesu vertreiben konnte. Die Teufelsvision erwähnt Thomas auch in einem Sermo ad Novitios, allerdings ohne sich als Zeugen zu nennen, Pohl 6, S. 210; vgl. Bonaventura Kruitwagen, Het 'Speculum exemplorum', in: Bijdragen voor de geschiedenis van het Bisdom van Haarlem 29, 1905, S. 329–453, hier S. 388–392. – Seine Traumvision vom bevorstehenden Tod des Windesheimer Priors Johannes Vos van Heusden berichtet Thomas gleichfalls anonym in der Agnetenberg-Chronik, Pohl 7, S. 394f., während Johannes Busch ihn in diesem Zusammenhang nicht nur namentlich nennt, sondern auch als Autor der 'Imitatio Christi' bezeugt, Chronicon Windeshemense, De viris illustribus, cap. 21, Grube, S. 58f.; vgl. Lesser 2005, S. 119ff.; Staubach 2006, S. 18f., Anm. 27. – Zum 'Aberglauben' des Thomas s. Mooren, S. 155.

57 Die Todesdaten der meisten Brüder liegen zwischen 1392 und 1400; Johannes Brinckerinck starb 1419, und nur Hendrik Bruyn († 1429), der 'noch seit der Zeit des Magisters Geert Grote etwa 44 Jahre als Priester im Herr-Florens-Haus verbrachte, überlebte bei weitem alle, die mit ihm im Gründungseifer der Bewegung begonnen hatten' (Dialogus IV,7).

Gemeinschaft verbrachten Leben und wird den Novizen – so scheint es – als unausgesprochene Heilsversicherung zu bedenken gegeben[58].

Zu den Anhängen:
'Sammelt die übriggebliebenen Brocken, dass sie nicht zugrunde gehen!' Die Aufforderung des Herrn an seine Jünger (Io. 6,12) hat Thomas durch ein kunstvoll arrangiertes und stilisiertes Memorialwerk zu befolgen versucht, um das Zeugnis der devoten Gründergestalten für seine Klosterzöglinge lebendig zu erhalten. Eine andere Fragmentensammlung sind die im Fraterhaus des Florens Radewijns aufgezeichneten 'Notabilia verba', die in ihrem bunten Durcheinander mit zahlreichen Wiederholungen und Variationen den authentischen Niederschlag sukzessiver Notationstätigkeit zu bieten scheinen (s. Anhang 3). Thomas hat aus dieser oder ähnlichen Kollektionen eine Auswahl für seine Grote- und Radewijns-Vita getroffen und dabei zahlreiche situationsbezogenephemere oder umständlich-kuriose Einzelheiten übergangen. Aber gerade die Unmittelbarkeit des gesprochenen Wortes in jener Sammlung gibt einen Eindruck von der adhortativ-repetitiven Intensität der geistlichen Unterweisung, die das devote Übungs- und Sozialisationsprogramm auszeichnet. Sein Grundanliegen ist es, sich alle Regungen des Willens bewußt zu machen und geeignete Strategien zum Widerstand gegen sündhafte Versuchungen und zum Fortschritt in den Tugenden der Demut und des Gehorsams zu erlernen und zu praktizieren. Die einschlägigen Ermahnungen zielen auf Introspektion, Selbstkontrolle und wechselseitige Unterstützung und offenbaren ein beeindruckendes Maß an psychologischer Erfahrung und Beobachtung:

'Bisweilen werden alle Glieder des Menschen von seinen Leidenschaften bewegt, und aus der Bewegung seiner Glieder lassen sich seine Leidenschaften ablesen. Zunge, Haupt und der ganze Leib werden bewegt nach der Leidenschaft, die in einem Menschen regiert, sei es Ruhmsucht, Neid, Geiz, Trägheit, Schlemmerei oder Wollust – auch wenn der betreffende dies gar nicht bemerkt oder beachtet. [...] Ein Magister konnte ein halbes Jahr lang weder richtig schlafen noch essen und vermochte nicht die Ursache dafür zu finden. Schließlich fand er sie heraus: Es war Melancholie. So tief verborgen liegen in uns die Leidenschaften.' (Anhang 3, Nr. 22, 23, 25).

Die in diesen und zahlreichen ähnlichen Äußerungen greifbare Kompetenz zur Analyse und Therapie des Seelenlebens erklärt vielleicht die

[58] Dialogus IV,14: *Veniens autem ad extremam horam nullam tristiciam ostendit, sed dixit se pacatum esse et* [...] *tradidit spiritum* [...] *sine magna ut videbatur pena, quia cum devotis fratribus ab adolescencia sua conversatus est cum bona consciencia, tamquam verus Dei cultor et devotus Christi amator in humili statu clericali, per annos triginta et unum in congregacione fratrum perseverando.*

große Verehrung der Devoten für ihre geistlichen Lehrer, denen Thomas von Kempen mit seinem 'Dialogus noviciorum' ein Denkmal gesetzt hat.

Auch bei den persönlichen Aufzeichnungen der Brüder, die, für ihre asketisch-religiöse Selbstdisziplinierung bestimmt, erst nach ihrem Tod zum Gemeinbesitz geworden sind, lässt sich die Spannung zwischen authentischer Überlieferung und literarischer Umformung erkennen (Anhang 1 und 2). So hat Thomas die volkssprachig verfassten 'Übungen' des Johannes Kessel in einer lateinischen Version aufgenommen, die unnötig detaillierte Sündenbekenntnisse überging, und das weitläufige 'Exercitium' Lubberts ten Busch nicht nur um monotone Selbstanklagen gekürzt, sondern dabei auch pittoreske Details des Speiseplans unterschlagen:

De butiro non magis de vespere vel de mane nisi sicut priora duo membra pollicis, numquam salsos pisces, scilicet witine vel schelvisch; pocius duo ova et non plus. De pane comede quam necessarius est tibi ad cibum, quia multum indigestibilis est et gravat te. Cave omnino allium, et modicum de caseo sicut primum membrum pollicis. Vitare leverworste ende vette worste. [...] *Quasi expulsus a deliciis paradisi tamquam servus prodigus, comede de siliquis cum labore et dolore.*

Zur Übersetzung:

Werke der älteren Weltliteratur brauchen außerhalb ihrer Sprachheimat – und oft selbst dort – aktuelle Übersetzungen, um lebendig zu bleiben. Es gibt jedoch auch Beispiele, dass als klassisch kanonisierte Übersetzungen ihre Geltung behaupten, obwohl sie längst unverständlich oder einfach ungenießbar geworden sind: man denke an so verschiedene Fälle wie Luthers Bibel oder den Homer von Johann Heinrich Voß. Zu ihrer Wertschätzung trägt nicht zuletzt die ästhetische Vorliebe für ein 'stilechtes', den historischen Abstand eines Werks fühlbar machendes Sprachgewand bei. Eine Anekdote aus der jahrhundertelangen Rezeptionsgeschichte des Thomas von Kempen kann den Geschmackskonflikt zwischen Liebhabern des Altertums und der Moderne illustrieren.

Im Jahr 1794 brachte der Exjesuit Johann Michael Sailer erstmals eine Übersetzung der 'Imitatio Christi' heraus, die dem alten Erbauungsbuch gerade bei kritisch-aufgeklärten Lesern Kredit verschaffen sollte und durch ihren zeitgemäßen Ton zunächst eine gewisse Popularität erreichte. Aber als sich wenige Jahrzehnte später eine neue Thomas-Verehrung aus dem Geist der Romantik entfaltete, wurde Sailers Aktualisierungsprodukt als platt und obsolet empfunden. So versuchte August Freiherr von Haxthausen im Frühjahr 1841 seine Nichte, die Dichterin Annette von Droste-Hülshoff, für die Bearbeitung einer alten Imitatio-Übersetzung zu gewinnen, der er den größten geschäftlichen Erfolg voraussagte:

„Liebe Nette! Vor 24 Jahren fand ich in Cölln die alte oft aufgelegte Übersetzung des Thomas a Kempis und fand sie so schön, dass ich einen neuen Abdruck derselben zu veranstalten beschloß. [...] Das Buch wird in protestantischen Ländern noch mehr Glück machen, als in katholischen. Mein altes Exemplar ist in Berlin vier mal von Frauenzimmern

z. b. der Schleiermacher abgeschrieben worden, ich bin gebeten um jeden Preiß alte Exemplare von Cölln kommen zu lassen, sie sind aber nirgends zu bekommen. [...] Ich bitte Dich, mache wie ich die Probe, übersetz ein Capitel nach besten Kräften, und vergleich es dann mit der alten Übersetzung. Du wirst die Deinige sogleich wegwerfen! Es ist wie mit dem lateinischen Original, elendes Mönchlatein, aber eben dadurch tief rührend wie in einem mystischen Schleier!"[59]

Die 'Novizengespräche' des Thomas von Kempen hatten am Weltruhm seines Hauptwerks keinen Anteil. Dennoch sind sie auch in der Neuzeit wiederholt ins Deutsche übersetzt worden[60], und zwar jeweils als Teil einer Gesamtausgabe seiner Schriften[61]. Die erste entstand im frühen 18. Jahrhundert und war von dem Kölner Augustiner-Chorherrn Adam Jacobs aus dem zur Windesheimer Kongregation gehörenden Stift Herrenleichnam verfasst[62]. In ihrer spätbarocken Sprache dürfte sie dem archaisierenden Stilgeschmack eines Haxthausen und seines Berliner Damenzirkels entsprochen haben.

Die zweite deutsche Thomas-Ausgabe erschien von 1833 bis 1840 in Wien und war wohl die Antwort auf eine aktuelle Nachfragesituation[63]. Ihr Autor, der gebürtige Elsässer Johann Peter Silbert (1777–1844), stand mit dem Kreis der katholischen Wiener Romantik um Clemens Maria Hofbauer, Friedrich Schlegel und Zacharias Werner in Verbindung und wirkte als produktiver Übersetzer und Dichter religiöser Schriften, Lieder und Gebete im gesamten deutschsprachigen Raum[64]. Vom liberalen Katholizismus eines Sailer oder Wessenberg trennte ihn seine Sympathie

59 Annette von Droste-Hülshoff, Historisch-kritische Ausgabe, hg. von Winfried Woesler, Bd. XII,1, Tübingen 1995, Nr. 290, S. 31f.

60 Über die spät- und nachmittelalterliche Rezeption des Dialogus in der Volkssprache s. unten die Ausführungen zur handschriftlichen Überlieferung des Dialogus.

61 Es existiert allerdings eine Separatübersetzung des Dialogus in englischer Sprache: The founders of the New Devotion, being the lives of Gerard Groote, Florentius Radewin and their followers, by Thomas à Kempis, translated by J. P. Arthur, London 1905. In der Einleitung heißt es (S. ix): „Considering the wide fame of Thomas à Kempis as the reputed author of „The Imitation of Christ" it is surprising that no English translation of the „Lives of Gerard Groote and his followers" has been published hitherto."

62 Des hocherleuchtigsten, weltberühmsten Manns und geistreichen Lehrers Thomae von Kempen [...] alle Schrifften und Bücher in drey Theil getheilt, darinnen allerhand heilige und geistreiche Betrachtungen, Predigen, schönste und andächtige Gebetter [...], anjetzo zum erstenmahl auß der lateinischer in die hochteutsche Sprach übersetzt durch Adamum Jacobs [...], Köln: Metternich 1713.

63 Sämmtliche Werke des gottseligen Thomas von Kempis, weiland regulierten Chorherrn zum heiligen Augustinus, aus dem Lateinischen übersetzt von J. P. Silbert, 4 Bde., Wien: J. B. Wallishausser, 1833–1840.

64 Vgl. Biographisches Lexikon des Kaiserthums Österreich, hg. von Constantin von Wurzbach, Bd. 34, Wien 1877, S. 291–296; Pierre Paulin, Johann Peter Silbert. Ein elsässischer Schriftsteller und Dichter, Gebweiler 1929.

für die kirchliche Tradition und die marianische Volksfrömmigkeit. Zu seinem Œuvre gehören nicht nur Gebet- und Andachtsbücher sowie Anthologien aus dem frühchristlichen und mittelalterlichen Hymnen- und Legenden-Schatz, sondern auch Übersetzungen umfangreicher Werke, von Augustins 'Civitas Dei' bis zu den Schriften des Franz von Sales.

Die vier Bände seiner Thomas-Ausgabe sind nur ein Bruchteil der gesamten monumentalen Übersetzungsleistung Silberts. Trotz unverkennbarer Mängel, die sich wohl auch aus seinem großen Arbeitstempo erklären, wird der Text dem Original im ganzen durchaus gerecht. Eine an der christlichen Erbauungsliteratur aller Zeiten geschulte routinierte Diktion folgt dem Wortlaut des Thomas gewöhnlich bis ins Detail und versucht zugleich die Struktur seiner durch Wiederholungen und Variationen ausufernden Sätze möglichst getreu und umständlich nachzubilden. Bei der Überlegung, die Neuedition des 'Dialogus noviciorum' mit einer Übersetzung zu begleiten, bot sich daher ein Rückgriff auf den längst vergessenen Johann Peter Silbert an, der sein Leben als katholischer Laie dem Projekt einer literarischen Volksmission gewidmet hat und in manchen Zügen an Geert Grote erinnert[65].

Allerdings wurde bald klar, dass an einen Wiederabdruck der Silbertschen Version nicht zu denken war. Mehr noch als die Übersetzungsfehler und Ungenauigkeiten standen die zahlreichen veralteten, missverständlich gewordenen oder komisch wirkenden Ausdrücke und Wendungen sowie die bereits angedeutete Schwerfälligkeit der Syntax einer wörtlichen Übernahme entgegen[66]. So ist mit ständigem Blick auf den Silbert-Text und sein historisches Stilniveau eine größtenteils neue Fassung erarbeitet worden[67]. Ob der Versuch gelungen ist, bleibt dem Leser zur Entscheidung überlassen.

65 Neben seinem Engagement in der Laienpastoral sind asketische Lebensweise und strenge Orthodoxie, aber auch eine gewisse Heftigkeit in der Kritik an Klerikern bis hin zu einem Bischof zu nennen: „Silbert wollte durch und durch katholisch sein und kannte gerade in dieser Hinsicht keine Nachgiebigkeit und besonders keine Zugeständnisse an den aufklärerischen Zeitgeist." (Paulin, S. 77).

66 Offenbar hat Silbert immer dann bedenkenlos Ausdrücke und Wendungen der mehr als ein Jahrhundert älteren Übersetzung von Jacobs übernommen, wenn er über einen Begriff oder Sachverhalt des Thomas-Textes im Unklaren war.

67 So wurden auch die stereotypen Begriffe der Erbauungsterminologie wie *edificatus*, *compunctus*, *devotus*, *mortificatus* u. ä. durch dem jeweiligen Kontext entsprechende freiere Varianten wiedergegeben.

Stefan Sudmann

DIE HANDSCHRIFTLICHE ÜBERLIEFERUNG DES 'DIALOGUS NOVICIORUM'

Der 4 Bücher umfassende 'Dialogus noviciorum' des Thomas von Kempen besteht aus drei verschiedenen Komponenten, die nur locker miteinander verknüpft sind:

Buch I ('De contemptu mundi') weist als einziges der vier Bücher einen echten Dialog-Charakter auf ('Senior' – 'Novicius'). Die Erwiderung des Seniors auf die Bitten des Novizen um die Geschichte der *primitivi patres* der Bewegung, dass er mit Gottes Hilfe versuchen wolle, ein wenig über deren Taten zu berichten, bildet die knappe Überleitung zum folgenden Teil. In den erzählenden Viten der Bücher II (Geert Grote), III (Florens Radewijns) und IV (dessen *discipuli*) kommt es dagegen nur an wenigen Stellen zu einem Dialog zwischen Senior und Novize, unter anderem in der Schlusspartie von Buch IV, die sich wieder als Gespräch darstellt. Das Werk endet damit, wie es begonnen hat: als fiktive mündliche Unterrichtung eines Schülers durch den Lehrer von Angesicht zu Angesicht.

Die Gesprächsfiktion wird zudem durch die den Büchern II–IV inserierten Dokumente – das Epitaphium Geert Grotes, Briefe, Notabilia verba, Exercitia u. ä. – stellenweise suspendiert, doch hat eine solche Kombination von Erzählung und Originalzeugnissen Vorbilder in der Mönchsliteratur seit der Altväter-Zeit, der sich Thomas und die Devoten besonders verpflichtet fühlten. Die Wertschätzung dieser Dokumente lässt sich auch an ihrer reichen, vom 'Dialogus noviciorum' unabhängigen Separatüberlieferung ablesen, darunter Textzeugen aus der ersten Hälfte des 15. Jahrhunderts, also vor der auf das Ende der 1440er Jahre zu datierenden Abfassung des 'Dialogus noviciorum' durch Thomas von Kempen. Ein Vergleich der beiden Überlieferungsstränge ergibt, dass Thomas von Kempen hier kaum in den Text eingegriffen und diese Dokumente fast unbearbeitet in den 'Dialogus noviciorum' eingefügt hat. Thomas erweist sich somit als pflichtbewusster Historiograph und Biograph. Die Lesarten unterscheiden sich kaum, sind jedoch signifikant genug, um Textzeugen aus der Zeit nach 1450, die nur diese Dokumente überliefern, eindeutig einer der beiden Traditionen zuordnen zu können. Zugleich lässt sich feststellen, dass sich die Dreiteilung des Werks in seiner Rezeption fortsetzt: Viele Handschriften überliefern nur eine der drei Komponenten des Werks oder Elemente davon: Buch I, die Viten oder Teile der angefügten Dokumente. Die Frühdrucke trennen die Viten von Buch I, das allein als 'Dialogus noviciorum' betitelt wird. Auffällig ist ebenfalls, dass Randbemerkungen in den Handschriften in erster Linie bei den anhängten Dokumenten zu finden sind. Die Gestaltung

des Textes durch Thomas von Kempen beeinflusst somit die spätere Tradition und Rezeption des 'Dialogus noviciorum' entscheidend[1].

Für die Neuausgabe des 'Dialogus noviciorum' wurden folgende Handschriften kollationiert (die Siglen folgen dem Usus der Thomas-Ausgabe von POHL):

Au: Augsburg, UB, II.1.2.°137. – Provenienz: Süddeutschland; Besitz: Benediktiner St. Mang, Füssen; Datierung: um 1418; 222 Bl. – Darin: **fol. 65r *Sancte recordacionis* ... (Separatüberlieferung zu Thomas von Kempen, Dialogus noviciorum II,17)**; 65r–138v Geert Grote, Sermo de focaristis. – Lit.: R. VAN DIJK 2003, S. 119f.; HOFMAN 2011, S. 176.

BK: Bernkastel-Kues, Bibliothek des Hospitals, Cod. Cus. 64. – Provenienz: unbekannt; Datierung: 15. Jh.; Pergament/ Papier, 273 Bl. – Darin: fol. 233r–244r Geert Grote, Sermo de focaristis; **244r *Sancte recordacionis* ... (Separatüberlieferung zu Thomas von Kempen, Dialogus noviciorum II,17)**. – Lit.: JACOB MARX, Verzeichnis der Handschriften-Sammlung des Hospitals zu Cues bei Bernkastel a./Mosel, Trier 1905, S. 70–74; R. VAN DIJK 2003, S. 139f.; HOFMAN 2011, S. 165.

br5: Brüssel, KB, 11915–19. – Provenienz: Löwen; Besitzvermerk: *Monasterium Vallis sancti Martini Lovaniensis*; Datierung: 1526; Papier, 344 Bl. – Darin: fol. 111r–137v Johannes Busch, Epistola de vita et passione Domini; 166r–171r Geert Grote, Epistola exhortatoria ad novicios (ep. 16); 171r–173v Sequitur exhortatio eiusdem de passione Domini (ep. 62, Auszug); 225r–228v Thomas von Kempen, Alphabetum monachi; 229r–238r Ders., Ammonicio brevis spiritualis exercicii; 238r–241v Ders., Ex rosario cap. 17; **241v–280v Thomas von Kempen, Dialogus noviciorum, Auszüge (I,2–5; II,18; III,23–25 und 29; IV,6, 10, 13 und 24)**. – Lit.: J. VAN DEN GHEYN, Catalogue des manuscrits de la Bibliothèque Royale de Belgique, Bd. 3, Brüssel 1903, S. 368ff.; POHL 4, S. 496f.; R. VAN DIJK 2003, S. 153ff.

br6: Brüssel, KB, 2581–89. – Besitzvermerk: *Emit hunc librum a Cartusia sylvae s. Martini (prope Geraldi montem) cum multis aliis, et quidem care solvit Cartusia Bruxellensis 1645*; Datierung: 1449; Pergament, 190 Bl. – Darin: fol. 1r–136v Thomas von Kempen, De imitatione Christi (Buch III, II, I, IV); 138r–163r Tractatulus de arte bene moriendi; **163v–167v Quedam ammoniciones valde utiles domini Florencii (Separatüberlieferung zu Thomas von Kempen, Dialogus noviciorum III,29); 168r–170v Excerpta quedam ex devotis dictis cuiusdam viri sancti discipuli domini Florencii (Separatüberlieferung zu Thomas von Kempen, Dialogus noviciorum IV,6)**. – Lit.: J. VAN DEN GHEYN, Catalogue des manuscrits de la Bibliothèque Royale de Belgique, Bd. 3, Brüssel 1903, S. 342ff.; POHL 7, S. 527ff.

1 Vgl. dazu SUDMANN, in: BODEMANN/ STAUBACH. – Zur handschriftlichen Überlieferung des Dialogus noviciorum s. auch BODEMANN-KORNHAAS, S. 151ff.

br7: Brüssel, KB, 8849–59. – Provenienz: Zwolle, St. Gregorius (fol.176v: *in Zwollis*) / Deventer, Herr-Florens-Haus (fol. 249v und 285v: *in Daventria*); – Datierung: 1494–1501; 284 Bl. – Inhalt: fol. 3r–26v Vita magistri Gerardi per dominum Petrum Horn collecta, darin **25r-v *Sacre recordacionis* ... (Thomas von Kempen, Dialogus noviciorum II,17)**; 27r–42r Vita Johannis Brinckerinck; 44r–55r Libellus de dictis Johannis Brinckerinck ad moniales suas; 60r–66r Item de Mathia Zutphania; 67r–73r Notabilia dicta patrum nostrorum; 77r–79r Chronicon Montis S. Agnetis; 79v–93v De magistro Everardo de Eza u. a.; 94r–108r De inchoacione primaria domus clericorum S. Gregorii Zwollis; 109r–114v Chronicon Montis S. Agnetis; 115v–117v De domino Henrico Goude; 117v–118r De domino Johanne Harlem; 121r–124v De domo clericorum S. Gregorii in civitate Zwollensis; 124v–133v De fundatione Montis S. Iheronimi prope Hattem; 133v–140r De prima inceptione congregacionis in Alberghen; 141r–145r De sorore Agnete monasterii sororum van Orten Buscoducis; 149r–164v Vita et conversacio Salome, priorisse in Diepenveen; 169r–176v Hanc vivendi formulam edidit mater Salome Sticken; 176v–179v De communibus moribus sororum domus Gerardi Grote; 179v–183r De expulsione sororum ex Daventria; 183v–184v Soror Geerbrich ten Woerde, Gesa Broeckelants; 185r–192r Vita et conversacio Zwedere de Runen; 194r–212r Vita Gertrudis ten Venne u. a.; 212r–213r Notabilia quedam que Theodericus Herxen notavit; 213v–219r Vita et conversacio Henrici Herxen; 219r–225r De domino Alberto Kalker; 225r–234v De virgine, que coluerat Christum virginem u. a.; 235r–236v Cantica; 236v–241v De variis sororibus devotis; 250r–251r De destructione purgatorii Sancti Patricii; 252r–255r Vita Albertis ter Achter; 255v–260r Vita domini Egberti ter Beek; 266r–267v Dicta patrum; 268r–284v Vita domini Johannis Hatten. – Lit: J. VAN DEN GHEYN, Catalogue des manuscrits de la Bibliothèque Royale de Belgique, Bd. 6, Brüssel 1906, S. 473ff.; SCHOENGEN, S. lxxxi-cvii; POHL 7, S. 529f.; CARASSO-KOK, Nr. 204; R. VAN DIJK 2003, S. 149f.

Bs1: Basel, UB, A N VI 49. – Provenienz: Basel, Kartause; Datierung: 1. Viertel 16. Jh.; 189 Bl. – Darin: fol. **176r Thomas von Kempen, Dialogus noviciorum III,29 (Quedam notabilia); 184r Thomas von Kempen, Dialogus noviciorum IV,6 (Collecta quaedam)**.

Bs2: Basel, UB, A X 92. – Provenienz: Kartause Margaretental (Basel); Datierung: 1. Hälfte 15. Jh.; 236 Bl. – Darin: fol. 1r Hubertinus de Casalis, Arbor vitae crucifixae Iesu; 1v Iacobus de Gruitrode, Rosarium Jesu et Marie (darin eingeschlossen Werke des Thomas von Kempen: 141r Sequentia de dulcedine Iesu; 143v Canticum consolatorium in memoriam Iesu; 145v Hymnus de nativitate Domini); **205r Epistula domini Florentii (Separatüberlieferung zu Thomas von Kempen, Dialogus noviciorum III,29)**; 206r–221r Epistulae Florencii et Gerhardi Magni. – Lit.: R. VAN DIJK 2003, S. 123ff.

Dav: Utrecht, RMCC, ABM Deventer 2 (fiktive Signatur, Kriegsverlust, z. T. photographisch dokumentiert; vormals Deventer, Parochiebibliotheek 2). – Provenienz: Deventer, Herr-Florens-Haus; Datierung: 1. Viertel 15. Jh.; 103 Bl. (paginiert) – Darin: p. 1–55 Florens Radewijns, Tractatulus devotus; p. 59–119 Aliqua verba notabilia domini Florentii et magistri Gherardi Magni **(darunter Separatüberlieferung zu Thomas von Kempen, Dialogus noviciorum II,18 und III,29); p. 129–156 Lubbert ten Busch, Exercitium; p. 157–171 Amilius van Buren, Scriptum de obitu Lubberti (Separatüberlieferung zu Dialogus IV,5 und 6)**; p. 173–205 Amersfoort-Briefe der Brüder des Herr-Florens-Hauses. – Lit.: Vregt, S. 333–341; Pohl 7, S. 530; Legrand/ Mertens, S. 29ff.; R. van Dijk 2003, S. 356; Hofman 2011, S. 133–135.

Ds: Düsseldorf, UB, Ms B 186. – Provenienz: Bottenbroich, Zisterzienserpriorat; Datierung: um 1479. – Darin: fol. 105v Thomas von Kempen, Sermones ad fratres; 107v Ders., Sermones ad novicios regulares; 115r Ders., Collecta ascetica; 171r Ders., Doctrinale iuvenum; 175v Ders., Hortulus rosarum; **188r–194v Thomas von Kempen, Dialogus noviciorum I**; 194v Thomas von Kempen, Consolatio pauperum et infirmorum; 208r Ders., Disciplina claustralium; 255r Johannes von Schoonhoven, Epistola prima in Eemsteyn. – Lit.: Günter Gattermann (Hg.), Handschriftencensus Rheinland, Bd. 1, Wiesbaden 1993, S. 392ff.

Ga: Gent, UB, Ms 311. – 252 Bl. – Darin: Werke des Thomas von Kempen; fol. 1r Sermones ad novicios regulares; **77v Thomas von Kempen, Dialogus noviciorum I** (cap. 5 und 6 fehlen); 83v Cantica; 85r Epistolae; 118v Libellus de paupertate, humilitate et patientia (De tribus tabernaculis); 133v De vera compunctione cordis; 137v Hortulus rosarum; 149r Vallis liliorum; 168v Alphabetum monachi; 169v Consolatio pauperum et infirmorum; 170v Breve epitaphium monachorum; 173r De imitatione Christi; 238r Doctrinale iuvenum; 242r Hospitale pauperum. – Lit.: Albert Derolez, Inventaris van de handschriften in de Universiteitsbibliotheek te Gent, Gent 1977, S. 27.

Han: Hannover, Niedersächsische Landesbibliothek, Ms XIII,859. – Provenienz: Wittenburg bei Elze, Augustinerchorherrenstift; Datierung: 1419–1440; Papier, 181 Bl. – Darin: fol. 111r–119v Geert Grote, Epistulae, dort **113r Testimonium magistri Wilhemi de Sabianilla cantoris Parisiensis (Separatüberlieferung zu Thomas von Kempen, Dialogus noviciorum II,17); 119v Protestatio magistri Gerardi (Separatüberlieferung zu Thomas von Kempen, Dialogus noviciorum II,18)**. – Lit.: Pohl 7, S. 531 (=cod. *Ham*); Helmar Härtel, Handschriften der niedersächsischen Landesbibliothek, II, Wiesbaden 1982, S. 203–212; R. van Dijk 2003, S. 211ff.

Hgl: Den Haag, KB, 128 G 16. – Provenienz: Deventer, Herr-Florens-Haus; Datierung: 2. Hälfte 15. Jh.; 242 Bl. – Darin: Viten, Dicta, Exercicia, darunter **178v–182v und 229r–230r Dicta von Geert Grote,**

Florens Radewijns und Lubbert ten Busch (Dialogus noviciorum II,18, III,29 und IV,6) – Lit.: Pohl 7, S. 530 (=cod. *D*); R. van Dijk 2003, S. 203f.

Hg2: Den Haag, KB, 78 J 55. – Provenienzvermerk: *e bibliotheca de la Serna Santandri*; Datierung: 1439; Pergament/Papier, 262 Bl. – Darin: fol. 1r Extravagantes Urbani papae; 2r Contra proprietarios monachos; 11r Epistulae magistri Gerardi Groet; 22v Regule S. Basilii; 89r Contra proprietates monachorum; **113r Protestatio magistri Gherardi (Separatüberlieferung zu Thomas von Kempen, Dialogus noviciorum II,18)**; 113v Epistulae magistri Gherardi dicti cognomine Groot et Guilhelmi de Salvarvilla, darunter **139r–140v Separatüberlieferung zu Thomas von Kempen, Dialogus noviciorum II,17 und 18 (De magnifica recommendacione, Epistula magistri Wilhelmi de Salvarvilla)**. – Lit.: Pohl 7, S. 530f. (=cod. *Hg*); G. I. Lieftinck, Manuscrits datés et conservés dans les Pays-Bas, Bd. 1/1, Leiden 1964, S. 43f.; R. van Dijk 2003, S. 190–203.

Hv: Heverlee, Parkabdij (Prämonstratenser), Hs. 17. – Provenienz: Zelem, St.-Jansberg; Datierung: Anfang 15. Jh.; Pergament, 3+132+3 Bl. – Darin: fol. 3r–30v De meditatione passionis Christi (volkssprach.); 31r–73r Evangelium Nicodemi (volkssprach.); 75r–96v Ps.-Augustinus, Speculum peccatoris (volkssprach.); 97r–122v Jan van Ruusbroec, Dat boecsken der verclaringhe; **123v *Sancte recordacionis …* (Separatüberlieferung zu Thomas von Kempen, Dialogus noviciorum II,17)**; 124r–130r Geert Grote, Quinque puncta (volkssprach.). – Lit.: Jan Deschamps, in: Jan van Ruusbroec. Tentoonstellingscatalogus, Brüssel 1981, S. 161f.

I2: Osnabrück, Gymnasium Carolinum, Hs 21. – Provenienz: Iburg, Benediktiner (Besitzvermerk: *Liber sancti Clementis in Iborch ordinis sancti Benedicti*); Datierung: 15. Jh.; Papier, 304 Bl. – Darin: fol. 79r Thomas von Kempen, Alphabetum monachi; 80r Ders., Vita boni monachi; 81v Ders., Cantica; **81v Thomas von Kempen, Dialogus noviciorum I**; 89v Thomas von Kempen, Cantica; 90r Ders., Consolatio pauperum et infirmorum; 255r Arnulfus de Boeriis, Speculum monachorum; **256v Epistula domini Florentii missa ad quendam fratrem (Separatüberlieferung zu Thomas von Kempen, Dialogus noviciorum III,29)**. – Lit.: Pohl 1, S. 356f.; Udo Kühne u.a., Handschriften in Osnabrück, Wiesbaden 1993, S. 107–112.

In: Innsbruck, UB, Hs. 749. – Provenienz: Schnals, Kartäuser Allerengelberg (?); Datierung: 1448; 195 Bl. – Darin: fol. 1r Briefe, darunter **1r *Sancte recordacionis …* (Separatüberlieferung zu Thomas von Kempen, Dialogus noviciorum II,17)**. – Lit.: R. van Dijk 2003, S. 214f.

K9: Köln, Hist. Archiv der Stadt, W 75. – Provenienz: Mecheln, Franziskanerkloster; Datierung: 1506; Papier, 75 Bl. – Darin: fol. **52r Thomas von Kempen, Dialogus noviciorum III, Auszüge (cap. 14, 26 und 29)**; 56v Thomas von Kempen, Alphabetum devoti religionis; 57v

Ders., Ad novicios regulares sermones, Auszüge; **68v Thomas von Kempen, Dialogus noviciorum I, Auszüge (cap. 2 und 4)**; 70r Thomas von Kempen, Briefe (Auszüge); 72v Ders., Auszüge aus Hortulus rosarum, Vallis liliorum, De vera compunctione cordis. – Lit.: POHL 4, S. 503f.; VENNEBUSCH 4, S. 14–18.

K11: Köln, Hist. Archiv der Stadt, GB 4° 134. – Provenienz: Köln, Kreuzherrenkloster; Datierung: um 1450 (fol. Ir [getilgt]: *scriptus est liber iste anno domini 1450*); Papier/ Pergament, 177 Bl. – Darin: fol. **104r Thomas von Kempen, Dialogus noviciorum I–IV**. – Lit.: POHL 7, S. 531f.; VENNEBUSCH 2, S. 150ff.; R. VAN DIJK 2003, S. 226f.

K12: Köln, Hist. Archiv der Stadt, GB 4° 249. – Provenienzvermerk: *liber est fratrum sancte Crucis in Colonia.* [...] *Scripta per me Conradum Scheych de Grunenberg fratrem et servum inutilem, finita Daventrie*; Besitzvermerke: Devoten-Haus Zwolle, Kreuzherrenbibliothek, Köln; Datierung: 1418; Papier, 175 Bl. – Darin: fol. **2r Epythaphium magistri Gerardi Magni (Separatüberlieferung zu Thomas von Kempen, Dialogus noviciorum II,18); 2r *Sancte recordacionis* ... (Separatüberlieferung zu Thomas von Kempen, Dialogus noviciorum II,17)**; 3v Verbote des Klerikerkonkubinates in der Diözese Utrecht; 5r Geert Grote, De quattuor generibus meditacionis; 22r Geert Grote, De locatione ecclesiarum; 31v Geert Grote, De cura pastorali non acceptanda. – Lit.: POHL 7, S. 532; VENNEBUSCH 2, S. 255f.; R. VAN DIJK 2003, S. 229ff.

K13: Köln, Hist. Archiv der Stadt, GB 8° 61. – Provenienz: Köln, Kreuzherrenbibbliothek; Datierung: 2. Hälfte 15. Jh.; Papier/Pergament, 250 Bl. – Darin: fol. 1r Gerhard Zerbolt von Zutphen, De spiritualibus ascensionibus; 182r Arnulfus de Boeriis, Speculum monachorum; **187v Thomas von Kempen, Dialogus noviciorum III,29 (Epistula)**. – Lit.: VENNEBUSCH 3, S. 50–55.

K14: Köln, Hist. Archiv der Stadt, GB 8° 126. – Provenienz: Köln, Kreuzherrenbibliothek; Datierung: 1. Drittel 15. Jh.; Papier/Pergament, 119 Bl. – Darin: fol. 1r–20v Thomas von Kempen De imitatione Christi (Auszug); 110r–119v Geert Grote, Epistulae (et alia), dort **112r Epistula magistri Wilhelmi (Separatüberlieferung zu Thomas von Kempen, Dialogus noviciorum II,18), 112v De magnifica recommendacione (Separatüberlieferung zu Thomas von Kempen, Dialogus noviciorum II,17), 112v De publica protestatione (Separatüberlieferung zu Thomas von Kempen, Dialogus noviciorum II,17), 113v Epistula ad episcopum (Separatüberlieferung zu Thomas von Kempen, Dialogus noviciorum II,17)**; 119r Geert Grote, Quinque puncta (Auszug).– Lit.: VENNEBUSCH 3, S. 125–128; R. VAN DIJK 2003, S. 237ff.; HOFMAN 2011, S. 280f.

K15: Köln, Hist. Archiv der Stadt, GB 8° 155. – Provenienz: Köln, Kreuzherrenbibliothek; Datierung: um 1420; Papier, 168 Bl. – Darin: fol. 2r Gerhard Zerbolt von Zutphen, De spiritualibus ascensionibus; **92 Dicta devotorum (Separatüberlieferung zu Thomas von Kempen,**

Dialogus noviciorum II,18, III,29 und IV,6); 95v *Deinde desideravit …* (Separatüberlieferung zu Thomas von Kempen, Dialogus noviciorum IV,5); 110v Gerhard Zerbolt von Zutphen, De reformatione virium animae; 126v Johannes von Schoonhoven, Epistola de passione Domini. – Lit.: Vennebusch 3, S. 149f.

K16: Köln, Hist. Archiv der Stadt, GB 8° 60. – Provenienz: Hohenbusch, Kreuzherren; Datierung: 2. Hälfte 15. Jh.; Papier, II+194 Bl. – Darin: fol. 1r–5r Geert Grote, Epistulae; 127r–194v Collecta ascetica, darunter **134r-v Florens Radewijns, Dicta (Separatüberlieferung zu Thomas von Kempen, Dialogus noviciorum III,29); 180r, 183v–183v, 189r und 192v Dicta von Geert Grote, Florens Radewijns und Lubbert ten Busch (Thomas von Kempen, Dialogus noviciorum II,18, III,29 und IV 6)**. – Lit.: Vennebusch 3, S. 42–50; R. van Dijk 2003, S. 232f.

K17: Köln, Hist. Archiv der Stadt, GB 8° 55. – Provenienz: Hohenbusch, Kreuzherren; Datierung: 1. Hälfte 15. Jh.; Papier, 202 Bl. – Darin: Aszetisches Florilegium aus Bernhard von Clairvaux, Gerlach Peters, Jan van Ruusbroec, Godeverd von Wevel, Hugo von St. Viktor, Heinrich von Friemar, Johannes Climacus, Ludolph von Sachsen, darunter fol. **39v–40r diverse Dicta unter *Magister Gerhardus Magnus* (Separatüberlieferung zu Thomas von Kempen, Dialogus noviciorum III,29: Notabilia Florens Radewijns)**. – Lit.: Karl Menne, Die deutschen und niederländischen Handschriften (=Mitteilungen aus dem Stadtarchiv Köln 10/1), Köln 1937, S. 475–481; R. van Dijk 2003, S. 231f.

K18: Köln, Hist. Archiv der Stadt, GB 8° 76. – Provenienz: Zwolle, St. Gregorius (Brüder vom Gemeinsamen Leben); Hohenbusch, Kreuzherren; Datierung: 1. Hälfte 15. Jh.; Papier/ Pergament, 187 Bl. – Darin: fol. 3v–98v Aszetische Textsammlung mit Auszügen aus Henricus Sosa, Isaac Ninivita, Ignatius Antiochiensis, Johannes Gerson, Augustinus, Jacobus de Voragine, Bonaventura, Bernhard von Clairvaux, Thomas Cantimpratensis, Hugo Ripelin, Johannes von Freiburg; **134v und 185r Geert Grote, Dicta (Separatüberlieferung zu Thomas von Kempen, Dialogus noviciorum II,18)**. – Lit.: Vennebusch 3, S. 69–76; R. van Dijk 2003, S. 234f.

Kd: Köln, Diözesan- und Dombibliothek, Cod. 1089. – Provenienz: Hohenbusch, Kreuzbrüderkonvent (?); Datierung: 15. Jh.; Papier, 184 Bl. – Darin: fol. **99r Florens Radewijns, Epistola (Separatüberlieferung zu Thomas von Kempen, Dialogus noviciorum III,29)**. – Lit.: Günter Gattermann (Hg.), Handschriftencensus Rheinland, Bd. 1, Wiesbaden 1903, S. 745.

Kh: Kopenhagen, Koninglige Bibliotek, KALL 299 4°. – Provenienz: Kloster St. Maria, Bordesholm (ursprünglich mit ***Ki*** zusammen); Datierung: Ende 15. Jh., nach 1488 (1493?); Pergament, 49 Bl. – Darin: fol. 1r Johannes Busch, Chronicon Windeshemense: Liber de origine devotionis modernae, cap. 40–47; **17r Thomas von Kempen, Dialo-**

gus noviciorum II; 43v Thomas von Kempen, Dialogus noviciorum III; von anderer Hand (***Kh²***) **49r Recommendatio magistri Gerhardi (Separatüberlieferung zu Thomas von Kempen, Dialogus noviciorum II,17)**. – Lit.: Ellen Jörgensen, Catalogus Codicum latinorum medii aevi Bibliothecae regiae Hafniensis, Bd. 1, Kopenhagen 1923, S. 86; R. van Dijk 2003, S. 242f.; Lesser 2004; Lesser 2005, S. 379ff.

Ki: Kiel, UB, cod. ms. Bord.6. – Provenienz: Kloster St. Maria, Bordesholm (ursprünglich mit ***Kh*** zusammen); Datierung: Ende 15. Jh., nach 1488 (1493?); Pergament, 325 Bl. (fehlerhafte Zählung). – Darin: fol. 1 *Incipit prologus in librum de illustribus viris ordinis ...*; 180v *Incipit prologus in librum de origine moderne devotionis ...*; nach 255 folgen 12 nicht gezählte Bll., ab dem ersten (r) **Thomas von Kempen, Dialogus noviciorum III,24–IV,14** beginnend mit *vestri. Ayt ille*; eingefügt ist 256r–257v ein Bericht über das Brüdercolloquium aus dem Herr-Florens-Haus zu Deventer, Inc. *Sequitur qualiter ...*; 257v *Incipit prologus libri quarti. Quia deo donante ...*; 300v *Explicit liber quartus.* Es folgt *De venerabili magistro Gherardo magno Deo devoto ... Audimus bonum ...* In Buch III,29 (Notabilia) zwischen *dirigendo af* || und || *fectiones tuas* befindet sich als Fragment eine zweite (wohl korrektere) Fassung derselben Hand von *et secularibus ... interioribus iudicant* aus III,25 (als ***Ki¹*** bezeichnet). – Lit.: Lesser 2004; Lesser 2005, S. 379ff.

Le1: Lüttich, Grand Seminaire, 6.L.23. – Besitzvermerk: *Liber fratrum sancte Crucis Conventus Leodiensis*; Datierung: 1450; Papier, 155 Bl. – Darin: **Thomas von Kempen, Dialogus noviciorum I–IV.** Ab fol. 3v || *orantibus devocionis* (I,2) neue Hand. – Lit.: Pohl 7, S. 533; Jean-Paul Depaire, La bibliothèque des Croisiers de Huy, de Liège et de Namur, Lüttich 1970, Bd. 2, S. 244; R. van Dijk 2003, S. 262ff.

Le2: Lüttich, Grand Seminaire, 6.H.12. – Besitzvermerk: *Conventus Cruciferorum Huj* (Huy/Maas); Datierung: 2. Hälfte 15. Jh.; Papier/Pergament, 307 Bl. – Darin: fol. **198r Thomas von Kempen, Dialogus noviciorum I–IV.** – Lit.: Pohl 7, S. 533; Jean-Paul Depaire, La bibliothèque des Croisiers de Huy, de Liège et de Namur, Lüttich 1970, Bd. 2, S. 117; R. van Dijk 2003, S. 257ff.

Le3: Lüttich, Grand Seminaire, 6.G.25. – Besitzvermerk: *Conventus fratrum sancte crucis Leodiensis*; Datierung: 15. Jh.; Papier/Pergament, 347 Bl. – Darin: fol. **186r–194r Consilia magistri Gherardi (Separatüberlieferung zu Thomas von Kempen, Dialogus noviciorum II,18 und III,29: Notabilia Florens Radewijns).** – Lit.: Pohl 7, S. 533f.; Jean-Paul Depaire, La bibliothèque des Croisiers de Huy, de Liège et de Namur, Lüttich 1970, Bd. 2, S. 235f.; R. van Dijk 2003, S. 265f.

Le4: Lüttich, Grand Seminaire, 6.M.13. – Provenienz: Lüttich, Kreuzherren; Datierung: 2. Viertel 15. Jh.; 276 Bl. – Darin: fol. **169v–178r Consilia magistri Gerardi Groet (Separatüberlieferung zu Thomas von Kempen, Dialogus noviciorum II,18 und III,29 Notabilia Florens Radewijns)**. – Lit.: Jean-Paul Depaire, La bibliothèque des Croisiers

de Huy, de Liège et de Namur, Lüttich 1970, Bd. 2, S. 248; R. VAN DIJK 2003, S. 265f.

Leu: Lüttich, UB, 229(c). – Provenienz: Namur und Lüttich (Kreuzherren); Datierung: Mitte 15. Jh.; 5+296+1 Bl. – Darin: fol. 161r–192r Geert Grote, Sermo ad clerum Traiectensem; 192v–255v Epistolae, darunter **192v Protestacio magistri Gherardi und 201v–202 Epistula magistri Wilhelmi de Salvarvilla ad papam Urbanum und Epistula Werneri [sic!] de Salvarvilla ad recommendacionem magistri Gerardi Magni (Separatüberlieferung zu Thomas von Kempen, Dialogus noviciorum II,17 und 18)**; 258r–268v Ps.-Gerardus Magnus (Gerardus Cameracensis), Tractatus in divinitate super septem verba dicta a Domino Jesu Christo pendente in cruce. – Lit.: POHL 7, S. 534f.; ALBERT AMPE/ FRANS HENDRICKX, in: Jan van Ruusbroec. Tentoonstellingscatalogus, Brüssel 1981, S. 82–85; R. VAN DIJK 2003, S. 270–283; HOFMAN 2011, S. 185f.

Leu1: Lüttich, UB, 263(c). – Provenienz: Lüttich, Kreuzherren; Datierung: 1374–1420; 114 Bl. – Darin: fol. 57r–58v Geert Grote, Articuli de notoriis focaristis; **58v *Sancte recordacionis ...* (Separatüberlieferung zu Thomas von Kempen, Dialogus noviciorum II,17)**; 112r-v Geert Grote, Epistola ad bonum secularem sacerdotem; 112v–113r Geert Grote, Sermo ad clerum Traiectensem; Sermo utilis de vestigiis Domini nostri Jesu Christi. – Lit.: R. VAN DIJK 2003, S. 283f.; HOFMAN 2011, S. 186 und 239f.

M2: München, BSB, Clm 12522. – Provenienz: Kloster Raitenhaslach; Datierung: 1495; 202 Bl. – Darin: fol. 110v Thomas von Kempen, Alphabetum monachi; 113r Exempla; **124v Thomas von Kempen, Dialogus noviciorum I**; 141v Thomas von Kempen, Alphabetum monachi; 144r Ders., Consolatio pauperum; 146r Ders., Breve epitaphium monachorum; 151r Ders., Vita boni monachi; 154r Ders., Manuale parvulorum; 163r Ders., Doctrinale iuvenum; 173r Ders., Hospitale pauperum; 195v Disciplina claustralium. – Lit.: KARL HALM u.a., Catalogus Codicum latinorum Bibliothecae regiae Monacensis secundum Andreae Schmelleri Indices, Bd. 2/2, München 1876 (ND Wiesbaden 1968), S. 76.

M3: München, BSB, Clm 3450. – Provenienz: Augustinerchorherren St. Maria und Felicitas in Au am Inn; Datierung: 2. Hälfte 15. Jh.; 168 Bl. – Darin: fol. **97r Geert Grote, Epistola (Separatüberlieferung zu Thomas von Kempen, Dialogus noviciorum II,17)**; 97r–134r Geert Grote, De focaristis. – Lit.: Catalogus Codicum latinorum Bibliothecae regiae Monacensis secundum Andreae Schmelleri Indices, Bd. 1/2, München 1894, S. 96; R. VAN DIJK 2003, S. 319f.; HOFMAN 2011, S. 187.

Ma: Magdeburg, Stadtbibliothek, XII 8°12. – Provenienz: unbekannt; Datierung: 1. Hälfte 15. Jh.; 151 Bl. – Darin: Briefsammlung Geert Grote, darunter **81r–82r Separatüberlieferung zu Thomas von Kempen,**

Dialogus noviciorum II,17 und 18 (Recommendacio, Protestatio, Briefe). – Lit.: R. van Dijk 2003, S. 287–300.

N1: Osnabrück, Bischöfl. Archiv, Hs. Frenswegen 8. – Provenienz: Frenswegen/ Nordhorn, Augustinerchorherrenstift (1r Besitzvermerk *liber nemoris beate Marie virginis ordinis canonicorum prope Northorn*); Datierung: 2. Hälfte 15. Jh.; Pergament/Papier, 225 Bl. – Darin: Thomas von Kempen, fol. 3r Sermones ad novicios regulares; 83r Disciplina claustralium; 96v Epistula devota ad quendam regularem; 98r Recommendatio humilitatis; 99v De mortifica vita; 101r De elevatione mentis ad inquirendum summum bonum; 106r Brevis admonitio spiritualis exercitii; 109r De vera compunctione cordis; 113v Sermo de laude bonae congregationis; **115r Thomas von Kempen, Dialogus noviciorum I–IV**; Vita Lidwigis. – Lit.: Pohl 6, S. 484ff.; Udo Kühne u.a., Handschriften in Osnabrück, Wiesbaden 1993, S. 31f.; R. van Dijk 2003, S. 329ff.

P1: Paris, BN, Ms lat nouv. acq. 728. – Datierung: Mitte 15. Jh., nach 1450; Pergament, 124 Bl. – Darin: **Thomas von Kempen, Dialogus noviciorum I–IV**. – Lit.: Henri Omont, Nouvelles acquisitions du département des manuscrits de la Bibliothèque Nationale pendant les années 1900–1902, in: Bibliothèque de l'École de Chartes 64, Paris 1903, S. 14; Pohl 7, S. 536; R. van Dijk 2003, S. 337ff.

P2: Paris, BN, Ms lat 14586. – Provenienz: St. Viktor; Datierung: kurz vor 1500; Pergament/Papier, 315 Bl. – Darin: fol. **270r Thomas von Kempen, Dialogus noviciorum II**. – Lit.: Léopold Delisle, Inventaires des manuscrits de l'abbaye de Saint-Viktor, Paris 1862, S. 39; Pohl 7, S. 536f.; Charles Samaran/ Robert Marichal, Catalogue des manuscrits en écriture latine, Bd. 3, Paris 1974, S. 738; Gilbert Ouy, Les manuscrits de l'abbaye de Saint-Victor. Catalogue établi sur la base du répertoire de Claude de Grandrue (1514), Turnhout 1999, S. 317f.; R. van Dijk 2003, S. 335ff.

P3: Paris, BN, Ms lat 9588. – Datierung: 15. Jh.; 221 Bl. – Darin: Werke des Thomas von Kempen, fol. 6v–22r Sermones ad novicios regulares; 22r–93r Sermones devoti breves et utiles; **93v–99v Thomas von Kempen, Dialogus noviciorum I**; 100r–101r Cantica; 101r–146r Epistolae; 146v–153r De tribus tabernaculis; 153r–157v De vera compunctione cordis; 157v–171r Hortulus rosarum; 171r–197r Vallis liliorum; 197r–199r Alphabetum monachi; 199r–200r Consolatio pauperum et infirmorum; 200r–202v Epitaphium monachorum; 202v–203v Vita boni monachi; 203v–207v Manuale parvulorum; 207v–212r Doctrinale iuvenum; 212r–221v Hospitale pauperum. – Lit.: Léopold Delisle, Inventaires des manuscrits conservés à la Bibliothèque imperiale, Paris 1869, S. 28.

P4: Paris, BN, Ms lat nouv. acq. 636. – Provenienz: unbekannt; Datierung: 15. Jh.; Papier, 8 Bl. – Darin: fol. **1r *Sancte recordacionis ...* (Separatüberlieferung zu Thomas von Kempen, Dialogus noviciorum II,17)**; 2r–7v Geert Grote, Articuli de notoriis focaristis. – Lit.: Henri

Omont, Nouvelles acquisitions du département des manuscrits de la Bibliothèque Nationale pendant les années 1896–1897, in: Bibliothèque de l'École de Chartes 59, Paris 1898, S. 92.

R: Den Haag, KB, 75 G 70. – Provenienz: Frankenthal bei Worms, dann Rebdorf, Augustinerchorherren; Datierung: 1488; Pergament/Papier, 234 Bl. – Darin: fol. **1r Thomas von Kempen, Dialogus noviciorum I–IV**; 136r Thomas von Kempen, Soliloquium anime (mit Verweis auf Abschrift vom Autograph 203v: *scriptum anno domini 1488. In die sancte Dorothee virginis. Ex libro qui scriptus est per manus fratris Thome Kempis*); 204r Thomas von Kempen, Disciplina claustralium; 228v Aliqua notabilia de conversacione eiusdem; 230v Tituli librorum Thome Kempis; 231v Thomas von Kempen, Alphabetum monachi. – Lit.: Pohl 1, S. 370ff.; G. I. Lieftinck, Manuscrits datés et conservés dans les Pays-Bas, Bd. 1/1, Leiden 1964, S. 37f.; R. van Dijk 2003, S. 188f.

Sa: Salzburg, Stiftsbibliothek St. Peter, cod. B.II.9. – Datierung: 16. Jh. – Darin: fol. 272r–357r Thomas von Kempen, Exzerpte, darunter **273r–278r Thomas von Kempen, Dialogus noviciorum II,18 (Notabilia quedam), III,24, 25, 29 (Quedam Notabilia), IV,4, 12**. – Lit.: R. van Dijk 2003, S. 340f.

T: Trier, Stadtbibliothek, Hs 1882/1439 8°. – Provenienz: Trier, Kloster St. Eucharius/ St. Mathias; Datierung: 15. Jh.; Papier/Pergament, 238 Bl. – Darin: fol. 6r Johannes von Schoonhoven, Epistulae 1–2; 54r Thomas a Kempis, Soliloquium; 90r Jordan von Quedlinburg, Meditationes de passione Christi; 170r Epistula exhortatoria de vita claustrali; 177r Epistula de infirmitate Lubberti; **178v Amilius van Buren, Scriptum de obitu Lubberti (Separatüberlieferung zu Thomas von Kempen, Dialogus noviciorum IV,5); 179r Littera domini Lubberti ad dominum Florentium (Separatüberlieferung zu Thomas von Kempen, Dialogus noviciorum IV,5)**; 182r Epistula de institutione noviciorum. – Lit.: Pohl 1, S. 372f.; Max Keuffer/ Gottfried Kentenich, Verzeichnis der Handschriften der Stadtbibliothek zu Trier, Heft 6, Trier 1910, S. 134.

T1: Trier, Bibliothek des Priesterseminars, Hs. 130. – Provenienz: Trier, Benediktiner-Abtei S. Matthias; Datierung: um 1600; Papier, 298 Bl. – Darin: fol. 118r–131r Thomas von Kempen, Epistola de recommendacione solitudinis et custodia silencii; **166r–167v *Magister Gerardus Groet dixit ...* (Separatüberlieferung zu Thomas von Kempen, Dialogus noviciorum II,18 und III,29: Notabilia Florens Radewijns)**; 221v–224v Thomas von Kempen, Epistola de custodia habenda ad seipsum; Sermo de abnegatione sui ipsius; Sermo de bono solitudinis. – Lit.: Jacob Marx, Verzeichnis der Seminarbibliothek Trier, Trier 1912, S. 95f.; Pohl 4, S. 511f.; R. van Dijk 2003, S. 355.

T2: Trier, Bibliothek des Priesterseminars, Hs 134. – Provenienz: Trier Benediktiner-Abtei St. Matthias; Datierung: 1503; Papier, 295 Bl. – Darin: fol. **9r Thomas von Kempen, Dialogus noviciorum I** (cap. 5

und 6 fehlen); 24r–56v Thomas von Kempen, Hortulus rosarum; 57r–124v Ders., Vallis liliorum; 125r–129r Ders., Alphabetum monachi; 129v–138r Ders., Epitaphium monachorum; 138v–149v Ders., Manuale parvulorum; 150r–176v Ders., Hospitale pauperum. – Lit.: Sigrid Krämer, Mittelalterliche Bibliothekskataloge Deutschlands und der Schweiz, Ergänzungsband 1/2, München 1989, S. 763.

U2: Utrecht, UB, 184. – Provenienzvermerk: *ex canonica Mariana Weertana Canonicorum regularium prope Eyndhoviam* (Marienhage); Datierung: 1533; 238 Bl. – Darin: fol. 23r Thomas von Kempen, Vita boni monachi; 24v Ders., Manuale parvulorum; **25r Thomas von Kempen, Dialogus noviciorum I** (cap. 5–7 fehlen); 28r Thomas von Kempen, Doctrinale iuvenum; 216r Ders., Disciplina claustralium; 231r Ders., Hortulus rosarum. – Lit.: G. I. Lieftinck, Manuscrits datés conservés dans les Pays-Bas, Leiden 1988, S. 189f.

U3: Utrecht, UB, 174 (olim Eccl. 259, 282n.). – Provenienzvermerk: *pertinet ad Carthusienses prope Traiectum inferius ex donacione magistri Helie pastoris Sancti Nycholai Traiectensis*; Datierung: 15. Jh.; 215 Bl. – Darin: fol. 121r–166v Geert Grote, Sermo de focaristis; **167r–v Geert Grote, Protestatio de sua predicatione (Separatüberlieferung zu Thomas von Kempen, Dialogus noviciorum II,18)**. – Lit.: P. A. Thiele, Catalogus codicum manu scriptorum Bibliothecae Universitatis Rheno-Trajectinae, Bd. 1, Utrecht 1887, S. 55–57; Pohl 7, S. 530 (=cod. *D1*); R. van Dijk 2003, S. 357f.; Hofman 2011, S. 172ff.

Vi1: Wien, ÖNB, Ser. Nov. 12835. – Provenienzvermerk: *liber pertinet Bethleem monasterio canonicorum regularium prope Lovanium*; Datierung: 15. Jh.; 147 Bl. – Darin: fol. **1r–112v Thomas von Kempen, Dialogus noviciorum I–IV.** – Lit.: Pohl 7, S. 537f.; Otto Pächt/ Ulrike Jenni/ Dagmar Thoss, Die illuminierten Handschriften und Inkunabeln der Österreichischen Nationalbibliothek, Flämische Schule I. Textband (=Österreichische Akademie der Wissenschaften, Philosophisch-Historische Klasse, Denkschriften 160) Wien 1983, S. 137f.; R. van Dijk 2003, S. 373ff.

Vi2: Wien, ÖNB, 12708. – Darin: fol. **162r–185v Thomas von Kempen, Dialogus noviciorum II–IV (Auszüge)**; 202r–214r Chronica venerabilium abbatum Villarensium; 214r–241v Liber de gestis virorum illustrium monasterii Villariensis; 242r–257r Liber de origine monasterii Viridis Vallis; 261r–282r Primordiale monasterii canonicorum regularium Rubeae Vallis; 327r–324v Historia sanguinis miraculosi de Busco Domini Isaac; 335r–337v Copia bullae approbantis et confirmantis veritatem sanguinis miraculosi in Busco Isaac conservati; 349r–354r Tractatulus de origine monasterii Septem Fontium. – Lit: De codicibus hagiographicis Iohannis Gielemans, in: Analecta Bollandiana 14, Brüssel 1895, S. 61–71.

Vi3: Wien, ÖNB, 4768. – Provenienz: Düsseldorf, Kreuzherren; Datierung: 1454; 230 Bl. – Darin: fol. 171v Briefe, darunter **223r *Ego Gerardus ...***

(Separatüberlieferung zu Thomas von Kempen, Dialogus noviciorum II,18). – Lit.: Franz Unterkircher, Die datierten Handschriften der Österreichischen Nationalbibliothek von 1451 bis 1500, Bd. 1, Wien 1974, S. 141; R. van Dijk 2003, S. 371f.; Hofman 2011, S. 193f.

Wo: Wolfenbüttel, HAB, 203 Extrav. – Provenienz: unbekannte Kartause im Mittelrheingebiet; Datierung: Mitte 15. Jh.; Papier, 92 Bl. – Darin: fol. 61r–67r Geert Grote, Tractatus de cura animarum (ep. 73); 67v–68r Geert Grote, Briefexzerpte; **68v Recommendacio magistri Gerardi Groot (Separatüberlieferung zu Thomas von Kempen, Dialogus noviciorum II,17)**; **68v–69r Epytaphium (Separatüberlieferung zu Thomas von Kempen, Dialogus noviciorum II,18)**. – Lit.: Hans Butzmann, Die mittelalterlichen Handschriften der Gruppen *Extravagantes, novi* und *novissimi*, Frankfurt 1972, S. 96–99; R. van Dijk 2003, S. 379f.

Wu: Würzburg, UB, M ch q 128. – Provenienz: mittelfränkisch; Besitzvermerk (Einband 18. Jh.): Würzburg, Kloster St. Stephan; letztes Viertel 15. Jh.; Papier, 184 Bl. – Darin: fol. 1r Tabula zu den Werken des Thomas von Kempen; 5r Thomas von Kempen, Sermones ad novicios; 70r Ders., Sermones ad fratres; **80r Thomas von Kempen, Dialogus noviciorum I**; 85r Thomas von Kempen, Epistulae; 118r Ders., De paupertate, humilitate et patientia (=De tribus tabernaculis); 135r Ders., De vera compunctione cordis; 139r Ders., Hortulus rosarum; 149r Ders., Vallis liliorum; 163v Ders., Alphabetum monachi; 164v Ders., Consolatio pauperum et infirmorum; 165v Ders., Epitaphium monachorum; 166v Ders., Vita boni monachi; 168r Ders., Manuale parvulorum; 170r Ders., Doctrinale iuvenum; 173r Ders., Hospitale pauperum. – Lit.: Hans Thurn, Die Handschriften aus St. Stephan zu Würzburg, II,2, Wiesbaden 1986, S. 184ff.

Im 2. Weltkrieg verbrannt sind neben ***Dav*** (s. o.) aus der Bibliotheca regia Paulina in Münster die Codices 313 mit allen vier Büchern des Dialogus noviciorum und 171 (760) mit Notabilia des Florens Radewijns (vgl. Pohl 7, S. 535f.: ***Mo1*** und ***Mo2***).

Nicht kollationiert wurden die volksprachigen Texte, die jedoch u. a. deshalb aufschlussreich sind, weil sie wie die lateinische Tradition und Rezeption des ‘Dialogus noviciorum’ die Fortwirkung der Dreiteilung des Werks in das erste Buch mit echtem Dialog-Charakter, die Viten der Bücher II–IV und die eingefügten Dokumente der Bücher II–IV belegen. Auch von diesen Dokumenten gibt es volkssprachige Texte in der Tradition der originären Separatüberlieferung:

B2: Berlin, Staatsbibliothek, Ms.germ.oct. 484. – Provenienz: Kloster Söflingen bei Ulm; Datierung: 1494–1498; Papier, 331 Bl. – Darin: fol. **1v–72v Dialogus noviciorum II–IV** (gekürzt); 74r Heiligenviten; 215r Etlich santprief die sant Clara haut gesant der säligen schwes-

ter Agnes von Bechem; 224r Predigten und Traktate über die Jungfräulichkeit; 249r Von der Kindheit Jesu; 262r Zwei Texte über die Zerstörung Jerusalems; 315r Die hystorie und das leben der heilgen junckfrawen sanct Eufraxia. – Lit.: HERMANN DEGERING, Verzeichnis der germanischen Handschriften der Preussischen Staatsbibliothek, Leipzig 1932, S. 253; FASBENDER, S. 206ff.

br8: Brüssel, KB, 2549–50. – Provenienz: Utrecht; Datierung: 1442; Papier, 143 Bl. – Darin: fol. 1r–101r Johannes von Schoonhoven, Sermones; **100v *Meyster Geryt die Groet seit in sinen gescrift ...* (Separatüberlieferung zu Thomas von Kempen, Dialogus noviciorum II,18)**; 101r–140v Humbertus de Romanis, Epistola de regularis observantia disciplinae; 140v–141r Gregor d. Gr., Homilia in evangelia. – Lit.: J. VAN DEN GHEYN, Catalogue des manuscrits de la Bibliothèque Royale de Belgique, Bd. 3, Brüssel 1903, S. 232; JAN DESCHAMPS, in: Jan van Ruusbroec. Tentoonstellingscatalogus, Brüssel 1981, S. 287ff.; R. VAN DIJK 2003, S. 144.

Hg3: Den Haag, KB, 133 F 17. – Provenienz: Amsterdam, Regularkanonikerinnen; Datierung: 1479; Papier/Pergament, 4+281+4 Bl. – Darin: fol. 1r–112v Jan van Ruusbroec, Van den ghestlichen tabernakel, cap. 81–144; 133r–161v Ps.-Bernardus, De interiori domo; 162r–191v Heiligenviten; **215v–222v Dialogus noviciorum II,18 (Conclusa et proposita non vota in nomine Domini) und III,29 (Quaedam notabilia verba domini Florentii)**; 222v–228v Hoe een mensche bidden sel; 228v–231r Een devoete oefenynghe. – Lit.: JAN DESCHAMPS, in: Jan van Ruusbroec. Tentoonstellingscatalogus, Brüssel 1981, S. 180ff.; R. VAN DIJK 2003, S. 205f.

Ka: Karlsruhe, Badische Landesbibliothek, Cod. Donaueschingen 422. – fol. **71r–143v Dialogus noviciorum II–IV** (gekürzt). – Lit.: FASBENDER, S. 203ff.

K19: Köln, Hist. Archiv der Stadt, W 138. – Provenienz: vermutlich vom Niederrhein (Mundart: Ripuarisch, stark niederländisch gefärbt); Datierung: um 1500; Papier, 246 Bl. – Darin: eine nahezu komplette Übersetzung des Utrechter Drucks von 1474, fol. 1r–93v Sermones ad novocios regulares; 93v–108r Sermones devoti; **108r–116r Thomas von Kempen, Dialogus noviciorum, Liber I (*He begynnet dat prologus in dylogum der novicien: Colligite quae superaverant fragmenta ...*)**; 116r–157v Epistolae; 157v–175v Libellus de paupertate, humilitate et patientia (De tribus tabernaculis); 175v–180v De vera compunctione cordis; 18v–194v Hortulus rosarum; 194v–219r Vallis liliorum; 219r–220v Alphabetum monachi; 220v–221r Consolatio pauperum et infirmorum; 221v–224v Breve Epitaphium monachorum; 224r–225v Vita boni monachi; 225v–229v Manuale Parvulorum; 229v–235r Doctrinale iuvenum; 235r–246r Hospitale pauperum. – Lit.: KARL MENNE, Deutsche und niederländische Handschriften (=Mitteilungen aus dem Stadtarchiv Köln 10/1,1) Köln 1937, S. 115–121, Nr. 84.

Lee: Leeuwarden, Tresoar, 686 Hs. (olim Provinciale Bibliotheek van Friesland 686 Hs.). – Provenienz: Deventer, Meister-Geerts-Haus (Mundart: nordöstliches Mittelniederländisch); Datierung: Ende 15. Jh. (nach 1483). – Darin: Nicolaus von Euskirchen, Collacien; Viten (u. a. Rudolf Dier von Muiden, Petrus von Amsterdam), darunter fol. **110r–122v Separatüberlieferung zu Thomas von Kempen, Dialogus noviciorum II,18 (volkssprach. Dicta)**. – Lit.: KLAAS VAN DER HOEK/ LYDIA S. WIERDA, Gebeden- en getijdenboeken en andere devote handschriften in de Provinciale Bibliotheek van Friesland, Leeuwarden 1987, S. 23ff. Nr. 5; R. VAN DIJK 2003, S. 245f.

St: Stuttgart, Württembergische Landesbibliothek, Cod. theol. et phil. 4° 219. – Darin: fol. **67r–88r Dialogus noviciorum III,29 und IV,12 und 13**.

Zur Recensio der handschriftlichen Überlieferung:

7 Handschriften überliefern den gesamten Text aller 4 Bücher: *K11, Le1, Le2, N1, P1, R, Vi1.* Nur die Lesarten dieser Handschriften sind in der Edition dokumentiert, wobei *R* als Leithandschrift dient, da sie sich bei der Kollation als bester Textzeuge erwiesen hat. Dort findet sich am Schluss des ebenfalls überlieferten 'Soliloquium animae' (fol. 203v) der Vermerk, dass es sich um eine Abschrift vom Autograph handele. Dass dies auch für den 'Dialogus' gilt, steht hier nicht. Jedoch ist *R* als die beste Handschrift anzusehen (wenn auch nicht als die älteste). Hier ist der gewissenhafteste Schreiber am Werk, der die wenigsten Fehler macht, den vollständigsten Text bietet, also im Vergleich mit den anderen Handschriften die geringsten Lücken – nur im Umfang weniger Worte – aufweist. Auch in der Orthographie ist *R* konsequent. Der Schreiber wechselt im Gegensatz zu einigen anderen Textzeugen kaum zwischen verschiedenen Varianten von Wörtern, für die unterschiedliche Schreibweisen bezeugt sind. Bereits Pohls Edition von 1922 basiert zu einem großen Teil auf den Lesarten dieser Handschrift.

Der Leithandschrift *R* stehen die Handschriften *N1* und *P1* nahe. Eine weitere Gruppe bilden die Handschriften *K11, Le1, Le2 und Vi1*, wovon *Le1, Le2* und *Vi1* als brabantische Gruppe sehr eng zusammen gehören. *Le2* ist abhängig von *Le1.* Allerdings muss sie jedoch auch eine andere heute unbekannte Vorlage hinzugenommen haben. So ist zum Beispiel einmal auf dem Rand als Zusatz zu den im Text genannten *delectaciones*, vor denen es sich zu hüten gilt, vermerkt: *alia lectio: fabulaciones* (I,4). Die Lesart *fabulaciones* findet sich jedoch in keiner der uns bekannten Handschriften. Des Weiteren schreibt *Le1* an einer Stelle (I,1) ein falsches *custodiat*, was gegen die korrekte Form *custodiet* der anderen Handschriften steht. Bei *Le2* findet sich ein erstes *custodiat*, darüber jedoch die Korrektur hin zu dem korrekten *custodiet* der anderen Handschriften, das von einer anderen Vorlage übernommen worden sein muss.

Folgende ausgewählte Trenn- und Bindevarianten (ausgehend von der Leithandschrift *R*) können dies veranschaulichen:

R gegen *N1, P1, K11, Vi1, Le1, Le2*:
exempla bona *R;* bona exempla *K11, Le1, Le2, N1, P1, Vi1* (Buch I)
ergo *R;* igitur *K11, Le1, Le2, N1, P1, Vi1* (Buch II)
ac *R;* et *K11, Le1, Le2, N1, P1, Vi1* (Buch II)
refectioni fratrum *R;* fratrum refectioni *K11, Le1, Le2, N1, P1, Vi1* (Buch II)
R, N1 gegen *P1, K11, Vi1, Le1, Le2*:
facere viderentur *R, N1;* viderentur facere *K11, Le1, Le2, P1, Vi1* (Buch III)
R, N1, P1 gegen *K11, Vi1, Le1, Le2*:
Domino *R, N1, P1*; Deo *K11, Le1, Le2, Vi1* (Buch I)
et *R, N1, P1*; ac *K11, Le1, Le2, Vi1* (Buch II)
Tribus autem annis lectioni et oracioni vacavit, antequam predicare inciperet *R, N1, P1*; *fehlt in K11, Le1, Le2, Vi1* (Buch II)
simul in uno supposito congregatis *R, N1, P1*; *fehlt in K11, Le1, Le2, Vi1* (Buch III)
est bona *R, N1, P1;* bona est *K11, Le1, Le2, Vi1* (Buch III)
querere incipis te *R, N1, P1;* te querere incipis *K11, Le1, Le2, Vi1* (Buch III)
bene similiter vos probarem *R, N1, P1*; bene vos similiter probarem *K11, Le1, Le2, Vi1* (Buch IV)
non medicus *R, N1, P1*; medicus non *K11, Le1, Le2, Vi1* (Buch IV)
et *R, N1, P1*; ac *K11, Le1, Le2, Vi1* (Buch IV)
de his nichil *R, N1, P1*; nichil de his *K11, Le1, Le2, Vi1* (Buch IV)
flexis genibus *R, N1, P1*; genibus flexis *K11, Le1, Le2, Vi1* (Buch IV)
quia *R, N1, P1*; quod *K11, Le1, Le2, Vi1* (Buch IV)
sui corporis *R, N1, P1*; corporis sui *K11, Le1, Le2, Vi1* (Buch IV)
celestibus secretis *R, N1, P1*; secretis celestibus *K11, Le1, Le2, Vi1* (Buch IV)
quondam ille *R, N1, P1*; ille quondam *K11, Le1, Le2, Vi1* (Buch IV)
misericordia Dei *R, N1, P1*; Dei misericordia *K11, Le1, Le2, Vi1* (Buch IV)
congregacione illa *R, N1, P1*; illa congregacione *K11, Le1, Le2, Vi1* (Buch IV)
R, N1, P1, K11 gegen *Vi1, Le1, Le2*:
super te iudicia Dei *R, N1, P1, K11;* Dei iudicia super te *Vi1, Le1, Le2* (Buch I)
alii precibus, alii promissionibus *R, N1, P1, K11;* alii promissionibus, alii precibus *Vi1, Le1, Le2* (Buch I)
bona eterna querenda *R, N1, P1, K11 ;* bona querenda *Le1, Le2, Vi1* (Buch III)
sanguine Christi *R, N1, P1, K11;* Christi sanguine *Le1, Le2, Vi1* (Buch III)
humile opus *R, N1, P1, K11;* opus humile *Le1, Le2, Vi1* (Buch IV)

Diese 7 Handschriften, die den 'Dialogus noviciorum' komplett überliefern, waren Pohl bereits bekannt. Jedoch sind seit der Edition Pohls neue Handschriften entdeckt worden, welche lediglich Teile des 'Dialogus noviciorum' überliefern. Diese Handschriften sind zwar nicht für die Gestalt des Ursprungstextes aufschlussreich, wohl aber für die spätere Rezeption des Werks.

Lediglich eine Handschrift – Pohl bereits bekannt – überliefert Exzerpte aus allen 4 Büchern: *br5* (Löwen 1526), wobei jedoch Schwerpunkte zu erkennen sind. Vor allem die angehängten Dokumente der Bücher sind für den Schreiber bzw. dessen Auftraggeber von Interesse gewesen. Aufgrund der Lesarten ist *br5* eindeutig der brabantischen Gruppe *Vi1/Le1/Le2* zuzuordnen.

Die erzählenden Viten selbst scheinen auf geringeres Interesse gestoßen zu sein: Die recht singulär stehende Handschrift *P2* überliefert lediglich Buch II, die Vita Geert Grotes. Hier finden sich im Text zahlreiche Umarbeitungen, Auslassungen und Ergänzungen. Dies gilt auch für die Handschrift *Vi2* (mit Nähe zur brabantischen Gruppe *Vi1/Le1/Le2/br5*), welche die Bücher II–IV des Werks überliefert.

Wie bedeutend das Interesse an den im 'Dialogus noviciorum' überlieferten Dokumenten (und wie gering am Gesamttext bzw. an den erzählenden Viten) gewesen sein muss, belegen noch deutlicher als *br5* jene 7 Handschriften, die Teile aus den Büchern II–IV überliefern und sich dabei ganz auf einzelne Dokumente beschränken: *br7, Bs1, Hg1, K9, K13, K16, Sa.* Die 'Dicta magistri Gerardi Magni' in der aus der zweiten Hälfte des 15. Jahrhunderts stammenden Handschrift *Hg1* (Provenienz: Herr-Florens-Haus zu Deventer) weisen einige von den 'Notabilia' im zweiten Buch des 'Dialogus noviciorum' abweichende Lesarten auf. Des Weiteren findet sich dort – neben dem Fehlen eines Satzes – ein bei Thomas von Kempen fehlender Satz am Ende des Textes. Aufgrund der Gemeinsamkeiten an den entscheidenden Stellen und der identischen Anordnung der einzelnen Sätze ist jedoch auch dieser Textzeuge eindeutig in die 'Dialogus'-Tradition zu stellen. Entsprechendes gilt für die Handschrift *br7* (Zwolle/Deventer um 1500), die den Nachruf Wilhelms von Salvarvilla zwar mit einem im Vergleich zum 'Dialogus noviciorum' verkürztem Schluss überliefert, jedoch aufgrund der Lesarten zweifellos auf die Fassung des 'Dialogus noviciorum' rekurriert (II, 17). Da diese Handschriften nur sehr wenig Text überliefern, fällt es schwer, diese immer zweifelsfrei im Stemma zuzuordnen. *Bs1* jedenfalls steht eindeutig in der Tradition der Leithandschrift *R*. Die Textzeugen *br7, Hg1* und *Sa* scheinen der brabantischen Gruppe *Vi1/Le1/Le2/br5*, die Textzeugen *K9, K13* und *K16* der Handschrift *K11* nahe zu stehen.

9 Handschriften überliefern Buch I bzw. Teile daraus: *Ds, Ga, I2, K9, M2, P3, T2, U2, Wu.* Diese hängen von einem Frühdruck (vermutlich Utrechter Druck von 1474) ab und weisen einen ähnlichen Bestand auf (die sog. 'kleinen Schriften' des Thomas von Kempen). Die gesamte Tradi-

tion der frühen Drucke von der Editio princeps an trennt das Werk und sieht allein in dem ersten Buch den 'Dialogus noviciorum' – nicht zuletzt verursacht durch den eingangs skizzierten Aufbau des Werks durch Thomas von Kempen selbst. Eine Besonderheit ist hier die Handschrift *U2*, welche in dieser Gruppe den Textzeugen *P3* und *Wu* nahe zu stehen scheint: Der Schreiber der Handschrift *U2* verändert das dialogische Konzept, indem er die Anrede des Novizen durch den Senior in der 2. Person in Ratschläge für eine anonyme 3. Person umwandelt. Bemerkenswert ist ebenfalls die Kölner Handschrift *K9*, datiert auf 1506. Diese enthält getrennt voneinander, aber von einer Hand geschrieben, Auszüge aus zuerst Buch III (fol. 52r–56v) mit Lesarten von *K11* sowie – nach einigen anderen Texten – aus den Kapiteln 2 und 3 des ersten Buches (fol. 68v–70r). Diese sind in die Tradition des Frühdrucks zu stellen, ähnlich wie *U2* mit einer Nähe zu *P2* und *Wu*. Die genannten Handschriften sind somit als bedeutende Zeugnisse für die differenzierte Rezeption des Gesamtwerks anzusehen.

Ähnliches ist bei der Kölner Handschrift *K16* zu erkennen. Diese bietet auf fol. 134r einige Dicta des Florens Radewijns in der vom 'Dialogus noviciorum' abweichenden Form der Separatüberlieferung. Auf fol. 180r, 182v–183v, 189r und 192v werden jedoch vereinzelte Dicta von Geert Grote, Florens Radewijns und Lubbert ten Busch in der 'Dialogus'-Fassung des Thomas von Kempen (Buch IV, Kapitel 6) geboten.

Auch die Handschrift *I2* (Benediktiner Iburg) überliefert Textzeugen zweier Traditionen: Buch I in der Tradition des Frühdrucks (fol. 81v–89r) sowie einen Brief des Florens Radewijns in der Fassung der Separatüberlieferung (256v–257r).

Eine bemerkenswerte Neuentdeckung ist die ursprünglich aus Bordesholm stammende Handschrift von 1493 (mit lücken- und fehlerhafter Foliozählung)[2]. Nach der Säkularisation im Zuge der Reformation verblieb sie in der dortigen Schule. Nach deren Auflösung gelangte sie nach Kiel. Noch vor 1700 ist sie geteilt worden: Ein Teil blieb in Kiel (Universitätsbibliothek, cod. ms. Bord.6: *Ki*). Der andere geriet in dänischen Privatbesitz; davon ist heute ein Fragment in der Königlichen Bibliothek zu Kopenhagen (Koninglige Bibliotek, KALL 299 4°: *Kh*). Dort findet sich statt des ersten echt dialogischen Buchs des 'Dialogus' der 'Liber de origine devotionis modernae' von Johannes Busch. Es folgt das vollständige Buch II und Buch III, Kapitel 1–9. Zusätzlich findet sich hier von anderer Hand die 'Recommendacio magistri Gerhardi' noch einmal getrennt in der Form der originalen Überlieferung (*Kh*^{2}). Ein weiteres erhaltenes Fragment dieser Handschrift (Kopenhagen, Koninglige Bibliotek, Gl. kgl. S 1594) überliefert keine Texte aus dem 'Dialogus noviciorum'. Das Kieler Fragment beginnt mit Buch III, Kapitel 24 (davor also das heute vermisste vierte Fragment) und geht danach ganz regulär weiter bis zum

2 Lesser 2004, sowie Ders. 2005, S. 379ff.

Schluss – mit einer Ausnahme: Als neues letztes Kapitel in Buch III ist der Bericht über ein Brüdercolloquium aus dem Herr-Florens-Haus zu Deventer hinzugefügt.

Neben diesen strukturellen Veränderungen des Werks ist ein weiteres bei diesem Textzeugen auffällig: die Lesarten. Grundsätzlich gehört die Bordesholmer Handschrift zur brabantischen Gruppe *Vi1/Le1/Le2/br5*. Daneben sind jedoch auch Lesarten der Leithandschrift *R* auszumachen, die sich in jener Gruppe nicht finden. Noch komplizierter wird die Lage dadurch, dass zahlreiche Dokumente an die Separatüberlieferung angelehnt sind. Es finden sich hier Kontaminationen der zwar nur gering, aber eindeutig voneinander abweichenden Überlieferungen. Das heißt: drei Überlieferungsstränge treffen sich in der Bordesholmer Handschrift – zwei 'Dialogus'-Traditionen und die Überlieferung der originalen Dokumente. Der Schreiber hat hier aus mehreren Vorlagen kollationiert.

Der Hintergrund ist klar: Bordesholm wurde vom brabantisch-niederrheinischen Gebiet aus reformiert (woher die grundlegenden Lesarten für die Handschrift stammen). Mit der Aufnahme in die Windesheimer Kongregation war zugleich ein reger Handschriftentransport nach Bordesholm verbunden. So sind neben den Statuten und anderen, literarischen Texten der Devotio moderna auch mindestens eine weitere Handschrift mit dem 'Dialogus noviciorum' sowie zahlreiche Dokumente bzw. deren Abschriften in die Bordesholmer Schreibstube gelangt. Dort sind sie einem wachen Schreiber in die Hände gefallen, der daraus einen neuen Text geformt hat. So mag auch die Bordesholmer Handschrift ein Beispiel für den 'pragmatischen' und bisweilen recht unbefangenen Textgebrauch in der Devotio moderna sein.

Zum Anhang 3:
Ein besonderes Problem bieten jene Handschriften, welche die Dicta (Notabilia verba) von Geert Grote und Florens Radewijns überliefern. Während bei den Briefen und ähnlichen schriftlichen Dokumenten die Divergenzen zwischen der originalen und der von Thomas inserierten Fassung zwar eindeutig, aber gering sind, zeigt sich bei den Dicta eine größere Varianz vor allem in der Auswahl und Zuordnung der Aussprüche. Die Autorangaben einzelner Dicta im 'Dialogus noviciorum' decken sich nicht immer mit jenen der Parallelüberlieferung. Dies ist jedoch kein genuines Problem des 'Dialogus noviciorum': Die Parallelüberlieferung ist hier selbst nicht konsistent. Einzelne Sätze werden unterschiedlich einem der beiden Gründergestalten der Devotio moderna zugeschrieben, ohne dass sich die Urheberschaft zweifelsfrei bestimmen lässt. Um die gattungstypische Unfestigkeit und Fluktuation der Überlieferung zu veranschaulichen, wird im Anhang 3 die umfangreichste Dicta-Sammlung aus dem Kreis der Brüder von Deventer abgedruckt und durch Konkordanzen mit den 'Notabilia verba' des Dialogus abgeglichen.

Zur Edition:
Der Text der Edition stützt sich auf die Leithandschrift *R*, die sich bei der Kollation als bester Textzeuge erwiesen hat; abweichende Lesarten der Handschriften *K11, Le1, Le2, N1, P1* und *Vi1* werden im Apparat nachgewiesen und gegebenenfalls herangezogen, um die wenigen offensichtlichen Fehler und Verschreibungen der Leithandschrift zu verbessern. Auch signifikante Lesarten der Ausgaben von Pohl und Sommalius sowie die für einzelne Dokumente vorliegende Parallelüberlieferung in Buschs 'Chronicon Windeshemense' sind im Apparat berücksichtigt. Konjekturen der Herausgeber sind mit *Hrsg.* bezeichnet.

Während in der Edition Pohls die Orthographie normalisiert wurde, folgt sie hier der recht konsistenten Leithandschrift *R*. Lediglich die Schreibung von u und v wurde durchgehend dem Lautwert (Vokal /u/ versus Halbvokal /v/) angepasst. Ansonsten wurde die Orthographie der Leithandschrift – abgesehen von Behebung der Verschreibungen – beibehalten. Das betrifft vor allem die bei Pohl normalisierte Schreibung von /i/ in Worten wie z. B. *ymmo* oder *Dyalogus*, die in der Leithandschrift fast durchgehend in dieser Form wiedergegeben werden, während die meisten anderen Handschriften zwischen den einzelnen Varianten wechseln.

Pohl hat auch in die Interpunktion stark eingegriffen, wobei er jedoch durch sein System der Doppelpunkte, Semikola und Kommata, das Einheiten zusammenfasst und den Rhythmus wiedergeben möchte, sowie durch den Verzicht auf Anführungszeichen dem Leser die Lektüre nicht vereinfacht. In der vorliegenden Edition soll die Interpunktion zur Erleichterung des Textverständnisses dienen. Die Seitenzahlen der Dialogus-Ausgabe von Pohl sind in Klammern vermerkt.

Sacherläuterungen zum Text und Stellennachweise der Bibel- und Kirchenväterzitate werden in den Anmerkungen zur Übersetzung gegeben.

DIALOGUS NOVICIORUM /

NOVIZENGESPRÄCHE

LIBER PRIMUS:
DE CONTEMPTU MUNDI

Incipit prologus in dyalogum noviciorum de contemptu mundi[a].

„Colligite que superaverunt[b] fragmenta ne pereant“: Verbum Christi est ad discipulos suos. Cum enim omnipotens et misericors Dominus de quinque panibus et duobus piscibus quinque milia hominum saciasset, iussit reliquias fragmentorum colligi ne perirent. Mistice autem loquendo fragmenta ciborum sunt verba doctorum et exempla bonorum, que a studiosis fratribus frequenter pensari debent et in libris vel tabulis tamquam in cophinis ad utilitatem legencium diligenter inseri et conservari. Hac consideracione inductus pro noviciis exhortandis quorundam predecessorum meorum monita et exempla Deo iuvante huic opusculo inserere cogitavi, quatenus his bonis auditis laudetur altissimus Deus, a quo [4] bona cuncta procedunt, et multi ista legentes ad contemptum mundi amplius accendantur.

Explicit prologus.

Incipiunt capitula libri primi[c].

Novicius[f]:

Rogo te, pater karissime, ut amore Iesu Christi diligentem ad me respectum habeas, que salutaria sunt edoceas, excessus meos stricte

[a] Incipit prologus...mundi] magistri Gerardi Groet *hinzugefügt in Le2;* Incipit prologus in dyalogum noviciorum de doctrina christiana *P1;* Incipit dyalogus noviciorum de contemptu mundi *Vi1.*

[b] superaverunt] superaverant *P1.*

[c] libri primi] primi libri *K11, N1; fehlt in Le1/2, P1, Vi1.*

[d] postea] postmodum *K11, Le1/2, Vi1.*

[e] est Deo obediendum] est obediendum Deo *P1;* Deo est obediendum *Le1/2, Vi1.*

[f] Novicius] Capitulum primum. Novicius *Vi1.*

ERSTES BUCH:
VON DER WELTVERACHTUNG

Prolog zum Novizendialog über die Weltverachtung.

„Sammelt die übriggebliebenen Brocken, dass sie nicht zugrunde gehen!" – so sprach Christus zu seinen Jüngern[1]. Denn als der allmächtige und barmherzige Herr mit fünf Broten und zwei Fischen fünftausend Menschen gespeist hatte, ließ er die Stücke, die übrig waren, aufsammeln, dass sie nicht verloren gingen. In geistigem Sinne verstanden aber sind die Überreste der Speisen die Worte der Lehrer und die Beispiele der Guten: Eifrige Brüder sollen darüber immer wieder nachdenken und sie sorgfältig in Büchern oder auf Schreibtafeln gleichsam wie in Körben sammeln und zum Nutzen der Leser aufbewahren. Von dieser Betrachtung angeregt gedachte ich zur Ermahnung der Novizen die Aussprüche und Beispiele einiger meiner Vorgänger mit Gottes Beistand in dieses kleine Werk aufzunehmen, damit sie nach dem Anhören solcher guten Worte den allerhöchsten Gott, von dem alles Gute ausgeht, loben und viele, die das lesen, noch mehr zur Verachtung der Welt begeistert werden.

Dies sind die Kapitel des ersten Buchs:

Novize:

Ich bitte dich, geliebter Vater, dass du um der Liebe Christi willen dich meiner annimmst, mich unterrichtest in dem, was heilsam ist,

[1] Io. 6,12.

corrigas, passionibus meis remedia tempestive adhibeas[a], et si qua exempla bona[b] nosti, michi etiam imitanda proponas. Idcirco enim mundum et ea que mundi sunt[c] reliqui, ut in statu religionis voluntatem Dei plenius discam et faciam[d], a periculis temptacionum securius vivam, et[e] tandem finito huius vite[f] stadio eterne beatitudinis [5] premia cum fidelibus Christi merear adipisci. Intendo namque de cetero totam vitam meam ad Dei servicium ordinare et modicum temporis, quod michi remanet, in religione consummare. Quapropter paratus sum omnem subire laborem et tuis ammonicionibus acquiescere ac seniorum obtemperare statutis pro mea salute et profectu editis[g], sicut novicium decet et status religionis requirit.

Quod locucio de Deo multum prodest noviter conversis. Capitulum I.

Ad hec senior respondit:

Libenter audio quod dicis, et si potero prodesse, faciam quod hortaris. Assit nunc Spiritus sancti gracia ut eloquar digna, quatenus Deo nostra colloquia placeant et proximis utilia fiant. Siquidem magna ars docendi est recta debite proferre et eadem testimoniis sacris confirmare. Cupio autem tecum de Deo et servis Dei aliqua loqui, ut tibi ex lectione solacium veniat et michi meritum ex huius operis edicione accrescat[h]. Confido in Domino Iesu, quod pietas sua non deerit nobis orantibus, qui presenciam suam promisit de se loquentibus affu-[6]turam dicens: „Ubi duo vel tres congregati sunt in nomine meo, ibi sum in medio eorum.“

Hinc est quod duobus discipulis ambulantibus in via et de se loquentibus in specie peregrini apparuit et ait: „Qui sunt hi sermones, quos confertis ad invicem ambulantes, et estis tristes?“ Et dixerunt: „De Iesu Nazareno.“ Ecce qualiter pius Dominus de se contristatis presencialiter occurrit. Et quia non de secularibus negociis sed de factis nostri Salvatoris loquebantur, idcirco ab eo meruerunt consolari et in divinis scripturis pariter erudiri. Moxque in amore Christi tam vehementer sunt ac-

[a] remedia tempestive adhibeas] tempestive remedia adhibeas *Le1/2, Vi1.*
[b] exempla bona] bona exempla *K11, Le1/2, N1, P1, Vi1.*
[c] et ea que mundi sunt] et ea que sunt mundi *P1.*
[d] voluntatem Dei plenius discam et faciam] voluntatem plenius discam et faciam *Vi1.*
[e] et] ac *K11, Le1/2, N1, P1.*
[f] vite] *fehlt in Vi1.*
[g] et profectu editis] et profectum editis *K11;* ac pro profectu editis *P1.*
[h] accrescat] *korr. aus* eccrescat *K11;* crescat *Vi1.*

meine Vergehen streng rügst, meinen Leidenschaften beizeiten entgegenwirkst und mir gute Beispiele, die du vielleicht kennst, zur Nachahmung vorhältst. Darum nämlich habe ich die Welt und das, was weltlich ist, verlassen, dass ich im Ordensstand den Willen Gottes vollkommener erkenne und tue, sicherer vor den Gefahren der Versuchung lebe und schließlich, wenn ich den Lauf dieses Lebens vollendet habe[2], mit allen Getreuen Christi den Lohn der ewigen Seligkeit zu erlangen verdiene. Ich bin nämlich gewillt, mein ganzes Leben hinfort dem Dienste Gottes zu widmen und die kurze Zeit, die mir noch bleibt, im Kloster zu verbringen. Daher bin ich bereit, jede Mühe auf mich zu nehmen, mich deinen Ermahnungen zu fügen und den Satzungen der Oberen, die zu meinem Heil und Fortschritt erlassen sind, zu gehorchen, wie es einem Novizen ziemt und der Ordensstand es verlangt.

Kapitel 1: Ein Gespräch von Gott ist sehr heilsam für die neu zum Ordensleben Bekehrten.

Darauf antwortete der Senior:

Gern höre ich, was du da sprichst, und wenn ich dir nützen kann, will ich tun, was du begehrst. Die Gnade des Heiligen Geistes steh uns bei, dass ich angemessen spreche, damit unsere Unterredungen Gott gefallen und den Nächsten zum Nutzen gereichen. Denn es ist die hohe Kunst der Lehre, das Richtige gehörig vorzutragen und durch heilige Zeugnisse zu bekräftigen. Ich will aber mit dir etwas von Gott und seinen Dienern sprechen, dass dir die Lektüre zum Trost gereiche und mir die Abfassung dieses Werks verdienstvoll sei[3]. Ich vertraue dabei auf den Herrn Jesus, dass seine Milde uns nicht verlassen wird, wenn wir darum bitten, hat er doch denen, die von ihm sprechen, seine Gegenwart verheißen mit den Worten: „Wo zwei oder drei in meinem Namen versammelt sind, da bin ich mitten unter ihnen.“[4]

Daher ist er auch den beiden Jüngern, die sich auf ihrem Weg über ihn unterhielten, in der Gestalt eines Wanderers erschienen und hat sie gefragt: „Was sind das für Gespräche, die ihr untereinander führt auf dem Weg, und warum seid ihr traurig?“ Und sie sagten: „Von Jesus von Nazareth.“[5] Da siehst du, wie der milde Herr denen, die um seinetwillen traurig sind, gegenwärtig erscheint. Und weil sie nicht über weltliche Geschäfte, sondern von den Taten unseres Heilands sprachen, erlangten sie die Gunst, von ihm getröstet und zugleich in den heiligen

2 Vgl. 1. Cor. 9,24.
3 S. oben Einführung, Anm. 3.
4 Mt. 18,20.
5 Lc. 24,17ff.

censi, ut ex dulci colloquio eius mirabiliter illuminati dicerent: „Nonne cor nostrum ardens erat in nobis, dum nobis loqueretur[a] in via et aperiret scripturas?"

Sicut enim bona colloquia accendunt corda piorum in amorem celestium ac germinare faciunt opera virtutum, sic vaniloquia corrumpunt mores bonos[b] et graciam Dei perdunt, devocionem extinguunt, conscienciam maculant et alios scandalizant. Oremus ergo ad Dominum, ut illuminet vultum suum super nos et custodiat[c] nos ab omni opere malo et sermone ocioso. Sedeamus cum Maria Magdalena ad pedes Iesu ad audiendum verbum illius, quod potest salvare animas [7] nostras, et in omnibus actibus nostris ad beneplacitum Dei tendamus.

Novicius:

Confortasti me et instruxisti verbis optimis et exemplis. Utinam custodiam vias meas ut non delinquam in lingua mea. Utinam dirigantur omnes vie mee in conspectu Dei mei semper. Sed non pigeat te ad interrogata mea respondere[d]. Dic queso quomodo potest quis ad perfectum seculi contemptum venire et verus Christi discipulus effici. Video namque multos seculum relinquere et postea tamen ad secularem vitam redire. Alios etiam considero habitum religionis assumere, sed a pristino fervore languere. Cum aliis ecclesiam intrant, sed devocionis graciam non degustant. Quosdam etiam intueor ad exteriora defluere et paulatim ad noxiam libertatem declinare. Rogo te, non me paciaris a via perfectionis exorbitare, sed quid cavendum sit quidve[e] tenendum doceas evidenter. [8]

Quod meliora sunt in exemplum trahenda et deteriora vitanda. Capitulum II.

Senior:

Bonus discipulus paratus est acquiescere magistri sui consilio nec quicquam temere contra eius sentenciam agere presumit. Sic servat humilitatem, implet obedienciam, meretur graciam, tenet pacem, cu-

a nobis loqueretur] loqueretur nobis *Le1/2, Vi1.*
b mores bonos] bonos mores *P1.*
c custodiat] *korr. aus* custodiet *Le2;* custodiet *Le1.*
d mea respondere] michi respondere *K11, N1, Pohl;* respondere michi *Le1/2, Vi1.*
e quidve] quid *N1;* ve *Vi1.*

Schriften unterrichtet zu werden. Alsbald ergriff sie die Liebe zu Christus so heftig, dass sie durch sein gutes Gespräch wunderbar erleuchtet ausriefen: „Brannte nicht unser Herz, als er mit uns redete auf dem Weg und uns die Schrift erschloss?“[6]

Denn wie gute Gespräche die Herzen der Frommen zu himmlischer Liebe entflammen und Werke der Tugend hervorbringen, so verdirbt nichtiges Geschwätz die guten Sitten, führt zum Verlust der Gnade Gottes, löscht die Andacht aus, belastet das Gewissen und gibt andern Ärgernis. Beten wir also zum Herrn, dass sein Antlitz über uns leuchte und er vor jedem bösen Werk und vor unnützen Reden uns bewahre. Lasst uns mit Maria Magdalena zu den Füßen Jesu sitzen, sein Wort zu hören[7], das unsere Seelen erlösen kann, und streben wir in allen unseren Werken danach, Gott zu gefallen.

Novize:

Du hast mich gestärkt und belehrt durch passende Worte und Beispiele. Würde ich doch auf meine Wege achten, dass ich nicht mit der Zunge sündigte![8] Würden mich doch alle meine Wege stets leiten vor dem Anblick Gottes![9] Lass es dich aber nicht verdrießen, auf meine Fragen zu antworten. Sag mir, bitte, wie kann einer zur vollkommenen Verachtung der Welt gelangen und ein wahrer Jünger Christi werden? Denn ich sehe, dass viele die Welt verlassen und später dennoch zum weltlichen Leben zurückkehren. Auch bemerke ich, dass andere das Ordensgewand annehmen, aber den ersten Eifer verlieren. Sie gehen zwar mit den andern in die Kirche, doch empfinden sie nicht die Gnade der Andacht. Wieder andere lassen sich durch äußere Dinge ablenken und geraten allmählich in eine sträfliche Freizügigkeit. Ich bitte dich, lass mich vom Weg der Vollkommenheit nicht abweichen, sondern lehre mich eindringlich, was ich meiden und was ich befolgen soll.

Kapitel 2:
Das Bessere soll man sich zum Beispiel nehmen, das Schlechtere aber meiden.

Senior:

Ein guter Jünger ist bereit, dem Rat seines Meisters zu folgen, und nimmt sich nicht heraus, eigenmächtig gegen seine Anordnung zu handeln. So bewahrt er die Demut, erfüllt den Gehorsam, verdient die Gnade, hält den Frieden, hütet das Gewissen und erwirbt sich himmli-

6 Lc. 24,32.
7 Lc. 10,39.
8 Ps. 38,2.
9 Ps. 5,9.

stodit conscienciam et auget sibi gloriam. Qui enim aurem suam prebet sapiencie et doctrine in principio, non poterit de facili errare, sed gaudebit de beato fine brevi labore transacto. Tantoque plus proficiet in virtutibus et sapientior erit, quanto humilius superioribus se submittit. Nam arbor que in altum crescere debet, oportet quod radices mittat in imo ne cadat. Non ergo paveas repentino timore, sed in Deo statue fiduciam firmam, relinque propriam voluntatem, et subice te in vera humilitate. Dominus erit in latere tuo, qui protegit gradientes simpliciter et humilibus sua secreta revelat.

Ut autem melius perseveres in bono[a], a melioribus vivendi accipe normam, a doctioribus[b] investiga sapienciam, ab expertis quere [9] consilium, et cum devotis tracta sermonem. Si autem videris quosdam a via veritatis errare et retro post sathanam abire, noli pereuntes imitari, sed bonos et ferventes studeas semper emulari. Quere cum paucis salvari, qui per angustam portam intrant ad vitam. Nam Christo teste lata et spaciosa est via que ducit ad perdicionem, et multi sunt qui intrant per eam. Ve eis qui a Domino Deo recedunt et redeunt in Egyptum[c], hoc est in hunc mundum peccatis tenebrosum[d], ut pascant carnem suam cito morituram. Beatus autem homo qui metuit Dominum et in lege eius meditatur die ac nocte, ut ambulet in viis eius. Attamen pius Dominus non deserit suos, sed sicut bonus pastor consolatur oves suas, que vocem eius audiunt et sequuntur eum usque ad mortem, eligentes[e] magis mori in bello temptacionum quam peccato consentire vel turpiter ad seculum redire. Talibus enim dicit: „Nolite timere pusillus grex, quia placuit patri vestro dare vobis regnum."

Quid timendum sub tali pastore vivere et pro eterno regno militare quod ipse dare promisit? Et quidem faciet quod dixit. Nec solum gaudia futura pro contemptu mundi promisit se daturum, sed etiam in presenti dat servientibus sibi consolacionem Spi-[10]ritus sancti, que

a bono] bonis *Le1/2.*
b doctioribus] doctoribus *Le1/2, Vi1.*
c Egyptum] Egiptum *Le1/2, N1, P1.*
d mundum peccatis tenebrosum] *korr. aus* mundum tenebrosum *R.*
e eligentes] *korrigiert aus* elegentes *R.*

schen Ruhm. Denn wer gleich anfangs sein Ohr der Weisheit und Lehre öffnet[10], der kann nicht leicht irre gehen, sondern wird sich über ein glückseliges Ende freuen, wenn seine kurze Arbeit getan ist. Auch wird er umso mehr an Tugenden zunehmen und umso weiser werden, je demütiger er sich seinen Oberen unterwirft. Denn ein Baum, der in die Höhe wachsen soll, muss seine Wurzeln in die Tiefe senken, um nicht umzustürzen. Lass dich also nicht von plötzlicher Furcht erfassen, sondern setze ein festes Vertrauen auf Gott, gib deinen Eigenwillen auf und unterwirf dich in wahrer Demut. Der Herr wird dir zur Seite stehen, der die schützt, die da in Einfalt wandeln, und den Demütigen seine Geheimnisse offenbart[11].

Damit du aber umso fester bei der guten Sache ausharrest, nimm dir an den Besseren eine Richtschnur des Lebens, forsche um Weisheit bei den Gelehrteren, frage die Erfahrenen um Rat und pflege das Gespräch mit den Frommen. Siehst du aber, dass einige vom Weg der Wahrheit abkommen und sich rückwärts zum Satan wenden, so hüte dich, ihnen in ihr Verderben zu folgen, sondern sei stets darauf bedacht, den Guten und leidenschaftlich Frommen nachzueifern. Sieh zu, dass du zu den wenigen gehörst, die gerettet werden und durch die enge Pforte zum Leben eingehen. Denn Christus bezeugt, dass der Weg, der zum Verderben führt, breit ist und bequem und dass viele sind, die ihm folgen[12]. Wehe denen, die Gott den Herrn verlassen und nach Ägypten zurückkehren[13], das heißt, in diese von Sünden verfinsterte Welt, um ihren Leib zu pflegen, der dem raschen Tod verfallen ist. Selig dagegen der Mensch, der den Herrn fürchtet und über sein Gesetz sinnt Tag und Nacht[14], dass er auf seinem Wege wandle. Denn nimmer verlässt der Herr die Seinigen, sondern als ein guter Hirte tröstet er seine Schafe, die seine Stimme hören[15] und ihm bis in den Tod folgen, indem sie lieber im Kampf mit den Versuchungen sterben als der Sünde nachgeben oder schändlich zur Welt zurückkehren wollen. Denn zu diesen spricht er: „Fürchte dich nicht, du kleine Herde, denn es hat eurem Vater gefallen, euch das Reich zu geben.“[16]

Was ist zu fürchten, wenn man unter einem solchen Hirten lebt und für das ewige Reich streitet, das er zu geben verheißen hat? Jedenfalls wird er tun, was er sagte. Und nicht nur zukünftige Freuden versprach er für die Verachtung der Welt zu geben, sondern bereits in dieser Zeit gibt er denen, die ihm dienen, den Trost des Heiligen Geistes, der weit

10 Vgl. Sap. 6,3.
11 Mt. 11,25.
12 Mt. 7,13.
13 Vgl. Num. 14,3f.
14 Vgl. Ps. 1,1.
15 Vgl. Io. 10,1-15.
16 Lc. 12,32

longe melior est et suavior quam omnis leticia mundi. Nam sepe orantibus devocionis graciam infundit, et in lege Dei meditantibus lumen intellegencie aperit, ut gustata suavitate spiritus caro vilescat et mundus. Unde perfecte huic seculo renunctiantibus Dominus ait[a]: „Omnis qui reliquerit domum vel fratres aut sorores aut patrem aut matrem aut agros propter nomen meum, centuplum accipiet et vitam eternam possidebit." Sed quia multi vanas consolaciones querunt et ad exteriora se convertunt, idcirco devocionis graciam non senciunt nec celestem illuminacionem accipere merentur.

Est ergo tutissimus status placendi Deo et meritorius amplioris gracie et glorie, fugere mundum, amicos relinquere, temporalia contempnere, arciorem vitam assumere, propriis renunctiare, sub obediencia vivere, laboribus insistere, vigiliis et[b] ieiuniis carnem macerare, lectionibus et oracionibus incumbere, contra temptaciones et vicia cotidie certare, presencia fastidire, eterna desiderare, graciam Dei instanter querere, inventam sollicite custodire, viliter de se ipso sentire, aliis libenter obsequium impendere, soli Deo optare placere, sine querela inter fratres niti conversari, et in sancto proposito ac [11] proficiendi desiderio firmiter perseverare. Hec ad verum Christi discipulum[c] pertinent, hec servum Dei ad celeste regnum indubitanter perducunt. Unde benignus magister electis discipulis suis ait: „Vos estis, qui permansistis mecum in temptacionibus meis. Et ego dispono vobis sicut disposuit michi pater meus regnum, ut edatis et bibatis super mensam meam in regno meo."

Novicius:

Placent que dixisti. Ex his namque verbis confortatus sum in Domino, et in spem vite eterne pro qua laboro letus respiro[d]. Non enim sunt condigne passiones huius temporis ad futuram gloriam, que revelabitur in nobis. Et vere qui Deo fideliter serviunt, et modo bene habent et in futuro maiora percipient. Omnia enim cooperantur electis in bonum tam presencia quam futura. Quapropter precor tuam clemenciam, ut vacillantem animam sacris eloquiis confirmes, et si qua bona exempla de aliis nosti, michi etiam licenter exponas. Quamvis enim

[a] ait] dicit *P1, N1, Vi1.*
[b] et] ac *Le1/2, Vi1.*
[c] Christi discipulum] discipulum Christi *Le1/2.*
[d] respiro] suspiro *Le1/2.*

besser und süßer ist als alle Freude der Welt. Denn wer oft betet, empfängt die Gnade frommer Empfindung, und wer das Gesetz Gottes bedenkt, dem geht das Licht der Einsicht auf, und so wird das Fleisch und die Welt fade für den, der die Köstlichkeit des Geistes geschmeckt hat. Daher spricht der Herr zu denen, die dieser Welt ganz entsagen: „Jeder der ein Haus oder Brüder oder Schwestern oder Vater oder Mutter oder Äcker um meines Namens willen verlässt, der wird hundertfältigen Lohn bekommen und das ewige Leben besitzen."[17] Weil aber viele sind, die eitle Tröstungen suchen und zu äußerlichen Dingen sich wenden, darum empfinden sie die Gnade der Andacht nicht und verdienen es auch nicht, die himmlische Erleuchtung zu empfangen.

Die sicherste Lebensform, um Gott zu gefallen und größere Gnade und Glorie zu erlangen, besteht also darin, dass man die Welt flieht, zeitliche Dinge verschmäht, den engen Weg des Lebens wählt, allem Eigenen entsagt, unter der Gehorsamspflicht lebt, bei der Arbeit bleibt, durch Wachen und Fasten den Leib gefügig macht, der Lesung und dem Gebet sich widmet, gegen Laster und Versuchungen täglich streitet, das Diesseits verachtet und das Ewige ersehnt, eifrig die Gnade Gottes sucht und sie sorgfältig bewahrt, wenn man sie gefunden hat, gering von sich selbst denkt, andern gern dient, Gott allein zu gefallen wünscht, im Umgang mit den Brüdern aller Beschwerden sich enthält und im heiligen Vorsatz und dem Willen zum geistlichen Fortschritt fest ausharrt. Diese Dinge machen den wahren Jünger Christi aus, sie führen den Knecht Gottes unzweifelhaft in das Himmelreich. Daher sprach der gütige Lehrer zu seinen erwählten Schülern: „Ihr seid es, die bei mir ausgeharrt haben in meinen Prüfungen. Und ich bereite euch das Reich, wie mein Vater es mir bereitet hat, dass ihr esst und trinkt an meiner Tafel in meinem Reich."[18]

Novize:

Es gefällt mir, was du gesagt hast. Denn durch diese Worte bin ich gestärkt worden im Herrn, und froh atme ich auf in der Hoffnung auf das ewige Leben, für das ich mich mühe. Denn nichts bedeuten die Leiden dieser Zeit im Vergleich mit der künftigen Glorie, die in uns offenbar wird[19]. Und fürwahr, die Gott getreu dienen, denen ergeht es jetzt wohl, und größere Güter werden sie im ewigen Leben empfangen. Denn alle Dinge gereichen den Auserwählten zum Guten[20], sowohl die gegenwärtigen wie die künftigen. Daher bitte ich bei deiner Güte, dass du mein schwankendes Gemüt mit heiligen Worten stärkst, und wenn du etwa einige gute Beispiele von andern gehört hast, mir diese bereit-

17 Mt. 19,29.
18 Lc. 22,28.
19 Rom. 8,18.
20 Rom. 8,28.

multa preclara facta de veteribus sanctis audivi, opto tamen bona nova audire de modernis. Verumtamen causas a spirituali profectu tardantes prius michi aperi, ut inimici fraudes cavere et cal-[12]les iustorum valeam inoffenso pede transire.

De laudabili statu religiosorum si bene servetur.
Capitulum III.

Senior:

Status religiosorum magnus et sanctus est si bene servetur, si quisque sic vivat, ut regula docet et habitus demonstrat. Sed non est ideo frater securus et spiritualis mox reputandus, quia cum bonis ambulat et sacras lectiones frequenter audit et bene cantat, sed quia toto corde nititur implere quod promisit, et facit quod debet. Quod si ex fragilitate quandoque excedit aut aliqua temptacione vincitur vel passione movetur, cito se corrigere studeat et multum doleat, reum se cognoscat nec excusando culpam augeat, sed ad petendam veniam sponte se humiliet, ut Deus ei ignoscat. Pius enim Dominus quamvis offensus sit et contemptus, tamen fletibus et precibus confitencium cito placatur, sicut David sanctus penitendo testatur: „Cor contritum et humiliatum Deus non despicies."

Igitur magno conamine ad anteriora te extende, que retro sunt et mundi [13] huius[a] obliviscere nec ad remissos et infirmiores respice, sed ad quid venisti et quid te agere oportet attende. Nam qui proficere vult, omni die incipere debet nec ullum laborem abhorrere nec aliquod tempus ociose preterire. Non igitur longos dies nec annos plures in religione computes nec de dignitate ordinis glorieris nec loci amenitate delecteris, sed quam longe adhuc a veris virtutibus distas pensa et in quantis viciorum sordibus iaceas dolenter pertracta. Nam qui se

[a] mundi huius] huius mundi *Le1/2*.

willig darlegst. Denn obwohl ich schon viele große Taten von den alten Heiligen gehört habe, möchte ich doch auch gute neue Dinge von unseren Zeitgenossen hören. Doch zunächst lege mir die Ursachen dar, die den geistlichen Fortschritt behindern, damit ich mich vor der Arglist des Feindes hüten und ohne zu stolpern auf dem Weg der Gerechten[21] fortschreiten kann.

Kapitel 3:
Der Stand der Religiosen ist lobenswert, wenn man ihm gerecht wird.

Senior:

Der Stand der Religiosen ist groß und heilig, wenn man ihm gerecht wird, wenn man so lebt, wie die Regel es lehrt und das Ordensgewand es anzeigt. Man soll einen Bruder aber noch nicht allein deshalb schon in Sicherheit und geistlicher Verfassung wähnen, weil er in guter Gemeinschaft lebt und stets die heiligen Lesungen hört und gut singt, sondern wenn er aus ganzem Herzen sich darum bemüht zu erfüllen, was er gelobt hat, und wenn er tut, was seine Pflicht ist. Wenn er aus Schwachheit einmal sich verfehlt, einer Versuchung erliegt oder von einer Leidenschaft ergriffen wird, soll er sich rasch um Besserung bemühen und Schmerz empfinden, einsehen, dass er sich vergangen hat, und nicht durch Entschuldigung die Schuld noch vergrößern, sondern bereitwillig und demütig um Verzeihung bitten, auf dass Gott ihm vergebe. Denn der Herr in seiner Milde lässt sich, auch wenn er beleidigt und verachtet wurde, durch ein Schuldgeständnis unter Tränen und Bitten rasch versöhnen, wie der heilige Büßer David bezeugt: „Ein zerknirschtes und demütiges Herz, wirst du, o Gott, nicht verachten.“[22]

Richte dich also mit großem Eifer auf das Zukünftige und vergiss das, was hinter dir liegt und dieser Welt angehört[23], sieh nicht auf die Nachlässigen und Schwachen, sondern bedenke, wozu du hierher gekommen bist und was du zu tun hast. Denn wer Fortschritte machen will, muss jeden Tag von neuem beginnen und weder Mühe scheuen noch Zeit durch Müßiggang vergeuden. So sollst du auch nicht die langen Tage und zahlreichen Jahre, die du schon im Kloster bist, stolz zusammenrechnen oder dich der Würde deines Ordens rühmen und die Schönheit des Ortes genießen. Vielmehr erwäge, wie weit du noch von wahren Tugenden entfernt bist, und sei bekümmert über das Maß deiner schändlichen Laster. Denn wer glaubt, etwas zu sein, täuscht sich

21 Prov. 2,20.
22 Ps. 50,19.
23 Vgl. Phil. 3,13.

aliquid esse putat, ipse se seducit. Per elacionem quippe gracia Christi perditur et bona diu quesita cicius evelluntur.

Igitur occulta super te iudicia Dei[a] metue, omnia opera tua districte discute, alciora noli querere nec curiosa rimari, sed que tibi precepit Deus cogita semper. Et quamdiu in corpore peccati manes, non securitatem a temptacionibus, non requiem a laboribus tibi audeas polliceri, sed sicut strennuus miles certa contra vicia, et donec accipias coronam glorie, scutum paciencie in omni temptacione et angustia cordis firmissime tene, ut cum apostolo Paulo dicas mortis articulo imminente: „Bonum certamen certavi, cursum consummavi, fidem servavi. De reliquo reposita est michi corona iusticie, [14] quam reddet michi iustus iudex.“ Et quidem Dominus noster Iesus Christus apostolos suos non misit ad querendum honores temporales et commoda carnis, sed ad crucem portandam et proprie voluntatis libertatem abnegandam. Unde sequaces suos hortatur dicens: „Si quis vult venire post me, abneget semet ipsum et tollat crucem suam et sequatur me.“

Indue ergo armaturam Dei et sta in preparacione pugne, quoniam multi bellantes adversum te, caro, mundus et dyabolus, qui non cessant impugnare die ac nocte innocentes et Christo servire volentes. Sed ne timeas eos nec audias neque credas eis nec consencias suggestionibus eorum pulchris et fictis, quoniam in dolo tecum loquuntur[b], ut capiant et decipiant atque a Deo te elongent et ad omne malum finaliter perducant. Quapropter vigila in oracionibus, et adversus insidias dyaboli divinum cotidie flagita humiliter auxilium et fratrum expertorum acquiesce consilio, ne temptacio tibi dominetur et mundus rursum te alliciat et involvat. Habeto itaque[c] in mente, quod in Apocalipsi ad consolacionem militum Christi in seculo pugnancium legitur: „Qui vicerit, faciam illum columpnam in templo meo, et dabo ei edere de ligno vite quod est in paradiso Dei mei.“ [15]

Novicius:

Sicut iam supra ad emendacionis studium et perfecte mortificacionis agonem me animasti, ita et nunc pericula a bono incepto retrahencia et

[a] super te iudicia Dei] Dei iudicia super te *Le1/2, Vi1.*
[b] tecum loquuntur] loquuntur tecum *Le1/2.*
[c] itaque] igitur *Le1/2.*

selbst[24]. Durch Hochmut verliert man die Gnade Christi, und das lang ersehnte Gut wird rasch vertan.

Sei also in Furcht vor dem Urteil, das Gott im Verborgenen über dich fällt, prüfe streng alle deine Taten, suche nicht nach Dingen, die deine Fassungskraft übersteigen oder die Wissbegier reizen, sondern denke immer daran, was Gott dir befohlen hat[25]. Und solange du in deinem sündigen Leibe verweilst, sollst du dir weder Sicherheit vor Versuchungen noch Ruhe von Mühsalen zu versprechen wagen. Sondern kämpfe wie ein tapferer Soldat gegen die Laster und halte fest den Schild der Geduld in aller Versuchung und Bedrängnis des Herzens, bis du die Krone der Glorie empfängst, auf dass du im Augenblick deines Todes mit dem Apostel Paulus sagen kannst: „Ich habe einen guten Kampf gekämpft, den Lauf vollendet, den Glauben bewahrt; nunmehr ist mir die Krone der Gerechtigkeit vorbehalten, die der gerechte Richter mir dafür geben wird.“[26] Denn unser Herr Jesus Christus hat seine Apostel nicht dazu ausgesandt, nach zeitlichen Ehren und leiblicher Bequemlichkeit zu streben, sondern das Kreuz zu tragen und die Freiheit des eigenen Willens zu verleugnen. Daher ermahnt er seine Jünger und spricht: „Wenn jemand mir nachfolgen will, so verleugne er sich selbst, nehme sein Kreuz auf sich und folge mir.“[27]

Lege also die Rüstung Gottes an[28] und sei in Bereitschaft für den Kampf, denn viele streiten wider dich, das Fleisch, die Welt und der Teufel. Sie befehden unablässig Tag und Nacht die Unschuldigen und alle, die Christus dienen wollen. Doch fürchte sie nicht, höre sie nicht an und glaube ihnen nicht, gib auch ihren schönen und erlogenen Zuflüsterungen nicht nach, denn trugvoll sprechen sie zu dir, auf dass sie dich täuschen und fangen, von Gott entfernen und am Ende zu allem Bösen führen. Darum wache im Gebet, verlange gegen die Nachstellungen des Teufels täglich in Demut nach göttlicher Hilfe und folge dem Rat erfahrener Brüder, dass nicht die Versuchung über dich herrsche und die Welt dich von neuem anlocke und bestricke. Habe im Sinn, was in der Apokalypse zum Trost derer geschrieben steht, die in dieser Welt für Christus streiten: „Wer da siegen wird, den mache ich zu einer Säule in meinem Tempel und gebe ihm zu essen vom Baum des Lebens, der im Paradiese meines Gottes steht.“[29]

Novize:

Wie du mich soeben zum Eifer nach Besserung und zum Kampf um vollkommene Abtötung ermutigt hast, so schildere mir nun zu meiner

24 Gal. 6,3.
sollst]‡ Vgl. Ecclus. 3,22.
26 2. Tim. 4,7f.
27 Lc. 9,23.
28 Eph. 6,13.
29 Apoc. 3,12.

ad secularia desideria invitancia ad cautelam michi planius describe. Dolendum enim vehementer, cum[a] quis labitur in teporem refugiendo parvi temporis laborem, sed magis deflendum, cum aliquis relicto Dei timore revertitur ad seculum dyaboli sequendo instinctum, sicut infelix Iudas fecit, qui propter pecunie questum reliquit Christum et cum Phariseis iniit consilium ac tandem pervenit ad laqueum, miserabiliter finiendo[b] vitam presentem et mortem incurrendo sempiternam. Aperi ergo os tuum et denuda dolos serpentis antiqui, qui sub specie boni decipit multos ut sepe probasti.

De periculis noviciorum ex consorcio mundanorum. Capitulum IIII.

Senior:

Sunt multa que impediunt incipientes, sunt plura que retrahunt proficientes, sunt vero valde pauci qui ad [16] perfectionem perveniunt et omnem difficultatem per vite meritum transcendunt. Quidam namque ferventer incipiunt, sed orta temptacione a proposito sancto desiliunt et ad pristina vicia relabuntur. Et quia Deum pure non querunt nec integre se resignant, tot obstacula inveniunt quot temptamenta eis occurrunt. Hi enim ignorant aut obliti sunt quod legerunt, quia pro Deo et pro anima sua certare atque pati adversa venerunt sicut Dominus apertissime dicit: „In mundo pressuram habebitis, sed confidite, ego vici mundum.“ Quomodo? Per tolleranciam videlicet aliene malicie et perseveranciam in statu bone vite.

Multi enim sic Deo servire volunt, tamquam nichil gravitatis passuri, sed cum omni iocunditate sint hic victuri. Sed qui talia querunt, terrena adhuc sapiunt et religiosorum certamina non noverunt. Utinam recalescant et per fructum boni operis se exerceant, ne per proprium commodum decepti eterna premia perdant. Studeas ergo ad sufferenciam laborum et dolorum te preparare, quatenus in futuro cum Christo eternaliter gaudere et cum triumphatoribus mundi in celo coronari merearis.

a vehementer, cum] vehementer est, cum *Vi1; in Le2* vehementer est *im Text und* est *auf dem Rand.*

b finiendo] *in Le2 auf dem Rand; P1 bricht hier ab (Seitenende) und setzt in cap. IV wieder ein mit* ...ribus personis.

Warnung auch die Gefahren, die vom guten Vorsatz abziehen und zu den weltlichen Wünschen verlocken. Denn es ist doch überaus traurig, wenn jemand in Lauheit abgleitet, weil er die so rasch vergehenden Mühen scheut. Noch beklagenswerter ist jedoch, wer die Gottesfurcht hintanstellt und der Anstiftung des Teufels folgend zur Welt zurückkehrt, wie der unglückliche Judas, der um des Geldgewinns willen Christus verließ, mit den Pharisäern gemeinsame Sache machte und schließlich dahin kam, mit dem Strick sein zeitliches Leben elend zu beenden und sich in den ewigen Tod zu stürzen. Tu also deinen Mund auf und enthülle die Listen der alten Schlange, die unter dem Anschein des Guten, wie von dir schon oft erfahren, viele getäuscht hat[30].

Kapitel 4:
Wie gefährlich der Umgang mit Weltleuten für die Novizen ist.

Senior:

Es gibt viele Dinge, die Anfängern hinderlich sind, und noch mehr, die jene aufhalten, die bereits fortgeschritten sind; sehr wenige aber gibt es, die zur Vollkommenheit gelangen und alle Schwierigkeiten durch ein verdienstliches Leben überwinden. Denn manche fangen zwar eifrig an, fallen aber, wenn die Versuchung kommt, von ihrem heiligen Vorsatz ab und gleiten in ihre alten Sünden zurück. Und da sie Gott nicht von ganzem Herzen suchen und ihren Eigenwillen nicht ganz aufgeben, finden sie ebensoviele Hindernisse, wie ihnen Versuchungen begegnen. Denn sie wissen nicht oder haben vergessen, was sie einst wählten: Kamen sie doch, für Gott und ihre Seelen zu streiten und Widerwärtigkeiten zu leiden, wie der Herr deutlich gesagt hat: „In der Welt werdet ihr Bedrängnis haben, doch fasset Vertrauen: Ich habe die Welt überwunden."[31] Auf welche Weise? Durch Duldung fremder Bosheit und Festhalten an der guten Lebensform.

Denn viele wollen Gott so dienen, als sollten sie durchaus keine Beschwerden leiden, sondern in beständigen Freuden hier leben. Die aber derlei Dinge suchen, sind noch irdisch gesinnt und kennen die Kämpfe der Religiosen nicht. Mögen sie sich doch wieder begeistern und durch den Segen guter Werke bessern lassen, dass sie nicht, durch eigene Bequemlichkeit getäuscht, der ewigen Belohnungen verlustig gehen! Bereite dich also darauf vor, Mühen und Schmerzen zu ertragen, damit du es verdienst, im künftigen Leben ewig mit Christus dich zu erfreuen und gekrönt zu werden zusammen mit denen, die über die Welt triumphiert haben.

30 Vgl. Apoc. 12,9.
31 Io. 16,33.

Ad caucionem igitur tuam animadverte que dico. Si non vis decipi in via Do-[17]mini, si intendis proficere et in bono perseverare, fuge consorcia hominum secularium, cave occasiones temptacionum, ut non videas nec audias que mundi sunt, ne corpore associatus eis etiam mente inquineris. Vilipende honores, divicias et voluptates, que seducunt amatores suos nec umquam saciant possidentes. Qui enim voluerit dives fieri in hoc seculo, incidit in laqueum dyaboli et in desideria multa, a quibus non poterit sine magna gracia Dei liberari. Hec autem predicta tria vicia[a] fovee sunt et radices omnium peccatorum. Ut ergo melius vincas et tucius vivas nec venenosi serpentis morsibus intereas, qui mille modis insidiatur animarum saluti, fuge, tace, quiesce, abscondere, elongare. Ama nesciri, disce mori, luge preterita, sperne presencia, meditare futura. Hec brevis regula maneat in memoria tua et docebit te vincere omnia terrena.

Relinque etiam notos et amicos, parentes atque vicinos, ut Christum invenias et angelorum socius postmodum fias. Beacius est tibi ut elongatus innocenter vivas et solus salveris, quam cum multis lupis et draconibus discumbendo et canendo pericliteris. Nam raro diu bonus permanebit, qui secularibus[b] personis libenter se immiscet. Cito quoque devocionem [18] suam perdet, qui sollicite eam non custodit, sed varia amicorum solacia petit. Lumen in lucerna[c] clausum fulgorem suum retinet et ardorem, extra vero positum et detectum levi flatu extinguitur et tenebrescit. Quod si omne rarum carum censetur, tanto erit quis Deo carior et[d] hominibus reverencior, quanto rarius foris videtur. Et si omnibus religiosis et devotis excursus nocivus est et occupacio interdicitur secularis, precipue tamen iuvenibus et novellis nocet visitare amicos seculares et patriam requirere nativam quam reliquerunt. Noli ergo affectare familiaritatem extraneorum, qui habitum geris devotorum, sed per contemptum mundanorum disce scandere ad societatem civium supernorum. Quid ad te de statu mundi scire, novos rumores

a predicta tria vicia] predicta tria vicia scilicet honor divicie et voluptas *K11;* predicta honor divicie voluptas tria vicia *N1;* tria predicta vicia *Le1/2, Vi1.*

b secularibus] *nach der Textlücke setzt P1 hier wieder mit* ...ribus *ein.*

c lucerna] *korrigiert aus* laterna *K11;* laterna *Le1/2, N1, P1, Vi1.*

d quis Deo carior et] *korrigiert aus* Deo carior quis et *Vi1.*

Merke dir demnach zu deiner Warnung, was ich nun sage. Wenn du auf dem Wege des Herrn nicht getäuscht werden willst und die Absicht hast, fortzuschreiten und nicht vom Guten abzuweichen, so meide den Umgang mit Weltleuten, hüte dich vor verführerischen Gelegenheiten, so dass du weder hörst noch siehst, was von dieser Welt ist, und nicht etwa durch die, mit denen du körperlich zusammen bist, auch in der Seele einen Makel erleidest. Verachte Ehren, Reichtümer und Genüsse, die ihre Liebhaber verführen und ihre Besitzer niemals sättigen. Denn wer da reich werden will in dieser Welt[32], gerät in die Schlingen des Teufels und in viele Begierden, von denen er ohne große Gnade Gottes nicht wieder loskommen kann. Diese drei genannten Laster aber sind Fallgruben und die Wurzeln aller Sünden. Damit du also leichter den Sieg erringst, sicherer lebst und nicht durch die Bisse der giftigen Schlange zugrunde gehst, die auf tausend Arten dem Heil der Seelen nachstellt, fliehe, schweige, bleibe in Ruhe[33], verbirg dich und halte dich von allem fern. Es sei dir lieb, wenn man dich nicht kennt[34], lerne zu sterben, betrübe dich über das Vergangene, verachte das Gegenwärtige, bedenke das Zukünftige. Diese kurze Regel bleibe dir im Gedächtnis, und sie wird dich lehren, alles Irdische zu überwinden.

Verlass auch Bekannte und Freunde, Verwandte und Nachbarn, um Christus zu finden und einst zur Gesellschaft der Engel zu gehören. Glücklicher ist es für dich, in der Abgeschiedenheit unschuldig zu leben und allein gerettet zu werden, als mit vielen Wölfen und Drachen zechend und singend in Gefahr zu geraten. Denn wer sich gern unter Weltleute mischt, wird kaum lange gut bleiben. Bald auch wird seine fromme Haltung verlieren, wer sie nicht sorgfältig wahrt, sondern allerlei Trost bei Freunden sucht. Ein in der Laterne verschlossenes Licht bewahrt Glanz und Wärme, wird es aber herausgenommen und offen hingestellt, so erlischt es beim leichtesten Hauch und verfinstert sich. Und wenn alles was selten ist, auch für teuer gilt[35], so wird einer Gott umso teurer und den Menschen umso ehrwürdiger sein, je seltener er sich draußen sehen lässt. Zwar gilt für alle Religiosen und Devoten, dass Umherlaufen schadet und weltliche Beschäftigung untersagt ist, doch ist es vor allem für junge Menschen und Novizen schädlich, Freunde in der Welt zu treffen und ihren Heimatort aufzusuchen, den sie verlassen haben. Bemühe dich also nicht um Vertraulichkeit mit Leuten von außen, der du das Ordensgewand trägst, sondern lerne durch die Verachtung weltlicher Dinge zur Gesellschaft der Himmelsbürger aufzusteigen. Was geht es dich an zu wissen, was draußen in der Welt ge-

32 1. Tim. 6,18.

33 Vgl. Vitae patrum III,190, MIGNE PL 73, Sp. 801A.

34 *Ama nesciri*: Zu diesem Lebensmotto des Thomas und seiner Quelle s. o. Einführung, Anm. 1.

35 Vgl. A. OTTO, Sprichwörter der Römer, Leipzig 1890, S. 294 s. v. *rarus*.

inquirere et talia frivola audire, unde postea cogaris fantasticari et vix queas orando, legendo ac gemendo expellere ea de[a] corde?

Quidam sub specie pietatis inducti sunt ad convertendum amicos et cognatos, et dum inter illos morari non timuerunt, inimici fraude circumventi suum propositum infregerunt. Oportet namque quod valde fortis sit et bene fundatus in virtutibus atque in omni actione et locucione incedat circumspectus, qui fructificare [19] debet in populo et absque periculo consciencie conversari in seculo. Et zelus quidem animarum laudandus est, si sit discretus, rectus, purus, nullaque vanitate infectus, qui raro invenitur in novellis et nondum plene mortificatis. Quid enim proderit homini, si totum mundum lucretur et se ipsum perdat? Dilige aliorum salutem, sed tuum caveto periculum. Non est prebendam perdere aut corrigiam amittere, animam periculo exponere aut votum frangere vel a sancto proposito resilire. Tuciora loca inermis et infirmis sunt querenda. Arduum enim nimis in seculo continenter vivere et immunem se a peccato conservare. David vir sanctus fortis et armatus cum persecucionem a Saul rege pateretur, ad tuciora loca in deserto cum suis militonibus ascendit et ibidem latuit, donec sevicia hostis cessaret.

Et tu ergo longe ab amicis et secularibus hominibus discede, ne peccatis pravorum involvaris et post casum inopinatum plangas te errasse et peniteat[b] bonis consiliis non credidisse. Siquidem tenellus flos cito manu capitur, tactu leditur et facillime spina perforatur, sic imperitus iuvenis et noviter conversus nisi fugiat et recedat a societate mundana, incendetur celeriter igne carnalis con-[20]cupiscencie et inquinabitur pice lubricabilis[c] vite, discurrendo per mortifera itinera gule, luxurie, ire, avaricie, superbie et invidie, velut equus effrenis sine timore et tamquam insensatus sine racione. Si enim vix potes temptacionibus resistere occasione remota, quid in medio laqueorum presumis[d] mens infirma?

Ecce alii precibus, alii promissionibus[e] aggrediuntur animum iuvenilem, laudant corporis formam, suadent incolere patriam et augmentare

[a] de] ex *Le1/2.*
[b] peniteat] peniteas *P1.*
[c] lubricabilis] *korr. aus* lubricalis *Le2;* lubricalis *P1.*
[d] presumis] presumas *P1.*
[e] alii precibus, alii promissionibus] alii promissionibus, alii precibus *Le1/2, Vi1.*

schieht, nach Neuigkeiten zu fragen und anrüchige Dinge zu hören, die nachher deine Phantasie beschäftigen, so dass du sie kaum durch Beten, Lesen und Klagen aus dem Herzen vertreiben kannst?

Manche ließen sich aus vermeintlicher Frömmigkeit dazu verleiten, ihre Freunde und Verwandten bekehren zu wollen, doch während sie sich unbedenklich bei ihnen aufhielten, wurden sie, von der List des Feindes umgarnt, ihrem Vorsatz untreu. Denn der muss sehr stark und fest in den Tugenden gegründet sein und in allen seinen Handlungen und Reden behutsam vorgehen, der im Volk Gutes bewirken und sich ohne Gefährdung seines Gewissens in der Welt bewegen soll. Alles Lob verdient allerdings der Eifer für die Seelen, wenn er besonnen, aufrichtig, rein und nicht von Eitelkeit angesteckt ist; das aber findet sich selten bei Neulingen und solchen, die noch nicht gänzlich allem abgestorben sind. Denn was nützt es dem Menschen, wenn er die ganze Welt gewinnt und sich selbst verliert[36]? Liebe das Heil der anderen, doch hüte dich vor eigener Gefährdung. Wenn man seine Seele in Gefahr bringt, sein Gelübde bricht oder von seinem heiligen Vorsatz zurücktritt, dann ist das etwas ganz anderes als etwa nur eine Pfründe einzubüßen oder einen Schuhriemen zu verlieren. Die sichersten Orte sollen Waffenlose und Schwache sich suchen, denn sehr schwer ist es, in der Welt enthaltsam zu leben und von Sünden sich rein zu erhalten. Selbst David, ein heiliger, tapferer und gerüsteter Mann, begab sich, als er von König Saul verfolgt wurde, mit seinen Soldaten an einen sicheren Ort in der Wüste und blieb dort verborgen, bis die Wut des Feindes nachließ[37].

Halte dich also weit entfernt von Freunden und weltlichen Menschen, um nicht in die Sünden der Schlechten verwickelt zu werden und nach einem unvermuteten Absturz deinen Fehler beklagen zu müssen und zu bereuen, dass du guten Ratschlägen nicht gefolgt bist. Eine zarte Blume kann rasch gepflückt und durch Anfassen beschädigt oder leicht von einem Dorn verletzt werden. So wird auch ein unerfahrener und erst neu bekehrter junger Mann, wenn er weltliche Gesellschaft nicht meidet und sich nicht von ihr fern hält, leicht vom Feuer sinnlicher Begierde erfasst und vom Pech eines sittenlosen Lebens besudelt, und er rennt wie ein tolles Pferd ohne Scheu, Sinn und Verstand auf die todbringende Bahn der Laster Völlerei, Wollust, Zorn, Geiz, Hoffart und Neid. Denn wenn du, schwaches Gemüt, auch ohne Gelegenheit zur Sünde kaum den Versuchungen widerstehen kannst, wie willst du dich dann inmitten der Fallstricke behaupten?

Sieh, einige bestürmen das jugendliche Gemüt mit Bitten, andere mit Versprechungen, sie loben sein gutes Aussehen, sie bereden ihn, in seiner Heimat zu leben und für Nachwuchs zu sorgen; man dürfe nicht

36 Mt. 16,26.
37 1. Reg. 27,1f.

progeniem, nec debere parentes relinquere, quos Deus precepit ore tenus honorare. Sicque verbis pulchris et humane sapiencie cantilenis melodizant auribus pudicis, donec moveant arbusculam Deo adherere cupientem, si forte audiat et quiescat[a] amicorum consiliis, et secum abducant incautum ad seculum, qui iam mentis pedem levavit ad celum et proposuit incunctanter intrare monasterium ac Dei se facere servum propter summe beatitudinis promissum.

Alii etiam viceversa duris increpacionibus, crebris irrisionibus et mordacis lingue stimulis provocant innocentem, ac humiliter incedentem nominant ypocritam et amentem. „Quid tu", inquiunt, „infatuate pretendis, quod amicos deseris et bonos dies contempnis? An tu solus [21] sanctus eris et solus regnum Dei intrabis? Putas nemo bonus erit et Deo placebit, nisi ita fecerit et ierit sicut tu facis et transis? An soli monachi et tui similes salvabuntur? Desine, desine miser, quia non vales perficere quod cepisti. Nonne vides quam multi a religiositate ista recesserunt et quam pauci ibidem perdurarunt? Mane nobiscum, revertere ad amicos, esto letus socius, fruere bonis concessis, Deus erit propicius." Hec et his multa similia[b] dicere consueverunt sapientes mundi[c], inimici crucis Christi, ut decipiant simplices et pervertant a via iusta Christum sequi volentes. Contra quos dicendum est cum propheta in psalmo: „Michi autem adherere Deo bonum est, ponere in Domino spem meam." Et item: „Narraverunt michi iniqui fabulaciones[d], sed non ut lex tua."

Caveas ergo tibi a sibilis[e] serpentum, quoniam subversores sunt tecum, et diabolus est princeps eorum. Quem enim diabolus per se vincere non potest nec defraudare, illum per satellites suos pervertere querit aut blandiciis irretire ne seculum relinquat. Nam mundus scit tot dolos et nequicias, tot adinvenciones confingit et rixas habet, ut nemini pax tuta sit nec firma fides, et[f] vix aliquis evadere potest innocuus, nisi segreget [22] se ab hominum turbis et Iesum querat ut evangelium docet in locis desertis. Exi ergo cito cum Abraham patriarcha de terra tua et de cognacione tua et de domo patris tui et veni in terram sanctam, id est monasticam vitam et laudabilem in Christo congregacio-

[a] quiescat] acquiescat *K11, Le1/2, P1, Vi1.*
[b] multa similia] similia multa *P1.*
[c] sapientes mundi] sapientes huius mundi *Le1/2, K11, Vi1.*
[d] fabulaciones] *Le2 am Rand:* alia lectura delectationes.
[e] sibilis] sibulis *K11, P1.*
[f] et] ut *K11.*

seine Eltern im Stich lassen, die Gott ausdrücklich zu ehren befahl. So füllen sie die scheuen Ohren mit schönen Worten und Tönen weltlicher Weisheit, bis sie das zarte Pflänzchen, das sich bei Gott einwurzeln wollte, dazu bewegen, dass er vielleicht auf den Rat der Freunde hört und ihnen nachgibt, um den Unvorsichtigen mit sich zu führen in die Welt – ihn, der bereits im Geiste den Fuß auf den Weg zum Himmel gesetzt hatte mit dem Vorsatz, sogleich ins Kloster einzutreten und um der verheißenen Seligkeit willen ein Diener Gottes zu werden.

Andere setzen dem Arglosen zu mit harten Vorwürfen, häufigen Spottreden und bissigen Angriffen und schimpfen ihn wegen seines demütigen Auftretens einen Heuchler und Narren. „Was bildest du Tor dir ein," sagen sie, „dass du deine Freunde verlässt und ein gutes Leben verachtest? Willst du etwa allein heilig sein und allein in das Reich Gottes eingehen? Meinst du, niemand sei fromm und gefalle Gott, wenn er es nicht auch so macht und treibt wie du es machst und treibst? Werden etwa nur die Mönche und deinesgleichen gerettet werden? Hör auf, du armer Tropf, hör auf, denn du vermagst doch nicht auszuführen, was du angefangen hast! Siehst du nicht, wie viele dieses Klosterleben aufgegeben haben und wie wenige dort geblieben sind? Bleibe bei uns, kehre zu deinen Freunden zurück, sei ein lustiger Kamerad und genieße die Freuden, die uns ja doch erlaubt sind. Gott wird dir schon gnädig sein!" Das und vieles derart pflegen die Weisen dieser Welt, die Feinde des Kreuzes Christi zu sagen, auf dass sie die Einfachen übertölpeln und diejenigen, die Christus nachfolgen wollen, vom rechten Weg abbringen. Ihnen muss man entgegenhalten, was der Prophet im Psalm sagt: „Für mich ist es gut, bei Gott zu bleiben und meine Hoffnung auf den Herrn zu setzen."[38] Und weiter: „Die Bösen haben mir Fabeleien erzählt, aber nichts, was deinem Gesetz entspricht."[39]

Hüte dich also vor dem Zischen der Schlangen, denn Betrüger sind um dich, und der Teufel ist ihr Anführer. Wen nämlich der Teufel von sich aus nicht besiegen und überlisten kann, den versucht er durch seine Gefolgsleute zu verführen oder durch Schmeicheleien zu umgarnen, dass er die Welt nicht verlasse. Denn die Welt kennt so viele Listen und Bosheiten, erfindet so viele Vorwände und stiftet Streitigkeiten, dass niemand sicheren Frieden hat und man keinem fest vertrauen kann. Und so kann kaum jemand unbeschadet davonkommen, wenn er sich nicht von der Volksmenge entfernt und Jesus in der Einöde aufsucht, wie das Evangelium lehrt. Zieh also schnell mit dem Patriarchen Abraham hinaus aus deinem Lande[40], von deiner Verwandtschaft und aus dem Hause deines Vaters, und komm in das heilige Land, in das

[38] Ps. 72,28.
[39] Ps. 118,85.
[40] Gen. 12,1.

nem, ut audias legem vite et discipline et servias Deo Domino tuo[a] fideliter omnibus diebus vite tue, donec finito laboris tui certamine eternum regnum accipias, ubi in conspectu Dei et sanctorum cum angelis sanctis semper exultes[b].

Noli retro respicere cum uxore Loth neque maneas in Sodoma carni serviendo, sed salva te in montibus superna querendo, et angelicum ducatum per obediencie viam humiliter sequere, universas proprie voluntatis affectiones pro Deo mortificando. Fuge cum sancto Helya[c] a facie Iezabelis pessime mulieris et perge in solitudinis secretum, perpetue continencie servando propositum, donec in curru igneo post turbinem seculi leveris in celum. Persevera etiam cum beato Samuhele[d] in tabernaculo federis coram archa Dei, in habitu religioso devote ac reverenter Domino ministrando, ut audias vocem Dei loquentis de excelso, celestium consolacionum libamenta pregustando, ac tandem plenissime his Domini verbis con-[23]soleris in morte: „Euge serve bone et fidelis, quia in pauca fuisti fidelis, supra[e] multa te constituam, intra in gaudium Domini tui."

Esto itaque fidelis usque ad mortem, et dabitur tibi corona vite. Quam nemo digne meretur accipere, nisi qui legitime certaverit et usque in finem perseveraverit in virtute. Sed ut iam dicta factis comprobem, etiam exempla perseverandi tibi describam.

De sacerdote temptato et a Deo consolato. Capitulum V.

Erat apud nos sacerdos quidam Alardus nomine cupiens seculo renunctiare et canonice religionis habitum acceptare. Sed antequam investitus esset, temptator affuit ad memoriam priores seculi delicias ei reducens,

a Deo Domino tuo] Domino Deo tuo *K11, Le1/2, N1, P1, Vi1.*
b exultes] *korr. aus* exultas *Vi1.*
c Helya] Helia *N1, P1.*
d Samuhele] Samuele *K11, Le1/2, P1.*
e supra] super *K11, Le1/2.*

klösterliche Leben und die preiswürdige Gemeinschaft in Christus, auf dass du das Gesetz des Lebens und der Zucht vernimmst und dem Herrn deinem Gott treu dienst alle Tage deines Lebens, bis du am Ende deines mühevollen Kampfes das ewige Reich empfängst, um dort im Angesicht Gottes und der Heiligen ewig mit den Engeln zu frohlocken.

Sieh nicht zurück wie Lots Frau[41], und bleibe nicht in Sodoma, dem Fleische dienend, sondern rette dich auf die Berge, das Himmlische suchend, und folge demütig der Führung des Engels auf dem Wege des Gehorsams, indem du alle Regungen deines Eigenwillens Gott zuliebe abtötest. Flieh mit dem heiligen Elias vor dem Angesicht des schlimmen Weibes Jezabel[42] und zieh in die Einsamkeit der Wüste, stets den geheimen Vorsatz der Enthaltsamkeit bewahrend, bis du nach den Stürmen dieser Welt im feurigen Wagen zum Himmel erhoben wirst[43]. Harre auch mit dem seligen Samuel in der Stiftshütte vor der Bundeslade aus[44], Gott im Ordenshabit fromm und ehrfürchtig dienend, auf dass du die Stimme Gottes vernimmst, die aus den Höhen spricht, einen Vorgeschmack erhältst von den himmlischen Tröstungen und schließlich im Tode den vollen Trost empfängst mit diesen Worten Gottes: „Wohlan, du guter und getreuer Knecht, weil du im Geringen getreu gewesen bist, will ich dich über vieles setzen; geh ein in die Freude deines Herrn!“[45]

Sei also getreu bis in den Tod, und es wird dir die Krone des Lebens gegeben werden[46], die niemand würdig ist zu empfangen außer dem, der wacker gekämpft und bis zum Ende in der Tugend ausgeharrt hat. Doch um meine Worte auch durch Tatsachen zu beweisen, will ich dir einige Beispiele der Beharrlichkeit schildern.

Kapitel 5:
Von einem Priester, der Versuchungen ausgesetzt war und von Gott getröstet wurde.

Es war bei uns ein Priester namens Alardus, der den Wunsch hatte, der Welt zu entsagen und den Habit der Chorherren anzulegen[47]. Noch bevor er jedoch eingekleidet war, erschien ihm der Versucher und

41 Gen. 19,26.
42 3. Reg. 19,1-3.
43 4. Reg. 2,11.
44 1. Reg. 2,18.
45 Mt. 25,21.
46 Apoc. 2,10.
47 Über ihn vgl. auch Thomas, Chronica Montis S. Agnetis, cap. 10 und 24, POHL 7, S. 371 und 409f.

quibus diu prodige utebatur. Cepitque tristari vehementer, quia parentes et amicos reliquisset et iam inter alienos tamquam exul a patria sua vivere deberet desolatus. Tristicia igitur magna suborta, secuta sunt et alia non pauca gravamina veluti tonitrua dura. Nam tedium loci et difficultatem ordinis hostis ei incussit malignus, et quam bene posset vivere in partibus [24] suis et multis eque prodesse amicis. Hec enim sunt fraudulenti serpentis iacula, quibus sepe noviciorum corda nititur vulnerare, ut a sancto proposito eos resilire compellat. Sed Deo miserante, dum adhuc sacerdos staret in acie certaminis, lux celestis consolacionis emicuit et totam nebulam mundane tristicie dissipavit.

Itaque spiritu Dei contra dyabolicas immissiones reaccensus et confortatus cepit intra se cogitare ad quid venisset, et sollerti racione propositum iam arreptum perpendens virili animo se ipsum erigebat dicens: „Ecce Deo providente hunc locum emendacionis gracia sponte supplexque intrasti, et nunc multo plura pro tuis necessariis invenisti, quam in seculo pridem reliquisti, paucos amicos propter Christum postergasti, sed iam plures spirituales fratres maiori caritate tibi coniunctos pro carnalibus recepisti. Cuncta que ad usum huius monasterii pertinent tua sunt ac tecum dividuntur in caritate. Alii pro te laborant, alii pro te orant, alii legunt, alii scribunt, nemo hic ociatur, nullus propria possidet, omnia in commune[a] conferuntur. En tot habes hic servicia, quot sunt claustri officia cum universa familia. Quid ergo habes conqueri? Aut quid times Deo libero corde [25] servire? Subice te incunctanter suavissimo iugo Christi, tolle super te onus Domini leve, obliviscere populum tuum et domum patris tui, ut pro parvis recipias magna, pro temporalibus eterna, pro vanitate seculi gloriosissimum regnum Dei, quatenus cum apostolo Paulo[b] veraciter proloquaris: 'Tamquam nichil proprietatis habentes et omnia in communitate possidentes'."

Hec et similia eo cogitante et sanctorum patrum vestigia per singulos dies considerante confortatus est in melius animus sacerdotis. Et post probacionis tempus habitu regulari indutus est atque anno completo solempni voto professus. Qui postmodum in ordine annis triginta laudabiliter vivens in bona senectute obdormivit in pace.

a commune] communi *K11, Le1/2, Vi1.*
b apostolo Paulo] Paulo apostolo *Vi1.*

führte ihm die Vergnügungen der Welt ins Gedächtnis zurück, die er lange und ausgiebig genossen hatte. Da wurde er sehr traurig, dass er Verwandte und Freunde verlassen hatte und nun gleichsam aus seiner Heimat verbannt trostlos unter Fremden leben sollte. Auf diesen Sturm der Traurigkeit folgten dann noch weitere heftige Kümmernisse, wie schwere Donnerschläge. Denn der böse Feind gab ihm Widerwillen vor dem Kloster und der Strenge des Ordenslebens ein und stellte ihm vor, wie gut er in seiner Heimat leben und wievielen Freunden er nützen könne. Dies sind nämlich die Pfeile der listigen Schlange, mit denen sie oft die Herzen der Novizen zu verwunden sucht, um sie zur Aufgabe ihres heiligen Vorsatzes zu drängen. Doch während der Priester noch im Kampf mit der Versuchung stand, erstrahlte ihm durch Gottes Erbarmung das Licht himmlischen Trostes, das alle Nebel weltlicher Traurigkeit zerstreute.

Da er nun durch den Geist Gottes gegen die teuflischen Eingebungen aufgebracht und gestärkt war, fing er an bei sich zu bedenken, zu welchem Zweck er hergekommen sei, erwog in eingehender Überlegung den zuvor gefassten Entschluss und ermannte sich und sprach: „Sieh, durch Gottes Fügung hast du dich freiwillig und um Aufnahme bittend an diesen Ort begeben, um dein Leben zu bessern, und nun hast du weit mehr für deine Bedürfnisse hier gefunden, als du in der Welt zurückgelassen hast. Wenige Freunde hast du um Christi willen verlassen, doch statt der leiblichen hast du noch viel mehr geistliche Brüder bekommen, die dir mit innigerer Liebe verbunden sind. Alles was zum Leben in diesem Kloster gehört, ist dein, und in Liebe wird es mit dir geteilt. Die einen arbeiten für dich, die anderen beten für dich, wieder andere lesen oder schreiben, keiner ist hier müßig, keiner hat Eigentum, alles wird zum Gemeinbesitz gemacht. Alle die ein Klosteramt haben und das ganze Haus stehen dir zu Diensten. Was also hast du zu klagen, oder warum scheust du dich, Gott mit freiem Herzen zu dienen? Unterwirf dich ohne Zögern dem sanften Joch Christi und nimm die leichte Bürde des Herrn auf dich[48]! Vergiss dein Volk und das Haus deines Vaters, um Großes zu empfangen für Geringes, Ewiges für Zeitliches, das herrliche Gottesreich anstatt der Eitelkeit der Welt. Dann kannst du mit dem Apostel Paulus zutreffend sprechen: 'Nichts Eigenes haben wir und besitzen doch alles gemeinsam.'[49]"

Während er dies und ähnliches bedachte und Tag für Tag die Beispiele der heiligen Väter betrachtete, wurde das Gemüt dieses Priesters zur Besserung gestärkt. Und nach der Probezeit wurde er mit dem Ordensgewand bekleidet und legte nach Ablauf eines Jahres das feierliche Gelübde ab. Dann lebte er dreißig Jahre lang vorbildlich im Kloster, und in gemessenem Alter entschlief er im Frieden des Herrn.

48 Vgl. Mt. 11,30.
49 2. Cor. 6,10.

De iuvene[a] clerico qui relicto studio monasterium intravit. Capitulum VI.

Fuit quidam iuvenis scolaris primeve etatis flore vigescens, qui studio litterarum Daventrie deditus, nonnumquam a constudentibus sociis suis[b] et patriotis ad studium Parisiense invitabatur promissis et donis. Sed quorundam devotorum consilio ab hac intencione revocatus est et informatus, ne se periculo [26] daret desiderio alcioris doctrine. Interea accidit ut duo germani fratres consodales sui corpore et ingenio habiles[c] de scola Daventriensi versus Parisius se transferrent. Cumque parvo tempore ibidem in studio stetissent, uno die ambo defuncti sunt. Sed et alii quidam ex studentibus ad magisterium promoti, post multas expensas et diuturnos labores, cum cepissent sciencia et fama clarere, ex hac luce repente sunt subtracti. Audiens hec prefatus iuvenis[d] de suis coetaneis studentibus compunctus est amplius, atque in brevi valedicens scolasticis rebus discipulus Christi inter regulares effectus est.

De matrona que filium conversum planxit sed postea ad Deum conversa gracias egit. Capitulum VII.

Matrona quedam dives et secularis filium unicum habuit tenere dilectum, etate et[e] sciencia ac moribus adornatum. Hic celesti inspiracione afflatus elegit pocius Deo humiliter servire quam in seculo paternis bonis transitorie frui et mercari. Recessit ergo ab aspectibus amicorum longius peciitque monasterium regularium ad famulandum Do[27]mino[f] secrecius et perfectius cunctis mundi retinaculis abdicatis. Quem mater vidua subsecuta precibus ac lamentis studuit revocare, sed minime valuit.

Illa igitur ad sua abeunte et in merore gravi consistente, contigit in eadem civitate casus infaustus, ut cuiusdam potentis divitis filius ab altero sediciose percussus plangeretur extinctus. Quo audito matrona rem gestam exhorruit et ad se tandem reversa alienis periculis docta propriam tristiciam temperavit atque semet ipsam redarguit dicens:

a De iuvene] De quodam iuvene *Le1/2, Vi1.*
b sociis suis] suis sociis *P1.*
c habiles] abiles *K11, P1.*
d prefatus iuvenis] iuvenis prefatus *Le1/2, Vi1.*
e et] ac *P1, Vi1.*
f Domino] Deo *K11, Le1/2, Vi1.*

Kapitel 6: Von einem jungen Schüler, der das Studium aufgab und ins Kloster ging.

Ein junger Schüler, gesund und munter, der sich in Deventer dem Studium der Wissenschaften widmete, wurde zuweilen von seinen Studiengefährten aus der Heimat mit Verheißungen und Geschenken dazu eingeladen, auf die Universität von Paris zu ziehen. Doch brachte ihn der Rat einiger Devoten von diesem Vorhaben ab, die ihn ermahnten, sich nicht aus dem Verlangen nach höherer Gelehrsamkeit in Gefahr zu begeben. Unterdessen geschah es, dass zwei seiner Mitgefährten, zwei Brüder von gesundem Körper und Geist, aus der Schule zu Deventer nach Paris überwechselten. Doch als sie dort einige Zeit studiert hatten, wurden beide an einem Tag vom Tod ereilt. Und auch einige andere unter den dortigen Studenten, die es zur Magisterwürde gebracht hatten und nach hohen Ausgaben und langen Mühen im Begriff waren, sich durch ihr Wissen einen Namen zu machen, sind plötzlich dahingerafft worden. Als der erwähnte junge Mann vom Tod der gleichaltrigen Studenten erfuhr, wurde er betrübt und gab nach kurzer Zeit das Studium auf, um im Kloster ein Schüler Christi zu werden.

Kapitel 7: Eine Witwe, die traurig war, weil ihr Sohn ins Kloster ging, hat sich danach selbst Gott zugewandt und sagte ihm Dank.

Eine reiche Frau der bürgerlichen Gesellschaft hatte einen einzigen Sohn, den sie sehr liebte und der alle Vorzüge des Jugendalters, der Bildung und Erziehung besaß. Dieser entschloss sich auf Eingebung des Himmels dazu, lieber in Demut Gott zu dienen als in der vergänglichen Welt das väterliche Vermögen zu genießen und damit Handel zu treiben. Er zog sich also für längere Zeit aus dem Umgang mit seinen Freunden zurück und suchte ein Kloster der Chorherren auf, um dort, gelöst von allen Bindungen an die Welt, dem Herrn in vollkommener Abgeschiedenheit und Hingabe zu dienen. Seine Mutter, eine Witwe, ging ihm nach und wollte ihn durch Bitten und Klagen zurückrufen, doch gelang es ihr nicht.

So kehrte sie nach Hause zurück und versank in tiefen Schmerz. Da ereignete sich in ihrer Stadt ein Unglücksfall: Der Sohn eines reichen und mächtigen Mannes war von jemandem heimtückisch erstochen worden, und sein Tod wurde beweint und beklagt. Als die Frau das hörte, erschrak sie sehr darüber, und durch das fremde Unglück belehrt kam sie endlich zu sich und mäßigte ihre eigene Betrübnis. Sie

„Quam bene tibi contigit, ut hec de filio tuo non audias nec de cetero formides. Nonne tucius in monasterio Deo servit, quam apud te in seculo periret?“ Ex illo demum die ad bonitatem Dei conversa gracias maximas egit nec ultra filium tamquam[a] amissum planxit, sed de eius conversione summopere gaudebat, fratres regulares specialiter dilexit, hospicio sepius[b] recepit et hec michi[c] in mensa sua recitavit.

Novicius:

Gratanter audio quod dicis et spero quod michi proficiet et multis. Satis dolendum quod multi parentes ita inordinate filios suos diligunt, quod magis eos seculo nutriunt quam Deo, quod plus cupiunt illos diviciis ac honoribus sub-[28]limari quam virtutibus et bonis moribus pollere. Heu quod non recogitant quam subito mors filios a parentibus separat, nec ullus hominum, quantumcumque dives vel nobilis fuerit, poterit semet ipsum aut aliquem amicorum a mortis lege liberare, sed oportet nos omnes ante districti iudicis tribunal presentari, ut referat unusquisque prout gessit in vita, et recipiat pro qualitate meritorum suorum irrevocabilem sentenciam eternam, scilicet penam vel gloriam.

Quod pocius est Deo obediendum[d] quam amicis. Capitulum VIII.

Senior:

Recte sentis pro tua salute. Nam qui Deo statuit servire, debet ei pocius quam parentibus obedire. Hinc est quod veritas sequentibus se discipulis ait: „Qui amat patrem vel matrem plus quam me, non est me dignus.“ Non ergo audiendi sunt, qui propter solacium amicorum suadent in seculo manendum, sed illi potissime imitandi sunt, qui propter amorem Christi elegerunt ab amicis elongari, quatenus Deo liberius serviant, devocius ei inhereant et frequencius pro amicis exorent. Unde si in [29] via Dei voluerint adversari et ingressum religionis impedire, vitandi sunt et relinquendi. Nam et omnium religiosorum legifer et magister Iesus Christus Dominus noster formam perfecte abrenunctiacionis ostendit cum dicit: „Si quis venit ad me et non odit patrem suum

[a] tamquam] quasi *Le1/2, P1.*
[b] sepius] sepe *K11, Le1/2, Vi1.*
[c] michi] *fehlt in Le1/2.*
[d] est Deo obediendum] obediendum est Deo *Le1/2;* est obediendum Deo *Vi1.*

tadelte sich selbst und sagte: „Wie gut geht es dir, dass du dies nicht von deinem Sohn hören musst und auch nicht mehr zu fürchten hast! Ist er nicht sicherer, da er Gott im Kloster dient, als wenn er bei dir in der Welt umkäme?" Und von diesem Tag an wandte sie sich der Güte Gottes zu und dankte ihm von Herzen, beklagte auch ihren Sohn nicht mehr als verloren, sondern war voll Freude über seine Konversion. Sie fasste auch eine besondere Liebe zu den Chorherren, die sie oftmals gastlich aufnahm. – Und dies hat sie mir selbst erzählt, als ich bei ihr zu Tisch war.

Novize:

Dankbar vernehme ich, was du sagst, und hoffe, dass es für mich und viele andere von Nutzen ist. Leider haben ja viele Eltern für ihre Kinder eine so unangemessene Liebe, dass sie diese eher für die Welt als für Gott aufziehen und lieber durch Reichtum und Ehren ausgezeichnet sehen wollen als durch Tugenden und fromme Sitten. Ach, dass sie nicht bedenken, wie schnell der Tod die Kinder von den Eltern trennt, und dass niemand, sei er auch noch so reich und adlig, sich selbst oder einen seiner Freunde vom Gesetz des Todes befreien kann, sondern dass wir alle vor dem Tribunal des strengen Richters erscheinen müssen. Dort muss jeder berichten, wie er in diesem Leben gehandelt hat, und je nach seinem Verdienst das unwiderrufliche Urteil empfangen: ewige Seligkeit oder ewige Strafe.

Kapitel 8:
Man muss Gott mehr gehorchen als den Freunden.

Senior:

Was du sagst, ist richtig und deinem Heil förderlich. Denn wer beschlossen hat, Gott zu dienen, muss ihm mehr gehorchen als den Eltern. Daher sprach der Herr, die Wahrheit selbst, zu den Jüngern, die ihm folgten: „Wer seinen Vater oder seine Mutter mehr liebt als mich, der ist meiner nicht wert."[50] Und so soll man nicht auf jene hören, die dazu raten, wegen der Zuwendung der Freunde im Weltleben zu bleiben, sondern es denen gleichtun, die um der Liebe Christi willen sich von den Freunden zu trennen beschlossen, damit sie Gott rückhaltloser dienen, sich ihm andächtiger widmen und für die Freunde häufiger beten könnten. Wer daher am Weg zu Gott hindern und vom Eintritt in den Ordensstand abhalten will, den soll man meiden und verlassen. Denn der Gesetzgeber und Meister aller Ordensleute, unser Herr Jesus Christus, zeigte uns ein Muster vollkommener Entsagung, als er sprach: „Wenn jemand zu mir kommt und nicht Vater und Mutter hasst und

50 Mt. 10,37.

et matrem, adhuc autem et animam suam, non potest meus esse discipulus." Attende quia non dixit Dominus: „Quere primum an placeat parentibus vel amicis", sed: „Hoc satage facere quod michi noveris maxime placere. Dimitte ergo mortuos sepelire mortuos suos, tu autem sequere me et quere primum regnum Dei et iusticiam eius. Habebis enim thezaurum in celis, si renunctiaveris omnibus terrenis."

O quam stolidi sunt et ceci, qui pro vili et brevissimo delectamento carnis negligunt querere eterna gaudia celi, qui nunc formidant subire sacri ordinis disciplinam et non ponderant inextinguibilis ignis perpeti flammam[a]. Ach, nimium differt humilis habitus monachorum et larvalis aspectus demoniorum. Valde dissonant inter se devotus cantus religiosorum et intollerabilis planctus dampnatorum. O si scirent donum Dei et gustassent quam suavis est Dominus et quam iocundum est celesti Domino servire, libenter terrena cuncta relinquerent, que nec diu [30] tenere valent, et ad religionis statum convolarent, per quem recto itinere in celum conscenderent. Unde pius Dominus pusillos corde adhortatur, ne precepta salutaria in ordine perhorrescant, sed pocius cum omni humilitate obediencie iugum suscipiant, dicens: „Tollite iugum meum super vos et discite a me quia mitis sum et humilis corde, et invenietis requiem animabus vestris."

Novicius:

Optime quidem his verbis me ad perseveranciam religionis instruxisti, sed libenter audirem, a quibus salutis verbum tu primitus accepisti. Dic ergo michi qui fuerunt primitivi patres illi, per quos moderna devocio refloruit, qui te docuerunt legem vite et discipline et multos averterunt ab iniquitate. Desidero namque de eorum virtutibus aliqua audire, quibus ad meliora queam fervencius excitari. Sed ne graveris longitudine sermonis, parum pausando te recollige et in consequentibus quod peto diligenter expone. [31]

[a] perpeti flammam] perpetui flammam *Vi1*.

dazu noch seine eigene Seele, der kann mein Jünger nicht sein."[51] Beachte, dass der Herr nicht etwa sagt: „Sieh erst zu, ob es deinen Eltern oder Freunden gefällt", sondern: „Du weißt ja, was mir am meisten gefällt, und das sollst du tun. Lass also die Toten ihre Toten begraben; du aber folge mir nach[52] und suche zuerst das Reich Gottes und seine Gerechtigkeit. Denn einen Schatz wirst du im Himmel haben, wenn du allen irdischen Dingen entsagst."[53]

O wie töricht und blind sind diejenigen, die es wegen eines wertlosen und kurzen Vergnügens versäumen, die ewigen Freuden des Himmels zu suchen, die jetzt scheuen, sich der strengen Ordensdiziplin zu unterwerfen, aber nicht bedenken, was es heißt, die Flammen des unauslöschlichen Feuers zu erleiden. Wie sehr ist doch das bescheidene Mönchsgewand von der Schreckgestalt der Dämonen verschieden! Wie anders klingen der fromme Gesang der Klostergemeinschaft und das unerträgliche Klagegeheul der Verdammten! O wenn sie die Gabe Gottes kennten und gekostet hätten, wie lieblich der Herr ist[54] und wie wohltuend es ist, ihm zu dienen, dann würden sie das alles verlassen, was sie ohnehin nicht lange festhalten können, und sie würden in den Ordensstand eilen, aus dem sie auf geradem Weg zum Himmel emporsteigen könnten. Deshalb ermahnt der milde Herr die Verzagten, dass sie vor den heilsamen Geboten im Orden nicht zurückschrecken, sondern das Joch des Gehorsams in aller Demut auf sich nehmen, und spricht: „Nehmt mein Joch auf euch und lernt von mir, denn ich bin sanftmütig und demütig von Herzen, und ihr werdet Ruhe finden für eure Seelen."[55]

Novize:

Du hast mich durch deine Worte bestens dazu gerüstet, dem Ordensleben treu zu bleiben. Doch würde ich gern noch hören, von wem du selbst das Wort des Heils damals zuerst vernommen hast. Erzähle mir also, wer jene Gründerväter waren, durch deren Wirken die Frömmigkeit unserer Zeit, die Devotio moderna, wieder aufgelebt ist[56]. Sie haben ja nicht nur dich in der Regel und Ordnung des Lebens unterwiesen, sondern auch viele andere vom Schlechten abgebracht. Ich möchte gern etwas von ihren Tugenden hören und dadurch angespornt werden, mich noch eifriger um Besserung zu bemühen. Aber ruh dich erst ein wenig aus, dass dich das lange Reden nicht zu sehr anstrengt. Nachher magst du mir ausführlich darlegen, worum ich gebeten habe.

51 Lc. 14,26.
52 Mt. 8,22.
53 Mt. 6,20; 19,21.
54 Vgl. Ps. 33,9.
55 Mt. 11,29.
56 S. oben Einführung, Anm. 15.

LIBER SECUNDUS: VITA VENERABILIS MAGISTRI GERHARDI MAGNI

Incipit prologus secundi libri[a] in vitam venerabilis magistri Gerhardi Magni vulgariter Grosz[b].

Auxiliante Domino, frater karissime, de paternis actibus pauca tamen de pluribus caritatis ausu dicere temptabo, ob magnam utique peticionis tue instanciam et communem utilitatem. Ex quo enim multi iam patres et devoti fratres olim michi cogniti dormierunt, eorum virtutes effari non vereor, quatenus exinde bonam memoriam de bonis exemplis ipsorum posteris relinquam ad divini nominis laudem alcius extollendam. Igitur a venerabili magistro[c] Gerhardo cognomento Magnus[d], predicatore egregio et devoto, exordium sumam. Deinde etiam, si Dominus annuerit, de devotis fratribus discipulis eius aliqua sancte conversacionis exempla adiciam, [32] ad tuam et aliorum simplicium fratrum devocionem excitandam. Quem licet in carne non viderim, plures tamen discipulatui[e] eius adherentes corporaliter agnovi, a quibus multa de felicibus actibus eius[f] frequenter audivi, ut non putes me propria imaginacione hec confinxisse, sed a valde fidelibus utriusque sexus personis veridica relacione percepisse.

Explicit prologus.

Incipiunt capitula libri secundi[g].

a Incipit prologus secundi libri] Liber secundus. Incipit prologus *K11;* Explicit liber primus et sequitur secundus. Incipit prologus *N1;* Incipit prologus *P1;* Explicit liber primus. Incipit secundus. Incipit prologus *Le1, Vi1;* Explicit liber primus Incipit *(Zeilenwechsel)* Incipit prologus *Le2.*

b vulgariter Grosz] Groot *K11; fehlt in Le1/2, N1, P1, Vi1.*

c venerabili magistro] venerabili viro magistro *Le1/2, Vi1.*

d cognomento Magnus] Magnus cognomento *Le1/2, Vi1.*

e discipulatui] disciplinatui *K11, Vi1.*

f actibus eius] eius actibus *Le1/2, Vi1.*

g libri secundi] secundi libri *K11, N1; fehlt in P1.*

ZWEITES BUCH: LEBEN GERHARD GROTES

Prolog zum Leben des ehrwürdigen Magisters Gerhardus Magnus, gewöhnlich Grote genannt.

Mit Gottes Hilfe will ich nun, mein vielgeliebter Bruder, von Liebe dazu gedrängt, es versuchen, die Taten unserer Väter (wenn auch aus vielen nur wenige) zu schildern, deiner dringenden Bitte gemäß und zum allgemeinen Nutzen. Denn da bereits viele fromme Väter und Brüder, die ich einst kannte, entschlafen sind, darf ich mich nicht scheuen, ihre Tugenden kund zu tun, um das fromme Andenken ihrer guten Beispiele den Nachkommen zu hinterlassen, zur höheren Ehre des göttlichen Namens. So will ich denn mit dem ehrwürdigen Magister Gerhardus, genannt 'der Große', dem trefflichen und frommen Prediger, den Anfang machen. Hernach gedenke ich auch, so Gott will, manche Beispiele des heiligen Wandels der frommen Brüder, die seine Jünger waren, anzuführen, um deine und anderer einfacher Brüder Andacht zu erwecken. Denn sah ich ihn selbst auch nicht im Fleische, so kannte ich doch mehrere, die als seine Jünger ihm anhingen und aus deren Mund ich viel von seinen preiswürdigen Taten oftmals erzählen hörte; so glaube nicht etwa, ich hätte diese Dinge aus meiner Phantasie ersonnen, die ich von sehr vertrauenswürdigen Personen beiderlei Geschlechts in wahrheitsgemäßem Bericht erfuhr.

Dies sind die Kapitel des zweiten Buchs:

Incipit vita venerabilis magistri Gerhardi Magni[b] Deo devoti dyaconi et predicatoris egregii.

De ortu et interpretacione nominis eiusdem[c]. Capitulum I.

Venerabilis magister Gerhardus dictus Magnus civis fuit Daventriensis civitatis, ex honestis et[d] maioribus eiusdem loci parentibus ortus ac diligenti cura suorum teneriter educatus. Congrue autem satis tale sortitus est nomen a terrenis parentibus sibi impositum, sed celesti provisione postmodum in melius permutatum. Nam qui antiquam vitam suam in nove conversacionis statum mutavit, digne quoque nomen eius piam interpretacionem habere promeruit, sicut ob virtutum eius insignia sequens narracio declarabit.

Dicitur namque Gerhardus quasi gerens artes, quia studio litterarum deditus, in liberalibus artibus et scienciis multis fuit permaxime eruditus. Vel dicitur Gerhardus quasi gerens ardorem, quia gracia Dei misericorditer pre-[34]ventus in amore Christi arsit interius et in divinis laudibus vehementer erat affectus. Vel recte iam tercio Gerhardus vocatur quasi gerens ardua, quia ad Deum perfecte conversus magna et alta gessit in vita, dum sedule[e] mentem ad celestia erexit et multos populos ad emendacionem vite predicando convertit. Nam totam hanc patriam nostram vita, verbo, moribus et doctrina illuminavit et accendit[f].

a conversione] conversacione *P1.*

b Magni] Groot *K11.*

c eiusdem] eius *Le2;* magistri Gherardi *Le1, P1;* magistri Gerardi *Vi1; fehlt in N1;* magistri Gherardi. Liber secundus *K11.*

d et] ac *K11, Le1/2, Vi1.*

e sedule] cedule *K11.*

f moribus et doctrina illuminavit et accendit] moribus illuminavit et doctrina accendit *P1.*

Hier beginnt das Leben des ehrwürdigen Magisters Gerhardus Magnus, der ein gottergebener Diakon und hervorragender Prediger war.

Kapitel 1:
Von seiner Abkunft und der Deutung seines Namens.

Der ehrwürdige Magister Gerhardus, Magnus genannt, war ein Bürger der Stadt Deventer und stammte von ehrbaren und vornehmen Eltern dieser Stadt, die ihn mit liebevoller Sorge erzogen. Nicht unpassend aber hatten seine irdischen Eltern ihm den Namen Gerhardus gegeben, der später durch göttliche Vorsehung eine höhere Bedeutung erhielt[1]. Denn da er seine frühere Lebensweise für einen neuen Stand aufgab, war es nur recht, dass sein Name eine neue fromme Auslegung verdiente, wie die folgende Erzählung an den Zeugnissen seiner Tugend zeigen wird.

Gerhardus nämlich heißt er als *gerens artes*, 'einer der Künste betreibt', da er dem Studium der Wissenschaften ergeben und in den freien Künsten und schönen Wissenschaften überaus erfahren und gelehrt war. Auch bedeutet Gerhardus gleichsam *gerens ardorem*, 'ein Flammenträger', weil er, von der Gnade Gottes erfasst, in der Liebe zu Christus entbrannte und sich mit großem Eifer dem Lobpreis Gottes hingab. Drittens wird er treffend Gerhardus genannt als *gerens ardua*, 'mächtige Taten wirkend', weil er, einmal vollkommen zu Gott bekehrt, große und mächtige Dinge wirkte, da er sein Gemüt eifrig zu himmlischen Dingen erhob und durch seine Predigten viele Menschen zur Besserung ihres Lebens führte. Denn unser ganzes Vaterland erleuchtete und entzündete er durch seinen Lebenswandel, durch sein Wort, durch seine Sitten und durch seine Lehre.

1 Namendeutungen dieser Art sind ein gängiges hagiographisches Motiv und vor allem in der Legenda Aurea geradezu obligatorisch; s. auch Buch III,2f. zum Namen Florens Radewijns.

Fuit itaque re et nomine magnus in seculo, diviciis, honoribus, scienciis ac beneficiis locupletatus, sed maior extitit in contemptu seculi et imitacione humilis vite Iesu Christi, nec non in[a] multiplici fructu discipulorum Christi, sicut vestigia derelicta patenter ostendunt. In memoria ergo eterna erit vir iste, qui in diebus nostris orthodoxe fidei regulas secutus docuit et sancte religionis statum per devota exempla reparavit. Nam licet diu in seculari vita insolens ac vanus incesserit, tamen postea conversus humillime ac devotissime in sancta paupertate et abstinencia multa vitam valde exemplarem exegit, quam et felici agone optime consummavit. [35]

De celeri profectu eius in studio Parisiensi. Capitulum II.

Hic itaque a parentibus ad studium Parisiense sub annis adulescencie missus est, et copiosis expensis pre multis consodalibus affluens satagebat pro quo venerat proficere diligenter. Nec tunc quidem Christi[b] gloriam studens querebat, sed magni nominis umbram sequens famam potissime curabat humanam. In brevi tamen secundum communem studencium cursum ad alciora avide nitens[c] ad magisterium intellectu suffragante decimo octavo etatis sue anno promotus est. Adeptus ergo hunc apicem, cum calleret ingenio ac seculari fastu tumeret, ecclesiasticis beneficiis insignitur et inter plura beneficia etiam Aquensis ecclesie canonicus investitur. Verum latas adhuc seculi vias necdum inspiratus pervagatur, donec Deo miserante[d] in virum alium mutaretur. [36]

[a] in] et *K11.*
[b] quidem Christi] quidam Christi *P1.*
[c] alciora avide nitens] alciora quidem avide nitens *Le1/2.*
[d] Deo miserante] miserante Deo *Le1/2, Vi1.*

Groß, *Magnus*, war er demnach der Tat und dem Namen nach in der Welt, und reich durch Güter, Ehre, Wissenschaften und den Besitz geistlicher Pfründen; größer jedoch wurde er durch die Verachtung der Welt und die Nachahmung des demütigen Lebens Jesu Christi, so wie nicht minder durch die vielfältige Frucht der Jünger, die er für Christus gewann, wie die hinterlassenen Spuren offen bezeugen. In ewigem Andenken wird daher dieser Mann sein, der in unseren Tagen nach den Regeln des katholischen Glaubens lehrte und den heiligen Ordensstand durch fromme Beispiele wiederherstellte. Denn wenn er auch längere Zeit ein ganz weltliches und eitles Leben führte, so wandelte er doch nach seiner Bekehrung demütig und fromm in heiliger Armut und großer Enhaltsamkeit als ein Muster der Vollkommenheit und beschloss sein Leben durch ein glückseliges Ende.

Kapitel 2:
Von den schnellen Fortschritten in seinen Studien zu Paris.

Dieser Gerhardus aber wurde in seinen Jünglingsjahren von seinen Eltern nach Paris gesandt, um dort zu studieren, und weit wohlhabender und reicher als viele seiner Gefährten bemühte er sich um rasche Fortschritte zum Ziel seines Studienaufenthalts. Doch nicht die Ehre Christi suchte er damals; sondern nach dem Schattenbild eines großen Namens strebend[2], sorgte er sich vor allem darum, menschlichen Ruhm zu erlangen. Da er also nach der gewöhnlichen Weise studierender Jünglinge gierig nach höheren Dingen strebte, wurde er durch die Unterstützung seines trefflichen Verstandes in kurzer Zeit, nämlich schon in seinem achtzehnten Jahre, zur Magisterwürde erhoben; und da er diesen Gipfel erstiegen hatte und durch sein glänzendes Genie und weltlichen Stolz aufgeblasen war, suchte und erhielt auch mehrere geistliche Pfründen und unter diesen ein Kanonikat, das ihm zu Aachen erteilt wurde. Doch wandelte er damals, noch nicht vom himmlischen Lichte erleuchtet, auf der breiten Straße der Welt in der Irre umher, bis er endlich durch Gottes Erbarmung in einen anderen Mann umgewandelt wurde[3].

2 Vgl. Lucan, Pharsalia I,135: *stat magni nominis umbra*; Thomas, Imitatio Christi III,24, POHL 2, S. 191: *de magni nominis umbra*.

3 1. Reg. 10,6. Geläufiger Ausdruck zur Bezeichnung einer religiösen Konversion, bes. auch bei Thomas; s. etwa Imitatio III,49, POHL 2, S. 234; Libellus de recognitione propriae fragilitatis, cap. 1, POHL 2, S. 361; Ex Chronica ad domum Montis S. Agnetis non attinentia, cap. 3, POHL 7, S. 482; Dialogus II,11, bei Anm. 37; IV,12, bei Anm. 105.

Quod conversio eius cuidam solitario in Colonia fuit revelata.
Capitulum III.

Sed cum omnipotens et misericors Deus, qui facit mirabilia magna solus, hunc doctum et famosissimum magistrum a presentis seculi nexibus solvere decrevisset, modum conversionis eius duxit ad effectum. Cuius tamen conversio hominibus inestimata et incognita, cuidam solitario in Colonia prius fuit revelata et ore tenus predicta. Cum enim quodam tempore Colonie esset et secularibus ludis intenderet vagabundus, prefatus solitarius nomen et habitum magistri Gerhardi expresse designans, predixit eius conversionem cito complendam et multis profuturam. Unde quidam hoc sciens venit ad eum ubi stabat et ait: „Quid hic stas vanis intentus? Alius homo fieri debes." Quod ille de se dictum tamquam puerile factum estimavit, nec tunc quidem multum advertit. Sed Deus prescius futurorum, qui non fallit, in brevi tempore implevit predestinacionis sue verbum, revocans dilectum sibi Gerhardum a via iniquitatis ad sancte conversacionis statum per quendam religiosum Carthusiensis ordinis virum. [37]

Qualiter per religiosum Carthusiensem tractus sit ad Deum.
Capitulum IIII.

Erat namque in terra Gelrensi apud oppidum Arnemense[a] religiosus quidam prior ordinis Carthusiensis in Monichusen, vir litteratus et devotus, magistro Gerhardo olim in seculo familiariter notus. Hic caritatis visceribus plenus et zelo animarum erga proximum concitatus cepit cogitare, qualiter cum magistro Gerhardo posset[b] habere sermonem et secreto de eius tractare salute, ne tantus vir eruditusque magister in seculo deperiret, sed de dyaboli laqueis ereptus Dei auxilio electorum numero iungeretur.

Eo siquidem tempore mundi status in maligno videbatur undique prolapsus ita, quod pauci essent qui verbum vite moribus ac vocibus predicarent, pauciores vero qui continenciam sectabantur, et quod dolendum erat, nomen sancte religionis et status devocionis pre inopia spiritus a patrum precedencium vestigiis nimium claudicabat. Apud

[a] Arnemense] Aernhemense *K11;* Arnamense *Le1/2;* Arnamense *korrigiert aus* Armanense *Vi1.*

[b] posset] possit *K11.*

Kapitel 3:
Wie seine Bekehrung einem Einsiedler zu Köln vorhergesagt wurde.

Da indessen der allmächtige und barmherzige Gott, der allein große Wunderdinge tut, beschlossen hatte, diesen gelehrten und hochberühmten Magister von den Banden dieser Welt zu lösen, lenkte er die Dinge dahin, dass endlich seine Bekehrung erfolgte. Unerwartet zwar und unvermutet erschien sie in den Augen der Menschen, doch war sie schon zuvor einem Einsiedler zu Köln geoffenbart und geweissagt worden. Denn während er sich einst zu Köln herumtrieb und mit weltlichen Spielen abgab, nannte und bezeichnete der erwähnte Einsiedler ausdrücklich den Namen und die Kleidung des Magisters Gerhardus und weissagte, dass seine Bekehrung in sehr kurzer Zeit vor sich gehen und vielen zum Heile gereichen werde. Einer aber, der dies gehört hatte, ging hin zu ihm, wo er stand, und sprach: „Was bist du hier mit eitlen Dingen beschäftigt? Ein anderer Mann muss aus dir werden!" Er aber hielt dies für Kinderpossen und gab damals nicht sonderlich acht darauf. Allein Gott, dem alle künftigen Dinge kund sind und der nimmermehr betrügt, erfüllte das Wort seiner Auserwählung in kurzer Zeit und berief seinen geliebten Gerhardus von dem Wege der Verkehrtheit zu einer heiligen Lebensform, und zwar durch einen gottesfürchtigen Religiosen des Kartäuserordens.

Kapitel 4:
Auf welche Weise er durch einen Kartäuser zu Gott hingezogen wurde.

Es lebte in der Nähe der Stadt Arnheim in der Landschaft Geldern ein gottesfürchtiger Prior des Kartäuserordens im Kloster Monnikhusen, ein ebenso gelehrter wie frommer Mann, der einst in der Welt ein vertrauter Bekannter des Magisters Gerhardus gewesen war. Aus liebevollem Herzen und von Eifer für das Seelenheil der Nächsten bewegt dachte er hin und her, wie er es anstellen könnte, eine Unterredung mit Gerhardus zu halten und sich vertraulich mit ihm über sein Heil zu besprechen, damit nicht ein so großer Mann und gelehrter Magister in der Welt zu Grunde ginge, sondern durch Gottes Beistand den Schlingen des Teufels entrissen und mit der Zahl der Auserwählten vereint würde.

Denn es schien gerade damals, als läge die Welt überall im Argen, so dass es nur wenige gab, die das Wort des Lebens durch ihre Sitten und Stimme verkündigten, und noch weniger, die Enthaltsamkeit gelobten. Am schmerzlichsten aber war, dass der heilige Ordensstand und die Frömmigkeit aus Mangel an geistlicher Gesinnung allzu weit hinter den Spuren der alten Väter zurückgeblieben waren. Bei den Kartäusern

Carthusienses vero lux vite celestis remansit occulta, et carnalibus[a] videbatur satis austera, erat tamen Deo gratissima et spiritu ferventibus optabilis atque[b] iocunda.

Interea [38] accidit, ut prenominatus prior causa emergente Traiectum tenderet, ibique dilectum magistrum Gerhardum adesse percipiens ad eius colloquium desideranter properat, moxque ad extrahendum piscem hunc magnum de seculi fluctibus sancte exhortacionis rethe[c] opportune relaxat. Adgreditur[d] ergo familiarem amicum, salutat comitem antiquum, hortatur sapienter hospitem benignum, cum docto loquitur de summo bono, proponit premia eterna, terret iudicio futuro, miscet blandis tristia[e], laudat religionem, mundi vituperat cursum, ostendit sub sole cuncta esse peritura. „Nam mors imminet", inquit, „incerta dies mortis et hora, sed o quanta sectatoribus Christi sunt dona[f] promissa."

Inter hec sancta mutuaque colloquia sepius repetita adest gracia divina. Mollitur animus audientis, fidem prebet dictis magister reverendus, assentit veris, ducitur racionibus, trahitur promissis, firmatur sanctorum exemplis. Tandem proponit vitam mutare in melius et mundanis renunciare fastibus Deo favente.

His prior perceptis exhilaratur alcius, quod semen Dei in terram bonam cecidit, gaudetque gaudio magno de ceto grandi Christi hamo capto, cicius de marinis turbinibus extrahendo. Redit letus ad socium suum, gracias agit Deo a quo [39] omne bonum, fatetur se non frustra texuisse[g] sermonem. „Quia cepi", inquit, „ut spero magistrum Gerhardum et confido de eius conversione, quod bonum propositum velit tenere et factis comprobare. O stupenda et laudanda Salvatoris nostri clemencia. O ineffabilis Spiritus sancti virtus et gracia, que facile corda hominum mutat, dum intus visitat et illustrat. Hec est mutacio dextere[h] excelsi, faciens prodigia sursum et signa in terra deorsum, evacuans

a et carnalibus] et a carnalibus *Le1/2, Vi1.*
b atque] et *Le1/2, Vi1.*
c rethe] rete *Le1/2, N1.*
d Adgreditur] Aggreditur *K11, Le1/2, N1, P1,Vi1.*
e tristia] tristicia *Vi1.*
f sectatoribus Christi sunt dona] sectatoribus Christi dona sunt *K11;* sunt sectatoribus Christi dona *P1.*
g texuisse] texisse *K11, Le1/2, Vi1.*
h dextere] dextre *K11, P1.*

aber verblieb das Licht des himmlischen Lebens im Verborgenen; und schien ihr Leben auch den auf Irdisches Gerichteten allzu streng, so war es doch Gott höchst angenehm und jenen, die eifrigen Geistes waren, gar sehr erstrebenswert und erfreulich.

Unterdessen ergab es sich, dass der genannte Prior wegen dringender Geschäfte eine Reise nach Utrecht tun musste; und kaum hatte er erfahren, sein vielgeliebter Magister Gerhardus halte sich dort auf, so eilte er mit großem Verlangen zu einer Unterredung mit ihm und warf das Netz heiliger Ermahnung aus, diesen stattlichen Fisch den Meeresfluten der Welt zu entreißen[4]. Er nähert sich also dem vertrauten Freunde, begrüßt den ehemaligen Gefährten, ermahnt weise den freundlichen Gast, spricht mit dem Gelehrten über das höchste Gut, stellt ihm die ewigen Belohnungen vor, erschreckt ihn durch das künftige Gericht, mischt Freundlichem Trauriges bei, lobt den Ordensstand, rügt die weltliche Lebensweise und zeigt ihm, wie alles unter der Sonne vergänglich ist. „Denn der Tod“, spricht er, „ist bereits im Anzug; ungewiss ist des Todes Tag und Stunde, doch o wie große und himmlische Belohnungen sind den Nachfolgern Christi bereitet!“

Und sieh, bei diesen heiligen, oftmals wiederholten Gesprächen stellt sich die göttliche Gnade ein, das Gemüt des Zuhörers wird erweicht, der ehrwürdige Magister glaubt den Aussprüchen des Freundes, stimmt der Wahrheit bei, wird durch die göttlichen Verheißungen angezogen, durch die Beispiele der Heiligen gekräftigt und beschließt endlich, sein Leben zu bessern und mit Gottes Beistand aller weltlichen Pracht zu entsagen.

Als aber der Prior dies bemerkt, wird er hochgestimmt, dass der Same Gottes auf ein gutes Erdreich gefallen war, und freut sich gewaltig über den großen Fisch, den er am Haken Christi aus den Fluten der Welt gezogen hat. In heiligem Wonnegefühl kehrt er zu seinem Gefährten zurück, dankt Gott, von dem alles Gute kommt, und teilt ihm mit, dass seine Unterredung nicht vergeblich gewesen sei. „Denn ich habe“, spricht er, „wie ich hoffe, den Magister Gerhardus gefangen und bin zuversichtlich, dass er seine Bekehrung nicht verschieben, sondern seinen guten Vorsatz halten und bald durch die Tat vollbringen wird. O staunenswerte und preiswürdige Huld unsres Erlösers! O unaussprechliche Kraft und Gnade des Heiligen Geistes, die die Herzen der Menschen so leicht wendet, wenn sie dieselben innerlich besucht und erleuchtet! Diese Wandlung vollbrachte die Rechte des Allerhöchsten,

4 Hier und im folgenden wird das seit dem NT geläufige Bild des Menschenfischens (Mt. 4,19; Mc. 1,17; Lc. 5,10) verbunden mit der Vorstellung vom gefahrvollen Meer der Welt; dazu HILDE CLAUSSEN, Odysseus und das 'grausige Meer dieser Welt'. Zur ikonographischen Tradition der karolingischen Wandmalerei in Corvey, in: Iconologia Sacra. Festschrift für Karl Hauck, hg. von HAGEN KELLER/ NIKOLAUS STAUBACH, Berlin/ New York 1994, S. 341-382.

tenebras et lucem cordi infundens. Hec est Dei solius potencia magna, qui in benedictionibus dulcedinis sue prevenit electum dyaconum suum Gerhardum, faciens de leone agnum, quem ante secula predestinavit sibi[a] incorporandum atque in fine seculorum preparavit[b] ad evangelizandum verbum suum multis civitatibus et populis ad sancti nominis sui laudem et honorem."

De mutacione habitus sui secularis et emendacione morum suorum. Capitulum V.

Nec longe post cepit bone voluntatis sue propositum ducere ad effectum. Igitur animo bene deliberato [40] et in Christo fundato abrenunciat beneficiis cunctis, vestes mutat seculares, simplicibus induitur sicut decuit humilem clericum mundi contemptum diviciis preferentem. Fit rumor in populo, et multi obstupescentes de novitate facti ad invicem loquebantur: „Quid hic iam pretendit? Que res nova huic accidit? Numquid multe littere ad insaniam eum perduxerunt? Ecce qui iam antea ornatis vestibus procedebat[c], nunc incultis et griseis tegitur lanis. Et qui conviviis et epulis[d] delectabatur variis, nunc respuit iocunda, querit vilia, fugit honores, diligit paupertatem."

Etenim manus Domini erat cum eo, cepitque fiducialiter agere in nomine Domini. Unde hominum fabulaciones et susurraciones inanes parvipendens ad Deum tota cordis intencione se convertit dicens: „Elegi abiectus esse in domo Dei mei magis quam habitare in tabernaculis peccatorum." Factus est ergo Deo cooperante ex divite pauper, de superbo humilis, de delicato abstinens, de vago stabilis, de mundano spiritualis, de curioso simplex et devotus.

[a] sibi] *fehlt in K11, Le1/2, Vi1.*

[b] incorporandum atque...preparavit] *fehlt in K11.*

[c] procedebat] incedebat *Le1/2, Vi1.*

[d] et epulis] *fehlt in Le1/2, Vi1.*

der Wunder tut in den Höhen und Zeichen unten auf Erden[5], der die Finsternisse vertreibt und Licht dem Herzen eingießt! Dies ist allein Gottes große Macht, der mit dem Segen seiner Milde den auserwählten Diakon Gerhardus einholte und in ein Lamm den Löwen verwandelte, den er vor allen Zeiten zu seiner Gesellschaft vorherbestimmt und am Ende der Zeiten dazu bereitet hat, vielen Städten und Völkern das Wort seines Evangeliums zu verkünden, zum Lob und zur Ehre seines Namens!“

Kapitel 5:
Von der Änderung seines Gewandes und seiner Sitten[6].

Wirklich fing er bald darauf an, den Vorsatz seines guten Willens zur Ausführung zu bringen. Denn nach reifer Überlegung und fest in Christus gegründet entsagte er allen seinen Pfründen, legte die weltliche Prachtgewandung ab und zog einfache Kleider an, wie es einem demütigen Geistlichen geziemt, der die Verachtung der Welt allem Reichtum vorzieht. Da aber erhob sich ein lautes Gerede unter dem Volke. Viele erstaunten über diese sonderbare Neuigkeit und sprachen zueinander: „Was will denn der? Was soll diese seltsame Erscheinung? Haben etwa seine vielen Studien ihm den Kopf verrückt? Sieh, der sonst in zierlichen Gewändern auftrat, trägt nun ein schlechtes graues Kleid, und der früher bei glänzenden Gastgelagen schwelgte, verschmäht nun alle Lustbarkeiten, sucht wertlose Dinge, flieht die Ehren und liebt die Armut!“

Aber die Hand des Herrn war mit ihm, und er begann voll Vertrauen im Namen des Herrn zu handeln. Daher auch verachtete er das Geschwätz der Menschen und ihr belangloses Geflüster, wandte mit dem ganzen Streben seines Herzens sich zu Gott und sprach: „Ich will lieber unscheinbar sein im Hause meines Gottes als in den Hütten der Sünder wohnen.“[7] Und so wurde er mit Gottes Beistand aus einem reichen ein armer, aus einem stolzen ein demütiger, aus einem weichlichen ein enthaltsamer, aus einem unbeständigen ein gefestigter, aus einem weltlichen ein geistlicher, aus einem vorwitzigen ein einfacher und andächtiger Mann.

5 Vgl. Ps. 76,11 und 15; Act. 2,19.

6 Teile dieses und des nächsten Kapitels sind wörtlich übernommen bei Horn, cap. 3, S. 339f., während Vorgeschichte und Umstände von Grotes Conversio dort mit Details anderer Provenienz geschildert werden. Vgl. auch die Bekehrungsgeschichte bei Dier, Scriptum, DUMBAR, S. 2f., wonach eine lebensgefährliche Erkrankung den Sinneswandel ausgelöst habe; s. unten bei Anm. 59.

7 Ps. 83,11.

Loquentibus igitur et mirantibus populis de subita mutacione tanti viri accessit ad eum secreto unus civium suorum de magnatis volens plenius scire propositum venerabilis magistri fugientis leta [41] consorcia mundi. Cumque multa ab eo studiose requisisset et perfecte abrenunciacionis misterium audisset, ita de dubiis quesitis perdocetur, ut summe edificatus abiret dicens: „Quid isti ignari et vulgares de bono et prudenti viro tam insana verba loquuntur? Numquam tam sapiens et sensatus esse cepit sicut modo, cum seculi vias fugiens deserit et Deo in spiritu humilitatis servire intendit. Quam felix foret qui imitari[a] vellet nec bene agenti insultaret. Si in hoc bono perstiterit, multorum erit ipse[b] causa bonorum.“

Qualiter a consorcio secularium se subtraxit. Capitulum VI.

Sed ne semen sanctum in corde viri Dei plantatum a transeuntibus secus viam conculcaretur aut a volucribus celi non opertum carperetur, ne etiam lumen accensum levi flatu extingueretur, sed pocius sub modio latens servaretur et pinguedine interne devocionis nutriretur, vel ne recens et fragilis arundo vanitatis aura pulsata ad terram mox flecteretur, sed virtute firmaretur ex alto, elegit humilis magister ad tempus [42] latere et ab humanis aspectibus seculariumque colloquiis se caute segregare, a cunctis quoque[c] mundi curis animum solvere, soli Deo et sibi libere vacare, ut primo in se disceret quod postea docturus erat, quatenus divina dulcedine pregustata equanimius ferret pro veritate adversa, nec dyabolica pertimesceret temptamenta sibi adventura[d].

Secessit igitur a civitate sua et de domo paterna venitque in partes Gelrie ad religiosos fratres Carthusienses in Monichusen[e] in Christi caritate[f] sibi dilectos. A quibus reverenter susceptus cellam accepit ut hospes amandus, quam letus et desideranter ingrediens cum beato Petro in mentis excessu ait: „Domine bonum est nos hic esse.“ Ibi nam-

[a] qui imitari] qui eum imitari *Le1/2, Vi1.*
[b] erit ipse] ipse erit *K11.*
[c] quoque] que *Vi1.*
[d] adventura] ventura *K11.*
[e] Monichusen] Monichuse *Vi1.*
[f] in Christi caritate] in Christo *Vi1.*

Während aber die Leute redeten und über die plötzliche Umwandlung eines so großen Mannes sich verwunderten, näherte sich ihm einer der angesehensten und vornehmsten Bürger, um etwas über das Vorhaben des ehrwürdigen Magisters, der den fröhlichen Umgang mit der Welt vermied, genauer in Erfahrung zu bringen. Nachdem er sich also eingehend bei ihm erkundigt und das Heilsgeheimnis der vollkommenen Entsagung vernommen hatte, war er in seiner Wissbegier so zufriedengestellt, dass er höchst erbaut fortging und sprach: „Was reden doch diese albernen Leute für tollen Unsinn von einem so guten und frommen Manne? Nie war er so weise und so verständig als nun, da er die Wege dieser Welt fliehend verlässt und die Absicht hat, Gott im Geiste der Demut zu dienen! Glückselig, wer ihn nachahmen wollte und des guten Dieners Gottes nicht spottete! Beharret er auf diesem guten Vorhaben, so wird er viel Gutes stiften."

Kapitel 6:
Auf welche Weise er sich dem Umgang mit Weltleuten entzog.

Damit aber der heilige in das Herz des Gottesmannes ausgesäte Same nicht etwa von den am Wege Vorübergehenden zertreten oder ungeschützt von den Vögeln des Himmels geraubt würde, damit das angezündete Licht nicht durch einen leichten Hauch ausgelöscht, sondern vielmehr unter dem Scheffel bewahrt und von dem Öl innerlicher Andacht genährt würde, damit der noch frische und verletzliche Zweig nicht sogleich von dem Winde der Eitelkeit zur Erde gebeugt, sondern durch die Kraft von oben gefestigt werden möchte, entschied sich der demütige Magister dazu, eine Zeit lang verborgen zu sein, die Begegnung mit Menschen und die Gespräche der Weltleute sorgsam zu meiden, sich von allen Sorgen der Welt zu lösen und allein für Gott und sich selbst offen zu sein, um erst einmal bei sich zu lernen, was er späterhin lehren sollte, damit er durch den Vorgeschmack der göttlichen Süße die um der Wahrheit willen zu erwartenden Widerstände gleichmütiger ertrüge und die Versuchungen des Teufels nicht fürchtete, die ihm bevorstanden.

Er entfernte sich also aus seiner Stadt und aus dem väterlichen Hause und kam in die Landschaft Geldern zu den frommen Kartäusern nach Monnikhusen, denen er in der Liebe Christi zugetan war. Sie aber empfingen ihn ehrfürchtig, wiesen ihm als einem geliebten Gast eine Zelle an, die er fröhlich und sehnsüchtig betrat, wobei er mit dem heiligen Petrus in Begeisterung ausrief: „Herr, gut ist es uns, hier zu sein!"[8] Denn dort sammelte er sich von den Zerstreuungen seines Herzens,

[8] Mt. 17,4.

que recollegit cordis sui dispersiones, ibi veteris vite detersit rubigines atque interioris hominis imaginem reformavit ad purum. Ibi insurgentes passionum motus ieiunando vigilandoque confregit et demonum varios insultus orando flendoque devicit[a], loquens cum sancto David: „Ecce elongavi fugiens et mansi in solitudine. Expectabam eum qui salvum me fecit a pusillanimitate spiritus et tempestate."

Vidi et ego habitacionis sue locum, in quo lucerna Dei et amicus omnipotentis ad tempus latuit donec super candelabrum [43] poneretur, ut omnibus lucis exempla monstraret.

De abstinencia eius et cilicio[b] quod gestavit. Capitulum VII.

Novus[c] igitur miles Christi sub castris Carthusiorum stabat intrepidus, nec tedio celle vincitur intus nec laboris exercicio frangitur foris, sed sicut bonus claustralis fit custos cordis et oris. Etenim agrum cordis sui districta examinacione cotidie visitans diligenter excoluit, spinas viciorum eradicando ac virtutum semina inserendo. Itaque bellum spirituale adversus carnem et sanguinem assumens, quo cicius mundi rectorem, principem tenebrarum diabolum prosterneret, strennue contra se ipsum in loco solitudinis armatur. Non ergo se palpat ut delicatus, nec sibi parcit quasi sit debilis, nec se excusat tamquam innoxius, nec penitenciam differt sicut negligens et tepidus servus, sed memor iniquitatum suarum antiquarum spiritum contricionis concepit, et faciem Christi placare desiderans carnem suam cum viciis et concupiscenciis pro nomine Iesu crucifixit.

Tenero namque corpusculo crebra ieiunia [44] indixit, ab esu carnium sicut mos ordinis est et a multis licitis abstinuit, vigilias noctis prolongavit, sompni torporem stando, orando, genu flectendo ab oculis excussit atque in spiritu fervoris corpus spiritui servire coegit. Lumbos quoque suos cilicio asperrimo et nodoso precinxit, ne caro lasciviens titillaret[d], fortique pudicicie vigore renes constringens pellem et carnem pro anima fideliter exposuit. Unde ad litteram veraciter pro-

a devicit] divicit *Vi1.*
b cilicio] cilio *Vi1.*
c Novus] Bonus *P1;* Novicius *Vi1.*
d titillaret] tytularet *Vi1.*

reinigte sich von dem Rost des alten Lebens und erneuerte das Bild des innerlichen Menschen zu seiner ersten Reinheit. Dort auch bändigte er die andringenden Regungen der Leidenschaften durch Fasten und Nachtwachen, besiegte die Angriffe der bösen Geister durch Gebet und Tränen und sprach mit dem heiligen David: „Sieh, ich entfernte mich fliehend und blieb in der Einsamkeit. Ich erwartete ihn, der mich erlöste von der Kleinmut des Geistes und seinen Stürmen."[9]

Ich selbst habe seine Wohnstätte dort gesehen, wo die Leuchte Gottes und der Freund des Allmächtigen für eine Zeit verborgen war, bis er auf den Leuchter erhoben wurde, dass er allen Proben des Lichtes zeigte[10].

Kapitel 7:
Von seiner Enthaltsamkeit und von seinem härenen Bußkleid[11].

Es steht also der neue Streiter Christi unerschrocken im Heerlager der Kartäuser: Kein Überdruss an der Zelle besiegt ihn innerlich, keine Last der Arbeit beugt ihn äußerlich, sondern als ein guter Klostermann wird er ein Hüter von Herz und Mund. Denn täglich unterzieht er den Acker seines Herzens strenger Prüfung und bestellt ihn mit aller Sorgfalt, indem er die Dornen der Laster ausrottet und heilige Samen der Tugend sät. Und so nimmt er den Kampf auf gegen Fleisch und Blut und rüstet sich gegen sich selbst an dem Ort der Einsamkeit, auf dass er den Beherrscher dieser Welt, den Fürsten der Finsternis umso schneller überwinde. Weder verzärtelt er sich wie ein Weichling, noch schont er sich, als wäre er schwach. Er entschuldigt sich nicht als fehlerfrei noch schiebt er die Buße hinaus wie ein lauer und nachlässiger Knecht. Eingedenk seiner alten Sünden erweckt er vielmehr in sich den Geist der Zerknirschung, und im Wunsch nach einem gnädigen Antlitz des Herrn kreuzigt er sein Fleisch mitsamt seinen Fehlern und Begierden um des Namens Jesu willen.

Seinem schwachen Leibe erlegte er häufiges Fasten auf, enthielt sich, dem Gebrauch jenes Ordens gemäß, der Fleischspeisen und vieler erlaubter Dinge, verlängerte die Nachtwachen, vertrieb durch Stehen, Beten und Knien die Schläfrigkeit aus seinen Augen und zwang in frommem Eifer seinen Leib dazu, dem Geiste zu dienen. Auch umgürtete er seine Lenden mit einem sehr rauhen und knotigen Bußgewand, dass nicht das lüsterne Fleisch ihn versuchte, schnürte seine Nieren mit der Kraft und Stärke der Keuschheit ein und gab sein Fleisch getreu für

9 Ps. 54,8f.

10 Vgl. Mt. 5,15. S. auch unten Kap. 8, bei Anm. 14, und Buch IV,14, bei Anm. 136.

11 Einzelne Sätze dieses Kapitels sind wörtlich übernommen bei Horn, cap. 3, S. 340.

phete verbum in psalmo implevit, ut merito dicere posset: „Ego autem cum michi molesti essent, induebar cilicio."

„Qui sunt isti, o bone magister, vobis in claustro infesti?" – „Caro certe concupiscens, mundus alliciens et[a] dyabolus temptans." – „Mirum si in hac solitudine temptaciones habetis, ubi iam a secularibus longe estis." – „Non sum securus nec ego nec aliquis in corpore peccati constitutus. Sed ne vincar affectionibus pravis aut movear exemplis malis, quesivi locum solitudinis sub maiori spe divine protectionis. Et quidem Christus numquam fuit tam aperte temptatus, nisi cum intrasset desertum et ieiunasset a cibis, qui tamen liber erat a passionibus cunctis. Itaque ego, qui peccator sum, ut Deo meo amplius satisfaciam, subtraxi me a turbis, humiliavi [45] in ieiunio animam meam, ut oracio mea in sinu meo convertatur."

Retulit michi quedam devota soror quam ipse convertit, quod post mortem eius cilicium magistri Gerhardi vidisset et manibus contrectasset[b], quia valde longum et asperum fuit et multos nodos habuit ad graviorem penam sibi infligendam.

Quod consilio religiosorum cepit verbum Dei predicare. Capitulum VIII.

Cumque devotus ac[c] studiosus magister virtutum proficeret incrementis, et mundus tanto magis ei vilesceret, quanto Christus sibi plus dulcescebat, Deo disponente cum tempus fructificandi iam instaret, consilium fuit prudencium virorum ac religiosorum fratrum, ut lucerna ardens et lucens super candelabrum poneretur, quatenus omnibus qui in domo Dei sunt luceret per vocem predicacionis, et per sancte conversacionis exemplum accenderet corda peccatorum. Fuisset bonum[d] quod vir magne facultatis Deo et sibi continue vacasset in solitudine claustrali, sed maius bonum et alcior laus Dei exinde spera-[46]batur, quod magister ad predicandum idoneus et ad ferendum onus ordinis minus pervalidus, pluribus proficeret animabus verbum vite palam

a et] *fehlt in K11, Le1/2, P1, Vi1.*
b contrectasset] *korrigiert aus* contractasset *K11;* contractasset *Vi1.*
c ac] et *K11.*
d Fuisset bonum] Fuisset quod bonum *P1.*

seine Seele preis. Wörtlich erfüllte er damit die Worte jenes Psalms: „Als sie mir lästig waren, legte ich ein härenes Kleid an.“[12]

„Wer sind aber die, o guter Magister, die dir im Kloster lästig sind?“ – „Das begierliche Fleisch, die verlockende Welt und der anfechtende Teufel!“ – „Ist es aber nicht wundersam, dass du in dieser Einsamkeit gegen Versuchungen zu kämpfen hast, wo du doch so fern von allen Weltlichen bist?“ – „Nimmermehr sicher bin ich, noch irgend ein Mensch, der diesen Leib der Sünde bewohnt. Damit ich also von bösen Regungen nicht besiegt, noch auch von bösen Beispielen hingerissen werde, suchte ich diese Stätte der Einsamkeit in der sichereren Hoffnung auf göttlichen Schutz. Christus selbst wurde nie so offen in Versuchung geführt wie nach seinem Rückzug in die Wüste, als er gefastet hatte, obwohl er doch frei war von allen Leidenschaften. Um daher meinem Gott Genüge zu tun, habe ich, der ich ein Sünder bin, mich von der Volksmenge entfernt und meine Seele in Fasten gedemütigt, auf dass mein Gebet Erhörung finde.“

Es erzählte mir einst eine der frommen Schwestern, die er bekehrt hatte, dass sie nach dem Tode des Magisters Gerhardus sein härenes Bußkleid gesehen und mit Händen berührt habe – es sei sehr lang und rauh gewesen und habe viele Knoten gehabt, um sein Fleisch desto schmerzlicher zu peinigen.

Kapitel 8:
Wie er auf Anraten der Ordensbrüder das Wort Gottes zu predigen begann[13].

Als nun der fromme und eifrige Magister sich in den Tugenden vervollkommnete und die Welt umso geringer schätzte, als Christus ihm lieber wurde, kam für ihn die Zeit, Frucht zu bringen, und auf Anordnung Gottes erschien es einigen klugen Männer und frommen Ordensbrüdern geraten, dass er als ein brennendes und leuchtendes Licht auf den Leuchter gesetzt würde, damit er allen im Hause Gottes leuchtete[14] und durch das Beispiel eines heiligen Wandels die Herzen der Sünder entzündete. Zwar wäre es auch gut gewesen, dass ein Mann von so großen Gaben sich beständig in klösterlicher Einsamkeit Gott und sich selbst gewidmet hätte, doch ein noch größeres Gut und höheres Lob Gottes hoffte man, wenn ein zum Predigtamt so befähigter Magister, der für die Last des Ordenslebens weniger geeignet war, zum Nutzen vieler Seelen das Wort des Lebens öffentlich verkündigte. Hatte er

12 Ps. 34,13.

13 Zwei Passagen dieses Kapitels sind wörtlich übernommen bei Horn, cap. 4, S. 340, und cap. 7, S. 348.

14 S. oben Anm. 10.

predicando, qui viam humilitatis didicit incedere terrena omnia aspernando, ut sic Christo lucrum maximum ferret et multos secum ad eternum perduceret regnum, tanto gloriosior utique in futuro, quanto fervencius laboraret pro animarum salute in presenti.

Tribus autem annis lectioni et oracioni vacavit antequam predicare inciperet[a]. Accinctus[b] est ergo preco fidelis spiritualibus armis et scripturarum documentis ad evangelizandum verbum Dei in civitatibus et villis, coram clericis et laycis ac religiosis multis, audientibus viris et mulieribus, parvulis et magnis, doctis pariter et indoctis, magnatis, scabinis, consulibus, servis ac liberis, divitibus, pauperibus, indigenis et peregrinis. Cumque tuba salutari intonaret nec quicquam necessarie salutis audiencium auribus subtraheret, sed omne consilium Dei secundum statum et condiciones personarum, sexus et etatis publice annunciaret, commota sunt corda plurimorum a facie formidinis Domini et a ventura ira iudicii extremi et ignis eterni[c]. Posuit quippe securim secundum beati Iohannis [47] Baptiste sentenciam ad radicem arboris, ut districtum iudicem omnes timerent, peccare desinerent ac dignos penitencie fructus agerent, oracionibus, elemosinis et ieiuniis insistendo faciem pii conditoris prevenirent atque placarent. Et multi audientes sermonem eius compuncti sunt et accedentes ad eum consilio eius se subdiderunt, omnem vanitatem seculi abicientes. Quidam etiam in castimonie emulacione virgines permanserunt, nonnulli continenciam voventes plures secum in Dei servicio congregarunt.

Sed quoniam probitas bonorum invidiam patitur malorum, contradixerunt ei frequenter homines mente corrupti, amatores mundi et deliciarum sectatores, viam veritatis odientes et omnibus bonis adversantes. Isti viro Dei secreto detrahebant et quandoque apertis latratibus contra eum turbacionem suscitabant, quia eorum vicia et scelera acriter arguebat. Sed quod nequius est, quidam prelati et sacerdotes necnon religiosi circumvagantes indigne ferebant tanti viri doctrinam et iusticie zelum in desertores sacre legis; idcirco famam eius denigrare et animi constanciam debellare conabantur. De quibus et ipse in quadam epi-

[a] Tribus autem...inciperet] *fehlt in K11, Le1/2, Vi1.*

[b] Accinctus] *Hrsg.;* Accensus *Hss., Pohl.*

[c] eterni] extremi *R.*

doch gelernt, den Weg der Demut zu beschreiten, alles Irdische zu verachten, und wäre so imstande, für Christus den größten Gewinn zu erzielen und viele mit sich in das ewige Reich zu führen, wo er in der Zukunft umso glorreicher strahlen sollte, je eifriger er im gegenwärtigen Leben für das Heil der Seelen arbeiten würde.

Er widmete sich aber zunächst drei ganze Jahre der Lektüre und dem Gebet, bevor er als Prediger auftrat. So wurde der getreue Herold Christi gerüstet mit geistlichen Waffen und den Zeugnissen der Heiligen Schrift, das Evangelium Gottes zu verkündigen in Städten und Dörfern, vor einer großen Zuhörerschaft aus Geistlichen, Laien und Ordensleuten, vor Männern und Frauen, vor Kleinen und Großen, Gelehrten und Ungelehrten, Edelleuten, Richtern, Ratsherren, Knechten und Freien, Reichen und Armen, Einheimischen und Fremden. Als er aber die Posaune des Heils ertönen ließ und den Zuhörern nichts verschwieg, was zu ihrem Heile notwendig wäre, sondern den Plan Gottes je nach dem Stand und den Fähigkeiten der Personen, des Geschlechts und Alters offen darlegte, da wurden die Herzen sehr vieler Menschen erschüttert aus Furcht vor dem Angesicht des Herrn und vor dem künftigen Zorn des Jüngsten Gerichts und des höllischen Feuers. Denn er legte nach dem Wort des heiligen Täufers Johannes die Axt an die Wurzel des Baumes[15], auf dass alle den strengen Richter fürchteten, aufhörten zu sündigen, würdige Früchte der Buße wirkten und durch Gebete, Almosen und Fasten das Angesicht des milden Schöpfers zu versöhnen suchten. Und viele, die seine Predigten hörten, wurden bis ins Innerste zerknirscht, gingen auf ihn zu, unterstellten sich seinem Rat und sagten ab der Eitelkeit der Welt. Manche wollten aus Liebe zur Enthaltsamkeit Jungfrauen bleiben, und nicht wenige, die das Gelübde beständiger Keuschheit ablegten, versammelten andere mit sich zum heiligen Dienste Gottes.

Da aber die Rechtschaffenheit der Guten den Neid der Bösen erregt, erfuhr er oftmals Widerspruch von Menschen, die verderbten Sinnes, Liebhaber der Welt und der Genusssucht ergeben waren, die den Weg der Wahrheit hassten und allem Guten widerstrebten. Diese also verleumdeten den Mann Gottes insgeheim, hetzten wohl auch öffentlich und erregten Aufruhr wider ihn, weil er ihre Missetaten und Laster mit scharfen Worten rügte. Ja, was noch weit ärger war, sogar manche Prälaten, Priester und in der Welt sich umhertreibende Ordensleute nahmen es übel, dass dieser große Mann mit seiner Lehre und dem Eifer für das Recht gegen die Verächter des heiligen Gesetzes vorging, und suchten seinen Ruf zu schädigen und seine Standhaftigkeit zu bekämpfen. Er selbst schrieb darüber in einem Brief folgendes: „Viel Gebell ist

15 Mt. 3,10.

stula ita scribit: „Multi me circumstant latratus, [48] qui exardescunt sicut ignis in spinis, sed non comparent."

Unde amator Christi et zelator animarum nec minis adversancium turbabatur, nec vituperiis exprobrancium irritabatur. Fundatus enim erat supra firmam petram, quia non quesivit mundi gloriam nec veritus est pati pro Christo contumeliam, quin immo paratus erat pro veritate et evangelio Dei corpus tradere et animam, ad Dei gloriam promovendam et ubilibet dilatandam. Benedictus itaque Deus, qui talem nobis predicatorem suscitavit et ad predicandum transmisit, per quem nobis in hac infima terra refulsit lux vite celestis.

De laboribus et paciencia eius inter adversarios. Capitulum IX.

Longum est enarrare labores quos pertulit in predicando, conflictus quos habuit contra subversores fidei in disputando, exhortaciones quas peregit devotos fratres et sorores in sancto proposito confirmando. Et hec latissime in epistulis suis patent, quas diversis personis pro consolacione destinavit. Ait namque in epistula quadam ad sacerdotes in Amsterdam sibi multum familiares: [49] „Non terreamini karissimi, si famam audiveritis de Campensibus contra me. Omnia succedunt, ut spero, sicut Deus vult, et mirabiliter augetur ecclesia in Campis, Deo altissimo laus et gloria. Ardeat caritas intra nos non lente, sed vehementer. Despiciamus ista stercora, simus in laudem conditoris ut exemplaria Altissimi."

Senciens proinde multos ecclesiarum prelatos sibi adversari et predicacionem suam inimica emulacione impediri ac callido edicto inter-

um mich her und Flammen wie ein Feuer im Dornbusch[16], doch sie verschwinden."[17]

Und so ließ der Liebhaber Christi und Eiferer für die Seelen sich weder durch die Drohungen der Widersacher stören, noch durch die Schmähungen der Lästerer zum Zorne reizen. Denn gegründet war er auf dem festen Felsen, da er nicht den Ruhm dieser Welt suchte noch auch sich scheute, um Christi willen Schmach zu leiden, ja sogar bereit war, für die Wahrheit und das Evangelium Leib und Seele hinzugeben, um die Ehre Gottes zu fördern und überall zu verbreiten. Gepriesen also sei Gott, der uns einen solchen Prediger erweckte und zur Verkündigung seines Wortes sandte, durch den uns auf dieser armen Erde das Licht eines himmlischen Lebens erglänzte.

Kapitel 9:
Von seinen Mühen und seiner Geduld unter Widersachern[18].

Es wäre allzu weitläufig, die Mühsale aufzuzählen, die er in seiner Predigttätigkeit ertrug, die Kämpfe, die er gegen die Verfälscher des Glaubens in öffentlichen Disputationen zu bestehen hatte, und die Ermahnungen, mit denen er fromme Brüder und Schwestern in ihrem heiligen Vorsatz bestärkte. Dies alles erhellt weitläufig aus seinen Briefen, die er an verschiedene Personen zu ihrer Tröstung richtete. Denn in einem Schreiben an einige Priester zu Amsterdam, mit denen er sehr vertraut war, spricht er: „Lasst euch nicht schrecken, meine Vielgeliebten, wenn ihr das üble Gerede der Leute in Kampen gegen mich vernehmen solltet. Alles geht gut vonstatten, hoffe ich, wenn Gott will, und die Kirche zu Kampen entwickelt sich wunderbar. Gott dem Allerhöchsten sei Preis und Ruhm! Nicht zaghaft, sondern gewaltig soll die Liebe in uns brennen. Achten wir also nicht auf diesen Schmutz und Kot, stehen wir zusammen zum Lobe des Schöpfers als Zeugen des Allerhöchsten!"[19]

Da er aber sah, dass viele Prälaten sich ihm widersetzten und seine Predigten aus Missgunst und Eifersucht behindert und durch ein arglis-

16 Ps. 117,12.

17 Grote, Ep. 54, MULDER, S. 208. – Silbert übersetzt: „[...] doch werden sie mich nimmermehr verbrennen" und hat demnach offenbar die einhellig überlieferte Lesart *non comparent* durch das plausibler scheinende *non comburent* emendiert; zum Ausdruck *non comparere* – 'verschwinden' s. HERMANN RÖNSCH, Itala und Vulgata, Marburg ^{2}1875, S. 349f.

18 Der Eingangssatz ist wörtlich übernommen bei Horn, cap. 6, S. 343, ein großer Teil des Folgenden in cap. 7, S. 348f.

19 Grote, Ep. 51, MULDER, S. 199.

dici, cessit humiliter furori et livori, nolens in populo tumultum contra clerum agitare. Dixitque ad plebem, que indigne ferebat inhibicionem talem confictam: „Prelati nostri sunt, et volumus prout decet et tenemur eorum edictis[a] obedire. Non enim querimus aliquem ledere nec scandalum suscitare. Dominus bene novit suos quos elegit ab inicio, et vocabit etiam per graciam suam sine nobis sicut ei placuerit." Suppressit ergo vocem suam ad tempus, et interim ad privatas se contulit exhortaciones, cunctis adventantibus consolacionis verbum alacri corde impendendo, quemadmodum et beatus Paulus ait: „Et ego ipse impendar pro animabus vestris, non querens quod michi utile, sed quod multis."

[50]

Fecit etiam plures sacre theologie libros a scolaribus scribi, quos attraxit colloquiis bonis ac precio remuneravit, invitans eos ad domum suam venire et verbum Dei sepius audire, ut sic instrueret ad castitatem et vite emendacionem, quatenus eterne beatitudinis participes fierent et sancte novitatis formam arriperent[b] per abrenunciacionem vite secularis. Interdum quoque pia caucione prehabita pecunie summam ex integro non solvit, sed per partes tribuit, ut frequenter ad eum pro debito tollendo accederent et tali occasione[c] familiaritatis eius graciam invenirent. Qui tanto libencius magistri doctrinam audiebant, quanto maiora pietatis beneficia in eo redundare videbant. Multum enim affectavit ex his scriptoribus aliquos facere discipulos Christi, quod etiam Deo favente factum est in tempore brevi. Plus enim delectabatur simplicibus et minus eruditis loqui quam sapientibus seculi, quia innocentes et egeni plerumque consilium Dei cicius admittunt quam astuciores, qui in sua sapiencia confidunt. Unde propheta David: „Innocentes et recti adheserunt michi, quia sustinui te."

a edictis] dictis *Vi1*.
b arriperent] acciperent *K11, Le1/2*.
c occasione] occupacione *P1*.

tiges Edikt untersagt wurden[20], gab er ihrer Wut und ihrem Neid demütig nach, weil er keinen Aufstand im Volke gegen die Geistlichkeit erregen wollte. Und er sprach zu der Menge, die über ein so unredliches Verbot aufgebracht war: „Sie sind unsere Vorgesetzten, und wir wollen ihren Befehlen gehorchen, wie es sich geziemt und wir verpflichtet sind. Denn wir suchen nicht, irgend jemand zu beleidigen noch Ärgernis zu erregen. Gar wohl erkennt der Herr die Seinigen, die er erwählt hat von Anbeginn, und berufen wird er sie durch seine Gnade, auch ohne uns, wenn es ihm also wohlgefällig ist." Er wahrte also eine Zeit hindurch Stillschweigen und beschränkte sich auf persönliche Ermahnungen, indem er allen, die da kamen, mit fröhlichem Herzen Worte des Trostes spendete, wie auch der heilige Paulus spricht: „Möchte doch ich selbst hingegeben werden für eure Seelen; denn ich suche nicht was mir, sondern was vielen nützlich ist!"[21]

Er ließ auch zahlreiche Werke der heiligen Theologie von Studierenden abschreiben, die er durch fromme Gespräche gewann und für ihre Arbeit bezahlte. Diese lud er dann ein, ihn in seinem Hause zu besuchen und das Wort Gottes öfter zu hören, um sie sie zur Keuschheit und zur Besserung des Lebens zu ermahnen, auf dass sie Anteil erhielten an der ewigen Seligkeit und durch Aufgabe ihres weltlichen Lebens den Grund zu einem neuen geistlichen Leben legten. Zuweilen auch bezahlte er ihnen aus kluger Absicht nicht die ganze Summe auf einmal sondern nur teilweise aus, damit sie öfter zu ihm kämen, ihre Schreibgebühren einzufordern, und bei solcher Gelegenheit seiner freundlichen Zusprache sich erfreuten. Sie aber hörten die Lehre des Magisters umso lieber, als sie das Maß seiner frommen Wohltaten kennenlernten. Gar sehr aber verlangte ihn, einige aus diesen Schreibern für Christus zu gewinnen, was auch durch die Gnade Gottes bald darauf geschah. Denn mehr erfreute es ihn, sich mit einfachen und ungelehrten Menschen zu unterhalten als mit den Weisen dieser Welt, weil die Unschuldigen und Bedürftigen meist den Rat des Herrn lieber annehmen und befolgen als die Klugen, die auf ihre Weisheit vertrauen. Weshalb auch David der Prophet spricht: „Die Unschuldigen und Redlichen hingen mir an, denn ich harrete auf dich!"[22]

20 Vgl. Dier, Scriptum, DUMBAR, S. 6: *Campenses autem ostendentes zelum suum contra magistrum Gherardum impetraverunt quod nulli liceret praedicare nisi tantum sacerdotibus, unde ipse suspendit organa predicationis* (Ps. 136,2). – Im Zusammenhang damit stehen die unten angefügten Dokumente, Grotes Bekenntnis seiner Rechtgläubigkeit (Kap. 18), und die Eingaben seines Freundes Guillaume de Salvarvilla bei Bischof Florenz von Wevelinghoven und Papst Urban VI. zur Aufhebung des Predigtverbots (unten bei Anm. 134 und 137). S. auch JOHANNES LINDEBOOM, Geert Groote's preeksuspensie, een bijdrage tot zijn geestelijke plaatsbepaling, Amsterdam 1941; VAN ZIJL, S. 296ff.; HOFMAN 2011, S. 109ff.

21 2. Cor. 12,15.

22 Ps. 24,21.

Quidam ex ordine mendicancium religiosus habitu, sed perniciosus sermone, cepit venerabili magistro contradicere [51] in multis. Is ergo, cum eum convincere non posset, ad curiam Romanam iter arripuit, ut viro Dei litem inferret aut qualicumque astucia silencium imponeret, quod utique facere pertimuisset[a], si spiritu Dei motus fuisset. Verum Deus arbiter iustus et pacis amator aliter disposuit quam ille iniquus turbator presumpsit. Subito enim infirmatus in via obiit et tota machinacio eius ad nichilum redacta cessavit.

Fuit et alius in ordine predicatorum eloquens sermocinator, magne opinionis habens titulum et dignitatem, qui comperta venerabilis magistri fama preclara gavisus est caritate eximia, congratulans eidem mente devota. Misit ergo sibi amicabilem litteram eleganti dictamine conscriptam recommendans bonum opus ab eo inceptum, suadens ne frangeretur impulsibus perversorum, sed in Domino confisus staret fortissime et populo christiano celestia fluenta uberius instillaret. Quibus auditis et litteris perlectis magister in multis probatus collegam sancte exhortacionis caritatis ulnis amplexatus est et ad predicacionis opus velut divinis oraculis armabatur. [52]

De profectione eius ad partes Brabancie.
Capitulum X.

Audiens pius et humilis magister Gerhardus magnam ac[b] celebrem famam venerabilis domini Iohannis Rusebroec[c] religiosi prioris Viridis Vallis prope Bruxellam[d], perrexit ad partes Brabancie per longinqui itineris spacium ad videndam sancti ac devotissimi patris presenciam corporalem, ut quem opinione vulgata tantum et ex librorum suorum edicione cognoverat, coram quoque positus oculata specie cerneret ac viventis in carne vocem graciosam tamquam Spiritus sancti fistulam audiret sua verba resonantem. Assumpsit ergo secum reverendum magistrum Iohannem Cele, rectorem scole Zwollensis, devotum ac fide-

[a] utique facere pertimuisset] pertimuisset facere utique *P1*.
[b] ac] et *K11, Le1/2, P2, Vi1*.
[c] Rusebroec] Ruusebroec *K11;* Rusebroc *Le1;* Ruisbroech *Vi1*.
[d] Bruxellam] Bruccellam *K11*.

Ein gewisser Bettelmönch, der zwar das Gewand des heiligen Ordens trug, aber eine gottlose Zunge hatte, widersprach dem ehrwürdigen Magister in vielen Dingen. Da er ihn jedoch nicht besiegen konnte, machte er sich auf den Weg zum Papsthof nach Rom, um den Gottesmann in einen Prozess zu ziehen oder ihn durch tückische Ränke zum Schweigen zu bringen, was er gescheut hätte, wenn er sich vom Geiste Gottes hätte bewegen lassen. Allein Gott, der gerechte Richter und Liebhaber des Friedens, ordnete die Dinge weit anders als dieser ungerechte Friedensstörer geplant hatte. Denn plötzlich befiel ihn eine Krankheit, und er starb auf der Reise, und so wurde seine ganze Intrige zunichte.

Ein anderes prominentes Mitglied des Predigerordens, ein begabter Redner von Rang und Würden, war dagegen überaus erfreut und wohlwollend, als er die Kunde vom Wirken des ehrwürdigen Magisters erfuhr, und wünschte ihm in frommem Sinn Glück dazu. Er sandte ihm ein sehr freundschaftliches, in elegantem Stil abgefasstes Schreiben, worin er ihm den Fortgang des Werks, das er so gut begonnen habe, empfahl und ihn ermunterte, von den Angriffen der Bösen sich nicht beugen zu lassen, sondern fest auf den Herrn zu vertrauen und dem christlichen Volk die himmlischen Lehren umso reichlicher zu spenden. Als der vielgeprüfte Magister dies erfahren und den Brief gelesen hatte, umfing er den Gefährten im gemeinsamen Dienst heiliger Ermahnung mit liebevollen Armen und fühlte sich durch sein Zureden wie durch göttliche Aussprüche neuerlich zur Arbeit des Predigens gekräftigt.

Kapitel 10:
Von seiner Reise nach Brabant[23].

Da der fromme und demütige Magister Gerhardus den großen und glänzenden Ruf des ehrwürdigen Herrn Johannes Ruusbroec, des Priors im Kloster Groenendaal bei Brüssel, vernommen hatte, trat er eine lange Reise nach Brabant an, um die leibliche Gegenwart dieses frommen und heiligen Vaters zu sehen, ihn, den er allein durch seinen weit verbreiteten Ruf und aus seinen Schriften kannte, von Angesicht zu Angesicht zu schauen und die Worte seiner angenehmen Stimme aus dem lebendigen Munde zu hören wie das Organ des Heiligen Geistes. Er nahm also mit sich den ehrwürdigen Magister Johannes Cele, Rektor der Schule zu Zwolle, einen andächtigen und getreuen Liebhaber

23 Der größte Teil dieses Kapitels ist wörtlich übernommen bei Horn, cap. 8, S. 349-351.

lem Iesu Christi amatorem, quorum erat anima una et cor unum in Domino et grata utriusque societas et accensa voluntas, ut ad hominem Dei pariter proficiscerentur, spiritualis edificacionis dumtaxat gracia. Profectus est etiam cum eis vir quidam fidelis et devotus laycus Gerhardus Calopifex dictus, dux angusti itineris et individuus comes huius felicissime profectionis.

Venientes ergo[a] [53] ad locum Viridis Vallis nominatum viderunt in eo non alta et curiosa edificia, sed simplicitatis et paupertatis insignia, que celestis regis nostri fuerunt vestigia prima, cum in orbem terrarum rex celi ex virgine natus processit inopia plenus. Intrantes autem monasterii portam, mox occurrit pater sanctus prior devotus, etate grandevus, affabilitate serenus ac morum honestate reverendus, propter quem intuendum et visitandum venerant. Qui benignissime adventantes salutans, divina revelacione instructus magistrum Gerhardum proprio nomine appellavit et cognovit, quem tamen antea numquam viderat. Salutacione igitur premissa hospites honestissimos secum ad interiora claustri perduxit et debitam humanitatis graciam hilari vultu et corde leciori eis exhibuit, tamquam Iesum Christum recepisset. Mansit autem magister Gerhardus ibidem paucis diebus conferens cum viro Dei de sanctis scripturis, a quo multa secreta celestia audivit, que suum intellectum excedere fatebatur, ita ut cum regina Saba stupens diceret: „Maior est sapiencia et sciencia tua, pater eximie, quam rumor quem audivi in terra mea, vicisti enim virtutibus famam.“

Post hec cum suis ad propriam urbem plurimum edificatus repedavit, et tamquam mun-[54]dum animal audita mente pertractans frequenter intus ruminavit, et quedam ex his dictis ne oblivisceretur in scriptis redegit. Cui etiam Deus obitum amantissimi patris revelavit, quod in compulsatione campanarum multis civibus audientibus manifestavit,

[a] ergo] autem *P1*.

Jesu Christi. Die beiden waren ein Herz und eine Seele im Herrn[24] und bildeten eine willkommene Gemeinschaft, beseelt von dem Willen, den Gottesmann zu ihrer geistlichen Erbauung aufzusuchen. Auch reiste mit ihnen ein getreuer und frommer Laie, Gerhardus Schuhmacher genannt, der ihnen den beschwerlichen Weg zeigte und ihr unzertrennlicher Begleiter auf dieser frohen Reise war.

Da sie also an den Ort kamen, der Groenendaal genannt wird, sahen sie dort keine hohen und wunderbaren Gebäude, sondern Zeugnisse der Einfachheit und Armut, wie es die ersten Spuren unseres himmlischen Königs waren, als er von der Jungfrau geboren unter größter Dürftigkeit in die Welt eintrat. Als sie aber durch die Pforte ins Klosters eintraten, kam ihnen alsbald entgegen der heilige Vater und fromme Prior, ein hochbetagter Greis von heiterer Freundlichkeit und ehrwürdiger Gesittung, den zu sehen und zu besuchen sie die weite Reise unternommen hatten. Der begrüßte die Ankömmlinge überaus herzlich und erkannte sogleich wie durch göttliche Eingebung den Magister Gerhardus, den er früher nie gesehen hatte, und nannte ihn beim Namen. Nach dem Willkommensgruß führte er die geehrten Gäste mit sich ins Innere des Klosters und erwies ihnen mit froher Miene und noch freudigerem Herzen die Pflichten der Bewirtung, gleich als hätte er den Herrn Jesus selbst aufgenommen. Es blieb aber Magister Gerhardus wenige Tage dort und unterredete sich mit dem Gottesmanne über die heiligen Schriften. Und viele himmlische Geheimnisse vernahm er von ihm, die, wie er bekannte, seinen Verstand überstiegen, so dass er mit der Königin von Saba erstaunt ausrief: „Größer ist deine Weisheit und Wissenschaft, erhabener Vater, als die Kunde, die ich in meinem Lande vernommen habe, denn du übertriffst durch deine Tugenden alles, was der Ruf von dir spricht!“[25]

Hierauf reiste er im Gefühl frommer Erbauung mit den Gefährten in seine Heimatstadt zurück und überdachte das Gehörte, indem er es gleichsam wie ein reines Tier im Inneren wiederkäute[26]. Einiges von den Äußerungen des Priors zeichnete er auf, um es nicht zu vergessen. Auch offenbarte Gott ihm den Tod dieses vielgeliebten Vaters, und er verkündete dies durch Glockengeläut, das viele Bürger hörten. Zudem ließ er einige seiner Freunde im Vertrauen wissen, dass dessen Seele

24 Act. 4,32. – Näheres über Johannes Cele bei Thomas, Ex Chronica ad domum Montis S. Agnetis non attinentia, cap. 20, POHL 7, S. 509-515, sowie bei Johannes Busch, Chronicon Windeshemense, De viris illustribus, cap. 68-71, GRUBE, S. 204-222. Zum Verhältnis der beiden Berichte s. LESSER 2005, S. 122ff.

25 3. Reg. 10,6f.

26 Vgl. Lev. 11,3ff. und 14,6ff. – Lat. *ruminare/ ruminari* – ‘wiederkäuen’, ein Ausdruck der Meditationstechnik für die wiederholte geistliche Betrachtung von Gelesenem oder Gehörtem.

eiusque animam una hora purgatam ad celestem gloriam transisse quibusdam amicis suis secrecius indicavit.

Sed nec ipse diu postea supervixit. Nam triennio fere transacto mortalitatis tempore carnis debitum Domino se vocante persolvit. Nec fuit ociosa huius visitacionis peregrinacio nec infructuosa tam sancti patris allocucio, sed vive vocis eius informacio fiebat nutrimentum amplioris dilectionis et augmentum novi fervoris, sicut in quadam epistula ad eosdem fratres de Viridi Valle directa testatur dicens: „Intime commendari desidero preposito et priori, cuius scabellum pedum tam in hac vita quam in futura, quia anima mea sibi pre cunctis mortalibus amore et reverencia conglutinata est, fieri concupisco. Ardeo adhuc et suspiro vestram presenciam, et de spiritu vestro renovari et inspirari et michi inpartiri[a]." [55]

De rigore eius in victu et vestitu. Capitulum XI.

Domestica autem conversacio eius qualis fuerit paucis edicam. Ipse namque normam vivendi sibi statuit et multa devota exercicia compilando descripsit. Valde sobrius in comedendo fuit et pene omni die uno prandio contentari consuevit. Sompni necessitatem sic temperavit, ut septem horas pro quiete sufficere estimaret. Extra domum suam comedere a quocumque etiam invitatus noluit, devitans familiaritates[b] secularium et longas epulaciones divitum in detrimentum egenorum. Tam rigide suum propositum tenuit, ut nemo eum invitare aut molestari precibus[c] auderet. Et in hac constancia bonis viris sic placuit, ut malis omnem obloquendi tolleret causam. Attamen aliquos pauperes Deo servientes et interdum unum vel duos honestos burgenses ad suam mensulam convocavit ob instructionem vite melioris, quos uberius suavitate celestis sermonis refecit quam ferculis accuratis que minime preparavit. Sive enim solus sive cum hospite edebat, lectio sancta prei-

a inpartiri] impertiri *K11, Vi1.*
b familiaritates] familiaritatem *P1.*
c aut molestari precibus] aut molestare precibus *K11, Le1/2, Vi1; fehlt in P1.*

nach einer Läuterung von nur einer Stunde in die himmlische Glorie eingegangen sei.

Er selbst überlebte ihn nicht lange, denn nach ungefähr drei Jahren musste er zur Zeit einer großen Sterblichkeit auf den Ruf des Herrn die Schuld des Fleisches begleichen. Jene Pilgerfahrt aber und die Gespräche mit dem heiligen Vater waren nicht müßig oder nutzlos gewesen, denn die Belehrung durch seine lebendige Stimme nährten seine Liebe und erneuerten und mehrten seinen Eifer, wie er selbst in einem Schreiben an die Brüder des Klosters Groenendaal bezeugt, worin er spricht: „Auf's Innigste verlange ich danach, eurem Vorgesetzten und Prior empfohlen zu werden, dessen Fußschemel ich sowohl in diesem als in jenem Leben zu werden begehre, da meine Seele mit größerer Ehrfurcht und Liebe an ihm hängt als an irgend einem Sterblichen. Noch immer glühe ich und seufze nach eurer Gegenwart und sehne mich, von eurem Geist erneuert, angeregt und bereichert zu werden."[27]

Kapitel 11:
Von seiner Strenge in Kost und Kleidung[28].

Nun will ich auch in Kürze die Weise beschreiben, wie er zu Hause lebte, denn er selbst hatte sich eine Lebensordnung aufgesetzt und viele fromme Übungen zusammengestellt und aufgeschrieben[29]. Sehr mäßig war er im Essen, und beinahe jeden Tag pflegte er mit einer einzigen Mahlzeit sich zu begnügen. Den notwendigen Schlaf hatte er so eingeschränkt, dass er sieben Stunden für ausreichend hielt. Nie war er zu bewegen, außerhalb des Hauses zu essen, wer immer ihn einladen mochte, denn er mied den vertrauten Umgang mit Weltleuten und die langen Mahlzeiten der Reichen zum Nachteil der Armen. Und so streng hielt er seinen Vorsatz, dass niemand es wagte, ihn einzuladen oder mit Bitten zu behelligen. Mit dieser Festigkeit gefiel er den Rechtschaffenen und nahm selbst den Schlechten alle Veranlassung zu übler Nachrede. Doch lud er zuweilen einige Arme, die Gott dienten, oder auch wohl einen oder zwei ehrsame Bürger zu seinem dürftigen Tische, um sie zu einem bessern Leben anzuleiten, und erquickte sie mehr durch den Wohllaut himmlischer Rede als durch ausgesuchte Speisen, welche bei ihm nicht zu finden waren. Ob er aber allein oder mit einem Gaste aß, so gab es zunächst eine heilige Lesung, und nur honigsüße

27 Grote, Ep. 24, MULDER, S. 107f.

28 Der größte Teil dieses Kapitels ist wörtlich übernommen bei Horn, cap. 9, S. 352-354.

29 Diese 'Conclusa et proposita' hat Thomas im Wortlaut angefügt, s. unten Kap. 18, bei Anm. 83.

bat, sermo edificativus ex ore mellito flue-[56]bat, alias silencium suum stricte tenebat.

Longe ab ore eius risus et iocus, longius detractionis nevus aut qui ad rem non pertinet rumor secularis. Sermo eius sale conditus, et super omne delectamentum Dei cultus et anime salus sapiebat edenti. Inter hec etiam mense celestis in regno Dei et dulcis societatis sanctorum post grande huius mundi exilium recordabatur, sicque hospites suos reddidit letos in Domino et in corde compungebat. Habebat autem refectoriolum modicum, in quo pauci secum poterant discumbere. Ubi in propinquo contra mensam stabat promptuarium libris optimis refertum, ut si ferculum corporis non placeret, ex copia librorum poculum anime amicis suis propinaret. Sepe etiam cibos insulsos aut exustos edebat non impaciens, sed gracias agens et tamquam penam de preteritis bonis exigens et persolvens.

Ipse sibi cibos coquere solebat, licet periciam coquendi non haberet. A sororibus autem, que in vicina domo segregatim morabantur, suscipere servicium devitabat. Si quid forte emendum esset in foro venali, hoc ille providebant, nullam tamen ad suum domicilium ingredi permisit, sed unius clerici solacio contentus fuit. Cuncta ad hone-[57]statem bone fame tam intus quam foris disponebat. Et ne suspecta res notaretur, nulli sororum nisi clausa et obvelata fenestra loquebatur. Quod si aliquid sibi dandum erat et ministrandum, per volubilem rotam hoc inferebatur.

Unde quidam discipulorum eius videns eum tam sollicite custoditum, quesivit ab eo familiare verbum dicens: „Quare bone magister tam diligenter obstruitis fenestram vestram?" Respondit verbum edificacione dignum: „Si possem, etiam aures obturarem, ne voces earum audirem. Siquidem habundans cautela non nocet. Omne enim scandalum et periculum fragilium personarum ex incustodia sensuum et nimia familiaritate venit. Qui ergo vult servare continenciam, visum reprimat et auditum, nam sola necessitate cogente cum feminis timorate est loquendum."

Ieiunia autem sancte ecclesie multum stricte observabat. Feriis sextis a lacticiniis penitus abstinebat, et sepe istis diebus condimento salis pro oleo utebatur. Scutellam suam raro lavit, sed pane tergebat, aut catello et muribus lingendam exposuit, nec mussidum[a] panem abhorrebat.

[a] mussidum] muscidum *K11, Le1/2, Vi1.*

Worte der Erbauung gingen hervor aus seinem Munde, sonst beobachtete er strenges Stillschweigen.

Nicht zu hören waren von ihm Gelächter und Scherz, noch weniger Verleumdung oder weltliches Gerede, das nicht zur Sache gehörte. Seine Worte waren mit Salz gewürzt, und mehr als alle Köstlichkeit schmeckte ihm beim Essen der Dienst Gottes und das Heil der Seele. Auch gedachte er dabei des himmlischen Tisches im Reiche Gottes und der lieblichen Gesellschaft der Heiligen nach dem großen Elende dieses Lebens, und auf solche Weise stimmte er seine Gäste fröhlich im Herrn und zerknirscht im Herzen. Sein Speisezimmer war sehr klein, so dass nur wenige mit ihm zu Tisch sein konnten. Ganz nahe bei dem Tische aber stand ein Schrank voller guter Bücher, so dass er, wenn die leibliche Speise nicht schmecken wollte, seinen Freunden aus dem Büchervorrat einen Seelentrank kredenzen konnte. Oftmals aß er auch ungesalzene oder angebrannte Speisen und war deswegen nicht ungehalten, sondern dankbar, weil er so gleichsam Buße für sein früheres Wohlleben sich auferlegen und ableisten konnte.

Obwohl in der Kochkunst unerfahren, pflegte er sich seine Speisen selbst zu bereiten. Von den Schwestern aber, die im benachbarten Hause gesondert wohnten, vermied er es, einen Dienst anzunehmen. Nur wenn zuweilen etwas auf dem Markt einzukaufen war, durften sie das besorgen, doch gestattete er keiner Zutritt zu seiner Wohnung, sondern begnügte sich mit der Hilfe eines Schülers. Im Innern wie draußen tat er alles mit Sorge um Ehrbarkeit und guten Ruf. Und um jeden Verdacht zu vermeiden, sprach er mit keiner der Schwestern außer durch ein verschlossenes und mit einem Vorhang verhülltes Fenster. Sollte man ihm aber irgendetwas geben oder hineinreichen, so musste dies durch eine Drehschleuse geschehen.

Als daher einer seiner Jünger sah, wie streng er sich absicherte, und ihn vertraulich fragte: „Warum, guter Magister, verschließet ihr eure Fenster so sorgfältig?“ gab er ihm die erbauliche Antwort: „Könnte ich's, so würde ich auch die Ohren verschließen, dass ich die Stimme der Schwestern nicht hörte, denn überflüssige Sorgfalt schadet nicht. Alles Ärgernis aber und alle Gefahren bei schwachen Personen rühren von der Freizügigkeit der Sinne und allzugroßer Vertraulichkeit her. Wer also die Enthaltsamkeit bewahren will, der bezähme Augen und Ohren; denn nur in dringender Not, und auch dann nur bedachtsam soll man mit Frauen sprechen.“

Die Fasten der heiligen Kirche beachtete er sehr streng. An Freitagen enthielt er sich der Milchspeisen gänzlich, und oft brauchte er dann statt des Öles bloß Salz als Gewürz. Sein Geschirr wusch er selten, sondern wischte es mit Brot ab oder ließ es von einem Hündlein oder von den Mäusen ablecken, und er ekelte sich auch nicht vor verschimmel-

Feriis quintis vero ob parasceuen sequentem cuncta vascula sua ab omni sorde pinguedinis cena facta abluebat in [58] aquis. Erat igitur iocundus in Domino, modicis et simplicibus necessariis contentus, superflua resecans, delicata non requirens, sibi rigidus et parcus, aliis misericors et benignus.

Vestimenta eius grisei coloris erant et humiliter formata, non mollia, non nitida, non multis rugis complicata, raro nova et ob vetustatem quandoque attrita, que modicis etiam pictaciis[a] fecerat resarciri. Nec erubuit homo bene natus inter amicos et concives videri abiectus in vestitu. Gestavit perinde ruptum pellicium multis particulis repeciatum, pauperibus et mendicantibus consimile, divitibus aspernabile, devotis tamen exemplare et posteris sanctum memoriale. Omnis siquidem amictus illius non magni valoris erat, sed non parve virtutis. Nam totus ornatus eius ab intus lucebat, ideo externos non curabat obtutus. Que prius vix aspexisset, istis iam delectabatur involvi. O virum inclitum, non mollibus indutum, sed cum Iohanne duris cilicii sagis opertum, cum Christo quoque sancte paupertatis pannis amictum!

Interrogatus est aliquando ab uno familiari amico, quare tam antiquum et subunculatum pellicium portaret, unde rusticanus homo erubescere potuisset. Respondit more suo grato et iocundo: [59] „In hoc quero commodum meum, ne frigus paciar et ne ventus per foramina intret, si non essent obstructa.“ Hec audiens frater ille valde edificatus fuit, perpendens quia non mundo, sed Deo tantum placere desideraret. Quesitus est etiam de pellicio suo et tunicis, quot annorum essent. Qui ait: „Maius pellicium, quod superius gero, ultra novem annos habet, sed parvum, quod subtus porto, duorum annorum est.“ „Quamdiu“,

[a] pittaciis] pictatiis *Le1;* pictaciis *Le2;* pictasiis *P1.*

tem Brot[30]. An den Donnerstagen aber reinigte er nach der Mahlzeit alle seine Gefäße mit Wasser von allem Fett wegen des darauffolgenden Freitags. Also war er fröhlich im Herrn, zufrieden mit wenigem und einfachem, verzichtete auf alles Überflüssige, suchte nichts Köstliches, war streng und karg gegen sich, aber barmherzig und gütig gegen andere.

Seine Gewänder waren von grauer Farbe und einfachem Schnitt, weder weichlich noch elegant oder faltenreich, selten neu, sondern meist vor Alter so zerschlissen, dass er sie mit kleinen Flicken musste ausbessern lassen. Obwohl er aus gutem Hause stammte, schämte er sich nicht, unter seinen Freunden und Mitbürgern in schlechten Kleidern zu erscheinen. Er trug einen zerrissenen und mit vielen Stücken geflickten Pelzrock, wie die Armen und die Bettelleute zu tragen pflegen und dessen Reiche sich geschämt hätten. Für die Devoten wurde dieser jedoch zum Muster und später zu einem heiligen Erinnerungsstück. So war sein ganzer Anzug wertvoll zwar nicht dem Gelde, wohl aber der Tugend nach. Seine ganze Zierde nämlich leuchtete von innen[31], deshalb auch kümmerte ihn der äußere Anblick wenig. Kleider, die er früher kaum angesehen hätte, zog er nun mit Freuden an. O der edle Mann, nicht mit weichlichen Kleidern angetan[32], sondern gleich Johannes mit einem rauhen, härenen Kleide bedeckt[33] und mit Christus in die Windeln heiliger Armut gehüllt[34]!

Es fragte ihn einst ein vertrauter Freund, warum er einen so alten und geflickten Pelzrock trüge, dessen sich sogar ein Bauer schämen würde? Hierauf antwortete er nach seiner Weise freundlich und heiter: „Dies tue ich meiner Bequemlichkeit wegen, damit ich keine Kälte erleide, da der Wind nicht durch die Löcher eindringen kann, wenn sie zugeflickt sind." Da dies der Bruder hörte, wurde er sehr bewegt, denn er erkannte, dass jener nicht der Welt sondern Gott zu gefallen suchte. Man fragte ihn auch einmal, wie alt sein Pelzrock und seine Unterkleider seien. Er aber sprach: „Der große Überrock ist neun Jahre alt, aber der kleine, den ich darunter trage, erst zwei Jahre." „Wie lange

30 Vgl. auch Dier, Scriptum, DUMBAR, S. 3: *Cibus eius erat parcus et frugalis.* [...] *Et ut liberius posset vacare sacre lectioni seu orationi, frequenter solebat coquere pisa, que non indigent in coctura magna sollicitudine. Et cum quasi ad sufficientiam essent bullita, immittebat unum allec, quod coquebatur simul cum pisis, et sic habuit potagium et piscem.* – Weitere wenig appetitliche Details bei Horn, cap. 9, S. 352: *Ollam suam cum fabis vel leguminibus foco apposuit et qualiacumque sive frixa sive cocta invenit, cum graciarum actione suscepit. Post refectionem vero scuttellam famulo suo catto abluendam apposuit, quam munde lingua sua mundatam ad sportellam reposuit, que super mensa eius pendere consuevit.*

31 Ps. 44,14.

32 Mt. 11,8; Lc. 7,25.

33 Mt. 3,4; Mc. 1,6.

34 Lc. 2,7.12.

inquit, „portastis tunicam vestram?“ At ille: „Una duodecim annorum est, alia vero trium.“ Poterat ergo cum sancto David dicere Domino fiducialiter supplicando: „Vide humilitatem meam et laborem meum, et dimitte universa delicta mea.“

Recordabatur enim humilis magister et paupertatis sectator, qualis dudum in seculo fuisset cum delicias[a] amaret, quoniam oportet recto iudicio contraria contrariis curare. Olim siquidem pulchris vestibus et cingulo deargentato processit in publicum, transiit etiam inter canonicos cum superpellicio subtilissimo et almucio formoso, corpori suo lauciora sepe indulsit alimenta et pocula preciosa. Sed postea mutatus in virum alterum non est passus[b] priora inulta transire subiecitque se non solum pedibus maiorum et honoratorum, sed etiam novissimorum lay-[60]corum coram eis super nudam terram aliquociens comedendo ita inquiens: „Non sum dignus vobiscum in sedili ad mensam sedere, quia plus omnibus peccavi et Deum offendi.“ Et qui capiti suo loturam superfluam frequenter exhibuit crines molliter componendo, postmodum sibi ipsi indignatus birretum gessit in capite valde vetustum, a tineis corrosum et pene centum foraminibus percavatum. Magnam igitur sibi violenciam fecit, carnem subegit, mundum contempsit, caput serpentis antiqui contrivit[c], nec vicia sibi dominari permisit, sed Christo duce per viam humilitatis constanter incessit, vitam suam secundum mores sanctorum patrum legittime conformando.

De devocione eius in oracionibus et divinis audiendis. Capitulum XII.

Sed quam devotus et fervidus in oracione extiterit quis enarrabit? Sepe namque cum horas legeret, ex infusione superhabundantis gracie in vocem iubilacionis erupit, internum cordis gaudium cantu dulcisono promens. Dumque leniter intra se modularetur, sursum in Deum spiritus eius ardenter ferebatur. [61] Plus enim iocundabatur in eloquiis

[a] delicias] divicias *K11, Le1/2, Vi1.*

[b] in virum alterum non est passus] in virum alterum non passus *Le1/2;* est in virum alterum non passus *Vi1.*

[c] serpentis antiqui contrivit] serpentis contrivit antiqui *Vi1.*

tragt ihr euern Rock?" fragte ihn ein anderer. Hierauf gab er zur Antwort: „Der eine ist zwölf Jahre alt, der andere drei." Wohl also konnte er mit dem heiligen David sprechen und mit Vertrauen zum Herrn flehen: „Sieh meine Erniedrigung und meine Arbeit an, und erlass mir alle meine Sünden!"[35]

Denn der demütige Magister und Liebhaber der Armut erinnerte sich daran, welch ein Mensch er früher in der Welt gewesen war, als er die Lustbarkeiten liebte, und urteilte zurecht, dass man Gegensätzliches durch Gegensätzliches heilen müsse[36]. Ehemals nämlich trat er in prächtigen Gewändern und mit einem silbernen Gürtel auf und erschien unter den Domherren in einem Chorhemd von feinstem Linnen und einem schöner Schulterumhang; oftmals verwöhnte er sich mit den köstlichsten Leckerbissen und dem edelsten Wein. Als er aber in einen anderen Mann umgewandelt worden war[37], ließ er es nicht ungestraft dabei bewenden, sondern erniedrigte sich zu den Füßen sowohl der Großen und Angesehenen wie auch der letzten Laien, aß zuweilen in ihrer Gegenwart auf der bloßen Erde und sprach: „Ich bin es nicht wert, mit euch auf einer Bank bei Tische zu sitzen, da ich mehr als ihr bitter gesündigt und Gott beleidiget habe." Und er, der sein Haupt oft reich gesalbt und sein Haar zierlich gekräuselt hatte, trug nun im Unwillen gegen sich selbst auf seinem Haupte ein sehr altes, von den Motten zernagtes und fast hundertfach durchlöchertes Birett. So hat er sich große Gewalt angetan, das Fleisch unterjocht, die Welt verachtet, das Haupt der alten Schlange zertreten und sich nicht dem Laster unterworfen, sondern von Christus geführt beständig den Weg der Demut beschritten, indem er sein Leben nach den Sitten der alten Väter einrichtete.

Kapitel 12:
Von seiner Andacht im Gebet und bei der heiligen Messe[38].

Mit welcher Andacht und Inbrunst er sich dem Gebet widmete, ist kaum zu beschreiben. Denn oft wurde ihm bei der Lesung des Stundengebets ein solches Gnadenerlebnis zuteil, dass er in Jubel ausbrach und die Freude seines Herzens in wohlklingenden Gesang überging. Und auch wenn er leise summte, erhob sich sein glühender Geist zu Gott

35 Ps. 24,18.

36 Vgl. z. B. Johannes Cassianus, De institutione coenobiorum 12,8,1, CSEL 17, S. 210: *Medicus Deus causam principiumque morborum superbiam esse cognoscens contrariis sanare contraria procurauit, ut ea scilicet, quae per superbiam conruerant, per humilitatem resurgerent.* S. auch unten Anhang 3, Nr. 302.

37 S. oben Anm. 3.

38 Teile dieses Kapitels sind wörtlich übernommen bei Horn, cap. 12, S. 358-360.

divinis et oracionibus devotis, quam umquam prius in mundi comessacionibus[a] et variis musicorum cantilenis.

Habebat autem secum in ministerio Iohannem Zutphanie cognomento Brinckerinc[b], devotum clericum moribus maturum ab adulescencia sua Deo deditum, qui cum eo horas canonicas legere et ad diversa loca predicacionis tempore secum comitari solebat. Hunc bone indolis iuvenem tamquam filium paterne dilexit, quia Deo et hominibus carus extitit et difficulter ab eius latere avelli potuit. Cui quadam vice horis expletis dixit: „Quid tu Iohannes iam[c] meditaris? Intelligisne que legis? Dic michi quid inde sentis." At[d] ille ad magistrum: „Quomodo intelligerem nisi ab aliquo instructus?" Tunc ille ad discipulum suum: „Et michi sensus multiplex et misticus occurrit et de uno ad alium latenter transmittit, ut tedium in legendo non habeam, sed diucius his bonis gaudeam immorari."

In via positus et hospicio receptus dicto completorio dixit duobus discipulis suis Florencio et Iohanni iam prefato: „Dicamus modo singuli suffragia nostra cotidiana." Et hec erant de consuetudine bona, ut unus alteri defectus suos diceret, si quid[e] forte reprehensibile in ipso no[62]tasset. Tunc satis libenter obtemperantes libere se invicem ammonebant et humiliter culpam agnoscentes veniam petebant, sicque caritative emendati ibant ad quietem.

Quodam tempore, cum cives Daventrienses contra hostes suos pergerent armati, vir Dei pro civium salute suppliciter oravit. Et factum est Deo dispensante, ut hostibus appropinquantibus nebula condensa inter eos exurgeret, unde adversarii perterriti et in fugam versi discesserunt, at[f] cives cum suis salvi et alacres in oppidum remearunt. Multum ergo valet deprecacio iusti assidua.

Omni quoque mane priusquam negocia externa tractanda susciperet vel querentibus responsa daret, sacris lectionibus mentem refocillabat et devotis meditacionibus ac precibus futuras actiones suas tempestive

[a] in mundi comessacionibus] in cunctis mundi commessacionibus *K11, Le1/2, N1, P1, Vi1.*

[b] Brinckerinc] Brinkerinc *Le1/2, Vi1.*

[c] iam] modo *P1; fehlt in P2.*

[d] At] *K11, Le1/2, N1, P1, Vi1;* Ad *R.*

[e] diceret, si quid] diceret et si quid *P1.*

[f] at] ac *K11, Le1/2, P1, Vi1.*

empor. Denn die Worte des Herrn und die frommen Gebete erfreuten ihn weit mehr als je zuvor die weltlichen Gastgelage oder die verschiedenen musikalischen Unterhaltungen.

Er hatte aber als Helfer bei sich Johannes von Zutphen mit dem Beinamen Brinckerinck[39], einen frommen und sittlich reifen, von Jugend an Gott ergebenen Schüler, der zusammen mit ihm das Stundengebet zu lesen und ihn zur Predigt an verschiedene Orte zu begleiten pflegte. Diesen begabten Jüngling liebte er väterlich wie einen Sohn, weil er Gott und den Menschen wohlgefällig war und sich kaum von seiner Seite trennen ließ. Einmal fragte er ihn nach Beendigung des Stundengebets: „Worüber denkst du nach, Johannes? Verstehst du auch, was du liest? Sag mir, was meinst du dazu?" Der aber antwortete dem Meister: „Wie soll ich es verstehen, wenn mich keiner belehrt?"[40] Da sprach jener zu seinem Schüler: „Mir geht dabei immer ein vielfacher geistlicher Schriftsinn auf und bringt mich unvermerkt von einem zum anderen, so dass ich beim Lesen keinen Verdruss empfinde, sondern gern länger in diesen Reichtümern schwelge."[41]

Auf einer Reise sagte er einmal abends in der Herberge nach dem Nachtgebet zu seinen beiden Schülern, dem Florens[42] und ebenjenem Johannes: „Lasst uns den täglichen Hilfsdienst einander verrichten!" Denn dies war ein guter Brauch, dass einer dem anderen dessen Versäumnisse vorhielt, wenn er etwas Tadelnswertes an ihm bemerkt hatte. Dann gehorchten sie recht gern, ermahnten einander in aller Offenheit, gestanden ihre Schuld demütig ein, baten um Verzeihung und begaben sich, in Liebe zurechtgewiesen, zur Ruhe.

Als einst die Bürger von Deventer in Waffen gegen ihre Feinde ausrückten[43], betete der Gottesmann inständig für ihr Heil. Und da geschah es durch die Fügung Gottes, dass die Feinde bei ihrem Anmarsch in dichten Nebel eingehüllt wurden, so dass sie voll Schrecken sich zur Flucht wandten und abzogen, die Bürger aber heil und frohgemut zur Stadt zurückkehrten. Vieles also vermag das anhaltende Gebet des Gerechten[44].

Jeden Morgen, bevor er noch irgend ein äußerliches Geschäft vornahm oder den Anfragenden Antwort erteilte, erquickte er seinen Geist durch heilige Lesungen und war darauf bedacht, die Handlungen des Tages durch fromme Betrachtungen und Gebete vorzubereiten, gemäß dem Wort des Psalmisten: „Schon in der Morgenröte wand-

39 Über ihn s. unten Buch IV,3.
40 Vgl. Act. 8,30f.
41 Ähnlich Thomas, Hospitale pauperum 2, POHL 4, S. 206.
42 Florens Radewijns war Grotes Lieblingsschüler; s. unten Buch III,7ff. und 16.
43 Ausführlicher bei Horn, cap. 12, S. 360.
44 Iac. 5,16.

studuit prevenire, secundum illud psalmiste verbum: „Prevenerunt oculi mei ad te diluculo, ut meditarer eloquia tua." Cotidie missam cum magna reverencia et debita devocione satagebat audire, querens primo regnum Dei et iusticiam eius, deinde proximorum utilitatibus se exponens rectum tenuit iter gemine caritatis, iuxta illud in Canticis: „Ordinavit in me caritatem." [63]

Cumque[a] ecclesiam introisset, non ad spectandum excelsa parietum vitra stetit erectus, sed humiliter genua coram Domino[b] flexit, aut solo tenus in oracione se prostravit. Nec ullos ibi sermones conserere voluit, sed solum divinas auscultare laudes aut horas legere complacuit, vitans in templo Dei omne ociosum verbum loqui. Et ne devocio orantis ex tumultu hominum turbaretur, aut ab astantibus quid secreti cum Domino gereret notaretur, locum privatum et clausum apud Fratres Minores obtinuit, ubi solus reclusus iacuit in oracione prostratus et per quandam fenestellam venerabile altaris[c] sacramentum in pluribus locis vidit et adoravit. Ibique precibus et gemitibus celum pulsabat, pectus suum cum publicano amarissime tundebat[d] postulans Deum sibi propicium fieri et delictis preteritis ignosci, ab instantibus malis et passionibus emundari et a futuris periculis solite pietatis sue munere defendi.

Tanteque devocionis et contemplacionis extitit, ut divina plerumque revelacione mereretur consolari et prophetico spiritu instrui de futuris. Nam quendam discipulum suum de longa fratris sui absencia tristem consolabatur de celeri adventu eius: „Quia sanus est", inquit, „frater tuus et [64] cito veniet", et ita accidit. De quibusdam etiam fratribus clericis sibi adherentibus predixit, quod aliqui eorum ad sacerdocium essent promovendi et quidam ad statum religionis assumendi.

Quodam tempore magno desiderio eterne vite accensus ait uni ex discipulis suis: „Quid hic faciam amplius? Utinam essem apud Dominum meum in celis." Tunc frater ille respondit: „Predilecte magister, non possumus adhuc carere presencia vestra. Quis nos ita instrueret et pro nobis tam strennue certaret? Pauci sumus et imbecilles, et isti secu-

a Cumque] Cum *K11, Le1/2, Vi1.*
b genua coram Domino] coram Domino genua *P1;* genua coram Deo *Vi1.*
c altaris] *in R auf dem Rand.*
d tundebat] *K11, Pohl;* tondebat *Le1/2, N1, P1, R, Vi1.*

ten meine Augen sich zu dir, dass ich deine Worte bedachte."[45] Täglich hörte er die heilige Messe mit großer Ehrfurcht und gehöriger Andacht und suchte zuerst das Reich Gottes und seine Gerechtigkeit[46], um sich erst dann dem Dienst an den Nächsten zu widmen. So wandelte er den geraden Weg des zweifachen Liebesgebots, jenem Vers des Hohenliedes gemäß: „Er hat in mir die Liebe geordnet."[47]

Wenn er die Kirche betreten hatte, stellte er sich nicht etwa aufrecht hin, um die hohen Fenster zu betrachten, sondern beugte demütig seine Knie vor dem Herrn oder streckte sich auf dem Boden aus zum Gebet. Auch wollte er dort niemals Reden führen, sondern allein das Gotteslob vernehmen oder das Stundengebet lesen und hütete sich, im Tempel Gottes ein unnützes Wort zu sprechen. Und damit seine Andacht beim Gebet nicht durch die Unruhe der Menschen gestört wurde oder die Umstehenden bemerkten, was er insgeheim mit Gott besprach, hatte er sich von den Minderbrüdern einen abgeschiedenen Privatraum erbeten, wo er allein im Gebet ausgestreckt durch ein Fensterchen das heilige Altarssakrament an den verschiedenen Orten des Kirchenraums sehen und anbeten konnte. Mit Bitten und Seufzen bestürmte er dort den Himmel, schlug sich mit dem Zöllner in bitterer Reue an die Brust[48] und verlangte danach, dass Gott ihm gnädig sein, die Sünden seines verflossenen Lebens verzeihen, ihn von den gegenwärtigen Übeln und Leidenschaften reinigen und in seiner gütigen Milde vor künftigen Gefahren behüten wolle.

Er konnte sich so tief in fromme Betrachtungen versenken, dass er oftmals durch göttliche Offenbarungen gestärkt und in prophetischem Geist über künftige Dinge belehrt wurde[49]. Einem seiner Schüler[50], der sich über die lange Abwesenheit seines Bruders grämte, kündigte er zum Trost dessen baldige Rückkehr an mit den Worten: „Dein Bruder ist gesund und wird rasch kommen", und so geschah es auch. Von einigen Brüdern aus seinem Schülerkreis sagte er voraus, dass die einen zum Priesteramt erhoben, die anderen in den Ordensstand aufgenommen würden.

Als ihn einst eine große Sehnsucht nach dem ewigen Leben erfasste, sagte er zu einem seiner Jünger: „Was habe ich hier noch weiter zu schaffen? Wäre ich doch bei meinem Herrn im Himmel!" Da antwortete jener Bruder: „Liebster Meister, noch können wir eure Gegenwart hier nicht entbehren. Wer sollte uns unterrichten und für uns so eifrig kämpfen? Wir sind nur wenige und schwach, so dass jene Weltleute uns

45 Ps.118,148.
46 Mt. 6,33.
47 Cant. 2,4.
48 Lc. 8,13.
49 Weitere Beispiele zum folgenden bei Horn, cap. 13, S. 360-362.
50 Heinrich von Höxter, Horn, S. 362.

lares cito nos forsitan fugarent." At ille rursum confidenter aiebat: „Rogabo pro vobis Patrem, ut non deficiat devocio vestra, quam Dominus noster plantavit in terra ista. Spero, quod istud modicum inceptum erit in magnum profectum. Deus bene providebit sibi pro me alium virum idoneum, qui se murum ponet pro domo Dei indubitanter."

De magno desiderio suo legendi scripturas sanctas[a]. Capitulum XIII.

Magnus autem huic venerabili magistro inerat amor legendi scripturas sanctas et infatigabilis estus [65] colligendi libros doctorum, plusquam thezauros denariorum. Unde in epistula quadam testatur dicens: „Semper", inquit, „sum inutilis, semperque avarus et preavarus librorum." Quamvis enim multis doctis esset doctior, non tamen inde voluit honorari, sed erat mestorum consolator et omnium volencium Deo famulari fidelis semper adiutor. Nec destitit semel lecta sepe[b] repetere, obscura quoque diligencius investigare, ut se ipso semper melior fieret et industrior ad sacraciora capessenda[c]. Sed nec puduit eum a minoribus aliquid discere vel querere sciens scriptum: „Declaracio sermonum tuorum illuminat et intellectum dat parvulis." Unde talibus valde affabilem se prebuit et benignum, immo maluit pocius ab alio consilium petere quam in suo sensu solus habundare. „Quoniam", inquit, „si puer aliquis me posset instruere ad sciendam plenius Domini voluntatem, libencius eum vellem audire quam nemine consulto ex me ipso aliquid novi attemptare."

Erat igitur studiosus in scripturis legendis, sed non curiosus in pulchris libris habendis. Siquidem et breviarium non multum valens habuit, ex quo horas suas legebat, vitans pro usu suo omne quod niteret aut simplicitatem non red-[66]oleret. Videns ergo quendam habere librum satis bene paratum, et quam sollicite illum inspiceret et complicaret, dixit ei: „Pocius habeo quod liber me custodiat quam ego illum. Servire debet liber utilitati legentis, non ad curiositatem intuentis."

a scripturas sanctas] scripturas sacras *Le2*.
b sepe] *fehlt in P1*.
c capessenda] capescenda *K11, Vi1*.

vielleicht rasch vertreiben würden.“ Er aber sprach voll Zuversicht: „Ich werde den Vater bitten für euch, dass eure Frömmigkeit, die unser Herr in diesem Land gepflanzt hat, nicht verkümmert[51]. Ich hoffe, dass dieses bescheidene Beginnen zu einem großen Erfolg wird. Gott wird wohl statt meiner einen anderen geeigneten Mann vorsehen, der sich als Schutzmauer vor das Haus Gottes stellt[52].“

Kapitel 13:
Von seinem großen Eifer in der Lektüre heiliger Schriften[53].

Der ehrwürdige Magister war von großer Liebe zu den heiligen Schriften beseelt und von unermüdlichem Eifer im Sammeln gelehrter Bücher, die ihm wertvoller waren als Schätze von Geld. Das bezeugt er in einem Brief mit den Worten: „Immer unnütz bin ich und immer gierig, ja mehr als gierig nach Büchern.“[54] Obwohl er gelehrter war als viele Gelehrte, verlangte er deshalb nicht nach Ansehen, sondern war ein Tröster der Betrübten, und immer fanden alle, die Gott dienen wollten, einen treuen Helfer an ihm. Was er einmal gelesen hatte, nahm er immer wieder vor, um dunkle Stellen sorgfältig zu ergründen und fähiger und eifriger im Verständnis der heiligen Geheimnisse zu werden. Und er schämte sich auch nicht, etwas von Einfältigeren zu lernen oder zu erfragen, eingedenk des Schriftwortes: „Die Erklärung deiner Rede erleuchtet und gibt Verständnis den Kleinen.“[55] Daher zeigte er sich auch sehr freundlich und gütig gegen solche, ja lieber wollte er andere um Rat fragen als sich mit seiner eigenen Meinung zu begnügen[56]. So sagte er: „Könnte mich irgendein Knabe belehren, den Willen des Herrn vollkommener zu erkennen, so wollte ich lieber auf ihn hören, als ohne um Rat zu fragen aus mir selbst etwas Neues zu suchen.“

Er war also ein fleißiger Leser, doch nicht darauf bedacht, schöne Bücher zu besitzen. So hatte er ein billiges Brevier für sein Stundengebet und vermied für den eigenen Gebrauch überhaupt alles, was elegant wäre oder nicht von Einfachheit zeugte. Als er einmal sah, wie der Besitzer eines prächtigen Buchs behutsam hineinschaute und es wieder schloss, sprach er: „Ich will, dass mein Buch mich, und nicht ich mein Buch behüte. Ein Buch soll dem Nutzen des Lesers und nicht der Augenlust des Betrachters dienen.“ Die Liebe des frommen Magisters galt

51 Vgl. Lc. 22,32.

52 Vgl. Is. 26,1.

53 Einige Sätze dieses Kapitels sind wörtlich übernommen bei Horn, cap. 10, S. 354f.

54 Grote, Ep. 24, MULDER, S. 108.

55 Ps. 118,30.

56 Rom. 14,5.

Itaque affectio devoti magistri magis versabatur erga sentencias[a] in libris quam ad venustatem expoliti codicis. Sic et beatus Iheronymus[b] maluit habere in vilibus membranis codices emendatos quam pulchros et incorrectos.

Est tamen decens et recommendabile satis pro honore Dei et ornatu sancte ecclesie[c] longe lateque florentis, quod libri sacre scripture et ad divinum officium pertinentes meliori stilo scribantur atque ab omni pulveris sorde et corrupcione preserventur, quatenus multis tam presentibus quam futuris catholice pacis fidelibus deserviant et inertes ad legendum ardencius provocent ac diu nobiscum perseverent, quia magno precio empti et longo labore conscripti estimantur.

Nec solum sacros libros perlegere studuit, sed etiam ex autenticis dictis sanctorum nonnulla opuscula rogatu aliorum flagitatus pro utilitate petencium fideliter edidit et conscripsit, paratus etiam illos instruere, quos corporaliter adire et ore tenus informare non potuit. Scripsit [67] namque inter cetera plures notabiles epistulas, que apud plerosque simul aggregate pro digno memoriali servantur et leguntur. Habuit enim scienciam omnium liberalium arcium cum multiplici sanctarum scripturarum noticia, nec non naturale ingenium valde acutum divine gracie lumine subornatum, linguam quoque[d] eruditam, copiam exhortandi memoriamque tenacem[e], ut vix ei[f] secundus in tot scienciis sciretur equalis et in sancta conversacione tam strennuus et devotus.

Cumque esset tam divinarum quam humanarum erudicionum prerogativa illustratus, erat nichilominus in deferendo honorem maioribus suis et prelatis valde humilis et submissus, in studendo simplicia et devota aliorum dicta bene affectatus, in sermocinando circumspectus, in dictando scriba velox, in meditando compunctus et in negociis sibi commissis fidelis et expeditus. Sed ne oblivioni traderet que agere vel dicere eum oportebat prout utilitas causarum exigebat[g], mox in registris[h] aut in marginibus librorum vel operculis negocia occurrencia firmiter assignare solebat. Unde ad cautelam propter emulos revincendos, qui ei insidiabantur in multis, copias dictorum suorum apud se diligenter retinuit, ut casu emergente [68] in promptu haberet, quid detrahencium latratibus responderet.

a sentencias] sciencias *Le1/2, Vi1.*
b Iheronymus] Iheronimus *N1, P1;* Ieronymus *Vi1.*
c sancte ecclesie] ecclesie sancte *K11.*
d quoque] *fehlt in K11, Le1/2, Vi1.*
e memoriamque tenacem] memoriam tenacem *K11, Le1/2, Vi1.*
f ei] *fehlt in K11, Le1/2, Vi1.*
g prout utilitas causarum exigebat] *fehlt in P1.*
h registris] registrum *P1.*

also mehr dem Inhalt der Bücher als der Schönheit eines wertvollen Kodex. So hatte auch der heilige Hieronymus lieber korrekte Kodizes aus schäbigen Pergamentblättern als solche, die zwar schön, aber fehlerhaft waren[57].

Es ist jedoch geziemend und angebracht zur Ehre Gottes und zur Zierde der weltumspannenden heiligen Kirche, dass die Bücher der Heiligen Schrift und des Gottesdienstes schöner geschrieben und vor Staub, Schmutz und Schädigung bewahrt werden; auf dass sie vielen in katholischer Eintracht verbundenen Gläubigen jetzt und künftig dienen, die Trägen eifriger zum Lesen anregen und lange uns zur Verfügung stehen, da sie um einen hohen Preis erworben und mit großer Mühe geschrieben worden sind.

Er widmete sich nicht nur der Lektüre der heiligen Schriften, sondern stellte auf Bitten und zum Nutzen anderer aus den authentischen Worten der Heiligen getreulich mehrere Werke zusammen und gab sie heraus, um auch diejenigen zu unterweisen, die er nicht persönlich erreichen und mündlich belehren konnte. So schrieb er unter anderem viele bedeutende Briefe, die von den meisten Empfängern gesammelt worden sind und als ehrwürdige Zeugnisse der Erinnerung aufbewahrt und gelesen werden. Denn er war in allen freien Künsten sehr wohl bewandert und hatte mannigfaltige Kenntnisse in der Heiligen Schrift, überdies auch einen sehr scharfsinnigen, durch das Licht der göttlichen Gnade erleuchteten Verstand, eine sehr beredte Zunge, verfügte über eine Fülle von Mahnworten und ein erstaunliches Gedächtnis, so dass man kaum jemanden kannte, der an Vielseitigkeit in den Wissenschaften ihm gleichgekommen wäre und dabei ein so strenges und frommes Leben geführt hätte.

Obwohl er aber in göttlichen und menschlichen Dingen ein Gelehrter ersten Ranges war, erwies er doch den Hochgestellten und Kirchenoberen demütig und ergeben alle Ehre. Einfache und fromme Worte anderer nahm er sich gern zu Herzen, war bedachtsam im Reden, schnell im Schreiben[58], andächtig in der Meditation und erledigte die ihm anvertrauten Geschäfte gewissenhaft und zügig. Um aber nichts von dem zu vergessen, was er zum Fortgang der jeweiligen Angelegenheiten zu tun oder zu sagen hatte, notierte er sich stets die laufenden Verpflichtungen in Listen oder auf den Rändern oder Einbänden seiner Bücher. Als Vorsichtsmaßnahme gegen seine Feinde, die ihm bei vielen Gelegenheiten nachstellten, bewahrte er auch Abschriften seiner Predigten sorgfältig auf, um nötigenfalls gleich bei der Hand zu haben, was er den Angriffen der Verleumder erwidern könnte.

Einst zog ein ihm feindlich gesinnter Prälat gegen ihn zu Felde und rügte einige seiner Schriften als Beweis unrechter Gesinnung, ohne zu

57 Vgl. Hieronymus, Praefatio in librum Job, MIGNE PL 28, Sp. 1084; 29, Sp. 61.
58 Vgl. 1. Esdr. 7,6.

Contigit igitur ut quidam ecclesiasticus prelatus adversarius eius contra ipsum disceptaret et de quibusdam scriptis suis quasi minus bene saperet palam eum argueret, non perpendens quali invidie morbo intus ipse laboraret. Tunc vir Dei memor innocencie sue copiam litterarum suarum protulit, asserens illa, que sibi obiciebantur, non esse scripta ipsius nec cum litteris suis consonanciam habere. „Vos", inquit, „domine videritis quales litteras recepistis vel misistis. En hec est copia et series litterarum mearum, que manu[a] mea dictavi, cum istis loquor et pro istis ago et respondeo." His ita constanter editis obstructum est os loquentis iniqua, et magister insignis per assercionem veritatis in maiori abcessit[b] reverencia coram multis astantibus, quoniam veritas semper[c] prevalebit, quamvis ab imperitis frequenter impugnetur.

Fertur quoque quod idem magister in astronomia et nigromancia tritus fuerit et antequam conversus esset quedam magice artis prestigia actitasset. Sed a duobus discipulis eius intellexi plura sibi non recte inponi. Cum enim unus discipulorum eius de hac re sciscitaretur ab eo veritatem, ait illi: „Scienciam qui-[69]dem huius artis didici et libros legi et habui, sed magicam levitatem non exercui." Adiecit etiam michi dicere quidam discipulus eius fidelis et devotus presbiter ad certificandum me clarius de dubio presenti: „Quia duplex est", inquit, nigromancia. Una dicitur naturalis, que est subtilissima et a paucis vix discernitur a secunda, que dyabolica appellatur et a iure prohibetur. Naturalem magister Gerhardus scivit, sed alteram estimo eum non didicisse nec cum dyabolo pactum inisse." Sed qualitercumque tamen sit, quitquit vanitatis et contagionis ex predicta sciencia olim contraxit, sive ioculariter vel seriose aliquid egit vel dixit, hec cuncta dignis penitencie fructibus ad Deum plene conversus diluit et purgavit. In cuius rei testimonium quadam egritudine tactus coram sacerdote omnibus illicitis artibus renunciavit et codices vanitatis igni tradidit exurendos.

Agnoscatur[d] in his omnibus divine pietatis sinus immensus, qualiter omnipotens Deus quosdam sinit gravioribus peccatis et diuturnis erroribus implicari, et tandem ampliori miseracione apparente ex occulto revocat perditos ad vitam ac lapsos suscitat ad penitenciam, donans non solum de preteritis criminibus veniam, [70] sed etiam perfecte conversis et bene proficere nitentibus cumulum maioris gracie, ut

[a] que manu] quas manu *P1.*
[b] abcessit] abscessit *K11, P1.*
[c] semper] *fehlt in Le1/2, Vi1.*
[d] Agnoscatur] Agnoscitur *K11, Le1/2, Vi1.*

bedenken, wie sehr er selbst am Übel des Neides litt. Da legte der Gottesmann im Bewusstsein seiner Unschuld eine Abschrift seiner Briefe vor und zeigte, dass die ihm zum Vorwurf gemachten Sätze weder von ihm geschrieben noch im Einklang mit seinen Schriften waren. „Sehet zu, Herr“, sprach er, „welche Schreiben ihr empfangen oder gesandt habt; hier ist die Abschrift und die Reihenfolge meiner Briefe, die ich eigenhändig unterzeichnete. Für diese spreche, diese verfechte und verantworte ich.“ Nachdem er dies also entschlossen vorgebracht hatte, verstummte der Mund desjenigen, der da Böses sprach; der treffliche Magister aber ging nach dem Beweis der Wahrheit davon und gewann weit größere Achtung vor vielen Anwesenden. Denn immer wird die Wahrheit siegen, ob sie auch noch so sehr von Unwissenden bekämpft wird.

Man sagt auch, dass der Magister in der Astronomie und Magie bewandert war und vor seiner Bekehrung gewisse Zauberkünste betrieben habe. Von zweien seiner Schüler habe ich jedoch erfahren, dass ihm vieles von diesen Dingen zu Unrecht vorgeworfen wird. Denn als einer der beiden ihn danach fragte, was daran wahr sei, antwortete er: „Ich habe mir zwar das Wissen von jener Kunst angeeignet und die betreffenden Bücher gelesen und besessen, doch nie haltlose Zauberpraktiken ausgeübt.“ Zusätzliche Klarheit in dieser Frage hat mir ein anderer seiner ehemaligen Schüler, ein gläubiger und frommer Priester, verschafft. Er sagte: „Es gibt zwei Arten der Zauberei. Die eine wird die natürliche genannt; und diese ist eine sehr feine und so wundersame Kunst, dass viele sie kaum von der zweiten unterscheiden können, die teuflisch genannt wird und durch die Gesetze verboten ist. Diese natürliche Magie kannte Gerhardus, doch glaube ich nicht, dass er die andere erlernt noch einen Bund mit dem Teufel geschlossen hätte.“ Wie immer es jedoch sei, alles was er nach jener Kunst, sei es im Scherz oder im Ernst, Eitles und Sündhaftes beging, das sühnte und reinigte er, als er sich bekehrt hatte, durch würdige Früchte der Buße vor Gott. Zum Zeugnis seiner Umkehr entsagte er in schwerer Krankheit vor einem Priester allen unerlaubten Künsten und ließ alle Bücher des Aberglaubens ins Feuer werfen[59].

Man beachte hierbei den unermesslichen Reichtum göttlicher Huld, wie der Allmächtige es zulässt, dass manche Menschen sich in schwere Sünden und hartnäckige Irrtümer verstricken, und die Verlorenen endlich in großer unerforschlicher Erbarmung ins Leben zurückruft, die Gefallenen zur Buße aufrichtet und ihnen nicht nur Verzeihung ihrer früheren Sünden gewährt, sondern auch noch ein Übermaß an Gnaden, wenn sie sich bekehrt haben und sich zu bessern bemüht sind. So vermag Gott das, was der Teufel zu ihrer Verirrung und Strafe ange-

59 Vgl. Dier, Scriptum, DUMBAR, S. 2f.

quod dyabolus instigavit ad confusionis penam, Deus novit ordinare ad alcioris glorie coronam promerendam. Si enim gaudium nascitur angelis super uno peccatore penitenciam agente, quam ingens gaudium factum est de eo, qui non solum de propriis malis penituit, sed tam multos etiam peccatores ad penitenciam verbo et exemplo suo convertit atque magnam turbam fidelium ad celestia regna trahere laboravit.

De multiplici fructu eius in conversione hominum. Capitulum XIIII.

Quoniam quidem omnis arbor Christo attestante ex fructu cognoscitur, pandendum nunc est, quales ac[a] quantos pietatis fructus hec arbor protulerit in tam brevi tempore quo predicavit. Tribus autem precipue arboribus[b] hunc memorabilem virum et doctum magistrum dignum duxi comparandum, videlicet olive fertili, cedro sublimi et palme florenti. Ipse enim tamquam lignum fructiferum secus decursus aquarum plantatus[c] extitit, qui in tempore suo fructus [71] optimos Deo reddidit, quia plenus fluentis scripturarum vineam Domini Sabaoth ubertim irrigavit, unde botri devocionis cum viriditate boni operis excreverunt ad laudem Domini nostri salvatoris. Non fuit iste homo Dei arbor sterilis nec silvestris velut quercus defluentibus foliis, sed revera fertilis ut oliva speciosa in campis, sicut cedrus nobilis exaltata in Libano et tamquam palma decora in monte Syon.

Prestitit enim ei misericors Deus graciam magnam quam non in vacuum recepit, sed ad usum boni operis exercuit, ut fieret omnibus exemplum virtutis, qui prius fuerat multis causa erroris et comes vanitatis. Et factus est tanto humilior et fervencior ad bonum, quanto gravius se noverat errasse in malo. Quamobrem spiritu Dei innovatus et accensus operibus misericordie diligencius insistebat, magno compassionis affectu proximis succurrendo, salutis verbum populis predicando, tristibus et temptatis tamquam pius animarum medicus divine consola-

[a] ac] et *K11, P2.*
[b] precipue arboribus] arboribus precipue *Le1/2, Vi1.*
[c] plantatus] plantatum *K11, Le1/2, Vi.*

stiftet hat, so zu fügen, dass sie die Gelegenheit zur Erringung der Krone höheren Ruhms erhalten. Denn wenn die Engel Freude über einen einzigen Sünder haben, der da Buße tut[60], wie überaus groß war wohl ihre Freude über ihn, der nicht nur für eigene Sünden Buße tat, sondern auch durch sein Wort und Beispiel so viele Sünder zur Buße bekehrte und sich mühte, eine große Schar von Gläubigen für das Himmelreich zu gewinnen!

Kapitel 14:
Von seinem fruchtbaren Wirken in der Bekehrung der Menschen.

Da nach dem Zeugnis Christi ein jeder Baum an seinen Früchten erkannt wird, soll nun gezeigt werden, welcher Art und wie reich die Früchte waren, die dieser Baum während seiner kurzen Predigttätigkeit hervorbrachte. Ich denke aber, es sei dieser bedeutende Mann und gelehrte Magister vorzüglich drei Bäumen zu vergleichen, nämlich dem fruchtbaren Ölbaum, der erhabenen Zeder und der blühenden Palme. Denn er stand gleich einem fruchttragenden Baume gepflanzt an den Strömen der Wasser, der zu seiner Zeit Gott die besten Früchte gab[61]. Auch hat er, erfüllt von den Fluten der Schrift, den Weinberg des Herrn Sabaoth reichlich getränkt, worauf Trauben der Andacht mit dem frischen Grün guter Werke zur Ehre unseres Herrn und Erlösers aufsprossten. Kein unfruchtbarer Baum war dieser Gottesmann noch auch ein wilder Waldbaum, wie die Eiche, die ihre Blätter abwirft[62], sondern fürwahr fruchtbar war er gleich der anmutigen Olive auf den Fluren[63], gleich der edlen Zeder erhöht auf dem Libanon[64] und der prächtigen Palme auf dem Berge Sion.

Denn es verlieh der barmherzige Gott ihm große Gnade, die er nicht vergeblich empfing, sondern zu einem guten Werk nutzte, auf dass er, der früher vielen eine Ursache des Irrtums und ein Gefährte im eitlen Treiben gewesen war, nun allen ein Vorbild der Tugend würde. Er war aber umso demütiger und eifriger im Guten, als er wusste, dass er früher im Bösen geirrt hatte. Deshalb widmete er sich vom Geiste Gottes erneuert und entzündet umso fleißiger den Werken der Barmherzigkeit, half dem Nächsten in herzlichem Mitleid, predigte dem Volke das Wort des Heils, stand Betrübten und Bedrängten als ein milder Seelenarzt mit dem Heilmittel göttlichen Trostes bei und führte die

60 Vgl. Lc. 15,10.
61 Ps. 1,3.
62 Is. 1,30.
63 Ecclus. 24,19.
64 Ecclus. 24,17.

cionis solacium adhibendo et recidivantes crebra exhortacione ad primi fervoris statum precibus et lamentis revocando.

Quia ergo multam misericordiam assecutus est a Domino et hanc cum proximo impartiri studuit in vera caritate largiter et ubique, merito potest [72] cum sancto David cantare et dicere: „Ego autem sicut oliva fructificavi in domo Domini, speravi in misericordia Dei in eternum.“ Non enim incompassivus et immisericors extitit sicut malus ille servus, qui omnibus sibi dimissis non est misertus conservi sui, sed ab inicio conversionis sue omne debitum in se peccantibus dimisit, pro detrahentibus sibi suppliciter oravit[a], paratus etiam ad satisfactionem prior venire si quem offendisset, et cum omnibus pacem salva veritatis defensione conservare. Nec etiam abscondit pecuniam Domini sui sicut piger ille servus propriis commodis[b] intentus, sed donum sciencie ac talentum sibi traditum ad lucrandas animas fideliter exposuit.

Digne ergo olive fertili comparatur, qui oleum misericordie, quod a Deo percepit, in proximos suos pia erogacione transfudit. Precipue tamen misericordie viscera pauperibus clericis, viduis desolatis et virginibus castitatem servantibus ostendit, curam paterne sollicitudinis eis impendens atque omni quo potuit consolacionis auxilio necessitatibus egenorum per se et per alios studuit subvenire.

Conparatur quoque non absurde cedro sublimi in altum[c] protense, quia terrena cuncta spernendo per contemplacionem [73] eternorum crevit in altum, atque per proprie fragilitatis respectum cor suum fixit in humilitatis profundo factusque est tanto lacior in summo, quanto angustior et depressior in mundo. Cum enim esset tam multis scienciis preditus et maxime reputacionis inter egregios sui temporis doctores, despexit tamen omne culmen secularis honoris et simplicium se conformavit moribus, ut si quis eum non cognovisset, vix attendisset nec salutasset.

Bene etiam palme florenti magister iste assimilatur, qua antiquitus victores pugilesque solebant[d] coronari, quia multis laboribus et scripturarum documentis veluti armorum telis contra hereticos, symoniacos, usurarios, proprietarios, focaristas ac alia perplura[e] viciorum monstra certavit et vicit, dignus proinde eterne beatitudinis palma coronari

[a] oravit] exoravit *K11*.

[b] commodis] comedis *Le1; fehlt in Vi1*.

[c] altum] alto *K11, P1*.

[d] pugilesque solebant] pugiles solebant *K11, Le1/2, Vi1*.

[e] alia perplura] per plura *P1*.

Schwachgewordenen durch häufige Ermahnungen, Gebete und Tränen zum Stande ihres früheren Eifers zurück.

Da er also große Barmherzigkeit vom Herrn erlangt hatte und beflissen war, diese dem Nächsten in wahrer Liebe überall freigebig mitzuteilen, kann er füglich mit dem heiligen David singen und sprechen: „Ich aber gab gleich dem Ölbaum meine Frucht im Haus des Herrn und hoffte auf die Barmherzigkeit Gottes in Ewigkeit.“[65] Nicht mitleidlos und unbarmherzig war er wie jener böse Knecht, dem alle Schulden erlassen worden waren und der dennoch seines Mitknechtes sich nicht erbarmte[66]. Vielmehr vergab er sogleich nach seiner Bekehrung allen, die ihm Unrecht getan hatten, betete inständig für seine Verleumder und war bereit, unverzüglich Genugtuung zu leisten, wenn er jemand beleidigt hatte, und mit allen Frieden zu halten, soweit er nicht für die Wahrheit zu streiten hatte. Auch vergrub er das Geld seines Herrn nicht wie jener träge Knecht[67], bloß auf eigenen Nutzen bedacht, sondern wucherte getreu mit dem anvertrauten Pfunde der Weisheit, um Seelen zu gewinnen.

Zurecht also kann man ihn einem fruchtbaren Ölbaum vergleichen, da er das Öl der Barmherzigkeit, das er vom Herrn empfing, in milder Spende den Nächsten mitteilte. Vor allem aber zeigte er seine Barmherzigkeit an armen Schülern, hilflosen Witwen und in Keuschheit lebenden Jungfrauen, indem er sich ihrer in väterlicher Fürsorge annahm und den Nöten der Bedürftigen mit allen Mitteln selbst oder durch andere abzuhelfen suchte.

Auch wird er nicht unpassend der hochragenden Zeder verglichen, da er alles Irdische verachtend in der Betrachtung der ewigen Dinge emporwuchs und zugleich im Rückblick auf seine eigene Schwachheit das Herz in die Tiefe der Demut senkte. So entfaltete er sich in der Höhe umso weiter, je mehr er beengt und bedrängt war in der Welt. Denn obwohl er mit vielen Wissenschaften begabt unter den Gelehrten seiner Zeit einen ausgezeichneten Ruf genoss, schätzte er alle weltlichen Ehren gering und passte sich so vollkommen der Lebensweise einfacher Leute an, dass jemand, der ihn nicht kannte, ihn kaum beachtet oder gegrüßt hätte.

Schließlich ist dieser Magister auch einer blühenden Palme ähnlich, mit deren Zweigen im Altertum die Sieger und Faustkämpfer gekrönt zu werden pflegten, da er unter großen Mühen mit den Waffen der Schriftzeugnisse Kämpfe ausfocht und Siege errang gegen Häretiker, Simonisten und Wucherer, gegen Mönche, die ihr Armutsgelübde verletzten, und Kleriker, die im Konkubinat lebten, sowie gegen viele andere Ungeheuer des Lasters. Daher war er würdig, mit der Palme der

65 Ps. 51,10.
66 Mt. 18,23-35.
67 Mt. 25,26.

atque a fidelibus populis debita laudum veneracione commendari. Ecce iam verus Israhelita[a] et theologice[b] veritatis devotissimus predicator et defensor, qui sic Deum dilexit, ut proximum non negligeret, sic ad celestia mentem erexit, ut necessitatibus aliorum non deesset, qui non tantum proprie saluti intendit, sed multis prodesse et secum ad perfectiorem vitam ducere satagebat. [74]

Erat enim vultu hylaris, affatu benignus, mente tranquillus, habitu humilis, victu sobrius, consilio sagax, iudicio discretus, rigidus[c] contra vicia, fervidus ad virtutes, ocium fugitans, semper aliquid utilitatis pro edificacione exercens, simplicitatem diligens, humilia sectans, celestia meditans, interna penetrans, lectionibus et oracionibus sedulo vacans, Deum semper pre oculis habens, iura ecclesie sollicite custodiens atque secularibus bonum exemplum prebens, nil terreni commodi ex predicacione querens, sed animarum lucra pensans ac gratis sine ecclesiasticis sumptibus evangelizans. Quamvis ergo[d] longevam vitam non duxit senio fessam, in brevi tamen tempore multum fructum predicacione sua protulit et devotissimos post se discipulos ac fratres in diversis locis reliquit, quos ipse primo nove lucis gracia qua imbutus erat fideliter instruxit et accendit.

De devotis congregacionibus et monasteriis ab eo exortis. Capitulum XV.

Optime autem eterna patris sapiencia supernaque clemencia providit, ut senescenti iam mundo et ad [75] deteriora vergenti talis ac tantus magister tamquam celestis legatus destinaretur, lorica fidei indutus et sanctitate vite suffultus, per quem religio sacra refloreret et devocio christiani populi ad divini cultus studium et observanciam decalogi frequenter eius sermonibus erudita incalesceret atque opera misericordie in pauperes exerceret. Non enim imperiti hominis opus esse videbatur, tot hominum maliciis posse resistere et de profunda peccatorum caligine pereuntes animas ad veritatis lucem revocare, sed huic doctis-

[a] Israhelita] Israelita *Le1, P1, Vi1.*
[b] theologice] theoloyce *K11,* theoloice *N1.*
[c] discretus, rigidus] discretus et rigidus *P1.*
[d] ergo] igitur *K11, Le1/2, N1, P1, Vi1.*

ewigen Seligkeit bekränzt und von dem gläubigen Volk mit gebührendem Lob verehrt zu werden. Sieh da, ein wahrer Israelit[68], ein frommer Prediger und Verteidiger der Glaubenswahrheit, der Gott so liebte, dass er den Nächsten darüber nicht vernachlässigte, der sein Gemüt zum Himmel erhob, ohne sich den Nöten anderer zu entziehen, und der nicht bloß auf sein eigenes Heil bedacht war, sondern vielen nützen und sie mit sich zu einem vollkommeneren Leben führen wollte.

Er war von heiterer Miene, freundlich im Gespräch und hatte ein ausgeglichenes Gemüt. Seine Kleidung war bescheiden und seine Kost mager; sein Rat war scharfsinnig und sein Urteil besonnen. Gegen das Laster unnachgiebig, eiferte er für die Tugend; niemals müßig, war er stets für die Förderung des Erbauungsziels tätig. Er liebte die Einfachheit, übte sich in Demut, erhob sich in der Meditation zum Himmel und erforschte sein Inneres, widmete sich eifrig der Lektüre und dem Gebet, wobei er stets Gott vor Augen hatte, das kirchliche Recht sorgsam wahrte und den Weltleuten ein gutes Beispiel gab. Aus seinem Predigen zog er keinen irdischen Vorteil, sondern wollte allein Seelen gewinnen und unentgeltlich und ohne kirchliche Vergütung das Evangelium verkünden. Obwohl er zum Ende erschöpft kein hohes Alter erreichte, hat er doch in kurzer Zeit durch seine Predigten reiche Frucht hervorgebracht und an verschiedenen Orten fromme Schüler und Brüder hinterlassen, die er mit dem neuen Gnadenlicht, das ihm selbst gegeben war, belehrt und entflammt hatte.

Kapitel 15: Von den devoten Gemeinschaften und Klöstern, die aus seinem Wirken hervorgegangen sind[69].

Durch die ewige Weisheit des Vaters und himmlische Huld ist der alternden und schon ins Verderben sinkenden Welt dieser große Meister wie ein Gesandter des Himmels bestimmt worden, der, angetan mit der Rüstung des Glaubens[70] und gefestigt durch die Heiligkeit seines Lebens, dahin wirken sollte, dass der heilige Ordensstand neu erblühte und die Frömmigkeit des christlichen Volkes, das er oft durch seine Predigten belehrte, zu eifrigem Gottesdienst und zur Befolgung der Gebote wie auch zu Werken der Barmherzigkeit gegen die Armen ermuntert würde. Denn die große Aufgabe, gegen soviele Bosheiten der Welt zu kämpfen und die in der Sündenfinsternis zugrundegehenden Seelen zum Licht der Wahrheit zurückzuführen, war nichts für einen

68 Io. 1,47.

69 Teile dieses Kapitels sind wörtlich übernommen bei Horn, cap. 6, S. 347f., und cap. 14, S. 362f.

70 1. Thess. 5,8.

simo[a] viro et in multis experto gracia divina predicandi tribuit facultatem, qui vite merito et doctrina celesti plenissime instructus alios precellebat et contemptum mundi non in humane sapiencie verbis, sed sancte conversacionis exemplis suis auditoribus efficacius persuadebat.

Tantusque affectus audiendi verbum Dei in populo fuit, ut turbam convenientem ecclesia vix caperet. Nam multi sua prandia relinquebant et negocia necessaria suspendentes ad eius sermonem pia prorsus aviditate tracti concurrebant. Sepe namque duos sermones uno die predicavit, et quandoque spiritu fervoris concepto tribus horis aut amplius sermonem continuavit[b]. Predicavit autem in principalioribus civitatibus dyoecesis [76] Traiectensis, Daventrie, Swollis, Campis, pluribus vicibus et in Traiecto coram universo clero, atque in Hollandie partibus, Leydis[c], Dellft[d], Goude, et in Amsterdam primum sermonem teutonicum, et in quam pluribus aliis oppidis ac[e] villis famosis, ubi sperabat aliquem fructum facere et novum populum Deo parturire.

Et benedictus Deus, qui misso desuper Spiritu sancto accendit corda fidelium suorum et auxit populum suum vehementer, ut de paucis granis conversis surgerent multe congregaciones devotorum fratrum et sororum in castimonia vite Deo serviencium, ex quibus nonnulla monasteria regularium ac sanctimonialium feminarum inicium sancte conversacionis acceperunt. Magna laus magistri Gerhardi, quod de origine ac[f] fonte predicacionis sue styrps[g] tanta processit, que nec post mortem eius licet noviter plantata in agro dominico germinare cessavit. Siquidem primo ad proximas regiones Hollandie, Gelrie, Brabancie, dehinc ad remociores partes Flandrie, Frisie, Westfalie[h], Saxonie ordo regularis[i] et devotorum conventus Deo prosperante cursim emanavit, insuper ad audienciam apostolice sedis odor bone opinionis pervenit.

Ipse namque venerabilis magister Gerhardus spiritu [77] Dei repletus, cum videret paulatim numerum discipulorum suorum augmentari et ad studium celestis exercicii conflagrare, operam dedit et consuluit, ut devoti quandoque in una domo pro mutua exhortacione convenirent et de Deo ac caritate servanda sincere tractarent, et si qui simul stare vellent, de labore manuum suarum victum quererent et communem vitam quantum possent sub disciplina ecclesiastica tenerent. Nullum etiam[j] permisit publice mendicare, nisi evidens necessitas coegis-

a doctissimo] devotissimo *Le1/2, Vi1.*
b sermonem continuavit] sermonem suum continuavit *K11, Le1/2, Vi1.*
c Leydis] Leiden *P2.*
d Dellft] Delft *K11, Le1/2;* Delf *N1.*
e ac] at *korrigiert aus* et *K11;* et *P1.*
f ac] et *K11.*
g styrps] stirps *Le1/2, N1, P1, Vi1;* strips *K11.*
h Westfalie] Westvalie *K11;* Westphalie *P1;* Wesfalie *Le1/2;* Weestphalie *Vi1.*
i regularis] regularium *K11, Le1/2, Vi1.*
j etiam] enim *K11.*

unerfahrenen Menschen. Aber diesem gelehrten und vielerfahrenen Manne verlieh die Gnade Gottes die Gabe der Predigt; er war vor allen ausgezeichnet durch sein verdienstvolles Leben und seine Gottesgelehrtheit und vermochte die Zuhörer nicht mit Worten menschlicher Weisheit, sondern durch das Beispiel seines eigenen Verhaltens wirksam zur Weltverachtung zu bewegen.

Und so groß war das Verlangen des Volkes, das Wort Gottes zu hören, dass die Kirche die zusammenströmende Menge kaum zu fassen vermochte. Denn viele verließen das Mittagsmahl, verschoben die wichtigsten Geschäfte und eilten, von frommer Neugier angezogen, seine Rede zu hören. Oftmals hielt er sogar zwei Predigten an einem Tage und sprach von heiligem Eifer erfüllt drei Stunden hindurch und zuweilen auch länger. Er predigte aber in den bedeutendsten Städten des Bistums Utrecht, zu Deventer, Zwolle und Kampen, zu Utrecht sogar verschiedentlich vor der gesamten Geistlichkeit, ferner in den Gegenden Hollands zu Leiden, Delft und Gouda. Zu Amsterdam hielt er seine erste deutsche Predigt und dann auch in vielen andern namhaften Städten und Dörfern, wo er hoffte, fruchtbar zu wirken und dem Herrn ein neues Volk zu darzubringen.

Gepriesen sei Gott, der seinen Geist herabsandte, die Herzen seiner Gläubigen zu entzünden, und der sein Volk so stark vermehrte, dass aus einer Saat von nur wenigen Neubekehrten viele Kongregationen frommer Brüder und Schwestern hervorgingen, die Gott in einem Leben der Enthaltsamkeit dienten und von denen zahlreiche Klöster von Chorherren und Nonnen gegründet wurden. Zu großem Lob gereicht es dem Magister Gerhardus, dass aus dem Quellgrund seiner Predigten eine so mächtige Wurzel erwuchs, die, wiewohl erst neu gepflanzt, auch nach seinem Tod auf dem Acker des Herrn weiter spross. Denn es entstanden mit dem Segen Gottes Ordenshäuser und Devotengemeinschaften zuerst in den nächstliegenden Gegenden Hollands, Gelderns und Brabants und dann in den entfernteren Landschaften, nämlich in Flandern, Friesland, Westfalen und Sachsen. Schließlich gelangte ihr guter Ruf sogar zur Kenntnis des apostolischen Stuhls.

Als aber der ehrwürdige und gottbegnadete Magister Gerhardus sah, dass die Zahl seiner Jünger, die vom Eifer für die Einübung eines geistlichen Lebens beseelt waren, allmählich anwuchs, da setzte er sich dafür ein, dass diese Devoten in einem Hause zusammenkämen, um sich gegenseitig anzuspornen und sich ernsthaft über Gott und die Bewahrung ihrer brüderlichen Liebe zu besprechen. Und wenn sie beisammen bleiben wollten, sollten sie ihren Lebensunterhalt durch Handarbeit erwerben und soweit wie möglich ein gemeinsames Leben unter kirchlicher Aufsicht führen. Keinem erlaubte er, öffentlich zu betteln, falls nicht die äußerste Not dazu zwänge, und er gestattete ihnen auch nicht, unter dem Vorwand des Almosensammelns aufdringlich von

set, nec curiose per domos sub optentu alimonie circuire, sed pocius domi manere et operi manuali ut Paulus docuit insistere suasit, neque aliqua negocia devocionis impeditiva spe uberioris lucri censuit exercenda, ne dyabolo instigante daretur infirmis occasio recidivandi rursum ad pristina mala.

Habuit etiam in proposito edificandi monasterium clericorum ordinis canonicorum regularium, volens quosdam de idoneis clericis sibi adherentibus ad religionis habitum promovere, ut aliis devotis essent in exemplum et adventantibus deforis clericis vel laycis bone conversacionis iter ostenderet. Ad hunc ordinem regularium instituendum precipue inductus fuit propter singularem [78] reverenciam et amorem venerabilis domini Iohannis Rusebroec[a] primi prioris Viridis Vallis et aliorum ibidem religiose conversancium probatissimorum fratrum in ordine regulari, quos dudum personaliter in Brabancia visitavit, a quibus magnam edificacionis formam ob multam ipsorum humilitatem et simplicis habitus deferenciam[b] traxit et annotavit. Cum igitur pro loco religioni apto et monasterio fundando diligenter instaret, mortalitate preventus non potuit perficere quod optavit, sed Deo regi immortali et invisibili omnium rerum conditori intentum voluntatis sue pro operis effectu obtulit, ac totum desiderium monastice constructionis carissimis discipulis suis ab eo conversis perficiendum commisit, hortans ne tantum bonum ipso defuncto sopiretur, sed pro honore Dei ampliando omnes pariter consilium prestarent et iuvamen. Ex his fuerunt, qui monasterium in Wyndesem et domum sancte Agnetis in monte prope Swollis primitus Deo iuvante fundaverunt. [79]

De felici obitu eius et sepultura.
Capitulum XVI.

Senciens itaque fidelis et prudens servus Domini magister Gerhardus dierum suorum adesse finem, utpote communi mortalitatis lue[c] percussus, salutare viaticum peciit et accepit. Insuper plagam Domini pacien-

a Rusebroec] Ruusebroec *K11;* Rusebrock *P1;* Ruysbroech *Vi1.*
b deferenciam] *K11, Le1/2, N1, P1, Pohl;* differenciam *R, Vi1.*
c lue] sue *P1;* luce *N1, Vi1.*

Haus zu Haus zu ziehen. Vielmehr riet er ihnen, im Hause zu bleiben und nach der Lehre des Apostels Paulus mit den Händen zu arbeiten[71], jedoch keine Tätigkeit aufzunehmen, die zwar größeren Gewinn verspräche, aber der Andacht hinderlich wäre, damit nicht durch das Wirken des Teufels die Schwachen Anlass zum Rückfall in ihre alten Sünden erhielten.

Auch hatte er sich vorgenommen, ein Kloster für regulierte Chorherren zu errichten, da er willens war, einigen geeigneten Klerikern aus seiner Anhängerschaft in den Ordensstand zu verhelfen, auf dass sie anderen Devoten zum Beispiel dienten und sowohl Geistlichen als auch Laien, die von auswärts kämen, den Weg einer guten Lebensführung zeigten. Zu einer solchen Klostergründung wurde er vor allem angeregt durch seine besondere Hochschätzung und Zuneigung für den ehrwürdigen Prior von Groenendaal Johannes Ruusbroec und die anderen treuen Brüder, die dort ein frommes Leben als Regularkanoniker führten. Sie hatte er einst persönlich in Brabant besucht und war durch ihre große Demut und die Einfachheit ihres abgetragenen Habits[72] tief und nachhaltig beeindruckt worden. Doch während er sich noch um einen geeigneten Ort für die Klostergründung bemühte, wurde er durch den Tod an der Ausführung seines Vorhabens gehindert. So brachte er Gott, dem unsterblichen König und unsichtbaren Schöpfer aller Dinge, seine gute Absicht statt der vollendeten Tat dar und legte den Wunsch nach Errichtung eines Klosters seinen geliebten von ihm bekehrten Schülern zur Ausführung ans Herz. Dabei ermahnte er sie, ein so bedeutendes Vorhaben nach seinem Tod nicht einschlafen zu lassen, sondern mit Rat und Tat zur höheren Ehre Gottes zu fördern. Unter ihnen aber befanden sich auch diejenigen, die dann mit Gottes Hilfe die Klöster Windesheim und Agnetenberg bei Zwolle gegründet haben.

Kapitel 16:
Von seinem glückseligen Tod und seinem Begräbnis[73].

Als nun der getreue und kluge Knecht des Herrn, Magister Gerhardus, fühlte, dass das Ende seiner Tage nahe sei, da er von einer weithin Tod verbreitenden Seuche befallen war[74], wurden ihm auf sein Verlangen die heiligen Sakramente gespendet. Geduldig ertrug er die Zuchtrute

71 1. Cor. 4,12; 1. Thess. 2,9; 2. Thess. 3,8.

72 Zur Bedeutung von *deferencia* – 'Abgetragenheit' s. POHL 7, S. 553f.

73 Dieses Kapitel ist zum großen Teil wörtlich übernommen bei Horn, cap. 15, S. 364-366.

74 Die Pestinfektion Grotes beschreibt Dier, Scriptum, DUMBAR, S. 10; ähnlich Horn, cap. 15, S. 364.

ter tollerans, cum electis non refugit flagellari, ut iram omnipotentis iudicis tanto facilius placaret, quanto humilius et libencius presencia flagella sustineret. Igitur omnimode voluntati divine se resignans et ordinacioni superne sponte se subiciens agonem suum fiducialiter Domino commendavit, ita ad astantes sibi fratres breviter loquens: „En vocor a Domino et tempus resolucionis mee instat. Augustinus et Bernardus[a] pulsant ad ostium[b], non possum preterire terminum a Deo constitutum. Cogor cum mortalibus ceteris debitum persolvere carnis. Deus tueatur exitum meum, pergat spiritus ad Dominum, qui fecit illum. Tegat terra corpusculum, de terra sumptum, non diu ibi mansurum. Det michi Deus invenire requiem post mortem, pro cuius amore laboravi, scripsi[c] et predicavi.“ [80]

Contristati vero nimis discipuli eius et profunde ingemiscentes dixerunt: „Quid iam ultra faciemus et quis de cetero nos informabit? Tu pater et defensor noster fuisti et ad Dominum nos traxisti. Iam adversarii nostri[d] letabuntur et seculares nos subsannabunt dicentes: ‘Non habent isti ducem ac[e] principem, ideo cito redigentur in nichilum.’ Si te vivente ausi fuerunt nos deridere et maledicere, quid facient te decedente[f]? Cadat oracio tua pro nobis et fer cito auxilium filiis derelictis. Tuo consilio nos emendare incepimus[g], adiuva ut perseveremus.“

Videns pius et misericors magister corda filiorum suorum de suo transitu graviter contristari, benignam consolacionem intulit dicens: „Habete fiduciam in Domino carissimi[h], nec timeatis seculares homines contra vos garrientes. State firmiter in proposito sancto, Dominus erit vobiscum in loco isto. Non enim prevalebit homo infringere, que Deus decrevit operari. Quam cito venero ad Dominum, spero quod proiciam vobis flores de celo, ut graciam senciatis et fructum faciatis in mundo. Commendo autem vos omnes Deo et sanctis eius. Et ecce dominus Florencius dilectus discipulus meus, in quo vere Spiritus [81] sanctus requiescit, erit vobis pater et rector vester. Ipsum loco mei habeatis, ipsum audite et eius consilio obedite. Non novi consimilem ei, de quo talia sencio et cui tantum confido, quem sicut patrem diligere et honorare debetis.“

Sicque benigne consolatus est discipulos suos gravi merore affectos, spondens auxilium Dei eis certissime affuturum. Quibus non aurum nec argentum nec prediorum copias reliquit in testamentum, sed sa-

a Bernardus] Bernhardus *P1;* Barnardus *K11, Vi1.*
b ostium] *korrigiert aus* hostium *R;* hostium *Vi1.*
c laboravi, scripsi] scripsi laboravi *Le1/2, Vi1.*
d nostri] *fehlt in K11, Le1/2, Vi1.*
e ac] at *korrigiert aus* et *K11;* nec *Vi1.*
f decedente] decidente *Le1, Vi1.*
g incepimus] cepimus *Le1/2, Vi1.*
h carissimi] karissimi *K11.*

des Herrn und weigerte sich nicht, mit den Auserwählten sich geißeln zu lassen, auf dass er den Zorn des allmächtigen Richters umso leichter versöhnte, je demütiger und bereitwilliger er die gegenwärtigen Strafen ertrüge. So ergab er sich denn dem göttlichen Willen auf alle Weise und unterwarf sich gern der himmlischen Anordnung, indem er seinen Todeskampf mit Vertrauen dem Herrn empfahl und zu den Brüdern, die bei ihm waren, sprach: „Sehet, ich werde abgerufen vom Herrn, und die Zeit meiner Auflösung ist nahe. Augustinus und Bernhardus pochen an der Tür; nicht überschreiten kann ich das vom Herrn gesetzte Ziel. Wie alle Sterblichen muss ich die Schuld des Fleisches bezahlen. Gott beschütze meinen Ausgang; es reise mein Geist zum Herrn, der ihn erschuf. Es bedecke die Erde meinen armen Leib, der aus der Erde genommen ist und nicht lange darin bleiben wird. Gott gebe mir, dass ich Ruhe finde nach dem Tode bei ihm, um dessen Liebe willen ich gearbeitet, geschrieben und gepredigt habe."

Seine Jünger aber wurden sehr betrübt, seufzten tief auf und sprachen: „Was werden wir nun beginnen, und wer wird uns fortan unterrichten? Du warst unser Vater und Beschützer, du hast uns hingezogen zum Herrn. Schon bald frohlocken unsere Widersacher, und die Weltleute werden uns verhöhnen und sprechen: 'Diese da sind jetzt ohne Führer und Oberhaupt, darum werden sie bald zunichte werden.' Wenn sie noch zu deinen Lebzeiten gewagt haben, uns zu verlachen und zu schmähen, was werden sie erst tun, wenn du von uns scheidest? Lass dein Gebet sich auf uns ergießen und bringe schnelle Hilfe deinen verwaisten Söhnen! Unter deinem Einfluss haben wir begonnen uns zu bessern, hilf uns, dass wir damit fortfahren!"

Da nun der fromme und barmherzige Magister sah, wie sehr die Herzen seiner Söhne über seinen Tod trauerten, tröstete er sie freundlich und sprach: „Habt Vertrauen auf den Herrn, meine Vielgeliebten, und fürchtet nicht die Weltleute, die über euch herziehen. Haltet fest aus in eurem heiligen Vorsatz, und der Herr wird mit euch sein an diesem Orte. Denn kein Mensch kann das Werk verhindern, das Gott auszuführen beschlossen hat. Sobald ich beim Herrn bin, will ich euch Blumen vom Himmel hinabsenden, dass ihr Gnade erfahrt und Frucht bringt in der Welt. Ich empfehle aber euch alle dem Herrn und seinen Heiligen. Und seht hier meinen geliebten Jünger Florentius, auf welchem fürwahr der heilige Geist ruht, der wird euch ein Vater und Führer sein. Er vertrete meine Stelle bei euch, ihn sollt ihr hören und seinem Rate folgen. Ich kenne keinen, von dem ich eine so hohe Meinung hätte und dem ich so sehr vertraute; ihn sollt ihr als einen Vater lieben und ehren."

So tröstete er liebreich seine Jünger, die von tiefem Schmerz erfüllt waren, und verhieß ihnen zuversichtlich Hilfe vom Herrn. Und nicht Gold noch Silber noch Landgüter hinterließ er ihnen als Vermächtnis,

cros codices et pauperculas vestes ac alia quedam vilia et antiqua utensilia, in signum contemptus mundi et ad consequendum facilius regnum Dei.

Tunc etiam venerunt ad eum quidam devoti scolares morbo pestilencie percussi, cupientes pro remedio anime salutare aliquod verbum ab eo audire. Ad quos ille clementer locutus est: „Si habetis bonam voluntatem semper serviendi Deo, secure potestis mori. Omnes lectiones quas didicistis reputabuntur vobis sicut oracio dominicalis, propter piam intencionem quam ad Deum in studendo habuistis.“ His auditis consolati sunt iuvenes, et revertentes ad hospicia sua defuncti sunt in confessione bona, commendantes Deo et angelis sanctis[a] animas suas Christi sanguine redemptas. [82]

Igitur post festum assumpcionis beate Marie semper virginis, cum iam natalis dies beati Bernardi[b] illuxisset, venerabilis pater magister Gerhardus speciali devocione sancto Bernhardo[c] affectatus, sole advesperante[d] inter quintam horam et sextam tradidit Deo animam suam sacramentis ecclesiasticis munitam, fide preciosam ac multis virtutibus claram, anno dominice incarnacionis millesimo trecentesimo octogesimo quarto, etatis sue quadragesimo circiter quarto, tempore Urbani pape sexti ac reverendissimi domini Florencii de Wevelichoven Traiectensis episcopi, viri spectabilis multis probis actibus adornati.

Cum ergo tristis rumor obitus eius exisset in populum, convenerunt multi fideles ad tam amandi et Deo devoti magistri exequias celebrandas. Fuderuntque pias lacrimas religiosi fratres et[e] sorores, debitum humane defunctionis cum precibus et missarum solempniis ex more persolventes. Omnique ecclesiastico officio fideliter peracto corpus eius deportatum est ad ecclesiam beate Marie, in qua reverende traditur sepulture, ubi frequenter verbum Dei noscitur viva voce predicasse. Ibi non longe a sanctuario requiescit in pace cum ceteris fidelibus resuscitandus in novissimo die [83] per Iesum Christum Dominum nostrum, qui iudicaturus est vivos et mortuos et seculum per ignem.

Hec pauca de pluribus et magnificis actibus venerabilis magistri Gerhardi pro edificacione presencium et futurorum fratrum nostre congregacionis sint dicta ad laudem Domini nostri Iesu Christi. Peto autem veniam michi dari pro omni errato et sermonis defectu, quia imperi-

[a] angelis sanctis] angelis suis *K11, Le1/2, Vi1.*

[b] Bernardi] Bernhardi *P1.*

[c] Bernhardo] Bernardo *K11, N1.*

[d] advesperante] *in K11 auf dem Rand aus* advesperascente *korrigiert;* advesperascente *Le1/2, N1;* advesperescente *Vi1.*

[e] et] ac *Le1/2, Vi1.*

sondern heilige Bücher, ärmliche Kleider und andere bescheidene, alte Sachen zum Zeichen der Weltverachtung und zum leichteren Erwerb des Gottesreiches.

Da kamen aber auch einige fromme Schüler zu ihm, die mit der Pest angesteckt waren, und verlangten zum Heil ihrer Seele noch ein Wort aus seinem Munde zu hören. Zu diesen also sprach er sehr liebreich: „Wenn ihr den guten Willen habt, Gott immerdar zu dienen, so könnt ihr in Sicherheit sterben. Jede Lektion, die ihr gelernt habt, wird euch wie ein Vaterunser-Gebet angerechnet werden, weil ihr beim Studieren euren Sinn fromm zu Gott gerichtet habt." Durch diese Worte getröstet kehrten die Jünglinge zu ihrer Herberge zurück und starben, nachdem sie gewissenhaft gebeichtet und ihre durch das Blut Christi erlöste Seele Gott und den heiligen Engeln empfohlen hatten.

Bald nach dem Fest Mariä Himmelfahrt, am Tag des heiligen Bernhard[75], den er stets besonders verehrte, hat der ehrwürdige Magister Gerhardus seine mit den Sakramenten der Kirche versehene, durch Glauben und Tugend geläuterte Seele Gott übergeben, zwischen der fünften und sechsten Stunde, als die Sonne sich neigte, im Jahre des Herrn 1384, seinem vierundvierzigsten Lebensjahr. Es war zur Zeit Papst Urbans VI. und des hochwürdigsten, durch sein Wirken ausgezeichneten Utrechter Bischofs Herrn Florentius von Wevelinghoven.

Als aber die traurige Nachricht von seinem Tode sich unter dem Volk verbreitete, da versammelten sich viele Gläubige, um das Leichenbegängnis des so geliebten und gottergebenen Meisters zu feiern. Fromme Tränen vergossen die geistlichen Brüder und Schwestern und verrichteten, wie es Brauch ist, mit Gebet und Messfeier den Totendienst. Und nachdem die kirchlichen Pflichten getreu für ihn vollbracht waren, wurde sein Leichnam in die Kirche der allerseligsten Jungfrau übertragen und dort würdig bestattet, wo er bekanntlich oftmals das Wort Gottes gepredigt hatte. Dort also ruht er in Frieden, nicht weit vom Allerheiligsten, bis er am Jüngsten Tage mit allen Gläubigen wird auferweckt werden durch unsern Herrn Jesus Christus, der da richten wird die Lebenden und die Toten und die Welt durch das Feuer[76].

Nur diese wenigen Bemerkungen wollte ich aus der Fülle der großen Taten des ehrwürdigen Magisters Gerhardus vorbringen, zur Erbauung der gegenwärtigen und künftigen Brüder unserer Gemeinschaft und zum Lobe unsers Herrn Jesus Christus. Ich bitte aber um Vergebung für jeden Irrtum in der Sache und Fehler im Ausdruck, denn ich weiß, wie ungeschickt ich bin, und unterwerfe mich gern der brüderlichen

75 20. August.

76 Geläufige liturgische Schlussformel, insbesondere bei Exorzismen.

ciam meam agnosco et fraterne correctioni humiliter me subicio, gracie Dei tribuens quitquid boni hic scriptum invenitur.

Novicius:

Multum desideranter ista audio[a] et quasi novum devocionis spiritum sencio michi exinde generari. O si multi iam tales magistri possent inveniri, qui ecclesiam Dei tam preclaris exemplis et doctrinis conarentur informare. Quapropter egregium virum hactenus michi ignotum in maiori reverencia dilectionis habebo, et eius scripta ac[b] gesta ubicumque invenero studiose perlegere et indagare curabo. Sed queso te, si adhuc aliqua commendabilia de eo nosti, quatenus hec michi prius edisseras, antequam ad ulteriora procedas. [84]

Senior:

Licet ad alia scribenda festinem, tamen ut tuo desiderio satisfaciam, paucis audi quid de eodem quidam doctor in theologia cantor Parisiensis olim sibi familiaris scribit, et quanta cum laude post mortem extollit.

De magnifica recommendacione eius a cantore Parisiensi. Capitulum XVII.

„Sacre recordacionis magister Gerhardus dictus Magnus feliciter migravit ad Dominum. Et vere magnus, quoniam in omnibus scienciis liberalibus, naturalibus, moralibus, civilibus, canonicis et theologicis simul in uno supposito congregatis nulli secundus erat[c] in orbe. Erat etiam tante sanctitatis et exempli in mortificacione carnis, in abnegacione temporalium, in contemptu mundi, in caritate fraterna ad omnes, in desiderio salutis animarum, in efficacia predicacionis, in reprobacione et detestacione viciorum, in opponendo se hereticis, in persequendo secundum iura canonica concubinarios, in convertendo ad vitam spiritualem plures[d] viros ac mulieres prius secundum seculum viventes, in fidelitate ad do-[85]minum nostrum Urbanum sextum, quod multa milia personarum testificarentur de credulitate, quod credunt eum fuisse non minorem in dictis virtutibus quam in antedictis scienciis.“

a ista audio] audio ista *Le1/2, Vi1;* ista audivi *P1.*

b ac] et *K11, Le1/2, Vi1.*

c simul in uno supposito congregatis, nulli secundus erat] nullus secundus erat *K11, Le1/2, Vi1.*

d plures] *fehlt in Le1/2, Vi1.*

Zurechtweisung, so wie ich auch alles, was sich an Gutem hier finden mag[77], der Gnade Gottes zuschreibe.

Novize:

Mit großer Wissbegier habe ich dies gehört und fühle mich dadurch wie von einem neuen Geist der Frömmigkeit im Innern beseelt. O gäbe es doch noch viel mehr Lehrer von dieser Art, die sich bemühten, die Kirche Gottes durch die Strahlkraft von Beispiel und Lehre zu erbauen! Ich werde jedenfalls diesen vortrefflichen Mann, der mir bisher noch unbekannt war, lieben und verehren und seine Schriften und Taten, wo immer ich darauf stoße, eifrig studieren und überdenken. Aber wenn du noch mehr Gutes von ihm weißt, so bitte ich, dass du es mir mitteilst, bevor du in deiner Erzählung fortfährst.

Senior:

Zwar drängt es mich, noch anderes zu schreiben, doch will ich deinen Wunsch erfüllen. So höre denn, was ein Doktor der Theologie und Kantor zu Paris[78], sein ehemaliger vertrauter Freund, von ihm schrieb und mit wie großem Lob er ihn nach seinem Tode erhob.

Kapitel 17:
Sein ruhmvoller Nachruf durch den Kantor zu Paris[79].

„Magister Gerhardus seligen Andenkens, der Große genannt, ist glücklich zum Herrn eingegangen. Und fürwahr groß war er, der alle freien Künste und die Wissenschaften der Natur, der Ethik, beider Rechte und der Theologie in sich vereinte und darin auf dem ganzen Erdkreis von niemandem übertroffen wurde. Zudem war er von so vorbildlicher Heiligkeit in der Abtötung des Fleisches, in der Verleugnung zeitlicher Dinge, in der Verachtung der Welt, in brüderlicher Liebe gegen alle, im Verlangen nach dem Heil der Seelen, in der Macht seiner Predigten, in der Zurückweisung und Verabscheuung der Laster, im Streit gegen die Ketzer, in der kirchenrechtlichen Verfolgung beweibter Kleriker, in der Bekehrung zahlreicher Männer und Frauen aus der Welt zu einem geistlichen Leben und in der Treue zu unserem Papst Urban VI., dass er nach dem glaubwürdigen Zeugnis vieler tausend Personen in diesen Tugenden nicht geringer war als in den vorher genannten Wissenschaften."

77 Wörtlich: '...was sich an Gutem hier geschrieben findet': Verstoß gegen die Fiktion der Mündlichkeit, wie auch sonst gelegentlich; s. Einführung Anm. 3

78 Guillaume de Salvarvilla, vgl. EPINEY-BURGARD, S. 30 Anm. 46.

79 Dieser Nachruf auch bei Horn, S. 366f., und Johannes Busch, Chronicon Windeshemense, De origine devotionis modernae, cap. 5, GRUBE, S. 265; außerdem in den Sammlungen der Grote-Briefe, s. MULDER, Nr. 65, S. 256f. – Vgl. VAN ZIJL, S. 331f.

Magister Wilhelmus[a] de Salvarvilla, cantor Parisiensis, archidyaconus Brabancie in ecclesia Leodyensi[b], doctor in theologia precellens hec predicta compilavit, prout ab ore fide dignorum audivit et secundum quod ipse magistrum Gerhardum novit vera esse procul dubio credit.

Novicius:

Consonant scriptis tuis verba supradicti[c] doctoris de veridica laude magistri Gerhardi primi nostre religionis instauratoris. Nam quod doctor precellens breviter et summatim[d] conscripsit, tu largiori stilo reserasti. Unde quo plura testimonia de venerabili viro percipio, eo amplius exulto et dictis suis fidem firmius adhibeo.

Senior:

Ut ergo non tantum aliorum testimoniis informeris ad habendam noticiam magistri fidelissimi, volo introducere eloquia oris sui, quatenus publica protestacione eius lecta cognoscas[e] clare, quid vivens ipse docuerit et professus sit. [86]

De publica protestacione eius et de veridica predicacione evangelii quod predicavit[f]. Capitulum XVIII.

„Ego Gherhardus dictus teuthonice Groesz[g] coram omnipotenti Deo, coram omnibus sanctis et coram vobis et omnibus hominibus protestor firmiter, me circa ea que fidei sunt in ipso summo lapide Iesu Christo fundamento firmam, illibatam et catholicam fidem predicasse et defendisse, atque in via morum sanas, certas et indubitatas evangelicas et apostolicas doctrinas et vias secundum scripturas divinitus inspiratas docuisse et seminasse, secundum sensus et intellegencias sanctorum doctorum et patrum Ambrosii, Gregorii, Augustini, Iheronimi, Crisostomi, Dyonisii[h], Bernhardi[i], Bede, Ysidori, Hugonis et Richardi[j], quorum libros una cum sanctorum aliorum libris pro terrenis habeo et quero.

[a] Wilhelmus] Gwilhelmus *K11, Le1/2;* Guilhelmus *P1, Vi1.*
[b] Leodyensi] Leodiensi *K11, Le1/2, P1, Vi1.*
[c] supradicti] *korrigiert aus* supra scripta dicti *R;* predicti *K11.*
[d] summatim] consummatim *K11, Le1/2, Vi1.*
[e] cognoscas] agnoscas *K11, Le1/2, Vi1.*
[f] De publica...predicavit] De publica protestacione eius et veridica predicacione evangelii quod predicavit *Le1/2, Vi1;* De publica protestacione eius et de veridica predicacione evangelii *N1.*
[g] Groesz] Groet *K11, Le1/2, N1, P1, Vi1.*
[h] Dyonisii] Dionisii *P1.*
[i] Bernhardi] Bernardi *Le1/2, N1, P1, Vi1;* Bernardr *K11.*
[j] Richardi] Ricardi *P1.*

Dies also schrieb Magister Wilhelm von Salvarvilla, Kantor zu Paris und Archidiakon des Stiftes zu Lüttich in Brabant, ein berühmter Doktor der Theologie, wie er es nach den Aussagen glaubwürdiger Zeugen und seiner eigenen Bekanntschaft mit dem Magister Gerhardus für unzweifelhaft wahr befunden hat.

Novize:

Diese Worte zum Lob Meister Gerhards, des ersten Stifters unseres Ordens, stimmen ganz mit deinen Ausführungen überein. Denn was jener treffliche Doktor kurz zusammengefasst hat, das hast du in deiner Schrift nur weitläufiger entfaltet. Je mehr Zeugnisse ich daher von dem ehrwürdigen Manne erfahre, desto größer ist meine Freude und mein Vertrauen auf seine Worte.

Senior:

Damit du also nicht bloß durch die Zeugnisse anderer belehrt wirst, will ich dir zur genaueren Bekanntschaft mit dem getreuen Meister seine eigenen Aussprüche anführen. Lies also zunächst sein öffentliches Bekenntnis, um deutlich zu sehen, was er zu Lebzeiten gelehrt und erklärt hat.

Kapitel 18:
Von seinem öffentlichen Bekenntnis und der wahrhaften Verkündigung des Evangeliums, das er predigte[80].

„Ich Gerhardus, zu deutsch Groot genannt, beteure vor Gott, dem Allmächtigen, vor allen Heiligen, und vor euch und allen Menschen, dass ich in Glaubensdingen auf dem Grundstein und Fundament Jesus Christus den wahren, unverfälschten und katholischen Glauben mit Festigkeit verkündigt und verteidigt und auf dem Gebiet der Sitten gesunde, sichere und unbezweifelte evangelische und apostolische Lehren und Wege gelehrt und verbreitet habe, gemäß den göttlich inspirierten Schriften und nach dem Sinn und Verständnis der heiligen Lehrer und Väter Ambrosius, Gregorius, Augustinus, Hieronymus, Chrysostomus, Dionysius, Bernhardus, Beda, Isidorus, Hugo und Richardus, deren Bücher ich nebst den Schriften anderer Heiligen statt irdischer Habe besitze und zu erlangen suche.

80 Auch bei MULDER, Nr. 57, S. 214f.; vgl. R. VAN DIJK 2003, S. 443-445; HOFMAN 2011, S. 110f.

Itemque ea que scripsi aut[a] predicavi circa iura humana aut circa materiam decretorum aut decretalium, et maxime circa turpissimos notorios fornicatores, spero ab omnibus medullitus iura intellegentibus aut tamquam certa et indubitata aut tamquam securiora et pro-[87]babiliora aut veriora, cum eo temperamento et moderamine, quibus ea pronunciavi aut scripsi, inveniri et probari, salvo semper iudicio sacrosancte Romane ecclesie, cui humillime undique et ubique me submitto.

Et si, quod absit longissime, me contra fidem vel sanam doctrinam, quam ubique defendo, quisquis dixisse diceret vel confingeret, aut nominatim me exprimendo, aut si hoc non auderet de propriis verbis diffisus, circumloquendo, aut in genere me urendo secundum presumpcionem aut cleri aut populi designaret aut temerarie infamaret[b], aut falsum aut mendacium reperietur in effectu. Episcopalem reverenciam excipio, cui in hoc defero honorem. Si tamen, quod absit, tale[c] quid reperiretur in litteris principis populi et domini nostri episcopi, respondeo quod beatus Bernhardus[d] ad litteras quasdam summi pontificis, cum assensum malo prebuisset, respondit, videlicet pontificem nostrum aut circumventum mendacio aut inportunitate victum."

Conclusa et proposita, non vota, in nomine Domini[e]
a magistro Gerhardo edita.

Ad gloriam et honorem et servicium Dei intendo vitam meam ordinare et ad [88] salutem anime mee. Nullum bonum temporale sive corporis

[a] aut] et *K11, Le1/2, Vi1.*
[b] aut temerarie infamaret] *fehlt in Vi1.*
[c] tale] *Mulder S. 215; fehlt in Hss. und bei Pohl.*
[d] Bernhardus] Bernardus *K11, Le1/2, N1, Vi1.*
[e] in nomine Domini] *fehlt in N1.*

Ebenso hoffe ich auch, dass alles, was ich aufgrund menschlicher Rechte oder kirchlicher Satzungen zumal gegen solche gesprochen habe, die öffentlich in schändlicher Unzucht leben, von allen, die mit dem Recht gründlich vertraut sind, entweder als sicher und keinem Zweifel unterworfen, oder doch als verhältnismäßig sicher, wahrscheinlich oder wahr befunden und anerkannt werde, mit der Einstellung und dem Augenmaß, wie ich selbst dies gesagt oder geschrieben habe, unbeschadet des Urteils der heiligen römischen Kirche, der ich mich immer und in allem demütig unterwerfe.

Und wenn jemand, was ich nicht hoffe, von mir sagte oder erfände, ich hätte gegen die wahre Lehre des Glaubens gesprochen, die ich allenthalben verteidige, und mich namentlich nennte oder, wenn er das nicht wagte, mich durch Andeutungen und allgemeine, auf die Vorurteile von Klerus und Volk zielende Anschuldigungen bezeichnete und verleumdete, so wird sich das schließlich als falsch oder lügnerisch erweisen. Die bischöfliche Würde sei hiervon unberührt, der ich Ehrfurcht schuldig bin. Sollte aber, was fern sei, in den Schreiben unseres Herrn Fürsten und Bischofs etwas dieser Art sich vorfinden, so antworte ich, was der heilige Bernhardus auf die Schriften eines gewissen Papstes[81] antwortete, der den Verleumdern Gehör gegeben hatte, nämlich: unser Bischof wurde entweder durch Lügen betrogen oder durch Zudringlichkeit bezwungen[82]."

Beschlüsse und Vorsätze, nicht Gelübde, aufgestellt im Namen des Herrn von Magister Gerhardus[83].

Zur Ehre und Verherrlichung sowie zum Dienste Gottes und zum Heil meiner eigenen Seele beschließe ich, mein Leben zu ordnen[84], kein

81 Honorius II.

82 Bernhard von Clairvaux, Epist. 7,9, LECLERCQ/ ROCHAIS Bd. 7, S. 38; vgl. Epist. 46, ebd. S. 135.

83 Vgl. TIECKE, S. 67-72; VAN ZIJL, S. 95f. mit Anm. 51, und S. 105ff.; KLAUSMANN, S. 23-32; R. VAN DIJK 2003, S. 435-440. – Persönliche Lebensregeln und Übungspläne dieser Art ('Exercitia spiritualia') sind für die asketische Programmatik der semireligiosen Gemeinschaften charakteristisch und gehen neben den gesammelten Aussprüchen ('Dicta', 'Notabilia verba', 'Puncta') der Gründergestalten in den Fundus ihrer geistlichen Memoria ein. Auch mit der bewussten Abgrenzung seiner 'Vorsätze' von den verpflichtenden Mönchsgelübden (*proposita non vota*) ist Grote normbildend geworden. S. oben Einführung, Anm. 9 und 17 und unten Buch IV,6 und 13 mit Anm. 62 und 128.

84 Vgl. Thomas von Kempen, Libellus spiritualis exercitii, cap. 1, POHL 2, S. 331f.: *Solent boni religiosi habere devota exercitia, quibus ad spiritualem profectum et virtutis amorem cotidie excitentur* [...] *Sapientis est ordinare vitam suam et debitum actibus suis imponere finem.* Anklang an Aristoteles, Metaphysik I,2: *sapientis est ordinare* (zit. bei Thomas

sive honoris seu fortune seu sciencie preponere saluti anime mee, omnem emulacionem Dei sequi, de qua michi certum esset esse scienciam[a] et discrecionem, habito respectu ad corpus et statum[b] meum, de quibus alique emulaciones subsequuntur:

Primum est, nullum amplius beneficium desiderare nec spem nec desiderium in aliquod lucrum temporale ponere de futuro. Item, quanto[c] plura habuero, tanto[d] sine dubio avarior. Item, secundum ecclesiam primitivam non potes habere plura beneficia. Item in morte te penitebit, quia communiter dicitur, quod numquam quis pluralis in beneficiis sine huius penitudine mortuus est. Et quanto plura beneficia et plura bona habeo, tanto pluribus ego servio et pluribus oneratus sum, et est contra libertatem spiritus, que est principale bonum in vita spirituali. Alligatur enim affectus pluribus et tenetur pluribus alligatus. Repugnat namque paci cordis et quieti mentis affectio huiusmodi animam inficiens, et cure iste annexe mentem maculant et disturbant sepius.

Item appetitus plurium[e] rescindendus est, deinde possessa abbrevianda [89] sunt discrete[f] ad minus. Item: Si de meis largiri volo, cur pro pluribus stabo? Tantum est si dedero ex modico modicum, sicut ex magno multum Deo, quia non substanciam, sed cor pensat Deus, unde vidua que misit duo minuta, divitibus prefertur a Domino. Item video, quod que habeo excellenter me ligant, quanto magis illa acquirenda, si[g] adderentur istis? Item satis habeo secundum proporcionem communis vite et dignitatis.

Item nulli cardinali vel ecclesiastico attento fine hoc serviam ad beneficia vel bona temporalia consequenda, quia hoc servicium multis lapsibus et recidivacionibus proximum est et tu debilis es et periculis nullis, nisi in servicio Dei, te expones, et morti satis proximus et nullas comessaciones vales sustinere. Item nulli domino temporali servies ad lucrum consequendum. Item nullius domini vis umquam esse astrologus. Item

a esse scienciam] esse secundum scienciam *K11, Le1/2, P1, Vi1.*
b et statum] et ad statum *P1.*
c quanto] quantum *K11;* quanta *R.*
d tanto] tanta *R.*
e plurium] pluris *K11, Le1/2, Vi1.*
f sunt discrete] est discrete *K11, Le1/2, Vi1.*
g si] *fehlt in R und bei Pohl.*

zeitliches Gut, weder des Leibes noch der Ehre noch des Glückes noch der Wissenschaft, dem Heil meiner Seele vorzuziehen, mein ganzes Streben auf Gott zu richten, mit Wissen und Urteilskraft[85] und in Rücksicht auf die Beschaffenheit meines Leibes und auf meinen Stand. Zu diesen Bestrebungen gehören die folgenden:

Das erste ist, keine geistliche Pfründe mehr zu begehren, noch auch künftig meine Hoffnung oder mein Verlangen auf irgend zeitlichen Gewinn zu setzen [und zwar aus diesen Gründen]: Je mehr Vermögen ich besäße, desto habgieriger würde ich ohne Zweifel werden. Auch kannst du[86] nach dem Brauch der Urkirche nicht mehrere Pfründen besitzen. Zudem würde dich dies im Tode gereuen, denn es heißt, dass noch jeder reiche Pfründeninhaber in Reue darüber gestorben ist. Und je mehr Pfründen und Güter ich habe, desto mehr bin ich verpflichtet und belastet, was die Freiheit des Geistes einschränkt, die das wichtigste Gut im geistlichen Leben ist. Denn Wunsch und Wille kleben an dem Besitz vieler Dinge und werden von ihnen gefangen gehalten. Sie befallen die Seele und beeinträchtigen Herzensfrieden und Geistesruhe, und die damit verbundenen Sorgen verunstalten und verstören das Gemüt.

Das Streben nach Mehrung des Besitzes muss unterdrückt und dann der Besitz selbst schrittweise verringert werden. Und wenn ich davon Almosen geben will, warum soll ich dann für noch mehr einstehen? Es gilt bei Gott gleichviel, ob ich von wenigem weniges oder von vielem vieles spende, da Gott nicht die Gabe, sondern das Herz erwägt. Deshalb wurde auch jene Witwe, welche zwei Heller gab, vom Herrn den Reichen vorgezogen[87]. Auch sehe ich, dass ich schon durch meinen gegenwärtigen Besitz völlig gefesselt bin – wieviel mehr noch, wenn Neuerworbenes hinzukäme? Überdies habe ich ja, was zu den allgemeinen Lebensbedürfnissen und zu meinem Stande genügt.

Dann will ich auch keinem Kardinal noch sonst einem Prälaten in der Absicht dienen, Pfründen oder irgend zeitliche Güter zu erlangen, denn ein solcher Dienst ist vielen Fehltritten und Rückfällen ausgesetzt; du aber bist schwach und sollst dich, außer im Dienste Gottes, keinen Gefahren aussetzen, da du dem Tode ziemlich nahe bist und keine Gastgelage vertragen kannst. Ebensowenig sollst du einem weltlichen Herrn dienen, um dadurch Gewinn zu erzielen. Nie auch sollst

von Aquin, Summa theologica, Secunda secundae qu. 45, art. 5). – S. auch STAUBACH 2000, S. 126f.

85 Vgl. Rom. 10,2; 2. Cor. 11,2.

86 Der Wechsel zwischen der ersten und der zweiten Person durchzieht den ganzen Text und wird in der Übersetzung wiedergegeben, weil er zusammen mit den vielfachen Wiederholungen und der nachlässigen Syntax den Prozesscharakter der Aufzeichnungen dokumentiert.

87 Mc. 12,42.

pro nullo homine mundi exercere debes aliquam scienciarum prohibitarum, quia res in multis in se male, suspiciose et suspecte et prohibite[a]. Item omnes has supersticiones et alias curiositates debes a mentibus hominum removere, in quantum potes salva quiete mentis et puritate et libertate voluntatis, ut cum illo quo [90] Deo displicui, Deo complaceam secundum suam voluntatem.

ltem numquam tempus eliges ad itinerandum[b] vel phleubotomizandum vel vestes scindendum nisi grossas[c] secundum aeris consistenciam[d]. Talis electio prohibita est in decretis et a sanctis patribus. Item quidquid incipiam, in nomine Domini incipiam, et spem meam in illa re ponam in Domino, ut ipse ad viam salutis mee me in illa re dirigat. Et non dependeat aliqua spes in fatu[e] vel orbibus celestibus alia a spe Dei et oracione et bonis spiritibus et eorum custodia. Item, quid scio, si prosperare in via vel in re est michi utile, immo sepissime inutile, quia sepe angustia, sepe tribulacio utilissima est. Ergo supponam me ordinacioni Dei. Beatus enim homo qui sperat in Deo. Omnem igitur sollicitudinem in eum proicias, quoniam ipsi cura est de te. Quanta enim misericordia me per[f] flagella contra meam voluntatem spero revocavit. Nec solliciti debemus esse quid manducemus, quantominus de astris et supersticiosis. Necessarium est enim ex corde puro omni christiano se ipsum deserere et se Deo committere.

Item numquam iudicabo rem futuram et modicum advertam futura in genere, [91] quoniam Deo et me et mea singula supponam. Item per honores et favores et per avariciam, quibus omnes student, coinquinatur et per tales lucrativas sciencias homo obscuratur, passionatur et rectitudo naturalis obliquatur et inficitur appetitus, ut nec que sunt Dei nec virtutis nec bona corporis recte aspiciant. Unde rarissime est, quod

a suspecte et prohibite] prohibite et suspecte *Le1/2, Vi1.*

b itinerandum] *korrigiert aus* iterandum *K11;* iterandum *Vi1.*

c vel phleubotomizandum vel vestes scindendum nisi grossas] *Hrsg.;* vel phleubotomizandum vel aliquo alio nisi grossas *K11, N1, P1, R;* vestes scindendum vel cetera huiusmodi *Le1/2, Vi1;* vel phlebotomizandum vel ad aliquid aliud nisi grosso modo *Sommalius, Pohl.*

d secundum aeris consistenciam] *fehlt Le1/2, Vi1.*

e fatu] fata *K11;* fato *Le1/2, korrigiert aus* facto *Vi1.*

f me per] per me *Vi1; in K11* me *im Text,* per *auf dem Rand.*

du eines großen Herrn Sterndeuter sein noch irgend einem Menschen auf der Welt zuliebe eine der verbotenen Künste treiben, weil derlei Dinge in vieler Hinsicht böse, verdächtig und verboten sind. Dann sollst du auch allen diesen Aberglauben und andere vermessene Neugier aus den Köpfen der Menschen vertreiben: So mag ich Gott nach seinem Willen jetzt dadurch wohlgefällig sein, wodurch ich ihm einst missfallen habe.

Ferner sollst du keine Zeitwahl vornehmen für Reise, Aderlass oder das Zuschneiden der Kleider, außer der groben, falls es die Witterung erfordert[88], denn eine solche Tagewählerei ist durch das Kirchenrecht und von den heiligen Vätern verboten[89]. Was immer ich anfange, das will ich im Namen des Herrn anfangen und meine Hoffnung dabei auf den Herrn setzen, auf dass er mich auf den Weg des Heiles leite. Und statt auf das Schicksal oder den Lauf der Sterne soll meine Hoffnung auf Gott, auf das Gebet und auf die guten Geister und ihren Schutz gerichtet sein. Ferner, wie weiß ich, ob es mir nützlich ist, dass es mir auf diesem Wege oder in jener Sache wohl ergehe? Ja sehr oft ist mir dies unnütz, während Trübsale und Bedrängnisse mir oft sehr heilsam sind. Daher werde ich mich der Anordnung Gottes unterwerfen. Denn selig der Mensch, der auf den Herrn hofft[90]. Alle deine Sorgen also sollst du auf ihn werfen; denn er ist es, der für dich sorgt[91]. Und in wie großer Barmherzigkeit hat er mich gegen meinen Willen durch Züchtigung zurückgerufen! Wenn wir nicht einmal darum besorgt sein sollen, was wir essen werden[92], wieviel weniger also wegen der Stellung der Gestirne und anderem Aberglauben? Denn notwendig ist es für jeden Christen, dass er aus reinem Herzen sich selbst verlasse und sich gänzlich Gott anheimstelle.

Ferner will ich nie über künftige Dinge urteilen und überhaupt wenig darauf achten, was in der Zukunft geschehen mag, da ich mich selbst und alles, was mich betrifft, Gott unterwerfe. Auch wird durch das allgemeine Streben nach Ehren, Beziehungen und Reichtum der Mensch korrumpiert, die gewinnträchtigen Wissenschaften benebeln und erregen ihn, sie bringen ihn von der naturgemäßen Geradheit ab und verderben sein Begehrungsvermögen, so dass er nicht klar erkennt, was Gott gebührt, was die Tugend ausmacht und was dem Wohl

88 Der Wortlaut ist in den Handschriften durch Fehler entstellt (s. Apparat); der vorliegende Emendationsversuch stützt sich auf Eccl. 3,1ff. (*omnia tempus habent* [...] *tempus scindendi et tempus consuendi*) und verbreitete Formen der 'Tagewählerei' beim Zuschneiden von Kleidung; vgl. H. BÄCHTOLD-STÄUBLI, Handwörterbuch des deutschen Aberglaubens s. v. 'Kleid', Bd. 4, 1932, Sp. 1474ff.

89 Gal. 4,10f.; Decretum Gratiani, Causa 26, quest. 7, c. 17, FRIEDBERG Bd. 1, Sp. 1046.

90 Ps. 33,9; 83,13.

91 1. Petr. 5,7.

92 Mt. 6,25-34.

qui scienciis lucrativis vel medicine vel legibus vel decretis inheret, vel rectus vel equus sit in racione vel iustus vel quietus vel recte videns.

Item: Tu nullum tempus consumes in geometricis, arismeticis[a], rhetoricis[b], dialeticis[c], gramaticis, liricis, poetis[d], iudicialibus, astrologis[e]. Hec omnia per Senecam reprobantur et retracto oculo bono viro respicienda sunt, quanto magis spirituali vel christiano respuenda. Item inutilis temporis consumpcio est et nichil prodest ad vitam.

Item inter omnes sciencias gentilium moralia minus abhorrenda sunt, que sepe sunt multum utilia et proficua et tam in propria persona quam in docendo alios. Unde sapienciores omnem philosophiam ad mores retorquebant, sicut Socrates et Plato. Et si de altis rebus dixerunt, etiam sub levi moralitate ea [92] figurative secundum beatum Augustinum et experienciam tuam tradiderunt, ut et inveniri posset semper mos iuxta cognicionem. Unde et Seneca hec secutus in questionibus naturalibus tociens admiscet moralia. Quidquid enim meliores nos non facit vel a malo non retrahit, nocivum est.

Item secreta nature non esse studiose inquirenda in libris gentilium nec legis nostre veteris et novi Testamenti, sed cum occurrant de eis et in eis, Deus est laudandus et glorificandus, ut de naturali fiat meritoria sciencia et offeratur sicut sacrificium Deo altissimo per graciarum actiones cum Abel iusto, et cum eo cogitetur aliquod bonum[f] in honorem Dei. Adverte in omnibus, quod hec omnia coinquinant, non saciant, et invenis in eis nauseam per graciam spero Altissimi.

Numquam capies gradum in medicina, quia nec lucrum nec beneficia cum gradu intendo acquirere. Similiter nec gradum in legibus vel canonibus, quia finis graduum est vel lucrum vel beneficia vel inanis iactancia vel gloria mundi, que cum ad lucrum vel beneficia non ordinantur, simpliciter inutiles sunt et supervacue et[g] stultissime res et contra Deum et omnem libertatem et puritatem sunt, et homo cum illas appetit, cadit in mala [93] plurima, et peiores[h] sunt lucris et beneficiis.

[a] arismeticis] arismetricis *P1.*
[b] rhetoricis] rethoricis *Le1/2, N1, P1.*
[c] dialeticis] dyaleticis *K11, Le1/2, N1, Vi1.*
[d] poetis] poeticis *Le1/2, P1.*
[e] astrologis] *Sommalius;* astrologie *Hss., Pohl.*
[f] aliquod bonum] aliquid boni *Vi1.*
[g] et] ac *Le1/2, Vi1.*
[h] peiores] peiora *K11, Le1/2, P1, Vi1.*

des Leibes dient. Daher ist es auch sehr selten, dass diejenigen, die sich einträglichen Wissenschaften wie der Medizin oder den weltlichen und kirchlichen Rechten widmen, gerade und ausgewogen im Urteil sind, oder gerecht, ruhig und klarblickend.

Ferner sollst du keine Zeit vergeuden mit Geometrie, Arithmetik, Rhetorik, Dialektik, Grammatik, Musik, Dichtung, Prozesswesen oder Astrologie. Denn alle diese Dinge verwirft Seneca[93], und jeder rechtliche Mann soll sie mit Vorbehalt betrachten; um wieviel mehr also soll ein geistlicher Mensch und Christ sie verschmähen! Dazu auch sind sie ein überflüssiger Zeitverbrauch und nützen nichts zum Leben.

Unter allen heidnischen Wissenschaften ist die Moral am wenigsten zu verwerfen, denn oft ist sie sehr heilsam und nützlich, sowohl für die eigene Person als auch für die Belehrung anderer. Daher haben auch Weise wie Sokrates und Plato die ganze Philosophie auf die Sittenlehre zurückgeführt. Und wenn sie von höheren Dingen sprachen, so trugen sie diese dennoch meist in sinnbildhafter moralischer Einkleidung vor, wie der heilige Augustinus bemerkt[94] und auch du selbst erfahren hast, so dass man neben der Erkenntnis immer auch Tugend gewinnen konnte. Dieser Methode folgend hat daher auch Seneca in seinen 'Naturales quaestiones' so oft moralische Themen eingeflochten. Denn alles, was nicht zu unserer Besserung beiträgt oder vom Übel abbringt, ist schädlich.

Ferner soll man weder in den Schriften der Heiden noch in den Büchern des Alten und Neuen Testaments nach Geheimnissen der Natur forschen, sondern wenn solche darin begegnen, soll man deshalb Gott loben und verherrlichen, so dass natürliches Wissen in ein verdienstliches sich umwandle, das man unter Danksagung dem Allerhöchsten zu einem wohlgefälligen Opfer darbringe mit Abel dem Gerechten und mit ihm immer etwas Gutes zur Ehre Gottes denke. Beachte bei allen diesen Dingen, dass sie die Seele beflecken, nicht aber sättigen, und dich anekeln werden, wie ich durch die Gnade des Allerhöchsten hoffe.

Nie wirst du einen Doktorgrad in der Medizin annehmen, da ich damit weder Gewinn noch irgend eine einträgliche Stelle erwerben will. Ebensowenig einen Doktorgrad im weltlichen oder kanonischen Recht, denn das Ziel dieser Würden ist entweder Gewinn oder eitle Prahlerei oder Ruhm vor der Welt. Wenn sie jedoch weder um des Gewinnes noch um der Pfründen willen verliehen werden, sind sie unnütz, überflüssig und höchst törichte Dinge, die Gott und aller Freiheit und Untadeligkeit widerstreiten, und der Mensch, der nach ihnen verlangt, verfällt in sehr viele Übel, die noch schlimmer sind als Gewinn und Pfründen.

93 Vgl. etwa Seneca, Epist. ad Lucil. 88.
94 Vgl. etwa Augustinus, De civitate Dei 8,3f., CCL 47, S. 218-221.

Item: Nullam artem studere, nullum librum facere, nullum iter arripere vel laborem, nullam practicam sciencie exercere ad dilatandam famam meam et nomen sciencie mee, et ad habendos honores vel gratitudinem quorumcumque vel propter memoriam meam post me relinquendam. Si enim propter hec talia vel aliquem actum fecero mercedem in eis ponendo, non reddetur[a] michi apud Patrem qui in celis est, et si quid talium, propter bonum et mercedem eternam semper faciam. Unde dilatacio nominis omni modo vitetur. Item quia hec inanis gloria, memoria et fama etiam per philosophos tam excellenter est reprobata, ut vix eam aliquis dignus laude admitteret. Et si veniret laus ex opere propter Deum facto, de quo intencio fuerit occulta, licet opus luceat, redde Altissimo laudem illam et gloriam.

Item secundum Bernhardum[b] nullum verbum proferas, de quo multum religiosus vel scientificus appareas. Item omnem disputacionem publicam vitare et abhorrere, que est litigiosa vel ad triumphandum vel ad apparendum, sicut sunt omnes disputaciones theologorum et artistarum Parisius, immo nec ad [94] discendum interesse. Patet, quia contra quietem sunt et lites et dissensiones[c] fiunt et inutiles et semper curiose et ut plurimum supersticiose, animales, diabolice et terrene, ita quod doctrina sepe nociva et semper inutilis est, et consumpcio temporis inutilis est[d]. Interim possis lucrum spirituale acquirere vel oracione in merito vel studio alicuius devoti.

Item numquam disputabo cum quocumque private, nisi preordinetur certus finis evidentis boni et nisi talis sit, qui me velit audire[e] et cum quo possum sine litigio conferre et modeste, nisi malicia rigorem requireret propter bonum subsequens, et hoc numquam nisi bene deliberate. Patet, quia semper in bono fine omnis res debet ordinari in laudem Dei, hoc est semper orare. Unde non disseras cum eo, nisi qui veritatem concedit.

Item numquam studebis ad capiendum gradum in theologia vel niteris ad hoc, quia lucrum et beneficia nolo consequi vel famam, et scienciam equaliter possum habere sine gradu. Item communium[f] est carnale et

[a] reddetur] redditur *K11, Le1/2, N1, P1, Vi1.*
[b] Bernhardum] Bernardum *K11, Le1/2, N1, Vi1.*
[c] dissensiones] dissentiones *Le1/2, N1, P1, Vi1.*
[d] et consumpcio temporis inutilis est] et consumpcio temporis inutilis *P1.*
[e] me velit audire] velit me audire *Vi1.*
[f] communium] communi *K11;* communiter *Pohl.*

Ferner will ich keine Kunst erlernen, kein Buch verfassen, keine Reise noch Arbeit unternehmen, keine praktische Wissenschaft ausüben, meinen Ruf zu vergrößern oder durch große Gelehrsamkeit zu glänzen, oder Ehre oder Dank bei irgend einem Menschen zu erwerben oder einen großen Namen bei der Nachwelt zu hinterlassen. Denn wenn ich derlei Dinge oder irgend sonst etwas in dieser Absicht tue und darin meinen Lohn suche, werde ich keine Vergeltung empfangen beim Vater, der im Himmel ist[95]; und so will ich das stets um des ewigen Gutes und Lohns willen tun. Deshalb soll auf alle Weise die Verbreitung meines Namens vermieden werden. Verschmähten doch selbst die Philosophen diesen eitlen Ruhm so sehr, dass kaum einer ihn des Lobes würdig achtete. Sollte dir aber Lob zuteil werden wegen eines Werkes, das zwar in verborgener Absicht um Gottes willen geschah, aber dann rühmlich bekannt wurde, so gib dem Allerhöchsten das Lob und die Ehre dafür.

Ferner sollst du, nach der Ermahnung des heiligen Bernhardus, nicht ein Wort sprechen, wodurch du besonders gottesfürchtig oder gelehrt erschienest[96]. Auch sollst du alle öffentlichen Disputationen meiden und verabscheuen, da dies eine zänkische Kunst ist, die nach Sieg oder nach eitlem Ruhm strebt, wie alle Disputationen der Theologen und Lehrer der freien Künste zu Paris; ja nicht einmal in der Absicht, etwas zu lernen, sollst du daran teilnehmen. Der Grund dafür: Sie stören die Ruhe, erzeugen Zänkereien und Zwietracht, sind immer von unnützer, abwegiger Wissbegier, meist auch abergläubisch, niedrig, teuflisch und irdisch, so dass ihre Lehre nicht selten schädlich und wertlos ist und unnützen Zeitverlust bringt. Währendessen könntest du geistlichen Gewinn erlangen durch verdienstliches Gebet oder Lektüre eines frommen Autors.

Ferner will ich nie mit wem auch immer im persönlichen Gespräch disputieren, außer wenn ein sittlich wertvolles Ziel vereinbart ist und der Betreffende mir zuhören will, so dass ich mich mit ihm ohne Streit und bescheiden unterhalten kann, es sei denn, seine Bosheit erforderte um des höheren Gutes willen Schärfe meinerseits, die dann jedoch gut überlegt sein soll. Denn immer muss alles dem guten Zweck folgend auf das Lob Gottes, das heißt das unablässige Gebet gerichtet sein. Daher diskutierst du nur mit jemandem, der sich der Wahrheit fügt.

Auch wirst du niemals für einen akademischen Grad der Theologie studieren oder danach streben, denn Gewinn und Pfründen will ich keine erlangen, noch suche ich auch irgend Ruhm; und Wissenschaft kann ich erlangen, auch ohne Doktor zu heißen. Beim Studium geht es

95 Vgl. Mt. 6,1.

96 Vgl. etwa Bernhard von Clairvaux, Sententiae, ser. tert. 88, LECLERCQ/ ROCHAIS Bd. 6,2, S. 134: *cavere verbum iactantiae in prosperis, scilicet quando Deus dat prosperitatem in carnalibus vel spiritalibus.*

carnaliter sapiunt. Item in multis trahereris[a] a salute proximi[b], item ab oracione, a puritate mentis et abstractione. Item multis vanis lectioni-[95]bus oportet interesse et multitudini hominum, in quibus homo inquinatur et divaricatur.

In legibus et in[c] medicina numquam studebis, nisi casu occurrente, in quo possis aliquid boni facere cum eis. Nichil enim nutriunt in se, sed mentem divertunt. Sed amore concordie vel casu necessitatis vel casu mirabili se offerente in legibus potest videri et pro proprio corpore vel socii in medicina. Sunt enim res seculares, in quibus magis congruum est pati aliorum consilia quam dare. Item theologis, monachis et legem Dei desiderantibus prohibentur leges et medicina.

Item non dabis dubias medicinas vel dubie infirmitati quascumque medicinas vel cuicumque egroto, nisi maxima[d] necessitate modicum dicas, ubi alius haberi non possit, sed alias numquam te intromittas. Item vides, quantum boni viri gaudent liberati a practica eius.

Item in nullis causis placiti vel controversie[e] consulas vel intromittas, nisi evidenter constaret tibi, quod sibi calumpnia evidens[f] fieret, et nisi miserabilis et nisi causa tota pia esset, vel manifestissimorum malorum fieret repressio vel pauperum suppressio, et si equa mente servata possis te intromittere et post intromissionem te retrahere[g], ita quod reli-[96]quiarum cure non manerent. Et in hoc caute attende, quod amicicia vel consanguinitate vel odio non movearis, et si sit amicus vel consanguineus vel odibilis aliquando tibi, investiga intra te, si esset alienus vel non odibilis, si idem faceres. Patet satis, quia condicio felicitatis in rustico est, quod non vidit secundum Virgilium ferrea iura insanumque forum.

Item: Coram officiali vel iudice spirituali pro nullo amicorum vel consanguineorum vel aliorum favore comparebis, nisi urgeret maxima ne-

[a] trahereris] traheris *P1; in K11* trahereris *im Text,* traheris *auf dem Rand.*
[b] Item in multis...proximi] *fehlt in N1.*
[c] in] *fehlt in K11, Le1/2, P1, Vi1.*
[d] maxima] maxime *K11, Le1/2, Vi1.*
[e] controversie] contraversie *N1, P1, Vi1.*
[f] evidens] *fehlt in Vi1.*
[g] retrahere] retrahe *Pohl.*

nur ums Materielle, und alle denken materiell. Auch würdest du dabei von der Sorge um das Heil des Nächsten abgebracht, ebenso vom Gebet und von der Reinheit und frommen Versenkung des Gemüts. Auch verlangt es vielfältige unnütze Lektüre und den Umgang mit vielen Menschen, wodurch man verunreinigt und zerstreut wird.

Auch wirst du dich nicht mit Rechtswissenschaft oder Medizin beschäftigen, außer wenn sich der Fall ergibt, dass du dadurch Gutes wirken könntest. Denn nichts enthalten sie in sich, das die Seele nährte, sondern sie zerstreuen das Gemüt. Doch mag man aus Liebe zur Eintracht oder im Fall der Not oder bei besonderen Ereignissen in den Gesetzbüchern nachschlagen und auch wegen der eigenen oder der Gefährten Gesundheit in der Arzneikunde sich umsehen. Denn dies sind weltliche Dinge, und passender ist es in derlei Fällen, sich dem Rat anderer zu überlassen als selbst einen zu erteilen. Überdies ist Theologen, Mönchen und allen, die dem Gesetz Gottes nacheifern, die Ausübung des weltlichen Rechts und der Medizin untersagt[97].

Ferner sollst du keine zweifelhaften Arzneien verabreichen oder beliebige Arzneien bei zweifelhaften Krankheiten und irgendeinem Kranken, außer in der höchsten Not; dann empfiehl nur weniges und wenn kein anderer da ist. Sonst misch dich nicht ein. Du siehst ja auch, wie froh viele tüchtige Männer sind, wenn sie von der Ausübung dieser Kunst befreit werden.

Auch sollst du nicht vor Gericht auftreten oder dich in Streitsachen einmischen, sofern dir nicht ganz deutlich wäre, dass dem Betreffenden großes Unrecht widerführe oder die Sache einen sehr unglücklichen Menschen oder irgend eine fromme Angelegenheit beträfe, oder dass dadurch offenkundige Bösewichter belangt oder die Unterdrückung von Armen verhindert würde und dass du dich mit innerer Ruhe darauf einlassen und nachher wieder ohne weitere Sorgen zurückziehen könntest. Sieh aber auch hierin sorgsam zu, dass du dich dabei nicht durch Freundschaft, Verwandtschaft oder Abneigung bewegen lässt. Und wenn es um einen Freund, einen Verwandten oder einen dir Verhassten geht, so prüfe dich, ob du so handeln würdest auch wenn er dir fremd oder nicht verhasst wäre. Denn offenkundig ist: Glücklich lebt der Landmann, der, wie Vergil sagt, nichts von den eisernen Gesetzen und dem unvernünftigen Treiben des Forums weiß[98].

Auch sollst du nicht für Freunde, Verwandte oder sonst jemandem vor einem Offizial oder geistlichen Richter erscheinen, wenn nicht eine dringende Notwendigkeit dich dazu verpflichtet, und auch dann sollst

97 Vgl. Decretal. Gregor., Lib. 3, tit. 50, c. 3-4 und 10, FRIEDBERG Bd. 2, Sp. 658 und 660.

98 Vergil, Georg. 2,501f.

cessitas pietatis, et tunc alium procuratorem mittere debes, si necessitas requirat et met non ire. Ex hoc namque turbatur quies mentis, si ires et strepitui et naufragio mundi te intromitteres, in omnibus aliis mitte mortuos sepelire mortuos suos.

Coram scabinis vel iudice seculari in Daventria non comparebis, nisi in similibus necessitatibus, quia amici tui omnia hec tractant satis coram scabinis. Numquam de quibuscumque hominum contraversiis, nisi ut supra, te intromittas, nisi ad componendum, si in brevi et sine strepitu componi potest. Et ubicumque etiam composicio fieri debet, si eque bene per alium fieri potest, non te intromittas, et hoc semper considera. Sed [97] propter tuam quietem pacem quam posses verisimiliter ordinare non dimittes.

Item: Quandocumque aliquis tuus consanguineus verberatur, interficitur vel molestatur, numquam iniuriantem molestabis, numquam consilium in malum eius contra eum dabis, numquam os tuum contra eum obturabis vel eum vitabis, sed pocius consolatorie monebis vel ad pacem reduces. Et si volunt vindicare amici, a vindicta eos removebis placitis verbis et ab[a] iniuriis ne inferant. Tumet dimittes omnibus et exemplum tale prebebis, quanto magis alios monebis.

Item[b] facta amicorum et consanguineorum vel dominorum numquam tractabo, nisi mera[c] pia sint ad misericordiam et[d] pietatem et iusticiam declinancia et que per alios eque bene fieri non possunt. Malum esset etiam propter contemplacionem pietatem et iusticiam quod per alium fieri non posset deserere et proximi utilitates pias.

De sacris libris studendis[e].

Revertor ad sciencias. Radix studii tui et speculum vite sint primo evangelium Christi, quia ibi est vita Christi. Deinde vite et collaciones patrum. Deinde epistule Pauli et canonice [98] et Actus apostolorum. Deinde

a ab] *Sommalius; fehlt in Hss. und bei Pohl.*

b Item] *fehlt in K11, Le1/2, Vi1.*

c mera] mere *Pohl.*

d et] *korrigiert aus* ad *K11; fehlt in Le1/2, Vi1.*

e De sacris libris studendis] *in K11 auf dem Rand; fehlt in N1.*

du nötigenfalls einen anderen Anwalt senden und nicht selbst gehen[99]. Denn gestört wird die Ruhe des Gemüts, wenn du hingehen und dich in den Lärm und den Schiffbruch der Welt einmischen würdest. Im übrigen lass die Toten ihre Toten begraben[100].

Vor den Ratsherren und dem weltlichen Richter zu Deventer sollst du ebensowenig erscheinen außer in ähnlich dringenden Notfällen, da deine Freunde diese Dinge zur Genüge vor dem Gericht verhandeln können. Nie sollst du dich in Streitigkeiten der Menschen einmengen, außer in den genannten Fällen oder um sie zu schlichten, wenn dies rasch und ohne großen Lärm geschehen kann. Und wo immer eine solche Schlichtung nötig ist und durch einen anderen auf gleich gute Weise beigelegt werden kann, da mische dich nicht in ein und beachte dies stets. Ist es jedoch wahrscheinlich, dass du Frieden stiften kannst, so sollst du es nicht deiner eigenen Ruhe wegen unterlassen.

Ferner, wann immer einer deiner Verwandten misshandelt, geschlagen oder getötet wird, sollst du den Beleidiger nicht verfolgen noch auf seinen Schaden hinwirken oder dich ihm wortlos verschließen[101] und ihn meiden, sondern vielmehr auf versöhnliche Weise ihn ermahnen und wieder zum Frieden bewegen. Und wollen deine Freunde Rache üben, so halte sie mit freundlichen Worten davon ab und bewege sie dazu, dass sie ihm kein Leid tun. Du selbst sollst allen vergeben und mit solchem Beispiele andere umso wirksamer ermahnen.

Ich werde mich nie mit den Angelegenheiten meiner Freunde und Verwandten oder großer Herren befassen, sofern es nicht um rein geistliche Dinge geht, die zur Barmherzigkeit, Frömmigkeit oder Gerechtigkeit führen und durch andere nicht ebensogut erledigt werden können. Schlecht wäre es aber, wegen der Liebe zum beschaulichen Leben die Frömmigkeit, die Gerechtigkeit und den geistlichen Nutzen des Nächsten zu vernachlässigen, wenn sich kein anderer darum kümmern kann.

Vom Studium geistlicher Bücher.

Ich kehre nun zum Thema Wissenschaften zurück. Der Grund deiner Studien und der Spiegel deines Lebens sei vor allem das Evangelium Christi, weil es das Leben Christi in sich fasst. Danach folgen die Lebensbeschreibungen und die geistlichen Unterredungen der Väter, dann die Briefe des heiligen Paulus, die kanonischen Briefe und die

99 *met non ire*: umgangssprachl. Barbarismus (statt *ipsemet*); vgl. Epistolae obscurorum virorum, BÖCKING, Bd. II,1, Index verborum S. 226 s. v. 'met'. Beispiele aus Grotes Schriften bei POHL 7, S. 558 ('Adnotatio critica').

100 Mt. 8,22.

101 Lat.: *numquam os contra eum obturabis*; Silbert ersetzt die in diesem Kontext merkwürdige Wendung eigenmächtig durch *aurem* [...] *conturabis* – „nie sollst du ihm dein Ohr verschließen".

libri devoti, ut 'Meditationes' Bernhardi[a] et Anselmi[b] 'Horologium', 'De consciencia' Bernhardi[c], 'Soliloquiorum[d]' Augustini et consimiles libri. Item legenda[e] et flores sanctorum. Instructiones patrum ad mores sicut 'Pastorale' Gregorii, 'De opere monachali' beati Augustini, Gregorius 'Super Iob' et similia. Omelie evangeliorum sanctorum patrum et quattuor doctorum. Intellectus sanctorum patrum et postille super epistulas Pauli, quia continue[f] in capitulis ecclesie[g]. Studium in libris Salomonis Parabolarum et Ecclesiastes et Ecclesiastici, quia continue[h] in ecclesia in lectionibus et capitulis: 'Orabo spiritu, orabo et mente.' Studium et intellectus Psalterii, quia continue[i] in ecclesia sanctorum patrum: 'Psallam spiritu, psallam et mente.' Librorum Moysaicorum[j] studium, hystoriarum Iosue, Iudicum et Regum, prophetarum, et exposiciones patrum in his.

De modo transcurrendi decreta propter scire instituta maiorum et ecclesie, non ad incorporandum sed transcurrere, ne ignorancia iuris pietatem vertas in inobedienciam, ut videas grossos ecclesie primitive fructus, ut scias a quibus debes cavere et a quibus monere cavendum.

Omni die, quando potes, debes audire missam ad finem. Laycis enim preceptum [99] est in dominicis, ut 'De consecracione', distinctione prima, capitulo[k] 'Missas', clericis singulis diebus ut in glosa ibidem. Item in ecclesia maneas diebus festis[l] usque misse sollempnitas conpleatur. Item corporali nature iuvamen est ad devocionem cantus ut scis per experienciam.

a Bernhardi] Bernardi *K11, Le1/2, N1, Vi1.*
b Anselmi] Ancelmi *Le1/2, N1.*
c Bernhardi] Bernardi *K11, Le1/2, N1, Vi1.*
d Soliloquiorum] Soliloquia *Pohl.*
e leganda] legende *K11, Le1/2, Vi1.*
f continue] continentur *Pohl.*
g continue in capitulis ecclesie] continue in ecclesiis leguntur *Le1/2, Vi1;* continentur in capitulis ecclesiae *Pohl.*
h continue] continentur *Pohl.*
i continue] cotidie *Le1/2, Vi1;* continentur *Pohl.*
j Moysaicorum] Moysaycorum *K11;* Mosaycorum *Le1/2.*
k distinctione prima capitulo] di i c *K11, N1;* d. i c *Le1/2, Vi1;* d. c. *P1.*
l diebus festis] diebus festivis *P1.*

Apostelgeschichte. Sodann devote Bücher, wie die 'Meditationes' Bernhards[102] und das 'Horologium' Anselms[103], Bernhards 'De conscientia'[104], Augustins 'Soliloquia'[105] und ähnliche Schriften. Ferner Legenden und die 'Flores sanctorum'[106] sowie die Sittenlehren der Väter wie Gregors 'Regula pastoralis', Augustins 'De opere monachorum', Gregors 'Moralia in Iob' und ähnliches. Die Homilien der heiligen Väter und der vier Kirchenlehrer über die Evangelien. Die Erklärungen der heiligen Väter und die Postillen über die Paulus-Briefe, weil daraus in der Kirche gelesen wird. Studiere die Proverbia Salomonis, den Ecclesiastes und Ecclesiasticus, da sie in der Kirche gelesen werden: 'Beten will ich im Geiste, beten auch mit dem Sinne.'[107] Studiere und verstehe die Psalmen, da sie in der Kirche der Väter ihren Platz haben: 'Psalmen singen will ich mit dem Geiste und auch mit dem Sinne.'[108] Studiere die Bücher Moses, die geschichtlichen Bücher Josue, der Richter und der Könige und die Prophetenbücher samt ihren Erklärungen durch die Väter.

Die Dekretalen sind durchzusehen, um die Satzungen der Alten und der Kirche kennenzulernen, nicht zu gründlicher Aneignung, sondern nur obenhin, um nicht aus Unkenntnis des Rechts den frommen Eifer in Ungehorsam zu verkehren, um die reichen Früchte der Urkirche schätzen zu lernen und um zu wissen, wovor du dich zu hüten hast und andere sich zu hüten ermahnen musst.

Alle Tage sollst du der heiligen Messe bis zum Ende beiwohnen, wenn du kannst. Den Laien ist der sonntägliche Messbesuch vorgeschrieben, den Geistlichen aber der tägliche, wie es in der ersten Distinctio von 'De consecratione' im Canon über die Messe und in der zugehörigen Glosse steht[109]. Auch sollst du an Festtagen in der Kirche bleiben, bis die Messfeier beendet ist. Der Kirchengesang ist der leiblichen Natur, wie du aus Erfahrung weißt, ein Hilfsmittel zur Frömmigkeit.

102 Ps.-Bernhard (MIGNE PL 184, Sp. 485-508).

103 Heinrich Seuse, Horologium aeternae sapientiae.

104 Ps.-Bernhard (MIGNE PL 184, Sp. 551-560). Grote selbst bezweifelte die Echtheit dieser Schrift, Ep. 8, MULDER, S. 18.

105 Ps.-Augustinus (MIGNE PL 40, Sp. 863-898); vgl. Grote, Ep. 8, MULDER, S. 18: *ex dictis Augustini* [...] *apparet extractus.*

106 Vielleicht Thiofrid von Echternach, Flores epytaphii sanctorum (CC CM 133, 1996, S. 3-106).

107 1. Cor. 14,15.

108 Ebd.

109 Decretum Gratiani, De consecratione, Dist. 1, c. 64, FRIEDBERG Bd. 1, Sp. 1312; in der Glossa ordinaria wird die tägliche Messpflicht der Geistlichen nicht erwähnt, vgl. Decretum Gratiani [...] una cum Glossis, Lyon 1559, S. 1259 (hier als c. 62 gezählt).

Surgendum semper in evangelio et standum est, unde 'De consecracione' i capitulo[a] dicitur: „Apostolica auctoritate[b] mandamus ut non sedentes sed venerabiliter curvi stantes simus et in conspectu evangelii." In verbo 'venerabiliter' includitur honorem tribuendum evangelio, unde et in verbo quo dicit: „Attente verba eius audiant et fideliter adorent[c]", id est venerentur per composicionem corporis. Corporales veneraciones sunt in curvitate, secundo in capucio deponendo ex consuetudine, tercio inclinare ad verbum 'Iesus' et 'Maria', quia hoc habent Deo devoti. Item, cum legitur evangelium, mens non debet aliam sibi oracionem preponere vel aliam lectionem, cui debet intendere. Pluribus intentus[d] minor est attencio ad singula. Precipiuntur enim verba evangelii et scripturarum apostoli in sollempnitatibus attendere per capitulum 'Omnes', [100] 'De consecracione' d. prima. Frustra audire esset nisi attenderemus.

Item nichil legere nichilque meditari, quia attendere presens debitum est seu debemus evangelio, a quo subtrahimus omne quod vel dicendo vel meditando peragimus. Item curvacio nostra illis verbis et veneracio corporalis signa sunt veneracionum mentalium. Signa falsa sunt, nisi signata eis respondeant. Item illorum mentalium hec exteriora inductiva sunt et sic sunt frustra, si eis non corresponderent. Item plus ore et mente venerari est quam solo ore vel capucio. Unde audiam capucio, audiam aure, audiam et mente, alias est sicut cymbalum tynniens aut es[e] sonans. Non sunt michi voces aut loquele, quorum sermo a me non percipitur.

Item genu flexo, capite non velato, dorso inclinato stabis post consecracionem sacramenti, si ipsum vel calicem videre valeas. Humilis illa adoracio et bassacio corporis decens Deo et menti congrua in iuvamen devocionis omni modo, immo apcior inclinacione capitis super cubito, ut scis. Maxime enim servus tenetur reverenciam Domino in presencia Domini. Incurvacio est mirabiliter apta incurvacioni mentis propter[f]

[a] i capitulo] i c *K11, Le1/2, N1, P1, Vi1.*
[b] Apostolica auctoritate] Apostolica autoritate *N1, P1.*
[c] adorent] adorant *K11, P1.*
[d] intentus] attentus *Vi1.*
[e] aut es] *K11;* aures *R, Le1/2, P1, Vi1.*
[f] mentis propter] *in K11* mentis propter *im Text,* et subiectioni mentis *am Rand;* mentis et subiectioni mentis propter *Le1/2, N1, P1;* mentis et subiectioni propter *Vi1.*

Immer soll man bei dem Evangelium sich erheben und stehen, wie es in 'De consecratione' heißt: „Wir befehlen kraft apostolischer Gewalt, dass man das Evangelium nicht sitzend, sondern ehrfürchtig und gebeugt stehend anhören sollen."[110] Durch das Wort 'ehrfürchtig' wird ausgedrückt, dass dem heiligen Evangelium Ehre gebührt. Deshalb wird weiter gesagt: „Man soll seine Worte aufmerksam anhören und gläubig anbeten"[111], das heißt, man soll es durch die Körperhaltung verehren. Körperliche Verehrung besteht in der Beugung des Leibes, in der Entblößung des Hauptes, wie es Brauch ist, und in der Verneigung bei dem Namen Jesus und Maria, wie alle Frommen zu tun pflegen. Und wenn das Evangelium gelesen wird, soll man die Aufmerksamkeit keinem anderen Gebet widmen oder auf eine andere Lektüre richten. Denn wer sich mit Verschiedenem beschäftigt, ist weniger aufmerksam für das Einzelne. Auf die Worte des Evangeliums und die Schriften der Apostel in der Messfeier acht zu haben wird auch im Canon 'Omnes' der ersten Distinctio von 'De consecratione' befohlen[112]. Vergeblich aber wäre das Hören, wenn wir nicht acht hätten.

Wir sollen aber dann auch nichts lesen noch meditieren, weil die Aufmerksamkeit eine Pflicht ist, die wir dem Evangelium schulden, dem wir alles entziehen, was wir aufs Sprechen oder Betrachten richten. So ist auch unsere Verneigung bei seinen Worten und die körperliche Verehrung ein Sinnbild der geistigen Verehrung. Falsch aber sind solche Zeichen, sofern ihnen nicht das entspricht, was dadurch bezeichnet wird. Ferner sollen jene äußerlichen Zeichen zur innerlichen Verehrung hinführen, und vergeblich wären sie, wenn sie ihr nicht entsprächen. Größer ist es, unsere Verehrung mit Mund und Sinn zugleich auszudrücken als nur mit dem Munde und durch Entblößung des Hauptes. Darum will ich anhören mit dem Haupte, mit dem Ohr und auch mit dem Sinne, denn sonst wäre es mir wie tönendes Erz oder eine klingenden Schelle[113]. Nichts bedeuten mir Stimmen oder Reden, deren Sinn ich nicht erfasse.

Ferner sollst du mit gebeugten Knien, unbedecktem Haupte und geneigtem Rücken nach der Wandlung des Sakraments verharren, wenn du das Brot oder den Kelch sehen kannst. Diese demütige Anbetung und Beugung des Leibes gebührt Gott und ist geeignet, die Andacht des Gemüts zu erwecken, mehr noch als die Stützung des gebeugten Hauptes auf den Unterarm, wie du weißt. Denn verpflichtet ist der Knecht, seinem Herrn Ehrfurcht zu erweisen, zumal in seiner Gegenwart. Und diese gebeugte Stellung fördert die Andacht des Geistes, weil

110 Ebd. c. 68.

111 Ebd.

112 Ebd. c. 62, FRIEDBERG Bd. 1, Sp. 1311: *Omnes fideles qui conveniunt in solemnitatibus sacris ad ecclesiam, et scripturas Apostolorum et Evangelium audiant.*

113 1. Cor. 13,1.

proporcionalem fantasmatum [101] mocionem. Quando es remote vel videre non possis, iaceas capite declinato et ora in abscondito Deum tuum, a Sanctus usque ad Pacem, et deinde sive capias sive non usque ad evangelium sancti Iohannis.

Pacem venerabiliter et devote sumas, quia contactus est dominici corporis per os sacerdotis. Nonne et Veronica adoratur? Nonne pictura Christi non Christi dedicata corpore adoratur? Nam fideles solebant communicare omnes in primitiva ecclesia, loco cuius communicacionis datur Pax quasi aliquid communicacionis corporis Christi. Racio, quare non ita communiter datur corpus, opinor, quia in primitiva ecclesia meliores erant fervente sanguine Christi, et religio stetit in vigore et culmine, que est iam antiquata. Unde et sibi subtrahitur Christus corporaliter, sicut spiritualiter se subtraxit.

Quando Pax venit, sis paratus ac si capias corpus Christi, et tunc leva desiderium et te prepara, quod si sacramentum corporaliter manducare non vales, saltem spiritualiter manduces. Post communionem talem ex Pace oportet desiderium tuum manere et diu durare intus. Si tamen evagari incipias, sicut solet tibi contingere, quando per te cogitas que non preordinasti, vade ad [102] passionem Christi.

Item a 'Sanctus, sanctus' prepara te ad videndum sacramentum. Numquid solent omnes[a] se preparare ad videndum regem, a quo et videantur? Post visionem prepara te ad ipsum manducandum et nichil aliud facias, quia tunc presencia Christi operatur et iuvat infirmitatem tuam et sic ad sacramentum amore exciteris. Hoc patet per hoc, quod dicitur 'Sursum corda' et 'Habemus ad Dominum[b]'. Item semper appropinqua sacerdoti quantum honor permittit, ut audias missam et videas sacramentum et in presencia eius sta.

Numquam vis alicui consulere vel dicere, nisi devotissimo, vel iuvare ut ordinetur. Primo propter dicta, que ad officia continentur, que fieri deberent et non fiunt, ut patet in iiii[c] Sentenciarum et in decretis. Se-

[a] omnes] homines *P1*.
[b] et habemus ad Dominum] *fehlt in P1*.
[c] in iiii] in quarto *K11, Vi1;* quarto *Le1/2*.

sie die Einbildungskraft entsprechend bewegt. Wenn du weiter entfernt bist und das Sakrament nicht sehen kannst, so neige das Haupt zur Erde nieder und bete zu Gott im Verborgenen[114], vom 'Sanctus' angefangen bis zum Friedenskuss, und von da an, ob du ihn empfängst oder nicht, bis zum Evangelium des heiligen Johannes.

Empfange den Frieden[115] ehrfürchtig und andächtig, denn er ist die Berührung des Herrenleibes durch den Mund des Priesters. Wird nicht auch das Veronica-Tuch verehrt? Und nicht sogar ein Bildnis Christi, das nicht geheiligt ist durch die Berührung seines Leibes? In der frühen Kirche haben stets alle Gläubigen kommuniziert, jetzt aber wird anstelle dieser Kommunion der Friedenskuss gespendet, gleichsam als eine gewisse Teilhabe am Leibe Christi. Wenn sein Leib jetzt nicht mehr allgemein dargereicht wird, hat das meines Erachtens folgenden Grund: In der Urkirche waren die Gläubigen vom Blute Christi durchglüht noch viel besser, und die Religion stand in Kraft und Ansehen, jetzt dagegen ist sie schon altersschwach geworden. Daher wird Christus jetzt auch körperlich entzogen, so wie er sich geistlich entfernt hat.

Wenn die Kusstafel zu dir kommt, so stelle dich darauf ein, gleich als solltest du den Leib des Herrn entgegennehmen, und richte darauf dein Verlangen und deine Bereitschaft. So empfängst du das Sakrament wenigstens in geistiger Weise, wenn du es nicht körperlich empfangen kannst. Nach einer solchen Kommunion durch den Friedenskuss soll dein frommes Verlangen anhalten und lange in deinem Inneren lebendig bleiben. Beginnen jedoch deine Gedanken umherzuschweifen, wie dir das oftmals zu begegnen pflegt, und sich auf Dinge zu richten, die du nicht vorgesehen hast, so wende dich zur Betrachtung des Leidens Christi.

Mit dem 'Sanctus' mache dich für den Anblick des Sakraments bereit. Bereiten sich nicht alle Menschen darauf vor, einen König zu sehen und von ihm gesehen zu werden? Hast du ihn angeschaut, bereite dich, ihn zu empfangen, und nichts anderes soll dann dich beschäftigen, weil jetzt die Gegenwart Christi wirkt und deiner Schwäche nachhilft, so dass die Liebe zum Sakrament in dir erweckt wird. Klar wird dies aus den Worten, die da gesprochen werden: „Empor die Herzen", und aus der Antwort: „Wir haben sie beim Herrn." Begib dich immer in die Nähe des Priesters, soweit es sich ziemt, um die Messe zu hören und das Sakrament zu sehen, und bleibe in seiner Gegenwart stehen.

Nie sollst du einem Menschen raten oder dazu verhelfen, dass er die heiligen Weihen empfange, außer wenn er ein sehr frommer Mann wäre. Erstens wegen der Verpflichtungen, die mit dem Amt verbunden sind und eingehalten werden müssen, aber nicht eingehalten werden, wie aus dem vierten Buch der 'Sentenzen' und den Dekretalen er-

114 Mt. 6,6.

115 Durch den Kuss der Pax-Tafel, der als spirituelle Kommunion galt.

cundo propter symoniam que communiter intervenit. Tercio propter inutilem statum ecclesie.

De abstinencia, videntur bone sed non promisse[a]: Primo, servare precepta ieiunia, secundo, numquam comedere carnes. Raciones habes in margine[b] decretorum 'De consecracione' v distinctione, ubi tercio, adventum et septuagesimam semper ieiunare, non sine causa dimittere. Quarto, [103] cotidianum ieiunium sit non saciari totaliter, nisi frigus impediat. Hoc suadent philosophi omnes, precipue Seneca et Aristoteles[c]. Dum adhuc appetitus durat manum retrahe, sed male scitur sacietas. Sed eam sic considera, quantum velles comedere, si omnino liceret tibi usquequaque, et de illo appetitu durante aliquid trahas, quod tibi racionabile videtur. Quinto iuxta finem comestionis vel ultimum ferculum delibera quantum comedisti et quantum esses adhuc comesturus, si continuares, et de hoc reseca. (Sequitur vel precedit ista precedentem.) Sexto in principio, cum preparare incipis, delibera comestionem tuam et eius quantitatem. Septimo cave plus quam ab uno piro cocto post cibum, nec multum magnum et[d] tria parvissima.

Octavo semper in nocte comedere infra horam quartam et quintam, nisi hospites, infirmitas vel accidens aliud, iter vel[e] huiusmodi impediverit. Probatur per causas. Primo hoc digestioni conveniens, ut cibus in stomacho non corrumpatur in vigilia per hoc, quod calor sit nimis modi-

[a] videntur bone sed non promisse] videntur abstinencie bone sed non promisse *P1;* videntur bone non sunt promisse *Vi1.*

[b] margine] *K11, Le1/2;* mergine *R, N1, Vi1.*

[c] Aristoteles] Aristotiles *K11, N1, P1.*

[d] et] vel *Sommalius.*

[e] vel] et *Le1/2, N1, P1, Vi1; fehlt in K11.*

hellt[116]. Zweitens wegen der Simonie, die gewöhnlich dabei vorkommt. Drittens wegen des unersprießlichen Zustands der Kirche.

Hinsichtlich der Enthaltsamkeit sind folgende Dinge gut, wenngleich kein Gelübde mich dazu verpflichtet[117]: Erstens will ich die gebotenen Fasttage halten, zweitens nie Fleisch essen. Die Gründe dafür findest du in der Randglosse zur Distinctio 5 von 'De consecratione'[118]. Drittens soll das Fasten im Advent und in der Quadragesima nie ohne Not unterbrochen werden. Viertens will ich täglich so fasten, dass ich mich nie gänzlich sättige, falls nicht die Kälte anderes erfordert. Dies raten alle Philosophen, vorzüglich Seneca[119] und Aristoteles[120]. Während der Appetit noch anhält, ziehe die Hand zurück. Zwar lässt es sich schwer erkennen, wann die Sättigung erreicht ist, doch erwäge, wie viel du noch essen möchtest, wenn es dir vollkommen frei stände, und ziehe dann, solange der Appetit noch andauert, so viel davon ab, wie dir vernünftig scheint. Fünftens, gegen das Ende der Mahlzeit oder der letzten Speise bedenke, wie viel du gegessen hast und wie viel du noch essen würdest, wenn du fortführest, und zieh davon etwas ab. (Dieser Punkt gehört vor oder hinter den vorhergehenden.) Sechstens, überlege zu Beginn, wenn du den Tisch bereitest, was und wieviel du essen wirst. Siebtens, hüte dich, nach der Mahlzeit mehr als eine gekochte Birne zu essen, keine allzu große oder drei ganz kleine[121].

Achtens sollst du deine Mahlzeit immer abends halten, zwischen vier und fünf Uhr, sofern nicht Gäste, eine Krankheit oder ein anderes Vorkommnis, eine Reise oder sonst etwas dieser Art es verhindern. Dafür lassen sich verschiedene Gründe anführen. Erstens fördert dies die Verdauung, indem verhindert wird, dass im Wachzustand die Speisen im Magen verderben, weil etwa seine natürliche Hitze nicht ausrei-

116 Vgl. Petrus Lombardus, Sententiae, Lib. 4, dist. 24, cap. 3 und 11, (Magistri Petri Lombardi Sententiae, Bd. 2, Quaracchi 1981, S. 394 und 403ff.); Decretum Gratiani, Dist. 23, c. 3 und 4, FRIEDBERG Bd. 1, Sp. 80f.

117 Die minutiösen und gelehrten asketisch-diätetischen Regeln, die Grote im folgenden aufstellt, bilden einen krassen Gegensatz zu den Nachrichten über seine rustikalen Küchen- und Essgewohnheiten, s. oben Kap. 11 mit Anm. 30.

118 Decretum Gratiani, De consecratione, Dist. 5, c. 31f., FRIEDBERG Bd. 1, Sp. 1420; vgl. Decretum Gratiani [...] una cum Glossis, Lyon 1559, S. 1349 (hier als c. 30f. gezählt).

119 Vgl. etwa Seneca, Naturales quaestiones 6,2,2: *Non cibus nobis, non humor, non vigilia, non somnus sine mensura quadam salubria sunt.* – Ders., Epist. ad Lucil. 15: *Copia ciborum subtilitas animi impeditur.*

120 Vgl. etwa Anonymus in lib. VII Ethicorum Nicomacheorum, in: H. P. F. MERCKEN (Hg.), The Greek commentaries on the Nicomachean ethics of Aristotele, 3, Leiden 1991, S. 31: *Super saturitatem enim comedere et bibere vituperabile est.*

121 Der genaue Sinn ist nicht ganz klar; die Lesart der Handschriften: *cave plus quam ab uno piro cocto post cibum, nec multum magnum et tria parvissima* hat Sommalius emendiert zu: [...] *vel tria parvissima.*

cus. Secundo propter studium vel aliud impediens digestionem in vigilia, sicut sollicitudo et tristicia. Tercio, ne digestionem impediat potus supersumptus. Quarto, ne potum supersumere tibi conscienciam faciat, quod [104] sepe contingit. Quinto, ne crudum pomum, species vel alia te temptent per diem. Sexto, quia sompnus est melior, quia plenus venter libenter dormit. Septimo, quia tunc studium et oraciones diei minus impediunt sompnum. Octavo ex hoc fiet, ut itur cito[a] dormitum et una hora semper. Nono ex hoc fiet, ut[b] unus sompnus continuus propter tempestivam dormicionem. Decimo non tenebit te delectacio studii nimis ad noctem. Undecimo, quia tunc habes totam[c] diem in laboribus et oracionibus. Duodecimo, quia tunc tota vigilia tota est sobria et ieiuna, subtilis et apta ad Deum et opera. Item plus appetit homo cibum qui comedit, quam ieiunus, sicut non potest se homo abstinere existens iuxta vel in mensa.

Item ab exaltacione sancte Crucis usque ad Pasca[d] non nisi semel comedere, hoc est Carthusiensium et Bernarditarum[e] et aliorum. Item hoc incipit in septembri circa equinoctium et durat usque ad equinoctium fere vernale. Item in magno rigido plus comedere licet non tamen nisi semel, quia hoc est doctrina Ypocratis. Item hoc adiuvat te ad resistendum frigoribus, quibus vix alias posses resistere. Unde potes una hora vel media plus dormire. Item: Quando bis come-[105]dendum est, tunc modicum de parvo digestibili, ut unum ovum, non plus, vel magis aliqua siccancia ut panem et vinum, vel species cum pane modico; si tamen vinum etc., quia pro digestione, sunt hic raciones sicut superius, ubi de nocte comedendum[f] concluditur.

Item vellem posse numquam bibere vinum sine causa, quousque essem sanus, ne contra doctrinam Pauli agerem, est enim in eo luxuria. Item expense nimie. Item post prandium et ante et inter prandium[g] numquam bibere, nisi infirmitas vel causa maxima quam racio dictaret. In labore et post laborem nullo modo bibere, nisi sedata[h] calefactione, hoc sanum corpori et anime. Nulla societas[i] trahat te ad potandum inter

a ut itur cito] *Pohl;* ut eatur cito *Sommalius;* ut ita cito *R, K11, Le1/2, N1, P1, Vi1.*
b ut] ut sit *Pohl.*
c totam] totum *K11, Le1/2, N1, P1, Vi1.*
d pasca] pascha *K11, P1, Vi1.*
e bernarditarum] bernharditarum *P1;* barnaditarum *K11.*
f comedendum] comedendo *K11, Le1/2, N1, P1, Vi1.*
g prandium] prandia *K11, Le1/2, N1, P1, Vi1.*
h sedata] *K11, Le1/2, Vi1;* cedata *R, N1, P1.*
i societas] sacietas *R;* societas *K11, Le1/2, N1, P1, Vi1.*

chend wäre. Zweitens gibt es während des Wachens Hindernisse der Verdauung wie das Studium oder anderes, etwa Sorgen oder Traurigkeit. Drittens wird die Verdauung dann nicht durch späteres Trinken gestört. Viertens kann nicht etwa durch zusätzliches Trinken dein Gewissen beunruhigt werden, was oft vorkommt. Fünftens, damit du nicht versucht wirst, während des Tages einen rohen Apfel, Kräuter oder anderes zu essen. Sechstens, weil der Schlaf dadurch besser wird, denn ein satter Magen schläft gern ein. Siebtens, weil auf solche Weise das Studium und die Gebete des Tages dem Schlafe weniger hinderlich sind. Achtens wird dadurch erreicht, dass man beizeiten schlafen geht, und zwar immer um dieselbe Stunde. Neuntens wird auch erreicht, dass wegen des frühzeitigen Schlafengehens der Schlaf nicht unterbrochen wird. Zehntens wird dich die Liebe zum Studium nicht bis tief in die Nacht wachhalten. Elftens gewinnst du dann den ganzen vollen Tag zur Arbeit und zum Gebet. Zwölftens ist in solchem Falle dein Wachen ganz nüchtern und mäßig, leicht und geeignet, dich Gott und deinen Werken zu widmen. Auch hat ein Mensch, der viel isst, größere Lust zu essen als einer der fastet, so wie einer, der zu Tische sitzt, sich nicht zurückhalten kann.

Ferner sollst du vom Tage der Kreuzerhöhung[122] bis Ostern nicht öfter als einmal am Tage essen, wie es die Kartäuser, die Zisterzienser und andere halten. Das ist also etwa die Zeit vom Herbstäquinoctium bis zum Frühlingsäquinoctium. Bei strenger Kälte ist es wohl erlaubt, mehr zu essen, doch auch dann nur einmal am Tage, wie Hippokrates lehrt[123]. Denn dies hilft dir, der Kälte zu widerstehen, der du sonst nicht gewachsen bist. Aus demselben Grunde darfst du dann auch eine halbe oder auch eine ganze Stunde länger schlafen. Ferner, wenn man zweimal am Tage essen soll, so iss ein wenig von leichtverdaulichen Speisen, etwa ein Ei, nicht mehr, oder lieber etwas Trockenes, wie Brot, und Wein oder Kräuter mit ein wenig Brot. Wenn aber Wein etc., dann wegen der Verdauung. Hier gelten dieselben Gründe wie oben bei der Empfehlung des Essens zur Abendzeit.

Am liebsten würde ich, wenn es die Gesundheit nicht erforderte, überhaupt keinen Wein trinken, um nicht gegen die Lehre des Apostels Paulus zu handeln, der darin Ausschweifung sieht[124]. Und außerdem sind zu viele Ausgaben damit verbunden. Weder vor noch während oder nach der Mahlzeit will ich trinken, wenn nicht Krankheit oder ein wichtiger und vernünftiger Grund es erfordert. Während und nach der Arbeit will ich keinesfalls trinken, solange ich erhitzt bin, dies ist gesund für Leib und Seele. Lass dich von keiner Gesellschaft verlei-

122 14. September.
123 Hippokrates, Aphorismen I,15.
124 Eph. 5,18.

horas vel ieiunia frangenda. Bonum est inicere pedes[a] in compedes sapiencie.

Item sit tibi hora ad perlegenda ea, que scribis in hoc libro, quia hoc ordinat statum tuum.

Videtur michi, quod patres in deserto breves et crebras oraciones fecerunt, ex eo, ut semper continue cor elevetur ad Dominum et non in res fundatur, sed abstrahatur a rebus, et sic faciendum est.

Consilium in nomine Domini, quod semper feriis quartis ieiunem, nisi infirmitas vel racionabilis causa obstiterit, [106] ut non habeam tamen tamquam fixum, sed tamquam ad quod niti debeo, similiter sabbato et feria sexta. Die namque ferie quarte Iudas tradidit Dominum, et sexta crucifixus, et qui non ieiunat, videtur tradere vel crucifigere Christum cum crucifigentibus sine necessitate.

Eo plus teneor, quia clericus sum de sorte Domini. Item sanitas conservatur multa, et animam sencio meliorem cum Deo suo. Etiam si modicum corpori noceret, non adverte, semper enim melius fuisti quando ieiunasti. Semper solve Deo tuo aliquid et semper eius melius recordaberis.

Cave subitam comestionem et avaram et avidam. Venit enim velocitas ex amore obiecti inordinato. Edacitas velox gule et desiderium admixtum habet et vicium. Gregorius in exposicione Iob: Loquacitatem excitat, immo inebriat, calefacit et exorbitat, sicut ebrietas vel nimia loquela tepefacit et illecebras educit. Item omnem cogitatum de Deo prescindit et recludit.

Melius est unum actum in magna mora bene facere quam in parva exhorbitate. Nam ad sanitatem corporis quanto honestius et ornacius ingeritur cibus, tanto facilius digeritur et salubrius. Et sic etiam debes hesitare[b] et scribendo et loquendo et agendo, ut non festines, secundo,

a pedes] pedem *K11, Le1/2, Vi1.*

b h[a]esitare] *Pohl;* visitare *R, K11, N1, Vi1;* vsitare *Le1/2, P1;* usitari *Sommalius.*

ten, zwischen den Mahlzeiten zu trinken oder das Fasten zu brechen. Gut ist es, die Füße mit den Banden der Weisheit zu fesseln[125].

Es soll auch eine festgesetzte Stunde für dich geben, um das zu lesen, was du in diesem Buch aufschreibst, denn das ist deine Lebensordnung[126].

Ich glaube, die Wüstenväter haben kurze, häufige Gebete gesprochen, damit das Herz immer und unausgesetzt zum Herrn erhoben und nicht an die Dinge gebunden, sondern von ihnen gelöst würde: So sollst auch du tun.

Es ist mein Vorsatz im Namen des Herrn, immer mittwochs zu fasten, falls nicht Krankheit oder irgend ein vernünftiger Grund es verhindert. Doch betrachte ich dies nicht als unumstößlich, sondern als Ziel meines Strebens, ebenso auch das Fasten am Freitag und Samstag. Denn an einem Mittwoch wurde der Herr von Judas verraten und am Freitag gekreuzigt. Wer also nicht fastet, der gleicht sich ohne Not denen an, die Christus verraten und gekreuzigt haben.

Ich bin umso mehr zum Fasten verpflichtet, da ich als Geistlicher dem Herrn zugehöre[127]. Dadurch wird auch die Gesundheit gar sehr bewahrt, und besser fühlt sich die Seele bei ihrem Gott. Und sollte es auch dem Leibe ein wenig schaden, so achte dessen nicht, denn immer war es besser mit dir, wenn du gefastet hast. Trage deinem Gott immer etwas von deiner Schuld ab, und du wirst seiner immer besser eingedenk sein.

Hüte dich, überstürzt, gierig und und eilig zu essen, denn die Hast entspringt aus ungeordneter Liebe zu einer Sache. Die Essgier ist nicht frei von der Sünde der Völlerei. Gregorius sagt darüber in seiner Auslegung des Buches Iob[128]: Sie erregt Geschwätzigkeit, ja sie berauscht, erhitzt und treibt übers Maß hinaus, wie die Trunkenheit oder allzu langes Reden bewirkt sie Lauheit und böse Gelüste. Überdies auch unterdrückt und versperrt sie alle Gedanken an Gott.

Besser ist es, eine Handlung in angemessener Dauer gut zu verrichten, als in Eile zu überstürzen. Denn für die körperliche Gesundheit gilt, dass eine Speise desto leichter und heilsamer verdaut wird, je gesitteter und würdiger man sie verzehrt. Ebenso sollst du dir Zeit lassen

125 Ecclus. 6,25.

126 Dies ist gewissermaßen die Schlussbemerkung des systematischen Teils; die folgenden Sätze wirken dagegen wie Nachträge.

127 Vgl. Hieronymus, Epist. 52,5, CSEL 54, S. 421: *Si enim κλῆρος graece 'sors' latine appellatur, propterea vocantur clerici, vel quia de sorte sunt Domini vel quia Dominus ipse sors, id est pars, clericorum est.*

128 Gregor d. Gr., Moralia in Iob 1,8, CCL 143, S. 29: *Nonnulla quippe sunt vitia quae a conviviis aut separari vix possunt, aut certe nequaquam possunt. Paene semper enim epulas comitatur voluptas. Nam dum corpus in refectionis delectatione resolvitur, cor ad inane gaudium relaxatur.* [...] *Paene semper epulas loquacitas sequitur cumque venter reficitur, lingua diffrenatur.*

quia in illis non potest gloria Do-[107]mini queri, cum ita impetu homo fertur in rem, quod omnes vires in eam extenduntur. Discas ergo tardare et minui ab actu. Nullum bonum facias, ut in inobedienciam incurras[a].

In temporalibus pecuniis, reditibus et libris habeas te sicut dispensatorem, et videas ut in hoc fidelis et prudens inveniaris. Tibi ergo victum et vestitum frugaliter tribuas, deinde magis indigentibus et melioribus et in salutem animarum magis. Nulli non indigenti aliquid notabilis tribuas umquam, quia indigentes plurimos invenis. Et si habundanti tribueres, fideliter non dispensares nec prudenter ad tuam salutem. Item ne carnaliter in dando afficiaris. A nullo temporale accipiam, cum indigenciores reperiantur, quia quod nulli facere volo, ab aliis non postulabo.

Notabilia quedam magistri Gerhardi[b].

Item dixit: (1) Pro nulla re mundi deberet homo turbari. (2) Qui facit illud quod scit, multum meretur sciencie, et qui non facit illud quod scit, multum cecitatis. (3) Magnum est obedire in illis que sunt homini contraria et gravia, et hec est[c] vera obediencia. [108] (4) Pre omnibus et in omnibus stude te humiliare specialiter in corde et etiam ab extra coram fratribus. (5) Sciencia scienciarum est scire se nichil scire. (6) Quanto plus homo scit se distare a perfectione, tam prope est perfectioni. (7) Inicium vane glorie est sibi ipsi placere. (8) In nullo melius cognoscitur homo, quam in hoc quod laudatur. (9) Semper debes niti aliquid boni notare et cogitare de alio. (10) Quociens aliquid inordinate extra Deum concupiscimus, tociens a Deo fornicamur, ideo propheta ait: „Michi autem Deo adherere bonum est[d].“ (11) Viriles esse debemus in oracione et non leviter desistere nec cogitare, quia Deus non vult me exaudire, sed quociens repellimur, numquam desperemus. (12) Pusillanimes orare

a ut in inobedienciam incurras] ut inobedienciam incurras *korrigiert aus* ut in inobedienciam curras *K11;* ut obediencam incurras *Vi1.*

b notabilia quedam magistri Gerhardi] *in R auf dem Rand;* notabilia quedam verba magistri Gerhardi *N1;* notabilia quedam eiusdem magistri *P1; fehlt in K11, Le1/2, Vi1.*

c est] *fehlt in Le1/2.*

d Michi autem Deo adherere bonum est] Michi autem adherere Deo bonum est *K11, Le1/2, N1, Vi1;* Michi autem adherere Deo bonum *P1.*

beim Schreiben, Sprechen und Handeln, dass du nichts übereilst. Zudem kann man dabei auch nicht die Ehre Gottes suchen, wenn man sich so ungestüm einer Sache annimmt, dass alle Kräfte davon in Anspruch genommen werden. Lerne also langsam sein und nicht zu viel tun. Verrichte kein gutes Werk so, dass du dadurch in Ungehorsam gerätst.

Hinsichtlich zeitlicher Einkünfte, Bücher und Geld, verhalte dich wie ein Verwalter, und sieh zu, dass du hierin getreu und klug erfunden werdest. Teile also dir selbst mäßige Kost und Kleidung zu, das übrige aber spende denen, die es benötigen und verdienen, und mehr noch verwende auf das Heil der Seelen. Gib nie etwas Bedeutendes einem, der es nicht nötig hat, denn immer wirst du Bedürftige in großer Anzahl finden. Und gäbest du einem, der Überfluss hat, so würdest du nicht als getreuer Verwalter noch klug zu deinem Heil spenden. Lass dich auch bei der Verteilung nicht durch persönlich Vorliebe anregen. Von niemandem will ich ein Gut annehmen, da es Dürftigere gibt als ich und weil ich nicht von anderen fordern will, was ich selbst keinem tun mag.

Denkwürdige Aussprüche des Magisters Gerhardus[129].

[1][130] Um kein Ding in der Welt sollte der Mensch sich beunruhigen. [2] Wer da tut, was er weiß, der erwirbt viel Wissen, und wer nicht tut, was er weiß, große Blindheit. [3] Groß ist es, in solchen Dingen zu gehorchen, die dem Menschen schwer und zuwider sind, dies jedoch ist der wahre Gehorsam. [4] Vor allem und in allem bemühe dich, demütig zu sein im Herzen und auch nach außen vor den Brüdern. [5] Die Wissenschaft aller Wissenschaften ist zu wissen, dass man nichts weiß. [6] Je mehr der Mensch erkennt, dass er weit von der Vollkommenheit entfernt ist, desto mehr hat er sich ihr genähert. [7] Sich selbst zu gefallen ist der Anfang der Eitelkeit. [8] Am besten erkennt man einen Menschen dann, wenn er gelobt wird. [9] Sei immer darauf bedacht, an einem anderen etwas Gutes wahrzunehmen und Gutes von ihm zu denken. [10] Sooft wir mit ungezügeltem Drang etwas anderes begehren als Gott, machen wir uns des Ehebruchs schuldig. Deshalb spricht der Prophet: „Gott anzugehören ist mein Gut.“[131] [11] Mannhaft sollen wir sein im Gebet und nicht leicht davon ablassen oder auch denken, dass Gott uns nicht erhören wolle, sondern nie verzagen, auch wenn wir zurückgewiesen werden. [12] Die Kleinmütigen sollen gleich einem

129 Vgl. TIECKE, S. 196-203; R. VAN DIJK 2003, S. 440-443.

130 Die Zählung bezieht sich auf die Konkordanzen der verschiedenen Dicta-Sammlungen in Anhang 3.

131 Ps. 72,28.

debent tamquam filius ad pium patrem, sicut in evangelio dicitur: „Quis ex vobis patrem petit panem, numquid lapidem dat[a] ei?“ Et cetera. (13) In omni re mundi est temptacio, quamvis homo non senciat. (14) Maxima temptacio est non temptari. Quamdiu homo invenit in se aliquid[b] ad amputandum, tunc bene stat. (15) Quando aliquid mali tibi suggeritur, cogita quod velis socios tuos interrogare, et tunc dyabolus stat confusus. (16) Semper magis sperabis de eterna gloria quam timebis de gehenna. [109] (17) Caveat quivis ne alios scandalizet moribus suis, sed studeat mores suos corrigere et honeste se ubique habere, ut alii magis edificentur. (18) Qualibus cogitacionibus vadit homo dormitum, cum talibus surgit. Utile est tunc orare vel aliquos psalmos legere. (19) Modica confusio hic perpessa delet eternam confusionem coram Deo et omnibus sanctis. (20) Illi studeas solum placere et illum timere, qui te et omnia tua cognoscit. Posito quod omnibus placeres et Deo displiceres, quid esset? Averte ergo cor tuum a creaturis etiam cum magna vi, averte, ut te ipsum perfecte sic vincas, et erige cor tuum semper ad Deum, sicut propheta dicit: „Oculi mei semper ad Dominum.“ Deo gracias[c].

Epistula ad episcopum Traiectensem pro magistro Gerhardo Grosz[d], quando erat sibi interdictum ne publice predicaret.

„Pater precelse potestatis et princeps populi Traiectensis. Nuper cum inspirante Domino Gerhardus Magnus[e] dyaconus vestre dyocesis in his ultimis temporibus predicacionis zelo accensus, clero ac[f] populo scelera sua annunciasset [110] et pericula, nec non sanam et veram evangelicam et apostolicam doctrinam contra hereticos, usurarios et clericos focarias habentes atque contra diversa aliorum facinora et flagicia in dyocesi vestra per vestram et parochialium curatorum licenciam non sine fructu et incremento, ut sperat, predicasset et seminasset, unde in diversis locis

[a] dat] dabit *K11, Le1/2, Vi1.*

[b] homo invenit in se aliquid] invenit homo in se aliquid *N1;* homo invenit aliquid in se *P1.*

[c] Deo gracias] *fehlt in K11, Le1/2, Vi1.*

[d] Grosz] Grot *K11;* Groet *Le1/2, P1, Vi1; fehlt in N1.*

[e] Magnus] Groot *K11;* Groet *Le1/2, N1, P1, Vi1.*

[f] ac] et *K11, Le1/2, N1, P1, Vi1.*

Kinde den milden Vater bitten, wie auch im Evangelium geschrieben steht: „Wenn einer von euch den Vater um Brot bittet, wird er ihm etwa einen Stein geben?“[132] [13] In allen Dingen der Welt liegt Versuchung, wenn auch der Mensch sie nicht wahrnimmt. [14] Nicht versucht zu werden ist die größte Versuchung. Solange der Mensch etwas an sich findet, das abgetrennt werden muss, solange steht es gut um ihn. [15] Wenn dir etwas Böses eingeflüstert wird, so denke, du wollest deine Gefährten dazu befragen, und beschämt wird der Teufel ablassen. [16] Immer sollst du mehr auf die ewige Glorie hoffen, als vor der Hölle dich fürchten. [17] Ein jeder hüte sich davor, anderen durch seine Sitten Anstoß zu erregen, und bemühe sich darum, sein Verhalten zu bessern und sich stets ehrbar zu betragen, dass die anderen dadurch erbaut werden. [18] Die Gedanken, mit denen ein Mensch sich zur Ruhe begibt, stellen sich auch beim Erwachen ein. Nützlich ist es dann, zu beten oder einige Psalmen zu sprechen. [19] Eine geringe Beschämung, die hier erlitten wird, tilgt die ewige Beschämung vor Gott und allen Heiligen. [20] Ihm allein suche zu gefallen, ihn allein zu fürchten, der dich und all das Deinige kennt. Gesetzt, du gefielest allen und missfielest Gott, was würde dies nützen? Wende also dein Herz von allem Irdischen ab, und zwar mit großer Kraft, so dass du dich vollkommen beherrschst, und erhebe dein Herz immer zu Gott, wie der Prophet spricht: „Meine Augen sind immer zum Herrn erhoben.“[133] Dank sei Gott.

Sendschreiben an den Bischof von Utrecht für Magister Gerhardus Grote, als ihm untersagt war, öffentlich zu predigen[134].

„Mächtiger Vater und Fürst des Volkes zu Utrecht! Vor kurzem hat Gerhardus Grote, Diakon Eures Bistums, auf Eingebung des Herrn vom Predigteifer beseelt, in diesen Endzeiten dem Klerus und Volk seine Sünden und die drohenden Folgen vorgehalten und die gesunde und wahre, evangelische und apostolische Lehre gegen Ketzer, Wucherer und Geistliche, die mit Konkubinen leben, sowie gegen verschiedene andere Missetaten, die in Eurem Sprengel verübt werden, kraft Eurer und der Pfarrherren Erlaubnis und, wie er hofft, nicht ohne Frucht und Segen vorgetragen und verbreitet. Daraufhin haben an verschiedenen Orten die Herzen vieler Menschen ihre bösen und ver-

[132] Lc. 11,11.
[133] Ps. 24,15.
[134] Auch bei MULDER, Nr. 58, S. 216f.; der Brief ist wahrscheinlich wie der folgende von Guillaume de Salvarvilla verfasst; s. das Testimonium von Horn, S. 367. Vgl. HOFMAN 2011, S. 113f.

multorum corda vias suas perversas et malas relinquencia conversa sunt ad Dominum, unde etiam in agro dominico virginei flores plurimi viduarumque castarum et voluntariorum pauperum segetes, abrenunciaciones seculi, restituciones ablatorum atque multi et varii alii ecclesiastici et catholici germinis fructus ad oculos vere Deum amancium noscuntur pullulasse, unde etiam quorundam hereticorum secrete serpencium in terra audacia compressa videtur, et in partibus Zallandie[a] usurarum pravitas et vesani amoris cessaverunt[b] – verumtamen eidem Gerhardo procurantibus ut presumitur clericis et presbiteris focarias habentibus per vestras litteras sine causa vel cause cognicione exercicium predicacionis indirecte interdictum est.

Nam quamvis generaliter vestre littere emanarunt, omnes tamen alii ad sua officia pene restituti sunt, quod ab episcopali providencia non sperat [111] idem Gerhardus sed a malignorum suggestione processisse in sancte edificacionis non parvum detrimentum et gravamen. Inde letantur heretici et serpunt audacius, inde exultant inimici ecclesie, clerici focariste in lubrico carnis fetidissime[c] permanentes, inde gaudent usurarii, inde etiam multiplicantur scandala et multiplicabuntur forte lacius, quam carnales et mundane mentes valent estimare.

Et quamvis Deo teste idem Gerhardus quantum est ex se speculacioni veritatis vacare mallet et quiescere, tamen quia vidit hostem humani generis in proximos suos undique crudeliter grassari et eos per abrupta et in precipicia viciorum impellere, quorum plures secundum spem suam, ut etiam ex effectu apparuit, per suam predicacionem possint eripi a laqueo venancium et a verbo aspero, zelo domus Domini incitatur et amore proximorum accenditur et stimulatur, ut possit verbum Domini sine emolimento temporali in paupertate humiliter sed veraciter[d] predicare et seminare, prout prius non sine fructu evidenti predicavit et seminavit. Et si sibi specialis licencia denegatur, hoc saltem petit, ut parochialibus curatis non inhibeatur quin ipsum possint si velint admittere, qui secundum consuetudinem civitatis et dyocesis Traiectensis [112] quos voluerint predicatores maxime veros et bonos sine licencia vestra semper admittere consueverunt.

a Zallandie] Zelandie *Vi1;* Sallandie, id est terra circa yslam in diocesi Traiectensi, in qua conprehendentur Davantria, Suollis, Campis cum quibusdam villis adiacentibus *P1;* Item Zallandia dicitur terra circa yslam in dyocesi Traiectensi, in qua comprehenditur Daventria, Swollis, Campis cum quibusdam villis adiacentibus, et in his civitatibus magister Gerhardus predicavit et magnum fructum fecit *in R auf dem Rand hinzugefügt.*

b amoris cessaverunt] amoris cessaverunt, et in his civitatibus magister Gherardus predicavit et magnum fructum fecit *P1.*

c fetidissime] fedissime *Le1/2, Vi1.*

d sed veraciter] sed et veraciter *Le1/2, Vi1.*

kehrten Wege verlassen und sich zum Herrn bekehrt. Auch sind mannigfache Blumen und Früchte auf dem Acker des Herrn hervorgewachsen, wie alle Gott wahrhaft Liebenden wissen: fromme Jungfrauen, enthaltsam lebende Witwen, freiwillige Arme; viele haben der Welt entsagt, unrechtmäßige Güter zurückerstattet und andere gute Dinge getan. Schließlich wurden auch die verborgenen Machenschaften einiger Ketzer unterdrückt und in den Gegenden von Seeland die Seuche des Wuchers und der Unzucht eingedämmt. Da geschah es, dass durch Euer Schreiben auf das Betreiben einiger Kleriker und im Konkubinat lebender Priester, wie zu vermuten ist, diesem Gerhardus auf indirekte Weise die Ausübung des Predigtamtes untersagt wurde, und zwar ohne oder zumindest ohne geprüften Grund.

Denn obwohl Euer Schreiben nicht auf ihn allein gerichtet war, sind fast alle Mitbetroffenen wieder in ihr Amt eingesetzt worden, und die Maßnahme rührt daher, wie Gerhardus hofft, nicht aus Eurer Fürsorge, sondern aus der Anstiftung einiger Bösen, zur nicht geringen Schädigung und Beschwernis der Frömmigkeit. Darüber erfreuen sich nun die Irrlehrer und streuen ihr Gift umso frecher aus, darüber triumphieren die Feinde der Kirche und die in ihren schändlichen Lastern verharrenden Konkubinarier, es frohlocken die Wucherer, und es vermehren sich die Ärgernisse und greifen vielleicht weiter um sich, als materiell und weltlich gesinnte Gemüter zu ermessen vermögen.

Zwar würde Gerhardus, bei Gott, lieber der ruhigen Betrachtung der ewigen Wahrheit sich widmen, wenn es nur um ihn ginge. Doch muss er mitansehen, wie der Feind des Menschengeschlechts allenthalben grausam gegen seine Nächsten wütet und alle Macht aufbietet, sie in die Abgründe aller Laster zu stürzen, von denen viele, wie er hofft und sich auch erwiesen hat, durch seine Predigt den Schlingen der Jäger und dem Worte der Verdammnis[135] könnten entrissen werden. Daher wird er vom Eifer für das Haus des des Herrn ergriffen[136] und von der Liebe zu seinen Nächsten entflammt, dass er das Wort des Herrn ohne zeitlichen Gewinn für sich, in Armut und demütig, aber wahrhaftig predigen und aussäen könne, wie er es zuvor und gewiss nicht ohne reichliche Frucht gepredigt und ausgesät hat. Und wenn ihm auch die besondere Erlaubnis hierzu verweigert würde, so bittet er wenigstens, dass es den Pfarrherren, die es verlangen, nicht verwehrt werde, ihn predigen zu lassen, da es nach der Gewohnheit der Stadt und des Bistums Utrecht ohnehin bis jetzt ihnen unverwehrt war, auch ohne Eure besondere Erlaubnis, Prediger ihrer Wahl, und zumal wahrhafte und gute, zuzulassen.

135 Ps. 90,3.
136 Ps. 68,10.

Et adhuc, quod absit a dominacione vestra, si contra huiusmodi fructum et contra consuetudinem predictos[a] ipsum Gerhardum velitis a predicacionis exercicio prohibere, rogat et petit humiliter et humilius, ut sibi causas et raciones prohibicionis vestre velitis ostendere, et non sine monicione, que semper debet precedere, ipsum iudicare aut iure suo privare vel a iure suo suspendere, qui paratus est non solum vobis, pater, verum omni homini de singulis que docet publice vel private racionem reddere et sanctis sanctorum radicibus et scripturis veraciter comprobare, et si necesse fuerit ad conspectum summi pontificis deducere."

Epistula[b] magistri[c] Wilhelmi[d] de Salvarvilla cantoris Parisiensis ad papam Urbanum sextum ad impetrandum magistro Gerhardo privilegium predicandi.

„Sanctissimo in Christo patri ac domino nostro domino Urbano divina providencia pape sexto, sacrosancte Romane ac universalis ecclesie summo pontifici, humillimus vestre sanctitatis [113] orator et servitor Wilhelmus[e] de Salvarvilla, cantor Parisiensis, archidiaconus Brabancie in ecclesia Leodiensi.

Beatissime pater, humillima ac devotissima ad pedum oscula beatorum subiectione premissa, zelum Dei habens, nisi[f] fallor, scribo fideliter que sequuntur.

Vir quidam venerabilis nomine Gerhardus Magni[g] dyaconus Traiectensis diocesis, in scienciis liberalibus, naturalibus et moralibus ac etiam in theologia et iure canonico eruditus, qui dudum propter Deum omnia beneficia sua, scilicet prebendas Traiectensem et Aquensem, ac etiam patrimonium suum satis largum reliquit, modica dicti patrimonii parte retenta pro tenui victu suo, cui mundus crucifixus est et ipse mundo, factus est magnus hereticorum persecutor, iusticie et unitatis ecclesie zelator et fervidus predicator in dicta dyocesi contra vicia laycorum et clericorum, nichil ab illis quibus predicat recipiens seu requirens, nullum temporale seu ecclesiasticum petit beneficium, sed desiderat ut liberius et sine impedimento predicare possit, habere super hec[h] commissionem auctoritate apostolica.

[a] predictos] *Hss.;* praedictam *Pohl.*
[b] Epistula] Epistula sequens *K11.*
[c] magistri] *fehlt in K11.*
[d] Wilhelmi] Gwilhelmi *K11, Le1/2, P1;* Guilhelmi *N1, Vi1.*
[e] Wilhelmus] Gwilhelmus *K11, Le1/2, P1, Vi1;* Guilhelmus *N1.*
[f] nisi] ni *N1, Vi1.*
[g] Magni] Magnus *Pohl.*
[h] hec] hoc *K11.*

Und wenn Ihr dennoch, ungeachtet dieses Nutzens und der erwähnten Gewohnheit dem Gerhardus die Ausübung des Predigtamtes untersagen wollt (was jedoch fern von Eurer bischöflichen Würde sei), so bittet und fleht er demütig und inständig, ihm die Gründe und Ursachen Eures Verbots zu eröffnen und ihn nicht ohne die immer erforderliche vorherige Ermahnung zu verurteilen oder seines Rechtes zu berauben oder zu suspendieren. Ist er doch dazu bereit, nicht nur Euch, ehrwürdigster Vater, sondern jedem Menschen über alle einzelnen Punkte, die er öffentlich oder privat lehrt, Rechenschaft zu geben und sie aus den Quellen der heiligen Schrift und den Vätern wahrhaft zu erweisen, ja, wenn es notwendig wäre, sogar vor dem Angesicht des Oberhauptes der Kirche zu erörtern."

Schreiben des Magisters Wilhelmus von Salvarvilla, Kantors zu Paris, an Papst Urban VI., mit der Bitte um Predigterlaubnis für den Magister Gerhardus[137].

„An unseren heiligen Vater und Herrn in Christus, Urban den Sechsten, durch Gottes Vorsehung Papst der heiligen römischen und universalen Kirche, der demütige Bittsteller und Diener seiner Heiligkeit Wilhelm von Salvarvilla, Kantor zur Paris, Erzdiakon der Kirche zu Lüttich in Brabant.

Heiliger Vater, zunächst werfe ich mich demütig und fromm zum Kuss Eurer ehrwürdigen Füße nieder und schreibe Euch sodann aufrichtig und im Eifer für Gottes Ehre, wie ich hoffe, was nun folgt.

Ein aller Ehre würdiger Mann namens Gerhardus Grote, Diakon des Bistums Utrecht, wohl gelehrt in den freien Künsten, in den naturkundlichen und moralischen Wissenschaften sowie in der Theologie und dem kanonischen Recht, hat schon seit langem um Gottes willen nicht nur auf seine geistlichen Pfründen, nämlich seine Kanonikate zu Utrecht und Aachen verzichtet, sondern auch auf sein ansehnliches väterliches Erbe, von dem er kaum so viel behielt, wie zu seiner äußerst sparsamen Lebensweise genügt: Die Welt ist für ihn gestorben so wie er für die Welt[138]. Er trat auf als ein mächtiger Verfolger der Irrlehrer, als Eiferer für Recht und Einheit der Kirche und glühender Prediger gegen die Laster der Laien und der Priester in jenem Bistum. Dabei hat er von seinen Zuhörern nichts verlangt oder angenommen, auch keine kirchliche Pfründe erstrebt, sondern sein Verlangen geht einzig dahin, dass er kraft apostolischer Gewalt die Vollmacht erhalte, freier und ohne Hindernis predigen zu können.

137 Auch bei MULDER, Nr. 60, S. 223f. Vgl. VAN ZIJL, S. 309ff.
138 Gal. 6,14.

Unde quantum michi potest apparere videretur expediens, quod vestra sanctitas eidem conferret auctoritatem predicandi et contra hereticos inqui-[114]rendi et etiam vestre sanctitatis canonicam iusticiam in suis sermonibus propalandi, in provincia Coloniensi vel saltem in predicta dyocesi Traiectensi.

Presenciam vestre sanctitatis dignetur Altissimus conservare feliciter ad regimen ecclesie sue sancte[a]. Scriptum Leodii xxi die Octobris."

Epitaphium[b] venerabilis[c] magistri Gerhardi Magni

Gherardus Magnus vixit sicut pius agnus,
fecit quod dixit, sicut docuit quoque vixit,
sicut non fictus, mitis satis, et bene strictus.
Lux fuerat cleri per doctrinam quoque veri,
lux fuerat pravis oculis mentis bene gravis.
Hic fuerat spretus quasi pneumate credo repletus,
eius doctrina falsis fuerat quasi spina,
sic simul et vanis oculis mentis male sanis[d]
que[e] falsos lesit, pars iustorum sed adhesit
illi, pro vero fuit utilis hic quia clero,
ut clero laicis, prodesse volens inimicis [115]
doctrina veri. Debet Christus[f] misereri
eius de iure pro tali pondere cure.
Talis namque fore voluit gratis, sed amore
divino tactus, non prebendisque coactus.
Namque resignavit prebendas, sicut amavit
Christum[g]. Sic stravit carnem, pauperes quoque pavit
de propriisque bonis. Tenuit regimen racionis.
Sic fuit exemplo lux in Christi bene templo.
Gerhardus Magnus, quem verus diligit agnus,
sanctorum sortem teneat sic post modo mortem[h]. [116]

[a] sue sancte] sancte sue *K11*.
[b] Epitaphium] Epythavium *R*.
[c] venerabilis] *fehlt in N1*.
[d] sanis] sanctus *Le1/2*.
[e] Que] Qui *P1*.
[f] Christus] Cristus *P1, Vi1*.
[g] Christum] Cristum *K11, Le1/2, N1, P1, Vi1*.
[h] mortem] mortem. Amen *K11*.

Soweit ich absehen kann, scheint es mir daher förderlich, dass Eure Heiligkeit ihm die Vollmacht erteile zu predigen, die Irrlehrer zu bekämpfen und auch die kanonischen Rechte Eurer Heiligkeit in seinen Predigten zu verteidigen, in der Kölner Provinz oder wenigstens im Bistum Utrecht.

Der Allerhöchste wolle uns die Gegenwart Eurer Heiligkeit glückselig erhalten zur Regierung seiner heiligen Kirche. Geschrieben zu Lüttich, am 21. Oktober[139]."

Epitaph des ehrwürdigen Magisters Gerhardus Grote[140]:

Gerhardus Magnus lebte fromm wie ein Agnus,
er tat, was er sagte, und lebte wie er lehrte,
ohne Falsch, recht sanft und streng zugleich.
Ein Licht war er für den Klerus, durch seine wahre Lehre,
ein Licht für verdorbene Augen, eine würdevolle Erscheinung.
Verachtet zwar, doch voll des heiligen Geistes,
war er den Falschen mit seiner Lehre ein Dorn im Auge,
indem er die unrecht Gesinnten verletzte,
während die Gerechten sich ihm anschlossen,
weil er für Klerus und Laien hilfreich war,
auch den Feinden zu nützen bestrebt
mit der Verkündung der Wahrheit. Christus soll sich seiner erbarmen
wegen der Last der Seelsorge, die er trug.
Unentgeltlich tat er dies, allein aus Liebe zu Gott,
nicht um der Pfründen willen.
Denn auf diese hatte er bereits verzichtet,
weil er Christus liebte. Er züchtigte seinen Leib und nährte die Armen
aus seinem eigenen Vermögen. Er befolgte eine planvolle Lebensordnung
und wurde so zu einem Vorbild, einem Licht im Tempel Christi.
Gerhardus Magnus, geliebt vom wahren Agnus,
soll gleich nach seinem Tode das Los der Heiligen teilen.

139 1383.

140 Über diese unbeholfenen Verse urteilte VAN GINNEKEN, S. 364: „verre van smaakvol, ja zelfs eenigszins irriteerend".

LIBER TERCIUS: VITA DOMINI FLORENCII

Incipit prologus in vitam reverendi patris domini Florencii devoti presbiteri et vicarii ecclesie Daventriensis.

Dignum iam arbitror ex ordine promisso[a] aliqua etiam scribere de vita et moribus reverendi patris ac pie memorie magistri Florencii Daventriensis ecclesie presbiteri, quondam magistri Gerhardi discipuli, de quo superius narracionem peregi. Et rectus iam ordo loquendi procedit, ut qui bone[b] arboris ubertatem in Gerhardo ostendi, qui fuit nostre devocionis fundator, iam in pio Florencio eius discipulo aperiam speciosi floris dulcedinem, qui eiusdem devocionis imitator extitit et ferventissimus propagator. Cuius humiles et tractabiles mo-[117]res profecto sunt anime languentis flores medicinales, et sancte eius virtutes novellos instruunt et provectos.

Obsecro autem te frater bone, ne simplicitatem eloquii mei ad iniuriam illustris sacerdotis retorqueas, qui erat humilitatis et simplicitatis amator, sed bona audita pio consideracionis oculo inspicias et perlegas. Esto sicut apis prudentissima sugendo mel dulce de floribus pulchris in prato virenti, atque ad edificacionem status et ordinis tui dilecti patris nostri Florencii virtutum germina et exempla tamquam flores rosarum et lilia redolencia in ortulo pectoris tui diligenter insere et reconde, ut in bono semper proficias et in amore Christi amplius inardescas. Ipse enim fuit insigne virtutis speculum et cunctis Deo servire cupientibus ad celeste regnum singulare iuvamen. De quo tanto fidencius valeo loqui, quanto apercius eum agnovi et sepius sibi astiti et ministravi.

Novicius:

Opus quod rogatu meo et aliorum instantia[c] incepisti, ad honorem Dei perfice. Erit enim delectabile posteris audire quam clara luminaria in finibus nostris emicuerunt. Quorum meritis tu [118] quoque particeps esse poteris, si ea que gratis accepisti, ceteris in caritate studeas impartiri.

Senior:

Laboriosum opus quod aggredior et quod scienciam meam ac vires imbecilles excedit. Nam pocius eligerem ab aliis[d] dictata in silencio legere, quam rusticitate mea claritatem illustrium virorum barbari-

[a] promisso] praemisso *Sommalius, Pohl.*
[b] bone] *K11, Le1/2, P1, Vi1;* boni *R, N1.*
[c] instantia] instanter *R, Sommalius.*
[d] aliis] his *Le1/2, Vi1.*

DRITTES BUCH: LEBEN DES HERRN FLORENS

Prolog zum Leben des ehrwürdigen Herrn Florens, des frommen Priesters und Vikars der Stiftskirche zu Deventer.

Ich halte es nun für angebracht, dem angekündigten Plan gemäß auch etwas zu schreiben vom Leben und Charakter des ehrwürdigen Vaters und Magisters Florens seligen Andenkens, des Priesters der Stiftskirche zu Deventer und einstigen Jüngers des Magisters Gerhardus, von dem ich oben erzählt habe. Denn das ist der rechte Gang der Darstellung, dass ich zuerst Gerhardus, den Begründer unserer devoten Lebensform, als fruchtbaren Baum gezeigt habe und nun die Blütenpracht seines frommen Schülers Florens entfalte, der diese Devotion befolgt und mit glühendem Eifer verbreitet hat. Und wahrlich, seine demütigen und freundlichen Sitten sind wohlriechende Arzneiblumen für schmachtende Seelen, und seine heiligen Tugenden belehren sowohl Anfänger als auch Fortgeschrittene.

Ich bitte dich aber inständigst, mein frommer Bruder, dass du die Einfalt meiner Rede nicht zum Nachteil dieses vortrefflichen Priesters wendest, der ein Liebhaber der Demut und Einfalt war, sondern alles, was du an Gutem vernimmst, mit den Augen frommer Betrachtung anschauen und lesen mögest. Sei wie eine kluge Biene, die süßen Honig aus den schönen Blumen der grünenden Au saugt, und zur Erbauung deines Ordens und deines Standes magst du die Tugendtriebe und Beispiele unseres geliebten Vaters Florens gleich lieblich duftenden Lilien und Rosen im Garten deines Herzens einpflanzen und bergen, um stets im Guten fortzuschreiten und eifriger in der Liebe Christi zu entbrennen. Denn ein leuchtender Spiegel der Tugend war er und half allen, die Gott zu dienen verlangten, auf dem Weg zum himmlischen Reich. Und umso zuversichtlicher darf ich hierüber sprechen, als ich ihn genauer kannte, ihm oft zur Seite stand und diente.

Novize:

Vollende das Werk, das du auf meine Bitte und das Drängen anderer begonnen hast, zur Ehre Gottes. Denn erfreulich wird es den Nachkommen sein zu hören, welche glänzenden Leuchten in unserem Land erstrahlten. Auch du kannst an ihren Verdiensten teilhaben, wenn du das, was du umsonst empfangen hast, andern in Liebe mitzuteilen dich bemühst.

Senior:

Mühsam ist das Werk, das ich beginne, und übersteigt mein Wissen und meine schwachen Kräfte. Lieber möchte ich etwas, das andere verfasst haben, in der Stille lesen, als durch meinen plumpen und ungebildeten Stil den Glanz großer Männer verdunkeln. Da du aber in

sando obscurare. Verum tu, qui non apices litterarum sed virtutes morum queris in litteris, propter inopiam dictaminis non debes aspernari margaritas in vilibus conchis. Fateor namque impericiam meam non posse sufficere ad tanti patris vitam describendam, sed in templo Dei offero pilos caprarum ad operiendum tectum tabernaculi, qui lapides preciosos[a] non habeo ad ornandam[b] clamidem sacerdotis. Denique durum et ingratum michi indigno videtur, si tam dilecti patris virtutes reticerem, qui michi et multis aliis benefecit in vita, et primo traxit ad Dei servicium ac tandem direxit ad monasterii portum. Unde pro graciarum actione et dulci recordacione eius libens sibi rependo muneris vicem[c] hoc opusculum conficiendo post eius decessum.

Sit igitur pro aliquanta excusacione operis presumpti ingens affectus patris [119] reverendi, cuius memoriam inter devotos opto semper et ubique florere. Dominus autem Iesus, qui duo minuta pauperis vidue non sprevit, michi exiguo in futuro recompenset, quod pia intencione in eius gazophilacium mitto manum, doctioribus[d] meis[e] alciora reservans. Nam et propriam calamitatem sciens correctioni me subdo maiorum.

Iuvet me, obsecro, devota mens orando, et si quid edificacionis hauserit hec scripta legendo, laudet Deum de universis donis suis, et sit gratus[f] etiam in parvis.

Explicit prologus[g].

Incipiunt capitula libri tercii[h].

[a] lapides preciosos] lapides *Le1/2, Vi1.*
[b] ornandam] ornandum *Le1/2.*
[c] muneris vicem] munus *K11, Le1/2, Vi1.*
[d] doctioribus] doctoribus *K11, Le1/2, P1, Vi1.*
[e] meis] me *Sommalius; Pohl.*
[f] gratus] grata *Sommalius; Pohl.*
[g] Explicit prologus] *fehlt in K11, Le2, P1.*
[h] Incipiunt capitula libri tercii] capitula libri tercii *K11; fehlt in Le2.*
[i] Radewyni] Radewini *K11, Le1/2, N1, P1, Vi1.*

den Schriften nicht hohe Kunst, sondern Tugendlehre suchst, darfst du nicht wegen der Dürftigkeit des Geschriebenen die in unscheinbarer Muschel verborgenen Perlen verschmähen. Ich gestehe, dass ich zu ungeübt bin, um das Leben des so großen Vaters angemessen zu beschreiben, sondern gleichsam im Tempel Gottes nur Ziegenhaare opfere für die Decke der Stiftshütte[1], da ich keine kostbaren Edelsteine habe, um das Gewand des Hohenpriesters zu schmücken. Doch wenn ich auch unwürdig bin, hielte ich es für hartherzig und undankbar, die Tugenden dieses so geliebten Vaters mit Stillschweigen zu übergehen, der mir und vielen andern im Leben Gutes getan, mich zuerst für den Dienst Gottes geworben und schließlich in den Hafen des Klosters geleitet hat. Dankbar und in warmer Erinnerung widme ich ihm als Gegengabe jetzt nach seinem Tode die Abfassung dieses kleinen Werks.

Es sei also eine gewisse Entschuldigung für das angemaßte Vorhaben die große Liebe zu diesem ehrwürdigen Vater, dessen Gedächtnis, so wünsche ich, bei den Devoten immer und überall lebendig bleibe. Der Herr Jesus aber, der die zwei Heller der armen Witwe nicht verschmähte[2], wolle mir Armem im künftigen Leben vergelten, dass ich in frommer Meinung etwas in seine Schatztruhe lege und erhabenere Dinge denen überlasse, die gelehrter sind als ich. Denn im Bewusstsein meiner Unzulänglichkeit unterwerfe ich mich der Zurechtweisung meiner Oberen.

Der fromme Sinn (des Lesers) möge mich, so bitte ich, durch sein Gebet unterstützen, und wenn er aus der Lektüre dieser Schrift Erbauung schöpft, lobe er Gott für alle seine Gaben und sei dankbar auch für kleine Dinge.

Dies sind die Kapitel des dritten Buchs:

1 Vgl. Ex. 36,14.
2 Mc. 12,42; Lc. 21,2.

Expliciunt capitula

Incipit[c] liber tercius[d] [121]

De humilitate Christi quam dominus Florencius studuit imitari. Capitulum I.

Flos omnium virtutum omniumque scienciarum magister et Dominus noster Iesus Christus ab humilitate et mansuetudine normam vivendi incepit, quam et discipulis suis tamquam legittimam regulam tradidit

a reconvaluit] convaluit *Le1/2.*
b De quadam visione...sua] *fehlt in K11, Le1/2, Vi1.*
c Expliciunt capitula...Incipit] *fehlt in K11, Le1/2, N1, P1, Vi1.*
d liber tercius] *in K11 auf dem Rand; fehlt in N1, Vi1.*

Kapitel 1:
Von der Demut Christi, die Herr Florens eifrig nachahmte.

Unser Herr Jesus Christus, die Blüte aller Tugenden und der Lehrer aller Wissenschaften, stellte Demut und Milde an den Anfang seiner Lebensordnung, die er auch seinen Jüngern als Gesetz zur Befolgung

observando dicens: „Discite a me, quia mitis sum et humilis corde, et invenietis requiem animabus vestris.“ Hanc autem vere humilitatis virtutem, que rectissima via est ad celeste regnum promerendum, secutus est devotus et humilis sacerdos Christi magister Florencius filius Radewyni[a], quam usque ad consummacionem vite sue per multos spiritales agones in longa carnis maceracione continentissime vivendo tenuit, donec in eterne beatitudinis requiem pro piis et iustis laboribus a Deo remunerandus introiret.

Sed qualiter ad hanc humilitatis viam pervenerit, referam Deo favente per processus sequentes. Deus enim omnipotens et misericors, qui eum ab eterno in sacerdotem elegit[b] consecrandum ac donis sublimioribus pre-[122]scivit illustrandum, ipse quoque eundem de mundi naufragio mira pietate eripuit et abstraxit atque in sanctioris vite statum et nove prolis palmitem per verbum veritatis efficaciter regeneravit.

De interpretacione nominis Florencii laude triplici. Capitulum II.

Sane non sine presagio future probitatis Florencius Radewyni[c] est appellatus ad celestis patris gloriam et sui generis famam lucidius declarandam. Tunc enim res digna laude geritur, si vita nomini concordat, si fama virtutibus non dissentit, quod utique in sinceris actibus eius comprobatur. Est namque Florencius dulce nomen piis ad nominandum et recolendum, qui talem se exhibuit in vita, ut ab omnibus tam religiosis quam secularibus in maximo amore et reverencia haberetur.

Pulchre autem Florencius quasi flores legens dicitur, propter liberales artes quas olim didicit, in quibus tantum valuit et profecit, ut magister vocaretur et esset. Aut propter divine legis noticiam et sacre theologie libros, quos pre ceteris scienciis libencius legit et super omnes [123] mundi thesauros carius dilexit, quemadmodum propheta in psalmo dicit: „Ideo dilexi mandata tua super aurum et thopasion[d].“

[a] Radewyni] Radevini *korrigiert aus* Radvini *K11;* Radewini *N1, P1;* Radivini *Vi1.*
[b] sacerdotem elegit] sacerdotem sibi elegit *K11, Le1/2, N1, P1, Vi1.*
[c] Radewini] Radevini *korrigiert aus* Radvini *K11;* Radewyni *Le2.*
[d] thopasion] topasion *K11, P1;* thopazion *Le1/2;* topazion *Vi1.*

übergab mit den Worten: „Lernet von mir, denn ich bin sanftmütig und demütig von Herzen, und ihr werdet Ruhe finden für eure Seelen.“[3] Dieser Tugend der wahren Demut aber, die der geradeste Weg zum himmlischen Reich ist, strebte der fromme und demütige Priester Christi, Magister Florens, der Sohn Radewins, eifrig nach und hielt auch daran fest bis an das Ende seines Lebens, in vielen geistlichen Kämpfen, in langer und strenger Abtötung des Fleisches und enthaltsamer Lebensweise, bis er in die Ruhe der ewigen Seligkeit einging, den Lohn seiner frommen und gerechten Mühen von Gott zu empfangen.

Wie er aber auf diesen Weg der Demut gelangte, dies will ich unter Gottes Beistand im folgenden berichten. Denn der allmächtige und barmherzige Gott, der ihn von Ewigkeit zur Priesterweihe erwählt[4] und seine Auszeichnung durch hohe Gaben vorhergewusst hatte, errettete ihn in großer Huld aus dem Schiffbruch dieser Welt und ließ ihn wiedergeboren werden durch das Wort der Wahrheit zu dem Stande eines heiligeren Lebens, dass er als eine fruchtbare Rebe reichen Ertrag brächte.

Kapitel 2:
Deutung des Namens Florens als dreifache Auszeichnung.

Nicht ohne Vorausdeutung auf seine künftige Rechtschaffenheit hatte Florens Radewijns seinen Namen empfangen, als leuchtenden Hinweis auf die Glorie seines himmlischen Vaters und den Ruhm seines Geschlechts. Dann nämlich ist das Handeln lobwürdig, wenn das Leben mit dem Namen übereinstimmt und der Ruf den Tugenden entspricht, was für ihn durch seine untadeligen Werke bestätigt wird. Denn Florens ist den Frommen ein wohlklingender Name, wenn sie ihn nennen und sich an ihn erinnern, da jener sich in seinem Leben so verhielt, dass er von allen Ordens- und Weltleuten gleichermaßen geliebt und verehrt wurde.

Eine schöne Deutung des Namens Florens ist *flores legens* – ‘Blüten lesend’, wegen der freien Künste, die er einst erlernt hatte und worin er so tüchtig und fortgeschritten war, dass er zu Recht den Titel Magister erhielt. Oder auch wegen seiner Kenntnis des göttlichen Rechts und der theologischen Schriften, die er mehr als die übrigen Wissenschaften studierte und mehr liebte als alle Schätze der Welt, wie der Prophet im Psalm spricht: „Ich liebte deine Gebote mehr als Gold und Edelsteine.“[5]

3 Mt. 11,29.
4 Vgl. Ps. 109,4; Hebr. 5,6 und 7,17.
5 Ps. 118,127.

Sed multo pulchrius Florencius dicitur, quasi florem tenens, quia Christum omnium virtutum florem et castitatis amatorem secutus est. Pro cuius amore florentem mundum despexit atque sinceritatem fidei et catholice pacis unitatem firmissime tenuit dicens cum sponsa in Canticis canticorum: „Dilectus meus michi et ego illi, qui pascitur inter lilia. Tenui eum nec dimittam."

Adhuc autem sacraciori sensu et uberiori fructu Florencius dicitur quasi flores colligens, quia multos fratres clericos primeva etate florentes secum in domo sua congregavit, qui seculi vanitate despecta humiliter et devote altissimo Domino in castimonia vite et fraterna caritate servierunt, secundum quod sanctus David gratulabunda voce decantat: „Ecce quam bonum et quam iocundum habitare fratres in unum."

Hos cum tanta disciplina et spirituali fervore rexit[a] et educavit, ut esset domus domini Florencii scola celestis exercicii, speculum sanctitatis, ornatus morum, exemplar virtutum, aditus pauperum, conventus clericorum, instructio laicorum, refugium devotorum et [124] tocius boni inicium et profectus. Ex hac quippe domo quam plures notabiles et litterati viri spiritum devocionis conceperunt et veluti apes dulcedine mellis referte de alveario pleno ad fructificandum in aliis locis longius processerunt, et Deo benedictionem dante non modicum fructum effecerunt, ut de his merito dicere libeat, quia flores apparuerunt in terra nostra.

De interpretacione nominis patris sui Radewyni[b]. Capitulum III.

Sed nec absurdum videatur, si paterni nominis vocabulum mistice exponatur, quia hoc ad laudem tanti viri non parum tendere estimatur. Apte ergo satis Radewynus[c] dicitur quasi radius divinus. Quo nomine recte Christus intelligitur qui est splendor Patris, mundum illuminans sapiencie sue luce, vita pura, doctrina vera, miraculis sanctis et revelacionibus multis. Qui et apostolos suos tamquam veri solis radios misit in orbem terrarum, ad predicandum verbum suum et ad dandum exemplum bonum fidelibus cunctis, ita ad eos inquiens: „Sic luceat lux vestra

a rexit] *Sommalius;* texit *Hss., Pohl.*

b Radewyni] Radvini *K11;* Radewini *Le2.*

c Radewynus] Radevinus *korrigiert aus* Radvinus *K11;* Radewinus *Le2, N1, P1, Vi1.*

Schöner noch wird Florens gedeutet als *florem tenens* – 'eine Blume haltend', weil er Christus, der Blume aller Tugenden und dem Liebhaber der Keuschheit nachfolgte. Aus Liebe zu ihm hat er die blühende Welt verachtet und die Reinheit des Glaubens und die Einheit des katholischen Friedens standhaft bewahrt, um mit der Braut im Hohenliede zu sprechen: „Mein Geliebter ist mein und ich bin sein, der unter Lilien weidet. Ich halte ihn fest und werde ihn nicht entlassen."[6]

In noch heiligerem Sinne jedoch und im Hinblick auf reichlichere Frucht wird Florens gedeutet als *flores colligens* – 'Blumensammler', weil er in seinem Hause viele geistliche Brüder aufsammelte, die in der ersten Blüte ihrer Jugend waren und die Eitelkeit der Welt verachtend dem Herrn demütig und andächtig in Keuschheit des Lebens und brüderlicher Liebe dienten, wie der heilige David mit frohlockender Stimme singt: „Sieh, wie gut und wie erfreulich es ist, dass Brüder zusammen wohnen!"[7]

Diese aber leitete und erzog er in so großer Zucht und geistlichem Eifer, dass das Haus des Herrn Florens eine Schule himmlischer Ordnung, ein Spiegel der Heiligkeit, eine Zierde der Sitten, ein Vorbild der Tugenden, eine Zuflucht der Armen, eine Gemeinschaft der Geistlichen, eine Schule der Laien, eine Stätte der Andächtigen und der Anfang und Fortgang alles Guten war. Denn in diesem Hause empfingen nicht wenige bedeutende und gelehrte Männer den Geist der Frömmigkeit und gingen gleich Bienen mit der Süßigkeit des Honigs erfüllt von dem vollen Bienenstock aus, um an anderen, entfernten Orten fruchtbar zu wirken. Und sie brachten auch mit Gottes Segen und Beistand so viele Früchte, dass sich zurecht von ihnen sagen lässt: „Blumen sind hervorgekommen in unserem Lande."[8]

Kapitel 3:
Deutung des Namens seines Vaters Radewinus.

Man soll es aber auch nicht für ungereimt halten, wenn der Name seines Vaters in mystischem Sinne gedeutet wird, da dies nicht wenig zum Lob des so großen Mannes beiträgt. Recht passend also heißt Radewinus gleichsam *radius divinus* – 'göttlicher Strahl'. Denn dieser Name ist eigentlich auf Christus zu beziehen, der als Abglanz des Vaters die Welt durch das Licht seiner Weisheit, durch ein reines Leben, durch wahre Lehre, heilige Wunder und viele Offenbarungen erleuchtete und auch seine Apostel gleich Strahlen der wahren Sonne auf den Erdkreis aussandte, sein Wort zu verkünden und allen Gläubigen ein gutes Beispiel

6 Cant. 2,16; 3,4.
7 Ps. 132,1.
8 Cant. 2,12.

coram hominibus, ut videant [125] opera vestra bona et glorificent patrem vestrum, qui in celis est.“ Bene ergo Florencius filius Radewyni[a] dictus est, qui a Christo in spem vivam regeneratus ab ipso irradiari meruit et accendi, ut[b] terrena despiceret et celestia ardenter amaret.

Et si idem nomen Radewynus[c] ex teutonico transferatur ad latinum, ‘consilium’ exprimit et ‘vinum’. Que duo simul Florencio optime adaptantur, qui consilium mundane sapiencie reliquit et divine legis mandatis se subdidit iuxta illud psalmiste: „Nam et testimonia tua meditacio mea est et consilium meum iustificaciones tue.“ Cui etiam Christus pro delectacionibus vanis et carnalibus, quas[d] mundus offert suis amatoribus, gustum interne suavitatis prestitit, quam mundus accipere non meretur, et spiritualis leticie vino, dum divina misteria celebraret, cor eius et animam potissime replevit, ut omnia interiora eius divini amoris incendio ferverent atque in voce exultacionis cum propheta devotissime iubilaret dicens: „Cor meum et caro mea exultaverunt in Deum vivum.“

Tunc enim totus intra se collectus et supra se[e] in spiritu raptus semet ipsum hostiam viventem ac Deo placentem obtulit multumque fideliter pro sancta ecclesia et omni populo chri-[126]stiano suppliciter intercessit. In quo sacro convivio deificam[f] in suo fonte dulcedinem gustans et pre magnitudine divine largitatis amorose[g] liquefactus cum magna graciarum actione hec mistica verba ruminabat: „Quam magna multitudo dulcedinis tue Domine, quam abscondisti timentibus te.“

Sed his iam prelibatis ad rerum gesta stilus vertatur.

De patria eius et profectu in studio Pragensi. Capitulum IIII.

Reverendus pater et devotus sacerdos Christi magister Florencius vicarius fuit ecclesie Daventriensis, per predicacionem venerabilis magistri Gherhardi Magni divina gracia opitulante conversus. Cuius factus humilis auditor per omnia studuit eius fieri imitator. Et salutaribus consi-

a Radewyni] Radewini *K11, N1, P1;* Raduwini *Vi1.*

b regeneratus ab ipso irradiari meruit et accendi, ut] *in R auf dem Rand.*

c Radewynus] Radewinus *K11, N1, P1, Vi1.*

d quas] *korrigiert aus* que *Vi1, Sommalius, Pohl;* que *Hss.*

e se] se [pe] *mit anderer Hand korrigiert aus* se *R;* se *P1;* sepe *K11, Le1/2, N1, Vi1.*

f deificam] deificum *K11, Vi1.*

g amorose] amorosa *Le1/2, Vi1.*

zu geben, als er zu ihnen sprach: „Also leuchte euer Licht vor den Menschen, dass sie eure guten Werke sehen und euren Vater verherrlichen, der im Himmel ist.“[9] Zurecht also wurde Florens ein Sohn Radewins genannt, da er durch Christus zur Hoffnung des Lebens wiedergeboren, von ihm so durchstrahlt und entzündet zu werden verdiente, dass er das Irdische verschmähte und die himmlischen Dinge glühend liebte.

Übersetzt man aber den Namen Radewinus vom Deutschen ins Lateinische, so bezeichnet er *consilium* – ‘Rat’ und *vinum* – ‘Wein’. Beides passt bestens zu Florens, der den Rat weltlicher Weisheit verließ und den Geboten des göttlichen Gesetzes sich unterwarf, gemäß jenem Wort des Psalmisten: „Deine Zeugnisse sind meine Betrachtung, deine Satzungen mein Rat.“[10] Auch verlieh Christus ihm statt nichtiger und fleischlicher Ergötzungen, die die Welt ihren Liebhabern bietet, den Geschmack innerer Süßigkeit, den die Welt nicht zu empfangen verdient, und erfüllte ihm Herz und Seele mit dem Wein geistlicher Freude, wenn er die göttlichen Geheimnisse feierte, dass sein Inneres vom Brand göttlicher Liebe erglühte und er mit dem Propheten in frommen Jubel ausbrach und rief: „Mein Herz und mein Fleisch jauchzten zum lebendigen Gott.“[11]

Dann nämlich brachte er sich selbst als lebendiges und Gott wohlgefälliges Opfer dar, innerlich ganz gesammelt und über sich hinaus im Geiste entrückt, und leistete getreulich wirksame Fürbitte für die heilige Kirche und das ganze christliche Volk. In diesem heiligen Gastmahl kostete er aus der Quelle göttlicher Süße. Er schmolz dahin in Liebe vor der Größe der Gaben Gottes und bedachte in großer Dankbarkeit die mystischen Worte: „Wie groß, o Herr, ist die Fülle deiner Süßigkeit, die du verborgen hast für die, so dich fürchten!“[12]

Doch nach dieser Einleitung wollen wir uns jetzt der Geschichte zuwenden.

Kapitel 4:
Von seiner Heimat und seinem Erfolg im Studium zu Prag.

Der ehrwürdige Vater und fromme Priester Christi Magister Florens, Vikar der Stiftskirche zu Deventer, war durch die Predigten des verehrten Magisters Gerhardus Grote unter dem Beistand der göttlichen Gnade bekehrt worden. Er war dessen demütiger Zuhörer und bemühte sich auf alle Weise, sein Nachahmer zu werden. Dankbar nahm

9 Mt. 5,16.
10 Ps. 118,24.
11 Ps. 83,3.
12 Ps. 30,20.

liis gratanter acceptis ipsum sicut patrem carissimum[a] et sue salutis genitorem dilexit ac summa cum reverencia ut decuit semper et ubique honoravit. Unde iterum ab ipso inter ceteros discipulos suos amplius diligi meruit et pre ceteris dignius commendari ob specialem morum suorum venu-[127]statem et modestiam, qua eminenter preditus fuit ac religiosius refulsit.

Hic igitur de civitate Leyerdam[b] in terra nobilis domicelli de Erkel[c] originem nativitatis duxit, que circa fines Hollandie sita tribus fere miliaribus a Traiectensi civitate distat. Huius pater Radewynus[d] nomine vir quidem erat inter suos fama notissimus, rebus ac facultatibus secundum status sui exigenciam decenter adornatus. Qui filio suo Florencio ad studium Pragense pergenti pium assensum prebuit et iuvamen. Nam tunc temporis apud Pragam Bohemie studium privilegiatum latissime floruit et multi de partibus inferioribus illuc expedicius pergebant. Fit cito artista bonus, qui erat ingenio clarus et in proficiendo studiosus, alacer[e] inter scolares, pius ad domesticos, reverendus erga magistros.

Post hec ad patriam suam cognatosque revertitur et pro magisterii gradu honorifice suscipitur. Congaudent universi amici cum vicinis eximie, quod iocunda eius presencia salubri prosperitate post tanta terrarum spacia et pericula divinitus concessa frui ac consolari merebantur. Siquidem matura eius de studio reversio grandis extitit amicorum exultacio, sed Deo melius disponente facta est eterne salutis sue [128] felix preparacio, quia non longo[f] post tempore lapso factus est verus Christi discipulus de magistro.

Cui etiam pius Dominus cum de Pragis rediret rem satis mirandam ostendit, in qua misericordiam eius manifeste cognovit. Nam cum ad quandam profundam vallem pervenisset, sequebatur eum currus cum impetu magno de monte descendens[g]. Quem declinare non valens et periculum corporis metuens, cum iam humanum deesset auxilium, confugit ad divinum. Et invocato omnipotente Domino affuit gracia Salvatoris immensa. Vidit namque, quod dictu mirabile est, mox ut Dominum invocasset, currum eundem antecedere se per viam qua tendebat, et omne periculum esse sublatum. Quod factum erga se miraculose gestum Deo totum asscripsit, qui tribulatos corde sanat et ab omni angustia liberat ad se clamantes.

a carissimum] karissimum *K11.*
b Leyerdam] Lederdam *K11, Le1/2, N1, P1, Vi1.*
c Erkel] Arkel *K11, P1.*
d Radewynus] Radewinus *K11, N1, P1, Vi1.*
e alacer] *K11, Le1/2, N1, P1, Vi1;* alicer *R.*
f longo] longe *R, Pohl.*
g de monte descendens] descendens de monte *Le1/2, Vi1.*

er seinen heilsamen Rat an, liebte ihn wie seinen teuersten Vater und Urheber seines Heils und erwies ihm demgemäß immer und überall höchste Ehrerbietung. Dadurch wiederum verdiente er mehr als alle seine übrigen Jünger von ihm geliebt und wegen seiner gefälligen Art und seiner Bescheidenheit, die ihm eigen war und frommen Glanz verlieh, den übrigen vorgezogen zu werden.

Er stammte aus der Stadt Leerdam im Land des Herrn von Arkel, die nahe der Grafschaft Holland etwa drei Meilen von der Stadt Utrecht gelegen ist. Sein Vater, Radewinus genannt, war ein Mann, der bei den Seinen großes Ansehen genoss und über ein standesgemäßes Vermögen verfügte. Mit seiner Zustimmung und Unterstützung begab sich sein Sohn Florens zum Studium nach Prag. Denn damals stand die privilegierte Universität Prag in Böhmen weit und breit im glänzendsten Ruf, weshalb auch aus den Niederlanden viele dahin reisten. Dort also wurde er in kurzer Zeit ein guter Student, denn er war begabt und eifrig, ehrgeizig unter seinen Mitschülern, aber dabei auch freundlich gegen die Hausgenossen und ehrerbietig gegen die Lehrer.

Nach seinen Studien aber kehrte er in seine Heimat zu seinen Verwandten zurück und wurde als graduierter Magister mit Ehren empfangen. Gar sehr erfreuten sich alle Freunde und Nachbarn über seine willkommene Ankunft nach so großen Reisen und Gefahren in fremden Ländern, die er mit Gottes Hilfe wohlbehalten überstanden hatte. Doch während seine so baldige Rückkehr von der Universität großen Jubel unter den Freunden erregte, machte Gottes bessere Fügung daraus die glückliche Vorbereitung zu seinem ewigen Heil, wurde doch nach kurzer Frist aus dem Magister ein wahrer Schüler Christi.

Auch hat ihm der gütige Herr bei der Rückreise von Prag durch ein wunderbares Ereignis seine Barmherzigkeit klar zu erkennen gegeben. Denn als er in ein tiefes Tal gekommen war, folgte ihm ein Wagen, der mit aller Gewalt vom Berge hinabrollte und dem er auf keine Weise auszuweichen vermochte. Da es ihm nun in dieser äußersten Lebensgefahr an aller menschlichen Hilfe gebrach, nahm er seine Zuflucht zu Gott. Und kaum hatte er den Namen des allmächtigen Herrn angerufen, als auch schon des Erlösers unermessliche Gnade zur Stelle war. Denn im Augenblick seines Gebets sah er, o Wunder, den Wagen statt in seinem Rücken plötzlich vor sich auf dem Wege, womit alle Gefahr verschwunden war. Dieses Wunder seiner Rettung aber schrieb er Gott allein zu, der jene heilt, die betrübten Herzens sind, und diejenigen, die zu ihm rufen, aus aller Not befreit[13].

[13] Vgl. Ps. 33,19 (iuxta LXX: *qui tribulato sunt corde* [...] *salvabit*), sowie Ps. 33,5 (iuxta Hebr.: *de omnibus angustiis meis liberavit me*).

De honestate morum eius inter seculares. Capitulum V.

Erat autem morum honestate conspicuus, letus inter sodales, affabilis verbis, liberalis expensis, facie ve-[129]nustus, statura gracilis et mediocriter procerus. Quem Deus aliquo tempore permisit in seculo versari et eius insanias falsas experiri, sed non finaliter periclitari, ut nemo converti volens de venia desperet, quando hunc tam cito in melius mutatum cognoscit.

Quodam namque tempore invitatus est cum multis amicis ad nupcias seculares. Cumque in itinere simul pergerent, egit aliquid pro solacio amicorum promptissime eis obsequendo et leticiam exhibendo. Precidit itaque ramos virentes de arboribus[a], quibus secum allatis obumbravit in vehiculo sedentes, ut magnos inde mereretur habere favores. Nondum enim sciebat quid Dominus de se facturus esset, nec advertit quanto studio conscienciam suam interius ornare cum virginibus sanctis debuisset, ut ad celestes nupcias dignus esset intromitti. Sed nec spiritales epulas in nupciis Christi noverat, ideo secularibus conviviis interesse gaudebat. Verum Deo miserante non diu in hac vanitate permansit, sed ad magnam devocionis graciam omnem mundi suavitatem superantem felici vocacione pervenit.

Prefiguravit tamen istud factum seculare aliquod bonum in eo futurum, quia ipse Dei gracia mutatus in virum [130] spiritualem plures secum contubernales invitaturus esset ad nupcias civium supernorum, ubi sponsus immortalis Iesus Christus cum omnibus sanctis convivatur in secula seculorum. Hoc postea verissime claruit multis fratribus per eum devote conversis, sicut etiam manifeste oculis meis conspexi et tota Daventria novit.

De conversione eius per predicacionem magistri Gerhardi. Capitulum VI.

Nec distulit pietas Salvatoris nostri succurrere ovicule erranti, que inter nebulas glorie secularis versabatur non sine periculo grandi. Cum igitur tempus miserendi eius advenisset, pius pastor animarum ovem

[a] ramos virentes de arboribus] ramos de arboribus *K11*.

Kapitel 5:
Von der Ehrbarkeit seiner Sitten im weltlichen Leben.

Er war aber von vorbildlicher Ehrbarkeit seiner Sitten, fröhlich unter seinen Gefährten, freundlich in seinen Worten, freigebig, schön von Angesicht, von angenehmer Gestalt und mittlerer Statur. Und Gott ließ es zu, dass er eine Zeit lang in der Welt lebte und ihre Eitelkeit und Falschheit kennenlernte, ohne doch in äußerste Gefahr zu geraten, auf dass niemand, der sich bekehren will, an der Verzeihung seiner Sünden verzweifelt, wenn er wahrnimmt, wie rasch jener zum Besseren gewandelt wurde.

Einst wurde er zusammen mit vielen Freunden zu einer Hochzeitsfeier eingeladen. Auf dem Wege dorthin wollte er seinen Freunden eine Gefälligkeit erweisen und sie erheitern und schnitt grüne Zweige von den Bäumen, um ihnen damit auf dem Reisewagen Schatten zu spenden und sich so bei ihnen beliebt zu machen. Denn noch wusste er nicht, welche Absichten der Herr mit ihm hatte, und bedachte auch nicht, dass es ihm dringlicher wäre, sich zusammen mit den heiligen Brautjungfrauen[14] innerlich in seinem Gewissen zu schmücken, um würdig zur himmlischen Hochzeit zugelassen zu werden. Auch kannte er nicht die geistlichen Speisen der Vermählungsfeier Christi, so dass er noch Gefallen daran fand, an weltlichen Gastmählern teilzunehmen. Doch blieb er durch Gottes Barmherzigkeit nicht lange in dieser Nichtigkeit befangen, sondern gelangte durch glückselige Berufung des Herrn zur Gnade einer Frömmigkeit, die alle Vergnügung der Welt übersteigt.

Gleichwohl war jenes weltliche Ereignis eine Vorausdeutung auf das Gute, das mit ihm geschehen sollte. Denn durch Gottes Gnade in einen geistlichen Menschen umgewandelt, würde er viele Gefährten zur Hochzeitsfeier der Himmelsbürger einladen, bei der Jesus Christus, der unsterbliche Bräutigam, mit allen seinen Heiligen ein Gastmahl feiert von Ewigkeit zu Ewigkeit. Dies erwies sich später an den vielen durch ihn zur Frömmigkeit bekehrten Brüdern, wie ich selbst es mit eigenen Augen gesehen habe und es in ganz Deventer bekannt ist.

Kapitel 6:
Von seiner Bekehrung durch die Predigten des Magisters Gerhardus.

Nicht länger schob es aber die Milde unseres Erlösers auf, dem irrenden Schäflein zu Hilfe zu eilen, das unter großer Gefahr im Nebel weltlichen Ruhms sich verlor[15]. Als daher die Zeit gekommen war, sich

14 Vgl. Mt. 25,1-13.
15 Vgl. Mt. 18,12.

suam precio sanguinis sui care redemptam de medio laqueorum caute subtraxit et ad sancte congregacionis caulam, quam recturus erat, clementer induxit. Predicante namque venerabili magistro Gerhardo Magno evangelium Christi per dyoecesem Traiectensem, multi clerici et layci audito verbo Dei reliquerunt vanitates seculi, cupientes evadere penas ignis eterni et regna celestia per penitenciam et luctum ad-[131]ipisci. Viva etenim vox magistri predicantis tanto forcius valuit in cordibus audiencium, quanto perfectius ceteros preibat in via virtutum, ut fidem sermonibus eius daret sancta conversacio in operacione ostensa.

Cum igitur Daventrie apud sanctam Mariam ferventer predicaret, affuit etiam magister Florencius diligenter auscultans quid diceret, et lumine celestis sermonis sapienter foris instructus mox interius irradiatus est et corde compunctus. Solebat enim predicator egregius interdum oculos suos dirigere ad astantes et pro audiencium qualitate ac utilitate sermonem suum formare in altum vel longum per fervoris excessum, quemadmodum cupidi piscatores ibi lacius sua retia[a] laxant, ubi plures pisces confluxisse coniecturant.

Divina itaque inspiracione actum est, ut magister Florencius etate iuvenili decorus et sufficienter prebendatus vocem Domini libenter audiret et sonitum celestis fistule non surda aure pertransiret, sed ad se utiliter traxit, quod ad omnes generaliter per os magni predicatoris emanavit. Erat enim de ovibus illis, de quibus Salvator noster predixit: „Oves mee vocem meam audiunt, et ego cognosco eas, et sequuntur me.“ [132]

Qualiter seculari vita despecta magistro Gerhardo adhesit. Capitulum VII.

Igitur spiritu Dei afflatus magister Florencius ac rore celesti intime perfusus repente pedem vanitatis retraxit, quem in huius seculi itinere figere ceperat. Perpenditque prudenter, quid sequeretur post fugitiva gaudia carnis, quia profecto mors seva et luctus eternus. Ideoque ne florigeram angelorum patriam amitteret, falsos mundi honores spernere decrevit et humilem vitam Christi sectari pro optimo duxit. Cu-

a sua retia] sua rethia *K11, P1;* rethia sua *Le1/2;* recia sua *Vi1.*

seiner zu erbarmen, löste der fromme Seelenhirt das um den Preis seines kostbaren Blutes teuer erkaufte Schaf behutsam aus den Schlingen der Feinde und führte es barmherzig in den Pferch jener heiligen Gemeinschaft, zu deren Lenkung es bestimmt war. Denn als der ehrwürdige Magister Gerhardus Grote das Evangelium Christi im Bistum Utrecht predigte, da verließen viele Kleriker und Laien, die das Wort Gottes vernahmen, die Eitelkeiten der Welt in eifrigem Verlangen, den Strafen des ewigen Feuers zu entkommen und in Buße und Trauer das Himmelreich zu gewinnen. Drang doch die lebendige Stimme des predigenden Magisters umso mächtiger in die Herzen der Zuhörer, als er selbst auf dem Wege der Tugenden allen voranschritt und durch seinen Lebenswandel und seine Taten die Worte der Predigt beglaubigte.

Da er also oftmals in der Kirche unserer Lieben Frau zu Deventer predigte, fand sich auch Magister Florens ein, um seinen Worten zu lauschen, und wurde durch das Licht himmlischer Lehre erst äußerlich unterrichtet und dann auch innerlich erleuchtet und im Herzen erschüttert. Denn der treffliche Prediger pflegte zuweilen seine Augen auf die Umstehenden zu richten und je nach Eigenschaft und Bedürfnis der Zuhörer seine Rede im Feuer der Begeisterung hoch und weit zu spannen, gleichwie eifrige Fischer ihre Netze dort weiter ausbreiten, wo sie vermuten, dass zahlreiche Fische zusammengeströmt sind.

Durch göttliche Eingebung geschah es, dass der durch jugendliche Schönheit und ansehnliches Vermögen ausgezeichnete Magister Florens der Stimme des Herrn gern lauschte und den Klang der himmlischen Flöte nicht mit tauben Ohren überhörte, sondern zu seinem Nutzen das auf sich selbst anwendete, was zu allen insgemein aus dem Munde des großen Predigers ertönte. Denn er gehörte zu jenen Schafen, von welchen unser Erlöser vorhersagte: „Meine Schafe hören meine Stimme, und ich kenne sie, und sie folgen mir.“[16]

Kapitel 7:
Wie er die Welt verließ und dem Magister Gerhardus folgte.

Angeweht also vom Geist Gottes und mit himmlischem Tau im Innersten durchtränkt hielt Magister Florens rasch inne auf dem bereits eingeschlagenen Weg der weltlichen Eitelkeit und bedachte klug, was nach den flüchtigen Vergnügungen des Fleisches folgen würde, nämlich nichts als bitterer Tod und ewige Trauer. Um daher die ewig blühende Heimat der Engel nicht zu verlieren, beschloss er, die falschen Ehren der Welt zu verachten, und hielt es für das beste, dem demütigen Leben Christi nachzufolgen. Da er sah, dass sich Magister Gerhar-

16 Io. 10,27.

piens ergo magistro Gerhardo familiarius loqui, quem vidit magnum zelum animarum ad omnes habere, non differt ad eius reverenciam fidenter accedere, cui quid intus gerebat tamquam amico et secretario Dei ex ordine narrat.

At ille venientem gaudenter acceptans caritatis synum[a] aperit, colloquium desideratum prebet, paratus racionem reddere de quibuscumque voluisset sciscitari. Itaque in unum convenientes et que salutaria sunt dulciter conferentes exardescunt corda amborum in celestibus, vilescunt omnia terrena, ratificantur con-[133]silia bona de divina servitute tenenda. Efficiuntur deinceps in fraternitatis amore unanimes, qui in sancte conversacionis proposito ad paria in Domino fervent. Quibus affuit etiam multiplex gracia Christi, ut non tantummodo sibi, sed et proximis suis proficerent ad salutem. Nam additi sunt illis ad solacium amplioris gaudii et decorem domus Dei nostri quidam litterati et eloquentes viri, qui dono Spiritus sancti vehementer inflammati elegerunt vestigiis Christi firmiter adherere atque per contemptum mundanorum et forcia bella viciorum ad eterna bona transire.

Qualiter ipse iam plene conversus quam plures alios convertit. Capitulum VIII.

Cumque suavissimus divini amoris auster ortulum cordis magistri Florencii crebrius perflaret et fletibus irrigaret, cepit magna devocione fecundari et ad extrahendum alios de sordibus peccatorum pia emulacione moveri. Dedit ergo operam ad habendum fratres spirituales, qui dudum studio litterarum intentus delectabatur socios habere[b] se-[134]culares. Nam igne quo ipse iam erat accensus, cupiebat et alios secum accendere, et lumine quo fuerat a Deo illustratus, non tardavit ad se venientes verbis et exemplis lucidis informare. Suasit igitur clericis ac laycis Deo servire volentibus prava consorcia fugere, ad audiendum verbum Dei properare, humilitatem Christi sectari et sanctorum vitam ad imitandum aspicere, quatenus[c] per continencie virtutem et precepta dominica premia consequerentur eterna.

Nec fuit inutilis labor quem pro lucrandis animabus impendit, sed copiosus inde fructus excrevit. Plures namque iuvenes et virgines eius

a synum] sinum *K11, N1, P1, Vi1.*
b socios habere] habere socios *K11, Le1/2, Vi1.*
c quatenus] quatinus *K11, N1, P1, Vi1.*

dus mit großem Eifer um die Seelen der Menschen sorgte, fühlte er den Wunsch nach einem persönlichen Gespräch mit ihm, zögerte nicht, sich vertrauensvoll an ihn zu wenden, und eröffnete ihm als einem Freund und Vertrauten Gottes der Reihe nach alles, was in seinem Inneren vorging.

Dieser aber empfing den Ankommenden mit Freuden, schloss ihm ein Herz voll Liebe auf und gewährte ihm die begehrte Unterredung, bereit, ihm über alles, was er zu wissen verlangte, Auskunft zu geben. Sie kommen also zusammen und unterhalten sich in freundlicher Weise über die Wege zum Heil. Da begeistern sich die Herzen beider für die himmlischen Dinge, alles Irdische wird belanglos, und sie fassen gute Pläne zur Erfüllung des göttlichen Dienstes. Und die beiden werden nun in brüderlicher Liebe eines Sinnes, da sie in ihrem Vorsatz für ein heiliges Leben nun dasselbe Ziel im Herrn verbindet. Auch war die Gnade Christi in Fülle mit ihnen, dass sie nicht nur einander, sondern auch ihren Nächsten zum Heile nützten. Denn zur trostreichen Freude und zur Zierde des Hauses Gottes schlossen sich ihnen noch einige gelehrte und wortgewandte Männer an, die durch die Gabe des Heiligen Geistes heftig entflammt den Vorsatz fassten, den Spuren Christi unverbrüchlich zu folgen und durch Verachtung weltlicher Dinge und mächtigen Kampf gegen die Laster zu den ewigen Gütern zu gelangen.

Kapitel 8:
Wie er nach seiner Bekehrung viele andere bekehrte.

Und da Magister Florens im Garten seines Herzens immer wieder vom sanften Wind göttlicher Liebe durchweht und mit Tränen betaut wurde, begann die Übung seiner Andacht Frucht zu bringen, und er fühlte sich in frommem Eifer gedrängt, auch andere Menschen dem Sündenschmutz zu entreißen. Er bemühte sich daher, geistliche Brüder zu gewinnen, während er früher, mit dem Studium der Wissenschaften befasst, seine Freude an der Gesellschaft weltlicher Gefährten gefunden hatte. Denn mit dem Feuer, von dem er nun entzündet war, wollte er auch andere entflammen und säumte nicht, mit dem Licht, durch das er von Gott erleuchtet war, diejenigen, die zu ihm kamen, durch leuchtende Worte und Beispiele zu belehren. Den Geistlichen und Laien, die Gott dienen wollten, legte er nahe, schlechten Umgang zu meiden, sich zur Anhörung des Gotteswortes einzufinden, der Demut Christi nachzufolgen und das Leben der Heiligen als Vorbild zu betrachten, auf dass sie durch die Tugend der Enthaltsamkeit und die Gebote des Herrn ewige Belohnungen erlangten.

Und nicht vergeblich war die Arbeit, die er darauf verwandte, Seelen zu gewinnen, denn sie brachte sehr reiche Frucht. Zahlreiche junge

salutari consilio freti relictis parentibus et amicis humiliter et devote incedere ceperunt et secularem vitam odientes apostolico more socialem in Christo conversacionem ducere et alacri corde communem mensam et victum tenuem habere gaudebant. Denique virtutum gradibus singulos proficere hortabatur, orare sepius et temporibus debitis laborare manibus, nec non sacris lectionibus ac[a] meditacionibus insistere compunctivis, quibus fervor devocionis maior acquiratur et horror continuus contra viciorum incentiva habeatur, ne quis per desidiam cordis a dyabolo seducatur. [135]

De pressuris et iniuriis sibi illatis. Capitulum IX.

Intuens hec studia spiritualis exercicii antiquus humani generis hostis graviter doluit et felicibus iniciis ac piis actibus devoti magistri Florencii invidit, non omittens persequi bene agentem. Nam metuens exemplo eius et industria sermonis multa animarum spolia sibi auferri suscitavit adversarios quosdam, qui asperis verbis et derisionibus insuetis iusti simplicitatem impugnarent ad retrahendum eum a bonis inceptis. Sed vir animo mansuetus et ad tolleranda obprobria pro Christo bene animatus, nec verborum iniuriis nec detractionum movetur figmentis, sed velut aranearum tela parvipendit omnia, permanens constantissime in bono quod cepit. Ibat ergo mitis inter perversos, paciens inter obloquentes, nulli malum pro malo reddens, sed tranquillo corde orabat et tacebat aut racionabili verbo imprudencium ora frenabat. Reprehenderunt[b] enim stulti quod ignorabant, et quem humiliter incedere atque omnem levitatem vitare cernebant, hunc protervo sensu multum delirare estimabant[c]. [136]

Ipse autem tamquam flos campi processit verecundo aspectu, grisea tunica indutus et longa toga palliatus. Et sicut lilium inter spinas crescit

[a] ac] et *K11, Vi1.*

[b] Reprehenderunt] Reprehendebant *K11, Le1/2, N1, P1, Vi1.*

[c] hunc protervo...estimabant] *fehlt in K11, Le1/2, Vi1.*

Männer und Jungfrauen verließen im Vertrauen auf seinen heilsamen Rat ihre Eltern und Freunde und begannen sich demütig und fromm zu verhalten. Sie fassten einen Widerwillen gegen das weltliche Leben und fanden Freude daran, in Christus ein Gemeinschaftsleben nach der Weise der Apostel zu führen und frohgemut gemeinsame kärgliche Mahlzeiten zu halten. Endlich ermahnte er jeden von ihnen, sich in der Tugend zu vervollkommnen, oftmals zu beten, zu den vorgeschriebenen Zeiten Handarbeit zu verrichten und sich besonders der Schriftlesung und erbaulichen Betrachtung zu widmen, durch die größerer Andachtseifer erlangt und beständiger Abscheu gegen die Lockungen zur Sünde gehegt wird, damit niemand durch Trägheit des Herzens vom Teufel verführt würde.

Kapitel 9:
Von Bedrängnissen und Beleidigungen, die ihm zugefügt wurden.

Da aber der alte Feind des Menschengeschlechts den Eifer dieser geistlichen Übungen sah, schmerzte es ihn sehr, und voller Missgunst gegen das glückliche Vorhaben und fromme Handeln des andächtigen Magisters Florens unterließ er nicht ihn zu verfolgen, der da Gutes wirkte. Denn da er fürchtete, dass ihm durch dessen Beispiel und unablässige Ermahnungen zahlreiche Seelen entrissen würden, erweckte er ihm manche Widersacher, die durch scharfe Reden und ausfällige Spöttereien[17] die Arglosigkeit des Gerechten angreifen sollten, um ihn von seinem guten Beginnen abzubringen. Aber der sanftmütige Mann, der bereit war, für Christus alle Schmach zu ertragen, ließ sich weder von beleidigenden Worten noch von erfundenen Verleumdungen erschüttern, sondern verachtete dies alles gleich Spinnengewebe und blieb standhaft auf dem guten Weg, den er beschritten hatte. Sanft also wandelte er unter Lasterhaften, geduldig unter Verleumdern, niemandem Böses mit Bösem vergeltend, sondern er betete entweder mit ruhigem Herzen und schwieg oder zügelte durch ein vernünftiges Wort den Mund der Unbesonnenen. Denn diese Toren rügten, was sie nicht verstanden, und meinten in ihrer Keckheit, dass jener, den sie so demütig einhergehen und allen Leichtsinn meiden sahen, nicht mehr ganz bei Verstand sei.

Er aber glich der Blume des Feldes[18] und war in seinem Auftreten von bescheidener Zurückhaltung, angetan mit einem grauen Unterkleide und einem langen Mantel. Und wie die Lilie unter Dornen

17 *derisionibus insuetis*: vgl. Thomas, Chronica Montis S. Agnetis, cap. 4, POHL 7, S. 352: *Fuerunt* [...] *saepe derisi et insueto nomine obprobriose vocati.*

18 Cant. 2,1.

et incisum[a] redolet, sic Florencius derisus inter subsannantes lecior fiebat et odorem noticie sue per pacienciam suaviorem reddidit ac clariorem. Induit enim eum Dominus loricam[b] fidei et virtute constancie militem suum armavit, ut non posset hominum perversitas statum mentis eius evertere, quem gracia Dei roboravit ab intra. Studuit quippe pro nomine Iesu contumelias pati et terrores, sciens scriptum quia „beati eritis, cum maledixerint vobis homines et exprobraverint[c] nomen vestrum tamquam malum propter filium hominis". Attendebat igitur sedulo in auctorem vite Iesum filium Dei, quem Samaritanum et seductorem vocabant Pharisei, qui discipulos suos premonuit multa contraria debere pati a mundanis, quia et ipse prius graviora paciebatur ab emulis Iudeis. „Si me", inquit, „persecuti sunt, et vos persequentur, non est enim servus maior domino suo. Et si patrem familias Beelzebub[d] vocaverunt, quantomagis domesticos eius?"

His itaque sermonibus sanctis strennue confortatus, nec hominum ludibria curavit, nec a vera humilitatis via quam [137] veritas docuit declinavit, sed per contemptum mundi et abnegacionem sui conatus est ascendere ad alta virtutum. Elegit namque pocius abiectus lullardus[e] cum fratribus suis vocari aut insanus a secularibus reputari, quam magnus dominus et magister nominari. Unde quantum in eo fuit, honorificum magistri nomen suppressit voluitque solum simplici nomine Florencius dici, sicut et alii fratres sui, quorum aliqui satis bene litterati erant et ex dicioribus in seculo nati.

Nichil autem preciosum aut nitidum in vestibus habere voluit, nil delicatum in cibis cupivit, nil superfluitatis in necessariis utensilibus admisit, sed simplicia et plana, que humilitatem pretenderent et seculares non offenderent, qui melius docentur humili exemplo quam subtili sermone. Itaque communem vitam sectando et fraternam caritatem

a et incisum] et interscisum *K11;* et inscisum *Le1/2, Vi1.*
b loricam] lorica *korrigiert aus* loricam *K11;* lorica *Le1/2, N1, P1, Vi1.*
c exprobaverint] exprobaverunt *N1, P1.*
d Beelzebub] Beelsebub *korrigiert aus* Belsebub *K11;* Belsebub *P1;* Belzebuch *Vi1.*
e lullardus] lollardus *K11;* lollardus *korrigiert aus* lullardus *Le1.*

wächst[19] und geschnitten noch lieblicher duftet, so war auch der verlachte Florens mitten unter seinen Spöttern noch fröhlicher, und noch lieblicher und herrlicher duftete der Wohlgeruch seines Ruhms durch seine Geduld. Denn es legte der Herr ihm den Harnisch des Glaubens an[20] und wappnete seinen Streiter mit der Tugend der Standhaftigkeit, dass die Verkehrtheit der Menschen es nicht vermochte, die Haltung seines Gemüts zu erschüttern, die Gottes Gnade im Innern kräftigte. Er war also darauf bedacht, um des Namens Jesu willen Schmach und Misshandlungen zu leiden, da er das Schriftwort kannte: „Selig werdet ihr sein, wenn die Menschen euch fluchen und euren Namen schelten wegen des Menschensohnes."[21] Eifrig schaute er demnach hin auf den Urheber des Lebens, Jesus, den Sohn Gottes, den die Pharisäer einen Samariter und Verführer nannten[22] und der seine Jünger erinnert hatte, dass sie viel Widerwärtiges von den Weltmenschen leiden müssten, da er selbst früher Schweres von den eifersüchtigen Juden erlitten habe: „Wenn Sie mich verfolgten", sprach er, „so werden sie auch euch verfolgen, denn der Knecht ist nicht größer als sein Herr, und wenn sie den Hausvater Beelzebub genannt haben, um wieviel mehr seine Hausgenossen?"[23]

Durch diese heiligen Worte gestärkt kümmerte er sich weder um den Spott der Menschen, noch wich er deswegen vom Wege der Demut ab, den die Wahrheit lehrte, sondern er bemühte sich vielmehr darum, durch Weltverachtung und Selbstverleugnung den Gipfel der Tugenden zu ersteigen. Denn lieber war es ihm, gemeinsam mit seinen Brüdern als ein verächtlicher Lollarde[24] beschimpft oder für verrückt gehalten zu werden, als den Namen eines großen Herrn und Magisters zu führen. So weit es an ihm lag, unterdrückte er daher den ehrwürdigen Magistertitel und wollte nur bei seinem einfachen Namen Florens genannt werden, wie es auch seine übrigen Brüder taten, von denen einige sehr gelehrt waren und aus reichen Häusern stammten.

An Kleidung wollte er nichts Kostbares oder Elegantes haben, an Speisen nichts Erlesenes, an Hausgerät duldete er nichts Überflüssiges, sondern schlicht und einfach musste alles sein und von Bescheidenheit zeugen, um den Weltleuten keinen Anstoß zu erregen, die durch ein demütiges Beispiel besser als durch eine erhabene Rede belehrt werden. Da er also ein Leben in Gemeinschaft führte[25], allen brüderliche

19 Cant. 2,2.
20 1. Thess. 5,8.
21 Lc. 6,22.
22 Io. 8,48.
23 Io. 15,20; Mt. 10,24f.
24 Spottbezeichnung für häresieverdächtige Gruppen, ursprünglich und insbesondere für die Anhänger Wyclifs.
25 Der Ausdruck *vita communis* wird zur spezifischen Bezeichnung der semireligiosen Brüder und Schwestern.

omnibus[a] exhibendo, non alta de se sapiendo sed humilibus semper consenciendo, iam non ut magister rigidus metuebatur, sed sicut amabilis pater diligebatur, quia in ipso velut in lucidissimo speculo et foris decens morum honestas et intus celestis puritas apparebat. [138]

De promocione eius ad sacerdocium et descensu humilitatis sue. Capitulum X.

Sed quia humilem merito gloria sequitur et mitem iusta laudacio decet, illi qui viro Dei prius contrariebantur, videntes mentis eius constanciam et propositum in Domino fixum, represserunt linguas suas ab infestacione iniusta. Unde ad pietatem conversi ceperunt commendare vite sanctitatem et revereri eum propter modestiam habitus sui et disciplinam, nec non fratrum suorum devota diligere studia in humilitate Christi fundata. Et quidem iuste. Quem enim gracia Dei perfuderat et multis virtutibus florere fecerat, recte diligi meruit et ab omnibus magnificari.

Crescente igitur fama bonitatis eius, quam plures clerici et laici ad audiendum verbum Dei domum eius frequentabant, et nonnulli de scabinis et maioribus civitatis consilii causa ad eum veniebant, eo quod sapiencia Dei et fides maior secundum virtutem animi inveniebantur eidem inesse. Quapropter in arduis et obscuris casibus consciencias suas securius ei committebant et libenter eum audiebant [139] auditoque eo multa bona Deo placita faciebant. Gaudebat igitur magister humilis caritate plenus de fructu animarum et spirituali profectu fratrum suorum magnamque curam pro necessitatibus pauperum clericorum gerebat Christum Dominum in eis venerando.

Considerans autem venerabilis magister Gerhardus dilectum discipulum suum magistrum Florencium speciali devocionis prerogativa florere, consilio sancti Spiritus inspiratus et multorum fratrum precibus flagitatus decrevit eundem ad sacerdocii gradum promovere. Qui tanto honore indignum se[b] contestans ab hoc onere humiliter peciit[c] supportari. Sed fratrum victus instancia tandem magistri sui monitis resistere non audens obediencia compellente[d] assensit.

a caritatem omnibus] caritatem in omnibus *K11, Le1/2, Vi1.*
b indignum se] indignum *K11, Le1/2, Vi1.*
c humiliter peciit] peciit humiliter *K11, Vi1.*
d monitis...compellente] obediencia compellente non audens monitis resistere *K11;* monitis non audens consistere obediencia compellente *Le1/2, Vi1.*

Liebe erzeigte, nichts Hohes von sich dachte, sondern den Geringsten sich gleich achtete, wurde er nicht als ein strenger Meister gefürchtet, sondern als ein liebenswerter Vater verehrt, da in ihm wie in einem leuchtenden Spiegel äußerlich Ehrbarkeit der Sitten, innerlich aber himmlische Reinheit erschien.

Kapitel 10: Von seiner Erhebung zum Priesterstand und von seiner tiefen Demut.

Da aber dem Demütigen verdienter Ruhm zuteil wird[26] und dem Sanftmütigen gerechtes Lob gebührt, stellten jene, die den Gottesmann früher befeindet hatten, unter dem Eindruck der Standhaftigkeit seines Gemüts und seines festen Vorsatzes im Herrn ihre ungerechten Angriffe ein. Sie wurden ehrerbietig und fingen an, die Heiligkeit seines Lebens zu loben und ihn wegen der Bescheidenheit seines Gewandes und seiner Selbstzucht zu ehren und auch das fromme, auf die Demut Christi gegründete Streben seiner Brüder zu lieben. Und das war auch nur recht so. Denn er, den die Gnade Gottes erfüllt und mit Tugenden ausgezeichnet hatte, verdiente es durchaus, geliebt und von allen hochgeachtet zu werden.

Da also der Ruf seiner Güte zunahm, besuchten zahlreiche Geistliche und Laien sein Haus, um das Wort Gottes zu hören, und auch manche von den Ratsherren und den Angesehensten der Stadt kamen ratsuchend zu ihm, da man sah, dass Gottes Weisheit mit ihm war und ein großer, auf die Kraft seines Geistes gegründeter Glaube. Deshalb auch vertrauten sie ihm in schwierigen und verwickelten Fällen zuversichtlich ihr Gewissen an, hörten gern auf ihn und taten auch, nachdem sie ihn angehört hatten, viel Gutes und Gott Wohlgefälliges. Der demütige und liebevolle Magister freute sich aber über den Gewinn der Seelen und den geistlichen Fortschritt seiner Brüder und verwandte große Sorge auf die Bedürfnisse armer Kleriker, da er Christus den Herrn in ihnen verehrte.

Als aber der ehrwürdige Magister Gerhardus sah, dass sein geliebter Jünger Florens sich in besonderem Maße durch seine Frömmigkeit auszeichnete, beschloss er auf Eingebung des Heiligen Geistes und auf die Bitten vieler Brüder, ihn zum Priesterstand zu befördern. Jener aber beteuerte, er sei so großer Ehre unwürdig, und flehte in Demut, dass eine so schwere Last ihm nicht aufgebürdet werden möchte. Endlich aber gab er den dringenden Bitten der Brüder nach, wagte es auch nicht, den Mahnungen seines Meisters länger zu widerstehen, und willigte unter dem Gebot des Gehorsams ein.

26 Vgl. Prov. 29,23.

Factus ergo presbiter non est elatus in gloriam humanam, sed tanto humilior in omni actu et habitu suo inventus est, quanto dignitate et ordine maior. De quo magister Gerhardus tale testimonium perhibuit dicens: „Semel feci unum ordinari in presbiterum, et spero quod dignus sit. De cetero cavebo ne leviter quid simile faciam, quia paucos ad hoc idoneos cerno.“ Ipse tamen dominus Florencius sicut vere parvus et vilis in oculis suis nil [140] magni ex clericali ordinacione de se ipso estimavit, sed inferiores etiam fratres in animo sibi preposuit et de quodam simplici clerico nondum in sacris constituto sic ait: „O si pro calice meo possem Deo offerre in iudicio pennam illius clerici.“

De raritate exitus sui et cum quanta disciplina stabat in choro.
Capitulum XI.

Ex bonis autem et honestis moribus suis facile poterat vir Domini Florencius ab ignotis et secularibus agnosci, quod erat devotus homo et amicus Dei dignusque vicarius Iesu Christi. Hic itaque prius fuit canonicus sancti Petri in Traiecto, sed illa prebenda relicta vicariam recepit in Daventria, ut apud magistrum Gerhardum staret eius erudiendus exemplo et doctrina. Unde semel uni amicorum dixerat hec verba: „Spero, quod non moriar canonicus, sed in humiliori statu serviam Deo.“ Et factum est ita ad laudem Dei in secula.

Qui cum in magna[a] haberetur reverencia pro sua sanctitate et abstinencia, summe tamen vitavit ab hominibus honorari. [141] Ideoque egredi ad publicum declinavit et manere domi cum fratribus suis unicum solacium sibi extitit, sciens maiorem sibi profectum et aliis exemplum stabilitatis inde provenire. Transiens autem per plateam expeditus ibat non texens alicubi longos sermones, sed brevi verbo aut solo nutu capitis satisfecit obvianti. Sed et oblatos sibi honores sic parvipendebat exterius, ut sepe non adverteret obviantes nec quorsum tenderent investigare curaret. Vadens autem ad ecclesiam interim orabat aut meditabatur de Deo prout Spiritus sanctus inspirabat.

Propter magnam autem corporis sui debilitatem et frequentes infirmitates, quas in primo fervore propter nimiam abstinenciam inciderat,

[a] Qui cum in magna] *korrigiert aus* Qui in magna cum *R*.

Nachdem er aber zum Priester geweiht war, wurde er dadurch nicht nach menschlicher Weise eitel, sondern zeigte sich in seinem ganzen Tun und Verhalten umso demütiger, als er an Würde und Rang erhöhter war. Magister Gerhardus stellte ihm das folgende Zeugnis aus: „Einmal ließ ich einen zum Priester weihen, und ich hoffe, dass er dessen würdig ist. Fortan werde ich mich hüten, noch einmal so etwas leichthin zu tun, denn ich sehe, dass wenige dazu geeignet sind.“ Da aber Herr Florens sich für durchaus klein und unbedeutend hielt, dachte er auch nicht wegen der Priesterweihe höher von sich, sondern zog sogar die geringeren Brüder sich selbst in seinem Herzen vor und sagte von einem einfachen Kleriker, der die heiligen Weihen noch nicht empfangen hatte: „O könnte ich am Gerichtstage statt meines Kelchs die Feder dieses Klerikers Gott darbringen!“

Kapitel 11:
Wie selten er ausging und mit welcher Würde er sich im Chor verhielt.

An seinen guten und ehrbaren Sitten konnten auch Fremde und Weltleute leicht erkennen, dass Florens, der Mann des Herrn, ein frommer Mensch, Gottesfreund und würdiger Stellvertreter Christi sei. Er war zuvor Kanonikus von Sankt Peter zu Utrecht gewesen, hatte aber diese Pfründe aufgegeben und ein Vikariat in Deventer angenommen, um bei Magister Gerhardus zu sein und durch seine Beispiele und Lehren unterrichtet zu werden. Daher hatte er einmal zu einem Freunde gesagt: „Ich hoffe, dass ich nicht als Kanonikus sterben, sondern Gott in einem niedrigeren Stande dienen werde.“ Und so geschah es auch, zu Gottes ewigem Lob.

Obwohl er aber wegen seiner Heiligkeit und Genügsamkeit in hohem Ansehen stand, vermied er peinlichst, von den Menschen geehrt zu werden. Und darum auch mochte er sich nicht in der Öffentlichkeit zeigen und fand seinen einzigen Trost darin, bei den Brüdern zu Hause zu bleiben, weil er wohl wusste, dass dies ihm selbst zum Nutzen, andern aber zum Vorbild der Beständigkeit dienen werde. Ging er aber durch die Stadt, so eilte er, hielt sich nirgends mit langen Reden auf, sondern fertigte einen, der ihm begegnete, mit kurzen Worten oder auch durch ein bloßes Nicken des Kopfes ab. Auch achtete er die Ehre, die man ihm erwies, so gering, dass er oft jene nicht einmal ansah, die ihm entgegen kamen, und auch nicht danach fragte, wohin sie wollten. Wenn er aber in die Kirche ging, dann betete er unterwegs oder meditierte über Gott, wie es der Heilige Geist ihm eingab.

Wegen der großen Schwäche seines Leibes aber und der häufigen Krankheiten, die er sich durch seine überaus große Strenge im anfänglichen Eifer zugezogen hatte, konnte er den Chor nicht täglich besu-

non potuit cotidie chorum visitare. In magnis tamen festivitatibus et celebritatibus sanctorum, quantum valitudo permisit, libenter affuit vesperis et misse maiori. Cumque esset senior vicarius, in sinistro latere chori semper in inferiori stallo locum tenuit, cum tamen alcior ei sedes post canonicos competisset. Stans autem in choro nequaquam vagis oculis circumspectabat, sed versus ad altare cum omni disciplina et reverencia quietissimus stabat Deo et sibi devote intentus, et prout eger potuit, moderata voce non fractis notulis [142] psallebat. Ita morigeratus et reverenda facie erat, ut multi pueri et cantores eum frequenter aspicerent et religiositatem eius mirarentur, quia nichil levitatis in verbo aut motu corporis apparuit, unde potuisset reprehendi.

Et ego tunc temporis cum aliis scolaribus chorum visitare consuevi, sicut iniunctum michi fuerat a magistro Iohanne Boeme, qui scolas et chorum strennue regebat. Quociens ergo dominum meum Florencium in choro stantem vidi, licet ipse non circumspiceret, presenciam tamen eius ob reverenciam status sui metuens, cavebam aliquid fabulari. Et accidit aliquando, ut non longe ab eo starem in choro, vertitque se ad librum nobiscum canendo. Et stans retro me manus suas super humerum meum posuit, stetique fixus vix audens me movere, stupens ad tante dignacionis graciam.

Erant quoque tunc temporis in collegio Daventriensi plures canonici et vicarii litterati ac probabilis vite viri strennui et alacres ad divinum officium debita cum laude persolvendum. Hi virum Dei magistrum Florencium in reverencia et digno honore habentes, ipso presente insolencias leves sollicitius compescebant, totusque chorus illustrabatur tanti sacerdotis disciplina. [143]

De simplicitate vestimentorum eius.
Capitulum XII.

Amator simplicitatis et humilitatis pius dominus Florencius, sciens quod ornatus vestium clericum non facit sed magis humilitas cordis et probitas morum, ad maiorem consciencie sue puritatem servandam omnem a se amovit vestium nitorem et quidquit ad mundi pertinuit

chen. An hohen Festtagen jedoch und an den Feiertagen der Heiligen fand er sich, wenn sein Befinden es ihm erlaubte, gern zur Vesper und zum Hochamt ein. Und obwohl er der älteste Vicarius war und ihm gleich nach den Domherrn der erste Sitz gebührte, nahm er im Chorgestühl immer seinen Platz auf der linken Seite ganz unten ein. Stand er aber im Chor, so blickte er keineswegs mit unsteten Augen um sich, sondern zum Altar hingewendet, verharrte er ruhig in aller Gemessenheit und Ehrfurcht, andächtig auf Gott und sich selbst gerichtet, und sang die Psalmen, so wie es ihm seine Krankheit erlaubte, mit mäßiger Stimme, ohne Brechung der Noten. Er war so sittsam und sein Angesicht drückte eine so große Ehrfurcht aus, dass viele Knaben und Chorsänger ihn oft ansahen und seine Gottesfurcht bewunderten, denn weder in seinen Worten noch in seinen Gebärden zeigte sich irgendetwas Leichtfertiges, das man hätte tadeln können.

Auch ich selbst pflegte damals mit andern Schülern den Chor zu besuchen, wie es mir von unserem Magister Johannes Boeme befohlen war, unter dessen Leitung der Chor und die Schulen standen[27]. Immer wenn ich meinen Herrn Florens im Chor stehen sah, wurde ich durch seine Gegenwart, obwohl er selbst nicht um sich blickte, von so großer Ehrfurcht ergriffen, dass ich mich hütete, ein unnützes Wort zu reden. Nun geschah es einmal, dass ich im Chor nicht weit von ihm stand und er sich zum Gesangbuch wendete, um mit uns zu singen. Da er also hinter mir stand, legte er seine Hände mir auf die Schultern, ich aber blieb unbeweglich und wagte es nicht, mich zu rühren, ergriffen von der Gnade einer solchen Zuwendung.

Es waren auch zu derselben Zeit in dem Stift zu Deventer mehrere gelehrte Chorherren und Vikare, die ein sehr frommes Leben führten und sich ernst und eifrig dem Chorgesang und Gotteslob widmeten. Diese hatten eine so große Ehrfurcht und Hochachtung vor dem Herrn Florens, dass sie sich in seiner Gegenwart auch vor der leichtesten Ungebühr hüteten, und so erhielt der ganze Chor durch die Tugend dieses würdigen Priesters hohen Glanz.

Kapitel 12:
Von der Einfachheit seiner Kleidung.

Wohl wusste der fromme Liebhaber der Einfalt und Demut, Herr Florens, dass nicht Kleiderpracht, sondern vielmehr Demut des Herzens und Reinheit der Sitten den Geistlichen schmückt; um daher sein Gewissen ganz rein zu bewahren, schaffte er alle glänzenden Gewänder und alles, was zu weltlicher Pracht und zu eitlem Ansehen vor den Men-

27 Zu Johan Boem s. unten Kap. 24 sowie VAN DER WANSEM, S. 129; WEILER, S. 13; Monasticon Fratrum 3, S. 137.

pompam et ostentacionem humanam. Ut ergo interiori homini habitus exterior responderet, postquam sacerdos effectus est non quesivit molliores vestes, quasi pre ceteris sibi magis competentes, sed communibus et simplicibus sicut alii fratres erat contentus. Nam Deum pre oculis semper habens non advertit transitorium corporis cultum vel ornatum, sed ad virtutes anime oculum gerebat apertum.

Cavebat autem infirmis dare offendiculum in propria veste aut alia quacumque necessitate nature, eligens exemplo Christi quod humilitati erat propinquius et minus ab hominibus reputabatur. Non ergo alia portabat in festis, alia in diebus cotidianis, sed tantum in celebracione misse ob reverenciam sacramenti [144] meliori ornamento in festis utebatur, in quo tamen metam servavit debite honestatis.

Almucium eius quod habebat satis antiquum et pallidum erat et in multis locis quasi a tineis corrosum et calvum. Et quando vidi eum cum tali almucio ad chorum transire, condolui quod tam bonus et honestus sacerdos ita simpliciter et humiliter incedebat. Ad pedes non habebat pulchra sandalia sicut alii vicarii in ecclesia, sed pro illis fecerat sibi parva et bassa calopodia, que erant antiquo corio subsuta, cum quibus sine strepitu chorum intravit. Tunica eius et toga de griseo panno erant. Dederat ei avunculus suus[a] novam togam amicicie gracia, sed eam noluit portare quia nimis honesta videbatur, et ipse simplicia preferebat semper preciosis. Capucium nigri coloris aut grisei fuit, et sicut sibi parabatur portavit, quod utramque scapulam et colla[b] nuda protexit. Manicas habebat parvas et strictas cum paucis nodis, que propter attricionem vetustatis interdum fuerant novis panniculis anterius reparate. Non enim erubescebat humilis sacerdos Dei antiquam tunicam a sartore repeciatam portare, quin immo ipse et omnes fratres sui contendebant sacra emulacione viliora [145] indumenta habere et in hoc alius alium superare.

Quadam vice presente quodam seculari clerico loquebatur devote de Deo, et stabat idem scolaris iuxta eum pulchris et curiosis manicis suis occupatus, nunc hic nunc ibi manus suas versando. Ad quem dominus Florencius benigne intuens aiebat: „Ecce frater manicas meas, quales ego habeo, que me non occupant nec inquietant. Nam tam longas manicas ferre sicut tu habes, tedium michi foret et onus.“ His auditis parum erubescens quiecius stetit, et bene acceptans quod dixit, edificatus abcessit, quia ad simplicitatem vestium proprio eum exemplo instruxisset.

[a] suus] suam *K11;* eius *Vi1.*
[b] colla] colli *K11, Le1/2, N1, P1.*

schen gehört, von sich fort. Und damit die äußere Erscheinung dem inneren Menschen entspräche, wählte er, als er Priester geworden war, keine erleseneren Kleider, als ob solche ihm nun vor andern gebührten, sondern begnügte sich mit gewöhnlichen und einfachen, gleich den übrigen Brüdern. Denn da er Gott immerdar vor Augen hatte, gab er nichts auf Pflege und Schmuck des vergänglichen Leibes, sondern richtete sein Augenmerk allein auf die Tugenden der Seele.

Auch hütete er sich, durch seine Kleidung oder andere Bedürfnisse des Leibes den Schwachen Ärgernis zu geben, und wählte lieber, nach dem Beispiele Christi, das was möglichst bescheiden war und von den Menschen am geringsten geachtet wurde. Er trug daher an Festtagen keine anderen Kleider als an gewöhnlichen Tagen; wohl aber gebrauchte er aus Ehrfurcht gegen das Sakrament bei der Feier der Messe an Festtagen bessere Paramente, ohne jedoch das Maß des Gebührenden zu überschreiten.

Sein Chorkragen war ziemlich alt und verblichen, an vielen Stellen abgewetzt und wie von Motten zernagt. Und wenn ich ihn mit einem solchen Kragen in den Chor gehen sah, tat es mir immer weh, dass ein so guter und ehrwürdiger Priester so einfach und demütig einherging. An den Füßen trug er keine schönen Sandalen wie die übrigen Vikare in der Kirche, sondern er hatte sich stattdessen kleine, flache Holzschuhe gemacht, die mit altem Leder besohlt waren, so dass er ohne Klappern in den Chor ging. Sein Unterkleid war so wie sein Überrock von grauem Tuch. Sein Oheim hatte ihm aus Freundschaft einen neuen Talar geschenkt; er aber wollte ihn nicht tragen, weil der ihm zu vornehm schien und er immer einfache Dinge den kostbaren vorzog. Seine Kapuze war von schwarzer oder grauer Farbe, und er trug sie, wie sie für ihn gemacht war, dass sie ihm den bloßen Nacken und die Schultern bedeckte. Er hatte kurze und mit wenigen Knöpfen eng geraffte Ärmel, die schon alt und zerschlissen bisweilen an den Kanten mit neuen Flicken ausgebessert worden waren. Denn der demütige Priester Gottes schämte sich nicht, alte, vom Schneider ausgebesserte Kleider zu tragen; vielmehr strebte er und alle seine Brüder in heiligem Wetteifer danach, möglichst unansehnliche Gewänder zu haben und hierin einander zu übertreffen.

Als er einmal in Anwesenheit eines Weltklerikers ein frommes Gespräch von Gott führte, war jener mit seinen schönen und zierlichen Ärmeln beschäftigt und wendete die Hände bald hierhin, bald dorthin. Da sah Florens ihn freundlich an und sprach: „Sieh, mein Bruder, dies sind meine Ärmel, die mich weder ablenken noch behindern. Denn so lange Ärmel wie du zu tragen würde mir lästig sein.“ Als der andere dies hörte, ward er ein wenig beschämt und stand ruhiger, nahm auch diese Worte gut auf und ging erbaut von dannen, durch dieses Beispiel zur Einfachheit in der Kleidung ermahnt.

Alio quoque tempore vocavit ad se sartorem, qui ei tunicam novam facere debebat, et ait: „Magister, scitis deformem tunicam facere?“ Qui respondit: „Nescio si bene hoc novi. Dicatis tamen michi domine, qualem vultis habere.“ Tunc ait humilis magister Florencius ad sartorem: „Faciatis de isto panno quattuor partes, et ita consuatis eas simul sine plicis, ut de facili queam tunicam istam induere et exuere, et tunc satis bona erit.“ Ad hec sartor cum ammiracione multa respondit: „O dilecte mi domine, qualiter hoc staret? Quare vellem bonum pannum destruere? [146] Ego faciam bene sicut melius convenit.“ Tunc humilis et mitis sacerdos ait: „Que cura est de apparatu ab extra? Faciatis amore Dei planiori modo quo potestis, sic enim michi magis placet, nam simplicia me decet habere ad edificacionem ceterorum.“ O nobilem Christi sacerdotem ad humilia semper inclinatum, qui ut Deo amplius placeret, omnem curiositatem amputavit.

De humili servicio eius inter fratres.
Capitulum XIII.

Lux mundi Christus ad illuminandum mentes fidelium venit in mundum predicans verba vite celestis, atque per humilitatis sue exempla ad amorem sui nominis torpida peccatorum corda precipue accendit, que cunctis per orbem fidelibus imitanda reliquit. Nam talem se Christus in medio discipulorum suorum exhibuit sicut unum ex ipsis, servicium pietatis ostendens et dominium potestatis non exercens, ut qui eum imitari voluerit, ab eo quoque dignus sit honorari et super omnia bona in celesti regno constitui. „Ego“, inquit, „in medio vestrum sum sicut qui ministrat.“ Et [147] iterum: „Filius hominis non venit ministrari sed ministrare et dare animam suam pro multis.“

Hanc autem sancte servitutis doctrinam humilis servus Christi Florencius cum fratribus suis studuit observare, persuadens omnibus sibi adherentibus cuiuscumque condicionis essent et etatis, ut per caritatem invicem servirent, invicem sua onera portarent, nulla abiecta opera abhorrerent, sed humilia servicia libenter exercerent, illud amplectendo carius, quod minus continet honoris et plus habet laboris et rigoris. Mos igitur sanctus et probabilis apud eos virtus inolevit, ut quilibet fratrum per ebdomadam in coquine ministerio staret et cum omni

Zu einer anderen Zeit berief er den Schneider zu sich, der ihm einen neuen Rock machen sollte, und sprach: „Meister, könnt ihr mir einen hässlichen Rock machen?“ Dieser antwortete: „Ich weiß nicht, ob ich das wirklich kann. Doch sagt mir, Herr, wie ihr ihn haben wollt.“ Da sagte der demütige Magister Florens zu dem Schneider: „Schneidet dieses Tuch in vier Stücke und nähet diese ohne Falten zusammen, dass ich das Kleid bequem an- und ausziehen kann, und so wird es gut genug sein.“ Hierauf sprach der Schneider in großer Verwunderung: „Lieber Herr, wie würde euch dies stehen? Und warum sollte ich gutes Tuch verderben? Ich werde es schon machen, wie es recht ist.“ Der demütige und sanftmütige Priester aber sprach: „Was ist mir an äußerlichem Aufwand gelegen? Machet in Gottes Namen den Rock so einfach ihr könnt, so wird er mir am besten gefallen. Denn es gehört sich für mich, einfache Kleider zu tragen, zur Erbauung der anderen.“ – O welch ein edler und stets der Demut ergebener Priester Christi, der sich alle Eitelkeit versagte, um Gott mehr zu gefallen!

Kapitel 13:
Von den demütigen Diensten, die er den Brüdern erwies.

Christus, das Licht der Welt, kam in diese Welt, die Gemüter der Gläubigen zu erleuchten, er verkündigte Worte des himmlischen Lebens und entzündete die trägen Herzen der Sünder durch die Beispiele seiner Demut, die er allen Gläubigen des Erdkreises zur Nachahmung hinterließ. Denn so zeigte Christus sich im Kreise seiner Jünger, als sei er einer von ihnen, erwies ihnen liebevolle Dienste und übte keine Herrschaftsgewalt, so dass jeder, der ihm nachfolgen wollte, würdig sei, von ihm geehrt und im himmlischen Reich über alle Dinge gesetzt zu werden. „Ich bin in eurer Mitte“, sprach er, „wie einer der da dient.“[28] Und ein andermal: „Der Menschensohn ist nicht gekommen, sich bedienen zu lassen, sondern zu dienen und seine Seele für viele zu hinzugeben.“[29]

Diese Lehre heiliger Dienstbarkeit aber war Florens, der demütige Diener Christi, mit seinen Brüdern zu befolgen bemüht, und alle seine Anhänger, welchen Alters und Standes sie auch sein mochten, bewegte er dazu, dass sie einander in Liebe dienen, ihre Lasten gegenseitig tragen, keine verachteten Werke verabscheuen, sondern gern niedrige Dienste leisten und gerade die Dinge umso lieber tun sollten, die weniger Ehre und mehr Arbeit und Mühe brächten. Und so hatte es sich bei ihnen als heiliger Brauch und löbliche Tugend eingeführt, dass jeder der Brüder abwechselnd eine Woche in der Küche dienen, dort in aller

28 Lc. 22,27.
29 Mt. 20,28.

humilitate ibi coqueret vel que sibi a coco iniungebantur prompte et hilariter adimpleret. Fervebant enim tunc omnes ad viliora opera facienda, siquidem et pro regno Dei laborare iocunda requies putabatur.

Volens ergo bonus pater et dulcis magister Florencius exemplum bonum prebere subiectis, tenuit etiam ipse in coquina vicem suam pro posse. Cui quidam ex vicinis compassione motus dixit: „Cur bone domine vos estis in coquina? Non habetis aliquem, qui pro vobis istud faciat? Nonne melius esset, quod vos [148] iretis ad ecclesiam et alius coqueret pro vobis[a]?“ Respondit humilis minister Christi Florencius dicens: „Nonne magis affectare debeo, quod habeam omnium aliorum oraciones, quam solummodo meas? Dum enim ego sum in coquina, omnes alii interim tenentur orare pro me. Maiorem ergo fructum spero consequi de oracionibus aliorum, qui sunt in ecclesia, quam si ego solus orarem.“ Sic ergo tam verbo quam exemplo edificavit universos, non querens quod sibi esset delectabile, sed aliis utile et exemplare.

Quociens autem cum fratribus comedebat, primum ferculum manibus suis eis apposuit, et de hoc plurimum doluit, quia infirmitate cogente refectioni fratrum[b] cotidie interesse non potuit. Quapropter seorsum in coquina cum coco suo solus edebat, habens mensam parvam sobrie paratam, quia solidum cibum debilitas stomachi non sufferebat. Ego licet indignus ab ipso sepe invitatus mensam eius paravi, et modicum quod petebat de cellario attuli, gaudensque cum multa hilaritate ei ministravi. [149]

De labore manuum eius pro communi bono. Capitulum XIIII.

Optimus in moribus digneque memorandus inter omnes devotos devotissimus Florencius numquam ociosus voluit inveniri, sed preciosum tempus fructuose nisus est expendere, cavens omnimode quamvis beneficiatus esset panem suum gratis et absque labore manducare. Quod a venerabili magistro Gerhardo didicit et accepit, hoc diligenter observavit, cuius sentencia fuit, ut nemo ad congregacionem suscipi deberet, nisi secundum beati Pauli dictum manibus laborare vellet. Est namque operacio sancta ad omnem spiritualem profectum utilissima, per quam

a Non habetis...vobis] *in R auf dem Rand.*
b refectioni fratrum] fratrum refectioni *K11, Le1/2, N1, P1, Vi1.*

Demut kochen oder was ihm vom Koch befohlen wurde, schnell und heiter erfüllen musste. Denn damals brannten alle darauf, verächtlichere Werke zu tun, und für das Reich Gottes zu arbeiten war ihnen so viel wie angenehme Muße.

Da nun der gütige Vater und liebenswerte Magister Florens den Untergebenen ein gutes Beispiel geben wollte, verrichtete auch er, wenn er konnte, seinen Küchendienst. Da sagte einmal einer von den Nachbarn, von Mitleid gerührt, zu ihm: „Warum, lieber Herr, bringt ihr eure Zeit in der Küche zu? Habt ihr denn niemanden, der dies für euch tut? Wäre es nicht besser, ihr ginget in die Kirche und ein anderer kochte an eurer Stelle?“ Florens aber, der demütige Diener Christi, sprach: „Soll ich nicht lieber von den Gebeten aller übrigen Nutzen haben als nur von dem meinigen? Denn während ich in der Küche bin, sind alle andern gehalten, für mich zu beten. Größere Frucht also hoffe ich durch die Gebete der andern zu erlangen, die in der Kirche sind, als wenn ich allein betete.“ So erbaute er alle durch Wort und Beispiel, indem er nicht suchte, was ihm angenehm wäre, sondern was andern nützte und ihnen zum Vorbilde diente.

So oft er aber mit den Brüdern aß, setzte er ihnen die erste Speise mit eigenen Händen vor und bedauerte gar sehr, dass er wegen seiner Kränklichkeit ihren Mahlzeiten nicht täglich beiwohnen konnte. Deshalb aß er gesondert in der Küche allein mit seinem Koch und hatte einen kleinen, sparsam gedeckten Tisch, da sein Magen keine feste Speise vertragen konnte. Ich selbst, obwohl dessen unwürdig, wurde oft von ihm dazu gebeten und bereitete ihm den Tisch, trug das wenige, was er verlangte, aus der Speisekammer herbei und bediente ihn freudig und vergnügt.

Kapitel 14:
Von seiner Hände Arbeit zum Nutzen des Hauses.

Nie wollte Florens, der vortreffliche, erinnerungswürdige Mann und frömmste aller Frommen, müßig angetroffen werden, sondern er war bestrebt, seine kostbare Zeit nützlich zu verwenden, indem er trotz seiner Pfründe sich davor hütete, sein Brot umsonst und ohne Arbeit zu essen. Getreu hielt er sich an den Grundsatz, den er von dem ehrwürdigen Magister Gerhardus erlernt und empfangen hatte, dass niemand in die Gemeinschaft aufgenommen werden sollte, der nicht nach der Mahnung des heiligen Paulus mit den Händen arbeiten wollte[30]. Denn die heilige Arbeit ist höchst nützlich zu jedem geistlichen Fortschritt, da durch sie die Lüsternheit des Fleisches unterdrückt und der

[30] S. oben Buch II,15, bei Anm. 71.

carnis lascivia domatur et ab evagandi levitate mens dissoluta cicius refrenatur. Per hanc ocia nociva tolluntur et confabulaciones frivole ex ocio surgentes facilius decurtantur. Occasione enim loquendi sublata labor proficiet in manibus, et erit semper dicior in bonis, qui fuerit operarius fidelis. Per hanc etiam necessitatibus fratrum sapienter providetur et pauperum miseriis copiosius subvenitur. Nam illa elemosina gracius Deo placet et [150] clarius lucet, que de vultus sudore procedit et iusto labore quesita reficit indigentes.

Igitur ars scribendi libros, que clericis melius convenit et quiecius exerceri potest, a fratribus domus sue est maturius arrepta et pro communi bono servando usitacius introducta. Ipse vero venerandus pater Florencius ne vacuum nomen gereret rectoris, sed in exhibicione operis officium sacerdotale commendaret, dedit scriptoribus exemplum clarum membranas pumicando[a], quaternos[b] lineando[c] et componendo, quia licet minus bene scribere sciret, in preparando tamen aliis necessaria quam plurimum scriptores adiuvit manu sua oleo sancto consecrata. Interdum cum opus esset et tempus vacaret, assumpto socio libros iam scriptos perlegit et correxit, aut de scripturis sanctis aliqua devota notabilia ad consolacionem fratrum et exercitacionem internorum compilavit. Multum namque gavisus est et delectatus, cum pro communi aliquid utilitatis per diem fecisset, sciens hoc Deo gratissimum fore.

Verum multitudine clericorum ad eum confluente, cum fama bonitatis eius longius resonaret, requisitus est a multis extraneis et religiosis viris et litteratis. Id-[151]circo pro animarum salute alcioribus negociis oportebat eum intendere et a privatis actionibus et internis studiis frequenter abstinere et spiritualia lucra temporalibus commodis anteferre. Tantique consultandi causa ante cameram eius quandoque steterunt[d] cupientes ei loqui aut abscondita sua tamquam viro sancto confiteri, ut vix ei transitus exeundi pateret, vix tempus pro horis dicendis et necessitatibus corporis solvendis opportune superesset. Neminem ta-

[a] pumicando] *korrigiert aus* punicando *N1;* punicando *P1, Vi1.*
[b] quaternos] quaternas *K11.*
[c] lineando] liniando *K11, Le1/2, Vi1.*
[d] quandoque steterunt] steterunt quandoque *Vi1.*

unstete Sinn von aller leichtfertigen Zerstreuung abgehalten wird. Durch sie wird auch schädlicher Müßigang verbannt und alles frivole Geschwätz, das daraus entspringt, umso leichter vermieden. Ist aber die Gelegenheit zum Plaudern genommen, dann gedeiht die Arbeit unter den Händen, und immer wird ein getreuer Arbeiter reicher an guten Eigenschaften werden. Durch sie wird auch weise für die Bedürfnisse der Brüder gesorgt und dem Elend der Armen reichlicher abgeholfen. Denn ein solches Almosen gefällt Gott am besten und hat den hellsten Glanz, das aus dem Schweiß des Angesichts entsteht und durch gerechte Arbeit erworben die Dürftigen erquickt.

Daher also wurde recht bald von den Brüdern seines Hauses die Kunst, Bücher zu schreiben, in Angriff genommen und zum Nutzen der Gemeinschaft eifrig betrieben, weil sie sich für Schüler und junge Geistliche am besten eignet und in ruhiger Muße ausüben lässt. Der ehrwürdige Vater Florens aber wollte den Namen eines Rektors nicht als leeren Titel führen, sondern sein Priesteramt durch Handarbeit aufwerten und gab den Schreibern ein schönes Beispiel dadurch, dass er das Pergament glättete und die Bögen liniierte und zusammenheftete. Denn obwohl er selbst nicht besonders schön schreiben konnte, half er doch mit seiner durch das heilige Öl geweihten Hand den Schreibern so gut er vermochte, indem er ihnen das zu ihrer Arbeit Erforderliche vorbereitete. Wenn es indessen nötig war und er Zeit hatte, durchlas er mit einem Gefährten die Bücher, die bereits geschrieben waren, und korrigierte sie, oder er stellte wohl auch selbst aus den heiligen Schriften einige fromme Gedanken zum Trost der Brüder und zur geistlichen Übung zusammen[31]. Denn eine große Freude hatte er daran, wenn er den Tag hindurch etwas für den allgemeinen Nutzen getan hatte, weil er wusste, dass dies Gott sehr wohlgefällig sei.

Es kamen aber zahlreiche Kleriker in seinem Haus zusammen, und weil sich der Ruf seiner Güte weithin verbreitete, wurde er auch von vielen auswärtigen frommen und gelehrten Männern aufgesucht. Daher musste er sich um deren Seelenheils willen höheren Aufgaben widmen, oft seine Privatgeschäfte und die Sorge um die inneren Angelegenheiten zurückstellen und geistlichen Gewinn dem zeitlichen Nutzen vorziehen. Bisweilen standen so viele Ratsuchende vor seinem Zimmer, um mit ihm zu sprechen oder ihm als einem heiligen Mann ihre Herzensgeheimnisse zu beichten, dass ihm kaum der Weg hinaus frei blieb und er kaum Zeit für das Stundengebet oder die Bedürfnisse seines Leibes fand. Indessen entließ er keinen ungetröstet, sondern

31 Gemeint sind seine geistlichen Florilegien oder 'Rapiarien', die Thomas hier mit fast befremdlicher Beiläufigkeit erwähnt; ausführlicher würdigt sie Rudolf Dier, Scriptum, DUMBAR, S. 50f. Vgl. ihre Editionen bei VAN WOERKUM und LEGRAND/ MERTENS.

men inconsolatum reliquit, sed vel incontinenti expedivit aut altera vice liberum ad se reditum secundum condictum petentis concessit.

Contigit aliquociens ut horas suas legere inciperet, et supervenientibus aliis et aliis quam multis non posset finire psalmum quem inchoarat. Ne ergo tedio affectus desisteret aperire pulsanti, ait ad semetipsum: „Adhuc semel propter Deum." Sicque 'semel' iteravit sepe et fiebat longum, vincens molestiam et inquietudinem aliorum in paciencia ex caritate fraterna. [152]

De misericordia eius in pauperes et egrotos atque ignotos. Capitulum XV.

Virtus quoque misericordie in corde pii patris inter alia pietatis opera precipue floruit et excrevit, quam frequenti elemosinarum largicione in pauperes et peregrinos ostendit et implevit. Unde merito de ipso dici debet, quod de iusto viro in psalmo decantatur: „Dispersit, dedit pauperibus, iusticia eius manet in seculum seculi." Ipse enim dominus Florencius fuit piissimus pater pauperum, dulcissimus consolator tribulatorum et compacientissimus visitator infirmorum. Qui profecto spiritu Dei plenus cum lacte miseracionis habuit vinum zeli et fervoris, fovens infirmos oleo misericordie et odio habens passiones et vicia ipsorum, magna[a] cum maturitate et discrecione exercens utrumque in tempore suo. Sepe namque egenis et debilibus cibos mense sue misit, et species sibi ex caritate missas maiori caritate ulterius cum aliis indigentibus impertitus est. Pauperum etiam nomina in scriptis habuit, quorum curam uni aut duobus fratribus [153] suis iniunxit, ut hospicia honesta et subsidia sumptuum eis procurarent.

[a] magna] magis *K11, Le1/2, Vi1.*

widmete sich dem Bittenden entweder sogleich oder gewährte ihm nach Vereinbarung für ein andermal freien Zutritt.

Es geschah auch zuweilen, dass er während seines Stundengebets immer wieder von zahlreichen Besuchern gestört wurde und nicht einmal einen begonnenen Psalm zuende beten konnte. Um nun nicht verärgert den Anklopfenden den Eintritt zu verweigern, sprach er zu sich selbst: „Noch einmal[32] um Gottes willen!" Dieses „einmal" aber wiederholte er oftmals, und so zog es sich in die Länge, weil er die Belästigung und Unruhestörung durch andere in Geduld und brüderlicher Liebe ertrug.

Kapitel 15:
Von seiner Barmherzigkeit gegen Arme, Kranke und Fremde.

Unter allen Werken der Frömmigkeit war im Herzen des frommen Vaters vor allem die Tugend der Barmherzigkeit stark und lebendig, die er durch häufige Almosen an Arme und Fremdlinge übte und erwies. Füglich darf man daher von ihm sagen, was von dem Gerechten im Psalm gesungen wird: „Er hat ausgestreut und den Armen gegeben, seine Gerechtigkeit bleibt in Ewigkeit."[33] Denn der Herr Florens war der mildeste Vater der Armen, der liebreichste Tröster der Betrübten und der mitleidigste Besucher der Kranken. Und wahrlich, voll des göttlichen Geistes hatte er nebst der Milch der Erbarmung zugleich auch Wein heiligen Eifers, indem er mit dem Öl der Barmherzigkeit die Kranken erquickte, aber ihre Leidenschaften und Laster hasste und beide Tugenden zu passender Zeit mit Besonnenheit und Urteilskraft übte[34]. Oft sandte er den Dürftigen und Schwachen die Speisen seines Tisches und teilte, was man ihm aus Liebe gesandt hatte, in noch größerer Liebe mit andern, die dessen bedurften. Auch hatte er eine Liste der Armen und trug einem oder zweien seiner Brüder die Sorge auf, ihnen eine anständige Unterkunft und die notwendige Unterstützung zu verschaffen.

32 *Adhuc semel* – 'noch einmal': ein gebräuchlicher Germanismus, der zu den in den Dunkelmännerbriefen karikierten Beispielen für 'Mönchslatein' gehört; vgl. Epistolae obscurorum virorum, BÖCKING, Bd. II,1, Index verborum S. 159, s. v. 'adhuc' und S. 262 s. v. 'semel'. Ein weiterer Beleg aus dem Kreis der Devoten findet sich bei Dier, Scriptum, DUMBAR, S. 14.

33 Ps. 111,9.

34 Vgl. Paulinus von Nola, Epist. 23,27, CSEL 29, S. 184: *Bona ubera eius super vinum* (Cant. 1,1). *In quo opinor significari, quod dulcior sit libertas gratiae in lacte misericordiae quam in vino iustitiae legis austeritas.* – Gregor d. Gr., Moralia in Iob 20,5, CCL 143A, S. 1012: *Semivivi illius vulneribus, qui a Samaritano in stabulum ductus est, et vinum adhibetur et oleum, ut per vinum mordeantur vulnera, per oleum foveantur.*

Erant autem tunc temporis in opido Daventriensi viri quidam honesti Deum timentes, secundum consilium domini Florencii bene conversantes, necnon matrone alique[a] divites et devote misericordie actibus dedite, que ecclesiam Dei sedulo visitantes et sacerdotes honorantes multa beneficia pauperibus clericis Deo famulantibus rogatu et instancia eiusdem domini Florencii libentissime ministrabant. Tam pius tamque[b] dilectus omnibus apparebat humilis vicarius Christi Florencius, ut si pro aliquo paupere rogasset, cito peticionem suam impetrasset.

Ignotis et extraneis ita affabilem se prebuit, quasi amici et cognati sui fuissent, querens unde essent et quo nomine vocarentur, rogans ut interdum visitandi gracia ad eum accederent. Parvulis et iuvenibus naturali innocencia et puritate nitentibus insignis castitatis amator suam benivolenciam non abscondit, sed piis verbis ad amandum Iesum et Mariam eos instruxit, suadens eis innocenciam servare, quatenus angelis Dei similes facti in celo canticum virginum decantarent.

Tristibus et temptatis hilarem se exhibuit et solaciosum, ut si quis offensus [154] fuisset et turbatus, eo viso et secum parum[c] loquente mox bene pacatus et consolatus ad sua cum gaudio remearet. Hoc sepissime expertus sum in me ipso et sociis meis devotariis, qui eius consilio eruditi sumus et in scola Christi optimis collacionibus informati[d]. Sed nec leprosos et aliqua deformitate corporis viciatos abhorruit, immo clemenciorem se talibus abiectis personis curavit exhibere, cognoscens hoc magis placere creatori et sibi gloriosius fore, quia non vilitatem persone, sed nature copulam et imaginem Dei in homine considerabat.

Vidi quendam monoculum et alium pede claudicantem ab ipso conversos et probabiles viros postea effectos. Cognovi etiam quendam leprosum extra menia civitatis morantem, qui devocionis gracia ad sacerdotem Dei accessit loquens cum ipso familiariter, multis hoc idem videntibus et mirantibus, quam humiliter iuxta leprosum sederet. Cui etiam iussit potum dari et misericordiam utique specialem sibi inpendi, quem post plura sacre consolacionis verba dimisit ad propriam mansionem cum suo collega graciose redire. [155]

a alique] quedam *K11, Le1/2, Vi1.*
b tamque] et *K11;* tam *Le1/2, Vi1.*
c parum] pariter *Le1/2, Vi1.*
d collacionibus informati] informati collacionibus *Le1/2, Vi1.*

Es waren aber damals in der Stadt Deventer einige ehrbare Männer, die Gott fürchteten und nach dem Rat des Herrn Florens ein frommes Leben führten, sowie auch einige reiche Frauen, die sich den Werken der Barmherzigkeit widmeten, regelmäßig die Kirche besuchten, die Priester in Ehren hielten und auf die Bitte und Fürsprache des Herrn Florens arme Kleriker, die Gott dienten, bereitwillig unterstützten. Denn so fromm und so beliebt war der demütige Vicarius Christi Florens bei allen, dass man ihm rasch eine Bitte erfüllte, die er für einen Armen einlegte.

Auch zeigte er sich gegen Unbekannte und Fremde so zugänglich, als ob sie seine Freunde und Verwandten wären. Er fragte sie, woher sie wären und wie sie hießen, und ersuchte sie, zuweilen zu ihm zu kommen und ihn aufzusuchen. Kindern und Jugendlichen von natürlicher Unschuld und Reinheit verbarg der Liebhaber der Keuschheit nicht sein Wohlwollen, sondern leitete sie mit frommen Worten zur Liebe Jesu und Mariens an und ermahnte sie, ihre Unschuld zu bewahren, um den Engeln Gottes gleich zu werden und im Himmel in den Gesang der Jungfrauen einzustimmen.

Gegen Traurige und von Versuchung Bedrängte war er so heiter und trostreich, dass jeder, der verletzt oder verwirrt war, ihn nur ansehen oder ein wenig mit ihm reden musste, um sogleich Frieden zu finden und getröstet und freudig nach Hause zu gehen. Dies habe ich sehr oft an mir selbst erfahren und weiß es auch von meinen Gefährten, die wir durch seinen Rat belehrt und in der Schule Christi durch gute Gespräche unterrichtet wurden. Sogar Aussätzige oder durch körperliche Missbildung Entstellte scheute er nicht, sondern erwies sich im Gegenteil gegen derlei verachtete Personen besonders gütig, weil er wusste, dass dies dem Schöpfer wohlgefälliger und für ihn selbst rühmlicher wäre, wenn er in den Menschen nicht die Geringfügigkeit der Person, sondern das gemeinsame Band der Natur und das Bild Gottes ansah.

Ich habe einen Einäugigen und einen Lahmen gesehen, die beide von ihm bekehrt wurden und dann zu rechtschaffenen Männern geworden sind. Auch habe ich einen Aussätzigen gekannt, der außerhalb der Stadtmauern lebte; dieser hat sich einst fromm dem Priester Gottes genähert und vertraulich mit ihm geredet. Viele sahen dies und wunderten sich, wie demütig er bei dem Aussätzigen saß. Auch ließ er ihm einen Trunk reichen und eine besondere Wohltat erweisen, worauf er ihn nach vielen Worten heiligen Trostes nebst seinem Gefährten freundlich nach Hause gehen ließ.

De refectione pauperum et lavatura miserorum. Capitulum XVI.

Quia vero docente scriptura divina hilarem datorem diligit Deus, libet adhuc amplius aliquid narrare de eximia misericordia huius clementissimi patris Florencii erga inopes et ulcerosos atque deformes solacia amicorum non habentes. Igitur misericordissimus pater pauperum exceptis cotidianis elemosinis in pios mendicancium usus, omni anno in festo beati Gregorii pape duodecim pauperes scolares ad honorem sancti Gregorii ad suum prandium invitare solebat, quia beatum Gregorium duodecim pauperes omni die habuisse legerat. Et ego ex commissione eius aliquos pauperes nominatim michi expressos ad domum eius hora prandii introduxi. Qui cibo potuque refecti alacri corde ad scolas redierunt[a] et de acceptis beneficiis Deo laudes et magnas grates largifluo hospiti suo domino Florencio et fratribus eius retulerunt. Tunc manifeste impletum est, quod per psalmistam dicitur et a multis religiosis ante benedictionem mense canitur: „Edent pauperes et saturabuntur, et laudabunt Dominum qui requirunt eum" etc. [156]

Similiter in mense Maio, quando herbe agrestes maxime valent pro medicamentis, pius pater non est oblitus pauperum suorum. Sciens ergo multos esse debiles, scabiosos et ulcerosos, fecit eos ad domum suam venire certo die et hora pro aliqua medicina et corporali balneacione in aquis calidis cum odoriferis herbis suscipienda. Quibus bene balneatis et lotis lectulum paravit mundissimum pro sudoribus eorum abstergendis, datoque poculo et consolacionis verbo cum ingenti leticia ibant ad sua hospicia mutuo inter se conferentes: „Quam bonus et pius homo est iste[b] dominus Florencius et quam boni fratres sunt isti secum habitantes, qui nobis propter Deum gratis talia prestant."

Quodam tempore in quadragesima cum tempora essent aliquatenus cara et pauperes mendicantes gravarentur inopia, multi ad solacium misericordis patris Florencii obsecrando confugerunt, sperantes qualecumque subsidium invenire, quia nemo vacuus, nemo inconsolatus inde consuevit abire. In tali ergo articulo, misericordiarum pater con-

[a] redierunt] redirent *P1;* rediebant *Vi1.*

[b] homo est iste] *korrigiert aus* homo iste *K11;* est homo iste *Vi1.*

Kapitel 16:
Wie er Arme beköstigte und Elende durch Heilbäder erquickte.

Weil aber nach der Lehre der Heiligen Schrift Gott einen fröhlichen Geber liebt[35], so wollen wir noch weiter[36] etwas von der großen Barmherzigkeit erzählen, die dieser so milde Vater Florens dürftigen, mit Geschwüren behafteten und elenden Menschen erwies, die keinen Trost bei ihren Freunden fanden. Außer den täglichen Almosen zum Nutzen der Bettler pflegte der barmherzige Vater der Armen jedes Jahr am Feste des heiligen Papstes Gregorius[37] zu dessen Ehre zwölf arme Schüler zum Essen einzuladen, weil er gelesen hatte, dass der heilige Gregor täglich zwölf Arme an seinem Tische hatte[38]. Und ich selbst führte in seinem Auftrag einige Arme, die mir namentlich angegeben waren, zur Zeit des Mittagmahls in sein Haus. Nachdem sie durch Speise und Trank erquickt waren, kehrten sie mit fröhlichem Herzen in ihre Schule zurück, lobten Gott für die empfangenen Wohltaten und sagten auch dem Herr Florens, ihrem freigebigen Wirt, und seinen Brüdern Dank. Da hat sich offenkundig erfüllt, was im Psalm geschrieben steht und von vielen Frommen beim Tischgebet gesprochen wird: „Essen werden die Armen und gesättigt werden, und loben werden den Herrn, die ihn suchen."[39]

Und auch im Monat Mai, wenn die Heilkräuter sich am besten zur Arznei eignen, vergaß der milde Vater seine Armen nicht. Da er wusste, dass es viele gab, die an Gebrechlichkeit, Ausschlag oder Geschwüren litten, ließ er sie zu bestimmten Tagen und Stunden in sein Haus kommen, wo sie Arzneien und ein warmes Bad mit wohlriechenden Kräutern erhielten. Und waren sie dann wohl gebadet und gewaschen, so bereitete er ihnen ein reines Bett, um ihren Schweiß zu trocknen, reichte ihnen einen Trunk und entließ sie mit trostreichen Worten. Sie aber gingen mit großer Freude nach Hause, besprachen sich unterwegs und sagten: „Wie gütig und fromm ist doch dieser Herr Florens, und wie gut sind auch diese Brüder, die bei ihm wohnen und die uns um Gottes willen so viel Gutes unentgeltlich tun."

Einst während der Fastenzeit, als eine große Teuerung herrschte und die armen Bettler Not litten, suchten viele Trost bei dem barmherzigen Vater Florens und bestürmten ihn mit ihren Bitten in der Hoffnung, einige Hilfe zu finden, da bei ihm niemand leer ausging oder ohne Trost zurückkehrte. In dieser Not also hatte der Vater des Erbarmens das tiefste Mitleid mit den gottesfürchtigen und von Hunger geplagten

35 2. Cor. 9,7.
36 *adhuc amplius* – 'noch weiter': s. oben Anm. 32.
37 12. März.
38 Vgl. Johannes Diaconus, S. Gregorii Magni Vita 2,23, MIGNE PL 75, Sp. 96.
39 Ps. 21,27.

doluit fame afflictis et pauperibus devotis, habitoque consilio cum fratribus suis quesivit meliorem modum succurrendi egenis, qui erant ita attenuati rebus, ut neque es [157] in zonis, neque panes haberent in saccellis. Tunc unanimiter fratres accensi sunt ad succurrendum pauperum turmis, et precipue in tam sancto tempore quadragesime, quando aguntur dies penitencie et largiora misericordie stipendia exuberare debent erga indigentes, panem pro Deo multis precibus postulantes sicut in Ysaia[a] legitur: „Frange esurienti panem tuum et egenos vagosque induc in domum tuam. Cum videris nudum operi eum, et carnem tuam ne despexeris."

Statuerunt ergo firmiter aliquid sibi subtrahere et pauperibus contribuere copiosius, atque ultra solitum tempus laboris unam horam adicere cotidiano operi suo per totam quadragesimam pro pauperibus, et quicquit illa hora scribendo lucrarentur, hoc integre collectum provisori pauperum traderetur, ut ille consequenter necessaria alimenta emeret et indigentibus fideliter ministraret. Hoc idem fecerunt in aliis domibus quidam fratres scriptores et officiales, propriis de laboribus elemosinam Deo immolantes, se ipsos sponte castigantes et pauperes felicissime recreantes.

Et quis digne explicabit omnes misericordias huius felicissimi[b] patris in pauperes et peregrinos, maxime autem erga simplices et devotos Christo famulantes? [158] Et si omnes tacuerint, ego non silebo, sed misericordias[c] domini Florenii in eternum cantabo, quia indubitata fide ipso adhuc vivente per septennium multitudinem miseracionum suarum experiencia rerum probavi. Siquidem cum beato Iob pes fuit claudo, oculus ceco, manus egeno, baculus infirmo, solacium lapso, amictus male vestito. Alius namque gaudebat de elemosina sibi data, alius de tunica sibi parata, alius togam, alius capucium reportavit. Alius calcios, alius caligas, alius cingulum et soccos recepit. Alius libros, alius pennas, incaustum et papirum se impetrasse letabatur. Singuli pro singulis leti muneribus ab ipso honorabili domino Florencio patre orphanorum et egenorum emolimentum non tantum corporis, sed anime sue remedium se consecutos fatebantur. Cuius virtutes et opera

[a] Ysaia] Ysaya *K11, Vi1.*
[b] felicissimi] fidelissimi *K11, Le1/2, N1, P1, Vi1.*
[c] misericordias] misericordiam *K11, Le1/2, Vi1.*

Armen und beriet sich mit den Brüdern über das beste Mittel, den Dürftigen zu Hilfe zu kommen, die so großen Mangel an allen Dingen litten, dass sie weder Geld in ihrem Gürtel, noch Brot in ihren Taschen hatten. Da eiferten die Brüder einmütig danach, den Scharen der Armen zu helfen, zumal in der so heiligen Fastenzeit, da Tage der Buße begangen werden und man reichere Werke der Barmherzigkeit den Armen leisten soll, die mit dringenden Bitten um Gottes willen Brot begehren, wie bei dem Propheten Isaias geschrieben steht: „Brich den Hungrigen dein Brot und führe die Dürftigen und Heimatlosen in dein Haus. Wenn du einen Nackten siehst, so bedecke ihn, und verachte dein Fleisch nicht!“[40]

Sie fassten also den Entschluss, sich selbst etwas zu entziehen und den Armen reichlicher zu spenden, sowie die Fastenzeit hindurch für die Armen eine Arbeitsstunde täglich über die gewöhnliche Zeit hinaus zu leisten und was sie in dieser Stunde durch Schreiben verdienen würden, vollständig gesammelt dem Armenpfleger zu übergeben, dass der die nötigen Lebensmittel kaufen und treulich den Armen spenden sollte. Und dasselbe taten auch in andern Häusern einige Brüder, die Bücher schrieben oder ein Amt innehatten, indem sie von ihrer Arbeit Gott ein Almosen aufopferten, sich selbst freiwillig kasteiten und die Armen glücklich erquickten.

Wer aber vermag es, alle Wohltaten dieses glückseligen Vaters an Armen und Fremdlingen, vor allem aber an einfachen und frommen Dienern Christi zu schildern? Und wenn auch alle schwiegen, werde doch ich nicht schweigen, sondern die Erbarmungen des Herrn Florens in Ewigkeit singen[41], weil ich als zuverlässiger Zeuge noch zu seinen Lebzeiten sieben Jahre lang[42] die Fülle seiner Erbarmungen persönlich erfahren habe. Gleich dem seligen Job war er ein Fuß dem Lahmen, ein Auge dem Blinden[43], eine Hand dem Dürftigen, ein Stab dem Schwachen, ein Trost dem Gefallenen, ein Gewand dem schlecht Gekleideten. Denn der eine freute sich über ein empfangenes Almosen, der andere über ein für ihn gemachtes Kleid; dieser trug einen Rock, jener eine Kapuze davon. Einer bekam Schuhe, einer Stiefel, einer einen Gürtel, einer Strümpfe. Über Bücher freute sich der eine, über Federn, Tinte und Papier ein anderer. Jeder erfreute sich seiner einzelnen Gabe, und alle bekannten, dass sie von dem ehrwürdigen Herrn Florens, dem Vater der Waisen und der Dürftigen, nicht nur Gaben zum Wohl des Körpers, sondern auch Heilmittel ihrer Seelen erhalten hatten. Seine Tugenden und Liebeswerke vermag keine Zunge nach Gebühr zu beschreiben, denn seine und seiner Brüder Lebens-

40 Is. 58,7.

41 Vgl. Lc. 19,40 und Ps. 88,2.

42 1392-1399.

43 Iob 29,15: *Oculus fui caeco et pes claudo.*

caritatis ad plenum exprimere lingua fragilis non sufficit, quia estimacionem humanam conversacio eius ac fratrum suorum precellit. Merito ergo de his dicere non vereor, quod de apostolicis viris scribitur: „Isti sunt viri misericordie, quorum iusticie oblivionem non acceperunt. Cum semine eorum permanent bona, et elemosinas eorum narrabit omnis ecclesia sanctorum.“ [159]

De abstinencia eius et infirmitatibus ex rigore contractis. Capitulum XVII.

Fervidus ac devotus Dei famulus Florencius in primordio conversionis sue ad edomandam carnis sui[a] concupiscenciam corpus suum ieiuniis et vigiliis[b] rigide nimis castigavit, non satis nature imbecillitatem attendens, sed in fervore spiritus tantum persequebatur hostem domesticum, ut pondere rigoris obrueret civem sibi adhuc necessarium et fidelem, quia non solum ab illicitis et superfluis abstinebat, sed multa etiam sibi necessaria subtraxit, ita ut plerumque appetitum comedendi perderet et gustum discernendi cibos non haberet.

Unde semel accidit, ut absente coco cellarium intraret et ex quadam amphora oleum pro cervisia potaret, nec hoc discernere potuit, nisi quando[c] cocus eum de qua amphora bibisset requisivit, et tunc se errasse cognovit. Alio quoque tempore in monasterio quodam oblatum ei fuit[d] modicum vini ad bibendum pro sua debilitate et reverencia, quam ad ipsum fratres habebant. Cumque inde parum gustasset, ait astanti: „Quam acrem et amaram cervisiam ha-[160]betis.“ Et mirati sunt fratres, quia vinum ab alio liquore non discrevit.

Comedit igitur sepius quasi sine sapore, et pocius ex necessitate nature quam ex appetitu gule vel alicuius cibi suavitate. Veni aliquando ad visitandum eum in camera sua, ubi sedebat debilis in lectulo suo, et salutavi eum benigne, multum dolens de eius infirmitate. Frater autem Iacobus de Vianen, qui ei tunc ministravit, aliquas species confortativas

[a] sui] *fehlt in K11, Le1/2, N1, P1, Vi1.*
[b] ieiuniis et vigiliis] vigiliis et ieiuniis *Le1/2, Vi1.*
[c] quando] *fehlt in K11, Le1/2, Vi1.*
[d] ei fuit] fuit ei *K11, P1, Vi1.*

weise übertrifft alle menschliche Erwartung. Daher scheue ich mich nicht, auf sie anzuwenden, was von den apostolischen Männern geschrieben steht: „Dies sind Männer der Barmherzigkeit[44], deren Gerechtigkeit nicht in Vergessenheit geraten ist[45]. Ihr Gut verbleibt bei ihren Nachkommen[46], und von ihren Almosen wird die ganze Kirche der Heiligen erzählen."[47]

Kapitel 17:
Von seiner Enthaltsamkeit und den Krankheiten, die er sich durch seine strenge Lebensweise zuzog.

Der eifrige und fromme Diener Gottes Florens züchtigte zu Beginn seiner Lebenswende den Leib allzustreng durch Fasten und Nachtwachen, um die Begehrlichkeit seines Fleisches zu bezähmen, und achtete dabei nicht genug auf die Schwäche der Natur, sondern verfolgte den häuslichen Feind in so großem Eifer des Geistes, dass er durch das Gewicht der Strenge auch einen Mitbürger niederbeugte, der ihm noch notwendig und getreu war. Denn er enthielt sich nicht nur von Unerlaubtem und Überflüssigem, sondern entzog sich auch manches Notwendige, so dass er die Esslust beinahe gänzlich verlor und die Speisen nicht mehr durch den Geschmack unterscheiden konnte[48].

Daher widerfuhr es ihm einmal, dass er in Abwesenheit des Kochs in die Speisekammer ging und aus einem Kruge Öl statt Bier trank und dies auch nicht unterscheiden konnte, bis der Koch ihn fragte, aus welchem Kruge er getrunken habe, wobei er dann seinen Irrtum erkannte. Zu einer andern Zeit wurde in einem Kloster ihm ein wenig Wein vorgesetzt, weil er schwächlich war und bei den Brüdern in großer Verehrung stand. Als er nun ein weniges davon getrunken hatte, sprach er zu einem, der dabeistand: „Was habt ihr nur für ein scharfes und bitteres Bier!" Und es staunten die Brüder, dass er den Wein nicht von einem andern Getränk unterscheiden konnte.

Oft aß er wie ohne etwas zu schmecken und mehr aus der Notwendigkeit der Natur als aus Esslust oder wegen der Köstlichkeit einer Speise. Einmal besuchte ich ihn in seiner Kammer, wo er schwach in seinem Bett saß, und begrüßte ihn freundlich, denn seine Krankheit ging mir sehr zu Herzen. Der Bruder Jakob von Vianen aber, der ihm damals diente, brachte ihm einige kräftigende Speisen und sprach zu ihm:

44 Ecclus. 44,10.
45 Vgl. Ez. 33,13; Sap. 2,4.
46 Ecclus. 44,11.
47 Ecclus. 31,11
48 Ähnliches wird von Bernhard von Clairvaux berichtet; vgl. Sancti Bernardi Vita I,7,33 und III,1,2, MIGNE PL 185, Sp. 247 A-B und Sp. 304 B-C.

ei optulit dicens: „Iste bone species sunt, gustetis[a] parum inde. Nonne valde bene sapiunt?" Tunc ille me audiente respondit: „Crustula panis melius vobis saperet, quam istud michi."

Quamvis ergo totus debilis esset et multis teneretur incommodis corporis, non tamen ab opere Dei et piis animarum fructibus cessavit, sed quando accessus hominum pati potuit, resumpto spiritu dabat petentibus monita salutis. Et tanto dulcius verba eius sapiebant audientibus[b], quanto amplius noverant eum a Deo dilectum et infirmitatibus variis tamquam aurum preciosum in igne probatum. [161]

Qualiter oracionibus devotorum adiutus sepe reconvaluit. Capitulum XVIII.

Cum igitur frequentes pateretur molestias corporis, studuit Deo sedule gracias agere, quia non sunt condigne passiones huius temporis ad futuram gloriam Dei promerendam. Ideoque virgam Domini sibi illatam pacienter suscepit sicut anime medicinam, reputans dilectionis esse signum secundum illud Salomonis verbum: „Quem enim diligit Dominus, corripit, flagellat autem omnem filium, quem recipit." Volens autem pius Dominus ostendere, quantum sibi placet probata virtus filiorum et quantum valent oraciones devotorum, misertus est dilecti sacerdotis sui sepe in extrema necessitate constituti, qui a medicis humana via desperatus videbatur, sed ipse in Domino spem totam posuit, qui merentes erigit sospitate.

Igitur quociens gravis eum infirmitas invasit, missum est ad vicinas congregaciones fratrum et clericorum atque sororum, ut pro eo instanter singulis diebus omnes orarent, quatenus Deus ei adhuc parceret eius vitam pro multorum salute [162] protelando, ne devoti tristiciam super tristiciam haberent, si tam amabili patre et necessario gubernatore privarentur. Ego quandoque internuncius huius rei fui dicens sororibus: „Orate pro domino Florencio, quia graviter infirmatur." Et ecce clemens Dominus, qui non spernit preces pauperum, sed vota

a gustetis] gustate *K11, N1.*

b verba eius sapiebant audientibus] *fehlt in R;* verba eius sapiebat audientibus *Vi1.*

„Diese Speisen sind gut; kostet ein wenig davon. Schmecken sie nicht sehr gut?“ Da hörte ich, wie er antwortete: „Eine kleine Brotrinde würde euch besser schmecken als mir diese Speisen!“

Obwohl er aber ganz schwächlich und von vielen körperlichen Übeln heimgesucht war, ließ er doch vom Werk Gottes und der Sorge für die Seelen nicht ab, sondern nahm seine Kraft zusammen, sobald er den Besuch der Menschen vertragen konnte, und gab den Fragenden heilsame Ermahnungen. Und seine Worte klangen den Hörern umso süßer, als sie erkannten, dass er von Gott geliebt und durch zahlreiche Krankheiten gleich kostbarem Golde im Feuer geläutert wurde[49].

Kapitel 18: Wie er durch die Gebete der Frommen unterstützt oftmals gesund wurde.

Obwohl er nun oftmals unter körperlichen Beschwerden litt, war er darauf bedacht, Gott stets zu danken, weil die Leiden dieser Zeit nicht würdig sind, die künftige Herrlichkeit Gottes zu verdienen[50]. Deshalb ertrug er die Strafrute Gottes, die ihn traf, mit Geduld als eine Arznei der Seele und nahm sie als ein Zeichen der Liebe an, jenem Ausspruch Salomons gemäß: „Wen der Herr lieb hat, den züchtigt er. Er züchtigt aber jeden Sohn, den er aufnimmt.“[51] Da aber der milde Herr zeigen wollte, wie sehr die geprüfte Tugend seiner Kinder ihm gefällt und wieviel die Gebete der Frommen vermögen, erbarmte er sich seines geliebten Priesters oft in der äußersten Not, wenn nach menschlichem Ermessen die Ärzte an seiner Wiederherstellung verzweifelten. Er aber setzte seine ganze Hoffnung auf den Herrn, der die Traurigen zur Gesundheit aufrichtet[52].

So oft also eine schwere Krankheit ihn befiel, schickte man zu den benachbarten Gemeinschaften der Brüder und Kleriker und auch der Schwestern, dass alle täglich für ihn inständig beteten, Gott wolle seiner noch schonen und sein Leben für das Heil vieler verlängern, damit die Frommen nicht Traurigkeit über Traurigkeit hätten[53], wenn sie eines so liebreichen Vaters und unentbehrlichen Lenkers beraubt würden. Ich selbst war zuweilen ein Bote in dieser Angelegenheit und sprach zu den Schwestern: „Betet für den Herrn Florens, der an schwerer Krankheit darnieder liegt!“ Und sieh, der huldreiche Herr, der das Gebet der Armen nicht verschmäht, sondern das Flehen der Demüti-

49 Vgl. Ecclus. 2,5; 1. Petr. 1,7; Apoc. 3,18.
50 Vgl. Rom. 8,18.
51 Hebr. 12,6.
52 Iob 5,11.
53 Vgl. 2. Cor. 2,3; Phil. 2,27.

humilium libenter exaudit, reddidit sanitatem dilecto et fideli servo suo, ut notam faceret filiis hominum potenciam suam.

Fuit temporibus illis magnus quidam magister in medicinis dominus Everardus Eza[a] curatus in Almelo, vir valde peritus et nominatus inter phisicos doctos, qui devocionis gracia inspiratus multum familiaris extitit domino Florencio et fratribus eius aliisque Christo devotis. Hic frequenter ad dominum Florencium venire consuevit et libenter illi artis sue medicamenta adhibuit, quem fratres valde diligebant et reverenter suscipiebant. Qui magna adhibita diligencia pro curacione domini Florencii intimi amici sui multociens ei profuit mesticiamque fratrum fiducia sperande salutis sepe erigebat et consolabatur. Dicebat iste in Domino plus confidens quam in arte medicine, quia „supra humanas vires est, quod hic homo potest tamdiu in tam debili corpore vivere. Et nisi specialis gracia eum [163] preservaret et oraciones multorum pro eo fierent, celerrime deficeret aut etiam diu defunctus fuisset. Bonum est ergo fideliter pro ipso orare, quia salus eius specialiter in divina[b] stat gracia."

Quod semel in nocte paschali angelica visione curatus fuit. Capitulum XIX.

Inter cetera tempora anni gravius et frequencius in quadragesima egrotare solebat propter cibos quadragesimales sibi magis onerosos et inflativos. Et licet tunc corpore debilior erat, mente tamen hilariori ad suscepcionem ieiunii se offerebat. Semel igitur quasi per totum ieiunium debilitato stomacho nimium languebat et vix usque ad pascha victurus sperabatur. Sed devota fratrum oracio non cessavit ad Dominum pro eo clamitare et graciam Domini, quam sepe fuerant experti, multiplicatis intercessoribus iterum flagitabant. Deficiebat enim tunc omne humanum presidium ideoque ad fortissimum deitatis recurrebant solacium.

Cum ergo iam peracto ieiunio dominice resurrectionis gloriosa instaret festivitas[c] et electus vir domini Floren-[164]cius in lectulo suo re-

[a] Eza] *fehlt in K11 im Text, stattdessen auf dem Rand* vander Eze.
[b] specialiter in divina] in divina specialiter *Le1/2, Vi1.*
[c] gloriosa instaret festivitas] instaret gloriosa festivitas *N1;* gloriosa festivitas instaret *korrigiert aus* gloriosa sollempnitas instaret *K11;* gloriosa festivitas instaret *Le1/2, P1, Vi1.*

gen gern erhört[54], gab seinem geliebten und getreuen Knecht die Gesundheit zurück, 'dass er kund gäbe seine Macht den Kindern der Menschen'[55].

Es lebte in jener Zeit ein berühmter Magister der Medizin, Herr Everhard Eza, Pfarrherr zu Almelo, ein sehr erfahrener und hochgelehrter Arzt, der vom Geist der Frömmigkeit beseelt mit Herrn Florens und seinen Brüdern sowie mit andern frommen Dienern Christi sehr vertraut war[56]. Dieser pflegte den Herrn Florens oftmals zu besuchen, und gern tat er an ihm, was seine Kunst vermochte; auch liebten die Brüder ihn gar sehr und nahmen ihn ehrerbietig auf. Vielmals nützte er durch die große Sorgfalt seiner Behandlung dem Herrn Florens, seinem engen Freunde, und oft richtete er die Betrübnis der Brüder durch die Hoffnung seiner Wiedergenesung auf und tröstete sie. Und er sagte ihnen, in dieser Hinsicht mehr auf Gott als auf die Wissenschaft der Heilkunde vertrauend: „Es übersteigt die menschliche Kraft, dass dieser Mann so lange in einem so gebrechlichen Leibe leben kann; behütete ihn nicht eine ganz besondere Gnade und würden nicht die Gebete vieler für ihn zum Herrn gesandt, so wäre es bald aus mit ihm, ja, er wäre längst gestorben! Gut also ist es, getreulich für ihn zu beten, da sein Wohl vornehmlich in der Gnade Gottes liegt."

Kapitel 19: Wie er einst in der Osternacht durch eine Engelerscheinung geheilt wurde.

Häufiger und schwerer als sonst im Jahr erkrankte er zur vierzigtägigen Fastenzeit, weil ihn die Fastenspeisen besonders belasteten und blähten. Trotz der Schwächung seines Leibes unterwarf er sich dann jedoch heiteren Gemüts der Fastenpflicht. Nun war einmal durch das lange Fasten sein Magen so sehr geschwächt, dass er beinahe verschmachtete und man kaum hoffte, dass er das Osterfest erleben würde. Doch unablässig riefen die Brüder in andächtigem Gebet für ihn zum Herrn, und es vermehrte sich die Zahl der Fürsprecher, die aufs neue die Gnade des Herrn erflehten, die sie so oft erfahren hatten. Denn da alle menschliche Hilfe versagte, nahmen sie ihre Zuflucht zur Kraft des göttlichen Trostes.

Als aber am Ende der Fastenzeit das glorreiche Fest der Auferstehung des Herrn bevorstand und der auserwählte Gottesmann Florens in seinem Bett ruhte und sanft entschlummert war, da wurde er, mitten in

54 Vgl. Ps. 101,18.

55 Ps. 144,12; vgl. Ps. 105,8.

56 Über ihn s. Thomas, Ex Chronica ad domum Montis S. Agnetis non attinentia, cap. 12, POHL 7, S. 496-500.

quiesceret dulci sompno soporatus, ecce in ipsa sacratissima nocte pasche mox angelica visione meruit consolari et confortari. Vidit namque duos angelos sibi apparere, quorum unus stabat ad dexteram lectuli et alius ad sinistram. Elevans autem unus manum suam in altum, quasi ad percuciendum gladium vibrabat super caput dormientis, sed statim alter ictum sustentavit ferientis et prohibuit eum dicens: „Noli percutere, vita enim adhuc vivet et non morietur.“ Ad hanc visionem celitus factam obstupefactus et quasi de morte ad vitam resuscitatus evigilavit mirabiliter in Domino confortatus et vocans ministrum suum, qui non longe in camera quiescebat, ait illi confidenter: „Surge et para aliquid, quod hodie manducem. Sencio me melius habere, et volumus in Domino pariter epulari.“ Tunc ille ingenti gaudio repletus festinavit parare quod iussit. Et omnes qui audierunt mirati sunt[a] et gavisi, quia tam cito convalescere ceperat, quem iam pridem mori formidabant.

Hanc visionem postea avunculo suo canonico sancte Marie in Traiecto intimavit, qui eum cordialissime dilexit, non tamen se ipsum nominando, sed quod cuidam revelatum esset, quod adhuc super[165]victurus esset. De quo magnifice et intime congratulans Deum benedixit, quia misit angelum suum et sanavit eum ab interitu mortis. Vixit post hec carissimus dominus Florencius aliquot annis ad consolacionem omnium devotorum tam clericorum quam laycorum, de diversis partibus et regionibus ad[b] eum veniencium pro remediis animarum suarum, quibus vir Domini tam verbo quam exemplo magnum prestitit sancte conversacionis ducatum cum universis fratribus secum in domo congregatis ad laudem Dei omnipotentis.

De viro, qui in puteum cecidit et inde illesus extractus fuit. Capitulum XX.

Accidit autem quodam tempore, ut plures ad audiendum verbum Dei[c] in antiqua domo predilecti patris domini Florencii convenirent. Et

a sunt] *fehlt in K11, Le1/2, Vi1.*
b et regionibus ad] et religionibus ad *K11; fehlt in N1.*
c Dei] *fehlt in Le1/2, Vi1.*

der heiligen Osternacht, durch eine Engelvision getröstet und gestärkt. Denn er sah, wie zwei Engel ihm erschienen, von denen der eine zur Rechten, der andere zur Linken seines Bettes stand. Es erhob aber der eine seine Hand in die Höhe und schwang gleichsam das Schwert über das Haupt des Schlummernden, doch augenblicklich fing der andere den Streich des Schlagenden auf, wehrte ihm und sprach: „Schlage ihn nicht; denn noch soll er am Leben bleiben und nicht sterben!“[57] Hocherstaunt über diese himmlische Erscheinung und wie vom Tode zum Leben erweckt erwachte er, wunderbar im Herrn gekräftigt, rief seinen Diener, der nicht weit davon in einer Kammer ruhte, und sprach zuversichtlich zu ihm: „Steh auf und bereite mir etwas, das ich heute essen kann, denn ich fühle mich besser, und wir wollen im Namen des Herrn zusammen speisen.“ Da ward dieser von großer Freude erfüllt und eilte zu tun, was er ihm befohlen hatte. Und alle, die es hörten, erstaunten und frohlockten, dass er so plötzlich zu genesen begann, dessen Tod sie schon befürchtet hatten.

Diese Erscheinung offenbarte er später seinem Oheim, einem Chorherrn der Marienkirche zu Utrecht, der ihn herzlich liebte. Doch nannte er sich nicht selbst als ihren Zeugen, sondern sagte bloß, es sei jemandem geoffenbart worden, dass er noch einige Zeit leben würde. Jener beglückwünschte ihn von Herzen und pries Gott, dass er seinen Engel gesandt hatte, ihn vom Tode zu retten. Es lebte aber der liebe Herr Florens hierauf noch einige Jahre, zum Trost aller Frommen, sowohl Geistlichen als Laien, die aus verschiedenen Gegenden und Ländern zu ihm kamen auf der Suche nach Heilmitteln für ihre Seelen. Zusammen mit den in seinem Hause zum Lob des allmächtigen Gottes versammelten Brüdern zeigte er ihnen durch Wort und Beispiel den Weg eines heiligen Lebens.

Kapitel 20: Von einem Mann, der in einen Brunnen fiel und unverletzt daraus geborgen wurde.

Es geschah einmal, dass viele in dem ‘Alten Hause’[58] des geliebten Vaters Florens zusammenkamen, um das Wort Gottes zu hören. Während

57 Zur Formel: *vita* [...] *vivet et non morietur* s. Ez. 18,9-28 und 33,15.

58 ‘Domus antiqua’ wurde das Vikariatshaus des Florens Radewijns, die erste Unterkunft seiner Brüdergemeinschaft, zur Unterscheidung von der 1396 errichteten ‘Domus nova’ genannt; seit dem Erwerb des Herr-Florens-Hauses 1391 diente es als Burse für die Schüler. Vgl. Dier, Scriptum, DUMBAR, S. 38-41; VAN DER WANSEM, S. 164; Monasticon Fratrum 3, S. 154; KRAUSS, S. 78f.

dum collacio devote exhortacionis fieret, vir quidam cum aliis fidelibus sedebat super putei marginem et oppressus sompno cecidit improvise retro in aquam capite verso. Ad cuius lapsum exterriti qui aderant, mox in puteum dolentes respiciunt. Et [166] ecce Deo protegente stetit homo super pedes suos in aquis putei salvus et illesus mirantibus cunctis. Sumentes ergo festinanter vectem desuper pendentem submiserunt in os putei et extraxerunt hominem vivum, quem estimaverunt pene submersum et defunctum. Videntes autem eum de tanto periculo liberatum gracias Deo omnipotenti retulerunt et consolati sunt non minime, quia Deus non est passus hominem periclitari in illa domo subita morte.

Hec michi quidam civis Campensis retulit, qui presens tunc affuit et Daventrie iuvenis frequentavit, sed et multa alia bona de viro Dei et fratribus eius enarravit. Et ego ex eodem puteo sepius aquam hausi ad usum coquine, qui satis angustus erat, et ideo res gesta ad gloriam Dei amplius valet, qui supra id quam[a] petitur occurrit periculis animarum.

De visione crucifixi super domum eius apparentis. Capitulum XXI.

Grata admodum et Deo dilecta congregacio fratrum in domo reverendi patris domini Florencii ad laudem Dei collecta magnis refulsit virtutibus [167] et sublimium meritorum actibus extitit decorata. Ibi humilitas omnium virtutum prima, exquisita fuit a maiore usque ad minimum, faciens de terrena domo paradisum et transferens homines mortales in celestes margaritas, tamquam lapides vivos in templo Dei glorificandos. Ibi obediencia mater virtutum et discrecionis lucerna viguit sub tanta disciplina, ut summa esset sapiencia obedire sine mora, et nephas foret horrendum preterire senioris consilium aut minimum

[a] quam] quod *Le1/2, Vi1.*

er nun eine fromme Mahnpredigt hielt[59], wurde ein Mann, der mit andern Gläubigen auf dem Rande des Brunnens saß, vom Schlummer überwältigt und fiel plötzlich rücklings und kopfüber hinab in den Brunnen[60]. Alle Anwesenden erschraken über seinen Sturz und schauten bekümmert in den Brunnen hinab. Doch sieh da, von Gott behütet stand der Mensch heil und unverletzt auf seinen Füßen im Wasser, zum frohen Erstaunen aller, die zugegen waren. Sie ergriffen also eilig die Stange, die über dem Brunnen hing, reichten sie ihm hinab und zogen den Menschen lebendig herauf, den sie bereits für ertrunken und tot gehalten hatten. Als sie ihn aber aus so großer Gefahr errettet sahen, dankten sie dem allmächtigen Gott und waren überaus glücklich, dass Gott in diesem Hause nicht den tödlichen Unfall eines Menschen zugelassen hatte.

Dies hat mir ein Bürger von Kampen berichtet, der dabei zugegen war und in seiner Jugend häufig Deventer besucht hatte. Auch erzählte dieser mir noch viele andere rühmliche Dinge von dem Gottesmann und von seinen Brüdern. Ich selbst habe oftmals aus jenem Brunnen Wasser für den Küchenbedarf geschöpft; da er ziemlich eng war, gereicht der Vorfall umso mehr zur Verherrlichung Gottes, der den Gefahren der Seelen über das Erbetene hinaus begegnet.

Kapitel 21:
Wie über seinem Hause eine Vision des Gekreuzigten erschien.

Die Gott überaus wohlgefällige und geliebte Brüdergemeinschaft im Hause des ehrwürdigen Vaters und Herrn Florens, die dort zum Lobe Gottes vereint war, strahlte in Tugendglanz und zeichnete sich durch verdienstliche Werke aus[61]. Dort strebten alle, ob groß oder gering, nach der Demut, der ersten von allen Tugenden, die aus der irdischen Wohnstatt ein Paradies macht und sterbliche Menschen zu himmlischen Perlen und lebendigen Bausteinen im Tempel Gottes verherrlicht. Dort wurde der Gehorsam, die Mutter der Tugenden und das Licht der Besonnenheit, so streng beachtet, dass es als die höchste Weisheit galt, ohne Zögern zu gehorchen, und als ein scheußliches Laster, den Rat oder auch nur das geringste Wort eines Älteren außer

59 *Collacio devote exhortacionis*: eine bei den Devoten gebräuchliche Form der religiös-erbaulichen Ansprache oder Unterweisung, benannt nach den 'Gesprächen' ('Collationes') der Altväter im gleichnamigen Werk des Johannes Cassianus. Vgl. MERTENS 1996.

60 Die Ironie der Situation, dass die *collacio exhortationis* einschläfernd wirkte, scheint Thomas nicht gestört zu haben.

61 In Buch IV,1 gibt Thomas aus seiner eigenen Anschauung in Deventer eine ähnliche Laudatio des Fraterlebens, wie sie hier dem wohl gleichfalls autobiographischen Visionsbericht vorangestellt ist.

verbum. Ibi caritas ad Deum et ad proximum sic arsit intus et extra, ut dura corda peccatorum auditis sermonibus sanctis solverentur in lacrimas, et qui frigidi advenerant, verbi calore accensi leti abibant, de cetero peccare caventes. Ibi spiritualis milicie armatura contra singula vicia[a] enituit strennue, et senes cum iunioribus adversus sathanam et propriam carnem ac mundi fallacias fortiter certare didicerunt.

Ibi antiquorum patrum memoria et Egipciorum monachorum fervida conversacio, que quasi semimortua iacuit in terra, ad vitam rediit, et clericorum status ad summe perfectionis normam secundum ecclesie primordia surrexit. Ibi audiebatur devota spiritualis exercicii exhortacio, et inter cotidianas meditaciones [168] sacrosancta et dolorosa passio Salvatoris nostri Iesu Christi crebrius et[b] affectuosius est repetita et masticata, ex cuius intenta recordacione salus anime noscitur effluere, valens mortiferos serpentis morsus sanare et mentem passionatam mitigare ac[c] torpentem animum ad celestia de terrenis per cruciformem imitacionem sublevare.

Cum igitur magnifice devocionis ardor erga divina beneficia recolenda in multorum cordibus flagraret, et exemplo reverendi patris domini Florencii ad perfectum mundi contemptum sancta illa congregacio erudita proficeret semper in melius, pius Deus qui benedictionem suam et graciam humilibus prestat, non destitit consolacionibus sacris et internis gaudiis refovere sibi fideliter servientes. Et ut de multis aliquid proferam, unam breviter visionem hic inseram, quam Deus omnium secretorum cognitor super domum illam celesti unctione benedictam ostendere dignatus est.

Quidam ex novellis plantacionibus domini Florencii discipulus devotus quadam nocte insolita visione perterritus expavit totus in principio, sed in fine letificatus est mira Dei pietate. Cumque in stratu suo quiesceret, ecce ventus ab aquilone validus nimis et tempestas [169] sevissima veniebat totam concutere terram, quasi iam instaret dies extremi iudicii omni carni metuenda. Pavefactus ergo horrenda tempestate cepit iuvenis ille cogitare, ubinam fugeret et quo se diverteret loco a facie formidinis Domini. Deprehensus itaque inter angustias aspexit sursum in celum, et ecce signum crucis evidens in aere apparuit salutis

[a] singula vicia] vicia singula *Le1/2, Vi1.*
[b] et] *fehlt in Le1/2, Vi1.*
[c] ac] et *K11, N1.*

Acht zu lassen. Dort brannte die Gottes- und Nächstenliebe im Innern wie nach außen so sehr, dass unter dem Eindruck heiliger Predigt die harten Herzen der Sünder in Tränen sich auflösten und dass, wer kalten Sinnes gekommen war, durch die Glut des Wortes entzündet, freudig von dannen ging und sich künftig vor Sünden hütete. Dort wurden die Waffen des geistigen Kampfes kraftvoll gegen die einzelnen Laster gewendet, und es lernten die Alten zusammen mit den Jungen tapfer kämpfen gegen Satan, gegen das eigene Fleisch und gegen alle Täuschungen dieser Welt.

Dort kehrte das Andenken der Altväter, der eifrige Lebenswandel der Mönche Ägyptens, der gleichsam wie tot am Boden lag, zu neuem Leben zurück[62], und es erhob sich der Stand der Geistlichen zur Regel höchster Vollkommenheit wie in der Urkirche. Dort vernahm man die fromme Anweisung zu geistlichen Übungen, und in täglichen Meditationen wurde das heilige, schmerzvolle Leiden unseres Erlösers Jesus Christus immer wieder und immer inniger vorgestellt und überdacht, aus dessen aufmerksamer Betrachtung das Heil der Seele entspringt und das die tödlichen Bisse der alten Schlange zu heilen, das leidenschaftliche Gemüt zu beruhigen und die laue Seele durch Nachahmung des Gekreuzigten von der Erde zum Himmel zu erheben vermag.

Da also in den Herzen vieler eine so glühende Andacht zur Betrachtung der göttlichen Wohltaten brannte und da jene heilige, durch das Beispiel des ehrwürdigen Vaters und Herrn Florens zu vollkommener Weltverachtung angeleitete Gemeinschaft täglich im Guten voranschritt, ließ der huldreiche Gott, der den Demütigen seinen Segen und seine Gnade gibt, nicht davon ab, seine so getreuen Diener mit heiligen Tröstungen und innerlichen Freuden zu erquicken. Und um aus vielem nur eines zu erwähnen, will ich hier in Kürze eine Vision anführen, die Gott, dem alles Verborgene bekannt ist, über jenem durch himmlische Salbung gesegneten Hause zu zeigen beliebte.

Ein frommer Schüler aus der Neugründung des Herrn Florens wurde einst in der Nacht durch eine ungewöhnliche Erscheinung aufgeschreckt, die ihn zunächst in große Angst, schließlich aber durch Gottes wunderbare Güte in Freude versetzte. Als er auf seinem Lager ruhte, erhob sich ein überaus gewaltiger Wind von Norden her, und ein wütender Sturm erschütterte die Erde so heftig, als ob der allen Menschen furchtbare Jüngste Tag bevorstände. Voller Grauen vor diesem entsetzlichen Sturm begann der Jüngling zu überlegen, wohin er fliehen und im Angesicht der Schrecken des Herrn[63] sich verbergen sollte. In seinen Ängsten blickte er zum Himmel empor, und sieh da, es erschien in der Luft deutlich das Zeichen des Kreuzes mit dem Bilde

62 Auf das Ideal der ägyptischen Wüstenväter wird von Thomas wiederholt verwiesen: POHL 6, S. 32 und 401; 7, S. 345. Vgl. M. VAN DIJK 2006.

63 Is. 2,19 und 21.

humane auctorem representans. Videns ergo hanc sanctam imaginem crucifixi expansis manibus et confixis clavis in aere pendentem, cuius radiis illuminabatur orbis, iam tempestas illa cessabat.

Et crux ultra procedebat usque dum staret supra domum domini Florencii, in qua habitabant sancte crucis servi et veri contemptores mundi. Ad cuius adventum et presenciam tota domus quasi obviam tendens Salvatori a fundamento elevabatur in aere super terram, nusquam tangens terram, atque reverenter se inclinans ex uno latere versus crucem rediit iterum super stabilitatem suam. Imago autem crucis processit et stetit super murum contra ostium[a] domus, per quod cotidianus est transitus fratrum.

His visis cepit iuvenis expansis manibus orare versus crucem et petere a timore terribilis iudicii protectionem. Statimque raptus est de loco suo et in-[170]tra ianuam domus domini Florencii collocatus tamquam in loco securitatis sub alis crucifixi. Tunc nimium exhilaratus et quasi de omni angustia tutatus pre ineffabili leticia expergefactus est. Et vehementer ammirans gracias egit Deo, qui dignatus est sibi talia de devotis fratribus illis revelare, quibus deinceps studuit adherere et vitam eorum cum Christo absconditam semper venerari.

De paciencia eius et mansuetudine ac dilectione ad omnes. Capitulum XXII.

Quidam curialis seculari fultus astucia virum Dei magistrum Florencium non est veritus molestare, sed beneficio suo conabatur frontose privare, estimans quod forsitan nemo se opponeret aut pro vicario Christi responderet, quia devotus et mansuetus ad iniurias videbatur. Vocatus ergo ad causam, ut de obiectis sibi querelis adversario responderet, non multa contencione nec splendido sermone usus est, sed brevi et humili responsione sic ait: „Si vos melius ius habetis quam ego, teneatis in nomine Dei.“ Mirati sunt astantes et edificati in verbo presenti. [171] Unus autem ex canonicis pro viro Dei zelans nec sustinens iustum et innocentem opprimi, ait ad eum: „Quomodo ita loquimini, dilecte magister Florenti? Non curatis plus de prebenda vestra? Verum-

[a] ostium] *korrigiert aus* hostium *K11;* hostium *Vi1.*

des Erlösers. Wie er nun dieses heilige Bildnis des Gekreuzigten in der Luft schweben sah, mit ausgebreiteten und von Nägeln durchbohrten Händen, dessen Strahlen den Erdkreis erleuchteten, ließ jener Sturm nach.

Es bewegte sich aber das Kreuz immer weiter, bis es endlich über dem Hause des Herrn Florens stehen blieb, wo die Diener des heiligen Kreuzes und die wahren Verächter der Welt wohnten. Bei seiner Ankunft und Gegenwart strebte das ganze Haus dem göttlichen Heiland gleichsam entgegen, wurde aus seinem Fundament in die Luft erhoben ohne noch die Erde zu berühren, neigte sich ehrfürchtig mit einer Seite dem Kreuze zu und kehrte wieder an seinen Ort zurück. Das Bild des Kreuzes aber schwebte weiter und blieb stehen auf einer Mauer gegenüber dem Eingang des Hauses, wo die Brüder täglich hindurchgehen.

Als der Jüngling dies gesehen hatte, begann er mit ausgebreiteten Armen gegen das Kreuz hin gewendet zu beten und um Schutz vor den Schrecknissen des Gerichtes zu bitten. Da wurde er augenblicklich von seinem Platz entrückt und in das Haus des Herrn Florens gestellt wie an einen Ort der Sicherheit unter den Flügeln des Gekreuzigten. Freudig und gleichsam von aller Angst befreit wachte er nun hochbeglückt auf und dankte in großer Verwunderung dem Herrn, der ihn einer solchen Offenbarung über jene frommen Brüder gewürdigt hatte. Darauf schloss er sich ihnen an und blieb voller Verehrung für ihr in der Gemeinschaft mit Christus verborgenes Leben.

Kapitel 22:
Von seiner Geduld und Sanftmut und von seiner Liebe zu allen.

Ein gewisser Amtmann von großer Schlauheit in weltlichen Belangen scheute sich nicht, den Gottesmann Florens zu beunruhigen, und suchte ihn seiner Pfründe schamlos zu berauben. Denn er dachte, es würde sich niemand widersetzen oder für den Vicarius Christi eintreten, der ein zugefügtes Unrecht fromm und sanftmütig zu ertragen schien. Als der nun zur Verhandlung des Rechtsstreits geladen wurde, um sich zu den vom Gegner erhobenen Ansprüchen zu äußern, ließ er sich nicht auf einen langen Streit ein oder hielt eine glänzende Rede, sondern gab die kurze und demütige Antwort: „Wenn ihr ein besseres Recht auf diese Pfründe habt als ich, so nehmt sie in Gottes Namen.“ Die Anwesenden staunten über diese Worte und waren davon tief beeindruckt. Einer der Chorherren aber, der sich für den Mann Gottes ereiferte und nicht zuließ, dass der Gerechte und Unschuldige unterdrückt würde, sprach zu ihm: „Wie könnt ihr also sprechen, lieber Magister Florens? Ist euch nichts mehr an eurer Pfründe gelegen? Auf

tamen iste non habebit quod querit, sed pro vobis agemus, ut teneatis quod bono iure possidetis.“ His auditis siluit adversarius et recessit nichil adeptus.

Cognoverunt siquidem a maiore usque ad minorem, quia fidelis et devotus magister Florencius dignus sacerdos Christi erat, cuius vita et doctrina plures ad seculi contemptum trahebantur. Nam de magnis et terrena sapientibus humiles et simplices fratres fecit, nec non quosdam competenter instructos ad statum religionis et sacerdocii honorem crescente in eis septiformi Spiritus sancti gracia habilitavit. Illud autem pro maximo lucro et gaudio singulari reputabat, si alicui iter eterne salutis ostendisset atque a peccatis ad continenciam revocasset. Reverebatur igitur a mundanis, honorabatur a magnatis, et a bonis et devotis tenerrime diligebatur. Fecerat enim eum tam amabilem cunctis vita sincera, caritas ad Deum, perfecta pietas ad proximum, largitas ad egenos, honestas ad cives, affabilitas ad afflictos. [172]

Unde quidam de eo dicebat: „Non est religiosus quem tantum diligo, nec est quem tantum timeo, sicut dominum Florencium, quem sicut angelum Dei aspicio.“ Ipse tamen nequaquam de sua reputacione gaudebat, sed de conversione hominum et fratrum profectu, quorum numerus cotidie augmentabatur, Domino graciam suam in diebus eius largiter conferente. Hinc et nomen suum ad exteras civitates cum multa ammiratione et bone fame noticia pervenit, et tam presentes quam absentes eximiis eum laudibus commendabant. Sed humanas laudes sibi impensas non attendit nec ponderavit, immo vilipendit et derisit. Nam litteras quasdam commendaticias sibi transmissas breviter legens retro cistam iactavit dicens: „Non est aliud, quod scribunt? Bene potuissent de hoc tacuisse.“

keinen Fall jedoch soll dieser haben, was er sucht, sondern wir alle kämpfen für euch, dass ihr behaltet, was ihr mit gutem Recht besitzet.“ Als der Widersacher dies hörte, schwieg er und entfernte sich, ohne etwas zu erlangen.

Denn alle, ob hoch oder niedrig, erkannten, dass der getreue und fromme Magister Florens ein würdiger Priester Christi war, der durch Leben und Lehre viele zur Weltverachtung bekehrt hatte. Er machte aus großen und weltklugen Männern demütige und einfache Brüder und beförderte auch einige hinreichend Gebildete zum Ordensstand und zur Priesterwürde, die durch die wachsenden Gnaden des Heiligen Geistes immer vollkommener wurden. Als größten Gewinn und höchste Freude jedoch betrachtete er es, wenn er jemanden vom sündigen Leben zur Enthaltsamkeit zurückgerufen und auf den Weg des ewigen Heils geführt hatte. Daher auch stand er bei den Weltleuten in hohem Ansehen, wurde von den Großen geehrt und von den Guten und Frommen innig geliebt. Sein reines Leben, seine Gottesliebe, seine Barmherzigkeit gegen den Nächsten, seine Freigebigkeit gegen die Dürftigen, seine Ehrbarkeit im Umgang mit den Bürgern und seine Freundlichkeit gegen die Betrübten hatten ihm die Zuneigung aller erworben.

Deshalb sagte jemand über ihn: „Es gibt keinen Ordensmann[64], den ich so sehr liebe, keinen, den ich so sehr fürchte wie den Herrn Florens; ihn betrachte ich als einen Engel Gottes.“ Er jedoch hatte nicht die geringste Freude an solchem Ansehen, wohl aber an der Bekehrung der Menschen und an den Fortschritten der Brüder, deren Anzahl sich täglich mehrte, da Gott in seinen Tagen reiche Gnade dazu verlieh. Daher auch gelangte sein Name und sein glänzender Ruf mit großer Bewunderung bis in weit entfernte Städte, und sowohl am Ort wie anderswo erhob man ihn mit großen Lobsprüchen. Doch legte er auf menschliches Lob nicht das geringste Gewicht, sondern er verachtete es und spottete darüber. Denn als er einige Schmeichelbriefe, die an ihn gesandt waren, flüchtig durchgelesen hatte, warf er sie hinter den Kasten[65] und sagte: „Haben die denn nichts anderes zu schreiben? Dann hätten sie sich auch hierüber ausschweigen können!“

64 Florens Radewijns und die Brüder seines Hauses waren keine Ordensleute (*religiosi*), sondern führten ein halbklösterliches Leben ohne Gelübde und Ordensregel und werden daher als ‘Semireligiose’ bezeichnet.

65 *retro cistam iactavit*: offenbar redensartliche Wendung mit der Bedeutung ‘wegwerfen’; vgl. Dier, Scriptum, DUMBAR, S. 38: [*Iohannes Kessel*] *dixit inter fratres, si passio aliqua infestaret nos,* [...] *vellemus eam trudere retro cistam.* – Als Präposition mit lokaler Bedeutung wird *retro* in den Dunkelmännerbriefen verspottet, vgl. BÖCKING, Bd. II,1, Index verborum, S. 254, s. v. ‘retro’.

De devota exhortacione eius ad spiritualem profectum. Capitulum XXIII.

Egregius ac vernans flos sacerdotum magister Florencius fervidus animarum zelator non solum curam domesticorum fratrum habuit, sed etiam salu-[173]taris verbi semina in aliis vicinis congregacionibus clericorum plantare studuit, faciens interdum collacionem devote exhortacionis per se vel per alium idoneum fratrem[a] domus sue, pro mutua pace et caritate servanda. Ad cuius adventum letabantur omnes inhabitantes, ex ore sacerdotis Dei sacra verba audire cupientes. Nam loquebatur Spiritus sanctus per eum ad consolacionem gregis pusilli, qui paratus erat ei obedire alacriter et devote.

Dicebat ergo in quadam collacione ammonendo hoc modo: „Quilibet deberet omni die proponere vitam suam ferventer emendare, et novum certamen contra temptaciones et vicia sua arripere, et que amplius eum molestant, forcius illa niti vincere et violenciam sibi propter Christum inferre, quia regnum celorum vim patitur et violenti rapiunt illud. Est etiam utile quandoque alicui fratri discreto et in via Dei experto passiones suas et perplexitates revelare, nec proprio sensui inniti, sed alteri pocius credere atque humiliter accipere consilium et libenter sequi suum rectorem, quia hoc est magnum relevamen noviter conversis et bonum signum spiritualis profectus. Qui ergo sic proponit Deo semper servire et totam vitam suam diligenter [174] emendare[b] atque ab omni peccato se cavere, de hoc magis meretur et Deo accepcior fit, quam si centum pauperes pasceret et tale propositum continendi non haberet. Quia maximum munus, quod homo potest Deo offerre, est bona et perfecta voluntas serviendi Deo omni[c] tempore quo vixerit. Talis etiam non potest male mori, quamdiu in sancto[d] proposito steterit. Et si obierit, spero quod in statu salutis erit et misericordiam inveniet, quia bonum propositum habuit, et bona voluntas pro opere completo sibi ad meritum computabitur, sicut David sanctus confitetur dicens: 'Domine ut scuto bone voluntatis tue coronasti nos'."

[a] idoneum fratrem] fratrem *K11;* fratrem idoneum *Le1/2, Vi1.*

[b] vitam suam diligenter emendare] *korrigiert aus* vitam diligenter emendare *K11;* vitam suam emendare diligenter *Vi1.*

[c] Deo omni] Deo in omni *K11, Le1/2, Vi1.*

[d] sancto] bono *Le1/2, Vi1.*

Kapitel 23:
Von seiner frommen Ermahnung zum geistlichen Fortschritt.

Magister Florens, Flor und Zierde des Priesterstandes und glühender Eiferer für die Seelen, trug nicht nur Sorge für seine Hausgenossen[66], sondern war auch darum bemüht, das Wort des Heils in anderen Klerikergemeinschaften der Umgebung zu verbreiten, und hielt dort zuweilen entweder selbst oder durch einen anderen fähigen Bruder seines Hauses ein Mahn- und Erbauungsgespräch[67] zur Stärkung des gegenseitigen Friedens und der Liebe. Wenn er sie besuchte, freuten sich alle Hausbewohner, die aus dem Mund des Priesters das heilige Gotteswort zu hören verlangten. Denn durch ihn sprach der Heilige Geist zum Trost der kleinen Herde, die bereit war, ihm eifrig und andächtig zu gehorchen.

In einer geistlichen Unterredung trug er einmal folgende Mahnworte vor: „Jeder sollte an jedem Tag den Vorsatz fassen, sein Leben eifrig zu bessern und einen neuen Kampf gegen seine Versuchungen und Laster zu bestehen, sich bemühen, jene Dinge, die ihm am lästigsten fallen, umso tapferer zu überwinden, und um Christi willen sich Gewalt antun, da das Himmelreich Gewalt leidet und nur die Gewalttätigen es an sich reißen[68]. Es ist auch zuweilen nützlich, einem besonnenen und auf dem Wege Gottes erfahrenen Bruder seine Leidenschaften und Schwierigkeiten zu offenbaren und sich nicht auf sein eigenes Urteil zu stützen, sondern einem andern zu glauben, demütig Rat anzunehmen und seinem Oberen gern zu folgen, denn dies ist für Neubekehrte eine große Erleichterung und ein gutes Zeichen des geistlichen Fortschritts. Wer demnach sich vornimmt, Gott immerdar auf solche Weise zu dienen, sein ganzes Leben fleißig zu bessern und vor jeder Sünde sich zu hüten, der erwirbt dadurch größere Verdienste und wird Gott angenehmer, als wenn er hundert Arme speiste und dabei keinen solchen Vorsatz zur Besserung hätte. Denn das größte Geschenk, das der Mensch Gott darbringen kann, ist der gute und vollkommene Wille, ihm alle Zeit seines Lebens zu dienen. Ein solcher Mensch kann auch keines schlimmen Todes sterben, solange er in diesem heiligen Vorsatz verbleibt. Stirbt er aber, so hoffe ich, dass er im Stande des Heils sein und Barmherzigkeit finden wird, weil er einen guten Vorsatz hatte und sein guter Wille ihm statt des vollendeten Werks zum Verdienst angerechnet wird, jenem Ausspruch Davids gemäß: 'Herr, wie mit dem Schilde deines guten Willens hast du uns umgeben.'[69]"

66 1. Tim. 5,8.
67 Zur *collacio devote exhortacionis* s. oben Anm. 59.
68 Mt. 11,12.
69 Ps. 5,13.

Multa quidem et alia consolativa pro confirmacione bonorum iuvenum loquebatur, qui de diversis partibus illic congregati fuerant, non tantum in scola litterarum, sed etiam in scola Christi vacantes studio spirituali. Quidam ex ipsis verba viri Dei in tabulis signabant et aliis absentibus indicare cum magno fervore satagebant, multo alacrius divina eloquia inter se tractantes quam seculares solent scurrilia recitare.

De altis questionibus et subtilibus rebus et intricatis negociis omnino tacuit, sciens quia parvam edi-[175]ficacionem devotis mentibus prestant et compunctioni cordis frequenter obsistunt et corda innocencium subvertunt, sicut expertum est in plerisque, qui curiosa scrutantes et viam Christi planam et humilem relinquentes multis lapsibus et erroribus se inseruerunt.

Cum quidam litteratus monachus quendam Carthusiensem argueret, eo quod ordo eorum deditus esset solitudini et quieti ad vacandum proprie saluti et pene nullum fructum facere viderentur[a] in ecclesia Dei, respondit ille bonus religiosus satis prudenter et eleganter dicens: „Nos libenter facere vellemus, quod vos predicatis et docetis. Nam contemptum mundi melius credimus penitencie laboribus persuaderi, quam sermonibus pulchris et evagacionibus multis."

Vir quidam ex Iudeis ad fidem christianam conversus audiens famam sancte conversacionis magistri Florencii cupiebat cum ipso de antiquis patriarchis et prophetis disserere, eo quod in veteri lege et Hebraicis litteris satis edoctus videbatur et 'Rabbi' a multis secundum sectam Iudeorum dicebatur. Cumque venisset ad presenciam viri Dei, benigne eum suscipiens et pacienter audiens humane et caritative cum eo egit, fidem [176] sinceram in Christo suadens tenere ac operibus bonis insudare, de questionibus vero legis ad salutem non pertinentibus et genealogiis veterum nichil ventilare voluit, non quia ignorabat, sed quia edificacionem non importabant.

De efficacia sermonum eius et intellectu scripturarum. Capitulum XXIIII.

Sermo reverendi sacerdotis non fuit palpans adulacio, sed veritatis clara protestacio, non secularis eloquencia, sed humilis informacio

[a] facere viderentur] viderentur facere *K11, Le1/2, P1, Vi1.*

Auch sprach er viele andere trostreiche Worte zur Stärkung der gutwilligen Schüler, die aus verschiedenen Gegenden dorthin gekommen waren, um sich nicht nur in der Schule der Wissenschaften, sondern auch in der Schule Christi ihrer Ausbildung zu widmen. Einige von ihnen trugen die Worte des Gottesmannes in ihre Schreibtafeln ein[70] und teilten sie den Abwesenden angelegentlich mit, denn sie unterhielten sich über religiöse Gegenstände mit größerem Eifer als Weltleute bei ihren Gesprächen über Albernheiten.

Auf schwierige Fragen, subtile Erörterungen und verwickelte Angelegenheiten ging er gar nicht ein, da er wusste, dass sie den Frommen wenig Erbauung gewähren, sondern der Zerknirschung des Herzens hinderlich sind und arglose Gemüter auf Abwege führen, wie sich bei vielen erwiesen hat, die entlegenen Dingen nachgrübelnd und den geraden und demütigen Weg Christi verlassend in manche Fallstricke und Irrtümer gerieten.

Als ein gelehrter Mönch einem Kartäuser vorwarf, dass sein Orden der Einsamkeit und klösterlichen Ruhe ergeben wäre, nur ihrem eigenen Heile zuliebe und fast ohne einen Nutzen für die Kirche Gottes, antwortete dieser gute Religiose sehr weise und treffend: „Wir möchten gern das tun, was ihr predigt und lehrt. Denn wir glauben, dass die Menschen wirksamer zur Weltverachtung bekehrt werden durch Werke der Buße als als durch schöne Predigten und vieles Umherlaufen."

Ein zum christlichen Glauben bekehrter Jude, dem der Ruf vom heiligen Lebenswandel des Magisters Florens zu Ohren gekommen war, wollte sich mit ihm über die alten Patriarchen und Propheten unterhalten, weil er im Gesetz und in den Wissenschaften der Hebräer sehr bewandert schien und sogar nach der Gewohnheit der Juden von vielen 'Rabbi' genannt wurde. Der Gottesmann nahm den Besucher wohlwollend auf, hörte ihn geduldig an, führte mit ihm ein freundliches und liebevolles Gespräch und mahnte ihn, an dem reinen Christenglauben festzuhalten und gute Werke zu tun. Auf Fragen des Gesetzes, die für das Heil bedeutungslos sind, und auf die Geschlechterfolgen der Alten aber wollte er nicht eingehen – nicht, weil er darüber nichts wusste, sondern weil es der Erbauung nicht dienlich war.

Kapitel 24: Von der Wirkung seiner Predigten und von seiner Kenntnis der Heiligen Schrift.

Die Predigt des ehrwürdigen Priesters war keine gefällige Schmeichelei, sondern eine deutliche Verkündigung der Wahrheit, keine weltli-

70 Vgl. den Prolog zum ersten Buch.

morum et ad abiectionem seculi racionabilis inductio per exempla sanctorum. Neque enim a divitibus pecunias quesivit nec honorem inter magnatos, sed cum simplicibus liberior sermocinacio eius, pro quibus etiam instabat apud potentes, ut pauperum memores essent et de mammona iniquitatis facerent sibi amicos in tabernaculis regni celestis. Et quis illi facile negaret, pro quo ipse intercedere volebat? Offensam Dei timebat, si eum in pia peticione non audisset.

Venit ad eum aliquando[a] pastor et curatus ecclesie Daventriensis bonus amicus eius, benivolenciam obsequii sui exhibens et dicens: „Predilecte mi domine [177] Florenti, si possum aliquid vobis gratum facere, non parcatis michi." Ad quem pius pater ait: „Nichil aliud pro nunc, nisi ut[b] benivolum vos exhibeatis devotis fratribus et sororibus sub cura vestra positis, ne molestentur a secularibus et improbis personis." Qui mox pie annuens respondit: „Libenter id faciam amore Dei et vestri, ut etiam sitis memores mei."

Magister Iohannes Boeme rector scolarium et vicarius maioris ecclesie, sub quo diu frequentavi, magnus amicus fuit domini Florencii, libenter eum audiens et faciens quod Deo placitum fore sciebat. Cum ergo tempus solvendi precium instaret, reddiderunt singuli quod iure debebant. Tunc etiam et ego optuli ei precium ad manum eius repetens librum, quem pro pignore reliqui. Et quia noticiam mei habuit sciens me stare sub cura domini Florencii, ait michi: „Quis dedit tibi hanc pecuniam?" Respondi: „Dominus meus Florencius." „Vade", inquit, „reporta sibi pecuniam suam, nolo", inquit[c], „a te recipere propter ipsum." Reportavi iterum pecuniam domino meo Florencio et dixi: „Reddidit michi magister precium amore vestri." At ille: „Grates sibi ago[d], alias iterum donis pocioribus providebo."

Per spiritum discrecionis sciebat, quid unicuique respondere deberet, et per [178] donum consilii sapientibus et indoctis variisque necessitatibus occupatis salutari subvenit remedio, nichil tamen terreni commodi pro his requirens. Unde quidam eius consilio se committens[e] dicebat: „Quociens consilium domini Florencii secutus sum, bene michi successit, et quando proprio sensui innisus sum, malum michi semper advenit aut me penituit, quia non feci sicut michi dixit."

Intellectus sanctarum scripturarum velut quidam celestis radius in eo luculenter resplenduit tantaque puritate divine claritatis illuminatus

[a] Venit ad eum aliquando] *korrigiert aus* Venit aliquando *K11;* Venit aliquando ad eum *P1.*

[b] ut] *fehlt in K11, Le1/2, Vi1.*

[c] inquit] aliquid *K11, Le1/2, N1, P1, Vi1.*

[d] ago] ogo *K11;* ego *Le1/2, Vi1.*

[e] committens] submittens *K11, Vi1.*

che Beredsamkeit, sondern eine Anleitung zu demütigen Sitten und eine auf die Vernunft und die Beispiele der Heiligen gegründete Hinführung zur Weltflucht. Denn weder suchte er Geld bei den Reichen, noch Ehre unter den Großen, sondern sprach unbefangener zu den einfachen Leuten. Für sie setzte er sich auch bei den Mächtigen ein, an die Armen zu denken und von dem ungerechten Mammon sich Freunde zu machen im Himmmelreich[71]. Und wer hätte jemandem, für den er sich verwandte, leicht etwas verweigert? Wer seine fromme Bitte nicht erhört hätte, musste fürchten, Gott zu beleidigen.

Einst besuchte ihn der Hirt und Pfarrer der Kirche zu Deventer, sein guter Freund, und bekundete die Bereitschaft, ihm gefällig zu sein, mit den Worten: „Lieber Herr Florens, wenn ich euch irgendetwas Gutes tun kann, so lasst es mich wissen." Da sagte der milde Vater zu ihm: „Für jetzt bitte ich um nichts anderes, als dass ihr den frommen Brüdern und Schwestern, die eurer Pfarraufsicht unterstehen, euer Wohlwollen erweist zum Schutz gegen Belästigung durch weltliche und böse Menschen." Dieser willigte sogleich ein und sagte: „Das will ich gern tun, Gott und euch zuliebe, damit auch ihr meiner eingedenk seid."

Der Magister Johannes Boeme, Schulrektor und Vikar der Stiftskirche, unter welchem ich lange Zeit die Schule besuchte[72], war ein großer Freund des Herrn Florens, hörte ihn gern und wusste und tat, was Gott wohlgefällig war. Als nun der Termin zur Abgabe des Schulgelds bevorstand, da bezahlte jeder einzelne, was er schuldig war. Da kam dann auch ich, zählte das Schulgeld in seine Hand und verlangte das Buch zurück, das ich ihm als Pfand überlassen hatte. Weil er mich nun kannte und wusste, dass ich unter der Obhut des Herrn Florens stand, fragte er mich: „Wer hat dir dies Geld gegeben?" Ich antwortete: „Mein Herr Florens." Da sprach er: „Geh, und bring ihm sein Geld zurück; um seinetwillen will ich nichts von dir annehmen!" Ich brachte also das Geld wieder zu meinem Herrn Florens und sagte: „Der Magister hat euch zuliebe mir das Schulgeld zurückgegeben." Er sprach: „Ich danke ihm dafür und werde es ein andermal durch Besseres vergelten!"

Durch den Geist der Unterscheidung wusste er, wie er einem jeden antworten müsse, und durch die Gabe des Rates konnte er Weisen wie Ungelehrten und denen, die mit mancherlei Geschäften geplagt waren, auf heilsame Weise zu Hilfe kommen, ohne jedoch den geringsten irdischen Gewinn dafür zu fordern. So sagte einer, der sich seiner Beratung anvertraute: „Sooft ich den Rat des Herrn Florens befolgte, erging es mir gut, folgte ich aber meinem eigenen Sinn, so erging es mir immer übel oder es reute mich, dass ich nicht tat, was er mir sagte."

Das Verständnis der heiligen Schriften erglänzte in ihm wie ein himmlischer Strahl, und von solcher Klarheit göttlichen Lichts war er

71 Vgl. Lc. 16,9.
72 S. oben Anm. 27.

est, ut sive in veteri sive in novo Testamento legeret, ab omni parte misticus ei sensus occurreret et ubique inveniret, quod eum instrueret et ad Deum omnium scienciarum fontem finemque verborum reduceret. Habebat tamen apud se simplices et morales libros et precipue 'Speculum monachorum' et quedam virtutum exercicia contra vicia, quibus se suosque commilitones in Christi milicia docuit contra dyabolica temptamenta triumphare. Novis tamen et imperfectis ac seculari fastu tumidis et carnali amore adhuc infectis dissuasit alta et subtilia atque obscura et dubiosa legere et curiosa rimari. [179]

Discant ergo isti primitus se[a] humiliare et proprios defectus bene cognoscere, superioribus suis perfecte obedire, nemini se preferre, cum omnibus pacem et concordiam tenere, timorem Dei in mente semper[b] habere et firmum fundamentum in humilitate ponere, ac sic demum ad arcem caritatis et divine speculacionis ascendere lucem, per inhabitantem Spiritus sancti graciam mundis cordibus promissam, iuxta illam Domini sentenciam, qua ait: „Beati mundo corde, quoniam ipsi Deum videbunt."

Qui autem student magis videri subtiles quam esse humiles, et plus querunt scire quam bene vivere, cito extolluntur et fiunt carnales. Tales solebat acriter corripere et ad cognicionem defectuum suorum per humiliacionem[c] et frequentes exercitaciones salubriter revocare. Quando autem necessarium fuit ut aliquem argueret, ita timebatur, ut nemo auderet contradicere nec se excusare, propter reverenciam sanctitatis sue, quam nullus audebat offendere, metuens Dei indignacionem incurrere, si non humiliter sermonibus eius obedisset. [180]

De custodia verborum et iuracione vitanda. Capitulum XXV.

Quodam tempore apud Amersfordiam[d] constitutus ab incolis illius civitatis et maioribus illius loci[e] satis reverenter est susceptus et interdum pia devocione visitatus. Tunc etiam quidam honesti viri ad audiendam vocem sermonum eius venerunt ad prandendum cum eo et fratri-

[a] ergo isti primitus se] ergo isti primitus *K11;* isti ergo primitus se *P1;* igitur isti primitus se *N1.*

[b] timorem Dei in mente semper] timorem Dei semper in mente *korrigiert aus* timorem semper in mente *K11;* timorem Dei semper in mente *Le1/2, Vi1.*

[c] humiliacionem] humilaciones *K11, Le1/2, N1, P1, Vi1.*

[d] Amersfordiam] Ermersfodiam *Vi1.*

[e] illius loci] eiusdem loci *K11, Le1/2, N1, P1, Vi1.*

erleuchtet, dass ihm bei der Lektüre ob im Alten oder Neuen Testament überall geistlicher Sinn sich eröffnete und er stets etwas fand, das ihn belehrte und zu Gott, dem Quell aller Wissenschaften und dem Ziel aller Worte, führte. Indessen hatte er auch einfache und erbauliche Bücher, insbesondere das 'Speculum monachorum'[73] und einige Übungsschriften zur Tugend und gegen das Laster, mit denen er sich und seine Mitstreiter im Kriegsdienst Christi anleitete, über die Versuchungen des Teufels zu triumphieren. Neulingen aber und Unvollkommenen, die noch von weltlichem Stolz und der Liebe zu irdischen Dingen erfüllt waren, riet er davon ab, anspruchsvolle und schwierige oder dunkle und zweifelhafte Texte zu lesen und Abseitiges ergründen zu wollen.

Jene sollen daher vor allem lernen sich zu demütigen, ihre eigenen Fehler zu erkennen, ihren Vorgesetzten vollkommen zu gehorchen, sich über niemanden zu erheben, mit allen Frieden und Eintracht zu bewahren, stets Gottesfurcht im Sinn zu haben, sich ein festes Fundament der Demut zu legen und auf solche Weise schließlich zum Gipfel der Liebe und zum Licht der Anschauung Gottes emporzusteigen, durch die ihnen innewohnende Gnade des Heiligen Geistes, die den reinen Herzen verheißen ist, wie der Herr sagt: „Selig, die reinen Herzens sind, denn sie werden Gott anschauen."[74]

Diejenigen aber, denen mehr daran liegt, für klug zu gelten als demütig zu sein, und die mehr danach streben, etwas zu wissen als fromm zu leben, werden bald überheblich und irdisch gesinnt. Solche pflegte er scharf zu rügen und durch Demütigungen und häufige Übungen heilsam zur Erkenntnis ihrer Fehler und Gebrechen zurückzurufen. Wenn es aber notwendig war, dass er jemanden zurechtwies, fürchtete man ihn so sehr, dass niemand es wagte, ihm zu widersprechen oder sich zu entschuldigen. So groß war die Ehrfurcht vor seiner Heiligkeit, die keiner zu verletzen wagte, um sich nicht den Zorn Gottes zuzuziehen, falls er seinen Reden nicht demütig gehorchte.

Kapitel 25:
Man soll seine Zunge hüten und das Schwören vermeiden.

Einst, als er sich zu Amersfoort aufhielt, wurde er von den Einwohnern dieser Stadt und von den Vornehmsten dort mit aller Achtung empfangen und zuweilen in frommer Ehrerbietung besucht. Es kamen damals auch einige ehrbare Männer zum Mittagsmahl zu ihm und seinen Brüdern, um seine Worte anzuhören, weil sie sich seines vertrauten Um-

73 Arnulf de Boeriis (Ps.-Bernhard), Speculum monachorum, MIGNE PL 184, Sp. 1175-1178. Vgl. unten Anm. 103 und 105.

74 Mt. 5,8.

bus suis, cupientes familiaritatis eius habere graciam et exemplis bonis et doctrinis informari. Quos benigne tractans et pro eorum statu salubriter exhortans post audicionem verbi Dei cum graciarum actione singuli in domum suam sunt reversi.

Illis autem abcedentibus mox brevem ammonicionem fratribus dixit: „Periculosum est magnatis et secularibus loqui et coniungi. Non expedit divitibus blandiri, nec arciora eis convenit dici. Ideo oportet ut homo caute prevideat, quid talibus loquatur, ne scandalizentur in aliquo verbo levi vel actu indecenti. Habent enim[a] oculos super nos apertos ad considerandum gestus nostros propter bona, que audiunt de nobis. Stemus ergo [181] super custodiam nostram et demus bonum exemplum aliis, qui nos visitant et requirunt, qui tantum exteriora vident et secundum hec de interioribus[b] iudicant. Quamvis in omnibus perfecti non simus[c], tamen precavendum est ne malum exemplum et occasionem scandali demus infirmis. Sed isti nimis benivoli sunt nobis, et hoc forte non expedit nobis. Non delectemur favoribus vanis, qui simplices et humiles esse debemus. Melius est ergo ad locum pristinum cicius redire, quia multi ibidem minus curant de nobis, et quidam etiam derident nos et obloquuntur, quod valde nobis proficuum est et ad Deum magis redire compellit."

Fuit itaque vir Domini Florencius custoditus et premeditatus in cunctis sermonibus suis, maxime coram secularibus et ignotis personis. Pessimam etiam hominum secularium[d] consuetudinem iurandi stricte vitavit et omnibus suis interdixit, ut neque „certe" vel „vere" in cotidiano sermone dicerent, ne peccatum super peccatum ex incauta iuracione cumularent. Quando ergo aliquid notabile et seriosum exprimere voluit aut dicere in testimonium oportebat, non facile nec temere iurandi notam interposuit, sed faceto modo ita respondit: [182] „dico vobis finaliter" vel „utique", et sic satisfecit querenti. Nec voluit verbum „certive[e]" loqui, in quo potuit deprehendi, sed memor verbi Domini „est est, non non" lapsum lingue studuit precavere et alios bono exemplo et simplici veritatis prolacione docere. Unde magis sibi credebatur sine iuramento quam aliorum linguis multa iuracione male assuetis.

[a] enim] *fehlt in K11.*
[b] interioribus] *korrigiert aus* exterioribus *K11;* exterioribus *N1.*
[c] simus] sumus *K11, Le1/2, P1, Vi1.*
[d] secularium] *fehlt in K11, Le1/2, Vi1.*
[e] certive] assertive *Sommalius.*

gangs erfreuen und durch gute Beispiele und Lehren unterrichtet werden wollten. Er aber nahm sie sehr freundlich auf und gab ihnen heilsame Ratschläge, wie sie ihrem Stande gemäß waren. Und nachdem sie das Wort Gottes vernommen hatten, kehrten sie dankbar in ihre Wohnungen zurück.

Als sie aber fortgegangen waren, richtete er eine kurze Ermahnung an die Brüder und sprach: „Es ist gefährlich, sich mit großen Herren und Weltleuten zu unterhalten und zu verbinden. Auch ist es nicht gut, den Reichen zu schmeicheln, noch ziemt es sich, hart und streng mit ihnen zu reden. Behutsam muss man also darauf achten, was man mit diesen Menschen spricht, damit sie nicht durch irgendein leichtsinniges Wort oder durch ein unschickliches Verhalten gereizt werden. Denn sie haben uns genau im Auge und beobachten unsere Taten zum Vergleich mit den guten Worten, die sie von uns hören. Seien wir also auf unserer Hut und geben wir denen ein gutes Beispiel, die uns aufsuchen und nach uns fragen, da sie nur auf das Äußere sehen und daraus auf das Innere schließen. Sind wir auch nicht in allen Dingen vollkommen, so müssen wir uns dennoch hüten, dass wir den Schwachen kein schlechtes Beispiel noch irgend Anlass zu Ärgernis geben. Diese hier aber sind uns allzu wohlgesinnt, und auch das ist vielleicht gar nicht gut für uns. Wir wollen uns nicht an eitler Gunst erfreuen, da wir einfach und demütig sein müssen. Es ist also besser, rasch an unseren Heimatort zurückzukehren, weil dort viele uns weniger beachten und manche uns sogar verlachen und schmähen, was uns sehr heilsam ist und dazu bringt, uns noch mehr Gott zuzuwenden."

Der Gottesmann Florens war also behutsam und besonnen in allen seinen Reden, zumal vor Weltleuten und vor unbekannten Personen. Auch die üble Gewohnheit der Laien zu schwören, vermied er peinlichst und untersagte sogar den Seinigen, im täglichen Gespräch die Ausdrücke „gewiss" oder „fürwahr" zu gebrauchen, um nicht aus unbedachtem Schwören Sünde auf Sünde zu häufen. Wenn er also etwas Beachtenswertes oder Wichtiges mitteilen wollte oder Zeugnis ablegen musste, fügte er nicht einfach und leichtfertig eine solche Schwurformel ein, sondern bediente sich elegant der Wendungen: „So sei euch gesagt", oder: „jedenfalls", und gab auf diese Weise dem Fragenden Bescheid. Auch wollte er nicht „mit Sicherheit" sagen[75], worauf man ihn hätte festlegen können, sondern bemühte sich, Sprachsünden zu vermeiden und andere mit gutem Beispiel und einfachen Aussagen zu belehren, eingedenk des Herrenwortes: „Eure Rede sei Ja, ja, nein, nein!"[76] Deshalb glaubte man ihm, auch ohne Schwur, mehr als den Reden anderer, die an vieles Schwören sich gewöhnt hatten.

75 Der scholastische Terminus *certive* wird allerdings auch von Thomas selbst gebraucht, POHL 5, S. 283, Z. 22 und S. 300, Z. 2.

76 Mt. 5,37; Iac. 5,12.

De tribus periculosis temptacionibus devotorum. Capitulum XXVI.

Expertissimus in spiritualibus rebus ac strennuus adletha magister Florencius tres temptaciones dicebat esse valde periculosas, que sub pretextu boni decipiunt multos. Et nisi tempestive eis in principio resistatur, ad perversum finem paulatim perducunt aut in miserabilem teporem desides trahunt. Sed quod nequius est, multi has temptaciones pro versucia diabolice fraudis minus caute advertunt, et in quanta pericula labi possunt vix a prudentibus et expertis informari queunt.

Una est, quando aliquis noviter conversus repatriare desiderat et visitare querit parentes vel amicos. Hic enim [183] sub specie boni et spe convertendi seculares revertens ad seculum, cum estimat in partibus suis facere fructum, ex tali occasione sepe negligit semet ipsum. Dumque moras trahit inter vanos et[a] lubricos, periculosis se exponit ventis et undis. Quia sicut frequens experiencia docet, levis animus et necdum in virtute fundatus, si mundanis libenter iungitur, aut peccatis eorum involvitur aut temptatus refrigescit ab inceptis bonis. Bonum est ergo homini, ut semper fugiat omne quod anime nocet, et sine causa notabili patriam vel amicos non requirat. Numquam de se ipso presumat, sed presens seculum laqueis venenatis plenum habeat ubique suspectum, et prelati sui sequatur consilium et dictum, quod in omni eventu est magis securum et firmum. Nam de decem vix unus vel duo illesi redeunt, qui inter cognatos et notos diu versantur[b]. Sepe etiam aliis deteriores et vaniores fiunt, qui a bono proposito resilientes in seculo remanent et graciam Dei abicientes non erubescunt iterare mala, que prius contempserunt.

Alia temptacio est, quando laycus vult esse clericus et idcirco humilem statum relinquit et a sancta congregacione recedit, ut agnitis litteris magnus dominus fiat, et nescit miser quam male decipitur, [184] qui humilitate et obediencia relicta tendit ad alta. Hic ex modica sciencia cito inflatur et tarde bonus clericus erit, qui proprio motu ductus pro vilibus litteris virtutes perdit et boni nominis famam denigrat: Utinam totus secularis non fiat.

[a] et] *fehlt in K11, Le1/2, Vi1.*

[b] versantur] conversantur *Vi1.*

Kapitel 26:
Von den drei gefährlichen Versuchungen der Frommen.

Magister Florens, der in geistlichen Dingen sehr erfahrene Streiter, pflegte zu sagen, es gebe drei gefährliche Versuchungen, die unter dem Anschein des Guten viele irreführten. Wenn man diesen nicht gleich zu Anfang begegnet, so führen sie allmählich zu einem schlimmen Ende, oder aber sie ziehen die Trägen in elende Lauheit. Das Schlimmste dabei ist aber, dass viele durch die schlaue Arglist des Teufels diese Versuchungen in ihrer Sorglosigkeit nicht wahrnehmen und sich auch kaum von klugen und erfahrenen Männern vor den Gefahren warnen lassen, in die sie geraten können.

Die erste dieser Versuchungen besteht darin, dass ein Neubekehrter in seine Heimat zurückzureisen verlangt und Eltern oder Freunde zu besuchen wünscht. Wenn er in scheinbar guter Absicht und in der Hoffnung, Weltleute zu bekehren, zurückkehrt und glaubt, in seiner Heimat fruchtbar zu wirken, vernachlässigt er dabei oftmals sich selbst. Er verbringt die Zeit in leichtfertiger und zweifelhafter Gesellschaft und und setzt sich gefährlichen Stürmen und Fluten aus. Denn wie häufige Erfahrung lehrt, wird ein leichtsinniges, in der Tugend noch nicht fest gegründetes Gemüt, das sich gern den Weltleuten anschließt, entweder in ihre Sünden verstrickt oder unter den Versuchungen von seinem anfänglichen Eifer für den guten Lebensplan abgebracht. Gut ist es also für den Menschen, dass er immer alles flieht, was der Seele schadet, und ohne wichtige Ursachen seine Heimat und seine Freunde nicht besucht. Niemals soll er in Vermessenheit selbstsicher sein, sondern dieser Welt voller verderblicher Schlingen überall misstrauen und dem Rat und Wort seines geistlichen Leiters folgen, was in allen Fällen das Sicherste und Beste ist. Denn von zehn, die längere Zeit unter ihren Verwandten und Bekannten sich aufhalten, kehren kaum einer oder zwei schadlos zurück. Sogar schlechter und haltloser als viele andere werden oft diejenigen, die ihrem guten Vorsatz untreu in der Welt verbleiben, die Gnade Gottes zurückweisen und sich nicht schämen, den schlechten Lebenswandel wiederaufzunehmen, den sie vorher verworfen hatten.

Eine weitere Versuchung ist es, dass ein Laie Kleriker werden will, seinen demütigen Stand verlässt und aus der heiligen Gemeinschaft austritt, um nach seinem Studium ein großer Herr zu werden. Der Elende weiß jedoch nicht, wie sehr er sich selbst täuscht, wenn er Demut und Gehorsam ablegt und nach hohen Dingen strebt. Ein wenig Wissenschaft bläht ihn rasch auf, und nicht so bald wird ein guter Geistlicher aus ihm, da er von seinem Ehrgeiz verleitet, wegen unbedeutender Kenntnisse wahre Tugenden aufgibt und seinen guten Ruf schädigt, wofern er nicht etwa ganz und gar weltlich wird.

Tercia temptacio est, quando clericus et litteratus anhelat ad sacros ordines et prelaturam aut aliquam dignitatem sub aliqua specie sanctitatis, ut possit aliis magis prodesse et melius docere ac frequencius predicare. Iste licet piam intencionem videatur habere, intus tamen gravi superbia laborat, dum per se ascendere festinat, ut aliis maior appareat. Et quia humilem subiectionem non diligit et contemptum sui invite sustinet, per preces et cautelas amicorum querit promocionis suffragium, non attendens anime sue periculum. Heu quam malam inveniet conscienciam post modicam et brevem glorie capcionem, quam difficulter assequitur multoque facilius omni honore privari potest.

Qui ab his tribus liberari desiderat, Deum cotidie roget, ut eum a superbia et vana gloria custodiat et in humili subiectione et perfecta obediencia conservet. Nam superbia facit hominem intus cecum et insipidum et foris gar-[185]rulum ac presumptuosum, sui ipsius nescium et de aliis habere contemptum. Et quod deterius est, super alios querere dominium apertum satis est perdicionis signum et multorum malorum inductivum. Cum quidam frater cum domino Florencio loqueretur in camera sua, ait illi inter cetera: „Studeatis vos dare ad humilitatem, tunc potestis proficere et graciam Dei promereri."

De emmisione fratrum ad fructificandum in diversis locis. Capitulum XXVII.

Ardentissimus amator Christi dominus Florencius, cui Christus vivere erat et mori lucrum, desiderans fructum facere in tempore suo, maximam operam dedit multis prodesse ad eterne salutis regnum, suadens hunc miserum et caducum spernere mundum. Misit ergo plures personas ad diversa monasteria et ad novas domos pro aliorum conversione extruendas. Ex quibus aliqui in Wyndesshem, aliqui in montem sancte Agnetis, aliqui in Northorn[a], aliqui in Gelriam, aliqui in Hollandiam perrexerunt.

Quidam etiam monasteriorum prio-[186]res, nonnulli rectores congregacionum et monialium confessores effecti sunt. Ex quibus aliqui adhuc supersunt, qui devotissimum et Deo dilectum magistrum et[b]

[a] Northorn] Noerthoren *K11;* Noerthoern *N1.*

[b] et] at *korrigiert aus* et *K11;* ac *Le1/2, P1, Vi1.*

Die dritte Versuchung ist, wenn ein gelehrter Kleriker nach den heiligen Weihen und nach der Stelle eines Prälaten oder nach sonst einer Würde verlangt, unter dem scheinheiligen Vorwand, andern mehr zu nützen und besser lehren oder öfter predigen zu können. Denn scheint dieser auch eine fromme Absicht zu haben, so ist er doch im Innern an Hochmut schwer erkrankt, da er nach Höherem strebt, um größer als die andern zu erscheinen. Und weil er demütige Unterwerfung nicht liebt und die Geringschätzung seiner selbst ungern erträgt, sucht er durch Bitten und die Fürsprache seiner Freunde befördert zu werden, ohne auf die Gefahr für seine Seele zu achten. Ach, welch ein schlechtes Gewissen wird ein solcher nach der geringen und kurzen Herrlichkeit finden, die er so schwer erlangte und deren er so leicht beraubt werden kann!

Wer da verlangt, von diesen drei Versuchungen befreit zu werden, der bitte Gott täglich, dass er ihn vor Hochmut und Ehrsucht behüte und in demütiger Unterwerfung und vollkommenem Gehorsam erhalte. Denn Hochmut macht den Menschen innerlich blind und dumm, nach außen aber geschwätzig und anmaßend, lässt ihn sich selbst verkennen und andere verachten. Und was noch schlimmer ist: Herrschaft über andere suchen ist ein deutliches Zeichen des Verderbens und ein Weg zu vielen Übeln. Als ein gewisser Bruder mit dem Herrn Florens in seiner Kammer redete, sagte dieser ihm unter anderem: „Bemüht euch um Demut, dann könnt ihr Fortschritte machen und der Gnade Gottes würdig werden!“

Kapitel 27:
Von der Aussendung der Brüder zu fruchtbarem Wirken an verschiedenen Orten.

Herr Florens, der Christus so glühend liebte, dass dieser für ihn Leben war und Sterben Gewinn[77], wollte Frucht bringen zu seiner Zeit[78] und setzte alles daran, vielen den Weg zum Reich des ewigen Heils zu weisen, indem er sie zur Verachtung dieser elenden und hinfälligen Welt bewegte. Daher sandte er zahlreiche Boten aus, um verschiedene Klöster und Hausgemeinschaften für diejenigen zu gründen, die sich bekehren wollten. Einige von ihnen zogen nach Windesheim, einige nach Agnetenberg, einige nach Nordhorn, andere nach Gelderland und nach Holland.

Einige auch wurden zu Prioren einzelner Klöster, andere zu Rektoren devoter Gemeinschaften und zu Beichtvätern der Klosterfrauen bestellt. Von ihnen sind einige jetzt noch am Leben, die den frommen

77 Phil. 1,21.
78 Ps. 1,3.

dominum Florencium olim in carne viventem cognoverunt et indubitabile testimonium magne sanctitatis eius perhibere possunt. Sed et sacer ordo Carthusiensis nec non Cisterciensis sanctique Benedicti viros habet[a] michi non ignotos, qui virum Dei Florencium et fratres sancte congregacionis eius cum Daventrie frequentarent videre et audire meruerunt et me verum dicere comprobabunt.

Fuerunt eodem tempore quo claruit et floruit in Daventria insignis sacerdos Dei Florencius, plures devoti sacerdotes in dyocesi Traiectensi, qui populum fidelem sermonibus sacris instruxere et religiosos[b] conventus sive fratrum sive sororum strennue gubernare noverant. Hi omnes debita cum reverencia domino Florencio humiliter se submittebant, et angelicum virum super arduis causis libentissime consultantes eius pocius discrecioni et prudencie quam sibi ipsis credere maluerunt. Videbant enim in ipso pre ceteris graciam divini consilii celsius efflorere, qui tamquam lilium convallium aqua sapiencie perfusus in [187] medio turbarum candorem sue puritatis conservavit et bone opinionis odorem longe lateque respersit.

Erat itaque tunc temporis in Traiecto dominus Wermboldus, famosus predicator et confessor sororum sancte Cecilie, fervens amator sancte scripture et magnus amicus reverendi patris domini Florencii, optime visus et auditus a tota communitate plebis. Apud Amersfordiam[c] fuit dominus Wilhelmus[d] Henrici[e], qui incepit congregacionem clericorum

[a] habet] habent *Le1/2, P1, Vi1.*
[b] religiosos] religionis *K11, Le1/2, Vi1.*
[c] Amersfordiam] Amersvordiam *K11.*
[d] Wilhelmus] Wylhelmus *P1.*
[e] Henrici] Herrici *Vi1.*

und gottgeliebten Magister Florens einst zu Lebzeiten kannten und ein zuverlässiges Zeugnis von seiner großen Heiligkeit geben können. Aber auch im heiligen Kartäuserorden, bei den Zisterziensern und Benediktinern gibt es mir wohlbekannte Männer, die den Gottesmann Florens bei ihren Besuchen in Deventer sehen und hören konnten und die Wahrheit meiner Aussagen bezeugen werden.

Zu derselben Zeit, als in Deventer der hervorragende Priester Gottes Florens glanzvoll wirkte, gab es in der Diözese Utrecht viele fromme Priester, die das gläubige Volk durch heilige Predigten unterwiesen und die geistlichen Häuser der Brüder und Schwestern tatkräftig zu leiten wussten. Sie alle unterstellten sich dem Herrn Florens demütig und mit gebührender Ehrfurcht, fragten ihn gleichsam als einen Engel Gottes in schwierigen Fällen sehr gern um Rat und vertrauten seiner Urteilskraft und Klugheit lieber als sich selbst. Denn sie sahen, dass in ihm weit mehr als bei anderen die Gnade des göttlichen Rates lebendig war, hütete er doch inmitten der Menge wie die Lilie des Tales[79], vom Wasser der Weisheit getränkt[80], den Glanz seiner Reinheit und verströmte weit und breit den Wohlgeruch seines guten Namens.

Es wirkte damals in Utrecht der berühmte Prediger und Beichtvater der Schwestern zur heiligen Cäcilia, Herr Wermboldus[81], ein glühender Liebhaber der Heiligen Schrift und einer der besten Freunde des ehrwürdigen Vaters Florens, der auch bei allem Volk sehr beliebt und angesehen war. Zu Amersfoort war Herr Wilhelmus Henrici[82], der die Gemeinschaft der Kleriker gründete, die später Regularkanoniker

79 Cant. 2,1.

80 Vgl. Ecclus.15,3.

81 Wermbold van Buscoep/Boskoop († 1413), Priester in Utrecht, Rektor des Schwesternhauses St. Caecilia. Er verteidigte die Schwestern gegen den Inquisitor Eylard Schoeneveld und wurde von Rudolf Dier *communis pater devotarum in Hollandia* genannt (DUMBAR, S. 30). Thomas hat ihm einen Nachruf in der Agnetenberg-Chronik gewidmet: Ex Chronica ad domum Montis S. Agnetis non attinentia, cap. 19, POHL 7, S. 508f. Vgl. VAN DER WANSEM, S. 91ff.; WEILER, S. 5, 61f. u. ö.

82 Willem Hendrikz († 1414), Rektor des Fraterhauses in Amersfoort, Generalminister des Dritten Ordens im Bistum Utrecht. Zusammen mit Gijsbert Dou, Hugo Woutersz Goudsmit und Paulus Albertsz von Medemblik (s. die folgenden Anm.) gründete er das Tertiaren-Kapitel von Utrecht, H. VAN ENGEN, S. 67f., 105ff. u. ö. – Vgl. VAN DER WANSEM, S. 145f.; WEILER, S. 62 und 66f.; Monasticon Fratrum 3, S. 61-63.

qui postea facti sunt canonici regulares. In Swollis fuerunt dominus Henricus[a] Goude[b] egregius predicator, pecuniarum contemptor, humilis confessor beginarum, nec non dominus Gerhardus Kalker[c] devotorum clericorum rector et optimus virtutum informator.

In partibus Hollandie claruerunt valde notabiles et eruditi in lege Domini presbiteri verbo et actione conspicui, quorum aliqui contubernales magistri Gerhardi fuerunt atque domino Florencio cordialissime predilecti, qui suis in locis fructum non parvum Domino retulerunt in conversione hominum et edificacione conventuum devotorum. In Haerlem[d] fuit dominus Hugo[e] Aurifaber dictus cum presbiteris suis. [188] In Amsterdam dominus Ghisebertus[f] Dou duorum monasteriorum fundator ac multarum sororum inclitus gubernator. In Medenblic[g] dominus Paulus totus Deo devotus et probus. Horum etiam meminit magister Gerhardus in epistulis suis, et per hos prima devocio in Hollandia cepit et profecit.

a Henricus] Heynricus *K11;* Herricus *Vi1.*
b Goude] Gaude *Le1/2, Vi1.*
c Kalker] Kalkar *K11, P1;* Calker *Le1/2.*
d Haerlem] Harlem *P1, Vi1.*
e Hugo] Hugho *K11.*
f Ghisebertus] Ghysbertus *K11, N1;* Gisbertus *P1;* Ghiselbertus *Le1/2, Vi1.*
g Medenblic] Medenblyck *N1.*

wurden[83]. In Zwolle wirkten Herr Henricus Goude[84], ein hervorragender Prediger, Geldverächter und demütiger Beichtvater der Beginen, sowie Herr Gerhardus Kalker[85], Rektor der frommen Kleriker und vorbildlicher Tugendlehrer.

Auch in den Gegenden Hollands gab es viele bedeutende und im Gesetze des Herrn gelehrte Priester, ausgezeichnet durch Wort und Tat, von denen einige noch mit Magister Gerhardus zusammengelebt hatten und dem Herrn Florens herzlich lieb waren. Sie brachten dem Herrn an ihren Orten keinen geringen Ertrag durch die Bekehrung der Menschen und die Gründung devoter Gemeinschaften. Zu Haarlem wirkte Herr Hugo, der Goldschmied genannt[86], mit seinen Priestern, zu Amsterdam Herr Gisbertus Dou[87], der zwei Klöster gründete und ein angesehener geistlicher Führer vieler Schwestern war, zu Medemblik Herr Paulus[88], ein Gott ganz ergebener, rechtschaffener Mann. Sie alle werden auch von Magister Gerhardus in seinen Briefen genannt[89], und durch sie hat das fromme und geistliche Leben in Holland seinen Anfang und Fortschritt genommen.

83 Einzelne Brüder des Hauses nahmen 1399 die Tertiarenregel an und bezogen 1405 ein eigenes Kloster, das Fraterhaus bestand jedoch weiter. Vgl. Monasticon Fratrum 3, S. 62f.

84 Hendrik Foppens/Voppenz von Gouda († 1410). Über ihn ist neben dem Nachruf bei Thomas, Ex Chronica ad domum Montis S. Agnetis non attinentia, cap. 17 (POHL 7, S. 505-507) eine anonyme Biographie in der Sammelhandschrift Brüssel, KB 8849-59 überliefert, abgedruckt bei SCHOENGEN, S. lxvi-lxxi (einige charakteristische Details auch bei Rudolf Dier, Scriptum, DUMBAR S. 28f.). – Vgl. VAN DER WANSEM, S. 137f.; WEILER, S. 20f., 27ff. u. ö.; Monasticon Fratrum 3, S. 407f.; CARASSO-KOK, Nr. 279.

85 Gerhardus Scadde von Kalkar († 1409), erster Rektor des Fraterhauses in Zwolle. Vgl. Thomas, Ex Chronica ad domum Montis S. Agnetis non attinentia, cap. 16, POHL 7, S. 504f., und die 'Narratio' des Jacobus Traiecti, cap. 7, SCHOENGEN, S. 28-30.

86 Hugo Woutersz Goudsmit war verheiratet gewesen und hatte als Goldschmied für die Schwestern des großen Beginenhofs in Haarlem gearbeitet. Verwitwet ließ er sich zum Priester weihen, wurde Rektor der Beginen und förderte die Devotio moderna an verschiedenen Orten. Vgl. Dier, Scriptum, DUMBAR, S. 32; VAN DER WANSEM, S. 143f.; WEILER, S. 175-179 u. ö.

87 Gijsbert Dou († 1420), Priester in Amsterdam und Beichtvater Geert Grotes. Auch ihm hat Thomas einen Nachruf gewidmet, Ex chronica c. 22, POHL 7, S. 517f. Vgl. VAN DER WANSEM, S. 141-144; WEILER, S. xv, 62, 173-178.

88 Paulus Albertsz, Priester in Medemblik. Vgl. VAN DER WANSEM, S. 141-144; WEILER, S. 173ff., 184ff.

89 Erhalten ist ein Brief an Hendrik von Gouda, Grote, Ep. 19, MULDER, S. 65-71, sowie an Gijsbert Dou u. a., Ep. 51, S. 197ff.

Fuit enimvero in partibus Gelrie in Doesborch[a] dominus Dericus[b] Gruter multarum sororum laudabilis pater, antiquus magistri Gerhardi discipulus, qui multa michi bona[c] de eo narravit. Longum est per singulos nominare devotos patres, qui a tempore magistri Gerhardi ceperunt et contemporanei domini Florencii fuerunt, qui nos vanitates seculi contempnere et humiliter ac continenter vivere docuerunt omnibusque sequacibus eorum clara exempla devote conversacionis per pacienciam et obedienciam reliquerunt.

De felici transitu eius ex hoc mundo et ecclesiastica sepultura. Capitulum XXVIII.

Benignissimus Iesus omnium fidelium conditor et redemptor eterneque vite fidelissimus promissor ac [189] redditor copiosus, qui dicit: „Omnis qui reliquerit patrem et matrem et cetera terrena propter nomen meum, centuplum accipiet et vitam eternam possidebit", ad remunerandum fidelem famulum suum pium Florencium multis adornatum virtutibus ac diversis probatum pressuris et languoribus, de huius ergastulo[d] corporis educere dignatus est et in regnum suum celeste letantibus angelis transferre. Fundatis igitur eius consilio et auxilio quam plurimis devotis congregacionibus et monasteriis, atque humili grege domus sue secundum beneplacitum Christi in pace et caritate fraterna ordinate instructo et sollicite custodito, iam ad superne patrie cives et Christi gloriam intuendam medullitus suspirabat et ardenter anhelabat, per omnia confidens in Christo Iesu, quem super omnia amabat.

Petivit ergo sibi corpus Domini cum sincera devocione ministrari, quod et plena fide et digna veneracione intuens et adorans ait: „O mi dilecte Domine Deus, indulge michi, quod tociens te tam indigne tractavi et sumpsi." Ad hec verba multi compuncti fleverunt. Quidam etiam ex canonicis ista audiens valde ingemuit dicens: „Quid ergo ego miser peccator dicam, si tantus vir talia de se sentit et dicit?" Vir autem Deo

a Doesborch] Doesburch *K11;* Doesboerch *Le1/2.*
b Dericus] Theodericus *K11, N1.*
c bona] *fehlt in K11, Le1/2, Vi1.*
d ergastulo] argastulo *K11, N1, Vi1.*

Ferner lebte zu Doesburg, in der Landschaft Geldern, Herr Dericus Gruter[90], ein ehrwürdiger Vater vieler frommen Schwestern und ein hochbetagter Jünger des Magisters Gerhardus, der mir viel Gutes von ihm erzählte. Es würde indessen zu weit führen, alle fromme Väter einzeln zu nennen, die ihren geistlichen Weg noch unter Magister Gerhardus begannen und Zeitgenossen des Herrn Florens waren. Sie lehrten uns die Eitelkeiten der Welt zu verachten und demütig und enthaltsam zu leben und haben allen ihren Nachfolgern leuchtende Beispiele eines frommen Wandels in Geduld und Gehorsam hinterlassen.

Kapitel 28:
Von seinem glückseligen Scheiden aus dieser Welt und seinem kirchlichen Begräbnis.

Der gütigste Jesus aber, aller Gläubigen Schöpfer und Erlöser, der das ewige Leben zuverlässig verheißt und freigebig spendet und der da spricht: „Jeder der Vater und Mutter und die übrigen irdischen Dinge um meines Namens willen verlässt, wird das Hundertfache erhalten und das ewige Leben besitzen“[91], wollte seinen treuen und frommen Diener Florens, mit vielen Tugenden geschmückt und durch mannigfache Drangsale und Krankheiten geprüft, belohnen und aus dem Gefängnis des Körpers[92] befreit zur Freude der Engel in sein himmlisches Reich führen. Nachdem dieser also mit Rat und Hilfe die Gründung zahlreicher devoter Gemeinschaften und Klöster in die Wege geleitet und die demütige Schar seines eigenen Hauses in Frieden und brüderlicher Liebe, wie es Christus wohlgefällig war, unterwiesen und gehütet hatte, sehnte er sich aus tiefster Seele und mit glühendem Verlangen danach, die Bürger der himmlischen Heimat und die Herrlichkeit Christi anschauen zu dürfen, im Vertrauen auf Jesus Christus, den er über alles liebte.

Er verlangte also mit aufrichtiger Andacht nach dem Leib des Herrn, und in festem Glauben und würdiger Ehrfurcht schaute er darauf und sprach anbetend: „O mein geliebter Herr und Gott, verzeih mir, dass ich Dich so oft unwürdig berührt und empfangen habe.“ Bei diesen Worten wurden viele gerührt und weinten, einer der Chorherren aber, der dies hörte, seufzte tief und sprach: „Was soll ich elender Sünder sagen, wenn ein so großer Mann so von sich denkt und spricht!“ Flo-

90 Dirk de Gruter, zur Zeit Grotes Lektor der Schule in Deventer (s. die Anekdote bei Rudolf Dier, Scriptum, DUMBAR, S. 3f.), lebte dann als Priester in Doesburg. Vgl. WEILER, S. 110.

91 Mt. 19,29.

92 Vgl. Ex. 6,6f.

plenus et Christi gracia munitus totum [190] se in divino beneplacito optulit, et quamdiu loqui aliquid boni potuit, saluberrime consolacionis verba dilectis filiis et fratribus suis eructavit. Inter alia digne memoranda fraterne caritatis unitatem commendavit dicens: „Quicumque in una domo habitant, unum sentire et unum propositum in Domino teneant, et semper ad conformitatem morum sine omni singularitate cum simplici obediencia sui superioris tendant. Ibi est pax, ibi spiritualis profectus et optima disposicio domus, ubi omnes in fervore spiritus nituntur esse unanimes et humilitati Christi se in omnibus conformare. Manete in humili simplicitate vestra, et Christus manebit vobiscum."

Post sacram exhortacionem, ne grex Domini inter populares fluctus constitutus sine rectore maneret quasi debito gubernaculo destitutus, prefecit universe congregacioni sue unum de presbiteris suis dominum Amilium, virum devotum, sapientem et eruditum, zelum Dei et animarum salutem incunctanter habentem, ut ad eum singuli recurrerent et sibi ex animo obedirent. His atque[a] aliis quiete dispositis crescente iam infirmitate corporis ad extrema pervenit vite presentis. [191]

Cum ergo dominice annunctiacionis sacratissima solempnitas instaret, devotissimus vicarius Christi Florencius, intimus amator beatissime semper virginis Marie piissime matris Iesu Christi, in profesto eiusdem gloriose[b] genetricis Dei, post horam completorii pulsato ad laudem beate virginis 'Ave Maria' solito more, finito iam die finem vite[c] fecit in terris, orantibus fratribus circa eum cum gemitu et merore. Nec mirum. Vis etenim intensi amoris cogebat flere carissimum[d] patrem, omnium devotorum lumen et speculum omniumque tribulatorum solamen ex hac temporali luce subtractum. Sed pia fides amancium recogitans optimi sacerdotis sobrietatem ac vite modestiam consolabatur spe glorie celestis sibi non negande per Iesum Christum, quem toto corde dilexit, cui usque ad mortem plena fidei devocione serviendo perseveranter adhesit.

Transiit autem ex hoc mundo dilectus Deo et hominibus sacerdos magister Florencius anno dominice incarnacionis millesimo quadringentesimo tempore Bonifacii pape noni, anno etatis sue, ut estimo, quinquagesimo aut non multum senior ultra. Vixit vero post obitum venerabilis magistri Gerhardi in bona ac[e] sancta conversacione annis

a atque] *K11, Le1/2, N1, Vi1, Pohl;* itaque *R, P1;* itaque atque *Sommalius.*
b gloriose] glorie genetricis *Vi1.*
c vite] *fehlt in K11, Le1/2, Vi1.*
d carissimum] karissimum *K11;* amantissimum *N1.*
e ac] et *K11.*

rens aber, erfüllt von Gott und durch die Gnade Christi gestärkt, vertraute sich ganz dem göttlichen Willen an und richtete, so lange er noch sprechen konnte, Worte heilsamen Trostes an seine geliebten Söhne und Brüder. Unter anderen beherzigenswerten Gedanken empfahl er ihnen die Eintracht brüderlicher Liebe und sprach: „Die in einem Hause zusammenwohnen sollen gleichen Sinnes sein, an ihrem gemeinsamen Vorsatz im Herrn festhalten und stets nach Gleichförmigkeit des Lebens ohne Eigenheiten und nach schlichtem Gehorsam gegen den Oberen streben. Dort ist Frieden, dort ist geistliche Vervollkommnung und die beste Ordnung der Hausgemeinschft, wo alle im Eifer des Geistes danach streben, einmütig zu sein und der Demut Christi in allem ähnlich zu werden. Bleibt bei eurer demütigen Einfalt, und Christus wird bei euch bleiben!"

Damit aber die dem Gewoge der Welt ausgesetzte Schar nicht ihres Steuermanns beraubt ohne Lenker bliebe, bestimmte er nach dieser heiligen Ermahnung als Leiter der ganzen Gemeinschaft einen von seinen Priestern, den Herrn Amilius[93], einen frommen, weisen, wohlgelehrten, und stets vom Eifer für Gott und das Heil der Seelen erfüllten Mann. Ihm sollten alle sich zuwenden und von Herzen gehorsam sein. Nachdem er nun dies und anderes ruhig geordnet hatte, verschlechterte sich sein Zustand, und sein irdisches Leben nahte sich dem Ende.

Und als das hohe Fest Mariä Verkündigung bevorstand, da hat Florens, der fromme Vicarius Christi und ein besonderer Verehrer der allerseligsten Jungfrau und Gottesmutter Maria, am Vortag ihres Festes nach der Complet, als zum 'Ave Maria' geläutet war und der Tag sich neigte, sein Leben auf Erden beschlossen[94]. Um ihn versammelt beteten die Brüder seufzend und trauernd, wie es nur natürlich war. Denn die Macht ihrer großen Liebe zwang sie zu weinen, dass ihr geliebtester Vater, Leuchte und Spiegel aller Frommen und Trost aller Betrübten, dem irdischen Lichte entrückt war. Doch wurde der fromme Glaube derer, die ihn liebten, im Gedenken an das mäßige und bescheidene Leben des guten Priesters getröstet durch die Hoffnung auf die himmlische Herrlichkeit, die Jesus Christus ihm nicht verwehren würde, hatte er den Herrn doch von ganzem Herzen geliebt und war ihm bis zum Tode in gläubigem und ergebenem Dienst nachgefolgt.

Es schied aber der von Gott und den Menschen geliebte Priester Magister Florens aus dieser Welt im Jahr des Herrn 1400, zur Zeit des Papstes Bonifatius IX., im fünfzigsten Lebensjahr, wie ich glaube, oder nicht viel älter. Somit also hat er den ehrwürdigen und frommen Magister Gerhardus ungefähr um sechzehn Jahre in einem frommen und heiligen Wandel überlebt und während dieser Zeit mit reichem Segen

93 Amilius van Buren; zu diesem s. unten Buch IV,9.

94 Am 24. März 1400.

fere sedecim, [192] quibus magnum fructum fecit in populo Dei in Daventria et in tota dyocesi Traiectensi. De cuius laudabili vita sit laus et gloria Christo in secula, qui tam preclari luminis sidere decoravit tempora nostra.

Sequenti igitur die congregatis canonicis cum clericis corpusculum eius longa maceracione castigatum ad ecclesiam sancti Lebuini a canonicis et presbiteris est processionaliter allatum, et exequiarum solempniis persolutis ante altare suum in honore sancti Pauli consecratum cum magna reverencia sepelitur. Ipse autem electus sacerdos Dei sicut verus humilis servus Christi optavit cum fratribus suis ante eum defunctis in cemeterio sepeliri et nichil amplius honoris sibi exhiberi. Sed reverendus dominus Reynbertus[a] decanus Daventriensis hoc penitus recusavit, quin pocius rectissime decrevit, ut in ecclesia et loco celebri honorifice conderetur, qui eiusdem ecclesie extitit sacerdos egregius virtutibus et sciencia illustratus. [193]

De quadam visione facta post obitum eius et magna[b] gloria sua. Capitulum XXIX.

Fuit in civitate Gorichem vir quidam fidelis bone vite et fame laudabilis Iohannes Hermanni nomine, cuius uxor Iutta vocabatur, qui pariter secundum mandata Dei viventes, quam plures alios ad Dei servicium traxerunt. Frequenter sacris diebus de Deo in domo sua loquebantur, hospitalitatem multis devotis ad se venientibus libenter exhibentes. Erant autem ambo valde familiares domino Florencio, a quo sancte conversacionis formam habentes etiam proximis suis vite exempla prebuerunt. Post obitum igitur domini Florencii supradictus Iohannes in brevi ex hoc seculo migravit.

Evenit itaque quadam die, ut Iutta Deo devotissima in camera sua oracioni incumberet. Qua consummata surrexit, aperiens ostium ad exeundum de camera sua. Quod cum aperiret, repente audivit fenestram camere retro se aperiri. Respiciens ergo vidit quendam lumine splendoris circumamictum et aspectu amabilissimum per eandem fenestram [194] intrantem viro suo facie tenus similem. Cui illa ait: „Estis

[a] Reynbertus] Reinbertus *K11, Le1/2, N1, P1, Vi1;* Rambertus *Sommalius;* Rembertus *Pohl.*

[b] et magna] et de magna *K11, Le1/2, Vi1.*

gewirkt bei dem Gottesvolk zu Deventer und im ganzen Bistum Utrecht. Lob und Preis für sein lobwürdiges Leben sei Christus in alle Ewigkeit, der unsere Zeiten durch ein Gestirn von so herrlichem Glanz geziert hat!

Am folgenden Tag, als die Chorherren mit den übrigen Geistlichen sich versammelt hatten, wurde sein durch lange Entbehrung ausgezehrter Leib von den Chorherren und Priestern in einer Prozession zur Kirche des heiligen Lebuinus getragen und nach den feierlichen Exequien ehrfurchtsvoll vor seinem Altar, der dem heiligen Paulus geweiht ist[95], bestattet. Es hatte freilich der auserwählte Priester Gottes als ein wahrhaft demütiger Diener Christi den Wunsch geäußert, auf dem Friedhof bei seinen vor ihm verstorbenen Brüdern begraben zu werden und keine besondere Ehre zu erhalten. Doch dies gestattete der ehrwürdige Herr Rembert, Dekan zu Deventer[96], keineswegs, sondern entschied richtig, dass er in der Kirche selbst und zwar an einer ehrenvollen Stätte dort bestattet würde, da er ein so hervorragender, durch Tugenden und Wissenschaften ausgezeichneter Priester dieser Kirche gewesen war.

Kapitel 29:
Von einer Erscheinung nach seinem Tode und von seiner Verherrlichung im Himmel.

In der Stadt Gorinchem lebte ein frommer Mann von gutem und lobwürdigem Wandel namens Johannes Hermanni mit seiner Gattin Jutta, die beide die Gebote Gottes befolgten und schon viele andere zum Dienst für Gott bewegt hatten. An Feiertagen führten sie in ihrem Haus religiöse Gespräche und zeigten sich sehr gastfrei gegen viele Fromme, die zu ihnen kamen. Beide aber waren sehr vertraut mit dem Herrn Florens gewesen, der sie zu einem so frommen Leben angeleitet hatte, dass auch sie selbst ihren Nächsten zum Vorbild wurden. Bald nach dem Tode des Herrn Florens nun verschied auch jener Johannes.

Eines Tages widmete sich die fromme Jutta wieder in ihrer Kammer dem Gebet. Als sie es beendet hatte, erhob sie sich und öffnete die Tür, um den Raum zu verlassen. Da hörte sie, wie plötzlich hinter ihr das Fenster aufging. Sie sah um sich und erblickte eine durch das Fenster hereinkommende Gestalt, die von Licht umstrahlt und schön anzusehen, aber dem Antlitz nach ihrem Gatten nicht unähnlich war. Da sprach sie: „Bist du es, Johannes, mein geliebter Gatte?“ Er aber sagte:

95 Radewijns war Vikar des Paulus-Altars in St. Lebuinus.

96 Rembertus van List († 1415), Dekan von St. Lebuinus. In den Handschriften erscheint er als *Reynbertus/ Reinbertus*. Vgl. JAN KUYS, Repertorium van collegiale kapittels in het middeleeuwse bisdom Utrecht, Hilversum 2014, S. 85 und 89.

ibi Iohannes dilecte coniunx?“ Cui ille: „Ego sum. Sed ne amodo[a] voces me coniugem tuum.“ Cui illa: „Et quomodo est vobiscum?“ Ille respondit: „Ego salvatus sum et gaudiis celestibus et presencia Dei fruor.“ Cui illa: „Et quomodo est cum Domino Florencio patre nostro?“ Respondit ille: „Dominus Florencius est in valde magna gloria, et omnia sua recta et bona fuerunt.“ Et adiecit: „Manete in hac domo et non mutetis locum, quia cito moriemini. Et hec rectrici sororum Aleydi[b] Thome reveletis.“

Et tandem hec visio disparuit. Post hec ista Iutta ita fervido ad Deum corde dies suos licet perpaucos peregit, ut omnia temporalia tamquam despecta stercora ei viderentur. Ex quo solo signo evidenter apparet, quod supradicta visio non fuit delusio[c] vana, sed revelacio celestis a Deo facta.

Cum quereret quidam de magna gloria domini Florencii in celo, responsum est: „Propter tres maxime virtutes. Primo propter eximiam caritatem, quam habuit ad Deum, omnia bona sua finaliter ad eum referendo et Dei honorem et beneplacitum in omnibus querendo. Secundo propter zelum animarum, quem ad proximos suos habuit, salutem omnium [195] desiderando et ad servicium Dei eos alacriter[d] trahendo. Tercio propter magnam humilitatem suam et contemptum sui ipsius, semper parva et vilia de se ipso senciendo.“ Et hec tria satis lucide et distincte in vita sua superius descripta apparent et a multis fidelibus non ignorantur.

Explicit vita reverendi patris[e] domini Florencii presbiteri.

a amodo] ammodo *N1, Vi1.*

b Aleydi] Aleidy *Vi1;* Aleidi *N1.*

c delusio] illusio *K11.*

d Dei eos alacriter] Dei alacriter eos *Vi1.*

e reverendi patris domini] domini *K11.*

„Ich bin es; doch nenne mich nun nicht mehr deinen Gatten!" Darauf fragte sie: „Und wie ergeht es dir?" Er antwortete: „Ich bin gerettet und genieße nun himmlische Freuden und die Gegenwart Gottes." Da sprach sie: „Und wie steht es mit Herrn Florens, unserem Vater?" Er aber erwiderte: „Herr Florens ist in großer Herrlichkeit, denn alles was er auf Erden tat, war recht und gut." Und er fügte hinzu: „Bleibe in diesem Haus und ziehe nicht fort, denn auch du wirst bald sterben! Und eröffne dies alles der Vorsteherin der Schwestern Aleidis Thomae[97]."

Hierauf verschwand die Erscheinung. Jutta aber vollendete die wenigen ihr noch beschiedenen Tage in so feuriger Liebe zu Gott, dass alles Zeitliche ihr wie verächtlicher Unrat erschien. Und dies allein ist schon offenkundiger Beweis, dass jene Erscheinung keine leere Täuschung, sondern eine gottgewirkte himmlische Offenbarung war[98].

Als jemand nach dem Grund der so großen Verherrlichung des Herrn Florens im Himmel fragte, erhielt er zur Antwort: „Diese Glorie erlangte er vor allem durch drei Tugenden: Erstens, wegen seiner besonderen Liebe zu Gott, auf den er all sein Gut zurückführte und dessen Ehre und Wohlwollen er in allem suchte. Zweitens wegen seines Eifers für die Seelen, der sich auf seine Nächsten richtete, indem er das Heil aller ersehnte und alle zum Dienst für Gott zu gewinnen suchte. Drittens wegen seiner großen Demut und Selbstverachtung, da er immer gering und bescheiden von sich dachte." Diese drei Dinge aber haben sich in seinem Leben, wie es oben beschrieben wurde, klar und deutlich gezeigt und sind vielen Gläubigen noch durchaus bekannt.

Hier endet die Vita unseres ehrwürdigen Vaters, des Herrn Priesters Florens[99].

97 In der Chronik des Agnes-Konvents zu Gorinchem (Tertiarissen) findet sie sich nicht; vgl. [J. W. L. SMIT], Het klooster der H. Agnes te Gorkum, in: De Katholiek 34, 1858, S. 95-126.

98 Zur Psychologie der Jenseitsvisionen in der Devotio moderna s. BREURE, bes. S. 150ff. und 191ff.

99 Vgl. den Nachruf auf Radewijns in der Agnetenberg-Chronik, POHL 7, S. 494f., wo Thomas auf den Dialogus verweist: *Cuius vita virtutibus ornata in dialogo noviciorum plenius est descripta.* S. auch oben Einführung Anm. 11.

Incipit[a] epistula eiusdem ad quendam regularem in Wyndeszheym[b].

Karissime[c], quare me sic vexas? Nonne michi sufficiunt[d] miserie mee? Tamen tedio victus et importunitate tua compulsus cogor tibi[e] scribere, que longe a me distant.

Primo, ut ita importune coram Deo pulses pro omnibus tuis[f] sine intermissione, et confestim aperiet tibi longe clarius quam aliquis hominum tocius vite[g] tibi possit[h] scribere, si permanseris perseverans querendo, pulsando, petendo[i]. Item suadeo tibi, ut[j] ante omnia humilies te sub omnibus, et sufficit tibi, corde, verbis et operibus.

Cogita indesinenter, secundem beatum Bernhardum[k] ad fratres de Monte Dei, ubique solem lu-[196]cere nisi[l] in consciencia tua, ubique serenum esse nisi apud te. Et hoc fit per assiduam assuefactionem, inspiciendo propriam vilitatem corporis et anime, non respiciendo defectus aliorum aut excusando[m].

Maxime quando corripis aliquem[n], tunc cave tibi ab intra ne te eleves. Beatus Iheronymus[o] super Marcum dicit: „Cecus a Domino illuminatus vidit homines tamquam arbores ambulantes." Sic dicit, quod peccator estimabit omnes homines super se. Sic et tu vide omnes fratres tamquam arbores coram te[p].

a Incipit] *fehlt in K11, Le1/2, N1, P1, Vi1.*
b *Anstelle des Titels hat Busch (GRUBE, S. 110):* Devotus autem frater iste Henricus [Balveren] domini Florencii quondam discipulus precibus ipsum frequenter pulsavit, ut brevem sibi formulam sancte et bone conversacionis conscribere dignaretur. Qui eius importunitate tandem victus epistolam sibi scripsit in verbis compendiosam et in sentenciis ponderosam in hec verba: [...].
c Karissime] Carissime *K11, N1.*
d Nonne michi sufficiunt] Numquid non sufficiunt michi *Busch.*
e victus et importunitate tua compulsus cogor tibi] et importunitate tua victus cogor tibi compulsus *Busch.*
f pro omnibus tuis] pro omnibus tuis defectibus *K11;* et petas, sicut a me petisti, pro omnibus defectibus tuis *Busch.*
g tocius vite] longo tempore tocius vite sue *Busch.*
h tibi possit] posset tibi *Busch.*
i querendo, pulsando, petendo] querendo, petendo, pulsando *K11, Busch.*
j ut] quod *Busch.*
k Bernhardum] Bernardum *K11, Le1/2, N1, Vi1, Busch.*
l solem lucere nisi] lucere solem nisi *Busch.*
m excusando] eos excusando *Busch.*
n corripis aliquem] aliquem corripueris *Busch.*
o Iheronymus] Iheronimus *K11, Le1/2, N1, P1, Busch.;* Ieronimus *Vi1.*
p fratres tamquam arbores coram te] fratres tuos tamquam arbores ambulantes coram te *Busch.*

Sein Schreiben an einen Regularkanoniker in Windesheim[100].

Was plagst du mich so, mein Lieber? Habe ich nicht schon genug Mühsal? Doch gebe ich mich jetzt aus Verdruss geschlagen und muss, von deiner Aufdringlichkeit genötigt, schreiben, was mir eigentlich fernliegt.

Erstens sollst du vor Gott ebenso aufdringlich (wie bei mir) ohne Unterlass um Aufschluss über deinen Zustand bitten, und er wird es dir sogleich klarer eröffnen, als je einer der Menschen sein ganzes Leben hindurch dir schreiben könnte, sofern du nicht nachlässt zu suchen, zu bedrängen und zu fordern. Desgleichen rate ich dir, dass du vor allem dich erniedrigst unter alle, in deinem Herzen, in Worten und in Werken, und das ist auch schon genug für dich.

Denke stets daran, was der heilige Bernhard an die Brüder de Monte Dei schreibt: „Überall leuchtet die Sonne, nur nicht in deinem Gewissen, überall ist es heiter, nur nicht bei dir[101].“ Und das erreichst du durch fortwährende Gewöhnung, indem du die Schwächen deines Leibes und deiner Seele genau ins Auge fasst und deinen Blick nicht auf die Fehler der andern richtest oder die eigenen entschuldigst.

Zumal aber sei innerlich auf deiner Hut, wenn du jemanden zurechtweist, dass du dich nicht über ihn erhebst. Der heilige Hieronymus schreibt zum Markusevangelium: „Dem vom Herrn erleuchteten Blinden erschienen die Menschen wie wandelnde Bäume.“[102] Das heißt, der Sünder schätzt alle Menschen höher ein als sich selbst. So sieh auch du alle Brüder dir gegenüber gleichsam als Bäume an.

100 Den Wortlaut dieses Briefs hat Johannes Busch in seinem Chronicon Windeshemense dem Kapitel über Heinrich Balveren eingefügt (De viris illustribus, c. 39), der damit als Adressat bezeugt ist; s. GRUBE, S. 110f. Vgl. auch die Edition mit französischer Übersetzung bei LEGRAND/ MERTENS, S. 175-182.

101 In dem auch sonst häufig Bernhard von Clairvaux zugeschriebenen Traktat wird dieser Gedanke allerdings in negativer Wendung formuliert; Wilhelm von St. Thierry, Epistula ad Fratres de Monte Dei, c. 20, CC CM 88, S. 232: *Nolo ergo ut nusquam arbitreris lucere solem communem diei nisi in cella tua, nusquam esse serenum nisi penes te, nusquam operari gratiam Dei nisi in conscientia tua.*

102 Vgl. Mc. 8,24. Die Auslegung folgt einem fälschlich Hieronymus zugeschriebenen Markus-Kommentar des 7. Jahrhunderts, CCL 82, S. 39: *Et aspiciens ait, video homines velut arbores ambulantes, id est, omnes homines existimans superiores sibi, indignum se iudicans, ut David, vocari hominem, sed 'canem mortuum' et 'pulicem unum'.* Dagegen deutet Hieronymus (Tract. in Marci evang., VIII,22-26, CCL 78, S. 476) das schattenhafte Sehen des noch nicht vollständig Geheilten auf die im Gesetz befangenen Juden: *Quod dicit, video homines veluti arbores ambulantes, hoc dicit: video aliquid in lege, sed clarum evangelii lumen necdum aspicio.*

In operibus[a] tuis fac viliora et abiecta, sed[b] interim vilitatem tuam cogita, aut de morte aut de pena[c] aut iudicio[d], vel quitquid potest te[e] deprimere aut accendere ad amorem Dei et proximi, et in huiusmodi cogitacionibus exerce[f] te ad amorem Dei et proximi[g], vel ad extirpandum[h] vicia vel acquirendo[i] virtutes.

Item, secundum Bernhardum[j] ad fratres de Monte Dei[k], compara diem presentem semel in die diei preterite[l], ut apprehendere possis[m] quod proficis in virtutibus aut deficis. Disce semel aut bis in die[n] tibi preesse et vitam tuam ordinare, mores componere et te ipsum accusare et condempnare nec impunitum dimittere. [197]

Consulo[o] tibi, quod habeas circa te 'Speculum monachorum' aut 'Speculum Bernardi', secundum quod omnes actus tuos potes ordinare, quem librum[p] etiam ita discas exterius, quod[q] in omnibus operibus tuis leviter occurrat[r], quomodo te debeas habere aut[s] in quo te male habuisti. Item omnes actus tuos preveni premeditacione[t] et oracione brevi, quomodo te deceat habere in eodem opere, et hoc erit tibi leve, quando prompta consuetudine scis[u] libellum exterius.

a In operibus] In omnibus operibus *Busch.*
b viliora et abiecta, sed] abiecta et viliora et *Busch.*
c pena] penis inferni *Busch.*
d aut iudicio] aut de iudicio *K11, Le1/2, P1, Vi;* aut de iudicio extremo *Busch.*
e potest te] te potest *Busch.*
f cogitacionibus exerce te] cogitacionibus continue te exerce *Busch.*
g ad amorem Dei et proximi] ad timorem Dei aut ad amorem Dei et proximi *Busch.*
h ad extirpandum] extirpando *Busch.*
i acquirendo] acquirendum *K11, Le1/2, Vi1.*
j Bernhardum] Bernardum *K11, Le1/2, N1, Vi1;* beatum Bernardum *Busch.*
k Dei] *fehlt bei Busch.*
l semel in die diei preterite] diei preterite semel in die *Busch.*
m ut apprehendere possis] ut sic possis apprehendere *Busch.*
n aut bis in die] in die aut bis *Busch.*
o Consulo] *K11, Le1/2, N1, P1, Busch;* Consolo *R, V1.*
p quem librum] quod *Busch.*
q quod] ut *Busch.*
r leviter occurrat] occurrat tibi *Busch.*
s aut] vel *Busch.*
t premeditacione et oracione brevi] devota premeditacione et brevi oracione *Busch.*
u scis] sis *N1.*

Von den Handarbeiten erledige die niedrigsten und am meisten verachteten und denke dabei an deine eigene Niedrigkeit oder aber an den Tod, die Sündenstrafen oder das Gericht, kurz an alles, was dich demütigen oder zur Liebe Gottes und des Nächsten entflammen kann. Und durch solche Gedanken übe dich ein in der Liebe zu Gott und dem Nächsten oder in der Tilgung deiner Laster oder der Erlangung der Tugenden.

Auch sollst du, wie Bernhard an die Brüder de Monte Dei schreibt, den gegenwärtigen Tag täglich vergleichen mit dem vergangenen, so dass dir bewusst wird, ob du an Tugenden zunimmst oder abnimmst[103]. Lerne einmal oder zweimal am Tage dich zu sammeln, dein Leben zu ordnen, dein Verhalten zu regeln und dich selbst anzuklagen, zu verurteilen und nicht straflos zu entlassen[104].

Ich rate dir, das 'Speculum monachorum' oder 'Speculum Bernhardi' bei der Hand zu haben[105], wonach du alle deine Werke ordnen kannst. Lerne dies Buch auswendig[106], damit dir bei allem, was du tust, leicht erkennbar ist, wie du dich verhalten sollst oder worin du dich schlecht verhalten hast. Auch beginne jede deiner Handlungen mit einer frommen Betrachtung oder einem kurzen Gebet, zur Einstimmung, wie du dich dabei verhalten sollst; und das fällt dir umso leichter, wenn du dieses Buch durch ständige Gewohnheit auswendig kennst.

103 So beinahe wörtlich im pseudo-bernardinischen Speculum monachorum des Arnulf de Boeriis, MIGNE PL 184, Sp. 1177B: *Comparanda est dies instans diei praeteritae, ut ex eorum collatione suum deprehendere possit monachus vel profectum vel defectum.* Ähnliche Anweisungen in der Epistula ad Fratres de Monte Dei, s. die folgende Anm.

104 Epistula ad Fratres de Monte Dei, c. 107, CC CM 88, S. 250.

105 Speculum monachorum (wie Anm. 103), MPL 184, Sp. 175-1178. Vgl. oben Anm. 73.

106 *discas exterius*: Germanismus, vgl. DIEFENBACH, S. 220.

Item mane et post prandium statue ante oculos tuos tuas malas[a] consuetudines et vicia tua principaliora et virtutes ad quas niteris, et sic intra recenter bellum cum hostibus tuis[b], cum carne, mundo et diabolo, nil hesitans[c], quia plures sunt nobiscum[d] quam contra nos. Et sic implebis illud Bernardi[e]: „Mane preterite noctis fac a te ipso[f] exactionem et venture diei tibi statue[g] caucionem, quomodo per totam[h] diem te vis habere.“

Item Bernardus: „Singulis horis describe tua singula[i] exercicia, cui spiritualia spiritualia, cui corporalia corporalia, ut in vesperis, quando de singulis factis tuis tenes capitulum, si quid imperfectum fuerit suo modo, suo loco aut tempore, non abeat impunitum vel[j] irrecompensatum.“ [198]

Quere commune bonum, et cor semper sursum habe. Ora pro me, frater, numquam sic feci. Vale[k].

Ante prandium cogitabis[l] de passione Domini, post prandium de morte, de iudicio, de penis inferni. Post cenam de viciis et peccatis[m].

Quedam notabilia verba domini Florencii presbiteri[n].

(1) Ante omnia cognosce vicia tua et passiones tuas. (2) Semper sis vigilans circa temptaciones et motus passionum. (3) Si sentis eas et statim reicis, non nocent, si moraris, malum est, si delectaris et moraris in eis[o], peius est.

(4) Ad quesita humiliter responde.

(5) Fuge mulieres et cave inspicere. (6) Malum exemplum est secularibus oculos non custodire.

a tuas malas] malas tuas *Busch;* malas *Vi1.*
b bellum cum hostibus tuis] cum hostibus tuis ad bellum *Busch.*
c nil hesitans] nihil omnino hesitans *Busch.*
d sunt nobiscum] nobiscum sunt *Busch.*
e illud Bernardi] illud beati Bernardi *Busch.*
f te ipso] temetipso *Busch.*
g tibi statue] tu tibi statue *Busch.*
h quomodo per totam] quomodo tu per totum *Busch.*
i tua singula] singula *Busch.*
j vel] aut *K11, Le1/2, Vi1.*
k Vale] *fehlt in Vi1, stattdessen* Nota *auf dem Rand.*
l cogitabis] cogita *K11.*
m Ante ... peccatis] *fehlt bei Busch.*
n Quedam notabilia verba domini Florencii presbiteri] Quedam notabilia verba reverendi domini Florencii *K11;* Quedam notabilia verbi domini Florencii *N1.*
o delectaris et moraris in eis] delectaris et moraris cum eis *Le1/2, Vi1;* moraris et delectaris in eis *K11.*

Ferner halte dir am Morgen und nach der Mahlzeit deine schlechten Gewohnheiten und Hauptfehler vor Augen, sowie die Tugenden, nach denen du strebst, und so beginne dann von neuem den Kampf mit deinen Feinden, mit dem Fleisch, der Welt und dem Teufel, und zage dabei nicht, denn mehr sind mit uns als wider uns[107]. Und so erfüllst du, was Bernhard rät: „Am Morgen gib dir Rechenschaft über die vergangene Nacht und sieh dich vor für den kommenden Tag, wie du dich in seinem Lauf verhalten willst.“[108]

Weiter sagt Bernhard: „Den einzelnen Stunden teile die jeweils passenden Übungen zu, der einen geistliche, der anderen körperliche, so dass bei der abendlichen Rechenschaft über deine Handlungen nichts, was etwa unvollkommen war der Ausführung, dem Ort oder der Zeit nach, straflos oder unvergolten bleibt.“[109]

Sieh auf das allgemeine Wohl und erhebe dein Herz immer himmelwärts. Bete für mich, Bruder, denn alles das habe ich selber nie befolgt. Lebe wohl.

Vor dem Mittagsmahl betrachte das Leiden des Herrn, danach Tod, Gericht und Höllenstrafen, nach dem Abendessen deine Fehler und Sünden.

Denkwürdige Aussprüche des Herrn und Priesters Florens[110].

[1] Vor allen Dingen erkenne deine Fehler und Leidenschaften. [2] Sei immer wachsam gegen die Versuchungen und die Regung der Leidenschaften. [3] Wenn du sie empfindest und sogleich zurückweist, so schaden sie dir nicht; zögerst du, so ist das schlecht, verweilst du aber darin und findest Gefallen daran, so ist es noch ärger.

[4] Wirst du nach etwas gefragt, so gib demütig Antwort.

[5] Meide die Frauen und hüte dich, sie anzuschauen. [6] Ein schlechtes Beispiel gibt man den Weltleuten, wenn man seine Augen nicht hütet.

107 Vgl. 4. Reg. 6,16; Rom. 8,31.

108 Epistula ad Fratres de Monte Dei, c. 108, CC CM 88, S. 251.

109 Ebd. c. 109.

110 Die Zählung bezieht sich auf die Konkordanzen der verschiedenen Dicta-Sammlungen in Anhang 3.

(7) Dic peccatum tuum cum verecundia et tristicia et magno proposito dimittendi coram Deo et presbitero tuo. (8) Dic culpam tuam singulariter: „Sic feci et hoc feci." Nota bene in quo stat culpa tua, et hoc expone simplicibus verbis.

(9) Non debes malum alicuius dicere, nisi possit sibi vel alteri prodesse. (10) Ac-[199]cusa alium cum compassione, sicut cum infirmo fratre.

(11) Tunc consciencia est bona[a] et racio tua recta, quando nichil agis nisi secundum sacram scripturam et intelligis eam sicut sancti intellexerunt, et non credas capiti proprio.

(12) Bonum esset homini spirituali, quod temporalia sua in aliquo tempore deputato tractaret, et post ad spiritualia rediret quasi omnium oblitus.

(13) Estimo quod motus et cogitaciones, que incidunt in corde nostro, non sunt in potestate nostra, sed tamen nostrum est aliquid boni in corde nostro plantare legendo, orando, ruminando, donec alii motus illiciti ab his victi succumbant et per graciam Dei cessent.

(14) Sunt aliqui tante superbie, quod vel oportet eos alios regere vel omnino deficere et ad mundum reverti, quia nec[b] sciunt se equare aliis nec subesse.

(15) Sepe movetur totum corpus secundum passionem que regnat in homine, ipso tamen non considerante. (16) Quidam per medium annum nec bene potuit dormire nec comedere, et non potuit causam invenire. Sed postmodum invenit causam, que fuit tristicia. Ita latent passiones in nobis. [200]

(17) Debiles non iudicabunt facta superiorum, quia sepe falluntur.

(18) Nil tene secretum vel in rebus vel in consciencia, quin reveles.

(19) Raro loquere cum seculari, quin confortes eum secundum statum suum ad bonum. (20) Fuge seculares magnates et convivantes. (21) Si facis opus humile et vile in presencia hominum, noli ridere; si rides superbis, quasi hoc opus ad te non pertineat.

[a] est bona] bona est *K11, Le1/2, Vi1.*
[b] nec] non *Le1/2, Vi1.*

[7] Bekenne deine Sünden vor Gott und deinem Beichtvater schamhaft, traurig und fest entschlossen, sie zu meiden. [8] Gib deine Schuld im einzelnen an und sprich: „Dies habe ich getan und das habe ich getan." Achte darauf, worin deine Schuld besteht, und dies erkläre mit einfachen Worten.

[9] Nie sollst du den Fehler eines andern zur Sprache bringen, es sei denn, es könnte ihm oder einem andern zum Nutzen gereichen. [10] Wenn du jemanden zurechtweist, behandle ihn mit Wohlwollen wie einen kranken Bruder.

[11] Dann hast du ein gutes Gewissen und den rechten Verstand, wenn du allein nach der Heiligen Schrift handelst. Du musst sie aber so verstehen, wie die Heiligen sie verstanden haben, und dich nicht nach deinem eigenen Sinn richten.

[12] Gut wäre es für einen geistlichen Menschen, dass er seine zeitlichen Angelegenheiten jeweils in einer dazu bestimmten Zeit ordnete, um sie dann zu vergessen und sich wieder den geistlichen Dingen zuzuwenden.

[13] Ich glaube, dass die Gefühle und Gedanken, die in unser Herz kommen, nicht in unserer Gewalt stehen; doch liegt es an uns, immer etwas Gutes in unser Herz zu pflanzen durch Lektüre, Gebet und fromme Betrachtung, bis jene unlauteren Regungen dadurch besiegt unterliegen und durch Gottes Gnade nachlassen.

[14] Es gibt einige, die so hochmütig sind, dass sie entweder andere regieren oder gänzlich (vom geistlichen Leben) abfallen und in die Welt zurückkehren müssen, weil sie sich andern weder gleichstellen noch unterwerfen können.

[15] Oft wird der ganze Leib durch die Leidenschaft bewegt, die in dem Menschen herrscht, ohne dass dieser es wahrnimmt. [16] Einer konnte ein ganzes halbes Jahr hindurch weder ordentlich schlafen noch essen, ohne die Ursache finden zu können; schließlich aber fand er sie, nämlich seine Traurigkeit. So sehr liegen die Leidenschaften in uns verborgen.

[17] Schwache Gemüter sollen die Taten ihrer Vorgesetzten nicht beurteilen, weil sie sich oft täuschen.

[18] Nichts sollst du geheim halten, weder in deinen Angelegenheiten noch in deinem Gewissen, sondern decke alles auf.

[19] Sprich selten mit einem Laien, es sei denn, um ihn je nach seinem Stande im Guten zu bestärken. [20] Flieh die großen Weltleute und ihre Geselligkeit. [21] Wenn du bei einer niedrigen und verachteten Tätigkeit von jemandem gesehen wirst, so lache nicht; denn wenn du lachst, so ist dies Ausdruck von Stolz, als ob eine solche Verrichtung sich nicht für dich schicke.

(22) Disce intelligere quid oras, et sic expellentur vage cogitaciones. (23) Altus cantus conturbat caput et sensum, et devocionem extinguit. (24) In oracionibus pocius desiderare debes graciam et misericordiam Domini quam magna premia.

(25) Maria reputabat se indignam salutacione angelica, et repleta Spiritu sancto ascendit cito ad montana et serviebat Elizabeth. (26) Si quis haberet loqui magno regi, procuraret sibi specialiores apud regem, sic de Maria agendum est, que maxime specialis est Deo.

(27) Omnia fierent homini dulcia, si se bene exerceret in passione dominica. (28) Sine intermissione deberemus cor nostrum erigere ad celum et ad sacram scri-[201]pturam recurrere, et sepius suspirare quod tam carnales sumus et pigri ad bona eterna querenda[a].

(29) Ex nimia festinancia perditur devocio, cave ergo importunitatem et omnia fac cum attenta consideracione et non ex consuetudine.

(30) Quando aliquid contrarium corpori tuo iniungitur tibi, cogita quod corpus non est tuum, sed eius in cuius obedienciam te dedisti. (31) Quanto homo omnia bona sua sive corporis sive anime communia fecerit, tanto omnia bona aliorum erunt sibi communia.

(32) Dilige omnes conversos equaliter in Deo, tam absentes quam tecum existentes.

(33) Fuge factionem, cui appendet honor vel de qua vane gloriari potes, si posset per alium eque bene fieri. (34) Quod in alio loco et per alium potest bene fieri[b], dilige et exalta plus quam si per te fuisset factum. (35) Noli invidere quod alius te sanctior sit vel maiorem habet famam, sed dona Dei ama in illo et tua erunt.

(36) Nil sic extinguit carnalia vicia sicut fervens studium. (37) Assuesce et coge te in camera manere et in libro legere, donec sit tibi dulce, et

a bona eterna querenda] bona querenda *Le1/2, Vi1.*

b potest bene fieri] bene potest fieri *P1;* potest fieri bene *Vi1.*

[22] Lerne darauf zu achten, was du betest, und so werden die abschweifenden Gedanken vertrieben. [23] Ein lauter Gesang[111] verwirrt oft Kopf und Sinn und behindert die Andacht. [24] In deinen Gebeten sollst du mehr nach der Gnade und Barmherzigkeit Gottes verlangen als nach großen Belohnungen.

[25] Maria hielt sich für unwürdig des Engelgrußes, und erfüllt vom Heiligen Geiste eilte sie rasch auf das Gebirge und diente der Elisabeth[112]. [26] Wenn jemand mit einem großen König zu sprechen hätte, so würde er sich um Fürsprecher bei ihm bemühen. So sollen wir uns an Maria wenden, die Gott am nächsten steht.

[27] Alle Dinge würden dem Menschen süß werden, wenn er sich recht darin übte, das Leiden des Herrn zu betrachten. [28] Ohne Unterlass sollen wir unser Herz zum Himmel erheben und zur Heiligen Schrift unsere Zuflucht nehmen; auch oftmals seufzen, dass wir so erdverhaftet sind und so träge im Streben nach den ewigen Gütern.

[29] Aus allzu großer Eilfertigkeit geht die Andacht verloren. Hüte dich also vor Ungestüm und tu alles mit aufmerksamer Erwägung und nicht aus Gewohnheit.

[30] Wenn dir etwas befohlen wird, das deinem Leib zuwider ist, so denke daran, dass dein Leib nicht dir, sondern demjenigen gehört, dem du dich in Gehorsam unterstellt hast. [31] Wenn ein Mensch alle seine Güter des Leibes und der Seele der Gemeinschaft übergibt, so werden auch alle Güter der andern für ihn selbst zum Gemeinbesitz.

[32] Liebe alle, die sich (zu einem frommen Leben) bekehrt haben[113], gleichermaßen in Gott, sowohl die Auswärtigen als auch diejenigen, mit denen du zusammen lebst.

[33] Meide eine Tätigkeit, die ehrenvoll ist oder deren du dich eitel rühmen könntest, sofern dies durch einen anderen ebensogut geschehen kann. [34] Was an einem anderen Ort oder durch einen anderen gut verrichtet werden kann, das liebe und lobe mehr, als wenn es durch dich geschehen wäre. [35] Beneide einen anderen nicht darum, dass er heiliger ist als du oder größeres Ansehen genießt, sondern liebe die Gaben Gottes in ihm, und sie werden dein sein.

[36] Nichts tilgt fleischliche Laster so sehr wie eifriger Fleiß. [37] Gewöhne und zwinge dich, in deiner Kammer zu bleiben und ein Buch zu

111 Allzu laut zu singen galt als Fehler, vgl. Thomas, Libellus de disciplina claustralium, cap. 9, POHL 2, S. 302: *Hodie tam alte cantare, ut cras nequeas resonare aut vix os ad cantandum aperire, non est Deum laudare, sed alios in choro turbare.*

112 Vgl. Lc. 1,38f.

113 Der Terminus *conversi* ist hier wohl untechnisch im Sinne von 'die Neubekehrten' zu verstehen (vgl. Dialogus I,1; I,4; III,23; III,26; IV,8: *noviter conversi*), während in der Klosterhierarchie *conversi* und *donati* Laienbrüder niederen Ranges im Unterschied zu Chorherren und Priestermönchen sind, s. Thomas, Chronica Montis S. Agnetis, cap. 26, POHL 7, S. 423: *secundum ordinem omnes fratres professi oboedientiam novo priori patri suo voverunt; deinde conversi, postea donati.*

grave exire et cum gaudio intrare. [202] (38) Fuge ad cellam sicut ad amicam, quia securus es in ea.

(39) Quandocumque homo loqueretur cum hominibus, deberet niti ut imprimeret eis humilia.

(40) Sciencia secularis est valde allectiva, caveat ergo homo ne nimis afficiatur ad illas, sed per illas quasi per medium studeat transire ad Deum, nec maneat in medio stare.

(41) Devotus et venerabilis pater Florencius dixit sepe ad socios suos et fratres: „Quam bene vobis est et quam secure statis, quod potestis sic vivere sub obediencia.“ Et si antea scivisset, pro nulla re mundi incepisset alios regere, nisi ipse prius sub obediencia fuisset. Et nisi infirmitas corporis impediret, adhuc mallet esse sub strennuo aliquo magistro, qui eius voluntatem plene frangeret. (42) Item si esset sub obediencia, numquam vellet esse perplexus. Nam quivis deberet ponere onus suum super dorsum alterius, in quo dubitaret. (43) Merito deberet se homo sub omnibus conversis humiliare quantumcumque etiam novis, quia nescit quantam graciam sibi dederit Deus.

(44) Numquam potest aliquis venire ad veram humilitatem, nisi contempnatur ab aliis et in nullo curetur. [203] (45) Melius esset conculcari cum pedibus, quam laudibus aliorum consentire.

(46) Cum aliquis fratrum petit consilium, debes ei[a] humiliter dicere quod legisti. (47) Semper est melius sequi videre aliorum quam proprium, nisi homo sciret aliquid melius sibi revelatum propter humilitatem eius qui ab eo interrogavit, et numquam sibi illud ascribat.

(48) Si homo habuerit multas fantasias, tunc debet vocaliter orare. (49) Omnia exercicia et studia sua[b] debet homo dirigere, ut passiones et[c] defectus suos superet, quia alias parum proficit. (50) In labore communi sta in continua custodia cavendo multa verba, et cogita de studio tuo que legisti.

(51) Non est morbus tam gravis, a quo verus obediens non curatur. (52) Si homo pure se resignasset, non deberet plus sibi confidere vel desperare quam superior sibi diceret. (53) Sepe deberet se homo resi-

[a] ei] *fehlt in K11, Le1/2, Vi1.*
[b] et studia sua] et studia *K11.*
[c] passiones et] passiones suas et *K11.*

lesen, bis du Freude daran hast und es dir schwer fällt auszugehen, dagegen aber erfreulich zurückzukehren. [38] Fliehe zur Zelle wie zu einer Freundin, weil du darin sicher bist.

[39] Wann immer ein Mensch mit Menschen spricht, sollte er sich bemühen, ihnen Demut einzuprägen.

[40] Weltliche Wissenschaft ist sehr verlockend; daher soll sich der Mensch hüten, von ihr allzu sehr gefesselt zu werden, sondern sie gleichsam als Vermittlung zu Gott durchschreiten und nicht in der Mitte stehenbleiben.

[41] Der fromme und ehrwürdige Vater Florens sprach oftmals zu seinen Gefährten und Brüdern: „Wie gut habt ihr es und wie sicher seid ihr gestellt, dass ihr so im Gehorsam leben könnt!" Und hätte er es vorher gewusst, so hätte er um keinen Preis der Welt begonnen, andere zu leiten, bevor er nicht selbst erst in den Stand des Gehorsams getreten wäre. Und würde nicht körperliche Krankheit ihn behindern, so wollte er auch jetzt noch lieber einem strengen Meister untergeben sein, damit sein Wille ganz und gar gebrochen werde. [42] Auch wollte er im Stande des Gehorsams niemals unsicher sein. Denn ein jeder sollte die Bürde seiner Zweifel dem Rücken eines andern auflegen. [43] Es sei gebührend, dass ein Mensch sich zu allen Bekehrten, auch den Neulingen, demütig verhalte[114], da er nicht wisse, wie große Gnade Gott ihnen verliehen habe.

[44] Niemals kann einer zu wahrer Demut gelangen, wenn er nicht von andern ginggeschätzt wird und in nichts Beachtung findet. [45] Besser wäre es, sich mit Füßen treten zu lassen, als denen zuzustimmen, die uns loben.

[46] Wenn irgend ein Bruder dich um Rat fragt, so sollst du ihm demütig sagen, was du gelesen hast. [47] Immer ist es besser, der Einsicht der andern als seiner eigenen zu folgen, falls man nicht sicher ist, dass einem wegen der Demut des Fragenden etwas besseres geoffenbart sei, was man jedoch nie sich selbst zuschreiben soll.

[48] Wenn der Mensch mit vielen Phantasien geplagt wird, dann soll er laut beten[115]. [49] Alle seine Übungen und Studien soll der Mensch darauf richten, dass er seine Leidenschaften und Fehler überwinde, denn sonst hat er kaum Nutzen davon. [50] Bei der Gemeinschaftsarbeit sei gesammelt, meide viele Worte und denke darüber nach, was du in deiner Zelle gelesen hast.

[51] Keine Krankheit ist so schwer, dass der wahrhaft Gehorsame nicht davon geheilt würde. [52] Wenn ein Mensch sich (und seinen Eigenwillen) ganz aufgegeben hätte, brauchte er für seine Person nicht mehr an Zuversicht oder Zweifel zu hegen, als ihm sein Oberer sagen

114 S. die vorige Anm.

115 *Vocaliter orare* im Gegensatz zum stillen Gebet; vgl. Thomas, Cantica 31, POHL 4, S. 310: *Laudet Deum vivaciter, mentaliter, vocaliter.*

gnare in die Deo et superiori suo, et genua cordis pro licencia flectere et intellectualiter obedire. (54) Miror quod qui sub obediencia[a] est, habet dubia et non stat contentus.

(55) Quando aliquid boni facis, caute respice ut fiat utique propter Deum, et non concupiscas aliud nisi honorem Dei et edificacionem proximi. [204] (56) Inter fratres potes cogitare: „O si possem me taliter habere, quod nullus per me scandalizaretur."

(57) Semper debes niti querere communia, quia si querere incipis te[b] in minimis, cito prolaberis ad maiora. (58) Quidquid est pro communi bono, sollicite custodire debemus sicut sacra vasa altaris. Libri sacre scripture custodiendi sunt tamquam verissimus thesaurus ecclesie. (59) In scriptura non solum querere debemus nos, scilicet quod bene scribamus, sed etiam utilitatem communis boni, quod libri sint correcti et bene punctuati et distincti, quia nos non libenter studemus ex malis et incorrectis libris.

(60) Ve illi, qui in communitate existens querit quod suum est, vel dicit aliquid esse suum. Ve homini, qui in communitate murmurat de aliquo et dissentit communitati, vel qualicumque modo eam perturbat. (61) Tunc vere in unum habitamus, si unum volumus, unum sapimus et unius moris sumus[c] in Domino. (62) In omni opere suo et moribus suis studeat se quilibet communitati conformare in legendo, cantando, comedendo, ieiunando, et non sit singularis. [205]

(63) Nichil tam pacificum reddit hominem, quam quod nichil ex se presumat facere, sed totum cum consilio bonorum, et semper credere salubrius esse quod consulunt. (64) Stude humiliter implere quod tibi iubetur, quia si vis discernere, vix verus obediens eris.

(65) Quantum potes, stude devocioni attente orando. (66) Dissolucio est devocioni contraria sicut aqua igni. (67) Quamvis pauper es in virtutibus et debilis, non debes tamen te deicere, sed magis humiliare et cogitare: „Quia non habeo magna, volo istud parvum Deo offerre quod habeo, sicut Maria obtulit par turturum et non agnum."

[a] obediencia] omnibus *K11, Le1/2, Vi1.*
[b] querere incipis te] te querere incipis *K11, Le1/2, Vi1.*
[c] sumus] simus *K11.*

würde. [53] Oftmals am Tag sollte der Mensch sich Gott und seinem Oberen anheimstellen und die Knie seines Herzens beugen in der Bitte um Gnade und der Bereitschaft zum Gehorsam. [54] Ich wundere mich, wie ein Mensch, der unter dem Gehorsam steht, Zweifel haben und unzufrieden sein kann.

[55] Wenn du etwas Gutes tust, so achte darauf, dass es allein Gottes wegen geschieht und du nichts anderes als die Ehre Gottes und die Erbauung des Nächsten beabsichtigst. [56] Unter den Brüdern sollst du denken: „O könnte ich mich doch so verhalten, dass ich keinem Ärgernis gäbe!"

[57] Immer sollst du danach streben, das allgemeine Wohl zu suchen; denn fängst du an, in den geringsten Dingen an dich selbst zu denken, so wirst du es bald auch in Wichtigerem tun. [58] Alles was zum Gemeinschaftsgut gehört, müssen wir sorgfältig hüten, wie die heiligen Altargeräte. Die Bücher der Heiligen Schrift sind zu verwahren als wichtigster Schatz der Kirche. [59] Beim Bücherschreiben sollen wir nicht nur uns selbst im Auge haben, nämlich wie schön wir schreiben können, sondern auch den gemeinsamen Nutzen, dass die Bücher fehlerfrei und gut ausgezeichnet und gegliedert sind. Denn auch wir selbst benutzen nicht gern schlechte und fehlerhafte Bücher.

[60] Wehe dem, der in einer Brüdergemeinschaft lebt und sucht, was sein ist oder etwas sein eigen nennt! Wehe dem Menschen, der in einer Gemeinschaft über etwas murrt oder mit ihr uneins ist oder wie auch immer Unruhe darin stiftet! [61] Nur dann wohnen wir wahrhaft einträchtig beieinander, wenn wir alle eines wollen, eines Sinnes sind und eine Lebensweise im Herrn befolgen. [62] Ein jeder sei eifrig darauf bedacht, in allem Tun und Verhalten sich nach der Gemeinschaft zu richten, im Lesen, Singen, Essen und Fasten, und keine Sonderrolle zu spielen.

[63] Nichts bringt dem Menschen so großen Frieden, als wenn er nichts aus sich selbst zu tun beansprucht, sondern alles nach dem Rat der Guten, und immer für heilsamer hält, was diese ihm empfehlen. [64] Bemühe dich, alles demütig zu erfüllen, was dir befohlen wird; denn wenn du es prüfen willst, wirst du kaum wahrhaft gehorsam sein.

[65] Strebe so gut du kannst nach Andacht durch aufmerksames Gebet. [66] Zerstreuung ist der Andacht entgegen wie Wasser dem Feuer. [67] Ob du auch schwach und arm an Tugenden bist, sollst du darum doch nicht verzagen, sondern dich vielmehr demütigen und denken: „Da ich nichts Großes habe, will ich Gott das Geringe opfern, das ich habe, wie auch Maria ein Paar Turteltauben und nicht ein Lamm opferte[116].

116 Vgl. Lc. 2,24.

(68) Ille vere est frater et amicus alterius, qui odit vicia sua et iuvat ipsum ea vincere.

(69) Semper debes niti te occupare aliquibus bonis et omnino non attendere ad fantasias.

(70) Periculosum est multum sepe loqui vel conversari cum hominibus secularibus potestatem habentibus sive dignitatem, utputa sunt scabini, presbiteri, canonici et alii divites. Racio est, quia natura timens illos sepe homo applaudit eis et assentit verbis eorum. [206] (71) Caveas de multiloquio maxime apud seculares, quia raro loquitur homo, quin postea penitet de aliquo verbo incauto. Etiam abstineas a risu et cachinno, quia qualem ipsi viderint hominem ab extra, talem ipsum iudicant ab intra, quamvis tamen talis non sit.

(72) Parum prodest multum[a] studere, nisi quis studeat vitam suam emendare et cum omni diligencia ad bonos mores ordinare, nam diabolus multa scit de scripturis et tamen nichil ei prodest.

(73) Si quis de mane tardus et piger fuerit, non debet desperare, quoniam Deus potest sibi dare graciam devocionis quando sibi placuerit. Ante laborem brevem oraciunculam premitte.

(74) Servus Christi breviter et submissa voce loqui debet et cavere loqui ubi non debet, et si necessitas cogit, eat ad locum secreciorem sibi licenciatum, et videat utrum expediat quod loquitur. (75) Semper niti debes, quod edifices audientes verbis tuis et trahas eos magis ad servicium Christi, quia nichil placabilius Deo quam laborare pro animabus convertendis. Et nichil iniuriosius Deo facere possumus quam aliquem nostro malo exemplo scandalizare vel a servicio Dei laxare, quia hoc peius est [207] quam Christum cum Iudeis carnaliter crucifixisse.

(76) Pre omnibus actibus bonis debes niti pro puritate cordis et bonas meditaciones assumere, quia ex his surgit caritas, oracio, devocio, et omnes alie virtutes firmantur. Numquam sis ociosus, sed sancta precipue occupacione implicitus, dirigendo affectiones tuas et omnes operaciones[b] ad Deum.

(77) Melius est modicum spiritus quam multa sciencia sine devocione. (78) Nam pulchrorum verborum valde levis est empcio, sed operum bonorum difficilis invencio.

a multum] multa *K11, N1.*

b et omnes operaciones] omnes operaciones tuas *K11, Le1/2, Vi1.*

[68] Der ist ein wahrer Bruder und Freund des anderen, der dessen Fehler hasst und sie ihm überwinden hilft.

[69] Immer sollst du dich mit etwas Gutem beschäftigen und nicht auf die Bilder deiner Vorstellung achten.

[70] Sehr gefährlich ist es, oft zu reden oder umzugehen mit Weltleuten von Macht und Würden, wie Schöffen, Priestern, Domherren und anderen Reichen. Der Grund ist, dass der Mensch solche Vornehmen von Natur aus fürchtet und ihnen leicht Beifall gibt und ihren Worten zustimmt. [71] Hüte dich vor zuviel Reden, zumal bei Weltleuten. Denn selten redet man, ohne dass es einem nachher um irgendein unvorsichtiges Wort leid tut. Enthalte dich auch des Lachens, zumal des lauten Gelächters; denn wie sie den Menschen von außen sehen, so beurteilen sie auch sein Inneres, auch wenn er nicht so ist.

[72] Wenig nützt es, viel zu studieren, sofern man nicht studiert, wie man sein Leben bessern und mit aller Sorgfalt auf gute Sitten hin ordnen kann. Denn auch der Teufel weiß vieles aus der Heiligen Schrift, und dennoch nützt es ihm nichts.

[73] Wenn jemand am Morgen säumig und träge ist, soll er darum nicht verzagen, denn Gott kann ihm die Gnade der Andacht geben, wann es ihm gefällig ist. Bevor du mit der Arbeit beginnst, schicke ein kurzes Gebet voraus.

[74] Der Diener Christi soll nur wenig und mit gedämpfter Stimme sprechen sowie auch sich hüten, da zu reden, wo er nicht soll. Ist es aber notwendig zu sprechen, so soll er sich an einen für ihn zugänglichen Ort zurückziehen und überlegen, ob es angebracht ist, was er sagt. [75] Immer sollst du dich bemühen, die Zuhörer durch deine Worte zu erbauen und stärker zum Dienst Christi zu bewegen, denn nichts gefällt Gott so sehr wie die Arbeit für die Bekehrung der Seelen. So können wir auch nichts tun, das Gott mehr missfällt, als wenn wir jemandem durch unser schlechtes Beispiel Ärgernis geben oder Anlass zur Trägheit im Dienste Gottes. Das wäre schlimmer, als wenn man den Juden geholfen hätte, Christus ans Kreuz zu heften.

[76] Wichtiger als alle guten Werke ist das Streben nach Reinheit des Herzens und die Übung in guten Betrachtungen, denn daraus entspringen Liebe, Gebet und Andacht; auch werden alle anderen Tugenden dadurch gekräftig. Sei niemals müßig; sondern immer mit heiligen Dingen beschäftigt, indem du alle Regungen deines Gemüts und alles Tun auf Gott richtest.

[77] Besser ist ein Geringes an Geist als viele Wissenschaft ohne Andacht. [78] Denn schöne Worte sind sehr wohlfeil, aber gute Werke sind schwer zu finden.

(79) Quidquid fecerit homo, si non senserit se inde humiliorem, nichil sciat se lucratum. (80) Quando aliquid boni facis, fac simpliciter et pure ad honorem Dei, et non queras te ipsum aliquo modo.

(81) Ex improvidencia verborum veniunt perturbaciones, scandala[a] et oblocuciones. (82) Vide ergo quid facis, quare facis et quomodo facis. (83) Non est leve, in quo offenditur Deus et scandalizatur proximus.

(84) Ante inicium operis propone qualiter te velis habere, nec leviter hoc frangas. [208] (85) Festina ad cellam, et recuperabis devocionem perditam.

(86) Quando duo vel plures[b] colloquuntur, quivis respiciat quod non ad inutilia sermo procedat. Et si contigerit, debet hoc alteri absque omni verecundia dicere caritative et humiliter: „Frater, non expedit nobis plus loqui, eamus ad cellam et faciamus aliquid melius."

(87) Servus Dei quantumcumque potest debet niti, quod cor suum avertat a creaturis et concupiscenciis terrenis. Et quanto plus in illo profecerit, tanto crescit appetitus ad amorem Dei. (88) Desiderans proficere studeat sibi vim facere, hoc est nitatur vicia sua vincere, ut qui prius desideravit sublimia, iam desideret humilia, et sic de aliis viciis vincendis.

(89) Bonus obediens numquam debet parvipendere mandatum, quantumcumque leve videatur. (90) Tunc dyabolus in veritate fugit a nobis, quando perspexerit nos humiles et unicordes, quia ipse est pater superbie et discordie.

(91) Non debemus attendere proximum[c] nostrum ut pulchrum vel divitem, sed sicut sanguine Christi[d] redemptum. (92) Servus Dei multum niti debet pro pace et concordia habenda cum fratribus suis, [209] quia angeli nichil plus diligunt et libencius vident in nobis, quam quod sumus invicem pacifici et concordes.

(93) Quidquid boni servus Christi facit, numquam sit securus, sed timeat semper de se ipso, ne forte reprobus inveniatur coram Domino nostro Iesu Christo. (94) Et pre omnibus debet niti, ut omnes homines reputet sanctiores et meliores se.

(95) Devocio non est aliud nisi desiderium anime ad Deum.

(96) Quantumcumque parvum consuetudinis nostre fuerit, si quis tamen humiliter studuerit facere, totum reputabitur pro obediencia. Quod si neglexerit et[e] non curaverit, timeo quod graviter punietur.

[a] perturbaciones, scandala] perturbaciones et scandala *K11.*
[b] duo vel plures] duo vel tres *N1.*
[c] attendere proximum] attendere ad proximum *K11.*
[d] sanguine Christi] Christi sanguine *Le1/2, Vi1.*
[e] et] *fehlt in Le1/2, Vi1.*

[79] Was immer der Mensch tun mag, wenn er sich dadurch nicht demütiger fühlt, so hat er dadurch nichts gewonnen. [80] Wenn du etwas Gutes tust, so tu es schlicht und einfach zur Ehre Gottes und suche dich selbst auf keine Weise dabei.

[81] Aus Unvorsichtigkeit in Worten kommen Unruhen, Ärgernisse und böse Nachreden. [82] Sieh also zu, was du tust, warum du es tust und wie du es tust. [83] Kein leichtes Vergehen ist es, was Gott beleidigt und dem Nächsten Ärgernis gibt.

[84] Vor dem Beginnen eines Werks nimm dir vor, wie du dich verhalten willst und brich deinen Vorsatz nicht leichtfertig. [85] Eile zur Zelle, und du wirst die verlorene Andacht zurückgewinnen.

[86] Wenn zwei oder mehrere miteinander reden, so achte jeder darauf, dass sich das Gespräch nicht in Belanglosigkeit verliert. Wenn dies aber geschieht, soll einer dem andern ohne Scheu, doch in Liebe und Demut sagen: „Bruder, es lohnt sich nicht weiter zu reden; gehen wir in unsere Zelle und tun wir etwas Besseres."

[87] Ein Diener Gottes muss sich, so sehr er kann, darum bemühen, sein Herz von allem Geschöpflichen und irdischer Begehrlichkeit abzuwenden. Und je mehr ihm das gelingt, desto stärker wird sein Drang zur Gottesliebe. [88] Wer Fortschritte machen will, muss sich Gewalt antun, das heißt, seine Fehler zu überwinden suchen, so dass er sein Verlangen auf Demütigungen statt wie zuvor auf hohe Ziele richtet, und ebenso auch mit den anderen Fehlern sich müht, die zu überwinden sind.

[89] Wer wahrhaft gehorsam ist, darf nie eine Anweisung gering achten, wie leicht sie auch scheinen mag. [90] Dann flieht der Teufel in Wahrheit von uns, wenn er sieht, dass wir demütig und einträchtig sind, denn er ist der Vater der Hoffart und der Zwietracht.

[91] Wir sollen bei unserem Nächsten nicht darauf sehen, dass er schön oder reich ist, sondern dass er durch das Blut Christi erlöst ist. [92] Ein Diener Gottes soll sich um Frieden und Eintracht mit seinen Brüdern bemühen, denn nichts lieben und sehen die Engel Gottes so gern an uns, als dass wir friedlich und einträchtig miteinander leben.

[93] Was immer ein Diener Christi Gutes tun mag, so soll er sich darum niemals sicher fühlen, sondern immer in Furcht sein, dass er verworfen befunden werde vor unserem Herrn Jesus Christus. [94] Und vor allem soll er dahin gelangen, alle Menschen für heiliger und besser zu halten als sich selbst.

[95] Die Andacht ist nichts anderes als das Verlangen der Seele nach Gott.

[96] Auch ganz geringe Verrichtungen unserer Hausordnung werden demjenigen als Gehorsam gegen das Ganze angerechnet, der sie demütig auszuführen bestrebt ist. Vernachlässigt man aber etwas oder beachtet es nicht, so fürchte ich, dass es hart bestraft werde.

(97) Optans in humilitate proficere sepe debet sibi dura et despecta proponere et semetipsum[a] arguere, iudicare et condempnare et secretis cogitacionibus suam vilitatem considerare, ut adveniente humiliacione sciat pacienter contemptum pati.

(98) Cum sentis invidiam vel suspicionem aut vanam gloriam, responde tibi ab intra et dic: „Proch pudor, quod tu adhuc tam miser et tam debilis es, quod ex aliorum profectu deficis et deterior efficeris.“ Sicque ab intra temet ipsum[b] humilia et confunde, et fugiet dyaboli temptacio a te qui solet talia ingerere. [210]

(99) Magno labore oportet nos contra carnalia pugnare, si volumus ea vincere. (100) Raro vel numquam comedimus, quin dyabolus insidiatur[c] nobis. Igitur semper vigilemus et oremus, quia adversarius numquam[d] dormitat, sed undique nos impugnat[e]. [211]

a semetipsum] se ipsum *K11, Le1/2, N1, P1, Vi1.*

b temet ipsum] te *K11, Le1/2, Vi1.*

c insidiatur] insidietur *P1.*

d adversarius numquam] adversarius noster numquam *K11, Le2, Vi1.*

e impugnat] *P1 fügt hinzu* Deo gracias. Explicit liber tercius de vita domini Florencii; *Le1/2 fügen hinzu* Explicit liber tercius.

[97] Wer in der Demut fortschreiten will, soll sich oft harte und verachtete Dinge vornehmen und sich selbst rügen, verurteilen und verdammen, auch in seinen geheimen Gedanken seine Niedrigkeit erwägen, damit er im Falle einer Demütigung die Verachtung geduldig ertragen kann.

[98] Wenn du Neid oder Missgunst oder Eitelkeit verspürst, so antworte dir selbst im Innern und sprich: „Wie schändlich ist es, dass du noch so elend und so schwach bist, durch den Fortschritt anderer abzunehmen und schlechter zu werden!" Und so erniedrige und beschäme dich selbst im Innern, und fliehen wird die Versuchung des Teufels von dir, der solche Dinge einzugeben pflegt.

[99] Mit großer Anstrengung müssen wir gegen fleischliche Versuchungen kämpfen, wenn wir sie überwinden wollen. [100] Selten oder nie essen wir etwas, ohne dass der Teufel uns dabei nachstellt. Daher müssen wir immer wachen und beten, weil unser Widersacher niemals schläft, sondern uns von allen Seiten belagert.

LIBER QUARTUS: DE DISCIPULIS DOMINI FLORENCII

Incipit prologus libri quarti de discipulis domini Florencii.

Quia Deo donante de venerabilibus patribus ac illustribus viris magistro Gerhardo et domino Florencio quedam virtutum opera secundum tenuitatem ingenii mei impolito sermone descripsi, restat nunc consequenter prout memorie occurrit de eorum discipulis aliqua assignare, que simplicium fratrum vitam et mores valeant humiliter informare. Hi etenim seculi pompam et carnis molliciem viriliter calcantes Christum sectati sunt per artam viam que ducit ad vitam, et[a] non immerito celi luminaribus comparentur. Nam maximam multitudinem fidelium virtutibus suis illustrarunt, quam ad bene agendum dum adhuc [212] viverent exhortari non cessarunt. Ideoque pia eorum in Christo conversacio non est penitus silenda, sed ad instructionem parvulorum pandenda sunt facta eorum veneranda.

Novicius:

Rogo te obnixe, ut de tam preclaris viris paucas devocionis scintillas in lucem proferas, quibus accendi valeam ad virtutis amorem, quatenus ex auditu modernorum nove conversacionis statum arripiam. Nam plerique poetarum gesta scripsere gentilium, pro qualicumque utilitate legencium, quanto magis ad consolacionem religiosorum recitare debes exempla servorum Dei, qui mundum triumpharunt, ut boni in melius semper proficiant et pigri de torporis lectulo cicius suscitentur.

Senior:

Si me digneris audire, dicam quod non parum te edificet in presenti. Eos tibi proponam, qui non tantum virtutis nomen, sed cum bono nomine vitam tenuerunt virtutibus claram. Sed iam proch dolor aliqui sunt, qui primo fervore derelicto evagaciones diligunt, vaniloquiis delectantur, propriam sapienciam primis patrum [213] nostrorum institucionibus preponunt et ad sua desideria explenda callidis argumentis pro sacris legibus utuntur. Quorum stultam presumpcionem omnimode caveas et probatorum patrum humiles mores habitumque

[a] et] ut *K11, Le1/2, N1, P1, Vi1.*

VIERTES BUCH: VON DEN JÜNGERN DES HERRN FLORENS

Prolog zum Leben der Jünger des Herrn Florens.

Da ich nun mit Gottes Hilfe manche Tugendwerke des Magisters Gerhardus und des Herrn Florens, jener ehrwürdigen Väter und berühmten Männer, nach meinem geringen Talent in schlichter Rede geschildert habe, bleibt mir noch die Aufgabe, soweit es mein Gedächtnis erlaubt, auch von ihren Jüngern einiges aufzuzeichnen, das sich dazu eignet, das Leben und Verhalten unserer einfachen Brüder in Demut anzuleiten. Denn jene, die die Pracht der Welt und die Bequemlichkeit des Leibes mannhaft von sich wiesen, folgten Christus auf dem engen Wege nach, der zum Leben führt[1], und man mag sie verdientermaßen mit den Himmelsgestirnen vergleichen. Haben sie doch durch ihre Tugenden zahllose Gläubige erleuchtet, die sie ohne Unterlass zeit ihres Lebens zum Guten ermahnten. Daher dürfen wir ihren frommen, Christus verbundenen Lebenswandel nicht mit Stillschweigen übergehen, sondern müssen ihre bewundernswerten Taten darlegen zur Unterweisung der Unbedarften.

Novize:

Ich bitte dich inständig, von diesen so preiswürdigen Männern wenigstens einige Funken der Andacht aufleuchten zu lassen, die mein Herz zur Liebe der Tugend entzünden, auf dass ich durch die Kunde von unseren Zeitgenossen mich zu einem neuen Lebenswandel entschließe. Wenn zahllose Dichter zu zweifelhaftem Nutzen der Leser die Taten der Heiden beschrieben haben, dann bist du umso mehr gehalten, zum Trost der Frommen das beispielhafte Leben der Diener Gottes, die die Welt überwunden haben, darzustellen, damit die Guten sich weiter bessern, die Trägen aber rasch aus dem Lager ihrer Faulheit aufgeweckt werden.

Senior:

Wenn du mir freundlich zuhören willst, so kann ich dir manches erzählen, was sehr geeignet ist, dich für die Gegenwart zu stärken. Männer will ich dir vor Augen stellen, die nicht nur im Ruf der Tugend standen, sondern bei ihrem guten Namen auch ein tugendhaftes Leben führten. Doch nun gibt es leider manche, die, nachdem der erste Eifer abgeflaut ist, gern unterwegs sind, mit nutzlosem Geschwätz sich beschäftigen, ihre eigene Weisheit den Gründungssatzungen unserer Väter vorziehen und statt der heiligen Gesetze allerlei schlaue Sprüche befolgen, um sich ihre Wünsche zu erfüllen. Deren törichte Anmaßung musst du unbedingt meiden und die demütigen Sitten und das

1 Mt. 7,14.

attendas, qui in diebus nostris sub disciplina reverendi patris domini Florencii Daventrie emicuerunt.

Det igitur Deus nunc graciam proferendi ea que edificacionis sunt, quatenus presens hic sermo sic simplices et humiles fratres erudiat, ut Christum sequi in religione cupientes omnem seculi curam perfecte abiciant et tales in fervore devocionis et sancte simplicitatis subiectione esse studeant, quales isti devoti virtutum viri omni studio predicandi extiterunt.

Explicit prologus[a].

Incipiunt capitula[b].

De prima congregacione clericorum in Daventria. Capitulum I[h].

Bonorum probitas, ut racio dictat, laudem dignam ubique meretur. Nam qui in vita sua laudabiliter vixerunt, post mortem quoque oblivioni tradi non debent. Siquidem ad solacium vivorum actus iustorum recensendi sunt et ad exemplum ceteris fidelibus proponendi. Unde iam precipue eos commendare oportet, qui in domo reverendi patris

[a] Explicit prologus] Expliciunt prologi *Le2; fehlt in K11, N1.*

[b] Incipiunt capitula] Incipiunt capitula libri quarti *K11, Le1;* Incipiunt libri quarti capitula *P1; fehlt in N1.*

[c] Brinckerinc] *korr. aus* Brincerinc *Vi1;* Brinckerinck *K11, P1;* Brynckerinc *Le1/2;* Brickerinc *N1.*

[d] Heynrico] Henrico *Le1/2, N1, P1.*

[e] Bruyne] Brune *K11.*

[f] Buren] Bueren *K11.*

[g] Schoenhovie] Scoenhovie *K11, Le1/2, N1, P1, Vi1.*

[h] Capitulum I] liber quartus *in K11 auf dem Rand hinzugefügt.*

schlichte Gewand der gottesfürchtigen Väter zum Vorbild nehmen, die in unseren Tagen unter der Leitung des ehrwürdigen Vaters und Herrn Florens zu Deventer auftraten.

Gott gebe mir nun die Gnade vorzutragen, was zur Erbauung dient, damit meine Worte die einfachen und demütigen Brüder so belehren, dass sie in ihrem Entschluss zur Nachfolge Christi im Ordensstand alle Sorgen dieser Welt vollkommen abwerfen und in großem Andachtseifer und gehorsamer Schlichtheit so zu werden streben, wie jene frommen Tugendmänner waren, deren Lob man nicht genug verkünden kann.

Dies sind die Kapitel des vierten Buchs:

Kapitel 1:
Die Anfänge der Klerikergemeinschaft zu Deventer.

Die Rechtschaffenheit der Frommen verdient vernünftigerweise überall würdiges Lob. Denn wer im Leben sich löblich verhielt, soll nach seinem Tod nicht dem Vergessen anheimfallen. Vielmehr geziemt es sich, die Taten der Gerechten zum Trost der Lebenden festzuhalten und den Gläubigen als Vorbild aufzustellen. Daher muss man vor allem jene zur Nachahmung empfehlen, die in dem Hause des Herrn und

domini Florencii a principio domus illius Deo humiliter ac devote servire studuerunt et cum magno fervore spiritus usque ad finem vite in sancta obediencia constantissime permanserunt. Non tamen omnium intendo scribere virtutes, quod nullatenus possibile est, sed de pluribus[a] pauca michi nota libet memorari.

Cum igitur studii causa in annis adolescencie Daventriam pervenissem, quesivi iter pergendi ad regulares in Wyndesem. Ibique inventis fratribus canonicis regularibus cum germano meo, hortatu [215] illius inductus sum adire summe reverencie virum magistrum Florencium Daventriensis ecclesie vicarium sacerdotemque devotum, cuius fama dulcissima ad partes superiores iam ascenderat et in amorem sui mentem meam traxerat, quem frequens turba scolarium in divinis rebus agentem recommendare solebat. Visu enim et auditu iustus erat atque omnium oculis graciosus, utpote verus Dei cultor et sancte matris ecclesie devotissimus venerator. Veniens ergo ad presenciam patris reverendi, mox pietate motus aliquantisper me secum in domo tenuit et ad scolas instituit, datis insuper libris quibus me egere putavit. Demum hospicium cum quadam honesta et devota matrona gratis impetravit, que michi et aliis multis clericis sepius benefecit.

Adiunctus itaque tam devoto viro et fratribus eius cotidie devotam eorum conversacionem attendi et inspexi, et gavisus sum ac delectatus in bonis moribus eorum et in verbis gracie, que de ore humilium procedebant, quia numquam prius[b] tales homines tam devotos et ferventes in caritate Dei et proximi me vidisse memini, qui inter seculares viventes de seculari vita nichil habebant nichilque de terrenis negociis curare vide-[216]bantur. Nam domi quiete manentes libris scribendis operam sollicite dabant, sacris lectionibus et devotis meditacionibus frequenter insistentes ad iaculatas oraciones laboris tempore pro sola-

a sed de pluribus] *korrigiert aus* sed pluribus *R.*

b prius] *in R auf dem Rand; fehlt in Le1/2, N1, Vi1.*

ehrwürdigen Vaters Florens vom Beginn der Gemeinschaft an Gott demütig und fromm zu dienen bemüht waren und bis an das Ende ihres Lebens mit großem Eifer unentwegt in heiligem Gehorsam ausharrten. Doch ist meine Absicht nicht, die Tugenden aller zu schildern, was kaum möglich wäre, sondern von vielen nur das Wenige mitzuteilen, das mir bekannt ist.

Als ich in meiner frühen Jugend zum Schulbesuch nach Deventer gekommen war, erkundigte ich mich nach dem Weg zu den Regularkanonikern in Windesheim, um dort bei ihnen meinen Bruder aufzusuchen[2]. Und auf sein Anraten begab ich mich zu dem ehrwürdigen Magister Florens, dem frommen Priester und Vikar der Kirche zu Deventer, dessen wohlklingender Ruf schon in unsere Gegenden gedrungen war und mich in Liebe zu ihm hingezogen hatte, da die Schar der Schüler immer wieder seinen Eifer im Dienst Gottes rühmte. Schon dem Anblick und der Rede nach war er ein Gerechter und wirkte auf alle edel, als wahrer Gottesdiener und frommer Verehrer der heiligen Mutter Kirche. Als ich nun vor den ehrwürdigen Vater treten durfte, wurde er sogleich von Milde gerührt, behielt mich einige Zeit bei sich im Hause, meldete mich dann in der Schule an und gab mir überdies die Bücher, die ich brauchen würde. Schließlich vermittelte er mir freie Wohnung bei einer ehrbaren und frommen Matrone, die mir und anderen Schülern oft viel Gutes erwies[3].

Da ich also mit diesem frommen Mann und mit seinen Brüdern in Verbindung war, sah und betrachtete ich täglich ihren Wandel und erfreute und erquickte mich an ihren guten Sitten und an den Worten der Gnade, die aus dem Munde der Demütigen hervorgingen[4]. Denn ich kann mich nicht erinnern, jemals zuvor so fromme und in der Liebe Gottes und des Nächsten so eifrige Männer gesehen zu haben, die in der Welt lebend nichts von einem weltlichen Leben an sich hatten und um irdische Angelegenheiten sich nicht zu kümmern schienen. Ruhig blieben sie im Haus und beschäftigten sich fleißig mit Bücherschreiben, widmeten sich regelmäßig heiliger Lektüre und andächtigen Betrachtungen und schöpften in den Arbeitsstunden Kraft mit

2 Johannes von Kempen, Schüler des Florens Radewijns und von diesem in den Gründungskonvent von Windesheim abgeordnet, war später der erste Prior des Klosters Agnetenberg bei Zwolle; vgl. die Mitteilungen in der Chronik des Thomas, POHL 7, S. 365ff., 371, 407f., 488, und bei Johannes Busch, Chronicon Windeshemense, De viris illustribus, cap. 35, GRUBE, S. 94-98.

3 MOOREN, S. 116, vermutete, dass es die als Förderin der Devoten bekannte Zwedera von Runen war.

4 Vgl. Lc. 4,22.

mine recurrebant. Mane etiam dictis matutinis horis ecclesiam visitabant, et inter missarum celebracionem primicias oris sui et cordis suspiria Deo libantes puras manus et oculos mentis corpore prostrati levabant ad celum, precibus et lamentis Deum sibi per hostiam salutarem reconciliari querentes.

Huius eximie congregacionis primus institutor et spiritualis rector extitit dominus ac magister Florencius, virtutibus ornatus et divina sapiencia et intellegencia in agnicione Christi refertus, sacre apostolice vite cum suis presbiteris et clericis formam humiliter imitando. Isti ergo cor unum et animam unam in Deo habentes, singuli que sua erant in commune conferebant, et simplicem victum ac vestitum accipientes de crastino cogitare vitabant. Sponte namque se Deo dicantes omnes rectori suo aut eius vicario obedire satagebant, et sanctam obedienciam pro summa regula tenentes totis viribus se ipsos vincere et passionibus resistere ac motus proprie voluntatis frangere nitebantur, rogantes insuper [217] ferventer, ut pro defectibus et negligenciis suis seriose corriperentur.

Idcirco gracia magna et vera devocio erat in eis, et multos edificabant verbis et exemplis, atque[a] pacienter derisiones secularium ferentes plures etiam ad seculi contemptum perducebant. Et qui antea illos despexerant vitam eorum sine honore tamquam stulticiam estimantes, postea ad Deum conversi et devocionis graciam experti veros Dei servos et amicos palam illos consciencia perurgente fatebantur. Multi ergo viri ac mulieres mundana felicitate contempta conversi sunt ad Dominum, et consiliis dilecti patris domini Florencii innitentes precepta dominica servare et misericordie opera christiana devocione in pauperes exercere studuerunt. Adiuvabant autem eum omnes fratres sui verbum vite retinentes, qui tamquam luminaria celi in medio turbarum lucebant mundo senescenti. Quidam etiam sacerdotes sciencia divine legis illustrati strennue in ecclesia predicabant, quorum ex predicacione fideles populi in piis actibus exercendis et sermonibus sacris audiendis salubriter sunt instructi. [218]

[a] atque] ac *Le1/2*, *Vi1*.

kurzen Stoßgebeten[5]. Morgens nach dem Stundengebet besuchten sie die Kirche und brachten in der Messfeier die ersten Äußerungen des Mundes und die Seufzer des Herzens Gott dar, erhoben mit zur Erde gebeugtem Leib ihre reinen Hände und die Augen des Geistes zum Himmel und suchten mit Bitten und Klagen durch das heilbringende Opfer Versöhnung von Gott zu erlangen.

Der erste Stifter und geistliche Leiter dieser trefflichen Gemeinschaft war Magister Florens, der reich an Tugend, göttlicher Weisheit und Vertrautheit mit Christus das Muster des heiligen apostolischen Lebens gemeinsam mit seinen Priestern und Klerikern demütig befolgte. Sie aber, die ein Herz und eine Seele in Gott waren[6], legten alles, was jeder einzeln besaß, zum Gemeingut zusammen, und mit einfacher Kost und Kleidung zufrieden sorgten sie nicht für den kommenden Tag. Freiwillig hatten sie sich Gott geweiht und waren eifrig, ihrem Oberen oder dessen Stellvertreter zu gehorchen. Denn den heiligen Gehorsam befolgten sie als die höchste Regel und mühten sich aus allen Kräften darum, sich selbst zu überwinden, ihren Leidenschaften zu widerstreben und die Regungen des eigenen Willens zu brechen. Ja, sie baten überdies inständig, dass sie wegen ihrer Fehler und Nachlässigkeiten ernstlich zurechtgewiesen würden.

Deshalb waren sie von großer Gnade und wahrer Andacht beseelt und beeindruckten viele durch ihr Wort und Beispiel. Und da sie den Spott der Weltleute geduldig ertrugen, brachten sie viele von ihnen dazu, selbst die Welt zu verachten. Daher hat mancher, der sie zuvor verlacht und verspottet und ihr unbeachtetes Leben für Torheit gehalten hatte, sich danach zu Gott bekehrt und aus Gnadenerfahrung und Gewissensdrang sie öffentlich als wahre Diener und Freunde Gottes bekannt. So bekehrten sich viele Männer und Frauen, die das Glück der Welt verachteten, zum Herrn und bemühten sich, dem Rat des geliebten Vaters Florens zu folgen, die Gebote Gottes zu halten und in christlicher Frömmigkeit Werke der Barmherzigkeit an den Armen zu üben. Es halfen ihm aber alle seine Brüder, die das Wort des Lebens bewahrten und gleich Leuchten des Himmels mitten unter dem Volk die alternde Welt erhellten. Auch gab es im Studium des göttlichen Gesetzes gebildete Priester, die eifrig in der Kirche predigten, und durch solche Predigten wurde das gläubige Volk heilsam belehrt, fromme Werke zu tun und das Wort Gottes zu hören.

5 'Pfeilgebete' – *orationes iaculatae* – galten als eine Frömmigkeitspraxis der Wüstenväter, vgl. Augustinus, Epist. 130,20, CCL 31B, S. 227: *Dicuntur fratres in Aegypto crebras quidem habere orationes sed eas tamen brevissimas et raptim quodam modo iaculatas, ne illa vigilanter erecta, quae oranti plurimum necessaria est, per productiores moras evanescat atque hebetetur intentio.*

6 Vgl. Act. 4,32.

De domino Iohanne Gronde[a]. Capitulum II.

Fuit tunc temporis in[b] Daventria sacerdos devotus dominus Iohannes de Gronde[c] dictus de Oetmershem[d] ex Twenchia[e] natus. Hic fama celebris et sermone facundus aliquo tempore in Hollandie partibus honestissime conversatus est, qui castitatis titulo inter sacerdotes insigniter effulsit, simplici altaris beneficio sobrie contentus. Hunc venerabilis magister Gerhardus Magnus ad se accersiri fecit ita scribens ad sacerdotes, qui in Amsterdam Domino devote tunc serviebant, quibus speciali caritatis vinculo unitus erat. Ait namque: „Noscatis quod villa Daventriensis mirabiliter bono presbitero pro adiutorio spiritualium in confessione indiget, quia nullum talem ad votum nostrum habemus. Quapropter vos rogo, si non fuerit notabile impedimentum sancte ecclesie in Amsterdam, nostrum predilectum Iohannem de Gronde a loco vestro removeri; nobis sine dubio proficuus erit. Et status sibi erit multum conveniens, qui tantum ad hoc ordinatur, ut subveniat veraciter conversis ad Dominum, quod est opus piissimum. Et [219] libentissime et cum gaudio eum acceptabimus."

Veniens igitur Daventriam ad magistrum Gerhardum et benigne receptus[f], in antiqua domo domini Florencii cum primis fratribus illius sancte congregacionis humiliter et devote in[g] communi societate vixit, et fervens spiritu summo mane fratres ad oracionem excitare consuevit dicens: „Surgite, vigilate et orate, ut non intretis in temptacionem." Permansit autem in eadem domo usque ad obitum magistri Gerhardi, post cuius felicem transitum fuit apud sorores in camera magistri Gerhardi. Predicavit autem verbum Dei frequenter in ecclesia Daventriensi voce solempni, cuius predicacioni dominus Florencius quandoque reverenter affuit, audiens intente ac desideranter divini sermonis dulcedinem ex ore predicantis. Erat enim vox eius sonora, aures hominum penetrans et corda compungens.

[a] Gronde] van den Gronde *K11.*
[b] tunc temporis in] *korrigiert aus* tunc in *R.*
[c] Gronde] Gronda *K11, Le1/2, Vi1.*
[d] Oetmershem] Oetmersem *N1;* Oethmersem *P1.*
[e] Twenchia] Twentia *K11, P1;* Twenthia *Le1/2, N1; Spatium in Vi1.*
[f] receptus] susceptus *K11.*
[g] in] cum *P1, R.*

Kapitel 2:
Von Herrn Johannes Gronde.

Zu dieser Zeit lebte in Deventer ein frommer Priester namens Johannes Gronde[7], gebürtig aus Ootmarsum in der Region Twente. Er hatte längere Zeit in der Provinz Holland verbracht, bekannt und geachtet, ein begabter Prediger von untadeligem Lebenswandel, der sich durch die Tugend der Enthaltsamkeit unter den Priestern auszeichnete und mit einer bescheidenen Altarpfründe zufrieden war. Diesen also ließ der ehrwürdige Magister Gerhardus Grote zu sich berufen, indem er sich schriftlich an die Priester wandte, die damals in Amsterdam fromm dem Herrn dienten und ihm besonders lieb waren, mit folgenden Worten: „Ihr sollt wissen, dass die Stadt Deventer dringend einen guten Priester für die Spendung des Bußsakraments braucht, denn wir haben hier keinen, der unseren Wünschen entspricht. Deswegen bitte ich euch, wenn es für die Amsterdamer Kirche keinen zu großen Verlust bedeutet, uns den hochgeschätzten Johannes Gronde zu schicken, denn ohne Zweifel würde er uns von größtem Nutzen sein. Auch wird ihm diese Aufgabe sehr zusagen, weil er nur für den Dienst an den wahrhaft zum Herrn Bekehrten bestellt wird, was ein Gott überaus wohlgefälliges Werk ist. Und sehr gern und mit Freude werden wir ihn aufnehmen."[8]

Als er nun nach Deventer zu Magister Gerhardus kam, wurde er sehr freundlich empfangen und lebte demütig und fromm zusammen mit den ersten Brüdern jener Gemeinschaft in dem 'Alten Hause' des Herrn Florens[9]. Und eifrig wie er war, pflegte er schon in aller Frühe die Brüder zum Gebet aufzuwecken mit dem Ruf: „Erhebt euch, wachet und betet, damit ihr nicht in Versuchung fallet!"[10] Er blieb aber in diesem Hause bis zu dem Tode des Magisters Gerhardus und bezog nach dessen seligem Scheiden seine Kammer im Schwesternhaus[11]. Oft predigte er in der Kirche zu Deventer das Wort Gottes in feierlichem Ton, und zuweilen wohnte Herr Florens seinen Predigten in Ehrfurcht bei und vernahm aufmerksam und gerührt den Wohllaut der göttlichen Rede aus dem Munde des Predigers. Denn seine Stimme war sehr wohlklingend, erfüllte die Ohren und bewegte die Herzen der Menschen.

7 Zu Johan van de Gronde vgl. Thomas, Ex Chronica ad domum Montis S. Agnetis non attinentia, cap. 7, POHL 7, S. 489f.; VAN DER WANSEM, S. 70f.; WEILER, S. 174. – Die 'Frensweger Handschrift' enthält eine volkssprachige Übersetzung dieses Kapitels, ALBERTS/ HULSHOFF, S. 60-62.

8 Vgl. den vollständigen Brief Grotes bei MULDER, Ep. 51, S. 197ff.

9 S. oben Buch III,20, Anm. 58.

10 Mt. 26,41; Mc.14,38.

11 Im sog. Meister-Geerts-Haus.

Hic etiam interdum Zwollis venit ad confortandum devotos fratres et sorores. Et quodam tempore ibidem in quadragesima pluries predicavit, insuper passionem Domini in die parasceues[a] ultra sex horas devotissime predicando exposuit, modico tamen intervallo in medio sermonis pro virium reparacione populis [220] indulto. Cumque caritatis intuitu moras illic faceret, quorundam devotorum confessiones audivit, dans remedia salutaria penitentibus et suadens permanere in proposito sancto. Nam multus in ea populus ad serviendum Deo inventus est et usque ad tempora nostra feliciter ampliatus.

Tam diligenter devotus predicator querebatur et libenter audiebatur, ut hospicio receptus verbum salutis ad prandium sedens petentibus non negaret, sed inter epulas corporis animarum medicinam prestabat corde contritis super delictis sibi confessis. In hoc siquidem opere Christum imitabatur, qui inter cibos mense penitenciam beatissime Marie Magdalene clementer suscepit et Symonem[b] de penitente male sencientem prudenti racione per pietatis opera sibi exhibita redarguit et bene instruxit.

Accessit etiam interdum ad fratres in monte sancte Agnetis eorum confessiones audiendo, qui adhuc pauperes erant et sine sacerdote. Et ait: „Non sit vobis grave humilem Deum sequi, nam paucis laboribus potestis regnum Dei promereri." Post hec redire festinavit ad habitacionis sue locum, nolens diu a dilectis fratribus domini Florencii separari, cum quibus vivere unicum sibi [221] solacium fuit et qui ipsum cordialissime diligebant. Simplex erat in vestitu et sobrius in convictu, non blandiens secularibus propter questum, sed sicut verus evangelicus predicator lucrum querebat animarum et augmentum spiritualis profectus in domibus devotorum.

Cum ergo Domino fideliter ministrasset et dies vocacionis eius iam instaret, ut pro laboribus suis eternam mercedem reciperet, cepit graviter infirmari. Et estimans se non diu victurum, fecit se ad domum domini Florencii deportari, desiderans finem dierum suorum in medio fratrum consummare, quorum oracionibus et meritis se confidebat in extremo maxime iuvari et ab inimico insidiante fidelissime defendi. Quod et factum est Deo miserante. Nam domino Florencio cum fratribus suis presente confortatus est in misericordia Altissimi, et ad iussionem patris dilecti ultimum verbum suum terminavit: „In nomine Do-

[a] parasceues] parascheues *Le1/2, Vi1.*
[b] Symonem] Simonem *Vi1.*

Er kam auch zuweilen nach Zwolle, um die devoten Brüder und Schwestern zu stärken. Einst predigte er dort zu verschiedenen Malen in der Fastenzeit und legte überdies am Karfreitag mehr als sechs Stunden lang in ergreifender Schilderung die Passion des Herrn dar, wobei er nach der Hälfte der Predigt dem Volke eine kleine Pause zur Erholung einräumte. Wenn er aber aus brüderlicher Liebe einige Zeit in Zwolle verweilte, hörte er die Beichte einiger Devoten, gab den Büßern heilsame Weisungen und ermahnte sie, ihrem heiligen Vorsatz getreu zu bleiben. Denn es gab dort viele Menschen, die Gott dienen wollten, und ihre Zahl hat sich bis auf unsere Zeiten noch glücklich vermehrt.

Es wurde aber der fromme Prediger so eifrig aufgesucht und so gern angehört, dass er selbst in der Herberge, wenn er zu Tische saß, das Wort des Heils den Bittenden nicht versagte, sondern während der Speisung des Leibes Arznei für die Seelen derer spendete, die über ihre gebeichteten Sünden zerknirschten Herzens waren. Und darin ahmte er Christus nach, der während der Mahlzeit die Buße der seligen Maria Magdalena huldreich aufnahm und den über die Bußfertige unwilligen Simon durch den Hinweis auf die Werke der Frömmigkeit, die sie an ihm geübt hatte, geschickt tadelte und belehrte[12].

Er kam auch zuweilen zu den Brüdern auf dem Berg der hl. Agnes[13], um ihre Beichte zu hören, da sie noch arm waren und keinen Priester hatten. Und er sprach: „Nehmt es nicht schwer, dem demütigen Herrn zu folgen, denn durch geringe Mühen könnt ihr das Reich Gottes verdienen!“ Hierauf eilte er zu seiner Wohnstätte zurück, da er nicht lange von den Brüdern beim Herrn Florens getrennt sein wollte. Bei ihnen zu leben war sein einziger Trost, und sie liebten ihn herzlich. Er war einfach in seiner Kleidung und mäßig in Speise und Trank, schmeichelte nicht des Gewinnes wegen den Weltleuten, sondern suchte als ein wahrer apostolischer Prediger den Nutzen der Seelen und den geistlichen Fortschritt in den Häusern der Devoten.

Nachdem er also dem Herrn treu gedient hatte und der Tag seiner Abberufung bevorstand, dass er für seine Mühen ewigen Lohn empfange, wurde er schwer krank. Da er nun glaubte, er würde nicht mehr lange leben, ließ er sich in das Haus des Herrn Florens tragen. Denn es verlangte ihn, das Ende seiner Tage in der Mitte der Brüder zu vollbringen, weil er darauf vertraute, durch ihre Fürbitte und Verdienste in der letzten Not Beistand zu erlangen und gegen die Nachstellungen des Feindes getreu verteidigt zu werden. Und so geschah es auch durch Gottes Erbarmen. Denn in Gegenwart des Herrn Florens und seiner Brüder wurde er durch die Barmherzigkeit des Allerhöchsten gekräftigt und sprach auf das Geheiß des geliebten Vaters als sein letztes

12 Vgl. Lc. 7,36-50.

13 Fraterhaus auf dem Nemelerberg bei Zwolle, das spätere Kloster Agnetenberg; vgl. oben Einführung, Anm. 20.

mini". Sicque agonem suum Domino commendans, spiritum vite summo mane circa horam quartam in crastino sancti Iohannis ante portam Latinam exalavit, anno Domini millesimo trecentesimo nonagesimo secundo, mensis Maii die septima.

Sepultus est autem in ecclesia [222] beate Marie virginis ad latus venerabilis magistri Gerhardi in uno sepulchro[a], ubi pariter requiescunt in pace. Et hoc apte satis, ut quomodo dilexerunt se in vita, ita et in morte non sint ab invicem[b] separati, in una ecclesia sub unius petre signaculo clausi, expectantes adventum Domini nostri Iesu Christi ab ipso iterum resuscitandi.

De domino Iohanne Brinckerinck[c].
Capitulum III.

Huic adhlete Dei successit dominus Iohannes Brinckerinck[d] quondam magistri Gerhardi discipulus predilectus de Zutphania natus. Hic vivente magistro Gerhardo et predicante in diversis locis cum ipso sepe perrexit, comes itineris eius quemadmodum Lucas cum Paulo. Unde multa bona frequenter ab eo audivit et didicit, factus devotus imitator operum eius ac testis ydoneus[e] sanctitatis eius, intrans et exiens cum eo horas legendo ac alia[f] pietatis obsequia sedule exhibendo. Post cuius mortem feliciter celebratam sub obediencia reverendi patris domini Florencii devote et humiliter vixit, non [223] segnis emulator bonarum informacionum, quas olim magistro Gerhardo predicante sitibundo pectore hausit.

[a] sepulchro] sepulcro *Le1, Vi1.*
[b] abinvicem] *fehlt in K11, Le1/2, Vi1.*
[c] Brinckerinck] Brenckerinck *K11;* Brinkerinc *Le1;* Brickerinck *N1;* Binkerlinc *Vi1.*
[d] Brinckerinck] Brenckerinc *K11;* Brinkerinc *Le1/2;* Brickerinck *N1;* Brickerlint *Vi1.*
[e] ydoneus] *K11, Le1/2, N1, P1, Vi1;* ydeneus *R.*
[f] alia] talia *K11, Le1/2, Vi1.*

Wort: „Im Namen des Herrn“[14]. Und also empfahl er seinen Todeskampf dem Herrn und gab seinen Geist auf gegen vier Uhr früh am Tag nach dem Fest des heiligen Johannes vor der Lateinischen Pforte, im Jahre 1392, am 17. Mai.

Er wurde aber begraben in der Kirche der seligen Jungfrau Maria an der Seite des ehrwürdigen Magisters Gerhardus Grote in einem Grab, wo beide nebeneinander in Frieden ruhen, auf dass sie, die einander im Leben geliebt hatten, auch im Tode nicht von einander getrennt würden, in derselben Kirche und unter einem gemeinsamen Grabstein verschlossen die Ankunft unseres Herrn Jesus Christus erwartend, um von ihm wieder auferweckt zu werden[15].

Kapitel 3:
Von Herrn Johannes Brinckerinck.

Diesem tapferen Streiter Gottes folgte Herr Johannes Brinckerinck aus Zutphen[16], einst ein Lieblingsjünger des Magisters Gerhardus. Zu dessen Lebzeiten hatte er ihn bei seinen Predigtreisen begleitet wie der Evangelist Lukas den heiligen Paulus[17]. Dabei hörte und lernte er viel Gutes von ihm und wurde ein frommer Nachahmer seiner Werke und ein getreuer Zeuge seiner Heiligkeit. Er ging mit ihm ein und aus und verrichtete mit ihm zusammen das Stundengebet und andere fromme Übungen. Nach seinem seligen Ende lebte er unter der Leitung des ehrwürdigen Vaters und Herrn Florens fromm und demütig und war ein unentwegter Eiferer für die heilsamen Lehren, die er einst bei den Predigten des Magisters Gerhardus mit dürstendem Herzen aufgenommen hatte.

14 Die hier von Thomas verkürzt geschilderte Szene wird deutlicher in seiner Chronica, POHL 7, S. 490: Der Sterbende klagt über vermeintliche Angriffe des Teufels und wird von Florens Radewijns aufgefordert zu schweigen und auf Gott zu vertrauen.

15 Da die Gebeine Grotes und Grondes unter dem Rektor Godfried Toorn (†1450) umgebettet wurden, muss Thomas dies vor 1450 geschrieben haben; s. oben Einführung, Anm. 36.

16 Über ihn s. auch Thomas, Ex Chronica ad domum Montis S. Agnetis non attinentia, cap. 21, POHL 7, S. 515f.; Dier, Scriptum, DUMBAR, S. 15-21, sowie die Viten in den Sammelhandschriften Brüssel, KB, 8849-59 (BRINKERINK 1902a, S. 323-354, lateinisch), Leeuwarden, Tresoar, 686 Hs. (BRINKERINK 1902, S. 22-37, volkssprachig), Utrecht, UB, hs. 8 L 16: ‘Frensweger Handschrift’ (ALBERTS/HULSHOFF, S. 62-67, volkssprachig), Deventer, Stads- en Athenaeumbibliotheek, hs. 101 E 26: ‘Handschrift DV’ (unpubliziert, volkssprachig). – Vgl. CARASSO-KOK, Nr. 135, 324 und 389; M. VAN DIJK 2004, S. 143-146 und 153f.; Monasticon Fratrum 3, S. 132f.; LESSER 2005, S. 456f.

17 Vgl. 2. Tim. 4,11. – S. oben Buch II,12.

Dei autem consilio ad sacerdocium promotus est mansitque cum fratribus in congregacione, multum laborans in edificacione prime domus domini Florencii, donec defuncto domino Iohanne de Gronde[a] ad regimen sororum poneretur. Qui sicut vir strennuus et zelator castitatis in omni disciplina creditam sibi domum gubernavit, propriis non parcens laboribus, sepius supra vires fatigatus pro animabus lucrandis. Ipse etiam interdum verbum Dei predicavit in ecclesia, acriter obiurgando peccata et virtutes commendando ut decuit excellenter.

Bina vice audivi eum predicare in die parasceues passionem Domini satis compuncte et prolixe. Primum thema eius fuit: 'Proprio filio suo non pepercit Deus.' Secundum vero ex psalmo sumpsit: 'Quid retribuam Domino pro omnibus, que retribuit michi.' Libenter a devotis audiebatur, sed seculares quidam susurrabant contra eum, quia vicia eorum ubi oportuit arguebat. Sed tamen propter hos non terrebatur, quia amabat veritatem dicere et pro iusticia agonizare, eligens Deo pocius obedire et bonis prodesse quam pravis consentire. [224]

Quadam igitur die in circumcisione Domini valde eleganter et dulciter de dulci nomine Iesu predicavit, benedictum et dulce nomen Iesu super omnia nomina in celo et in terra exaltando. Tandem ad arguendum quosdam seculares et stolidos homines sermo eius descendit eo, quod proch dolor plures minus reverenter, immo sepe iocanter sanctum et inviolabile nomen Iesu nominant, et clamavit dicens: „Sunt quidam, qui audito dulci et benedicto nomine Iesu iocalariter[b] et despective loquuntur: 'Ai Iesus Deus beginarum.' O miseri et insensati, quid dicitis? Quis est ergo[c] Deus vester? Est tunc dyabolus Deus vester, quia dicitis: 'Iesus Deus beginarum'. Hoc est magnum scandalum vobis, illis autem hoc sanctum nomen magnus honor est et gaudium singulare, quia frequenter nominant Iesum, summe venerantur Iesum et ante omnia et super omnia nomina sanctorum diligunt et adorant Iesum Dei filium, quem vos deridetis et despicitis, quia fratres et begine Iesum

[a] Gronde] Gronda *K11, Vi1.*
[b] iocalariter] *K11, Le1/2, N1, P1, Vi1;* iacaliter *R.*
[c] est ergo] ergo est *K11;* ergo *P1.*

Nach dem Rat Gottes aber wurde er zum Priester geweiht und blieb bei den Brüdern in der Gemeinschaft, wo er eifrig bei der Errichtung des ersten Herr-Florens-Hauses[18] mitwirkte, bis er nach dem Tode des Herrn Johannes Gronde zur Leitung der Schwestern bestellt wurde. Er lenkte aber das ihm anvertraute Haus als ein tüchtiger Mann und großer Eiferer für die Keuschheit in aller Zucht, schonte sich nicht in der Arbeit und erschöpfte sich oft über seine Kräfte, um Seelen zu gewinnen. Auch predigte er zuweilen das Wort Gottes in der Kirche, rügte mit aller Strenge die Sünden und empfahl die Tugenden in glänzender und angemessener Weise.

Zweimal hörte ich ihn am Karfreitag weitläufig und ergreifend über das Leiden des Herrn predigen. Sein erstes Thema war: 'Er hat seines eigenen Sohnes nicht geschont.'[19] Das zweite aber entnahm er den Psalmen: 'Wie soll ich dem Herrn alles vergelten, was er an mir getan hat?'[20] Die Frommen hörten ihn gern an, einige Weltkinder aber murrten wider ihn, weil er ihre Laster, wo es notwendig war, mit scharfen Worten rügte. Indessen ließ er sich durch diese nicht abschrecken, da es seine Freude war, die Wahrheit zu sagen und für die Gerechtigkeit bis zum Tode zu streiten[21], und weil er lieber Gott gehorchen und den Guten nützen wollte, als mit den Schlechten übereinzustimmen.

Einst predigte er am Feste der Beschneidung des Herrn mit wohlklingenden und süßen Worten von dem süßen Namen Jesu, der hoch zu preisen ist über alle Namen im Himmel und auf Erden. Schließlich lenkte er seine Rede auf die Zurechtweisung weltlich gesinnter und einfältiger Menschen, die beklagenswerter Weise den heiligen und unantastbaren Namen Jesu mit geringer Ehrfurcht, ja oft nur zum Scherz im Munde führten, und er rief: „Es gibt einige, die beim Vernehmen des süßen und heiligen Namens Jesu sich erfrechen, mit Spott und Verachtung zu sagen: 'Ei Jesus, du Gott der Beginen!' O ihr Unglückseligen und Wahnsinnigen, was sagt ihr da? Wer also ist euer Gott? Euer Gott ist der Teufel, da ihr sagt: 'Jesus, Gott der Beginen'! Euch ist er ein ein großes Ärgernis, ihnen aber ist dieser heilige Name eine große Ehre und eine besondere Freude, da sie Jesus oftmals nennen, ihn aufs höchste verehren und vor allen und über alle Namen der Heiligen Jesus lieben und anbeten, den Sohn Gottes, den ihr verlacht und verachtet. Denn die Brüder und die 'Beginen'[22] nennen Jesus

18 Der Name 'Herr-Florens-Haus' bezeichnete sowohl die Brüdergemeinschaft wie auch den von ihr genutzten umfangreichen und schrittweise erweiterten Gebäudekomplex; vgl. dazu KRAUSS, S. 73-79.

19 Rom. 8,32.

20 Ps. 115,12.

21 Ecclus. 4,33.

22 Brinckerinck nimmt bewusst die pejorativ gemeinte Bezeichnung der Schwestern vom gemeinsamen Leben auf.

libenter nominant et devote laudant et in nomine Iesu invicem se salutant. Ve vobis, qui diabolum frequencius in ore habetis quam Iesum, eo quod nimis humilis et despectus Iesus vobis esse videtur.“ Hec dicens letificabat amatores [225] Iesu et confundebat derisores eius prout digni erant.

Cumque numerus ancillarum Dei cepisset augeri, dominus Iohannes spem iactans in adiutorio Altissimi fecit ampliora edificia ad habitandum, ut plures animas salvaret que de huius mundi naufragio ad Christum confugerant. Demum extra civitatem versus aquilonem monasterium sanctimonialium non sine grandi labore construxit, in quo de domo magistri Gerhardi sorores aliquas assumens fecit illas sacris litteris imbui et habitu regularium sub perpetua clausura investiri. Has strennue cum his que in civitate manebant, per viginti sex annos Domino iuvante rexit usque ad vite sue terminum, nonnullis tamen ad alia loca pro novis domibus inchoandis ab ipso transmissis. Nam primo sedecim tantum sorores in communi viventes repperit, sed Domino multiplicante numerum in diebus suis post obitum centum quinquaginta reliquit.

Sed quam humiliter ac timorate inter tanta bona de se ipso senserit, testantur verba que uni familiari socio aliquando dixit. Cum enim pariter in via transirent[a] et de futura vita loquerentur, hec ait: „Ecce frater, si angelus Domini ad me nunc veniret et diceret: ‘Inclina te [226] Iohannes et permitte caput tuum amputari, et eris in purgatorio’, ego libenter hoc subirem, ut de salute mea certus essem et sic in gracia mori possem.“

Alia vice in predicacione sua hec dixit: „O quam magnus et altus est status sacerdotalis, cuius dignitatem vix aliquis mortalis digne exequi valet. Ego si tam facile possem tunicam sacerdotalem deponere sicut induere, statim eam hic exuerem.“ Advertant hec qui de sacris ordinibus gloriantur et intumescunt nec quantis debitis obligantur attendunt, et discant de se ipsis humiliter sentire et in timore Dei corda sua deprimere, quia tanto erit quisque securior apud Deum in futuro, quanto nunc humilior in semetipso. Ecce iste servus Dei multos labores fecit in vita sua, passus est contumelias et detractiones ab emulis, sed per pacienciam vicit omnes. Et dans Deo gloriam, opus bonum quod incepit

[a] enim pariter in via transirent] *korrigiert aus* enim pariter in via transient *N1;* enim in via pariter transirent *Vi1;* enim pariter transierent in via *korrigiert aus* enim verba pariter transierent in via *K11.*

gern, loben ihn andächtig und grüßen einander im Namen Jesu. Wehe euch, die ihr öfter den Teufel als Jesus im Munde führt, weil Jesus euch allzu niedrig und verächtlich scheint!“ Mit diesen Worten erfreute er alle Liebhaber Jesu und stellte seine Spötter bloß, wie sie es verdienten.

Als aber die Anzahl der Dienerinnen Gottes zunahm, ließ Herr Johannes im Vertrauen auf die Hilfe des Allerhöchsten geräumigere Wohnstätten errichten, um weitere Seelen zu retten, die aus dem Schiffbruch dieser Welt zu Christus geflohen waren. Schließlich erbaute er außerhalb der Stadt nach Norden hin, nicht ohne große Mühe, ein Nonnenkloster[23], in dem er einige Schwestern aus dem Meister-Geerts-Haus aufnahm, die er in den heiligen Schriften unterrichten ließ, mit dem Ordensgewand der Chorfrauen bekleidete und zu dauerhafter Klausur verpflichtete. Diese sowohl als jene, die in der Stadt blieben, leitete er unter dem Beistand des Herrn sechsundzwanzig Jahre hindurch bis an das Ende seines Lebens in heiligem Eifer und sandte auch einige von ihnen an andere Orte, um neue Häuser zu stiften. Denn anfangs fand er nur sechzehn Schwestern vor, die in einer Gemeinschaft zusammenlebten, doch vermehrte in seinen Tagen der Herr ihre Anzahl so sehr, dass er bei seinem Tode hundertfünfzig hinterließ.

Wie demütig und furchtsam er aber bei so vielem Guten, das er wirkte, von sich selbst dachte, bezeugen die Worte, die er einst zu einem seiner vertrauten Gefährten sprach. Denn als beide miteinander auf einer Reise waren und sich über das künftige Leben in der Ewigkeit unterhielten, sagte er zu ihm: „Sieh, mein Bruder, wenn nun ein Engel Gottes zu mir käme und sagte: ‘Neige dich, Johannes, und lass dir das Haupt abschlagen, und du wirst in das Fegefeuer kommen’, so würde ich dies mit Freuden tun, um meines Heiles gewiss zu sein und in der Gnade sterben zu können.“

Ein anderes Mal sprach er in einer seiner Predigten: „O wie groß und erhaben ist das Priesteramt! So hoch ist seine Würde, dass kaum ein Sterblicher es würdig zu verwalten vermag. Könnte ich mein priesterliches Gewand ebenso leicht ablegen, wie ich es angezogen habe, so würde ich es auf der Stelle niederlegen.“ Dies mögen jene bedenken, die sich voll Stolz der heiligen Weihen rühmen, ohne auf die damit verbundenen Pflichten zu achten, und sie mögen lernen, demütig von sich selbst zu denken und ihre Herzen in der Furcht Gottes niederzubeugen, denn in der Zukunft wird jeder bei Gott umso sicherer sein, je demütiger er jetzt bei sich selbst ist. Sieh, große und viele Dinge hat dieser Diener Gottes in seinem Leben getan, viele Schmach und Verleumdungen hat er von eifersüchtigen Neidern erlitten, die er aber alle durch Geduld überwand. Und Gott die Ehre gebend[24], vollbrachte er

23 Über die Gründung des Chorfrauenklosters Diepenveen s. KRAUSS, S. 144-196.
24 Rom. 4,20.

fideliter[a] consummavit, et tanto Deo plus placuit, quanto humilius de se sensit et plures secum ad celibem[b] vitam traxit.

Igitur postquam in vinea Domini, quam dextera Dei plantavit, diu satis ubertimque laborasset, venit dies ad vesperam in qua[c] laboris sui premium reciperet et ab omni opere temporali cessare deberet [227] iuxta verbum Domini dicentis: „Voca operarios et redde illis mercedem suam." Et ecce vi febrium correptus infirmatur, et estimans se iam migraturum[d] denunctiat priori de Wyndesem egritudinis sue molestiam et dierum suorum finem advenisse. Quo veniente exponit ei desiderii sui intentum, commendans eidem sicut fideli commissario curam sanctimonialium, quatenus de idoneo rectore eis provideret, ne fervor discipline noviter introductus per negligenciam aut insolenciam deperiret.

Cum ergo festivitas dominice annunciacionis illuxisset, sequenti die fidelis servus Christi Iohannes ad celestem patriam anhelans septimo kalendas[e] Aprilis animam Deo reddidit, cui totis viribus in corpore positus studuit a iuventute sua famulari, anno Domini millesimo quadringentesimo decimo nono, residente in sede Traiectensi venerabili domino Frederico de Blanckenhem nobili episcopo, omnium devotorum patrono pio et glorioso. Sepultus est autem in monasterio sanctimonialium ordinis regularium in Dyepenvene[f] ante summum altare in medio chori, quod ipse primus incepit et ad honorem beate Virginis et sancte Agnetis consecrari fecit. [228]

Novicius:

Gratanter capio, quod dicis. Felix Daventria, que talibus sacerdotibus extitit adornata. Sed iter inceptum iam prosequere, et que necdum audivi, noli abscondere michi.

Senior:

Exigit fervida peticio tua, ut adhuc quedam incognita tibi describam. Sed mens propriis gravata malis, quid digne dicere valet de virtutibus perfectorum? Quia tamen pietatis causa id facere cepi, consequencia pacienter adverte. Breviter transibo, ne tedium generet lectori sermo prolixus. Nec queras in verbis ornatum, sed edificacionem morum in humili conversacione devotorum.

[a] fideliter] feliciter *Le1/2, Vi1.*
[b] celibem] celebem *K11, Vi1.*
[c] qua] quo *Le1/2, Vi1.*
[d] se iam migraturum] *korrigiert aus* se migaraturam *K11;* se migraturam iam *Ki.*
[e] kalendas] kalendis *Le1/2.*
[f] Dyepenvene] Diepenveen *K11;* Diepenvene *Le1/2, P1, Vi1;* Depenveen *N1.*

getreu das gute Werk, das er begonnen hatte, und gefiel Gott umso mehr, als er von sich selbst geringer dachte und viele mit sich zu einem enthaltsamen Leben führte.

Nachdem er also im Weinberg des Herrn, gepflanzt von der Rechten Gottes[25], lange und fruchtbringend gearbeitet hatte, neigte sein Tag sich zum Abend, an dem er den Lohn seiner Arbeit empfangen und von aller zeitlichen Mühe ruhen sollte, dem Wort des Herrn gemäß: „Rufe die Arbeiter und gib ihnen ihren Lohn!“[26] Und so wurde er krank, es befiel ihn ein Fieber, und da er ahnte, dass er sterben müsse, ließ er dem Prior von Windesheim die Schwere seiner Erkrankung melden und dass das Ende seiner Tage gekommen sei. Als nun dieser herbeieilte, eröffnete er ihm seinen Herzenswunsch und übertrug ihm als einem getreuen Vertreter die Sorge für die Klosterfrauen; er solle ihnen einen geeigneten Leiter bestellen, damit der neu eingeführte Geist der Disziplin sich nicht durch Nachlässigkeit oder Übermut wieder verliere.

Und so kam das Fest der Verkündigung Mariens heran, und am Tag darauf gab der getreue Diener Christi Johannes, der sich nach dem himmlischen Vaterland sehnte, seine Seele dem Herrn zurück, dem er zeit seines Lebens von früher Jugend an aus allen Kräften zu dienen bemüht war, am 26. März im Jahre 1419, als auf dem Bischofsstuhl zu Utrecht der ehrwürdige und edle Herr Friedrich von Blankenheim saß, der fromme und ruhmvolle Patron aller Devoten. Begraben aber wurde Johannes vor dem Hochaltar im Chor des Klosters der Nonnen zu Diepenveen, das er selbst hatte errichten und zur Ehre der allerseligsten Jungfrau und der heiligen Agnes weihen lassen.

Novize:

Mit Freuden habe ich deine Worte vernommen. Glückliches Deventer, das sich solcher Priestern rühmen durfte! Doch fahre nun fort auf dem begonnenen Weg und teile mir auch das mit, was ich noch nicht gehört habe.

Senior:

Dein Drängen nötigt mich, einige dir noch unbekannte Dinge zu schildern. Doch was kann ein von den eigenen Fehlern beschwertes Gemüt in angemessener Weise über die Tugenden der Vollkommenen erzählen? Weil ich nun aber aus frommem Antrieb damit begonnen habe, so achte geduldig auf das, was folgt. Ich will dabei kurz sein, damit ein allzu langer Vortrag dem Leser nicht beschwerlich fällt[27]. Erwarte auch keinen Wortschmuck, sondern moralische Besserung durch das Vorbild des demütigen Lebens der Frommen.

25 Ps. 79,16.
26 Mt. 20,8.
27 Die Fiktion der Mündlichkeit bleibt hier wie auch sonst unbeachtet.

De domino Lubberto Berneri[a].
Capitulum IV.

Inter illa primitiva devotorum luminaria refulsit Daventrie magne humilitatis et summe obediencie sacerdos quidam nomine Lubbertus filius Berneri[b] Iohannis de Swollis oriundus. Cuius fervidam in Christo conversacionem plures mecum noverunt fratres in Wyndesem, in monte sancte Agnetis et in fonte [229] beate Marie prope Arnem[c], ex quibus multi adhuc manent, quidam autem in Domino dormierunt. Quid ergo dicam pauperculus de tali egregio viro, cui testimonium perhibet tam religiosa multitudo? Sed et ipsi seculares viri, consules et scabini necnon sui temporis canonici et vicarii Daventrienses dominum Lubbertum cognoverunt magnarum virtutum fuisse virum, quod ex multis humilibus actibus eius probari potest, de quibus exempli gracia hic aliquos inseram, tamquam suave olentes ramusculos de bona arbore natos.

Hic igitur iuvenili etate pollens et artis gramatice rudimenta transcendens, cum coetaneis sociis civibus suis profectus est ad studium Pragense, ibique brevi tempore bacularius[d] factus Swollis rediit, ab amicis suis letissime receptus. Nec diu postea devotorum fratrum affabilitate tractus celesti inspiracione ad emendacionem emollitur, invitisque parentibus et amicis clanculo recessit Christo servire proponens, et studium seculare in spirituale exercicium felicius commutavit. Venitque Daventriam ad magistrum Florencium vite sanctitate potissime tunc florentem, a quo paterne susceptus docetur perfecte renunctiare pompis et curis [230] seculi et humilem vitam Christi imitari. Qui toto mentis fervore iugo obediencie se subdidit, disciplinam nove vite alacriter arripuit et semet ipsum cotidie hostiam vivam Domino offerens, ad summam perfectionem per proprie voluntatis fractionem cito ascendit.

Sed pater eius Bernerus potens scabinus Swollensis indigne satis tulit, quod filius suus Florencii discipulus est effectus[e] et ad tam humilem statum se convertisset. Misit ergo nuncios plures qui eum a proposito

[a] Berneri] *korrigiert aus* Bernere *R;* Werneri *K11;* Berneri cognomento ten Bosche *Le1/2;* cognomento ten Bosche *Vi1.*

[b] Berneri] Barneri *K11.*

[c] Arnem] Aernem *K11, Le1/2;* Arnhem *N1.*

[d] bacularius] baccalarius *Le1/2, N1, P1;* baccularius *Vi1.*

[e] est effectus] effectus esset *K11;* esset effectus *Le1/2, Vi1.*

Kapitel 4:
Von Herrn Lubbert Berner.

Zu den vorbildlichen Devoten aus der Gründungszeit in Deventer gehörte auch ein Priester von tiefer Demut und unbedingtem Gehorsam namens Lubbert aus Zwolle, der Sohn des Johannes Berner[28]. Es kannten seinen eifrigen Lebenswandel in Christus außer mir noch viele Brüder zu Windesheim, in Agnetenberg und zu Marienborn bei Arnheim[29], von denen mehrere noch am Leben, manche aber bereits im Herrn entschlafen sind[30]. Was also soll ich Ärmster über diesen vortrefflichen Mann sagen, von dem eine solche Menge frommer Geistlichen Zeugnis gibt? Ja, selbst Weltleute, angesehene Männer, Rats- und Gerichtsherren und die damaligen Domherren und Vikare zu Deventer kannten den Herrn Lubbert als einen Mann großer Tugenden, wie sich dies auch aus seinen zahlreichen demütigen Handlungen erweisen lässt, von denen ich hier einige Beispiele anführen will, wie süß duftende Zweige von diesem edlen Baum.

In seiner Jugend war er nach Beendigung des Schulunterrichts mit einigen gleichaltrigen Gefährten aus seiner Heimatstadt zum Studium nach Prag gereist und wurde in kurzer Zeit zum Baccalaureus promoviert. Nach Zwolle zurückgekehrt wurde er von seinen Freunden mit großer Freude empfangen. Bald darauf ließ er sich durch die Freundlichkeit der devoten Brüder und göttliche Eingebung dazu bewegen, sein Leben zu bessern, ging heimlich gegen den Willen seiner Eltern und Freunde fort mit dem Vorsatz, Christus zu dienen, und ersetzte in glücklichem Tausch das weltliche Studium durch ein geistliches Exercitium. So kam er nach Deventer zu Magister Florens, der damals im größten Flor eines heiligen Lebens stand. Von ihm wurde er väterlich aufgenommen und unterwiesen, der Pracht und den Sorgen der Welt vollkommen zu entsagen und das demütige Leben Christi nachzuahmen. Er unterwarf sich mit allem Eifer seines Gemüts dem Joch des Gehorsams, nahm freudig die strenge Ordnung eines neuen Lebens an, brachte sich selbst täglich als ein lebendiges Opfer dem Herrn dar und stieg durch die Verleugnung seines eigenen Willens in kurzer Zeit zum Gipfel der Vollkommenheit empor.

Sein Vater Berner aber, der ein mächtiger Mann und Schöffe der Stadt Zwolle war, nahm es sehr übel auf, dass sein Sohn ein Jünger des Magisters Florens geworden war und sich in einen so niedrigen Stand begeben hatte. Er sandte also mehrere Boten ab, die ihn von seinem

28 Lubertus Berneri oder Lubbert ten Busch (de Silva); über ihn s. Dier, Scriptum, DUMBAR, S. 42-46, sowie die volkssprachige Vita bei BRINKERINK 1902, S. 325-334. Vgl. Monasticon Fratrum 3, S. 134f.

29 Zu Marienborn vgl. Monasticon Windeshemense 3, S. 127-144.

30 1. Cor. 15,6.

sancto reducerent, estimans ipsum nimis errare, quia parentes et seculi divicias insipienter reliquisset. Sed Lubbertus animo constans stabat intrepidus, eligens magis sequi consilium Christi quam facere voluntatem patris sui terreni, quia Deus maior homine est, qui se super omnia precipit amari dicens: „Qui amat patrem aut matrem plus quam me, non est me dignus."

Interea accidit, ut pater eius infirmaretur et erat languor fortissimus, ut nec loqui quidem posset. Nunciatum est ergo Lubberto quatenus ad patrem cito veniret, si eum viventem videre cuperet, utpote[a] qui in extrema necessitate constitutus consilium salutis per ipsum Deo propicio esset habiturus. Tunc ille filialiter condolens patri egrotanti, memor dominici [231] precepti sed immemor iniurie sibi prius illate, accessit festinus ad domum paternam propter anime sue salutem.

Visitat iam securus infirmum, quem dudum fugiebat persequentem, ac blande eum alloquitur, quem pertulerat adversantem. Videns autem pater filium suum dilectum exhilaratur nimis ad eius conspectum. Et quod mirum est dictu, incipit loqui pre gaudio, qui antea obmutuit oris privatus officio. Mox obsecrat ab eo veniam, ut sibi clementer ignoscat quod ei in via Dei aliquando resistebat. Ille caritatis visceribus affluens libenter cuncta remittit. Pacato igitur patre cum filio, saniori iam pater utitur consilio et nolens filium bonis fraudari paternis omnia sibi dari precipit, que hereditario iure ad ipsum devolvuntur. Hec vivens ordinat, quatenus[b] Deum post mortem propicium inveniat et filii sui precibus fideliter adiuvetur.

Post paucos dies pater obiit, et Lubbertus memor beneficiorum patris devotas pro eo preces cum multis lacrimis fudit. Recepitque deinceps portionem suam, non ad cupiditatem propriam, sed cuncta in manu domini Florencii in pios usus fratrum tradidit dispensanda. At ille non ad privata commoda sibi credita retinuit, sed ad edificaccionem domus sue et solucionem [232] expensarum exposuit. Hec est domus domini Florencii titulo nominis eius insignis, que faventibus civitatis scabinis

a utpote] ut *Le1/2, Vi1.*
b quatenus] *korrigiert aus* quatinus *Vi1;* quatinus *K11.*

heiligen Vorsatz abbringen sollten, weil er meinte, es sei ein großer Irrtum gewesen, die Eltern und allen weltlichen Reichtum unbedacht zu verlassen. Lubbert aber war standhaften Gemüts und blieb unerschüttert, denn lieber wollte er dem Rat Christi folgen als den Willen seines irdischen Vaters zu tun, weil Gott größer ist als der Mensch und befiehlt, ihn über alle Dinge zu lieben, da er spricht: „Wer seinen Vater oder seine Mutter mehr liebt als mich, der ist meiner nicht wert."[31]

Unterdessen geschah es, dass sein Vater in eine Krankheit fiel, die so schwer war, dass er sogar die Sprache verlor. Es wurde also dem Lubbert gemeldet, er solle eilig zu seinem Vater kommen, wenn er ihn noch lebend sehen wolle, denn sein Leben gehe zu Ende und vielleicht würde er ihn mit Gottes Gnade noch auf den Weg des Heils bringen können. Da wurde er über des Vaters Krankheit von kindlichem Mitleid ergriffen, dachte an das Gebot des Herrn und nicht mehr an das zuvor erlittene Unrecht und begab sich in der Sorge um dessen Seelenheil eilends zum Haus des Vaters.

Er, der sich bereits in Sicherheit befindet, besucht also den Kranken, den er zuvor als seinen Verfolger fliehen musste, er spricht den freundlich an, den er als Widersacher erduldet hatte. Der Vater aber sieht seinen Sohn und wird bei seinem Anblick von übergroßer Freude erfüllt, so dass er – o Wunder – zu sprechen beginnt, nachdem er zuvor, der Stimme beraubt, verstummt war. Und er bittet sogleich darum, ihm gütigst Vergebung zu gewähren, dass er ihn früher auf dem Wege Gottes hatte behindern wollen. Der Sohn aber verzeiht ihm gern alles, von kindlicher Liebe gerührt. Nachdem also beide miteinander versöhnt sind, fasst der Vater den guten Entschluss, seinen Sohn nicht des väterlichen Erbes zu berauben, sondern ihm alles zu geben, was ihm nach dem Erbrecht gebührt. Dies aber ordnet er bei Lebzeiten an, damit nach seinem Tode Gott ihm gnädig sein und er durch das Gebet des Sohnes Hilfe finden möchte.

Wenige Tage darauf starb der Vater, und Lubbert gedachte seiner Wohltaten mit frommen Gebeten und Tränen. Dann nahm er sein Erbteil in Empfang, jedoch nicht zur Erfüllung eigener Wünsche, sondern um es ganz an Herrn Florens zu übergeben zur Verwendung für die frommen Bedürfnisse der Brüder. Und auch der behielt das ihm anvertraute Gut nicht für sein eigenes Wohl, sondern nutzte es zum Bau seines Hauses und zur Bestreitung der Ausgaben. Dies ist das Herr-Florens-Haus, berühmt durch den Namen dieses Mannes, das mit Zu-

31 Mt. 10,37.

pro congregacione clericorum devotorum[a] fundata est anno Domini millesimo trecentesimo nonagesimo primo.

Eodem anno Lubbertus cum socio suo Henrico[b] Bruyne[c] viro devoto presbiter est ordinatus. Qui ambo tamquam gemelli fratres lacte sancte devocionis in domo illa enutriti et magnis virtutibus ornati sacerdotali honore digni censebantur, viri secundum seculum genere clari, secundum Deum devocione precipui, humiles, sobrii, casti, benigni, alacres, fervidi, amabiles, tractabiles, simplices et obedientes. Sed iam de domino Lubberto presbitero facto aliqua exempla, que vidi et a fratribus sepe audivi dicere conabor.

Quadam namque vice sedebat in camera sua scribendo, misitque dominus Florencius pro eo ut ad se veniret. Statim ut hoc audivit, pennam de manu sua posuit et de sede surrexit. Erat autem in ultima riga lateris et forte tria vel quattuor verba adhuc scribenda restabant. Dicit ergo ad eum frater, qui missus fuit pro eo: „Scribatis ulterius illam rigam, et tunc latus est finitum. Adhuc tempestive venietis.“ Ad hec sicut verus obe-[233]diens respondit: „Non plus, sed obedire.“ Ecce novus Marcus cum eodem premiandus in celo, de quo in Vitis patrum legitur, quia vocatus ab abbate inceptam litteram non complevit.

Facto ergo negocio Lubbertus ad explendum opus suum rediit, repletus fructu obediencie cum gaudio bone consciencie. Tunc frater ille domino Florencio ex ordine hec omnia recitavit. Audiens autem dominus Florencius tam promptam Lubberti obedienciam respondit ita eundem commendando: „Lubberte, Lubberte, quam bene nosti lucrum tuum et anime profectum.“ Tam diligens erat in scribendo, ut cum ei aliquis loqueretur, ipse nichilominus scribebat, et quod utile fuit respondebat.

Alio tempore iuvenis quidam scolaris scripturus litteram ad parentes, de consilio eius dictavit eam in camera sua, me presente. Supervenit dominus Florencius et ait: „Quid facitis?“ Respondi[d] reverenter: „Socius meus scribit litteram ad parentes.“ Tunc dulcissimus pater ait: „Scribe,

a clericorum devotorum] devotorum clericorum *Le1/2, Vi1.*
b Henrico] Heynrico *K11.*
c Bruyne] Brune *K11.*
d Respondi] Respondit *K11, N1.*

stimmung der Ratsherrn der Stadt für die Gemeinschaft frommer Kleriker gestiftet wurde im Jahr des Herrn 1391[32].

In demselben Jahre wurde Lubbert mit seinem Gefährten Hendrik Bruyn, einem frommen Mann[33], zum Priester geweiht. Beide hielt man des Priesteramtes für würdig, da sie wie Zwillingsbrüder in jenem Hause mit der Milch heiliger Andacht genährt und durch besondere Tugendhaftigkeit ausgezeichnet waren, Männer von vornehmer Herkunft nach dem Urteil der Welt, nach dem Urteil Gottes aber von tiefer Frömmigkeit, demütig, nüchtern, keusch, gütig, tatkräftig, eifrig, liebenswert, umgänglich, einfach und gehorsam. Doch will ich nun versuchen, von Herrn Lubbert als Priester einige beispielhafte Begebenheiten zu erzählen, die ich teils selbst erlebt, teils oftmals von den Brüdern gehört habe.

Einmal also saß er mit Abschreiben beschäftigt in seiner Kammer. Da ließ Herr Florens ihn rufen, dass er zu ihm kommen sollte. Sobald er dies hörte, legte er die Feder aus der Hand und stand von seinem Stuhl auf. Er war aber gerade auf der letzten Zeile der Seite gewesen, und es waren nur noch drei oder vier Worte zu schreiben übrig. Daher sagte der Bruder, der ihn holen sollte: „Schreib doch die Zeile weiter, damit die Seite beendet ist; du wirst dann noch rechtzeitig kommen." Darauf aber antwortete er in wahrhaftem Gehorsam: „Nicht weiter, sondern gehorchen!" Wahrlich, ein neuer Markus und des himmlischen Lohns würdig wie jener, von dem wir im Leben der Altväter lesen, er habe, von seinem Abt gerufen, nicht einmal den halb geschriebenen Buchstaben vollendet[34].

Nachdem also Lubbert seine Besorgung erledigt hatte, kehrte er zur Fertigstellung seiner Arbeit zurück, erfüllt vom Wert des Gehorsams und der Freude über sein gutes Gewissen. Jener Bruder aber erzählte dem Herrn Florens dies alles der Reihe nach. Als der aber von dem so eilfertigen Gehorsam Lubberts erfuhr, lobte er ihn und sagte: „Lubbert, Lubbert, wie gut verstehst du deinen Vorteil und den Nutzen für deine Seele!" So fleißig war er im Bücherschreiben, dass er, wenn man ihn ansprach, weiterschrieb und dennoch eine passende Antwort gab.

Ein anderes Mal wollte ein junger Schüler einen Brief an seine Eltern schreiben und verfasste ihn auf Lubberts Rat in dessen Kammer und zwar in meiner Gegenwart. Herr Florens aber kam dazu und sprach: „Was macht ihr?" Ich antwortete ehrerbietig: „Mein Gefährte schreibt einen Brief an seine Eltern." Da sagte der milde Vater: „Schreib so, dass

32 Bei der Maßnahme von 1391 handelte es sich um einen Gebäudetausch mit anschließenden Um- und Ausbauten, die wohl aus dem Erbe Lubberts finanziert worden sind; der Text der Urkunde ist abgedruckt bei VAN DER WANSEM, S. 183-187. S. auch oben Anm. 18.

33 S. unten Kap. 7.

34 Vgl. Vitae patrum III,143 und V,14,5, MIGNE PL 73, Sp. 788 und 948f.

ut scribaris[a] in vitam eternam." Et iuvenis ille postea factus est devotus religiosus. Et ego non sum oblitus verborum domini mei[b] Florencii, que locutus est in camera Lubberti, quia bonus homo de bono thesauro semper profert bona. [234] Ad hoc enim studebat dominus Florencius, ut edificacionis verbum proferret, ad hoc conabatur Lubbertus discipulus eius, ne verbum ex ore magistri negligeret, sed festinanter impleret.

Quidam devotus licenciam peciit a domino Florencio visitandi amicos et cognatos. Concessit ille, ne contristaret importune petentem. Postea reversus et multa pericula expertus in via accessit ad Lubbertum Christi famulum dicens: „Miror quod dominus Florencius tam facile michi licenciam dedit repatriandi, cum tot pericula homini occurrant in mundo." Respondit ei Lubbertus: „Si dominus Florencius cognovisset vos[c] tam fortem, ut[d] posuissetis totam voluntatem vestram in beneplacito eius, bene aliter dixisset vobis. Sed ille condescendit desiderio vestro et inclinacioni ex pietate, ne per vos peiora attemptaretis. Unde culpa est ex parte vestra, non de consensu ipsius." Tunc ille: „Bonum est, quod hoc scio. Alias melius providebo, ut faciam sicut dicitur michi, utens eius consilio, qui me regere habet." Fatue igitur facit, qui contra superioris beneplacitum propriam inclinacionem sequitur, sicut iam probatum est in isto et multorum experiencia idem testatur. [235]

Novicius:

Libenter hec audio de virtute sancte obediencie. Utinam presenti exemplo instructus de cetero caveam habundare in sensu proprio, sed semper me inclinem ad obediendum prelato meo. Sed adhuc velim audire de humilitate huius devoti viri, quia[e] nisi humilis fuisset, tam cito non obedivisset.

Senior:

Dignum est, ut de hoc aliqua tibi dicam. Nam in pia causa exaudire petentem edificacionis est et non parvi meriti apud Omnipotentem. Humilis fuit iste felicis memorie dominus Lubbertus, humilis corde, humilis habitu, humilis actione, humilis sermone, ut sequencia declarabunt.

[a] scribaris] scribatis *Le1/2, P1.*
[b] mei] *fehlt in Vi1.*
[c] vos] *fehlt in Le1/2.*
[d] ut] *K11, Le1/2, Vi;* et *R, Pohl.*
[e] quia] qui *Vi1.*

du ins Buch des ewigen Lebens eingeschrieben wirst." Dieser Jüngling wurde später ein frommer Ordensmann. Ich aber habe die Worte meines Herrn Florens nicht vergessen, die er in Lubberts Kammer gesprochen hat, denn ein guter Mensch bringt aus seinem guten Schatz immer Gutes hervor[35]. Und so war Herr Florens darauf bedacht, Worte der Erbauung zu sprechen, Lubbert aber, sein Schüler, war bemüht, nicht ein Wort aus dem Munde des Meisters unbeachtet zu lassen, sondern rasch zu erfüllen.

Ein Bruder begehrte vom Herrn Florens die Erlaubnis, seine Freunde und Verwandte zu besuchen. Er gab sie ihm, um den ungestümen Bitter nicht zu betrüben. Als dieser später zurückkehrte, nachdem er unterwegs vielen Gefahren ausgesetzt war, kam er zu Lubbert, dem Diener Christi, und sprach: „Es wundert mich, dass Herr Florens mir so leicht die Erlaubnis erteilte, nach Hause zu reisen, da doch dem Menschen so viele Gefahren in der Welt begegnen." Darauf antwortete Lubbert: „Hätte Herr Florens gewusst, dass du stark genug bist, deinen ganzen Willen seinem Belieben zu unterwerfen, so hätte er dir wohl etwas anderes gesagt[36]. So aber gab er aus bloßer Milde deinem Verlangen und deiner Neigung nach, damit du nicht eigenwillig Schlimmeres unternähmest. Daher liegt die Schuld bei dir und nicht bei ihm." Da sprach jener: „Es ist gut, dass ich das weiß. Ein anderes Mal werde ich besser darauf achten, das zu tun, was mir gesagt wird, und den Rat dessen befolgen, der mich zu leiten hat." Töricht also handelt, wer gegen das Ermessen des Oberen seiner eigenen Neigung folgt, wie es sich in diesem Fall bewiesen hat und wie die Erfahrung vieler bezeugt.

Novize:

Gern höre ich dies von der Tugend des heiligen Gehorsams. Wenn ich doch durch dieses Beispiel belehrt künftig mich hütete, meinem Eigensinn zu folgen[37], und stattdessen immer mich bereitfände, meinem Vorgesetzten zu gehorchen. Doch möchte ich gern auch einiges von der Demut dieses frommen Mannes hören, denn wäre er nicht demütig gewesen, so hätte er nicht so schnell gehorcht.

Senior:

Es ist nur recht, dir auch davon einiges zu erzählen. Denn eine fromme Bitte zu erhören gehört zur Aufgabe der Erbauung und ist verdienstlich vor dem Allmächtigen. Demütig in der Tat war Herr Lubbert seligen Andenkens, demütig im Herzen, demütig in seiner Kleidung, demütig in seinen Werken, demütig in seinen Worten, wie die folgenden Beispiele zeigen.

35 Mt. 12,35; Lc. 6,45.

36 Der Grundsatz, die in Gehorsam und Demut 'Starken' strenger zu behandeln als die 'Schwachen', wird auch sonst von Florens befolgt, s. die folgenden Beispiele.

37 Lat.: *habundare in sensu proprio*, nach Rom. 14,5.

Solebat namque aliorum virtutes alcius commendare et se ipsum omnibus viliorem reputare et cum pauperibus et simplicibus libencius quam cum divitibus loqui. Unde quidam clericus ad eum veniens rogavit, ut aliqua bona pro emendacione sibi diceret. Qui respondit: „Bone frater, quid ego piger et inutilis homo tibi dicerem? Vade ad illum fratrem, et ipse te melius informabit[a]. Ego sum sicut vas [236] urinale fetidum, quod numquam ad purum potest lavari, sed semper de se fetorem emittit." Audiens hec frater ille multum edificatus abcessit et sociis suis dixit: „Quam humilis homo est dominus Lubbertus."

Duo clerici inter se de domino Lubberto loquebantur, quorum unus ait: „Videtur michi, quod dominus Lubbertus nimis austerum vultum pretendit, libenter sibi quandoque loquerer, sed non audeo." Respondit alius: „Si placet, dicam sibi, et forte emendabit se." Venit ergo ad eum et dixit: „Domine, libenter[b] dicerem vobis modicum." Qui respondit: „Bene potestis." Dixit ergo: „Aliqui offenduntur in vobis, quod tam mature inceditis et austere eos aspicitis[c]. Ideo non audent ad vos venire et vobiscum loqui. Sitis magis affabilis et dulcior in verbis vestris, ut libere accedant ad vos." Tunc respondit humilis dominus Lubbertus: „Ego libentissime me emendabo per Dei graciam[d], grates vobis, quod me ammonuistis." Ex illa hora dominus Lubbertus quasi in alterum virum mutatus est vultusque eius hilarior apparuit erga adventantes, debita tamen honestate servata.

Quodam tempore congregatis fratribus dominus Florencius interrogavit de quadam materia ex scripturis sanctis. Multis [237] ergo tacentibus dominus Lubbertus, quia senior erat, loqui cepit. Dominus Florencius volens eum coram aliis humiliare et probare ait illi seriose: „Lubberte, estimatis quod talia nescimus, quamvis non sumus baccalarii[e] et magistri?" Mox ille humiliter respondit: „Mea presumpcio." Habebat autem hanc consuetudinem, quando de aliqua re parva corripiebatur, ut se non excusaret, sed magis se reum fatebatur dicens: „mea culpa", aut „mea negligencia", aut „mea inadvertencia", aut „mea levitas", aut „mea obtusitas" aut „pigricia" vel[f] aliud consimile[g] verbum, quod humilitatem sonaret et fratres edificaret.

Cum legeret ad mensam, quandoque scienter titubavit, ut a correctore mense corrigeretur, et dissimulavit se interdum audire, ut eum

[a] Vade ad ... informabit] *in R auf dem Rand.*
[b] libenter] Lubberte *K11, Vi1.*
[c] aspicitis] inspicitis *K11, Vi1.*
[d] Dei graciam] graciam Dei *Le1/2.*
[e] baccalarii] *Le1/2, N1, P1, Vi1; korrigiert aus* bacalarii *K11;* baculaurii *R.*
[f] vel] aut *K11, Le1/2, Vi1.*
[g] consimile] simile *K11.*

Stets rühmte er die Tugenden anderer, sich selbst aber schätzte er geringer als alle und sprach lieber mit Armen und Einfachen als mit Reichen. Als daher ein Schüler zu ihm kam und ihn bat, ihm etwas Gutes zu seiner Besserung zu sagen, antwortete er ihm: „O guter Bruder, was kann ich träger und unnützer Mensch dir sagen? Geh zu jenem Bruder, der wird dich besser belehren! Ich bin wie ein übelriechender Nachttopf, der nie ganz sauber ausgewaschen werden kann, sondern immer einen hässlichen Geruch verbreitet."[38] Als jener Bruder dies hörte, ging er sehr beeindruckt davon und sprach zu seinen Gefährten: „Was ist doch dieser Herr Lubbert für ein demütiger Mensch!"

Zwei Schüler sprachen untereinander von Herrn Lubbert, und der eine sagte: „Mir scheint, dass Herr Lubbert eine allzu strenge Miene zeigt; gern möchte ich zuweilen mit ihm sprechen, doch getraue ich mich nicht." Da antwortete der andere: „Wenn es dir recht ist, so will ich ihn deshalb ermahnen, vielleicht bessert er sich." Er ging also zu ihm und sprach: „Herr, gern möchte ich euch etwas sagen." Lubbert antwortete: „Sagt es nur!" Er sprach also: „Für manche wirkt es abweisend, dass ihr so ernst einhergeht und sie so scharf anseht; darum getrauen sie sich nicht zu euch zu kommen und mit euch zu sprechen. Seid doch freundlicher und milder in euren Worten, dass sie euch unbefangener aufsuchen mögen." Da antwortete der demütige Herr Lubbert: „Sehr gern will ich mit Gottes Gnade mich bessern. Ich danke euch, dass ihr mich ermahnt habt." Von dieser Stunde an wurde Herr Lubbert gleichsam in einen anderen Mann verwandelt und zeigte allen, die ihm begegneten, eine freundlichere Miene, wahrte jedoch dabei stets die gebotene Schicklichkeit.

Einmal, als alle Brüder beisammen waren, richtete Herr Florens an sie eine Frage zu einer Stelle aus der Heiligen Schrift. Da nun viele schwiegen, nahm Herr Lubbert, weil er der älteste unter ihnen war, das Wort. Herr Florens aber, der ihn vor den andern demütigen und prüfen wollte, sagte streng zu ihm: „Glaubst du wirklich, dass wir diese Dinge nicht wissen, wenn wir auch nicht Baccalare und Magister sind?" Hierauf antwortete er sogleich demütig: „Es war meine Dreistigkeit." Denn es war seine Gewohnheit, wenn er wegen einer Kleinigkeit zurechtgewiesen wurde, sich nicht zu entschuldigen, sondern vielmehr sich schuldig zu bekennen und zu sagen: „meine Schuld", oder „meine Nachlässigkeit", oder „meine Unachtsamkeit", oder „mein Leichtsinn", oder „meine Dummheit", oder „meine Trägheit", oder ein ähnliches Wort, das von Demut zeugte und die Brüder erbaute.

Wenn er bei Tisch vorlas, machte er zuweilen absichtlich einen Fehler, damit er vom Aufseher zurechtgewiesen würde, und tat gelegentlich so, als höre er nicht, damit dieser ihn strenger ermahnte, denn

38 Dieser krasse Vergleich auch in Lubberts Exercitium, unten Anhang 2, bei Anm. 25.

amplius emendaret, desiderans confundi et hebes[a] reputari, quasi non sciret melius legere. Sed dominus Gerhardus Zutphanie, qui erat corrector errorum in mensa, perpendens quia non simpliciter de ignorancia errabat sed ex virtute humilitatis, cessavit eum iterum emendare. Habebat autem vocem virilem et tubalem multumque decenter legebat.

Frater quidam quesivit a domino Florencio dicens: „Quare me non ita reprehenditis et exercitatis sicut dominum [238] Lubbertum[b] et Iohannem Kessel cocum nostrum? Nonne esset etiam michi bonum, ut me aliquociens exercitaretis et argueretis?“ Respondit pius pater discrecionis virtute plenus: „Si vos tam fortem ad omnia cognoscerem, bene similiter vos[c] probarem. Sed isti tales sunt, ut ex increpacionibus magis proficiant nec inde murmurant, sed humiliores et ferventiores ex hoc fiunt. Gaudent enim se despici et pre aliis reprehendi.“ Solebat autem dilectus pater istos frequenter coram fratribus in presencia eorum arguere, quia licet eos duriter corriperet propter exemplum ceteris prestandum, intime tamen eos diligebat, sicut specialiter in obitu eorum profusis lacrimis ostendebat.

Huic denique domino Lubberto sicut viro virtuoso et prudenti veraciter sapiebant virtutes, et maxime horrori erant passiones et concupiscencie carnales. Nam quod contrarium sibi erat, illud vincere conabatur, et alios consimiliter[d] ad certandum contra vicia fortiter incitabat. Quadam igitur vice cum aliquibus fratribus devote et ferventer de passionibus vincendis loquebatur, et usque ad mediam fere noctem collacio mutua extendebatur, atque in Dei amore et emendacione [239] vite corda eorum ita sunt accensa, quod se ipsos obliviscebantur, non sencientes sompni vaporem, sed omnem expellentes torporem in novam quandam devocionem ex ignito colloquio verbi Dei evigilabant[e], experimentaliter probantes in semet ipsis illum versiculum psalmiste esse completum: „Ignitum eloquium tuum vehementer, et servus tuus dilexit illud.“ Ex hac sancta collacione valde fervebant ipse et qui cum eo ad spiritualem profectum erant invitati, ut postea ad commilitones fratres suos Lubbertus iocundo ore diceret et affectuose repeteret: „Quando, quando volumus nos iterum ignire?“

[a] hebes] ebes *K11, Le1/2, N1, P1, Vi1*
[b] Lubbertum] Lubertum *K11.*
[c] bene similiter vos probarem] bene vos similiter probarem *K11, Le1/2, Vi1.*
[d] consimiliter] similiter *K11, P1, Vi1.*
[e] evigilabant] evigilant *K11;* evigelabant *Vi1.*

ihm lag daran, beschämt zu werden und für einfältig zu gelten, als ob er nicht besser lesen könnte. Herr Gerhard von Zutphen aber, der Aufseher war und die Fehler des Vorlesers zu bessern hatte, merkte wohl, dass jener nicht aus Unwissenheit, sondern aus Demut Fehler beging, und unterließ es, ihn zum zweiten Mal zu mahnen. Übrigens hatte Lubbert eine männliche und kräftige Stimme und las sehr würdig.

Einer der Brüder fragte Herrn Florens und sprach: „Warum tadelt und prüft ihr nicht auch mich wie Herrn Lubbert und Johannes Kessel, unseren Koch[39]? Wäre es nicht auch für mich gut, bisweilen zurechtgewiesen und geübt zu werden?“ Da antwortete der milde Vater, dem die Gabe zur Unterscheidung der Geister gegeben war: „Wüsste ich, dass du so stark wärest alles zu ertragen, so würde ich dich wohl auf ähnliche Weise prüfen. Diese aber sind so geartet, dass sie durch eine scharfe Behandlung Nutzen haben und auch nicht darüber murren, sondern demütiger und eifriger dadurch werden. Denn es erfreut sie, vor andern sich verachtet und getadelt zu sehen.“ Und so pflegte der geliebte Vater sie oftmals in Gegenwart der Brüder zu rügen, denn obwohl er sie scharf zurechtwies, so liebte er sie dennoch innig, wie er es durch seine Tränen bei ihrem Tod zeigte.

Dieser Herr Lubbert hatte, als ein guter und weiser Mann, an den Tugenden ein wahres Wohlgefallen und den größten Abscheu vor Leidenschaften und fleischlichen Begierden. Denn was ihm zuwider war, das suchte er zu bezwingen und trieb auch andere auf gleiche Weise zum tapferen Kampf gegen die Laster an. Einmal also besprach er sich mit einigen Brüdern fromm und eifrig über die Mittel, die Leidenschaften zu überwinden, und es dehnte sich ihre Unterredung bis in die halbe Nacht. Denn so sehr wurden ihre Herzen in der Liebe Gottes zur Vervollkommnung ihres Lebens entflammt, dass sie ihrer selbst vergaßen und keine Anwandlung des Schlummers fühlten, sondern alle Trägheit abschüttelnd, aus dem feurigen Gespräch über das Wort Gottes zu einer gleichsam ganz neuen Andacht erweckt wurden. So erfuhren sie, wie sich an ihnen selbst jener Psalmvers erfüllte: „Feurig ist deine Rede, und dein Knecht hat sie geliebt.“[40] Durch diese fromme Unterredung erglühte er und die mit ihm zu ihrem geistlichen Fortschritt Versammelten so sehr, dass Lubbert danach mit fröhlicher Stimme zu seinen Brüdern sprach und herzlich wiederholte: „Wann, wann wollen wir uns wieder einmal entflammen?“[41]

39 Über ihn s. unten Kap. 12.

40 Ps. 118,140.

41 Die Aufzeichnung einer dieser Unterredungen ist überliefert und von Bertram Lesser wiederentdeckt und publiziert worden, s. LESSER 2004. Vgl. auch den Bericht bei Dier, Scriptum, DUMBAR, S. 33f.

Novicius:

Dum ista narras, in ammiracionem me ducis. O utinam semper talia audirem, que me salubriter compungerent et accenderent, et nullum vaniloquium interveniret quod conscienciam meam macularet. Sed ad vitandum scurrilia verba profer ulterius huius humilis sacerdotis exempla. Fateor enim me ex devota collacione ista non modicam leticiam recipere.

Senior:

Salvator noster Iesus Christus dicit: „Qui ex Deo est, verba Dei audit." Et [240] quia tu libenter de servis Dei bona audis et legis, spero quod hoc sit de gracia divina, quam cum magna sollicitudine custodire debes et ad humilitatem te semper inclinare, que in domino Lubberto arcius erat radicata.

Quodam igitur tempore stabat circa coquinam molendo synapium, et supervenerunt quidam amici eius Swollenses visitare eum cupientes. Intuens autem eos ammonitus est caritative eos[a] alloqui, ne forte offenderentur eius allocucione optabili defraudati, quia erant viri honesti et consules nominati. Tunc humilis Lubbertus sicut erat linteo[b] precinctus accessit ad eos et salutavit familiariter amicos, non erubescens servili habitu coram amicis apparere, sed Deo gestiens magis humili in officio placere. Post breve colloquium valedictis amicis rediit ad opus iniunctum, amici vero recedentes de humilitate eius plurimum sunt edificati.

Cum esset aliquando Swollis, quidam amicorum eius ibant cum eo bene vestiti, ille autem sicut simplex frater ibat longa toga innocenter indutus. Hoc quidam videntes dicebant de eo ammirando: „Ecce quomodo transit agnus inter lupos." Et erat apta comparacio, quia ingens distancia utriusque vite. [241]

Semel in estate dabatur sibi capucium simplex, griseum, pallidum et antiquum. Frater autem Amilius multum sibi familiaris et dilectus volens eum probare dicit ei: „Lubberte, quale capucium habetis modo? Satis male stat vobis. Nam sic pendet in collo vestro, quasi essetis cum pulmone percussus." Tunc ille letus respondit: „Frater mi, quid dicis? Ecce et palpa quam bonus pannus est iste et desine vituperare, quod non sum dignus portare." Audiens hec Amilius edificatus est in verbis eius.

[a] est caritative eos] *K11, Le1/2, N1, P1, Vi1;* est eos *R.*
[b] linteo] lintheo *Le1/2, N1, Vi1; fehlt in P1.*

Novize:

Was du erzählst, erfüllt mich mit Bewunderung. Könnte ich doch immer derlei Dinge hören, die mich heilsam bewegten und ermunterten, und käme kein Geschwätz an mein Ohr, das mein Gewissen trübte! Doch als Mittel gegen unnützes Geplauder erzähle mir noch mehr von diesem demütigen Priester. Denn ich muss gestehen, dass unsere fromme Unterredung mir große Freude macht.

Senior:

Unser Heiland Jesus Christus spricht: „Wer aus Gott ist, der hört Gottes Worte.“[42] Und da du gern etwas Gutes von den Dienern Gottes hörst und liest, hoffe ich, dass dies eine Gabe der göttlichen Gnade sei, die du sorgsam bewahren musst, indem du dich stets um Demut bemühst, die in Herrn Lubbert so fest und so tief gegründet war.

Eines Tages also stand er in der Küche und war damit beschäftigt, Senf zu mahlen. Da kamen einige seiner Freunde aus Zwolle, die ihn besuchen wollten. Er hatte sie zwar gesehen, musste aber ermahnt werden, sie freundlich zu begrüßen, damit sie nicht etwa beleidigt wären, falls sie keine Gelegenheit zu dem erwünschten Gespräch erhielten; denn es waren vornehme Männer und Ratsherren. Da trat also der demütige Lubbert, so wie er war, mit einer Schürze umgürtet, zu ihnen hin und begrüßte die Freunde auf vertraute Weise, ohne sich zu schämen, dass er in einem knechtlichen Aufzug vor ihnen erschien, vielmehr froh darüber, Gott in seiner demütigen Beschäftigung zu gefallen. Nach einem kurzen Gespräch sagte er den Freunden Lebwohl und kehrte zu der ihm aufgetragenen Arbeit zurück. Seine Freunde aber kehrten zurück, tief beeindruckt von seiner Demut.

Als er einmal in Zwolle war, begleiteten ihn einige seiner Freunde, die gut gekleidet waren, er aber ging in einem langen Rock wie ein einfacher Bruder unbefangen mit ihnen. Als dies einige sahen, sprachen sie verwundert: „Sieh, wie das Lamm mitten unter den Wölfen geht!“ Ein treffender Vergleich, denn ihre Lebensweise war grundverschieden.

Einmal zur Sommerzeit gab man ihm eine einfache, graue, alte und abgetragene Kapuze. Bruder Amilius aber, sein vertrauter Freund, wollte ihn prüfen und sprach: „Ei, Lubbert, was hast du da für eine Kapuze! Die steht dir aber sehr schlecht und hängt so an deinem Hals, als wärst du schwindsüchtig.“ Da antwortete jener fröhlich: „Mein Bruder, was sprichst du da? Sieh nur einmal und fühle, was dies für ein gutes Tuch ist, und höre auf, das zu tadeln, was ich nicht einmal wert bin zu tragen.“ Als Amilius das hörte, wurde er durch seine Worte sehr gerührt.

[42] Io. 8,47.

Rursum quoque Amilius hec michi de eo recitavit dicens: „Iste dominus Lubbertus ita humilis est et mortificatus in propria voluntate, ut etiam parvo puero se subderet, et minimo fratri in domo ita libenter obediret sicut domino Florencio, si eum dominus Florencius poneret ad regendam hanc domum." Erat quippe vilis et abiectus in oculis suis et ideo meliora sensit de aliis et precipue de eis, qui serviebant fratribus in coquina. Et dicebat: „Iste Iohannes Kessel et socius eius multum precedunt nos in virtutibus, ipsi adhuc efficientur superiores nostri. Nam confusionem nobis faciunt propter teporem nostrum, et ipsi operantur cum magno fervore. Videntur esse servi nostri, sed revera domini sunt [242] et magistri in via Dei." Hec autem ex cordis humilitate proferebat, quibus se ipsum et alios optime informabat.

Sciebat etiam competenter bene scribere et libenter scripsit, vitans ocium et diligenter operi manuum instans et alios inducens ad scribendum. Rogante autem quodam iuvene, ut exemplar ei scriberet, benigne annuit et fecit. Et ait: „Bene addisces scribere, longos enim et molles digitos habes." Et Deo cooperante verum prophetavit. Scripsit autem in rotunda scriptura hec verba pro exemplari et bono memoriali: „Tollite iugum meum super vos et discite a me, quia mitis sum et humilis corde. Iugum enim meum suave est et onus meum leve." Ista verba intime sapiebant sibi, et ideo omissis philosophorum dictis ad humilitatem Christi hortabatur, que ducit ad veram sapienciam et eternam beatitudinem promerendam.

Igitur postquam humilis et devotus sacerdos dominus Lubbertus de Silva cognominatus multis virtutibus clarus ex hoc seculo esset migraturus, instanter peciit a fratribus ut eius recordarentur post mortem in oracionibus suis, precipue tamen tempore scripture in cellis, legendo in privato quandoque oracionem pro defunctis. [243] Cum ergo plaga mortalitatis Daventrie et in circumiacentibus locis graviter regnaret plerosque etiam devotos de hac vita subtraxit, sed eterne luci ut pie credendum est in supernis coniunxit, contigit etiam dominum Lubbertum eadem peste comprehendi.

Ein anderes Mal sagte mir Amilius von ihm: „Dieser Herr Lubbert ist so demütig und befreit von jeder Regung des Eigenwillens, dass er sich auch einem kleinen Knaben unterwerfen und dem geringsten Laienbruder so gern wie dem Herrn Florens gehorchen würde, falls Herr Florens einen solchen zur Regierung des Hauses einsetzen sollte." Denn er hielt sich selbst für sehr gering und verächtlich und hatte daher stets eine hohe Meinung von anderen, besonders von denen, die den Brüdern in der Küche dienten. Und er sprach: „Dieser Johannes Kessel und sein Gehilfe sind uns an Tugenden weit voraus und werden noch unsere Vorgesetzten werden. Denn sie beschämen uns wegen unserer Trägheit, indem sie selbst mit großem Eifer tätig sind. Es scheint zwar, als ob sie unsere Diener wären, doch sind sie in Wirklichkeit unsere Herren und Lehrer auf dem Wege Gottes." Dies aber sprach er aus tiefer Demut des Herzens und belehrte dadurch treffend sowohl sich selbst als auch die anderen.

Er verstand sich auch darauf, schön zu schreiben, und schrieb gern. Um Müßiggang zu vermeiden, widmete er sich mit Sorgfalt der Handarbeit und brachte auch anderen die Kunst des Schreibens bei. Als ein Jüngerer ihn bat, ihm einen Mustertext zu schreiben, tat er dies breitwillig und sagte: „Du wirst gut schreiben lernen, denn du hast lange und weiche Finger." Und durch Gottes Beistand erwies seine Voraussage sich als wahr. Er schrieb ihm aber in runder Schrift[43] als Muster und guten Denkspruch die Worte: „Nehmet mein Joch auf euch und lernet von mir, denn ich bin sanftmütig und demütig von Herzen. Mein Joch nämlich ist süß, und meine Bürde ist leicht."[44] Diese Worte waren zutiefst nach seinem Geschmack, und darum auch ließ er die Aussprüche der Philosophen außer Acht und ermahnte zur Demut Christi, die zur wahren Weisheit und zur ewigen Glückseligkeit führt.

Nachdem also der demütige und fromme Priester Lubbert, genannt de Silva[45], reich an vielen Tugenden aus dieser Welt scheiden sollte, bat er die Brüder inständig darum, nach seinem Tode in ihren Gebeten seiner eingedenk zu sein, besonders aber zur Zeit des Schreibens in ihren Zellen zuweilen das Gebet für die Verstorbenen zu beten. Und als in Deventer und der Umgebung eine tödliche Seuche ausbrach und auch viele devote Brüder und Schwestern aus dem Leben riss, oder, wie wir fromm glauben dürfen, zum ewigen Licht des Himmels führte, da wurde auch Herr Lubbert von dieser Pest ergriffen.

43 *Scriptura rotunda* ist eine der bei den Devoten gebräuchlichen Schriftarten der Zeit; vgl. Johannes Busch, Chronicon Windeshemense, De origine devotionis modernae, c. 26, GRUBE, S. 312f.: *libros in fractura vel rotunda seu eciam brevitura conscribere.*

44 Mt. 11,29f.

45 S. oben Anm. 28.

Et ecce in mense Iulio tribus diebus ante festum beate Marie Magdalene cepit egrotare et lecto decumbere, dicens se non diu hic permansurum. Laboratum est econtra multis precibus et quesitum remedium a Deo et ab intellegentibus cyrurgicis[a], quia vita eius erat optabilis cunctis. Sed illius prevaluere desideriorum preces ad audienciam supernorum civium prevolantes. Dicit ergo ei unus de fratribus: „Adhuc non separabimur tam cito, sed in camera domini Florencii tenebimus collaciones nostras." Tunc ille: „Non hic amplius, sed in supernis cum sanctis." Cupiebat enim dissolvi et esse cum Christo. Igitur in die beate Marie Magdalene fecit coram se cantari[b] sequenciam „Laus tibi Christe". Qua cantata ait: „Quam devota et fervida verba sunt ista." Et repetivit intra se hunc versum ruminando: „Quidnam haberet egra, si non accepisset, si non medicus[c] adesset." Multi devoti qui aderant hec audientes lacrimati sunt. Ille vero [244] letus in Domino consolabatur merentes.

Frater Amilius, qui ei sollicite ministravit, multa edificabilia ex ore eius[d] audiens diligenter omnia conservabat, que post obitum suum per epistulam fratribus absentibus per ordinem scribens digna fide exposuit, quam etiam pro memoriali hic inserere placet, in qua plenius felix obitus eius et finis vite cognoscetur. Cum igitur octo ferme diebus egrotasset nec reconvaluisset, tandem multis doloribus fatigatus ad extrema pervenit et divina consolacione repletus in crastino sancti Iacobi apostoli coram fratribus, qui exitum eius devotis precibus tuebantur, letus ac[e] feliciter obdormivit in Domino, anno dominice incarnacionis millesimo trecentesimo nonagesimo octavo, septimo kalendas Augusti, tempore Bonifacii pape noni. Cuius corpus in cimiterio sancti Lebuini circa Iohannem Kessel devotum Christi famulum collegam suum in australi parte ecclesie reverenter est sepultum, ubi et quam plures alii fratres per successum temporis consepulti requiescunt in pace. [245]

[a] cyrurgicis] *korrigiert aus* cyurgicis *K11;* ciurgicis *P1;* cirurgicis *N1.*
[b] cantari] cantare *Vi1.*
[c] non medicus] medicus non *K11, Le1/2, Vi1.*
[d] ore eius] eius ore *Le1/2, Vi1.*
[e] ac] et *K11.*

Und zwar begann seine Krankheit im Monat Juli, drei Tage vor dem Fest der heiligen Maria Magdalena[46], er wurde bettlägerig und sagte, er werde nicht mehr lange hier verweilen. Zwar wandte man sich dagegen mit vielen Gebeten und suchte Hilfe bei Gott und erfahrenen Ärzten, denn sein Leben war allen sehr wertvoll. Doch stärker waren seine sehnsuchtsvollen Bitten, die zur Gemeinschaft der Himmelsbürger emporstiegen. Als daher einer der Brüder zu ihm sprach: „Wir werden noch nicht so bald von einander getrennt werden, sondern uns noch oft zu geistlichen Unterredungen im Zimmer des Herrn Florens versammeln", antwortete er: „Hienieden nicht mehr, sondern droben bei den Heiligen." Denn er sehnte sich danach, aufgelöst zu werden und bei Christus zu sein[47]. Am Tag der heiligen Magdalena also ließ er sich die Sequenz vorsingen: „Lob sei Dir, Christus"[48] und sprach, als sie gesungen war: „Wie fromm und glühend sind doch diese Worte!" Und oftmals wiederholte er nachdenkend die Verse: „Was hätte denn die Kranke, das sie nicht empfangen von ihrem Arzte, der ihr beigestanden?"[49] Viele Devote aber, die zugegen waren, hörten dies unter Tränen; er dagegen war fröhlich im Herrn[50] und tröstete die Traurigen.

Bruder Amilius, der ihm mit großer Sorgfalt diente, hörte viel Erbauliches aus seinem Munde, das er sich gewissenhaft merkte und nach dessen Tod in einem Brief an die abwesenden Brüder der Reihe nach zuverlässig niederschrieb. Diesen will auch ich hier als denkwürdiges Zeugnis anfügen, damit man Genaueres vom seligen Sterben und Lebensende Lubberts erfahren mag. Ungefähr acht Tage lag er krank darnieder ohne Anzeichen der Besserung, bis er endlich, durch viele Schmerzen zermürbt, zum Ende kam und mit göttlicher Tröstung erfüllt am Tage nach dem Fest des heiligen Apostels Jakobus[51] in Anwesenheit der Brüder, die sein Sterben mit ihren andächtigen Gebeten begleiteten, froh und glücklich im Herrn entschlief, im Jahr nach der Menschwerdung Christi 1398, am 26. Juli, zur Zeit des Papstes Bonifaz IX. Sein Leib wurde auf dem Friedhof von St. Lebuinus neben dem frommen Diener Christi Johannes Kessel, seinem Mitgefährten, an der Nordseite der Kirche ehrerbietig bestattet, wo auch viele andere Brüder im Laufe der Zeit beerdigt worden sind und im Frieden ruhen.

46 Magdalenentag: 22. Juli. – Vgl. THOM MERTENS, Rondom het sterfbed van Lubbert ten Busch. De moderne devoten en de pest in Deventer 1398, in: De pest in de Nederlanden. Medisch historische beschouwingen 650 jaar na de Zwarte Dood, Brüssel 1999, S. 141-158.

47 Phil. 1,23.

48 Sequenz Gottschalks von Limburg zum Fest der hl. Maria Magdalena, vgl. GUIDO MARIA DREVES, Hymnologische Beiträge 1, Leipzig 1897, S. 173f.

49 Ebd. S. 174, Strophe 11b.

50 Vgl. Ps. 31,11.

51 Jakobustag: 25. Juli.

Scriptum predilecti domini Amilii de felici obitu domini Lubberti[a]. Capitulum V.

In nomine Domini, amen. Anno nativitatis eiusdem millesimo trecentesimo nonagesimo octavo, quarto decimo kalendas[b] Augusti dominus Lubbertus von dem Busche[c] humilis presbiter et homo magni fervoris, morbo pestilenciali correptus per duos vel tres primos dies sompniando et dormiendo quasi sine sensibus, sicut huius morbi moris est, versebatur in lectulo, in quibus diebus ad tantam venit[d] debilitatem, ut morti videretur proximus. Post hoc tamen confortatus videbatur disponi ad convalescenciam ab his qui aderant, sed ipse per omnia habuit se quasi certissime se sciret moriturum, aliquos confortans, aliquibus valedicens. Etiam quam plures dictavit litteras ad amicos suos familiares presbiteros et religiosos hinc inde in diversis locis, ut sibi ad purgatorium et loca penarum transeunti missis, vigiliis et oracionibus subvenirent. Deinde desideravit convocari fratres nostros domesticos dicens quod videretur sibi[e] utile et congruum, ut cum quibus tot annis conversatus fuisset, pacificatus discederet [246] et veniam ac[f] indulgenciam peteret.

Quibus convocatis stans apud eos innixus baculo quo sustentabatur, ita exorsus est: „Ego tot annis fui in domo domini Florencii et parum me emendavi et in virtutibus profeci, sicut proposui quando ibi veni. Tunc enim fuit omnis intencio mea et propositum, quod vellem me dare ad omnem humiliacionem, subiectionem, abiectionem, caritatem et ceteras virtutes et in omnibus me subicere domino Florencio et omnibus fratribus, quod non ita feci sicut iam moriturus me fecisse gauderem. Sed fui vobis sepe scandalum et offensio, superbia mea et aliis quam plurimis viciis“ (que tunc ex humilitate proferebat). Deinde humillime quantumcumque debilis prostratus in terra cum magna humilitate et lacrimis ab omnibus veniam postulabat. O quis tam duri cordis, qui[g] lacrimas continere potuisset, quando tantum virum, patrem et fratrem cordialissimum cerneret tam humiliter cum lacrimis prostratum in terra?

a Scriptum predilecti domini Amilii de felici obitu domini Lubberti] Scriptum domini Amilii de felici obitu domini Lubberti *P1, Vi1;* Scriptum domini Amilii de felici obitu domini Lubberti *korr. aus* Epistula domini Amilii de felici obitu domini Lubberti *K11;* Scriptum domini Amilii de obitu domini Lubberti *N1; fehlt in Le1/2.*

b kalendas] kalendis *Le1/2.*

c von dem Busche] ten Busche *K11, P1;* ten Bussche *N1;* ten Bossche *Le1/2, Vi1.*

d venit] devenit *K11, Le1/2, Vi1.*

e videretur sibi] sibi videretur *K11;* videretur *P1.*

f ac] et *K11.*

g cordis] cordis esset *K11, Le1/2, Vi1.*

Kapitel 5: Schreiben des geliebten Herrn Amilius vom seligen Sterben des Herrn Lubbert.

Im Namen des Herrn, Amen. Im Jahr 1398 nach Christi Geburt, am 19. Juli, erkrankte der demütige Priester und eifrige Gottesmann Lubbert von dem Busche an der Pest und lag zunächst zwei bis drei Tage hindurch träumend und schlafend und gleichsam bewusstlos zu Bett, wie es der gewöhnliche Verlauf dieser Krankheit ist. Währendessen verfiel er in so große Schwäche, dass es schien, als wäre er dem Tode nahe. Hierauf gewann er jedoch wieder einige Kräfte, so dass seine Betreuer den Eindruck hatten, er werde wieder genesen. Er selbst aber verhielt sich so, als sei er seines bevorstehenden Todes gewiss, tröstete die einen und nahm Abschied von den anderen. Auch diktierte er mehrere Briefe an seine vertrauten Freunde, Priester und Ordensleute an verschiedenen Orten mit der Bitte, ihm auf dem Weg zum Fegefeuer und dem Ort der Strafen durch Messen, Wachen und Beten Beistand zu leisten. Dann wünschte er, dass alle unsere Brüder im Hause zusammengerufen würden, weil es ihm heilsam und angebracht erschien, von allen, mit denen er so viele Jahre zusammengelebt hätte, in Frieden Abschied zu nehmen und sie um Verzeihung und Nachsicht zu bitten.

Als sie nun zusammengerufen waren, stand er unter ihnen, auf seinen Stab gestützt, an dem er sich aufrecht hielt, und sprach: „So viele Jahre war ich nun im Hause des Herrn Florens und habe mich sehr wenig gebessert und an Tugenden gewonnen, wie ich es mir vorgenommen hatte, als ich hierher kam. Denn damals war es meine Absicht und mein fester Vorsatz, mich in Demütigung, Unterwerfung, Erniedrigung, Liebe und allen anderen Tugenden zu üben und in allen Dingen dem Herrn Florens und allen Brüdern mich zu unterwerfen. Dies aber habe ich nicht so getan, dass ich mich jetzt, da ich sterben soll, darüber freuen könnte. Sondern oft war ich euch ein Ärgernis und ein Stein des Anstoßes durch meinen Hochmut und viele andere Fehler" (die er in seiner Demut aufzählte). Dann warf er sich, so schwach er auch war, vor ihnen zur Erde nieder und bat in großer Demut unter Tränen alle um Verzeihung. Ach, wer wäre so harten Herzens gewesen, dass er sich der Tränen hätte enthalten können, da er diesen edlen Mann, unseren liebenden Vater und Bruder so demütig und weinend auf der Erde hingestreckt sah!

Deinde elevatus a terra et innixus baculo cepit iterum loqui ad fratres et exhortari eos, ut fideliter et cordialiter servarent unionem et caritatem ad invicem et quod semper niterentur se subicere et in obediencia caritatis sibi invicem acquiescere, et quod quilibet niteretur esse minimus et ser-[247]vilis aliis. Etiam quod fideliter fratres se invicem niterentur custodire, caritative ammonendo et fraternaliter corripiendo de viciis et inordinatis moribus, et non blandiri vel[a] applaudere sibi invicem in viciis et negligenciis, et sic venirent ad veram unionem et caritatem per extirpacionem viciorum, addens: „Si sic simul manseritis et ita feceritis, a nullo habebitis timere et eritis tamquam murus inexpugnabilis. Alioquin cito res perient, et omnia nullius reputacionis erunt, sed tantum vanitas et frivolum."

Post hoc humiliter rogabat fratres ut fideliter orarent pro eo et memores essent sui in oracionibus suis sicut in eis confideret, et specialiter in illis oracionibus, quibus cotidie infra laborem manuum se exercitant, et sic valedicens fratribus dimisit eos. Deinde altero die dictavit unam litteram mittendam domino Florencio et aliis fratribus tunc absentibus, que sequitur in hec verba:

Incipit[b] littera devoti et humilis[c] domini[d] Lubberti ad dominum Florencium.

„Salutem et omne bonum, karissime pater. De infirmitate mea Amilius dilectus noster credo vobis scripsit. Hoc tamen addo, quod a sexta feria qua ob-[248]ruebar pene usque ad terciam feriam iacebam[e] sine sensibus dormiens, nesciens quomodo huc illucque in lecto me verti. Sed nunc cum Dominus propter bonitatem suam ingeniolum meum modicum reilluminavit, non potui pacifice ex hac miseria transire, nisi vobis saltem semel et numquam amplius in hac vita dolorem meum et necessitates infinitas michi precipue nunc[f] imminentes obvolutus pedibus vestris filialiter aperirem. Iam enim terribili Dei iudicio coram angelis eius et advocatis nostris precipuis presentandus sum cum maxima verecundia peccatorum illorum, de quorum remediis vos me

a vel] et *K11*.
b Incipit] *fehlt in K11*.
c devoti et humilis] humilis *N1; fehlt in K11*.
d domini] *fehlt in K11, Le1/2, Vi1*.
e iacebam] *Dier, Scriptum, DUMBAR, S. 43; fehlt bei Thomas*.
f nunc] *Le1/2, Vi1, Dier, S. 43; fehlt in R u. a.*

Darauf erhob er sich und begann auf seinen Stab gestützt abermals zu den Brüdern zu sprechen und sie zu ermahnen, die Einigkeit und brüderliche Liebe gegeneinander getreu und herzlich zu bewahren. Stets sollten sie sich darum bemühen, gegeneinander folgsam und in liebendem Gehorsam nachgiebig zu sein, und ein jeder sollte wetteifern, der Geringste und der Diener aller zu werden. Auch sollten sie getreu aufeinander achten, sich gegenseitig in Liebe ermahnen, Laster und Zügellosigkeit brüderlich tadeln und niemals einander in Fehlern und Nachlässigkeiten zustimmen oder bestärken. So würden sie durch das Ausmerzen ihrer Fehler zur wahren Eintracht und Liebe gelangen. Er fügte noch hinzu: „Wenn ihr so beisammen bleibt und handelt, dann habt ihr niemanden zu fürchten und seid wie eine unüberwindliche Mauer. Sonst aber wird eure Einrichtung zugrunde gehen und auch keiner Achtung wert sein, sondern als nichtig und belanglos gelten."

Dann bat er die Brüder demütig, dass sie getreu für ihn bitten und in ihren Gebeten seiner gedenken sollten, worauf er auch vertraue, besonders in jenen Gebeten, die sie täglich während der Handarbeit verrichteten, und damit verabschiedete er sich und entließ die Brüder. Am nächsten Tage diktierte er einen Brief an den Herrn Florens und an die anderen bei jener Gelegenheit abwesenden Brüder[52], der da lautet wie folgt:

Schreiben des frommen und demütigen Herrn Lubbert an Herrn Florens[53].

„Meinen Gruß und alles Gute, geliebtester Vater! Unser lieber Bruder Amilius hat euch, glaube ich, von meiner Erkrankung geschrieben; doch möchte ich noch ergänzen, dass ich von Freitag, als die Krankheit mich befiel, bis beinahe zum Dienstag so ganz ohne Bewusstsein darniederlag, dass ich nicht wusste, wie ich mich in meinem Bett hin und her wendete. Nun aber hat der Herr in seiner Güte meinen dürftigen Verstand wieder ein wenig erhellt, und ich könnte nicht friedlich aus diesem Elend scheiden, ohne nicht wenigstens einmal, und dann nie mehr in diesem Leben, zu euren Füßen in kindlichem Vertrauen meinen Schmerz und die unendlichen Nöte zu eröffnen, die mir bevorstehen. Denn schon ist die Zeit da, dass ich vor dem schrecklichen Gerichte Gottes, vor seinen Engeln und unseren besonderen Fürsprechern erscheinen muss, und zwar in Schamröte über jene Sünden, zu deren Bekämpfung ihr mir so oft geraten habt. Doch, ach, nicht hätte

52 Florens Radewijns war wegen der Pestgefahr in Deventer mit einigen Brüdern vorübergehend nach Amersfoort umgezogen, um den Fortbestand des Fraterhauses nicht zu gefährden. Die während der Trennung gewechselten Briefe sind abgedruckt bei DUMBAR, S. 88-113, und J. VAN ENGEN 2004. Vgl. auch Dier, Scriptum, DUMBAR, S. 41ff., und MERTENS 2004.

53 Dieses Schreiben auch bei Dier, Scriptum, DUMBAR, S. 43-45.

sepissime instruxistis. Sed heu tunc non cogitavi, quod michi tam gravia et terribilia forent, sicut vos ea ponderastis.

Et quia, domine Florenti, manui vestre proprie in Dei iudicio nescio contradicere super passionibus meis, quas michi scripsistis, licet tamen multis et importunis precibus meis ad hoc vos quodammodo coegi, et eandem cedulam Amilio dilecto nostro vobis presentandam commisi, ut misericordius ex illis et aliis videatis, quid iam paciar in loco horroris et immanium penarum, et ut precibus vestris michi maxime necessariis occurratis. Predilectissme pater, si apud vos presens essem, flebilibus oculis vos ro-[249]garem, ut michi precipue de inobediencia et aliis offensionibus [statim visa hac littera[a]], ut inde non terribilius dampnarer, paternaliter et sincere velitis indulgere, sicut non dubito quod libenter indulgetis.

Nunc loquar ad vos, dilectissimi fratres, qui vita vestra et conversacione me tepidum et negligentem tociens ad emendacionem revocastis, dulcissimis vestris[b] ammonicionibus me tociens de passionibus meis ammonuistis. Sed heu miser ego, ut scitis, me non emendavi quantum potui et debui, nec exempla vestra nec verba poterant duriciam cordis mei compungere sicut expediebat michi, nesciens tamen nec previdens, quod talis qualis sum ex hac vita ad loca horribilium penarum, ubi serpentes sunt mordentes, leones feroces, lupi rapaces et infinita monstra demoniorum, subito essem deducendus.

Gracias tamen omnibus vobis pro verbis exhortatoriis et bonis exemplis, si quas possem, numquam reddere negligam, nec sufficio, quia quantulumcumque[c] in hac vita[d] profeci, hoc adiutorio Dei et vestro profeci, nec michi ascribo. Nunc etiam de omnibus negligenciis meis humiliter me pedibus vestris prosternens, corde et ore coram Deo et vobis me accuso et veniam de singulis peto. Rogo etiam vos, quatenus obitus mei diem illis, quibus [250] vobis visum fuerit expedire, quod tamen satisfacietis, denunctiari[e] facere velitis, et pro me[f] divinum officium, vigilias et alia que vobis videntur fieri faciatis.

[Sed nunc, dilectissimi fratres mei, raucum guttur meum incipit palpitare et pene omnia interiora deficiunt, et amplius iam ex infirmitate scribere non valeo, sed ad loca penarum, sicut merui, sum deducen-

a statim visa hac littera] *Dier, S. 44; fehlt bei Thomas.*

b vestris] verbis *Le1/2, Vi1.*

c quantulumcumque] quantulumque *P1.*

d vita] *fehlt in Le1/2, Vi1.*

e denunctiari] denunciari *K11, Le1/2, N1, P1;* denunciare *Vi1.*

f pro me] pro *Vi1.*

ich damals gedacht, dass sie mir einst so schwer und so schrecklich würden, wie ihr es mir dargestellt hattet.

Und da ich, Herr Florens, vor Gottes Gericht dem Dokument von eurer Hand nicht widersprechen kann, das ihr mir über meine sündhaften Neigungen geschrieben habt, auch wenn ich selbst es euch geradezu abgenötigt hatte durch viele ungestüme Bitten, habe ich auch dieses unserem geliebten Amilius anvertraut zur Weitergabe an euch, dass ihr daraus und aus anderem mitleidig ersehen möget, was ich jetzt am Ort des Schreckens und furchtbarer Strafen werde zu leiden haben, und dass ihr mir durch eure dringend notwendigen Fürbitten zu Hilfe kommt. Geliebter Vater, wäre ich bei euch zugegen, so würde ich unter Tränen zu euch flehen, dass ihr mir [gleich nach der Lektüre dieses Briefs[54]] vor allem wegen meines Ungehorsams und anderer Vergehen väterlich und aufrichtig Verzeihung gewähret, um nicht dafür noch schwerer verurteilt zu werden, und zweifle auch nicht, dass ihr mir gern verzeihen werdet.

Und nun will ich zu euch sprechen, geliebteste Brüder, die ihr durch euer Leben und euren Wandel mich Lauen und Nachlässigen so oft zur Besserung zurückgerufen, durch eure sanften Ermahnungen mich so oft wegen meiner fehlerhaften Neigungen zurechtgewiesen habt. Doch habe ich Unglücklicher leider, wie ihr wisst, mich nicht gebessert, wie ich es gekonnt und gesollt hätte, und auch eure Beispiele und Worte vermochten es nicht, die Härte meines Herzens zu zerknirschen, wie es mir heilsam gewesen wäre, da ich nicht wusste noch auch vorhersah, dass ich in diesem Zustand so plötzlich aus diesem Leben an den Ort der schauerlichen Strafen abgeführt werden sollte, wo es bissige Schlangen, wilde Löwen, reißende Wölfe und zahllose dämonische Scheusale gibt.

Euch allen aber werde ich nie genug danken können für eure Mahnworte und guten Beispiele, denn so wenig ich auch in diesem Leben mich gebessert habe, ist das allein durch Gottes und eure Hilfe geschehen und nicht mir zuzuschreiben. Und nun werfe ich mich demütig euch zu Füßen, klage mich wegen aller meiner Nachlässigkeiten mit Mund und Herzen vor Gott und euch an und bitte jeden von euch um Verzeihung. Auch bitte ich euch, dass ihr den Tag meines Todes, wie ihr ohnedies tun werdet, allen mitteilt, denen eurer Meinung nach daran gelegen ist, und Totenoffizium, Vigilien und anderes, das euch angemessen scheint, für mich verrichten lasst.

[Doch nun, meine geliebten Brüder, beginnt meine heisere Kehle zu zittern, meine inneren Kräfte versagen, und vor Schwäche kann ich nicht weiter diktieren. Ich werde zum Strafort geführt, wie ich es ver-

54 Bei Thomas ist diese Bemerkung weggelassen, vielleicht wegen ihres logischen Widerspruchs zu der gleichzeitigen Vorstellung einer persönlichen Anwesenheit des Schreibers.

dus, inde non exiturus, donec ab omni fetore et rubigine peccatorum fuero purgatus et vestris orationibus adiutus. Sicut tamen fuerit voluntas in celo, sic fiat, sit nomen Domini benedictum. Miseremini igitur mei, miseremini mei saltem vos, amici mei, quia manus Domini tetigit me.[a]]

Valete, valete, et in eternum valete, vos amplius in hac vita non visurus, [donec iterum coniungamur, quando dicetur: 'Surgite mortui, venite ad iudicium.'[b]]"

Dictata hac littera in vigilia sancti Iacobi apostoli resedit ad perlegendum eam, si forte aliquid placuisset apponere vel deponere. Tunc subito invasit eum tantus horror et tanta debilitas, ut omnibus viribus destitueretur, et sic ab his[c] qui aderant reclinatus et reductus est in lecto. Et statim post hoc cepit magnis doloribus et angustiis agitari, ita ut instantissime cum lugubri, alta et lamentabili voce clamaret et peteret ut convocarentur fratres domus nostre et alii devoti extra domum nostram, ut oracionibus suis sibi succurrerent. Quibus convocatis incepit mirabiliter tremere pectore et omni corpore vehementer palpitare et conquassari, pallescere, sudare, versis oculis horribiliter videre, ore ac dentibus fremens ac stridens dabat rugitus anxios et voces lugubres. Interea devotis undique concurrentibus et cum lacrimis pro eo instanter orantibus, respiciens ad eos et ipse aliquantulum incepit lacrimari.

Tunc innuit michi Amilio, qui semper sibi aderam, ut cereum sibi in manu [251] quasi statim morituro positum removerem et ut cum eo legeremus septem psalmos, quia adhuc non esset moriturus. Incepit ergo legens mecum unum versum aliis dicentibus reliquum, et sic quasi usque ad finem magno fervore et devocione continuabat. Quibus finitis dixit: „Maneamus omnes in fine apud sanctam Mariam", et sic incepit legere 'Salve regina' cum collecta. Quam antiphonam sepius cum magno affectu et devocione repeciit perdicens collectam, mutans sepius verba secundum affectum et devocionem suam. Et cum sibi successive

a Sed nunc... tetigit me] *Dier, S. 45; fehlt bei Thomas.*
b donec... iudicium] *Dier, S. 45; fehlt bei Thomas.*
c his] aliis *Vi1.*

dient habe, und komme nicht eher frei, bis ich von allem Schmutz und Rost der Sünden gereinigt bin und durch eure Gebete Hilfe erlange. Doch es geschehe, wie der Himmel will, der Name des Herrn sei gepriesen! Erbarmt euch meiner, erbarmt wenigstens ihr euch, meine Freunde, denn die Hand des Herrn hat mich berührt.[55]]

Lebt wohl, lebt wohl, lebt ewig wohl, die ich in diesem Leben nicht mehr sehen werde, [bis wir einst wieder vereint sind, wenn es heißt: 'Steht auf, ihr Toten, kommt zum Gericht!'[56]]"

Nachdem er diesen Brief diktiert hatte, am Abend vor dem Fest des heiligen Apostels Jakobus[57], richtete er sich auf, um ihn zu lesen, ob etwa noch einiges beizufügen oder wegzustreichen wäre. Da überfiel ihn aber ein solcher Schauder und eine solche Schwäche, dass ihn alle Kräfte verließen und er von denen, die anwesend waren, zu Bett gebracht und niedergelegt werden musste. Und bald darauf wurde er von so großen Schmerzen und Ängsten gepeinigt, dass er mit kläglicher, lauter und jammernder Stimme aufschrie und inständigst bat, man möchte die Brüder unseres Hauses und auch andere Fromme von außerhalb zusammenrufen, dass sie durch ihre Gebete ihm zu Hilfe kämen. Als diese versammelt waren, begann er in erschreckender Weise mit der Brust zu zittern, am ganzen Leibe heftig zu zucken und zu erbeben, zu erbleichen, zu schwitzen, mit verdrehten Augen schauerlich um sich zu blicken, und stieß mit verzerrtem Munde und knirschenden Zähnen angstvolles Stöhnen und klägliche Laute aus. Indessen aber kamen von allen Seiten fromme Menschen zusammen, und während sie unter Tränen inbrünstig für ihn beteten, wandte er den Blick zu ihnen und fing selbst auch an zu weinen.

Dann winkte er mir, Amilius, der ich immer bei ihm war, dass ich ihm die geweihte Kerze, die ich ihm als einem Sterbenden in die Hand gegeben hatte, wieder abnehmen solle und dass wir die sieben Bußpsalmen mit ihm beten möchten, weil er noch nicht sterben würde. Er fing also an, einen Vers mit mir zu beten, die anderen aber beteten das übrige, und so fuhr er fort mit Eifer und Andacht etwa bis zum Ende. Als sie nun zu Ende gebetet waren, sprach er: „Bleiben wir alle bis zum Schluss bei der heiligen Jungfrau Maria", und begann das 'Salve Regina' mit dem anschließenden Gebet zu sprechen. Dieses Gebet wiederholte er oftmals mit großer Inbrunst und Andacht, wobei er den Wort-

55 Diesen Absatz hat Thomas übergangen.

56 Diesen Satz hat Thomas übergangen. – *Surgite mortui, venite ad iudicium*: So auch in Lubberts 'Devota exercicia', s. unten bei Anm. 69. Die Herkunft des Zitats ist unklar (s. z. B. Petrus Cantor, Summa quae dicitur Verbum adbreviatum 2,58, CCCM 196, S. 838). Seit dem 13. Jh. wird es gewöhnlich (zu Unrecht) dem hl. Hieronymus zugeschrieben. Vgl. CHRISTOPH GERHARDT/ NIGEL F. PALMER (Hgg.), Das Münchner Gedicht von den 15 Zeichen vor dem Jüngsten Gericht, Berlin 2002, S. 35-38.

57 S. oben Anm. 51.

vis loquendi subtraheretur, sepissime eandem antiphonam incepit ut eam alii prosequerentur. Quo satis diu continuato dixit michi Amilio, quod ego dicerem fratribus quod orarent pro eo sub silencio in compunctione cordis. Post hoc diu iacuit sine loquela et, ut ad extra apparuit, in magnis penis et angustiis. Devoti vero et fratres nostri per totam[a] diem apud eum orantes perseverabant, de hora in horam mortem eius expectando.

Postquam diu sic iacuisset, vocavit me dicens: „Amili frater, nunc michi vis loquendi restituta est. Dicatis ergo fratribus nostris et omnibus devotis, ut quivis eorum pro me legere incipiat psalterium, et quod in principio et in fine cuiuslibet [252] psalmi flexis genibus orent unum 'Ave Maria'." Post hoc dixit michi: „Dicatis ergo fratribus, quod ego non curo multitudinem psalmorum, sed quod aliquando expectent modicum infra psalmos meditantes et in compunctione cordis pro me Dominum orantes, ne pre multitudine psalmorum obruantur in intellectu." Postquam hoc eis dixissem, dixit michi, ut omnibus congregacionibus demandarem ut orarent pro eo septem psalmos, horas de Domina, horas sancti Spiritus[b], et si quid aliud scirent, perseverantes secum in oracionibus sic expectando mortem suam. Quo facto subiunxit dicens ad me: „Frater, timeo fratres et sorores gravare, sed cogit me necessitas, quia omnino non confido in me, sed valde multum in oracionibus devotorum hominum. Quid videtur vobis?" Tunc consolabar eum, ut esset bene contentus, eo quod libentissime facerent. Deinde ab hora vesperarum vel circiter usque ad octavam horam iacuit sine loquela in magnis ardoribus. Octava hora cepit denuo loqui et efficiebatur totus tranquillus.

Post hoc vocavit me ad se et dixit michi, quomodo per diem fuisset secum. Primo quod habuisset multas et mirabiles temptaciones, et quod venisset ad eum quidam malignus spiritus in specie [253] fratris nostri Iohannis Kessel, qui multis modis nitebatur eum decipere, et quod iste spiritus valde multa et mirabilia dixit sibi de gloria celesti, de diversis subtilibus et altis materiis, de quibus multa vera et conformia scripturis, sed multa intermiscuit falsa, et quod multa mirabilia dixisset sibi que non sciret exprimere, quia modus loquendi fuit spiritualis, et quod spiritus ille videbatur coniunctus spiritui suo, ut ipse loqueretur sibi et spiritus suus responderet ei.

Deinde dixit: „Isti spiritui fuit valde contrarium, quod aliquando alloquebar vos. Quando volui vos alloqui, tunc dixit michi: 'Non loquaris carni, non loquaris carni.' Etiam fuit sibi valde contrarium, quod

[a] totam] totum *K11, Le1/2, N1, P1, Vi1.*
[b] sancti Spiritus] de sancto spiritu *Vi1.*

laut jeweils gemäß seiner inneren Bewegung abwandelte. Und da ihn allmählich die Kraft zu reden verließ, fing er sehr oft jenes Gebet an, damit die anderen es fortsetzen sollten. So ging es eine Zeitlang, bis er mir, Amilius, auftrug den Brüdern zu sagen, dass sie still und andächtig für ihn beten möchten. Hierauf lag er lange sprachlos, und, wie es schien, in großen Schmerzen und Ängsten. Die Frommen aber und unsere Brüder harrten den ganzen Tag bei ihm im Gebet aus und erwarteten seinen Tod von Stunde zu Stunde.

Nachdem er nun lange so gelegen hatte, rief er mich und sprach: „Bruder Amilius, nun habe ich wieder die Kraft zu sprechen. Sag also unsern Brüdern und allen Frommen, dass jeder von ihnen anfange, den Psalter zu beten, und dass sie zu Anfang und zu Ende eines jeden Psalms ein 'Ave Maria' mit gebeugten Knien beten." Danach sagte er mir: „Sag den Brüdern, dass es mir nicht um eine Menge Psalmen zu tun sei, sondern dass sie zuweilen ein wenig in den Psalmen innehalten und in Betrübnis des Herzens für mich zum Herrn beten, damit sie nicht durch der Menge der Psalmen in Verwirrung geraten." Als ich das ausgerichtet hatte, sagte er mir ferner, ich möchte alle Gemeinschaften bitten lassen, dass sie die sieben Bußpsalmen, das Offizium von Unserer Lieben Frau und vom Heiligen Geist, und was sie sonst noch wüssten, für ihn beten und also mit ihm im Gebet verharren und seinen Tod abwarten sollten. Als dies geschehen war, fügte er noch hinzu und sprach zu mir: „Bruder, ich fürchte die Brüder und Schwestern zu belästigen, allein es zwingt mich die Not, da ich durchaus nicht auf mich, wohl aber gar sehr auf das Gebet frommer Menschen vertraue. Was meint ihr?" Da tröstete ich ihn und sagte ihm, er solle beruhigt sein, da sie dies sehr gern täten. Danach lag er von der Stunde der Vesper bis um acht Uhr stumm und in großer Hitze. Endlich fing er um acht Uhr wieder an zu sprechen und wurde ganz ruhig.

Dann rief er mich zu sich und sagte mir, wie es ihm den Tag hindurch ergangen sei. Er habe viele wundersame Versuchungen erlebt, denn es sei ihm ein böser Geist in Gestalt unseres Bruders Johannes Kessel erschienen, der sich auf vielfältige Weise bemüht habe, ihn zu täuschen. Dieser Geist habe ihm viel Wunderbares gesagt von der himmlischen Herrlichkeit und von verschiedenen hohen und unbegreiflichen Dingen, wovon manches wahr und der Schrift ganz gemäß gewesen sei, doch habe er auch viel Falsches untermischt und viel Wunderbares gesagt, das er nicht wiedergeben könne, weil es von mystischer Redeweise war. Auch habe es geschienen, als ob jener Geist mit seinem Geist so vereint gewesen wäre, dass er zu ihm gesprochen und sein eigener Geist jenem geantwortet hätte.

Weiter sagte er: „Diesem Geist war es überaus zuwider, dass ich euch zuweilen anredete, und wenn ich euch anreden wollte, sagte er: 'Sprich nicht zu dem Fleische, sprich nicht zu dem Fleische!' Auch war es ihm

ego feci fieri tam multas oraciones a devotis et quod tantum in eis confidebam. Et quando ego pecii a vobis quod legerentur psalteria, ipse dixit michi ab intra: 'Stercus, stercus, ut quid confidis in istis psalmis, Maria, Gregorio, Iheronymo[a] et similibus. Tu deberes in Deo confidere. Deus irascitur tibi, quod tantum confidis in istis rebus et non solum in eo. Sed quia pusillanimis et timidus es et non fecisti ex malicia, ipse indulget tibi, sed noli amplius talia facere. Ego Kessel sic non feci, tamen sine purgatorio veni ad regnum celorum.' Me vero requirente [254] quomodo hoc esset, ille subiunxit duas causas. Una erat quod omnibus bonis et diviciis temporabilibus pure propter Deum et salutem anime sue renunctiasset et se ad talem humilem statum, puta officium coquine, dedisset, et quod numquam penituisset eum renunctiasse. Secunda causa erat quod cum magno affectu et desiderio sic[b] perseveravit in coquina sine ullo desiderio redeundi ad pristina, et quod habuit firmum propositum et magnum affectum in tali humili statu et abiecto officio, ut posset omnibus servire, usque ad mortem permanendi, et quod in tali statu et proposito[c] obiisset."

Tunc dixit michi dominus Lubbertus: „Frater, scio quod ista que iste nequam spiritus narravit de vero et dilecto fratre nostro Iohanne Kessel vera sunt, sed utrum sine purgatorio venit ad regnum celorum nescio." Et subiunxit: „Iste nequam spiritus etiam dixit michi, quod ego sine purgatorio venirem ad regnum celorum[d]. Me vero inquirente causam respondit: 'Tu coram Deo martir es, eo quod pro fratribus et sororibus tuis posuisti animam tuam, quia ex affectu et caritate elegisti apud eos manere in tali periculo mortis.'" Tunc dixit ad me humilis dominus[e] Lubbertus: „Utrum sine purgatorio veniam ad regnum [255] celorum nescio, sed hoc negare non possum, quin ex caritate et affectu mansi apud fratres. Sed tantum est quod per omnia in multis verbis nitebatur me inducere, ut confiderem in propriis meritis et virtutibus. Ego tamen semper timidus numquam confisus sum in me ipso, nec adhuc confido. Sed omnis confidencia et spes mea in misericordia Dei, in precibus et meritis gloriose virginis Marie et aliorum sanctorum et oracionibus devotorum hominum. Ergo placet michi et gaudeo quod multi boni psalmi et oraciones lecti sunt. Aliquando privavit me omnibus sensibus preter solum auditum et illum similiter conabatur auferre, sed non potuit."

a Iheronymo] Iheronimo *K11, Le1/2, N1, P1;* Ieronimo *Vi1.*
b sic] *fehlt in Le1/2, Vi1.*
c et proposito] *fehlt in Le1/2, Vi1.*
d Et subiunxit: Iste...celorum] *fehlt in Vi1.*
e dominus] *fehlt in Vi1.*

sehr zuwider, dass ich so viele Gebete von den Frommen verrichten ließ und nur auf diese vertraute. Und als ich euch bat, dass man den Psalter für mich beten möchte, da sprach er zu mir im Innern: 'Mist, Mist, was vertraust du auf diese Psalmen, auf Maria, Gregorius, Hieronymus und ähnliche, auf Gott sollst du vertrauen! Gott zürnt dir, dass du nur auf diese Dinge, und nicht auf ihn allein vertraust. Weil du aber kleinmütig und furchtsam bist und es nicht aus Bosheit getan hast, so hat er Nachsicht mit dir; doch tu dies künftig nicht wieder. Ich, Kessel, habe nicht also getan, und dennoch bin ich ohne Fegefeuer in den Himmel gekommen.' Als ich aber fragte, wie dies zugegangen sei, nannte er mir zwei Gründe. Der erste war, dass er allen Gütern und allem irdischen Reichtum, allein Gottes und seiner Seele wegen, entsagt und sich in einen so niedrigen Stand wie den Küchendienst begeben hatte, ohne seinen Verzicht jemals zu bereuen. Der zweite Grund war, dass er mit großem Eifer und Verlangen in der Küche ausgeharrt habe, ohne jede Neigung zur Rückkehr in seinen früheren Stand, und dass es sein fester Vorsatz und größter Wunsch war, in einem so demütigen Stand und so verächtlichen Dienst bis zum Tod zu bleiben, um allen dienen zu können, und dass er auch in diesem Stand und Vorsatz gestorben sei."

Dann sagte Herr Lubbert zu mir: „Ich weiß, Bruder, dass dieser böse Geist über unseren geliebten Bruder Johannes Kessel Wahres sprach; ob jener aber wirklich ohne Fegefeuer in den Himmel einging, weiß ich nicht." Er fügte noch hinzu: „Dieser böse Geist sagte mir, dass auch ich ohne Fegefeuer in den Himmel kommen würde, und als ich um die Ursache fragte, antwortete er: 'Du bist vor Gott wie ein Märtyrer, weil du deine Seele für deine Brüder und Schwestern eingesetzt und dich aus Zuneigung und Liebe entschlossen hast, in dieser Todesgefahr[58] bei ihnen zu bleiben.'" Dazu sagte mir der demütige Herr Lubbert: „Ob ich ohne Fegefeuer in den Himmel kommen werde, weiß ich nicht, doch kann ich nicht leugnen, dass ich aus Zuneigung und Liebe bei den Brüdern geblieben bin. Jener aber wollte mich mit seinen vielen Worten nur dahin bringen, dass ich auf meine eigenen Verdienste und Tugenden vertraute. Ich aber war immer ängstlich und furchtsam, vertraute niemals auf mich selbst und tue es auch jetzt nicht. Sondern all mein Vertrauen und meine Hoffnung ruht auf Gottes Barmherzigkeit, auf den glorreichen Verdiensten der allerseligsten Jungfrau Maria und anderer Heiligen und auf den Gebeten frommer Menschen. Und gar sehr erfreut und tröstet es mich, dass viele Psalmen und Gebete für mich gesprochen worden sind. Zuweilen beraubte er mich aller Sinne bis auf das Gehör; und auch das versuchte er mir zu nehmen, vermochte es aber nicht."

58 Die Pest in Deventer; s. oben Anm. 52.

Item dominus Lubbertus dixit michi de pluribus aliis mirabilibus rebus que dyabolus dixit sibi, quorum plura erant[a] heretica et contra fidem, ad que nitebatur eum trahere, sed multa intermiscuit vera. Et sic scio quod fuit malignus spiritus, qui conabatur me decipere, quoniam plura falsa et mendacia semper miscuit. Apparet igitur michi quod valde utile et necessarium sit homini morienti, quod habeat hominem intelligentem apud se sicut sunt fratres[b] nostri usque in exitum. Hec in vigilia sancti Iacobi apostoli post octavam horam de vespere narravit michi. [256]

Post hec totus debilis in magna tranquillitate et pace cordis usque ad mortem perdurabat. Valde enim ardenter cupiebat dissolvi et esse cum Christo, habens firmam fiduciam et spem de adventu Domini nostri Iesu Christi, gloriose virginis Marie et aliorum sanctorum. Et in tali ardenti desiderio cum magno fervore orans, suspirans ruminando devotos psalmos, specialiter psalmum: 'Beati immaculati', usque in crastinum sancti Iacobi perdurebat, sepius inquirens quam propinquus esset morti et ne adhuc haberet omnia signa mortis, anne brevis anhelitus esset verum signum mortis et huiusmodi. Et in nullo eum melius consolari potuimus, quam mortem propinquam adesse diceremus.

Aliquando cum magna fiducia quasi exclamando: „O quando veniet Dominus Iesus et sancta Maria cum angelis sanctis absolvere me" et huiusmodi. „Spero quod non diu expectabunt. Och si vellet cito venire, och si vellent facere finem. Spero quod non diu hic durabo" et huiusmodi. Et sepissime invocabat sanctam Mariam, Iheronymum[c] et Gregorium, quos specialiter dilexerat, et alios sanctos ut orarent pro eo et adessent et succurrerent sibi in hora mortis. Etiam peciit ut aliquando breviter alloqueremur eum excitando ad [257] invocacionem sanctorum et oracionem, et alias oraremus pro eo in silencio, suspiriis et gemitibus in compunctione cordis ad Dominum secum suam mortem expectantes. Sic in tanto fervore, in tanta devocione, in tam ardenti desiderio dissolvendi et in tam affectuosa ac[d] fiduciali exspectacione adventus Domini nostri Iesu Christi, gloriose virginis Marie, sanctorum angelorum et aliorum sanctorum pervenit ad horam extremam[e], nec ut videtur fraudatus est a desiderio suo. Iam enim in membris omnibus

[a] plura erant] erant plura *Vi1.*
[b] sicut sunt fratres] sicut communiter sunt fratres *K11, Le1/2, Vi1.*
[c] Iheronymum] Iheronimum *Le1/2, N1, P1, Vi1.*
[d] ac] et *Vi1.*
[e] horam extremam] extremam horam *K11.*

Weiter erzählte mir Herr Lubbert viele andere seltsame Dinge, die der Teufel zu ihm gesprochen hätte. Manches davon war ketzerisch und gegen den Glauben, wozu er ihn verführen wollte, doch war darunter auch viel Wahres. Und daher weiß ich, dass es ein böser Geist war, der mich zu täuschen suchte, weil er immer viel Falsches und Erlogenes beimischte. Daraus wird deutlich, dass es einem sterbenden Menschen nützlich und notwendig ist, immer einen einsichtsvollen Menschen, wie unsere Brüder sind, bis zu seinem Ende bei sich zu haben. – Dies alles hat er mir am Vorabend des heiligen Apostels Jakobus nach acht Uhr abends erzählt.

Danach verblieb er, wiewohl ganz schwach, in großer Ruhe und Friedlichkeit des Herzens bis zu seinem Tode. Denn glühend sehnte er sich, aufgelöst zu werden und bei Christus zu sein[59], und hatte festes Vertrauen und Hoffnung auf die Ankunft unseres Herrn Jesus Christus, der glorreichen Jungfrau Maria und anderer Heiligen. In diesem glühenden Verlangen betete er inbrünstig, seufzte und wiederholte im Innern andächtige Psalmen, insbesondere den Psalm: 'Selig die Unbefleckten'[60]. Dies währte bis zum Tag nach dem Jakobusfest, wobei er oftmals fragte, wie nahe er wohl dem Tode wäre, ob er noch alle Anzeichen des Todes an sich habe, ob sein kurzer Atem auch ein echtes Merkmal des nahen Todes sei und ähnliches. Und durch nichts konnten wir ihn besser trösten, als wenn wir ihm sagten, sein Tod sei bereits nahe.

Zuweilen rief er mir großem Vertrauen aus: „Oh, wann wird der Herr Jesus und die heilige Maria mit den heiligen Engeln mich aufnehmen?" und ähnliches. „Ich hoffe, sie werden nicht lange mehr zögern! Oh kämen sie doch bald! Oh machten sie doch bald ein Ende! Ich hoffe, dass mein Aufenthalt hier nicht mehr lange dauern wird!" Und ähnliches. Und sehr oft rief er die allerseligste Jungfrau, den heiligen Hieronymus und Gregorius, die er besonders geliebt hatte, und andere Heilige an, dass sie für ihn bitten, ihm beistehen und in seiner Todesstunde beschützen möchten. Auch verlangte er, dass wir ihn zuweilen kurz ansprechen und zur Anrufung der Heiligen und zum Gebet auffordern sollten. Auch sollten wir selbst für ihn zum Herrn beten in Stille, Seufzen und Teilnahme des Herzens, während wir seinen Tod erwarteten. Und in solcher Inbrunst, in solcher Andacht, in so sehnsüchtigem Verlangen nach der Auflösung und in liebevoller und zuversichtlicher Erwartung der Ankunft unseres Herrn Jesus Christus, der allerseligsten Jungfrau Maria, der heiligen Engel und anderer Heiligen gelangte er zu seiner letzten Stunde, und es blieb auch, wie es schien, sein Verlangen nicht unerfüllt. Denn schon war er an allen seinen Gliedern abgestorben und am ganzen Leibe kalt, nur auf seiner Zunge und

59 Phil. 1,23.
60 Ps. 118.

premortuus et totus frigidus sola vita in lingua et pectore videbatur palpitare, ut vix aliquod membrorum videbatur posse movere.

Et ecce subito sine cuiusquam sustentacione se ipsum proprio motu erigens complosis elevatisque manibus, oculis sursum versus parietem defixis illac[a] reverendissime cum omni devocione inclinabat. Et viribus quibus potuit, raucam et fractam vocem recolligens exclamavit: „In gloria, in bonitate tua, in misericordia tua suscipe, suscipe. In gloria, in gloria, in bonitate, in bonitate, in misericordia suscipe, suscipe, suscipe[b]." Et dum sic erectus sedens hec sepius iteraret, tandem reclinatus ad lectum bina vice eisdem motibus[c] et gestibus eadem replicans se iterum erexit. Qui ultima vice reclinatus [258] videbatur iacere in magno stupore et ammiracione. Ego vero inquirens alloquebar eum dicens: „Lubberte frater quid est? Quomodo est vobiscum?" Ipse autem quasi cum magna ammiracione respondit: „Mira, mira, mirabilia, mirabilia[d], magna mirabilia vidi, quando me erexi." Quo dicto statim subiunxit: „Vocate fratres, vocate fratres." Quibus convocatis statim modicum[e] agonizando expiravit et feliciter in Domino obdormivit, plenus virtutibus et bonis operibus, de quo benedictus sit Deus in secula. Amen.

Ex epistola domini Florencii de recommendacione eius.

„Quis non doleret de morte dilecti fratris Lubberti qui eum novit, quis non fleret si quis eum dilexit? Quis non de domo nostra plangeret et lamentaretur, si diligenter respiciat, quantam ruinam, quantum casum domui nostre mors eius minatur, quantum humilitatis exemplum, quanti fervoris ad communia spectaculum per mortem eius ablatum sit? Quis remansit, qui ut ipse ad omnia devocionis precipue et contemptus exercicia fervet? Quis nostrum ut Lubbertus communia promovet? Quem ut ipsum pro domo nostra comedit zelus Dei? Quis [259] nostrum remansit, qui sibi tam vilis in oculis propriis, tam parum sapiens, tam parum idoneus sibi videatur? Horum omnium exemplum in eius morte ablatum est.

Hinc merito pie dolet qui domum nostram diligit. Hinc lacrimatur qui profectum nostrum in spiritualibus affectat. Hinc nos quantum dilectum fratrem Lubbertum dileximus, tantum dolemus, quanto

[a] illac] illic *P1.*

[b] In gloria, in bonitate tua...suscipe] In gloria, in bonitate, in misericordia suscipe, suscipe *K11;* In gloria, in bonitate tua suscipe. In gloria, in gloria, in bonitate, in misericordia suscipe *N1.*

[c] motibus] *Sommalius, Pohl;* moribus *Hss.*

[d] Mira, mira, mirabilia, mirabilia] mirabilia, mirabilia, mirabilia *K11.*

[e] statim modicum] statim ad modicum *K11.*

in seinem Herzen schien sich noch Leben zu regen, und kaum konnte er ein Glied mehr rühren.

Doch sieh da, plötzlich richtete er sich, ohne dass jemand ihn stützte, aus eigenem Antrieb auf, schlug die erhobenen Hände zusammen, lenkte den Blick empor zur Wand und verneigte sich dahin mit höchster Ehrfurcht und Andacht. Und mit letzter Kraft, die ihm noch geblieben war, nahm er seine rauhe und gebrochene Stimme zusammen und rief aus: „In Herrlichkeit, in deiner Güte, in deiner Barmherzigkeit, nimm mich auf, nimm mich auf! In Herrlichkeit, in Herrlichkeit, in Güte, in Güte, in Barmherzigkeit, nimm mich auf, nimm mich auf, nimm mich auf!“ Und als er so aufrecht sitzend dies oftmals wiederholt hatte, sank er endlich in das Bett zurück, rief jedoch erneut dieselben Worte, indem er sich noch zweimal mit den gleichen Bewegungen und Gesten aufrichtete. Als er aber zum letzten Mal niedergesunken war, lag er da mit dem Ausdruck von großem Erstaunen und Entzücken. Da sprach ich ihn an und fragte: „Was ist, Bruder Lubbert? Wie geschieht dir?“ Er aber antwortete wie in großer Begeisterung: „Wunderbare Dinge, wunderbare Dinge, Wunder, große Wunder habe ich gesehen, als ich mich aufrichtete.“ Und sogleich fügte er hinzu: „Rufet die Brüder, rufet die Brüder!“ Da diese zusammengerufen waren, verfiel er alsbald in einen kurzen Todeskampf, hauchte seine Seele aus und entschlief glückselig im Herrn, voll an Tugenden und guten Werken, wofür Gott gepriesen sei in Ewigkeit. Amen.

Auszug aus seiner Würdigung durch Herrn Florens:

„Wer, der unseren geliebten Bruder Lubbert kannte, würde über seinen Tod nicht schmerzlich trauern? Wer, der ihn liebte, würde nicht bitterlich weinen? Wer würde nicht unser Haus beklagen und bejammern, wenn er bedächte, welcher Schaden, welche Erschütterung ihm durch seinen Tod droht, was für ein Beispiel der Demut und Vorbild des Eifers für das allgemeine Wohl durch seinen Tod uns entrissen wurde? Wer ist da jetzt noch, der sich so sehr für die Übungen der Frömmigkeit und Selbstverachtung begeisterte wie er? Wer von uns fördert die gemeinsame Sache so wie er? Wen verzehrt der Eifer des Herrn für unser Haus so wie ihn? Wer ist jetzt noch unter uns, der sich selbst so gering, so wenig weise, so untüchtig einschätzte wie er? Das Beispiel aller dieser Tugenden ist uns durch seinen Tod genommen.

Daher fühlt ein jeder frommen Schmerz, der unser Haus liebt, daher weinen alle, denen an unserem geistlichen Fortschritt gelegen ist. Unsere Trauer ist so groß wie unsere Liebe zu unserem geliebten Bruder Lubbert, und je inniger unsere Herzen mit ihm vereint waren, um so bitterer empfinden wir seine Trennung. Wirklich waren wir mit unse-

corda nostra sibi erant unita, tanto amarius senciunt eius separacionem. Vere erat nobis cum dulcissimo fratre Lubberto cor unum et anima una in Domino. Pensate igitur ex unione cordium dolorem separacionis. Que mensura tristicie, ex amoris quantitate perpendite. Verum si breviter et clare mensuram tristiciarum et dolorum nostrorum scire cupitis, qui utique tantus et tam gravis est, ut vix duas rigas vel tres in litteris vestris potuimus legere, vix tres rigas rescribere potuimus[a], quin effluerent lacrime copiose, que[b] et scribere et legere prohiberent – si inquam huius tristicie et miserie mensuram scire cupitis, perfecte propria corda vestra inspicite, qui nobiscum similiter dilexistis Lubbertum.“ [260]

Collecta quedam ex devotis exerciciis domini Lubberti. Capitulum VI.

Tuum erit laborare pro viciis tuis extirpandis et pro virtutibus acquirendis. Sed nisi pure ex corde Deo te ipsum resignaveris et sibi ulterius commiseris, generat tibi magis presumpcionem et faciet te durum et perplexum et anxium et pusillanimem. Labora ergo cum verecundia et quiete et timore, sed resigna et committe Deo, ut faciat sicut voluerit, et noli tristari vel deici, si nescis propositum tuum exequi. Forte sic est voluntas Dei, ut non confidas proprie virtuti.

In oracione nichil intende nisi Deo et psalmodie quasi in conspectu Dei. Et committe voluntati sue libere ex toto, et abice leviori modo quo poteris superfluas et vanas cogitaciones, et ad hoc tende, quasi tu solus coram Deo et beata Virgine et omnibus sanctis stares, et ostende eis necessitatem et vulnera anime tue. Noli attendere fratres in oracione, in colloquio vel ubicumque nec etiam quoscumque, quia valde alienaris a

[a] vix tres rigas rescribere potuimus] *fehlt in K11.*
[b] que] *fehlt in Vi1.*

rem so gütigen Bruder Lubbert ein Herz und eine Seele im Herrn[61]. Ermesst also aus der Einheit der Herzen den Schmerz der Trennung und aus dem Maß der Liebe das Maß der Traurigkeit! Wenn ihr aber das Maß unserer Traurigkeit und unserer Schmerzen kurz und deutlich erfassen wollt – ist es doch so groß, dass wir kaum zwei oder drei Zeilen in eurem Brief lesen und euch zurückschreiben konnten, ohne einen Strom von Tränen, der Lesen wie Schreiben hinderte – wenn ihr, sage ich, diese Trauer und dieses Elend ganz ermessen wollt, so schaut in eure Herzen, die ihr unseren Lubbert so geliebt habt wie wir."

Kapitel 6:
Einiges aus den geistlichen Übungen des Herrn Lubbert[62].

Du hast dich darum zu bemühen, deine Fehler zu tilgen und Tugenden zu erwerben. Wenn du dich aber dabei nicht rückhaltlos und von Herzen Gott anheimstellst und ihm anvertraust, erzeugt dies Streben Hochmut in dir und macht dich hart, verwirrt, ängstlich und kleinmütig. Mühe dich daher mit Zurückhaltung, Ruhe und Furcht, ergib dich Gott und überlass es ihm, zu tun wie er will, und werde nicht betrübt und mutlos, wenn es dir nicht gelingt, deinen Vorsatz vollkommen auszuführen. Vielleicht ist gerade das der Wille Gottes, damit du nicht auf deine eigene Kraft vertraust.

Beim Gebet sieh auf nichts als auf Gott und auf den Psalmengesang, so als ständest du vor Gottes Angesicht. Überlass dich frei und gänzlich seinem Willen, und wirf so leichtherzig wie du kannst alle überflüssigen und eitlen Gedanken ab. Richte dich darauf, gleichsam ganz allein vor Gott, der seligen Jungfrau und allen Heiligen zu stehen, und zeige ihnen deine Not und die Wunden deiner Seele. Achte nicht auf die Brüder beim Gebet oder im Gespräch wo und mit wem auch immer,

61 Vgl. Act. 4,32.

62 'Devota/ spiritualia exercitia', oder Aufzeichnungen persönlicher Lebensregeln und Vorsätze, sind eine für die Devotio moderna charakteristische Textgattung und gehören wie die funktional verwandten Sammlungen von geistlichen Lesefrüchten ('Rapiarien') und von Aussprüchen der Lehrautoritäten ('Dicta') zum individuellen Fundus religiöser Unterweisungsliteratur, der nach dem Tod des Autors vergemeinschaftet werden konnte. So heißt es über das Exercitium Lubberts, Dier, Scriptum, DUMBAR, S. 46: *Notaverat sibi ipsi aliqua puncta, quomodo scilicet seipsum voluit habere in cibis et ceteris, que adhuc reperiuntur apud fratres nostros.* – Eine vollständigere Sammlung dieser hier von Thomas nur in Auswahl wiedergegebenen Aufzeichnungen ist unten als Anhang 2 abgedruckt (vgl. VREGT, S. 473-494 und die Handschriftenliste oben, Sigle *Dav*); die beiden Fassungen vergleicht KLAUSMANN, S. 66-74. S. auch oben Einführung, Anm. 9.

te ipso et dissolvit virtutem mentis, facit [261] te suspiciosum et amarum, obscurat intellectum, generat Dei oblivionem et applausum hominum, obnubilat[a] intellectum, turbat conscienciam.

Habeas cor pacificum et ab fantasmatibus rerum et a peccatis aversum et ad[b] Deum conversum. Tene faciem communem cum ceteris sine nimia austeritate aut serenitatis ostentacione, et apud te ipsum semper intus maneas. Et in quocumque opere aversus fueris ab ista forma, nitere reformare te, et sic semper tranquillo animo perficies voluntatem Dei et custodies te a viciis et semper hilaris perseverabis.

Cave omni modo in omnibus vehemenciam, sed omnia deliberato animo facito absque ostentacione. Numquam debes alicui aliquid dure dicere vel obprobriose increpare aut deridere increpando. Obsecra et mone, ut caritas poscit, et quandocumque turbidi[c] animi es, pacienter et quiete suffer illa, que sunt tibi contraria et passioni tue, et pro tunc nichil move[d] contra hoc vel de illo, ad quod importune agitaris. Pocius expecta donec gracia Dei et serenitas mentis redierit. Fuge interim ad cameram et ad oracionem tamquam infirmus et obsessus, et cogita: 'In paciencia vestra possidebitis animas [262] vestras.' Elige ad tempus solitudinem et laborare manibus et pacienter orare et facere sine importunitate. Semper aliquid de Deo aut sacra scriptura ruminare, quod ad amorem vel timorem Dei aut ad horrorem viciorum te inflammat.

In omni actione temporali non nimis stricte attendere exteriora et ornatum, sed intendere voluntati Dei solum et sibi totum committere cor, et oculos avertere ab hominibus, ab intra semper manere, exteriora oblivisci, ad celestia oracione, suspiriis, lectione, compunctione tendere et mentem ad predicta frequenter exacuere, ostentacionem et presumpcionem fugere, abicere imagines hominum de corde. In hoc omnis virtus, omnis profectus, exequi voluntatem Dei et sibi placere. Ad hoc tende, ut intencio tua sit ad Deum et secundum Deum, et abicere passiones anime.

Hoc habe pro regula infallibili: Quicquid placet domino Florencio et fratribus, hoc vult Deus ut facias, quia ipsi inhabitantur a Deo, et ipsi nichil querunt nisi eius voluntatem. Omnia fac cum consilio Florencii, et quando abest, eodem modo per omnia quasi ex Deo fac cum consilio

a obnubilat] obnubulat *P1, Vi1.*
b ad] *korrigiert aus* a *R.*
c turbidi] turpidi *K11, P1.*
d move] movere *Le1/2, Vi1.*

denn dadurch wirst du dir selbst entfremdet, es zerstreut die Kraft des Gemüts, macht dich argwöhnisch und bitter, verfinstert dein Gehirn, lässt dich Gott vergessen und den Beifall der Menschen suchen, benebelt den Verstand und verwirrt dein Gewissen.

Dein Herz sei friedlich, eitlen Bildern und Sünden abgekehrt und Gott zugewandt. Zeige nach außen eine Miene wie die anderen, ohne zu große Strenge oder den übertriebenen Ausdruck von Heiterkeit, und bleibe stets im Innern deiner selbst. Und wenn du bei einer Gelegenheit von dieser Haltung abgebracht wirst, so richte dich wieder her, um so mit ruhigem Gemüt den Willen Gottes zu erfüllen, dich vor Sünden zu bewahren und immer froh zu bleiben.

Hüte dich bei allem und in jeder Hinsicht vor Ungestüm, sondern verrichte alles mit reiflicher Überlegung und ohne Aufhebens davon zu machen. Nie sollst du jemandem mit harten Worten begegnen oder ihn herabsetzend oder spöttisch zurechtweisen. Bitte und mahne, wie es die Liebe erfordert. Bist du zuweilen erregten Gemüts, so ertrage geduldig und ruhig, was dir und deiner Leidenschaft zuwider ist, und gehe keinesfalls gleich gegen das oder denjenigen vor, wogegen du aufgebracht bist. Warte lieber, bis die Gnade Gottes und die Heiterkeit des Gemüts zurückkehrt. Flieh auch indessen lieber in dein Zimmer und zum Gebet, gleich als wärest du krank oder außer dir, und denke an das Wort: 'In der Geduld werdet ihr eure Seelen besitzen.'[63] Nimm dir gelegentlich Zeit für die Einsamkeit und Handarbeit, für stilles Gebet und Beschäftigung ohne Lärm. Bewege in deinem Gemüt stets Gedanken an Gott oder die Heilige Schrift, die dich zur Liebe oder zur Furcht Gottes oder zur Verabscheuung der Laster anregen.

Bei jedem weltlichen Geschäft soll nicht so sehr auf äußere Vollkommenheit geachtet werden, sondern allein auf den Willen Gottes und darauf, das Herz ihm gänzlich anzuvertrauen, die Augen von den Menschen abzuwenden, stets im Innern zu bleiben, alles Äußerliche zu vergessen, sich durch Gebet und Seufzer, durch Lektüre und reuevolle Beherzigung zum Himmel zu erheben und den Geist dazu immer wieder anzuregen. Flieh Prahlerei und Anmaßung und vertreibe die Bilder der Menschen aus dem Herzen. Alle Tugend und aller Fortschritt besteht darin, dass man den Willen Gottes erfülle und ihm wohlgefalle. Strebe danach, dass dein Sinn auf Gott hin und Gott gemäß gerichtet sei, und wirf die Leidenschaften der Seele ab.

Dies sei dir eine unfehlbare Regel: Was immer deinem Herrn Florens und den Brüdern gefällt, das will Gott, dass es getan werde, da Gott in ihrer Seele wohnt und sie auch nichts als seinen Willen suchen. Tu alles nach dem Rat des Herrn Florens und in seiner Abwesenheit ebenso in allem, gleich als wäre es Gottes Wille, nach dem Rat des Herrn Ger-

63 Lc. 21,19.

domini Gerhardi, quia longe sapiencior, humilior, caucior et spiritualior et abs-[263]tractior te est, et facit magis secundum voluntatem Dei quam tu.

Cavenda est multum occasio viciorum. Et sepe in quiete videris tibi aliquid esse, sed effusus in exterioribus rebus apparet quid in te latuit, ex hoc potes multum te humiliare. Longa locucio hominem a se rapit et ducit in ignoranciam, premeditacionem aufert, inordinata profert. Necessarium est ergo homini multa dicere volenti frequens meditacio et interpolacio sive pausacio, scilicet si secundum beneplacitum Dei loquatur vel non, si declinat ad iactanciam et applausum hominum et ad vanam gloriam. Necessitatem, pietatem et utilitatem attende in verbis, sicut in omnibus operibus sanctis et maxime voluntatem Dei.

Nullo modo loqui burdosa vel alios verbis ad hoc incitare. Numquam improvise ex capite tuo derisorie alicui coram aliis aliquem defectum dicere, quia signum est superbie et presumpcionis et malum exemplum aliis. Disce parum et paucis verbis loqui et cum premeditacione, et expecta alium in verbis et time audire unde ledaris. Discute verba etiam cuiuscumque, an sint vera vel[a] detractoria. Firmiter propone per graciam Dei de malo nullius [264] hominis dicere, nec libenter audire nisi pia utilitate, et tamen maxime cave tibi ne seducaris.

Assuesce ad nullam rem mundi, neque temporale neque spirituale[b], cor importune effundere, sed semper cum timore viciorum tuorum mediocriter abstrahere, cum discrecione et pedetemptim incedere, ad horam te mutuare[c] et numquam in toto a te recedere, sed in verbo Dei cor tenere suspensum et reflexum contra vicia tua in communi, tamen specialiter magis contra hoc quod tunc magis times. Et sic per graciam Dei cum bono moderamine et matura deliberacione coram oculis Dei loqui et facere, quicquid putas Deo placere.

In comestione cave aviditatem et subitam comestionem, sed retrahe pocius appetitum, ut ceca et turbata concupiscencia illuminetur compunctione et aviditate lectionis, et cum quiete mastica aliquid de lec-

[a] vel] an *K11, Vi1.*
[b] temporale neque spirituale] temporalem neque spiritualem *Le1/2, Vi1.*
[c] mutuare] mutare *Sommalius, Pohl.*

hard[64], denn sie sind viel weiser, demütiger, umsichtiger, viel weiter vergeistigt und vom Irdischen gelöst als du und handeln auch mehr nach dem Willen Gottes als du.

Besonders soll man Gelegenheiten zur Sünde meiden. Wenn du für dich allein bist, kommt es dir oft so vor, als seist du etwas, doch im Umgang mit der Außenwelt wird sichtbar, was in dir verborgen war, und das kann dir Anlass sein, dich zu demütigen. Langes Gerede lenkt den Menschen von sich selbst ab, führt ihn in Unwissenheit, raubt ihm die Überlegung und bringt Ungereimtes zutage. Notwendig ist daher, dass ein Mensch, der viel reden will, oft nachdenkt, innehält oder sich unterbricht, um zu prüfen, ob er nach dem Wohlgefallen Gottes spreche oder nicht, und ob er zur Ruhmredigkeit, zum Beifall der Menschen und zu eitler Ehre neige. Achte in deinen Worten wie auch in allen Werken auf das Notwendige, auf die Frömmigkeit und auf den Nutzen, vor allem aber auf den Willen Gottes.

Auf keinen Fall sollst du alberne Scherze machen oder andere dazu verleiten. Nie soll es dir unterlaufen, jemandem spöttisch vor andern einen Fehler vorzuwerfen, denn dies ist ein Zeichen von Hochmut und Anmaßung und ein schlechtes Beispiel für andere. Lerne wenig zu reden, in wenigen Worten und mit Bedacht. Warte auf das, was der andere sagt, aber fürchte dich etwas zu hören, das dir Ärgernis bereitet. Prüfe auch die Worte eines jeden, ob sie wahr oder verleumderisch sind. Nimm dir mit der Gnade Gottes fest vor, über die Schlechtigkeit eines Menschen weder zu reden noch etwas hören zu wollen, außer wenn es zu frommem Nutzen gereicht, und selbst dann hüte dich, dass du nicht verführt wirst.

Gewöhne dich daran, dein Herz keinem Ding der Welt, sei es zeitlich oder geistlich, allzu heftig zuzuwenden, sondern sei stets im Bewusstsein deiner Sündhaftigkeit zurückgezogen, verhalte dich besonnen und vorsichtig, stell dich zur Stunde bereit[65] und geh nie ganz aus dir heraus. Halte dein Herz auf Gottes Wort gerichtet und gegen die Sünden gewandt, sowohl im allgemeinen wie auch besonders gegen die, die du am meisten fürchtest. Und so kannst du durch die Gnade Gottes mit gehöriger Mäßigung und reiflicher Überlegung vor den Augen Gottes das sagen und tun, was ihm, wie du glaubst, wohlgefällig ist.

Bei der Mahlzeit hüte dich vor gierigem und eilfertigem Essen, sondern halte vielmehr den Appetit zurück, auf dass dein blindes und ungeordnetes Begehren durch Zerknirschung und Begierde nach der Tischlesung erleuchtet werde. Kaue mit Ruhe an dem Gelesenen oder

64 Zu Gerhard Zerbolt von Zutphen s. unten Kap. 8.

65 Der Sinn der einhellig überlieferten Lesart *ad horam te mutuare* ist unklar, doch auch die Konjektur *mutare* (Sommalius; Pohl) erscheint unbefriedigend. In der Bedeutung 'verleihen' wird das Activum *mutuare* in den Dunkelmännerbriefen persifliert, BÖCKING, Bd. I, S. 56.

tione, aut de illa particula: 'Homo quidam fecit cenam magnam.' Quandocumque ex comestione turbatus es in capite vel gravatus, tunc fuge ad cameram, vel loquens cum hominibus magis caute conare ad custodiam. Tucius est tibi fugere et orare: 'Beatus homo qui semper est pavidus'. Et veraciter scito, quando declinas a ti-[265]more ad securitatem, declinas a Deo et capieris a demonibus et a passionibus tuis.

Tamen sic debes timere, ut eo magis de Deo confidas. Et quantum videris tibi infirmior, tanto te faciet forciorem. Restat[a] ergo aliis magis credere et in te ipso trepidare. Propter Deum disce ab aliis virtutes et mores, et time vanam gloriam tuam. Christus tibi didicit, tibi tacuit. Disce ab intra manere et inter fratres et alios homines communiter et socialiter te habere et extolle eos, cogita virtutes eorum et vicia tua. Semper de aliquo, cum quo es, virtutem aliquam cogita et vicium tuum, ad humiliandum te ab intra ex viciis interioribus Deo et angelis et tibi notis.

Accede ad studium sicut ad cibum capiendum anime, ut lectione refecta discat in illis anima occupari que legit, et oblivisci temporalia et refrenari a viciis. Non multum simul est tibi utile studere sine masticacione et oracione, sed parum, et masticare illud cum oracione et desiderio, et sic mittere in ventrem anime et in mores et in virtutes, ut anima his quasi nutrimento sustentetur. Sicut corpus cibo, sic anima virtutibus reficitur. Numquam debes aliqua studere que non reficiunt animam, quia fructus studii est fortitudo anime et propter virtutes ac-[266]quirendas.

Studere propter scire aut propter alios docere aut propter quodcumque aliud quam dictum est, non nutrit animam, sed facit eam insanam sicut superflui humores corpus, et generat vanam gloriam, elatum cor, incompositos mores, vanas cogitationes, instabilitatem mentis, Dei oblivionem et contemptum, applausum hominum, turbatam conscienciam, tenebrosum intellectum, et magis exinanit et debilitat animam quam reficit. Igitur moderate studere et bene masticare magis reficit animam quam inconsiderate multa absque masticacione. Sequitur ergo quod anima mortua est, que verba Dei indesinenter non digerit in mores et in virtutes, vel consumit seipsam et fit putrida diversarum concupiscencia-

a restat] prestat *Sommalius, Pohl.*

an dem Gleichnis: 'Es war ein Mann, der ein großes Gastmahl hielt.'[66] Wenn die Speisen dir Beschwerden in Kopf und Leib bereiten, zieh dich in deine Kammer zurück oder sei jedenfalls besonders auf der Hut, falls du mit Leuten sprichst. Sicherer ist es aber, zu fliehen und zu beten, denn: 'Selig der Mensch, der immer furchtsam ist.'[67] Und du musst wissen, dass du mit dem Wechsel von der Furcht zur Sicherheit dich von Gott abwendest und von Dämonen und Leidenschaften ergriffen wirst.

Doch sollst du auf eine solche Weise fürchten, dass du um so mehr auf Gott vertraust. Und je schwächer du dir selbst erscheinst, um so mehr wird er dich stärken. Besser ist es demnach, andern zu glauben und bei sich selbst furchtsam zu sein. Gottes wegen lerne von andern Tugenden und gute Sitten, und fürchte deine eitle Ehrsucht. Christus ist Vorbild für dich im Lernen und im Schweigen. Lerne im Innern zu bleiben, unter den Brüdern aber und unter anderen Menschen sei gesellig und leutselig und sprich lobend von ihnen, denk an ihre Tugenden und deine Fehler. Wenn du mit jemandem zusammen bist, sieh immer darauf, was sein Vorzug ist und was dein Fehler, auf dass du innerlich dich demütigen lernst wegen deiner Sünden, die Gott, den Engeln und dir bekannt sind.

Begib dich zum Studieren so, als wolltest du Speise für deine Seele aufnehmen, damit sie durch die Lesung gesättigt sich mit dem Gelesenen beschäftigen, zeitliche Dinge vergessen und ihre Laster bezähmen lerne. Es ist dir nicht nützlich, viel auf einmal zu studieren ohne Zerkauen und Beten, wohl aber, weniges zu kauen mit sehnsuchtsvollem Gebet und es in den Magen der Seele, in dein sittliches Verhalten zu überführen, dass die Seele gleichsam durch solche Nahrung gestärkt wird. Denn wie der Leib durch Speise, so wird die Seele durch Tugenden erquickt. Nie sollst du Studien betreiben, die die Seele nicht erquicken, denn die Frucht des Studiums ist die Stärke der Seele, und es soll dazu dienen, Tugenden zu erwerben.

Studieren zum Wissenserwerb oder um andere zu belehren, oder aus sonst einem Grund außer dem genannten, nährt die Seele nicht, sondern macht sie krank, so wie überflüssige Säfte den Leib, und erzeugt eitle Ehrsucht, ein hochmütiges Herz, ungeordnete Sitten, nichtige Gedanken, Haltlosigkeit des Gemüts, Vergessenheit und Missachtung Gottes, Beifall der Menschen, ein gestörtes Gewissen, einen verfinsterten Verstand und entkräftet und schwächt die Seele mehr als es sie labt. Ein mäßiges und wohlverdautes Studium nährt also die Seele mehr als ein wahllos ausgedehntes ohne gehörige Verdauung. Hieraus folgt, dass eine Seele tot ist, die nicht unablässig Gottes Worte verdaut zu sittlichem Verhalten, oder dass sie sich selbst verzehrt und wegen der

66 Lc. 14,16.
67 Prov. 28,14.

rum malarum humoribus et consumitur a demonibus sicut corpus a vermibus.

In pulsu horologii, quasi in medio inimicorum versans et in te deficiens clama ad Deum et ora: 'Ne derelinquas me Domine Deus meus, ne discesseris a me.' Aliquando ad beatam Virginem 'Ave Maria'. Cogita te a Deo respici, et opera tua ab angelis sibi presentari, quid boni fecisti, quantum profecisti et quid mali commisisti. Cum audis campanam, cogita: 'Surgite mortui, venite ad iudicium.' [267]

Semper niti sequi voluntatem aliorum in illis, que non sunt peccata vel contra Deum, et tuam voluntatem et consilium semper abicere. Omnia contraria et tibi dura cum labore et dolore capere et nulli ab extra[a] importune cum impaciencia respondere. Elige magis misereri et in hoc pocius excedere quam in duricia. Quando interrogas prelatum et rectorem tuum, cogita quod Dominus in eis habitans loquitur per eos et dicit suam voluntatem, et quam periculosum est tibi sue disposicioni per eos resistere.

Multociens cogita de peccatis cotidianis, ex qua radice procedunt. Timor immoderatus vel nimia presumptio cotidie te impediunt. Declinare ad divicias, ad delicias, ad honestatem et[b] applausum hominum, ad curiositatem, ad delectaciones terrenorum, ad propriam voluntatem et proprium videre, et fugere vel non curare humilia, ad huiusmodi declinare est regredi ad vicia et averti a Christo et maxime ab regula patris spiritualis, quia hec est verissima via ad virtutes, resistere viciis et humiliter obedire prelatis. [268]

De domino Heynrico[c] Bruyne[d].
Capitulum VII.

Magne devocionis et sancte simplicitatis virum necnon angelice puritatis sacerdotem preterire non debeo, sed suo primordiali socio atque precordialissimo conpresbitero domino Lubberto coniungere placet et

[a] nulli ab extra] nulli ad extra *K11*.
[b] et] ad *N1, P1*.
[c] Heynrico] Henrico *K11, Le1/2, N1, P1;* Heinrico *Vi1*.
[d] Bruyne] Bruun *K11;* Brune *N1*.

Säfte verschiedener böser Begierden in Fäulnis gerät und von Dämonen wie der Leib von Würmern verzehrt wird.

Wenn die Uhr schlägt, dann sei dir, als wärest du von Feinden umringt, und rufe in deiner Not zu Gott und bete: „Verlass mich nicht, Herr, mein Gott, weiche nicht von mir!“[68] Zuweilen bete auch ein 'Ave Maria' zur allerseligsten Jungfrau. Bedenke, dass Gott auf dich herniederr sieht und dass deine Werke von den Engeln vor ihn gebracht werden, was immer du Gutes getan, ob du dich gebessert und was du Böses begangen hast. Wenn du die Glocke hörst, so denk an den Ruf: „Steht auf, ihr Toten, kommt zum Gericht!“[69]

In allem, was nicht sündhaft oder Gott zuwider ist, sollst du bemüht sein, dem Willen der anderen zu folgen und den eigenen Willen und Rat immer zu verwerfen. Alles was dir unangenehm ist oder schwerfällt, nimm mit Mühe und Schmerz auf dich, und antworte niemandem schroff und ungeduldig. Neige lieber zur Barmherzigkeit und übertreibe es darin eher als in Hartherzigkeit. Wenn du deinen Vorgesetzten und Oberen befragst, so denke, dass Gott, der in ihrem Innern wohnt, durch sie spricht und seinen Willen kundgibt und wie gefährlich es für dich ist, in ihnen seiner Anordnung zu widerstehen.

Denke oftmals darüber nach, wo die Wurzel deiner täglichen Sünden liegt. Übertriebene Furcht oder zu große Selbstsicherheit behindern dich täglich. Nach Reichtum oder Vergnügen, nach Verehrung und Beifall der Menschen, nach Befriedigung der Neugier und Freude an irdischen Dingen zu streben, dem eigenen Willen und Gutdünken zu folgen und Niedriges zu meiden und gering zu achten – so sich gehen zu lassen heißt zu Lastern zurückkehren und von Christus und vor allem auch von der Regel des geistlichen Vaters sich abwenden. Denn das ist der sicherste Weg zur Tugend: den Lastern zu widerstehen und den Vorgesetzten demütig zu gehorchen.

Kapitel 7:
Von Herrn Hendrik Bruyn.

Nicht übergehen darf ich auch einen Mann von großer Andacht und heiliger Einfalt, einen Priester engelhafter Reinheit, vielmehr ist es mir eine Freude, ihn seinem allerersten Gefährten und herzlich verbundenen Mitpriester Lubbert an die Seite zu stellen und einiges zu seinem

68 Ps. 37,22.
69 S. oben Anm. 56.

aliquid in eius laudem proferre. Ipse est dominus Heynricus[a] Bruyne[b], sodalis domini Lubberti, Deo dilectus et hominibus acceptus, omnibus benignus, nulli onerosus. Hic de partibus Hollandie natus civis fuit Leydis civitatis ex honestis parentibus et amicis. Sed nil estimans seculi divicias et honores, amicorum vitavit aspectus, quesivit Dominum in tempore iuventutis, et usque ad senium adhesit illi corde perfecto.

Mansit autem in obediencia in domo domini Florencii cum omni humilitate et mansuetudine multa, audiens confessiones devotorum et celebrans missas suas cum magna devotione et reverencia, sine cura temporalium rerum vivens in tranquillitate et simplicitate cordis atque inter fratres conversans sine querela, testimonium bonum habens in tota Daventria, notus apud religiosos in pluribus locis, sicut verus Israhelita[c] absque dolo et nequicia, [269] tamquam columba sine felle, preditus singulari innocencia vite. Oculi eius semper ad Dominum, et ubicumque solus esse potuit, ab oracione et devota meditacione non cessavit. Sedebat aliquando in hyeme iuxta focum manus suas calefaciendo, sed faciem convertit ad parietem, secreto interim orans et silencium bene servans. Quod cum viderem, multum edificatus fui et eo amplius eum dilexi.

Numquam ego indecens verbum ab eo percepi nec super eo conqueri audivi, nisi quod missam suam ceteris tractius celebrare consuevit. Quo tamen facto plures seculares ad devocionem misse sue traxit, et facilis ei indulgencia dabatur, quia invite a dilecto Iesu separabatur. Accidit autem ut vir quidam fidelis occulta impugnacione dyaboli temptaretur in fide, qui etiam de sacramento altaris cepit quodammodo dubitare de veritate corporis Christi. Is ergo cum staret ad audiendam missam huius devoti sacerdotis, sepe ingemuit dolens de prava immissione spiritus maligni oravitque Dominum, ut sui in hac vacillacione dignaretur misereri. Sed misericors Deus, qui animarum saluti variis ac miris modis occurrere solet, prefatum virum nova [270] et insolita visione

a Heynricus] Henricus *Le1/2, N1, P1, Vi1.*
b Bruyne] Brune *K11;* Bruine *N1.*
c Israhelita] israelita *Le1/2, Vi1.*

Lobe vorzutragen. Dies ist Herr Hendrik Bruyn[70], der Genosse des Herrn Lubbert, wohlgefällig vor Gott und beliebt bei den Menschen, gütig gegen alle und keinem lästig. Er war gebürtig aus Holland, ein Bürger der Stadt Leiden, und stammte aus einer ehrbaren Familie. Doch hatte er für die Reichtümer und Ehren der Welt nur Geringschätzung, mied den Umgang mit Freunden, suchte den Herrn schon in seiner Jugend und hing ihm an mit ganzem Herzen bis ins Greisenalter.

Er unterwarf sich aber der Pflicht zum Gehorsam im Herr-Florens-Haus, in aller Demut und Sanftmut, hörte die Beichte der Devoten und feierte die heilige Messe mit großer Andacht und Ehrfurcht. Ohne Sorge um irdische Dinge lebte er in Ruhe und Einfalt des Herzens unter den Brüdern ohne Streit. In ganz Deventer hatte er einen guten Ruf und war vielerorts bei den Frommen bekannt als ein 'wahrer Israelit ohne List und Bosheit'[71], von unschuldigem Lebenswandel wie eine Taube ohne Galle[72]. Seine Augen waren beständig zum Herrn gerichtet, und wo immer er allein sein konnte, widmete er sich unablässig dem Gebet und frommer Betrachtung. Einst saß er im Winter beim Feuer und wärmte sich die Hände, wendete aber sein Gesicht zur Wand, still für sich betend und das Schweigegebot achtend. Als ich ihn so sah, war ich sehr gerührt und liebte ihn umso mehr.

Nie vernahm ich ein unziemliches Wort aus seinem Munde und hörte auch nie eine Klage über ihn, außer dass er die heilige Messe langsamer als andere zu lesen pflegte. Dadurch aber wurden viele Laien zur Andacht bewegt, und man sah es ihm auch leicht nach, weil er sich nur ungern von seinem geliebten Jesus trennen ließ. Einst aber begab es sich, dass ein sonst frommer Christ durch geheime Anfechtung des Teufels im Glauben versucht wurde und am Altarssakrament und der wahren Gegenwart des Leibes Christi zu zweifeln begann. Als dieser der Messe unseres frommen Priesters beiwohnte, seufzte er oftmals schmerzlich über die schlechte Einflüsterung des bösen Geistes und flehte zum Herrn, dass er sich seiner in diesen Zweifeln erbarmen möchte. Der barmherzige Gott aber, der dem Heil der Seelen auf mancherlei Weise zu Hilfe kommt, belehrte jenen Mann durch eine neue

70 Über ihn s. auch Dier, Scriptum, DUMBAR, S. 78f., und die volkssprachige Vita bei BRINKERINK 1902, S. 340-343. Er war wegen einer Sprachbehinderung nicht zur Leitung des Fraterhauses geeignet, s. Dier, S. 49. Vgl. VAN DER WANSEM, S. 118.

71 Io. 1,47; vgl. oben Buch II,14, bei Anm. 68.

72 Frühe Belege für diese Wendung: Tertullian, De baptismo 8,3, CCL 1, S. 283; Augustinus, In Iohannis evangelium tract. 6,3, CCL 36, S. 54. Vgl. ROBERT FAVREAU, Sine felle columba. Sources et formation d'une formule épigraphique, in: Cahiers de civilisation médiévale 32, 1989, S. 105-113.

instruxit atque in fide suaviter confortavit. Vidit namque inter manus sacerdotis sibi apparere non speciem panis, sed formam speciosi pueri pre filiis hominum, et nimium stupens ac tremens gracias egit et[a] Deum benedixit. Sacerdos vero de his nichil[b] sciens officium misse solito more cum benedictione complevit. Non enim propter eum qui fide et gracia plenus erat hec ostensa sunt, sed propter infirmum in fide roborandum.

Et quia sermo de venerabili sacramento incidit, adhuc referam consimile factum de quodam sacerdote in partibus Frisie, sed minus laudabilis vite. Siquidem bone memorie fratre nostro Alardo narrante cognovi, quod erat secum quidam presbiter parve sciencie et fame non clare. Iste cum ecclesiam intraret ut divina celebraret, honesta quedam matrona que eius impericiam cognovit, cepit intra se de eo suspecte cogitare ac murmurando dicere: „Quid tu imperite vis facere et quomodo tu indigne poteris tam magnum sacramentum conficere?" Hec ea cogitante presbiter cepit celebrare et divina misteria tractare et consecrare. Factum est autem, dum venerabile sacramentum ritu ecclesiastico consecratum elevaretur et omnis populus [271] hoc flexis genibus[c] fideliter adoraret, matrona supradicta vidit in elevacione apertis oculis figuram hominis Christi nimium stupida et perplexa. Finita itaque missa hanc visionem alteri sacerdoti secrete exposuit, et quid mali de celebrante antea cogitaverit humiliter confessa est. Qui diligenter geste rei ordinem et visionem examinans matrone respondit: „Hoc Deus pro vestra salute fieri permisit, ne de cetero male de sacerdotibus cogitetis, nec de vera consecracione dubitetis, licet male fame sint et indigne vite." Illa hec audiens firmam fidem tenuit et Deo iudicium de sacerdotibus eius commisit.

Sed non te pigeat aliud iterum miraculum de hoc summe veneracionis sacramento audire. Eo namque tempore, quo monasterium montis sancte Agnetis illic moraturus intravi, quidam devotus clericus mecum

[a] et] ac *K11, Le1/2, Vi1.*
[b] de his nichil] nichil de his *K11, Le1/2, Vi1.*
[c] flexis genibus] genibus flexis *K11, Le1/2, Vi1.*

und ungewöhnliche Vision[73] und kräftigte ihn auf sanfte Weise im Glauben. Denn er sah in der Hand des Priesters nicht die Gestalt des Brotes, sondern die Erscheinung eines Knaben, schöner als alle Kinder der Menschen. Voller Staunen und zitternd sagte er Dank und pries Gott. Der Priester aber, der davon nichts bemerkte, beschloss die heilige Messe wie gewöhnlich mit dem Segen. Denn nicht um seinetwillen, der voll des Glaubens und der Gnade war, wurde dies gezeigt, sondern um den Schwachen im Glauben zu stärken.

Und weil nun einmal von dem ehrwürdigen Sakrament die Rede ist, will ich noch ein ähnliches Ereignis von einem gewissen Priester aus Friesland anführen, dessen Leben jedoch weniger löblich war. Von ihm erzählte mir unser Bruder Alard seligen Andenkens[74], der mit ihm zusammen war, er sei weder sonderlich gelehrt noch auch sonst von bestem Ruf gewesen. Als dieser also einmal in die Kirche trat, um das heilige Opfer zu feiern, kamen einer ehrbaren Matrone, die seine Unwissenheit kannte, abfällige und zweifelnde Gedanken über seine Person, und sie sprach murrend bei sich: „Was wagst du zu tun, unverständiger Mensch, und wie wirst du Unwürdiger ein so erhabenes Sakrament vollziehen können?“ Indem sie solche Gedanken hegte, begann der Priester mit der Messfeier und der Bereitung der heiligen Geheimnisse. Als nun das ehrwürdige Sakrament nach kirchlichem Ritus bei der Wandlung erhoben wurde und das ganze Volk es auf den Knien anbetete, sah jene Matrone mit offenen Augen deutlich Christus in Menschengestalt und war vor Schreck ganz verwirrt. Nach dem Schluss der Messe offenbarte sie diese Vision vertraulich einem anderen Priester und bekannte in Demut, wie sie zuvor schlecht über den Zelebranten gedacht habe. Als dieser die Umstände und die Vision gehörig erwogen hatte, antwortete er der Matrone: „Dies hat Gott um eures Heiles willen geschehen lassen, dass ihr ein anderes Mal nicht schlecht von den Priestern denkt noch an der Wirksamkeit der Konsekration zweifelt, auch wenn irgendein Priester in üblem Ruf steht und ein unwürdiges Leben führt.“ Als sie das hörte, hielt sie am Glauben fest und stellte Gott das Gericht über seine Priester anheim[75].

Doch lass es dich nicht verdrießen, noch ein anderes Wunder von diesem hochwürdigsten Sakrament zu hören. Zur Zeit als ich in das Kloster auf dem Agnetenberg eintrat, um dort zu bleiben[76], machte

73 Zum Typus dieser und der im folgenden berichteten Visionen vgl. PETER BROWE, Die eucharistischen Wunder des Mittelalters, Breslau 1938.

74 Über ihn s. oben Buch I,5, bei Anm. 43.

75 Vgl. jedoch die strikte Verurteilung irregulär lebender Priester durch Geert Grote, Sermo de focaristis, hg. von HOFMAN 2011.

76 Thomas war 1399 zur Ablassgewinnung von Deventer nach Zwolle gereist und hatte dann im Kloster Agnetenberg um Aufnahme gebeten, vgl. Chronica Montis S. Agnetis, cap. 8, POHL 7, S. 368, und oben Einführung, Anm. 52.

diu in eodem loco[a] habitans pro quadam causa ad vicinum monasterium perrexit. Cumque in itinere esset, iunxit se illi quidam secularis cum eo socialiter vadens ac familiariter colloquens. Factum est autem dum pariter ambularent et de Deo conferrent, ait ille secularis clerico secum comitanti: „Dicam vobis, amice dilecte, quid michi in vita mea breviter accidit. Longo fui tempore, [272] quod intrans ecclesiam numquam potui sacramentum altaris in manibus sacerdotis videre. Estimans autem quia[b] nimis remote tunc starem et pre caligine oculorum non possem bene videre, accessi propius quantum ausus fui et licuit, sed nichil penitus profuit michi[c], nichilque inter manus sacerdotis conspexi. At istud etiam ultra annum michi[d] evenit, et qua de causa non satis perpendi. Tandem in me reversus et multum perplexus ad sacerdotem me contuli et cuncta ei in confessione denudavi.

Ille benigne me audiens et caute secreta perquirens invenit me stare in odio cuiusdam proximi mei, cui pro nulla re volui offensam qua me offenderat dimittere. Animadvertens bonus et discretus confessor culpam malicie mee[e], increpando et ammonendo perdocuit me, asserens periculose valde fore in tali duricia stare nec posse aliquando veniam promereri, nisi ex corde dimitterem offensas omnes, atque idcirco michi istud accidere, quia non essem dignus divinum sacramentum oculis malignis intueri. Auditis his sacris monitis acquievi consilio sacerdotis et toto corde compunctus remisi ex integro iniurias, nolens me ipsum de cetero vindicare, quatenus possem Deo reconsiliari[f] et graciam per-[273]ditam recuperare. Tunc demum sacerdos me absolvit et imposita penitencia abire permisit. His gestis statim ad ecclesiam intravi et missam audivi Deo michi propicio facto, sacrum corpus Christi in manibus sacerdotis oculis meis clarissime vidi, et gracias agens Deum[g] in mirabilibus operis suis benedixi.“

Sed ad propositum redeundum et de felici fine dilecti domini Henrici[h] aliquid iam tractandum. Nam cuius vita virtutibus ornata extitit, eius quoque exitus felicem transitum ex hoc mundo meruit habere. Inter alias virtutes homo iste pius et devotus suo superiori humiliter

[a] diu in eodem loco] in eodem loco diu *Le1/2.*
[b] quia] quod *K11, Le1/2, Vi1.*
[c] sed nichil penitus profuit michi] *fehlt in K11.*
[d] ultra annum michi] michi ultra annum *Le1/2, Vi1.*
[e] mee] me *Le1/2, Vi1.*
[f] reconsiliari] reconciliari *P1.*
[g] Deum] *fehlt in Le1/2, Vi1.*
[h] Henrici] Heynrici *K11;* Henrici *Le1/2;* Herrici *Vi1.*

sich ein frommer Kleriker, mit dem ich dann lange an jenem Ort zusammengewohnt habe, wegen einer bestimmten Angelegenheit auf den Weg in ein benachbartes Kloster. Unterwegs schloss sich ihm ein Laie an, der sich als geselliger Begleiter freundschaftlich mit ihm unterhielt. Und während sie so gingen und über Gott sprachen, sagte jener Laie zu dem Kleriker: „Ich will euch kurz erzählen, lieber Freund, was mir einmal in meinem Leben widerfahren ist. Lange Zeit ging es mir so, dass ich in der Kirche das Altarssakrament in den Händen des Priesters nicht erkennen konnte. Zunächst dachte ich, dass ich zu weit entfernt stünde und wegen meiner schwachen Augen nicht gut sehen könnte. Daher trat ich näher heran, soweit ich es wagte und durfte, doch war das vergebens, denn ich konnte auch jetzt nichts in den Händen des Priesters sehen. So geschah mir länger als ein Jahr, ohne dass ich über die Ursache recht nachdachte. Schließlich aber besann ich mich und suchte voller Unruhe einen Priester auf, dem ich das Ganze in der Beichte darlegte.

Er hörte mich gütig an, suchte vorsichtig das Geheimnis zu ergründen und fand endlich, dass ich gegen einen meiner Nächsten großen Hass im Herzen hegte und ihm um keinen Preis eine Beleidigung vergeben wollte, die er mir angetan hatte. Und als der fromme und kluge Beichtvater die Schuld meiner Bosheit erkannt hatte, belehrte er mich durch Zurechtweisungen und Ermahnungen, wie gefährlich es wäre, länger bei solcher Hartherzigkeit zu bleiben, und dass ich selbst nie auf Verzeihung hoffen dürfe, wenn ich nicht meinerseits alle Beleidigungen von Herzen verziehe. Auch sei es mir deshalb so ergangen, weil ich nicht würdig war, das göttliche Sakrament mit meinen boshaften Augen anzuschauen. Nachdem ich diese Ermahnungen angehört hatte, fügte ich mich dem Rat des Priesters und gewährte in tiefer Herzensreue vollständige Vergebung für die mir zugefügten Beleidigungen, ohne jeden Gedanken an eine künftige Rache, damit ich mit Gott versöhnt werden und die verlorene Gnade wieder finden könnte. Da sprach endlich der Priester mich los, legte mir eine Buße auf und entließ mich in Frieden. Und bald darauf ging ich in die Kirche, hörte die Messe und konnte, da ich nun mit Gott ausgesöhnt war, den heiligen Leib Christi mit meinen Augen aufs deutlichste in den Händen des Priesters erkennen. Und ich dankte Gott und pries ihn ob seiner wunderbaren Werke."

Doch müssen wir nun zu unserem Thema zurückkehren und einiges von dem glückseligen Ende des geliebten Herrn Hendrik erzählen. Da sein Leben reich an Tugenden war, hatte er einen glücklichen Übergang aus dieser Welt verdient. Zu den Tugenden dieses frommen und andächtigen Mannes gehörte auch dies, dass er seinem Oberen in Demut ergeben war und damit ein gutes Beispiel den Priestern und Kleri-

erat subiectus, dans exemplum bonum presbiteris et clericis, ne se elevent propter sacerdotalem gradum supra iuniores.

Celebravit aliquociens in festis apud leprosos de licencia domini Florencii, ubi eidem tunc ministravi. Quadam vice cum fratribus perrexit pro indulgenciis in Arnem[a], et interrogatus est in via pro quanto indulgencias suas daret. Qui ait: „Libenter darem indulgencias meas pro hac gracia, ut quocienscumque alicui aliqua bona dicerem, quod ille statim converteretur et vitam suam emendaret." Quod audientes fratres mirabiliter edificati sunt de tam bono [274] responso ex magno animarum zelo in corde pio et puro.

Igitur anno Domini millesimo quadringentesimo vicesimo nono cum pestilencia regnaret Sutphanie, ubi tunc fratres domus domini Florencii a Daventria proscripti cum multis aliis devotis morabantur[b], dominus Heynricus[c] ipsa peste infirmatus est et ad extrema pervenit, premium laboris sui a Domino confidenter expectans. Qui fere a tempore magistri Gerhardi stetit in domo domini Florencii per annos circiter quadraginta quattuor sacerdocio functus, diutissime vivens ultra omnes qui secum in primo fervore inceperunt. Sed et[d] per omne tempus suum laboravit in opere scripture, quem multociens vidi vasa coquine lavantem et alia humilia opera facientem. Pene nichil scivit nec voluit loqui nisi de Deo et de salute animarum.

Et quod exercuit in vita, continuavit usque ad mortem. Nam omnes horas suas legit usquequo tradidit spiritum. Nec lectionem sacre scripture intermisit in infirmitate sua, consolacionem querens pocius in sermonibus Dei quam in confabulacione hominum. Migravit autem ab hoc seculo piissimus sacerdos anno Domini supra dicto in crastino sancti Bartholomei[e] apostoli circa undecimam horam [275] diei, ipso die sancti Gregorii episcopi Traiectensis. Sepultus est autem in cimiterio sancte Walburge[f] virginis apud collegium canonicorum in Sutphania.

a Arnem] Aernem *K11, Le1/2.*
b morabantur] *Sommalius;* morabatur *Hss., Pohl.*
c Heynricus] Henricus *K11, Le1/2, N1, P1;* Herricus *Vi1.*
d et] *fehlt in K11.*
e Bartholomei] Bertholomei *Vi1.*
f Walburge] Walburgis *K11.*

kern gab, sich nicht wegen ihres Priesterranges über die Jüngeren zu erheben.

Zuweilen las er an hohen Feiertagen die Messe bei den Aussätzigen, mit besonderer Erlaubnis des Herrn Florens, wo ich ihm dann am Altar diente. Einmal reiste er mit den Brüdern nach Arnheim, um den Ablass zu gewinnen[77], und als er auf dem Wege befragt wurde, um welchen Preis er seinen Ablass hergeben wollte, antwortete er: „Gern würde ich meine Ablässe um die Gnade geben, dass jeder sich sogleich bekehrte und sein Leben besserte, dem ich etwas Gutes sagte." Die Brüder aber, die dies hörten, wurden sehr erbaut durch diese gute Antwort, die von seinem großen Eifer für das Heil der Seelen und seinem frommen und reinen Herzen zeugte.

Im Jahr des Herrn 1429, als die Pest in Zutphen wütete, wo damals die aus Deventer vertriebenen Brüder des Herr-Florens-Hauses sich mit vielen anderen Devoten aufhielten[78], erkrankte auch Herr Hendrik an dieser Seuche und kam zu seinem Ende, den Lohn seiner Mühen im Vertrauen auf den Herrn erwartend. Er hatte noch seit der Zeit des Magisters Gerhardus etwa 44 Jahre als Priester im Herr-Florens-Haus verbracht und überlebte bei weitem alle, die mit ihm im Gründungseifer der Bewegung begonnen hatten. Er verwendete aber seine ganze Zeit darauf, Bücher zu schreiben. Sehr oft sah ich ihn auch, wie er in der Küche die Gefäße wusch und andere niedrige Arbeiten verrichtete. Er wusste und wünschte auch von nichts anderem zu sprechen als von Gott und vom Heil der Seelen.

Und was er in seinem Leben tat, das setzte er fort bis an seinen Tod. Denn er verrichtete die Stundengebete bis er seinen Geist aufgab. Auch unterließ er selbst in seiner Krankheit nicht die Lesung der Heiligen Schrift und suchte seinen Trost mehr in den Worten Gottes als im Reden mit den Menschen. Es ging aber dieser fromme Priester aus dieser Welt im obengenannten Jahr am Tage nach dem Fest des heiligen Apostels Bartholomäus, um die elfte Stunde des Tages, am Feste des heiligen Gregorius, des Bischofs zu Utrecht[79]. Begraben wurde er auf dem Friedhof der heiligen Jungfrau Walburgis bei dem Stift der Chorherren zu Zutphen.

77 Ablässe für Arnheim in der fraglichen Zeit sind bezeugt für 1395 und 1410, s. PAUL FREDERICQ (Hg.), Codex documentorum sacratissimarum indulgentiarum Neerlandicarum, 's-Gravenhage 1922, S. 25, Nr. 33 und S. 27, Nr. 37. Vgl. auch die vorige Anm.

78 Weil die Brüder das 1425 im Zuge des Utrechter Bischofsschismas verhängte päpstliche Interdikt befolgen wollten, wurden sie von der Obrigkeit zum Verlassen der Stadt genötigt. Hendrik Bruyn durfte zunächst in Deventer bleiben, um das Fraterhaus zu hüten, musste aber dann wegen einer Erkrankung zu den anderen Brüdern nach Zutphen ziehen, wo er 1429 der Pest erlag; s. Dier, Scriptum, DUMBAR, S. 73 und 78.

79 Bartholomäustag: 24. August, Fest Gregors von Utrecht: 25. August.

De domino Gerhardo Sutphanie[a]. Capitulum VIII.

Libet iam devoti et eruditi viri domini Gerhardi de Sutphania[b] virtutes breviter indagare et pro bono memoriali vite eius exempla atque scripta future generacioni imitanda proponere, qui inter primos fratres et divine legis zelatores meruit prestantior nominari. Et licet brevi vixerit tempore, gratissima tamen nobis reliquit doctrine monimenta. Erat enim studiosus valde in scripturis sanctis, trahens etiam ex abditis sentenciis doctorum varias aromatum species contra viciorum morbos ad sanandum animarum languores, sicut precipue patet in duobus libellis ab eo editis, quorum unus incipit 'Homo quidam' et alius 'Beatus vir' intitulatur.

Ab infancia namque et puerilibus annis ad discendum inclinatus fuit ingenio habilis[c] et ad artes avidus liberales, refugiens ex [276] anima[d] negocia secularia et quecumque poterant studium sapiencie impedire. Cumque adolevisset bone indolis iuvenis perrexit ad extraneas scolas melius imbuendus, ibique toto conamine satagebat bene frequentare, mane diluculo surgere et ad audiendam lectionem tempestive properare. Omne tempus ad studendum breve sibi videbatur, semper ex ore magistri aliquid uberioris sciencie capere cupiens, quod armariolo pectoris sui tenacius inserebat. In tantum animus eius flagrabat in sciencia proficere, ut vehementer tristaretur, quando in scolis non legebatur a magistris. Proinde quandoque flebat quod diebus celebribus lectio non fiebat, male contentus quod dies sine fructu lectionis

a Sutphanie] frater fuit iste M. Gerardus iunior venerabilis patris nostri fratris Helmici amoris Hoyensis etc. *in K11 auf dem Rand hinzugefügt.*

b Sutphania] *Le1/2, Vi1 fügen hinzu* cognomento Zeerbolt.

c habilis] *korrigiert aus* abilis *K11;* abilis *P1.*

d anima] animo *K11, Le1/2, N1, P1, Vi1.*

Kapitel 8:
Von Herrn Gerhard von Zutphen[80].

Nun wollen wir auch etwas von den Tugenden des frommen und gelehrten Herrn Gerhard von Zutphen hervorsuchen und sein beispielhaftes Leben und seine Schriften dem künftigen Geschlecht als ein würdiges Denkmal zur Nachahmung aufstellen. Verdient er doch unter den ersten Brüdern und Eiferern für das göttliche Gesetz besonders genannt zu werden. Wenngleich er nur kurze Zeit lebte, hinterließ er uns doch wertvolle Zeugnisse seiner Gelehrsamkeit. Er studierte mit großem Eifer die heiligen Schriften und gewann aus den entlegenen Äußerungen der Gelehrten verschiedene Heilmittel gegen die Krankheiten der Laster zur Heilung schwacher Seelen, wie besonders aus den beiden von ihm verfassten Traktaten erhellt, die 'Homo quidam' und 'Beatus vir' betitelt sind[81].

Von Kindheit und Knabenalter an war er lernbegierig, er hatte einen fähigen Verstand und fühlte sich zu den freien Künsten hingezogen. Weltliche Beschäftigung und alles, was ihn vom Studium abhalten konnte, war ihm zuwider. Als der begabte Jüngling herangewachsen war, suchte er zur besseren Ausbildung eine auswärtige Schule auf, nahm fleißig und regelmäßig am Unterricht teil, stand morgens in der Frühe auf und beeilte sich, pünktlich bei den Vorlesungen zu erscheinen. Stets erschien ihm die Zeit des Lernens zu kurz, und immer wollte er aus dem Mund des Lehrers noch mehr Wissensstoff vernehmen, um ihn sich dauerhaft einzuverleiben. So sehr brannte er darauf, im Wissen fortzuschreiten, dass es ihm großen Kummer bereitete, wenn der Schulunterricht einmal ausfiel. Ja er weinte sogar zuweilen, dass an Feiertagen keine Vorlesungen gehalten wurden, und war unzufrieden, dass ihm ein Tag verging ohne den Genuss des Unterrichts. Sein vornehmer Ernst hatte nichts gemein mit der Trägheit der Stumpfsinni-

80 Vgl. auch die Nachrichten bei Dier, Scriptum, DUMBAR, S. 47-49, und die volkssprachige Vita bei BRINKERINK 1902, S. 335-339. – Zu Gerhard Zerbolt von Zutphen s. VAN DER WANSEM, S. 156-161; J. VAN ROOIJ, Gerard Zerbolt van Zutphen, I: Leven en geschriften, Nijmegen u.a. 1936 (mehr nicht erschienen); G. H. GERRITS, Inter timorem et spem. A study of the theological thought of Gerard Zerbolt of Zutphen (1367-1398), sowie die Beiträge des Sammelbandes: Kirchenreform. – Eine Randnotiz der Kölner Handschrift *K11* (s. Apparat) bezeichnet Gerhard Zerbolt als jüngeren Bruder des Priors von Huy (=Kreuzherrenkloster Clair-Lieu), Helmicus Amoris. Dieser war zugleich Generalprior der Kreuzherren (†1441) und hat sich für die Verbreitung der Schriften seines Halbbruders eingesetzt, der wohl aus einer zweiten Ehe seiner Mutter Stouwe Minne (='Amor') stammte, s. KOCK, S. 173ff.

81 Die hier wie öfter nach ihren jeweiligen Initien zitierten Traktate liegen jetzt in kritischen Editionen vor; 'De reformacione virium anime' (= 'Homo quidam'): LEGRAND 2001; 'De spiritualibus ascensionibus' (= 'Beatus vir'): LEGRAND 2006.

transiret. Longe namque distabat ingenua mens eius a segnicie obtusorum et evagacione lascivorum, qui per plateas currentes lusibus delectantur insanis, horrentes scolas et ecclesiam raro visitantes. Hic vero pensabat ad quid venisset et cur scole institute essent, ideoque acriter studio incubuit[a] et tam sapienter profecit, ut de scolastico discipulo eterne sapiencie discipulus postmodum fieri mereretur.

Nam Deo disponente tandem ad studium Daventriense accessit, ibique inventis devotis fratribus domino Florencio firmiter [277] adhesit, et sufficienter iam edoctus fragilem mundi statum pro Christi amore et propria salute dereliquit. Cepit itaque conversus diligenter emendacioni insistere et in spirituali fervere profectu ac mentem suam ab omnium temporalium rerum implicacione segregare et tamquam bonus eremitarius cellam diligere et ad interna exercicia se dare, tempus suum studendo scribendo expendere, ita ut multi stuperent quia raro visus est egredi et solacium deforis non captaret.

Habuit autem pro solacio maximo libros sanctos et pro spaciamento campi quesivit sacra palacia celi. Transiens vero ad ecclesiam quasi sine advertencia hominum pertransivit. Cumque interrogaretur an non impediretur a transeuntibus secularibus[b], respondit: „Cogito quod grex porcorum ibi transit. Quid ad me de statura hominum?“ Sedens in camera sua ita intentus erat operi suo scribendo, legendo, orando, quod sepe de tota die non aperuit fenestram nec foras respiceret, licet aura satis serena fuisset. Dixit ergo ei quidam ex fratribus: „Cur non aperitis fenestram vestram? Vos sedetis hic quasi in cavea clausus, bonum esset quod aliquam respiracionem caperetis.“ Respondit [278] homo deditus studio discipline: „Si possem vacare et scirem tantum precogitare, forte bonum esset quod hoc facerem.“

Quesitum est ab eo quid cogitaret quando ad prandium pulsatum esset. Qui ait: „Sicut ad unum sic ad reliquum opus vado.“ Pene nichil curabat iste quid comederet vel quando hora refectionis esset. Et cum necessitas ad comedendum urgeret, magis ad audicionem sacre lectionis quam ad reficiendum corpus festinavit. Fuit preterea incurius sui corporis[c], maiorem curam gerens de viribus anime reparandis. Et nisi dominus Florencius pro eius necessitatibus sollicitus fuisset, cito se ipsum destruxisset et defecisset. Hinc accidit quod occultum morbum,

[a] incubuit] incumbebat *Le1/2, Vi1.*

[b] transeuntibus secularibus] secularibus transeuntibus *Le1/2, Vi1.*

[c] sui corporis] corporis sui *K11, Le1/2, Vi1.*

gen und der Ausgelassenheit der Herumtreiber, die über die Plätze laufen, an albernen Spielen ihr Vergnügen haben, die Schule verabscheuen und nur selten zur Kirche gehen. Vielmehr bedachte er, wozu er gekommen war und zu welchem Zweck die Schulen eingerichtet seien, und verlegte sich mit solchem Eifer auf das Studium und machte darin so große Fortschritte, dass es ihm nachmals beschieden wurde, aus einem Lehrling des Schulwissens zu einem Jünger der ewigen Weisheit zu werden.

Denn durch Gottes Fügung kam er schließlich an die Schule zu Deventer, lernte dort die frommen Brüder kennen und schloss sich eng dem Herrn Florens an. Und da nun seine Bildung vollendet war, zog er sich aus Liebe zu Christus und um des eigenen Seelenheils willen aus dem unsicheren Stand der Welt zurück. Nach seiner Bekehrung begann er ernsthaft sein Leben zu bessern, sich mit großem Eifer um geistliche Vervollkommnung zu bemühen, jede Berührung mit weltlichen Dingen zu meiden, seine Zelle zu lieben wie ein guter Eremit, geistlichen Übungen sich zu widmen und seine Zeit mit Studieren und Schreiben zu verbringen, so dass viele sich über ihn wunderten, weil er kaum je das Haus verließ und nie draußen Erholung suchte.

Sein größter Trost waren heilige Bücher, und statt eines Spaziergangs über das Feld strebte er zu den heiligen Hallen des Himmels. Wenn er aber zur Kirche ging, schien er die Menschen um ihn herum nicht wahrzunehmen. Als man ihn fragte, ob er sich von den vorübergehenden Weltleuten nicht gestört fühle, antwortete er: „Ich stelle mir vor, dass da eine Schweineherde vorbeizieht. Was geht mich das Aussehen der Menschen an?“ Wenn er in seiner Kammer saß, war er so sehr in seine Arbeit vertieft, ob er nun schrieb, las oder betete, dass er oft den ganzen Tag das Fenster nicht öffnete und hinaussah, selbst wenn die Luft recht mild war. Daher sagte einmal einer der Brüder zu ihm: „Warum öffnet ihr euer Fenster nicht? Ihr sitzt hier eingeschlossen wie in einer Höhle; es täte euch gut, wenn ihr ein wenig frische Luft schöpftet.“ Da erwiderte er, der sich ganz den geistlichen Übungen verschrieben hatte: „Wenn ich innerlich frei würde und mich nur der Betrachtung des Künftigen widmen könnte, vielleicht würde mir das guttun.“

Einmal fragte man ihn, was er denke, wenn zum Mittagsmahl geläutet wird. Er sagte: „Ich gehe zu der einen wie zu jeder anderen Verrichtung.“ So achtete er kaum darauf, was er aß oder zu welcher Stunde die Mahlzeit war. Und wenn das Bedürfnis zur Nahrungsaufnahme drängte, trieb ihn mehr die geistliche Tischlesung als die Stärkung des Leibes zur Eile. Überhaupt kümmerte er sich nicht um sein körperliches Wohlbefinden, sondern mehr um den Erhalt seiner Seelenkräfte. Und wenn Herr Florens nicht um seine Bedürfnisse besorgt gewesen wäre, hätte er sich bald zugrunde gerichtet und wäre verschmachtet. So kam es, dass er lange klaglos eine verborgene Krankheit ertrug, die von

quem medici fistulam vocant, diu pacienter portavit, nolens aliquos secum occupari nec pro se expensas fieri, sed dolores in corpore pro anime remedio pati. Verum ubi dominus Florencius hoc percepit, medicum advocavit, qui curam eius gereret donec sanaretur.

Erat autem armarius et custos librorum magnam diligenciam habens pro libris colligendis et scribendis. Et multis clericis extraneis sacros codices concessit, ut haberent in domibus suis et in scolis lectiones sacras ad vi-[279]tandum fabulas ociosas et vagos circuitus in festis, quibus precipue ammonentur clerici intendere divinis. Et dicebat: „Isti libri plus predicant et docent quam nos dicere possumus. Nam libri sacri sunt animarum nostrarum lumina et solacia atque vera medicamina vite, quibus non minus in hac peregrinacione carere possumus quam ecclesie sacramentis." Diligebat autem sacre theologie libros super omnes divicias mundi, et plus gaudebat de bono codice bene scripto quam de prandio lauto aut optimi saporis vino. Sciebat enim quod non erunt sapientes qui delicatis ferculis et potibus delectantur. Qui vero studiis sacris dediti sunt, replebuntur sapiencia et celestibus secretis[a] merentur admitti. Igitur libros in maxima reverencia habuit, desiderantissime in eis legit et sub diligenti custodia eos servavit.

Plures etiam clerici ad eum pro diversis casibus et dubiis solvendis veniebant et libenter collaciones eius audiebant, quia erat vir eloquens et doctus et in multis exercitacionibus probatus, sciens quid unicuique deberet respondere. Frequenter dominus Florencius ipsum advocavit pro negociis domus disponendis, et precipue cum eo tractabat de his que iuris periciam requirebant et spiri-[280]tualem causam expetere videbantur. Unde si quid grave et arduum occurrisset, hoc declaracioni et examini magistrorum ubi oportuit reservavit, audiens reverenter doctores et sequens incunctanter sanctorum autoritates[b], dicta sua

[a] celestibus secretis] secretis celestibus *K11, Le1/2, Vi1.*
[b] autoritates] auctoritates *K11, Le1/2, Vi1.*

den Ärzten Fistel genannt wird, weil er niemanden damit belästigen oder Ausgaben seinetwegen verursachen, sondern die körperlichen Schmerzen zu seinem Seelenheil erdulden wollte. Als aber Herr Florens davon erfuhr, ließ er einen Arzt kommen, der ihn behandelte, bis er geheilt war.

Er war der Bibliothekar des Hauses[82] und Hüter der Bücher, eifrig auf das Sammeln und Kopieren der Handschriften bedacht. Vielen auswärtigen Schülern lieh er religiöse Schriften aus, damit sie in ihren Häusern und in der Schule frommen Lektürestoff hätten, und zur Vermeidung müßigen Geredes und unnützen Herumtreibens an Festtagen, wenn die Schüler besonders angehalten sind, sich heiligen Dingen zu widmen. Und er pflegte zu sagen: „Diese Bücher predigen und lehren mehr als sich sagen lässt. Denn heilige Bücher sind Licht und Trost unserer Seele und wahre Heilmittel des Lebens, die wir auf dieser irdischen Pilgerfahrt nicht weniger entbehren können als die Sakramente der Kirche." Er liebte aber die Bücher der heiligen Theologie mehr als alle Schätze der Welt und hatte größere Freude an einem guten und gut geschriebenen Kodex als an als einem üppigen Mahl oder edlem Wein. Denn er wusste, dass diejenigen nicht zur Weisheit gelangen, die sich an köstlichen Speisen und Getränken ergötzen. Wer sich aber heiligen Studien verschrieben hat, wird mit Weisheit erfüllt[83] und gewürdigt, Zugang zu erhalten zu den Geheimnissen des Himmels. Deshalb hielt er die Bücher in größten Ehren, las begierig darin und verwahrte sie in sorgfältiger Hut.

Auch kamen viele Geistliche zu ihm, um sich in verschiedenen Angelegenheiten und Zweifelsfällen Rat zu holen[84], und hörten gern seine religiösen Ansprachen, denn er war beredt und gelehrt und in vielen Dingen erfahren, so dass er wusste, was er jedem zu antworten hatte. Oftmals zog Herr Florens ihn zu Rate, wenn es Geschäfte des Hauses zu regeln gab, und vor allem besprach er sich mit ihm in Fragen, die Rechtskenntnisse erforderten und von geistlichem Belang waren. Wenn sich aber eine gewichtige und ernsthafte Schwierigkeit ergab, überließ Gerhard dies, soweit notwendig, der Begutachtung und Erörterung der Gelehrten, hörte ehrerbietig auf das Wort der Doktoren und folgte auch der Autorität der Kirchenlehrer, indem er seine Stel-

82 Über das Amt des *armarius* oder *librarius*, so die häufigere Bezeichnung, s. KLAUSMANN, S. 165, 186, 208f., 221, 379f., 399f.

83 Ecclus. 38,25.

84 Zu nennen sind hier seine beiden Schriften über den Kleiderluxus ('De vestibus pretiosis') und über das ungebührliche Streben nach dem Priesteramt ('In quendam inordinate gradus ecclesiasticos et praedicationis officium affectantem'); s. dazu KOCK, S. 165-235 (mit Neuedition des Kleidertraktats).

testimoniis sacris patenter affirmans. Quapropter a sapientibus et litteratis viris pro ingenio sibi collato mirifice laudabatur, sed ipse pro nichilo duxit hominum laudes. Non enim eloquencie studuit esse sectator, sed bone consciencie observator.

Itaque ad intellegenciam scripturarum non tam longa exercitacio studii eum iuvit quam Spiritus sancti informacio, qui intellectum dat parvulis et misteria sua revelat mentibus puris. Ad quam sane puritatem consequendam omne exercicium suum direxit, incuciens timorem Dei noviter conversis, increpans torpentes et ad mortificacionem viciorum exhortans in virtutibus proficere cupientes. „Si“, inquit, „negligimus certare contra vicia, prevalebunt passiones et incidemus laqueos dyaboli, qui semper insidiatur profectui nostro. Idcirco laborandum est cum omni diligencia ut viriliter repugnemus, quia corona eterne glorie vincentibus est promissa.“

Postquam ergo illuminatus iste sacerdos humiliter et devote inter fratres cum multa gracia conversatus est et quam [281] plures libros perlegisset, ante finem vite sue quasi noviter conversus ‘Speculum monachorum’ et ‘Profectus religiosorum’ iterum legere cepit, in quibus spiritum devocionis studuit recolligere et ad primitivum fervorem se innovare. Nec diu supervixit tali proficiendi zelo accensus, sed memor domini Lubberti defuncti, quem plurimum dilexit et in cuius obitu lacrimas multas fudit, ipsum in brevi subsecutus est.

Nam missus cum fratre Amilio ad abbatem in Dickeninghe[a] doctorem[b] decretorum, cum quo sepius tractare de casibus iuris consuevit, revertens de via Wyndesem venit ibique pernoctando infirmatus est

[a] Dickeninghe] Dickenynge *Le1/2;* Dyckeninghe *N1.*
[b] doctorem] *korrigiert aus* doctorum *K11;* doctorum *Vi1.*

lungnahme mit heiligen Zeugnissen deutlich belegte[85]. Daher wurde er von weisen und gelehrten Männern wegen seiner geistigen Begabung hochgelobt, doch Ruhm bei den Menschen galt ihm nichts. Denn er strebte nicht danach, ein berühmter Redner zu sein, sondern der Wahrer eines guten Gewissens.

Zum Verständnis der heiligen Schriften war ihm mehr als sein langes Studium die Belehrung durch den Heiligen Geist hilfreich, der den Kleinen Einsicht verleiht[86] und seine Geheimnisse reinen Gemütern offenbart. Und diese Reinheit zu erlangen war das Ziel aller seiner Übungen. Den Neubekehrten schärfte er Gottesfurcht ein, die Trägen rügte er und ermahnte die auf ihren Tugendfortschritt Bedachten zur Abtötung ihrer Laster. Er sagte: „Wenn wir nachlässig sind im Kampf gegen unsere Fehler, werden die Leidenschaften übermächtig, und wir geraten in die Schlingen des Teufels, der immer unseren Fortschritt zu hindern sucht. Darum müssen wir uns mit aller Aufmerksamkeit um mannhaften Widerstand bemühen, da den Siegern die Krone der ewigen Glorie verheißen ist."

Nachdem nun dieser erleuchtete Priester demütig und fromm ein gnadenreiches Leben mit den Brüdern verbracht und zahllose Bücher gelesen hatte, begann er vor seinem Ende wie ein Neubekehrter noch einmal den 'Spiegel der Mönche' und das Buch 'Vom geistlichen Fortschritt der Ordensleute'[87] zu studieren, aus denen er den Geist der Frömmigkeit zu sammeln und den ursprünglichen Eifer in sich zu erneuern suchte. Und erfasst von diesem Drang nach Vollkommenheit lebte er nicht mehr lange, sondern sollte im Gedanken an den verstorbenen Herrn Lubbert, den er sehr geliebt und tränenreich beweint hatte, ihm bald darauf nachfolgen.

Denn als er einst zusammen mit Bruder Amilius den rechtskundigen Abt von Dikninge[88] besucht hatte, mit dem er öfter juristische Fragen zu beraten pflegte, kam er auf dem Rückweg nach Windesheim, um

85 Dies bezieht sich auf Gerhard Zerbolts apologetische Schriften über das semireligiose Gemeinschaftsleben ('Super modo vivendi devotorum hominum simul commorantium') und die geistliche Lektüre in der Volkssprache ('De libris teutonicalibus'); vgl. dazu STAUBACH 1997 und die Neuedition des Büchertraktats STAUBACH/ SUNTRUP.

86 Ps. 118,130.

87 Die Buchtitel 'Speculum monachorum' und 'Profectus religiosorum' beziehen sich hier wohl auf die Teile des Werks 'De exterioris et interioris hominis compositione' von David von Augsburg; vgl. MARCEL VILLER, Le Speculum monachorum et la 'Dévotion moderne', in: Revue d'ascétique et mystique 3, 1922, S. 45-56. Vgl. aber auch oben Buch III, Anm. 73 und 105.

88 Arnold von Dikninge hat sich auch gutachtlich zu den Fragen des semireligiosen Gemeinschaftslebens geäußert, die Gerhard Zerbolt in seiner Schrift 'Super modo vivendi' (wie Anm. 85) behandelt. Vgl. VAN DER WANSEM, S. 153-157; STAUBACH/ SUNTRUP, S. 54-59.

usque ad mortem. Cui Amilius inquit: „Videtur michi quod mori vultis.“ Ad quem ille: „Hoc etiam videtur michi.“ Itaque crescente egritudine in nocte sancte Barbare virginis quasi sompno levi sopitus spiritum vite exalavit, anno Domini millesimo trecentesimo nonagesimo octavo etatis sue tricesimo primo. Cuius corpus a priore et fratribus digno cum honore in transitu ante fores ecclesie est sepultum. Audiens autem dominus Florencius obitum dilecti domini Gerhardi contristatus est valde. Et flevit ipse et omnes fratres eius cum eo fletu magno, caritate nimia compellente, quia sublatus est ab eis frater carissimus[a], [282] qui erat columpna domus et altera manus in negociis pertractandis. Sed benedictus Deus, qui talem virum nobis habere concessit[b].

De domino Amilio de Buren[c].
Capitulum IX.

Nunc dilecti et Deo digni sacerdotis domini Amilii habenda est memoria et huic cartule inserenda. Hic quidem successor reverendi patris domini Florencii in regimine domus extitit secundus[d], ab ipso familiariter dilectus et multis virtutum gemmulis insignitus. Fuit namque de partibus Gelrie in confinio domini de Buren[e] oriundus et inter suos progenitores de numero curialium curialis estimatus. Cumque studii causa Daventriam applicuisset, ubi studium particulare tunc satis viguit, tanta diligencia in scolasticis artibus profecit, ut in brevi inter primarios unus de doctioribus fieret et magistro propter ingenii subtilitatem carius placeret. Dei autem munere factum est, ut tale ingenium in seculari vita non periret nec mundi honores per scienciam ambiret,

a carissimus] karissimus *K11.*
b Sed benedictus...concessit] *fehlt in N1.*
c Buren] Bueren *K11.*
d secundus] primus *Le1/2, Vi1.*
e Buren] Bueren *K11.*

dort zu übernachten, und wurde lebengefährlich krank. Da sprach Amilius zu ihm: „Mir scheint, ihr schickt euch an zu sterben.“ Er antwortete: „Das scheint mir auch so.“[89] Die Krankheit verschlimmerte sich, so dass er in den Abendstunden des Barbaratages[90] wie in einem leichten Schlaf seinen Geist aushauchte, im Jahre 1398, seinem 31. Lebensjahr. Sein Leichnam wurde von dem Prior und den Brüdern mit würdiger Ehre im Gang vor den Pforten der Kirche bestattet. Als aber Herr Florens den Tod des geliebten Herrn Gerhard vernahm, wurde er sehr traurig[91]. Er selbst und alle Brüder mit ihm weinten in lautem Wehklagen, von ihrer großen Liebe bewegt, da der geliebteste Bruder von ihnen genommen war, der die Säule des Hauses und die rechte Hand in allen Angelegenheiten war. Doch gepriesen sei Gott, der uns gewährte, einen solchen Mann unter uns zu haben.

Kapitel 9: Von Herrn Amilius von Buren.

Nun wollen wir uns des geliebten und in Gott ehrwürdigen Priesters Herrn Amilius erinnern und sein Andenken in dieser Schrift niederlegen[92]. Er war als Nachfolger des Herrn Florens in der Regierung des Hauses der Zweite, von diesem herzlich geliebt und durch vielfache Tugenden ausgezeichnet. Gebürtig war er aus der Landschaft Geldern an der Grenze der Herrschaft des Herrn von Büren und wurde wegen der Zahl der Amtleute aus seiner Familie auch zu ihrem Stand gerechnet. Als er nun zur Ausbildung nach Deventer gekommen war, wo damals der Schulunterricht einen guten Ruf hatte, widmete er sich mit so großem Eifer und Erfolg den Studien, dass er in kurzer Zeit zu den Besten der obersten Klasse gehörte[93] und wegen seines wachen Verstandes dem Lehrer besonders wohlgefiel. Durch Gottes Gunst aber geschah es, dass eine solche Begabung nicht im weltlichen Leben verlo-

89 Vgl. Dier, Scriptum, DUMBAR, S. 48: *In reditu cum venisset ad regulares in Wyndesem circa horam vespertinam ipso die sancte Barbare virginis cepit graviter infirmari, credo morbo pestilentico, quem idem Amilius intuens dixit: „Frater Gherardus, vos morimini.“ Respondit: „Hoc etiam michi videtur.“* Die lakonische Antwort ist ein merkwürdiger Kontrast zu Lubberts wortreichen Sterbeszenen in Kap. 5.

90 4. Dezember.

91 Florens hatte sich noch bemüht, den Leichnam nach Deventer überführen zu lassen, Dier, Scriptum, DUMBAR, S. 48f.

92 Emiel/Melis van Buren, Amilius de Assche. Über ihn vgl. auch Thomas, Ex Chronica ad domum Montis S. Agnetis non attinentia, cap. 13, POHL 7, S. 500-502, und Dier, Scriptum, DUMBAR, S. 52-61, sowie seine volkssprachige Vita bei BRINKERINK 1902, S. 321-324. – Die 'Frensweger Handschrift' enthält eine volkssprachige Übersetzung dieses Kapitels, ALBERTS/ HULSHOFF, S. 53-58.

93 Vgl. POST 1968, S. 207f.

sed omnia tamquam stercora refutaret. Preventus ergo celesti gracia [283] et ab Altissimo inspiratus accessit ad domum domini Florencii et attractus est pietate sermonum eius, subdens se consilio Spiritus sancti per os reverendi patris loquentis, qui ei monita dabat sapiencie salutaris.

Igitur postpositis scolis et amicis carnalibus derelictis factus est humilis frater et Christi discipulus atque suo exemplo multis profuit ad renunctiandum seculo et serviendum Christo. Tradidit autem semet ipsum ad humilia queque opera facienda, non parcens corpori propter anime sue salutem, nil proprii commodi querens in presenti, sed in virtute sancte obediencie graves etiam labores subiit pinsendo, braxando et alia quelibet[a] sibi commissa hilariter et fideliter exequendo. Mirabantur multi quod in corpore non grandi potuit tam laboriosa exercere, que utique in seculo non didicit nec prius facere consuevit et vix aliquis fortior pro temporali lucro perfecisset. Sed amor Christi et fraterna caritas valens ad omnia bone voluntati vires ministrabat, ut meritum eius amplius cresceret, quo plus omnibus fervencius laborabat.

Qui in tantum Deo et fratribus placuit, ut post dormicionem domini Lubberti et Gerhardi statim sacerdos ordinaretur, domino Flo[284]rencio adhuc vivente. Cumque primam missam suam celebrare deberet, dominus Florencius superpellicio indutus affuit, donec officium suum ad honorem Dei perfecte devoteque compleret. Celebravit autem infra summam missam super altare sancti Pauli pertinens ad vicariam domini Florencii satis secrete sine concursu populi.

Hic itaque pietate precipuus et in omni commisso vere fidelis cunctisque in necessitate positis consolativus amicus, tempore pestilenciali curam gessit infirmorum, paratus cum fratribus suis aut vivere aut mori ex obediencia et caritate fraterna. Nam Iohanni Kessel coco domus et domino Lubberto astitit intrepidus usque in[b] finem vite, ministrando eis et aliis multis simili morbo detentis. Ipse quoque post multa obsequia fratribus impensa egrotare cepit, sed Deo miserante ad consolacionem fratrum reconvaluit, ne tristiciam super tristiciam haberent.

Ab eius ore[c] multa bona de virtutibus fratrum audivi, que in huius operis libro ubi oportunitas requirebat conscripsi, quamvis relatorem eius nominatim non expressi. Venit aliquando ad fratres in monte

[a] quelibet] quedam *Le1/2.*
[b] in] ad *Le1/2, Vi1.*
[c] eius ore] ore eius *Le1/2, Vi1.*

renging und durch die Wissenschaft nach Ruhm und Ehren strebte, sondern das alles wie Unrat verschmähte. Denn vom Himmel begnadet und erleuchtet kam er zum Haus des Herrn Florens und wurde von der Frömmigkeit seiner Worte gefesselt, so dass er sich dem Rat des Heiligen Geistes unterwarf, der durch den Mund des ehrwürdigen Vaters sprach und ihm Lehren heilsamer Weisheit erteilte.

So gab er die Schule auf, verließ seine Freunde in der Welt und wurde ein demütiger Bruder und ein Jünger Christi, der durch sein Beispiel vielen dazu verhalf, der Welt zu entsagen und Christus zu dienen. Er fand sich dazu bereit, alle niedrigen Arbeiten im Hause zu verrichten, und schonte um seines Seelenheils willen nicht seinen Leib. Auch suchte er keinen eigenen Nutzen in dieser Zeit, sondern unterzog sich in der Kraft des heiligen Gehorsams sogar schweren Arbeiten wie Brotbacken, Bierbrauen und andern Dingen, die ihm aufgetragen wurden und die er freudig und getreu ausführte. Viele wunderten sich, dass er trotz seiner schmächtigen Statur so mühsame Tätigkeiten verrichten konnte, die er weder gelernt hatte noch früher zu tun gewohnt war und die auch ein Stärkerer kaum für Lohn hätte tun mögen. Aber die Liebe zu Christus und den Brüdern, die alles vermag, gab dem guten Willen Kraft, dass sein Verdienst umso größer würde, je mehr er sich eifriger als alle anderen mühte.

So groß aber war das Wohlgefallen Gottes und auch der Brüder an ihm, dass er nach dem Tod der Herren Lubbert und Gerhard, noch bei Lebzeiten des Herrn Florens, zum Priester geweiht wurde. Da er nun seine erste Messe lesen sollte, stand Herr Florens, mit dem Chorrock angetan, ihm zur Seite, bis er das heilige Opfer zu Gottes Ehre vollkommen und andächtig vollbracht hatte. Er hielt aber seine erste Messe vor dem Hochamt, am Paulusaltar, der zur Vikarie des Herrn Florens gehörte, und zwar in aller Stille und ohne Zulauf des Volkes.

Da er nun überaus gutherzig, in jedem Auftrag gewissenhaft und für alle, die sich in Not befanden, ein trostreicher Freund war, übernahm er zur Pestzeit die Sorge für die Kranken und war bereit, mit seinen Brüdern aus Gehorsam und brüderlicher Liebe zu leben oder zu sterben. Denn unerschrocken stand er dem Koch des Hauses Johannes Kessel und dem Herrn Lubbert bis an ihr Lebensende bei und diente ihnen und vielen anderen, die an derselben Seuche erkrankt waren. Auch er selbst wurde krank, nachdem er den Brüdern große Dienste erwiesen hatte, doch genas er durch Gottes Erbarmung zum Trost der Brüder, damit sie nicht Traurigkeit über Traurigkeit hätten.

Aus seinem Munde vernahm ich vieles Gute von den Tugenden der Brüder, das ich in diesem Buch, wo die Gelegenheit sich ergab, niedergeschrieben habe, obwohl ich den Gewährsmann nicht mit Namen nannte. Er kam einst zu den Brüdern auf den Berg der heiligen

sancte Agnetis et loquens aliquibus sibi [285] notis, hortabatur eos permanere in sancto proposito ordinis ad proficiendum in virtutibus. De cuius bonis moribus et graciosis verbis valde edificatus fui, quia serena facie et oculis ante se fixis stetit sicut agnus mansuetus, astancium facies non attendens.

Igitur post felicem domini Florencii obitum, qui ipsum ad gubernacionem domus deputavit, expletis in bono regimine quatuor annis et mensibus quasi tribus obdormivit in Domino in profesto Barnabe[a] apostoli anno Domini millesimo quadringentesimo quarto. Qui sepultus est iuxta dominum Lubbertum in cimiterio sancti Lebuini ad australem partem ecclesie non longe a vestibulo sacerdotum.

Exhortacio domini Amilii de mutua caritate servanda. Capitulum X.

„Fratres karissimi, hucusque semper in unione perseveravimus in caritate mutua, sed iam ut videtur recessurus sum a vobis. Propterea cordialiter affecto, ut unionem quam hucusque ferventer tenuistis, de quo Christo sit laus et gloria, firmiter perseveranterque servetis. Et illi[b] cui cura domus committitur, per [286] omnia sicut Christo et sicut michi hucusque fecistis, caritative obediatis, personam eius non respiciendo, sed Christum in eo. Ideo nolite cogitare illa esse mala vel irracionabilia vel saluti vestre contraria, que vobis preceperit; quia non ipse sed Dominus per eum precipit, ideo propter Christum et sicut Christo sibi obediatis. Ideoque vobis ab ipso precepta, tamquam sint de celo edita, complere festinate, quia Dominus non semper vult per se ipsum vel cum miraculis vel cum angelis vobis voluntatem suam manifestare, sed ita disposuit, ut per hominem voluntatem suam nosceremus et homini nobis talia consulenti vel precipienti sicut sibi obediremus.

Ideo quecumque officia vel precepta caritative vobis ab ipso imposita libenti et hilari animo impleatis, non cogitando vobis illa fore infructuosa vel devocionis vel etiam salutis impeditiva, quia mille devociones, respectu humilitatis et subiectionis quam homo hilariter exhibet, nichil sunt. Ideo si etiam viderentur irracionabilia et magna inde impedi-

[a] Barnabe] Bernabe *K11*.
[b] illi] ille *N1, P1*.

Agnes[94], sprach dort mit einigen seiner Bekannten und ermahnte sie, ihrem heiligen Ordensvorsatz[95] treu zu bleiben, um in der Tugend zu wachsen. Seine guten Sitten und freundlichen Worte haben mich sehr tief beeindruckt, denn er stand da mit heiterem Angesicht, aber gesenktem Blick, gleich einem frommen Lamm, ohne die Umstehenden anzusehen.

Nach dem seligen Tod des Herrn Florens, der ihn zur Leitung des Hauses bestimmt hatte, versah er das Amt vorbildlich vier Jahre und etwa drei Monate lang und entschlief dann im Herrn am Vortag des heiligen Apostels Barnabas im Jahr 1404[96]. Er wurde bestattet neben Herrn Lubbert auf dem Friedhof des heiligen Lebuinus, an der Südseite der Kirche, nicht weit von der Priestersakristei.

Kapitel 10:
Mahnrede des Herrn Amilius zur Wahrung der brüderlichen Liebe.

„Geliebteste Brüder! Bis jetzt waren wir stets beieinander in gegenseitiger Liebe, nun aber soll ich, wie es scheint, von euch scheiden. Deshalb wünsche ich herzlich, dass ihr die Eintracht, die ihr bisher, zum Lob und Ruhm Christi, so eifrig bewahrt habt, auch künftig fest und dauerhaft erhaltet. Wem die Sorge des Hauses übertragen wird, dem sollt ihr in allen Dingen liebevoll gehorchen, wie ihr Christus gehorcht und bisher auch mir getan habt, indem ihr nicht auf seine Person seht, sondern auf Christus in ihm. Denkt also nicht, es sei vielleicht schlecht oder unvernünftig oder eurem Heil abträglich, was er euch befehlen wird, denn nicht er, sondern der Herr befiehlt es durch ihn, und deshalb sollt ihr ihm um Christi willen und wie Christus selbst gehorchen. Beeilt euch also, seine Anweisungen auszuführen, als seien sie vom Himmel ergangen, denn der Herr will euch nicht immer seinen Willen durch sich selbst oder mit Wundern oder Engeln bekunden, sondern hat es so eingerichtet, dass wir seinen Willen durch einen Menschen erkennen und dem Menschen, der uns etwas rät oder vorschreibt, so gehorchen wie ihm selbst.

Deshalb erfüllet mit willigem und fröhlichem Gemüt alle Pflichten und Gebote, die er euch liebevoll auferlegt, und denket ja nicht, dass sie fruchtlos seien oder die Andacht oder gar das Heil behindern, denn tausend Andachtsübungen sind nichts im Vergleich mit Demut und Untergebung, die ein Mensch freudig erzeigt. Und selbst wenn sie

94 Kloster Agnetenberg bei Zwolle, wo Thomas Chorherr war.

95 Mit dem Ausdruck 'Ordensvorsatz' (*propositum ordinis*) statt 'Ordensgelübde' (*votum ordinis*) bedient sich Amilius der Terminologie des semireligiosen Fraterhauses. Vgl. oben Buch II,18, Anm. 83.

96 Am 10. Juni 1404.

menta futura et facta, nichil tamen vos iudicetis, sed semper humiliter in subiectione nichil iudicando perseveretis, Christum, sicut sepe dixi, et non personam in homine considerantes, quia non propter personam [287] illi subicimini, sed propter Deum, propter eternam salutem et profectum vestrum, propter regnum celorum hoc agitis. Ideo quod cepistis perficite, nichil patrem vestrum iudicando, sed eum summe venerando et in omnibus sibi humiliter et hilariter obtemperando, non cogitando vos esse tam senes, tam expertos, tam doctos, tam sapientes sicut ipse[a], quia non propter eum vos ei subicimini, sed propter Christum et vestram humiliacionem et vestram securitatem, ut ad ipsum quasi ad patrem semper refugium et consilium habeatis.

Quid enim vobis et michi, fratres, nisi quia propter Deum obedistis michi? Et quid michi et domino Florencio et magistro Gerhardo si secum fuissem, nisi propter regnum celorum ei obedissem? Quilibet ergo cogitare debet quomodo possit se humiliare et subicere, et studeat esse contentus quodcumque officium sibi iniungatur, sive parvum sive magnum, et non sit sibi sapiens, sed hoc putet sibi melius, quod fuerit ei ordinatum. Et si aliquis vellet habere exceptiones de aliquo officio, dicens in omnibus se velle acquiescere, sed ad hoc vel ad illud officium non[b] esset deducendus, ego mallem eum expellere de domo quam tale privilegium sibi dare. Nam alio tempore, [288] quando sua propria voluntas aliud vellet, etiam in illo deberet esse rebellis. Sed non cogitet nisi Christum, in quo velit acquiescere. Fratres simus tamquam membra invicem et sustineamus nos mutuo. Quod si noluerimus facere, cito peribunt res nostre. Nitamur invicem tenere caritatem et unionem, et quivis nitatur conculcari quodammodo sub pedibus alterius et sic nulla adversitas poterit nocere.

Nichil aliud scio quod dicam vobis nisi quod Dominus dixit discipulis suis iam ascensurus, ut diligatis invicem sicut Christus dilexit vos[c], et oretis pro me. Ego si venero apud Dominum, faciam quod potero. Et quia sepe male me habui et vos scandalizavi, peto ut michi indulgeatis, quia fui negligens et multis aliis viciis implicatus, que omnia coram vobis paratus essem confiteri, nisi timeo quod aliqui vestrum scandalizarentur."

[a] ipse] ipsum *Le1/2, Vi1.*
[b] non] non non *R, K11; in N1 das zweite* non *getilgt.*
[c] vos] nos *Le1/2, Vi1.*

unvernünftig und als Ursache gegenwärtiger und künftiger Schwierigkeiten erscheinen sollten, so urteilt darüber keineswegs, sondern verharrt in demütiger Untergebung ohne zu urteilen, indem ihr, wie bereits mehrfach gesagt, auf Christus und nicht auf die Person des Menschen schaut, weil ihr ihm nicht wegen seiner Person untergeben seid, sondern wegen des Herrn, wegen des ewigen Heiles, wegen eurer Vervollkommnung und wegen des Himmelreichs. Vollendet also, was ihr begonnen habt, beurteilt euren Vater nicht, sondern verehrt ihn aufs Höchste und gehorchet ihm in allen Dingen demütig und fröhlich. Denkt nicht etwa, dass ihr älter, erfahrener, gelehrter und weiser seid als er. Denn nicht um seinetwillen seid ihr ihm untergeben, sondern um Christi willen und zu eurer Demütigung und Sicherheit, auf dass ihr immer bei ihm wie bei einem Vater Zuflucht und Rat findet.

Denn was habe ich mit euch, meine Brüder, zu tun, als dass ihr mir um Gottes willen gehorsam seid? Und was hätte ich mit Herrn Florens zu tun gehabt oder mit Meister Gerhard, wenn ich bei ihm gewesen wäre, als meinen Gehorsam um des Himmelreichs willen? Jeder soll also überlegen, wie er sich demütige und unterwerfe, und zufrieden sein mit der Aufgabe, die ihm zugewiesen wird, sei sie groß oder gering. Er soll nicht weise sein wollen, sondern glauben, das, was ihm aufgetragen wird, sei für ihn das beste. Und wenn jemand bei einem Dienst eine Befreiung für sich wünschen sollte mit der Begründung, er werde sich gern zu allem bereitfinden, nur zu diesem oder jenem Dienst solle man ihn nicht heranziehen, dann würde ich ihn lieber aus dem Haus jagen als ihm ein solches Privileg gewähren. Denn auch bei anderer Gelegenheit wird er widerspenstig sein, wenn seinem Eigenwillen wieder etwas nicht passt. Vielmehr soll er allein an Christus denken und sich ihm fügen. Meine Brüder, lasst uns sein wie die Glieder eines Leibes und einander unterstützen[97]. Wollen wir dies nicht tun, so wird unsere Sache bald zugrunde gehen. Seien wir bemüht, Frieden und Eintracht zu bewahren, und dass ein jeder sich gleichsam von allen anderen mit Füßen treten lässt: So kann keine Widerwärtigkeit uns schaden.

Weiter weiß ich euch nichts mehr zu sagen, außer was der Herr zu seinen Jüngern sprach, als er im Begriff war, in den Himmel emporzusteigen: dass ihr einander liebet, wie Christus euch geliebt hat[98], und dass ihr für mich betet. Wenn ich zum Herrn komme, werde ich tun was ich kann. Und da ich mich oftmals übel betragen und euch Anstoß gegeben habe, bitte ich, dass ihr mir verzeiht; denn nachlässig war ich und in viele andere Sünden verstrickt, die ich euch zu bekennen bereit wäre, wenn ich nicht fürchtete, dass einige dadurch beunruhigt würden."

97 Vgl. Rom. 12,4f.; 1. Cor. 12,12-27.
98 Io. 13,34; 15,12.17.

His dictis deposuit capucium suum petens veniam a fratribus de culpis suis compuncte et valde humiliter et cepit flere. Quo viso fratres flexerunt genua, et fleverunt omnes fortiter et amare. Hec verba domini Amilii novissima pro edificacione mutue caritatis et pacis sint dicta. [289]

De domino Iacobo de Vyanen[a]. Capitulum XI.

Strennuus ac maturus moribus dominus Iacobus de Vianen[b] magnam graciam humilitatis, compunctionis et internitatis habuit, sepe suspirans et lacrimans pro cotidianis defectibus suis, districte examinans semetipsum. Etiam illud in se redarguit quod alius in eo recommendabat, metuens rigidum superni iudicis examen in omni quod agebat, qui non solum apertas negligencias, sed occultas consciencie maculas iudicabit. Longe a corde eius altum sapere de semetipso aut velle reputari pro bono, cui omnibus subesse et minoribus sicut maioribus obsequi complacebat. Erat autem egregius scriptor inter scriptores, diligens ad scripturam et librorum custodiam.

Quidam iuvenis peciit ab eo informari in spirituali exercicio. Qui statim ex humilitate pigrum se fatebatur et miserum, et quod nondum virtutis inicium perfecte attigisset, cepitque quosdam iuniores fratres recommendare quam ferventes et intellegentes essent. Alia vice idem iuvenis multum contristatus retulit ei angustiam cordis sui, desiderans consolacionis verbum audire. [290] Qui benigne eum consolans hortabatur ad pacienciam, et ut graciam Domini humiliter expectaret, quia pius Dominus contritis corde solet adesse sicut psalmista dicit: „Secundum multitudinem dolorum meorum in corde meo consolaciones tue letificaverunt animam meam.“ Qua consolacione suscepta sepius tam dulcium verborum postmodum recordabatur cum aliquid triste sibi occurreret, quia cum humana consolacio deficit, ad divinam recurrendum est et cogitandum, quoniam magni sancti et electi viri etiam gravitates et desolaciones quandoque habuerunt.

Hic igitur cum esset laudabilis vite et cuperet in infimo gradu et in simplici clericali statu manere, propter virtutes tamen suas et insigne

[a] Vyanen] Vianen *K11, N1, P1.*
[b] Vianen] Vyanen *Le1/2, N1;* Vyanen *korrigiert aus* Wyanen *Vi1.*

Als er dies gesprochen hatte, nahm er seine Kapuze ab, bat die Brüder reuevoll und demütig um Verzeihung seiner Verfehlungen und begann zu weinen. Die Brüder aber, die dies sahen, fielen auf die Knie und weinten alle laut und bitterlich. Diese letzten Worte des Herrn Amilius seien hier wiedergegeben, um Liebe und Frieden unter uns zu stärken.

Kapitel 11:
Von Herrn Jakob von Vianen.

Der tatkräftige und sittlich gefestigte Herr Jakob von Vianen[99] hatte die große Gabe der Demut, der Bußgesinnung und der Innerlichkeit und seufzte und weinte oftmals über seine täglichen Fehler, da er sich selbst streng durchforschte. Sogar das rügte er an sich, was andere an ihm lobten, denn in allem was er tat, fürchtete er die strenge Prüfung des göttlichen Richters, der nicht nur offenbare Nachlässigkeiten, sondern auch die verborgenen Makel des Gewissens richten wird. Fern lag es ihm, eine hohe Meinung von sich zu haben oder für gut gehalten zu werden; vielmehr gefiel es ihm, allen untergeben zu sein und den Kleinen wie den Großen zu gehorchen. Unter den Scriptoren war er der fähigste und widmete sich mit Sorgfalt dem Bücherschreiben und der Bücherpflege.

Einmal bat ihn ein Jüngling, dass er ihn in geistlichen Übungen unterweisen möchte. Da bekannte er sogleich aus Demut, er sei ein träger und armer Mensch, der noch nicht einmal die Anfangsgründe der Tugend berührt habe, und empfahl ihm einige jüngere Brüder, die eifrig und verständig wären. Ein anderes Mal, da derselbe Jüngling in tiefer Betrübnis ihm die Angst seines Herzens eröffnete und ein Wort des Trostes von ihm zu hören verlangte, tröstete er ihn freundlich und ermahnte ihn, geduldig zu sein und die Gnade des Herrn demütig zu erwarten, da Gott den betrübten Herzen beizustehen pflege, wie der Psalmist sagt: „Nach der Menge meiner Schmerzen, die ich im Herzen trug, haben deine Tröstungen mein Herz erfreut."[100] Und hierdurch getröstet, gedachte jener späterhin oftmals dieser Worte, wenn ihm etwas Trauriges begegnete. Soll man doch, wenn menschlicher Trost versagt, zu göttlichem seine Zuflucht nehmen und bedenken, dass auch große Heilige und auserwählte Männer Beschwernisse und Trübsale zu ertragen hatten.

Da nun Herr Jakob ein so lobwürdiges Leben führte, wurde er wegen seiner großen Tugenden und der besonderen Gabe seiner Demut,

99 Über ihn vgl. auch Dier, Scriptum, DUMBAR, S. 50-52, sowie seine volkssprachige Vita bei BRINKERINK 1903, S. 1-3.

100 Ps. 93,19.

humilitatis donum de beneplacito Dei et consilio domini Florencii ac fratrum suorum promotus est ad sacerdocium. Quod ei tamen valde grave fuit, ita quod acriter fleret cum hoc percepisset quod ordinari deberet. Fatebatur enim se fore nimis indignum ad talem statum, reputans eos graviter peccasse qui hoc consilium dedissent, eo quod inidoneum promovere decrevissent. Sed quanto plus se deprimebat, tanto amplius Deo et fratribus placebat, et eo libencius dominus Florencius ipsum [291] promovebat. Eo siquidem tempore apud devotos sacerdocium rarum erat et preciosum. Nam nisi iussus et compulsus pro communi utilitate nemo hoc acceptare audebat, quia omnes alciorem statum fugiebant et in humiliori loco et officio minori manere eligebant. Unde dominus Florencius qui erat gemma sacerdotum fertur aliquando dixisse: „Si non essem sacerdos nec curam aliorum haberem, tunc possem me perfecte emendare, quia locus superior plures occasiones turbacionum habet, a quibus magis liber est bonus subditus sine cura exteriorum vivens."

Quodam tempore dominus Iacobus volens cogitare de defectibus suis ascendit secrete solarium domus et graviter suspirans culpas suas in tabula scripsit, ne oblivioni traderet quod confitendum estimavit. Et cum a quodam interrogaretur de statu domus ait: „Si quis nobiscum habitare desiderat, oportet quod se humiliet et omnibus minorem se faciat, et talis paradisum hic habet et optime contentatur." Solebat dominus Florencius interdum ipsum corripere et ad moderatam compunctionis gravitatem revocare, ne nimio rigore metam discrecionis[a] excederet. At ille pacienter ferens correptionem multum se humiliavit quia minus [292] discrete procederet. Fervidus namque spiritus eius proprias supergressus est vires, sed pia eius intencio eum excusabat, quia Deum finaliter querebat.

Incidit autem post hec corporalem egritudinem et deficientibus paulatim viribus ante patrem suum dominum Florencium in bona confessione vitam finivit anno Domini millesimo quadringentesimo in crastino sancti Gregorii pape quem speciali devocione dilexit. Sepultus est autem cum fratribus suis in cimiterio maioris ecclesie apud sanctum Lebuinum.

a metam discrecionis] discrecionis metam *Le1/2;* discrecionis metham *Vi1.*

nach Gottes Wohlgefallen und dem Rat des Herrn Florens und seiner Brüder zum Priestertum befördert, obwohl er gern im niedrigsten Stand des einfachen Klerikers verblieben wäre. Als er daher hörte, dass er geweiht werden sollte, setzte es ihm so sehr zu, dass er heftig weinte. Denn er bekannte, er sei allzu unwürdig eines so erhabenen Standes, und glaubte gar, dass die Verantwortlichen sich schwer versündigt hätten, da sie beschlossen, einen so durchaus ungeeigneten Menschen zum Priester weihen zu lassen. Doch je tiefer er sich erniedrigte, desto mehr gefiel er Gott und den Brüdern, und umso lieber beförderte ihn Herr Florens. Die Priesterwürde war aber zu jener Zeit bei den Devoten selten und hochgeachtet. Denn niemand wagte sie anzunehmen, sofern er nicht zum Nutzen der Gemeinschaft dazu angewiesen und genötigt wurde; vielmehr mieden alle eine Rangerhöhung und zogen es vor, in demütiger Stellung und niedrigerem Amt zu verbleiben. Daher soll Herr Florens, die Zierde des Priesteramtes, einmal gesagt haben: „Wenn ich nicht Priester wäre und nicht für andere zu sorgen hätte, dann könnte ich mich vollkommen bessern. Denn eine höhere Stelle gibt mehr Anlass zur Beunruhigung, von der ein guter Untergebener, der ohne äußere Sorgen lebt, weit freier ist."

Als Herr Jakob einmal über seine Fehler nachdenken wollte, stieg er unbemerkt auf das Dach des Hauses und schrieb unter tiefem Seufzen seine Vergehen auf eine Tafel, um nicht zu vergessen, was er in der Beichte bekennen zu müssen glaubte. – Nach seiner Meinung über den Zustand des Fraterhauses befragt sagte er: „Wenn jemand bei uns leben will, muss er sich demütigen und in allem sich erniedrigen, dann hat hier das Paradies und ist vollkommen zufrieden." – Zuweilen pflegte Herr Florens ihm einen Verweis zu geben und ihn zur Mäßigung im Reueschmerz anzuhalten, damit er nicht durch allzu große Strenge das rechte Maß überschritte. Er aber nahm die Zurechtweisung geduldig an und erklärte demütig, dass er sich unvernünftig verhalten habe. In seinem feurigen Eifer ging er über seine eigenen Kräfte hinaus, doch entschuldigte ihn seine gute Absicht, weil Gott das Ziel war, das er suchte.

Bald darauf wurde er krank, und allmählich verließen ihn seine Kräfte. Und nachdem er vor seinem geistlichen Vater Herrn Florens eine gute Beichte abgelegt hatte, verschied er im Jahr des Herrn 1400, am Tage nach dem Fest des heiligen Papstes Gregorius, den er mit besonderer Andacht liebte[101]. Er wurde aber bei den Brüdern begraben auf dem Friedhof der Stiftskirche St. Lebuinus.

101 Gregoriustag: 12. März. – Vgl. die Sterbeszene bei Dier, Scriptum, DUMBAR, S. 51f.: *Perveniens igitur ad extremam horam in crastino beatissimi Gregorii patroni nostri dominus Iohannes Brinckerinc et aliqui fratres erant apud eum cantantes cum eo antiphonas: 'Recordare virgo mater', sed in ipsa dictione 'A', que habet multas notas, expiravit* [...] *et sepultus est in sepulchris fratrum nostrorum.*

De Johanne Kessel humili coco[a].
Capitulum XII.

Erat quidam humilis servus Christi in domo domini Florencii Iohannes Kessel nomine coquine officio deputatus, qui despectis omnibus mundanis elegit viam sancte paupertatis in terris, ut eternas divicias cum sanctis possideret in celis. Nam per opera misericordie et caritatis meruit ingressum perhennis felicitatis. Hic dudum optime michi notus cum Daventrie frequentarem, tam humilem se exhibuit moribus et exemplis, ut [293] contemptum mundi plus factis predicaret quam verbis. Nec tamen fuit inanis eius sermo cum de Deo loqueretur, quia omnem excellenciam temporalem auditoribus suis persuasit esse spernendam nec ullum laborem pro Christi amore abhorrendum. Sed quis digne huius viri loquetur virtutes? Attamen pauca dicere caritas expostulat, ne margarita in agro dominico abscondita diucius lateat, sed pro edificacione plurimorum ad lucem veniat.

Huius natalis civitas fuit Duseborch[b] in comitatu de Marcka[c] non longe a Wesalia iuxta Reni fluminis decursum, cuius mater Cristina[d] filium subsecuta diem extremum Daventrie clausit in domo sororum. Hic itaque primo negociator extitit in partibus Flandrie et Hollandie, mansionem statuens cum mercatoribus marinis in Dordraco. Sepius tamen habuit inspiracionem bonam ad serviendum Deo, sed nesciebat qualiter inciperet aut qua via ad hoc tenderet. Cumque seculi rebus aliquamdiu prospere usus fuisset, tandem meliori consilio inspiratus cogitavit mundi fallaciam et gravem eius servitutem abicere ac velle presbiterari, ut Deo honestius in hoc statu serviret.

Hac igitur occasione postposuit seculi nundinas, et audita fama devotorum cleri-[294]corum in Daventria venit illuc cum quibusdam boni propositi viris invisere scolas. Et apprehensa aliquanta noticia in gramatica pro intellectu sacre scripture, cum vidisset sanctam conversacionem domini Florencii ac[e] fratrum suorum, in alterum mutatus est virum et ad seculi renunciactionem accenditur cum multis, reliquit regu-

[a] coco] coco in domo domini Florencii *K11, P1.*
[b] Duseborch] Duseburch *K11;* Dusenborch *Le1/2, Vi1;* Dueseborch *N1.*
[c] Marcka] *korrigiert aus* Marka *Le1;* Marca *K11, N1, Vi1.*
[d] Cristina] Christina *K11, Le1/2;* Christiana *Vi1.*
[e] ac] et *K11.*

Kapitel 12: Von Johannes Kessel, dem demütigen Koch.

Es lebte im Hause des Herrn Florens ein demütiger Diener Christi mit Namen Johannes Kessel[102], der zum Dienst der Küche bestellt und alle weltlichen Dinge verachtend den Weg der heiligen Armut auf Erden erwählt hatte, um die ewigen Reichtümer mit den Heiligen im Himmel zu besitzen. Denn durch Werke der Barmherzigkeit und Liebe verdiente er den Eingang in die ewige Glückseligkeit. Er war mir vormals, als ich noch in Deventer zur Schule ging, wohl bekannt und zeigte sich so demütig in seinem Tun und Verhalten, dass er mehr durch Taten als durch Worte die Weltverachtung predigte. Doch war auch seine Rede nicht ohne Gewicht, wenn er von Gott sprach, weil er seine Zuhörer überzeugte, dass alle irdische Herrlichkeit geringzuschätzen sei und dass man aus Liebe zu Christus keine Mühe scheuen dürfe. Doch wer wird die Tugenden dieses Mannes angemessen würdigen? Indes erfordert es die Liebe, wenigstens etwas zu sagen, damit nicht die im Acker des Herrn verborgene Perle länger unerkannt bleibe, sondern zur Erbauung vieler ans Licht gefördert werde[103].

Die Geburtsstadt dieses Mannes war Duisburg in der Grafschaft Mark, nicht weit von Wesel am Rhein gelegen. Seine Mutter Christina folgte ihrem Sohn später von dort und beschloss ihr Leben im Schwesternhaus zu Deventer. Anfangs war er als Kaufmann tätig in den Gegenden von Flandern und Holland und hatte sich bei den Seehändlern in Dordrecht niedergelassen[104]. Dabei fühlte er oft die Berufung zu einem gottgeweihten Leben, doch wusste er nicht, wie er dies beginnen oder auf welchem Wege er dahin gelangen könne. Nachdem er seine Geschäfte eine Zeitlang glücklich betrieben hatte, kam ihm ein besserer Gedanke, und er beschloss, den Trug dieser Welt und ihren Dienst aufzugeben und sich zum Priester weihen zu lassen, um Gott in diesem Stande umso würdiger zu dienen.

Nun also schob er die irdischen Geschäfte beiseite und begab sich mit einigen gleichgesinnten Männern zum Schulbesuch nach Deventer, weil er von den devoten Brüdern dort viel Gutes gehört hatte. Und als er genügend Kenntnisse in der Grammatik erworben hatte, um die Heilige Schrift zu verstehen, und den heiligen Lebenswandel des Herrn Florens und seiner Brüder sah, da wurde er in einen neuen Menschen verwandelt[105] und wie viele andere zur Weltentsagung begeistert.

102 Vgl die ausführlicheren und z. T. abweichenden Nachrichten über ihn bei Dier, Scriptum, DUMBAR, S. 34-38, sowie seine volkssprachige Vita bei BRINKERINK 1903, S. 4-30.

103 Vgl. Mt. 13,44-46.

104 Nach Dier, Scriptum, DUMBAR, S. 34f. in Brügge.

105 S. oben Buch II,2, Anm. 3.

las[a] Alexandri[b] et Donati et intravit scolam celestis exercicii, ut disceret voluntatem Dei in domo domini Florencii, ubi plures congregati Christo serviebant in humilitate fundati et in[c] caritate divina firmati.

Petivit ergo magna instancia ad serviendum fratribus in coquina, ut quamdiu hic viveret, gratum Deo obsequium in humili statu exhiberet. Post multas itaque preces admissus est ad probacionem, et depositis vestibus secularibus indutus est habitu veterano et teristro lyneo coquine sordibus apto. Plus autem in tali laborinto[d] delectatus est quam si stola sacerdotali fuisset amictus. Et factus est exemplum humilitatis et abiectionis omnibus qui in domo erant, tradens se perfecte mortificacioni pro amore crucifixi.

Exiit autem fama bone conversacionis eius ad aures extraneorum et mirabantur multi magnates, quia dives quondam ille[e] mercator nunc effectus est [295] pauperculus cocus et humilis frater. Nam qui prius proposuerat per scienciam ascendere ad ecclesiastici ordinis dignitatem, postea omni culmine honoris et cuiuscumque dignitatis fastu relicto novissimum quesivit locum Christum imitando, qui humiliavit semetipsum formam servi accipiens discipulis suis ministrando. Preparaverat autem sibi quedam preciosa ornamenta sacerdotalia cum adhuc esset secularis, que aureis imaginibus intexta erant, tam pulchra ut cathedralis episcopus vel abbas regalis potuisset ea cum honore deferre. Sed spiritu Dei salubriter informatus omnia ista postposuit et

[a] reliquit regulas] reliquitque regulas *K11, Le1/2, N1, P1, Vi1.*
[b] Alexandri] *K11, Le2, Vi1;* Allexandri *Le1, N1, P1, R.*
[c] in] *fehlt in P1, Vi1.*
[d] laborinto] laborintho *N1, Vi1;* integumento *Sommalius, Pohl.*
[e] quondam ille] ille quondam *K11, Le1/2, Vi1.*

Und so verließ er die Regeln Alexanders[106] und Donats[107] und trat in die Schule des geistlichen Lebens, auf dass er den Willen Gottes erlernte im Hause des Herrn Florens, wo viele vereint Christus dienten, in tiefer Demut und göttlicher Liebe gefestigt.

Er bat also inständig darum, den Brüdern in der Küche dienen zu dürfen, um zeit seines Lebens Gott in diesem niedrigen Stand wohlgefälligen Gehorsam zu erweisen. Nach vielen Bitten wurde er endlich zur Probe aufgenommen, und nachdem er sein weltliches Gewand abgelegt hatte, zogen sie ihm ein altes Kleid an und gaben ihm einen Leinenkittel[108], der für die Schmutzarbeit in der Küche geeignet war. Er aber erfreute sich in dieser Arbeitsstätte[109] mehr als wenn er mit einem priesterlichen Talar bekleidet worden wäre. Und er wurde ein Muster der Demut und der Erniedrigung allen, die im Hause waren, und übte sich aus Liebe zu dem gekreuzigten Heiland in vollkommener Selbstentäußerung.

Der Ruf seines vorbildlichen Lebens drang aber auch nach außen, und viele wichtige Leute wunderten sich, dass jener einst so reiche Handelsmann nun ein armer Koch und demütiger Bruder geworden sei. Hatte er sich zunächst noch vorgenommen, durch Wissenschaft zu kirchlichen Würden zu gelangen, so verwarf er schließlich Amt und Ehren und suchte den letzten Platz wie Christus, der sich erniedrigte, Knechtsgestalt annahm und seinen Jüngern diente. Als er noch im Geschäftsleben stand, hatte er sich wertvolle Stücke zu einem Priesterornat verfertigen lassen, die mit goldenen Bildern durchwirkt und so schön waren, dass jeder Erzbischof oder Abt eines Königsklosters sie mit Ehren hätte tragen können. Allein durch den Geist Gottes auf heilsame Weise belehrt verwarf er alle diese Dinge, verkaufte Messgewand

106 Alexander de Villa Dei (ca. 1170 – 1250) verfasste u. a. eine vielbenutzte lateinische Grammatik in Hexametern ('Doctrinale puerorum').

107 Donatus (4. Jh. n. Chr.), Verfasser jahrhundertelang im Schulbetrieb maßgeblicher Lehrbücher der lateinischen Grammatik ('Ars minor', 'Ars maior').

108 Die griech. Bezeichnung *t[h]eristrum* ('Sommerkleid', *pallium muliebre*; so in der Vulgata Gen. 38,14; Is. 3,23), wird häufig in spätmittelalterlichen Glossaren erklärt, u. a. mit der Übersetzung *kedel*; DIEFENBACH, S. 579. Vgl. auch CORNELIUS KILIANI, Etymologicum teutonicae linguae sive dictionarium teutonico-latinum, Utrecht 1777, Bd. 1, S. 284, mit der umgekehrten Übersetzungsgleichung *kedel = theristrum*.

109 Das Wort *laborintus* in den Handschriften hat man als sinnlos empfunden (POHL 7, S. 591: „significationis mihi perplexae") und daher in den Drucken durch *integumentum* ersetzt. Gemeint ist hier aber nicht ein Kleidungsstück, sondern die Küche als Arbeitsplatz, entsprechend der mittelalterlichen Etymologie *Laborintus = labor intus*. Vgl. DIEFENBACH, S. 314: *Laborintus – eyn plaetz dair groissen arbeyt is.*

abiecit et vendens aliis casulam cum cappa serica, ipse pannis vilibus, nigra tunica et grisea toga investitus est ad serviendum in coquina. Maximas igitur gracias Deo referebat, quod eum ad huiuscemodi ministerium vocasset nec cum multis in seculo perire permisisset.

Dixit ergo aliquando cum magna iocunditate cordis[a] ad fratres: „Nonne magnus sacerdos factus sum et prelatus, qui omni die bis communico fratres?“, significans[b] in hac parabola, quia tam mane quam vespere prandium eis preparabat et Christum in singulis fratribus reficiebat. [296] Sepe namque inventus est flexis genibus orare circa ignem, et cum ollam manu congereret ore devote psallebat. Fecit de coquina oratorium, sciens ubique esse Deum, et de igne materiali excitavit spiritualem fervorem. Que in ecclesia audiebat cantare[c], hec postea inter opera sua dulciter ruminabat. Sicque Deum mente gerens foris practicavit coquendo, intus vero vacabat celestia meditando, nullum tempus infructuose ducendo nec interna exercicia sua negligendo. Cibos fratrum tempestive et sollicite studuit parare, qui magister cocorum fuit, nil tamen superfluitatis introduxit, sed meliora aliis tribuens viliora ipse sumebat.

Tres sanctos speciali devocione sibi preelegit: sanctum scilicet Alexium, qui in domo paterna diu in peregrino habitu latuit et multa despectiva a propria familia pacienter sustinuit, item sanctum Franciscum paupertatis amatorem, qui nichil terreni in hoc mundo possidere voluit, item sanctam Elizabeth[d] viduam, que misericordie visceribus affluens omnia pauperibus distribuit et omnes mundi divicias atque honores tamquam stercora despexit. [297] Semel loquebatur cum socio suo de sancta paupertate, et cum tanto fervore verba eius sonabant, quod ex gestu corporis et alteracione vultus totus videbatur interius inflammatus.

Quodam die sacro cum quidam clerici venissent ad eum de scola, cepit eis dicere aliqua bona et inter cetera hec ait: „Bene invenimus in evangelio scriptum: ‘Beati pauperes spiritu, quoniam ipsorum est regnum celorum’, sed nullibi legimus: ‘Beati magistri arcium’.“ At illi obstupescentes de novitate verborum cum multa reverencia eius verba sumpserunt. Quibus etiam declarabat sentenciam suam, quia sine hu-

[a] cordis] *fehlt in N1, P1.*
[b] significans] signans *K11, P1.*
[c] cantare] cantari *P1.*
[d] Elizabeth] Elisabeth *Le1/2.*

und seidenen Umhang[110], kleidete sich in grobes Tuch und trug ein schwarzes Gewand und einen grauen Rock, wie es sich zum Dienst in der Küche schickte. Herzlichen Dank sagte er Gott, dass er ihn zu einem solchen Dienst berufen und nicht in der Welt mit den vielen habe zugrunde gehen lassen.

Einst sagte er mit fröhlichem Herzen zu den Brüdern: „Bin ich nicht ein großer Priester und Prälat geworden, da ich den Brüdern alle Tage zweimal die Kommunion spende?“ Damit meinte er, dass er ihnen morgens und abends ihre Mahlzeit vorbereite und in jedem von ihnen Christus erquicke. Oft fand man ihn kniend beim Feuer beten, und während er mit der Hand im Topf rührte, sprach sein Mund voll Andacht Psalmen. Er machte aus der Küche eine Kapelle, wohl wissend, dass Gott überall zugegen sei, und das Herdfeuer entfachte in ihm das Feuer geistlichen Eifers. Was er in der Kirche hatte singen hören, das überdachte er dann mit inniger Empfindung bei seiner Arbeit. So hatte er stets Gott im Sinn, äußerlich mit der Kocharbeit beschäftigt, innerlich aber über himmlische Dinge meditierend, und verbrachte keine Zeit ungenutzt und ohne geistliche Übung. Pünktlich und sorgsam bereitete er die Speisen der Brüder, da er der Küchenvorsteher war, jedoch ohne überflüssigen Aufwand. Während er das Bessere stets den anderen reichte, nahm er für sich selbst nur das Einfachste.

Drei Heilige hatte er sich zu besonderer Verehrung erwählt: zunächst den heiligen Alexius, der lange Zeit als Pilger unerkannt in seinem Vaterhaus gelebt und von der eigenen Familie vielfach schmähliche Behandlung erduldet hatte, dann den heiligen Franziskus, den Liebhaber der Armut, der kein irdisches Gut auf dieser Welt besitzen wollte, und schließlich die heilige Witwe Elisabeth, die voll Erbarmen alles den Armen spendete und alle Reichtümer und Ehren der Welt wie Unrat verachtete. Als er einst er mit einem Gefährten über die heilige Armut sprach, geriet er bei seinen Worten so in Eifer, dass er in Körperhaltung und Miene wie verwandelt und vom Feuer innerer Begeisterung erfüllt schien.

Als einmal an einem Feiertag einige Schüler zu ihm kamen, gab er ihnen manche gute Ermahnung und sagte unter anderem: „Wir finden wohl, dass im Evangelium geschrieben steht: ‘Selig die Armen im Geiste, denn ihrer ist das Himmelreich’[111]; nirgend aber lesen wir: ‘Selig sind die Magister der freien Künste’.“ Sie aber erstaunten über die ungewöhnlichen Worte und nahmen sie ehrerbietig auf. Da erklärte er ihnen, wie sie gemeint waren, dass nämlich ohne Demut die

110 Auch andere Wertsachen wie den Behälter einer Kreuzreliquie verkaufte er und stiftete sein Geldvermögen zum Bau des Klosters Marienborn bei Arnheim; s. Dier, Scriptum, DUMBAR, S. 35f. Vgl. auch Johannes Busch, Chronicon Windeshemense, De origine devotionis modernae, cap. 37, GRUBE, S. 342f.

111 Mt. 5,3.

militate sciencia non prodest, sed paupertate spiritus, id est humilitate, regnum Dei veraciter obtinetur. Nam et humilitas nunc invenit graciam apud Deum et vitam eternam in futuro.

Erat autem valde pius et misericors erga pauperes alendos et precipue qui Deo servire cupiebant. Et cum quidam dicerent quia per plateas mendicando parum acquirerent, satis mirabatur quod multi divites tam tenaces essent nec pauperibus largiter darent, qui sine magno detrimento sui possent opera misericordie exercere et maxima premia a Deo recipere. [298] Volens igitur probare quod pauperes dixerant, exiit die quadam sero iam facto in specie pauperis[a] mendicare panem cum socio sibi deputato. Et clamabat ante fores dicens: „Detis cuidam pauperi peregrino aliquid propter Deum, qui libenter esset Iherusalem.“ Non notavit Iherusalem terrenam, que occidit Christum et prophetas, sed celestem patriam, quam inhabitant cives sanctorum et angeli Dei, ad quam suspiravit pauper iste peregrinus Iohannes, corpore interim elongatus a celesti Iherusalem, mente vero cotidie tendens ad illam.

Audiens hanc vocem clericus quidam intraneus surrexit cito aperire ianuam, ut sciret quis esset iste peregrinus. Et currens post eum quesivit dicens: „Quis es tu qui taliter petis?“ At ille cupiens latere tacuit, sed victus precibus ait: „Ego sum.“ Tunc ex voce ipsum cognoscens respondit: „Estis vos Iohannes Kessel? Itis vos nunc pro pane? Unde venit istud?“ Dixit ergo Iohannes: „Taceatis, nec faciatis inde plura verba. Est bona et pia causa.“ Clericus vero rediens in domum narravit domesticis suis dicens: „Mirum, mirum quod vidi, Iohannes Kessel cocus domini Florencii transit nunc pro pane.“ At illi signo crucis se signantes obstupuerunt dicentes: „Quid iam pretendit ille bonus [299] homo?“ Et hec inter se conferentes edificati sunt exemplo Iohannis, et quibusdam secrete recitaverunt que gesta sunt.

Sed Iohannes domum revertens elemosinarum fragmenta cum magno gaudio portavit in coquinam et ostendit domino Florencio et fratribus benedictionem sancti panis quem pro Deo rogavit. Gavisus est autem dominus Florencius de devocione humilis coci sui et ait: „Iohannes, detis nobis partem de elemosina vestra.“ Qui respondit: „Libenter dabo vobis inde comedere, sed volo iterum pauperibus de nostris panibus providere, quia pauperes non debent sua perdere, sed etiam am-

[a] pauperis] pauperum *K11, P1.*

Wissenschaft nichts nütze, dass aber die Armut des Geistes, das heißt die Demut, das Reich Gottes wahrhaftig erwirbt. Denn schon im Diesseits findet die Demut Gnade vor Gott und in der Zukunft das ewige Leben.

Er war auch sehr mild und barmherzig im Unterhalt der Armen, zumal jener, die Gott zu gefallen strebten. Und als ihm einige sagten, dass sie durch Betteln auf den Gassen nur wenig bekamen, erstaunte er sehr, dass viele Reiche so hartherzig wären und den Armen nicht reichlich spendeten, da sie doch ohne großen Nachteil für sich Werke der Barmherzigkeit üben und die größten Belohnungen von Gott empfangen könnten. Da er aber selbst erproben wollte, ob es auch wahr wäre, was die Armen ihm gesagt hatten, ging er einstmals am späten Abend wie ein Armer gekleidet zusammen mit einem Gefährten aus, um Brot zu erbetteln. Und er rief vor den Türen: „Gebt um Gottes willen Almosen einem armen Pilger, der gern nach Jerusalem ginge!“ Damit meinte er aber nicht das irdische Jerusalem, das Christus und die Propheten getötet hat, sondern das himmlische Vaterland, wo die Heiligen als Bürger und die Engel Gottes wohnen und nach dem dieser arme Pilger Johannes seufzte, der zwar dem Leibe nach noch fern war vom himmlischen Jerusalem, dem Geiste nach aber täglich dahin reiste.

Als aber ein Kleriker im Innern eines Hauses diese Stimme hörte, erhob er sich sogleich und eilte die Tür zu öffnen, um zu sehen, wer dieser Pilger wäre. Und er lief ihm nach und fragte: „Wer bist du, der du auf solche Weise bittest?“ Jener aber wollte unerkannt bleiben und schwieg still, bis er endlich den Fragen nachgab und sprach: „Ich bins.“ Da erkannte der Kleriker ihn an der Stimme und antwortete: „Seid ihr es, Johannes Kessel? Und ihr geht jetzt um Brot betteln? Wie kommt das?“ Johannes aber sprach: „Schweigt und macht nicht viel Aufhebens davon; es geht um eine gute und fromme Sache.“ Der Kleriker aber ging zurück ins Haus und erzählte seinen Hausgenossen: „Seltsam, seltsam, was ich gesehen habe! Johannes Kessel, der Koch des Herrn Florens, geht jetzt betteln um Brot.“ Die aber bekreuzigten sich und sagten verwundert: „Was mag wohl die Absicht dieses frommen Mannes sein?“ Und durch das Beispiel des Johannes tief beeindruckt unterhielten sie sich darüber und erzählten auch einigen Freunden im Vertrauen, was sich zugetragen hatte.

Johannes aber kehrte nach Hause zurück, trug die erbettelten Almosen mit Freuden in die Küche und zeigte dem Herrn Florens und den Brüdern den Segen des um Gottes willen erbetenen und durch ihn geheiligten Brotes. Herr Florens aber freute sich über die Frömmigkeit seines demütigen Kochs und sprach: „Johannes, gebt uns Anteil an eurem Almosen!“ Der aber antwortete: „Gern will ich euch davon zu essen geben, doch werde ich stattdessen die Armen mit unseren Broten versorgen. Denn die Armen dürfen nicht das Ihre einbüßen, sondern

pliora recipere." Tunc datum est fratribus aliquid de elemosinis illis in prandio, et Iohannes accepit integros panes ex promptuario ad dandum pauperibus pro Deo sicut sibi commissum erat, et facta est leticia magna in domo illa.

Quodam tempore exiit mane haurire aquam de flumine iuxta portam piscium. Intrans autem in navem cuiusdam piscatoris ut aquam mundam hauriret, supervenit piscator et ait: „Quid hic habetis agere? Exeatis cito de navicula." Tunc ille ferens pacienter verba increpantis omisit haurire aquam, ne hominem offenderet. Videns autem vir [300] ille quod esset bonus frater et nichil dicens recederet, misericordia motus est et ait: „Veniatis huc ad me et detis michi vasculum vestrum." Et hausta aqua reddidit ei dicens: „Eatis nunc in pace." Qui regracians benefactori suo reportavit aquam in ydria, orans devote in via, sicut semper facere consuevit quando pro negocio aliquo exibat.

Sciens dominus Florencius ipsum fore virum virtutis et ad tollerandum adversa fortiter animatum sepius eum de negligencia redarguit, culpam sibi imponens ubi culpabilis non fuit, volens in hoc pacienciam eius probare et aliis ad exemplum monstrare. Cum igitur quidam pulsarent ad fenestram coquine et alii ante ianuam, festinavit Iohannes respondere singulis pro necessitatibus oportunis. Et illo hinc inde discurrente pulsavit dominus Florencius manu sua super mensam, ut illi aliquid apportaret, quasi necessitatem haberet. Quo parum tardante propter occupaciones dixit pius pater seriose ad cocum suum probandum: „Quamdiu sedebo hic vos expectando?" Ad hec bonus cocus mansuete respondit: „Assum carissime[a] et portabo quod placet. Ignoscatis queso tarditati mee." [301]

Dixit etiam interdum sic ad eum: „Quomodo sapit istud sic, nescitis melius coquere? Forte fratres possunt murmurare, quod debent male coctos cibos vestros comedere." Ille vero pacienter increpacionem audiens et negligentem se confitens: „Libenter", inquit, „me emendabo." Cui dominus Florencius: „Sepe hoc dicitis, sed parum proficitis."

Alia quoque vice transeunte domino Florencio per coquinam venit post eum Iohannes et flexis genibus traxit fimbriam vestimenti eius

[a] carissime] karissime *K11, Le1/2, P1, Vi1.*

sollen noch viel mehr empfangen." Es wurde also den Brüdern bei der Mahlzeit einiges von jenen Almosen vorgesetzt, und Johannes nahm einige ganze Brote aus der Vorratskammer, dass er sie den Armen um Gottes willen spendete, wie ihm aufgetragen war, und es entstand große Freude in jenem Hause[112].

Einmal ging er am frühen Morgen hinaus vor das Fischertor, um Wasser aus dem Fluss zu schöpfen, und trat in das Boot eines Fischers, um an reines Wasser zu gelangen. Da kam der Fischer hinzu und rief: „Was habt ihr hier zu schaffen? Schnell heraus mit euch aus dem Schiff!" Er aber nahm die Schimpfworte ruhig hin und hörte mit dem Schöpfen auf, um den Mann nicht noch mehr zu reizen. Als aber der Fischer sah, dass es ein frommer Bruder war, der sich sogleich zurückzog, ohne ein Wort zu erwidern, hatte er Mitleid und sprach: „Kommt her und gebt mir euren Eimer!" Nachdem er ihn nun selbst gefüllt hatte, gab er ihn zurück und sprach: „So, nun geht in Frieden!" Er aber dankte ihm als seinem Wohltäter, trug sein Wasser nach Haus und betete andächtig unterwegs, wie er immer zu tun pflegte, wenn er in häuslichen Geschäften ausging.

Weil Herr Florens ihn als einen Mann von gefestigter Tugend kannte, der auch Widrigkeiten standhaft zu ertragen vermochte, rügte er ihn oftmals wegen vorgeblicher Nachlässigkeit und beschuldigte ihn wegen mancher Dinge, bei denen er schuldlos war, um dadurch seine Geduld zu prüfen und ihn für andere als vorbildlich zu erweisen. Als bei einer Gelegenheit gleichzeitig einige an das Fenster der Küche, andere aber an die Tür pochten, beeilte sich Johannes die Wünsche jedes einzelnen zu erfüllen. Während er so hin und her lief, klopfte Herr Florens mit der Hand auf den Tisch, als ob er dringend etwas brauchte, das jener ihm bringen sollte. Da Johannes nun, beschäftigt wie er war, etwas auf sich warten ließ, sagte der fromme Vater in strengem Ton, um seinen Koch zu prüfen: „Wie lange noch soll ich hier sitzen und auf euch warten?" Darauf antwortete der gute Koch ganz sanftmütig: „Hier bin ich, geliebter Vater, und will sogleich bringen, was gefällig ist. Ich bitte euch, verzeiht meine Langsamkeit."

Herr Florens sprach auch zuweilen: „Was hat das wieder für einen Geschmack? Kannst du nicht besser kochen? Leicht könnten die Brüder darüber murren, dass sie deine so schlecht gekochten Speisen essen müssen!" Er aber hörte den Verweis geduldig an, bekannte, dass er ein nachlässiger Mensch sei, und sprach: „Ich will mich gern bessern!" Worauf Herr Florens antwortete: „Das habt ihr schon oft gesagt und bessert euch dennoch nicht."

Ein andermal, als Herr Florens durch die Küche ging, kam Johannes hinter ihm her, fiel auf die Knie und fasste ihn bei dem Saum seines

112 Vgl. 1. Mach. 4,58.

veniam petens. Ad quem respiciens ait: „Quid est modo?" Tunc ille: „Ego fudi aliquid ex amphora in cellario." Cui rursum durius respondit: „Sic sic destruitis res nostras, unum frangendo et alterum fundendo." Et statim aversa facie clausit ostium coquine dimittens cocum in genibus sedere. Qui omnia humiliter sustinens surrexit de terra, nichil conquestus inde quasi iniuriam passus, sed sine hesitacione optime sensit de patre sancto, qui eum increpavit pro utilitate sua. His et aliis multis modis probavit eum frequenter dominus Florencius, quem specialiter utique dilexit et corde veneratus est propter fidelitatem suam et paupertatis amorem, de qua sepius loquebatur cum eo in coquina. [302]

Et quamvis magne litterature non esset, habuit tamen ingenium bonum ad intellegendum scripturas, sciens caute discernere inter vicia et virtutes et efficacia remedia dare tribulatis et temptatis. Libenter legit in codice tempore sibi vacante a labore, non ut doctior fieret ex sciencia inflante sed fervencior in caritate ad opus redderetur. Diligenter advertit ad lectiones in mensa colligens ex paucis verbis multa, et quod illi denegavit altitudo latini sermonis, supplevit virtus obediencie et frequens meditacio beneficiorum Dei. Unde desideranter studuit in vita Domini nostri Iesu Christi trahens ex eo[a] tocius vite sue regulam, et propter eius amorem amplexatus est infimum statum et viliorem cibum atque vestem pauperiorem. Cum legisset aliquando librum Iohannis Climaci[b] de perfecta abrenunctiacione seculi et mortificacione proprie voluntatis, protulit exinde sentencias spiritu plenas, ut docti viri de hoc mirarentur, quod tam bonum intellectum illius libri haberet.

Ante paucos dies obitus sui requisitus est ut diceret, si quid emendacione dignum in domo sciret, quia fratres libenter se emendare vellent. [303] Tunc respondit fidelis amator pauperum dicens: „In tribus optarem emendacionem nostram. Primo quod parcius comederemus et pauperibus amplius daretur. Secundo quod meliora ornamenta venderentur et precium pauperibus largiretur. Tercio quia multos libros

[a] eo] ea *K11, Le1/2, Vi1.*
[b] Climaci] Clymaci *K11.*

Gewandes, um ihn um Verzeihung zu bitten. Herr Florens sah ihn an und sprach: „Was gibt es jetzt wieder?“ Da sagte er: „Ich habe im Keller etwas aus einem Krug vergossen.“ Darauf antwortete jener noch strenger: „So geht es immer, so zerstört ihr unsere dürftige Habe, zerbrecht das eine, gießt das andere aus!“ Und sogleich wendete er ihm den Rücken zu, schloss die Tür der Küche und ließ den Koch auf den Knien liegen. Der aber ertrug alles in Demut, erhob sich von der Erde, ohne im mindesten zu klagen, als wäre ihm Unrecht geschehen, und dachte nach wie vor nur Gutes von dem heiligen Vater, der ihn bloß zu seinem Besten angefahren hatte. Auf solche und andere Weise prüfte Herr Florens ihn oftmals, liebte ihn jedoch dabei ganz besonders und verehrte ihn im Herzen wegen seiner Treue und Liebe zur Armut, über die er sich oftmals mit ihm in der Küche unterhielt.

Obwohl er nicht sehr gelehrt war, hatte er doch eine gute Auffassungsgabe zum Verständnis der heiligen Schriften und wusste sicher zwischen Tugenden und Lastern zu unterscheiden, so dass er denen, die in Nöten und Versuchungen waren, wirksame Ratschläge geben konnte. Gern las er in seiner Freizeit ein Buch, nicht um gelehrt zu werden durch Wissen, das eitel macht, sondern um sich zum Dienst in der Liebe anzuspornen. Bei der Tischlesung war er aufmerksam und konnte aus wenigen Worten vieles für sich entnehmen. Was ihm durch die Schwierigkeit der lateinische Sprache verborgen blieb, ersetzte ihm die Tugend des Gehorsams und die stetige Betrachtung der Wohltaten Gottes. So beschäftigte er sich voller Eifer mit dem Leben unseres Herrn Jesus Christus und leitete daraus die Richtschnur für sein ganzes Leben ab, da er ihm zuliebe seinen niedrigen Stand, schlechte Kost und ärmliche Kleidung gewählt hatte. Als er einst das Buch des Johannes Climacus von der vollkommenen Weltentsagung und der Abtötung des eigenen Willens gelesen hatte[113], wusste er daraus so geistvolle Zitate anzuführen, dass gelehrte Männer erstaunten, wie tief er in den Sinn dieses Werkes eingedrungen war.

Wenige Tage vor seinem Tode wurde er aufgefordert zu sagen, ob er nichts wüsste, das im Hause noch zu verbessern wäre, da die Brüder sich gern bessern wollten. Da antwortete der getreue Liebhaber der Armen und sprach: „In drei Dingen wünschte ich unsere Besserung. Erstens, dass wir sparsamer äßen, damit den Armen mehr gegeben werden könnte. Zweitens, dass man das wertvollere Gerät verkaufte und den Ertrag den Armen spendete. Drittens, dass wir von den vielen Bü-

113 Johannes Climacus (6./7. Jh.), griech. Eremit und als Abt des Sinai-Klosters Autor asketisch-monastischer Schriften, der seinen Beinamen von dem auch im Westen weit verbreiteten Hauptwerk 'Himmelsleiter' erhalten hat. Zur seiner volkssprachigen Rezeption in der Devotio moderna s. NIGEL F. PALMER, Johannes Klimakos, in: Die deutsche Literatur des Mittelalters. Verfasserlexikon, Bd. 11, Berlin/ New York 2004, Sp. 775-777.

habemus, quod aliqui venderentur necessariis retentis, et pauperibus melius subveniretur.“ His dictis dominus[a] Florencius congaudens devocioni eius dixit: „Johannes, valde bonum est quod dicitis.“ Tempore infirmitatis sue venerunt quidam pauperes clerici ut eum visitarent. Quos ille intuens oculis misericordie sue ait: „O dilecti pauperes mei, iam de cetero non potero vobis aliquid dare. Commendo vos Deo, ut vobis provideat in bono.“

Inter plura humilia exercicia hoc in usu habuit, ut omni sabbato in memoriam mortis sue longum kedellum[b] portaret et in eo coquere tunc consuevit, petens et desiderans in eodem post mortem sepeliri. Quod et factum est. Nam Mathias de Mechelinia[c], qui socius eius erat, fecit vestem illam lavari, ut in ea sepeliretur sicut desideravit.

Igitur multis bonis virtutum fructibus repletus servus Dei Iohannes cocus ex [304] hac vita iam migraturus cepit infra octavam Penthecostes apostemate tactus infirmari et ad sequentis vitae transitum se disponere. Cui hoc etiam ad magnum meritum crevit, quod antequam infirmaretur curam pauperum clericorum et infirmorum ex obediencia et caritate de novo susceperat, cupiens eos visitare et necessaria sollicite eis ministrare. Sed preventus est infirmitate et dulcedine visitacionis Christi mirifice consolatus.

Nam dominus Amilius, qui sibi in infirmitate fideliter astitit et continue ministravit, quadam die summo mane ad eum visitandum accessit, et querens si aliquid vellet, de licencia eius ecclesiam intravit missam auditurus. Qua finita rediit ad infirmum. Cui Iohannes: „Vultis mecum dividere missam in caritate quam audistis?“ Respondit Amilius: „Libenter vobiscum totum divido et tribuo in caritate dilecte frater.“ Ad quem Iohannes: „Frater mi, Dominus noster Iesus Christus interim me visitare dignatus est.“ Tunc Amilius hoc audiens dixit: „Ubi queso mansit?“ Qui respondit: „Statim quando vos aperuistis ianuam disparuit.“

a dominus] *fehlt in Le1/2, Vi1.*
b kedellum] longum linteolum seu kedellum *Sommalius.*
c Mechelinia] Mechellinia *K11;* Mechlinia *Le1/2, Vi1;* Mechilinia *N1.*

chern, die wir haben, nur die notwendigsten behielten und etliche verkauften, um die Armen besser zu unterstützen." Auf diese Worte sprach Herr Florens, erfreut über seine große Frömmigkeit und Erbarmung: „Johannes, was ihr sagt ist sehr gut." Und als in der Zeit seiner Krankheit einige arme Schüler ihn besuchten, sah er sie voll Mitleid an und sprach: „O meine geliebten Armen, künftig werde ich euch nichts mehr geben können. Ich empfehle euch Gott, dass er euch mit allem Guten versorge."

Unter seinen zahlreichen Demutsübungen hatte er auch die Gewohnheit, an jedem Samstag zur Mahnung an seinen Tod einen langen Kittel[114] zu tragen, in dem er dann auch zu kochen pflegte und nach seinem Tode begraben zu werden wünschte. Und so geschah es auch. Denn Matthias von Mechelen, sein Gefährte, ließ jenes Kleid waschen, damit er seinem Verlangen gemäß darin begraben würde.

Als nun der Koch Johannes, der tugendreiche Diener Gottes, aus diesem Leben scheiden sollte, da traten bei ihm während der Pfingstoktav[115] die Anzeichen einer Pesterkrankung auf, und er begann sich zum Weg in das ewige Leben vorzubereiten. Noch vor dem Ausbruch seiner Krankheit gereichte es ihm zu großem Verdienst, dass er aus liebendem Gehorsam wieder die Fürsorge für arme und kranke Schüler auf sich nehmen wollte, um sie zu besuchen und mit allem Nötigen zu versorgen[116]. Doch wurde er daran durch die Erkrankung gehindert, zugleich aber auch durch einen Besuch Christi wunderbar getröstet.

Denn Herr Amilius, der ihm in seiner Krankheit getreu beistand und unausgesetzt diente, kam eines Morgens sehr früh zu ihm, fragte ihn, ob er etwas verlange, und ging mit seiner Erlaubnis in die Kirche, um die Messe zu hören. Als sie beendet war, kehrte er zu dem Kranken zurück. Da sprach Johannes: „Möchtet ihr nicht die Frucht der Messe, die ihr gehört habt, in Liebe mit mir teilen?" Amilius antwortete: „Recht gern teile ich euch in Liebe das Ganze zu, geliebter Bruder." Da sagte Johannes zu ihm: „Mein Bruder, unser Herr Jesus Christus hat mich unterdessen seines Besuchs gewürdigt." Als Amilius dies hörte, fragte er: „Und wo ist er geblieben, wenn ich fragen darf?" Jener ant-

114 In den Handschriften (küchen-)lat. *kedellus*; vgl. Dier, Scriptum, DUMBAR, S. 38: *Ante mortem petiit quod corpus eius sepeliretur in theristro suo, in quo solebat laborare.* Zur Terminologie s. o. Anm. 108.

115 Pfingsten 1398: 26. Mai.

116 Präziser als die hier etwas unklare Chronologie seiner Krankheit ist der Bericht bei Dier, Scriptum, DUMBAR, S. 34: *Anno Domini MCCCXCVIII cepit grassari magna pestilentia in Daventria, quod attendens dominus Florencius pater noster, tractabat cum fratribus, quisnam eorum serviret fratribus infirmis; et ecce Iohannes Kessel optulit seipsum ad servitium ipsorum. Cui respondit dominus Florencius: „Iohannes, faciatis hoc opus in remissionem peccatorum vestrorum." Sed nocte immediate sequenti isdem Iohannes incidit in febres pestilentiales, qua infirmitate invalescente diem clausit extremum in nocte immediate sequenti festum Petronelle virginis* [31.05./01.06.], *hora VI noctis.*

Gavisus est ergo Amilius et gracias agens Dominum benedixit. Et hec michi postmodum enarravit.

Temptavit etiam sathanas servum Dei decipere et terrere ita dicens ad eum: [305] „Recipe bursam tuam, fetide mercator. Estimas tu quod cum pecunia tua possis emere regnum celorum?“ Humilis autem Iohannes intelligens hostis maliciam intra se tacite dixit: „Non de me presumo, sed de misericordia Dei et in meritis sanctorum.“ Sicque inimicus totaliter confusus abscessit et Iohannes divine misericordie fiducialiter se commisit. Devotus igitur famulus Christi ad oracionem intencius se convertit et inter alia psalmodie cantica hec verba ruminavit: „Dominus solvit compeditos, Dominus illuminat cecos.“ Amilius vero sedens ad lectulum eius aurem apposuit, ut de ore agonizantis aliquid amplius audiret pro bono memoriali, sed pre raucitate infirme vocis intelligere non valuit.

Tandem diu agonizando et contra vim mortis desudans, inter devotas fratrum preces qui convenerant spiritum vite exalavit beato fine in servicio Christi consummato, anno Domini millesimo trecentesimo nonagesimo octavo sabbato quattuor temporum post Penthecosten, die Petronille virginis. Cuius corpusculum reconditum est in cimiterio apud sanctum Lebuinum, ubi et plures fratres post eum defuncti in pace Christi requiescunt per Christum [306] in novissimo die cum fidelibus cunctis resuscitandi. Sit laus et gloria Christo de tam devoto viro et humili coco, qui brevi annorum curriculo et labore exiguo sortitus est, ut pie credimus, maxima premia in celo. De quo venerabilis pater dominus Iohannes Huesden prior in Wyndesem dignum testimonium reddidit dicens: „Utinam cum tali viro et in tali statu mori michi contigisset.“

wortete: „Er verschwand, sowie ihr die Tür öffnetet." Da freute sich Amilius und pries dankend den Herrn. Und später hat er mir dies erzählt.

Es versuchte auch der Teufel den Diener Gottes zu täuschen und zu erschrecken und sprach so zu ihm: „Behalt nur deinen Geldbeutel, du schäbiger Kaufmann. Meinst du etwa, du könnest mit deinem Geld den Himmel erkaufen?" Der demütige Johannes aber, der die Arglist des bösen Feindes erkannte, sprach im Stillen zu sich selbst: „Nicht auf mich vertraue ich, sondern auf die Barmherzigkeit Gottes und auf die Verdienste der Heiligen." Und so wich der Feind mit großer Beschämung von ihm, Johannes aber überließ sich voller Vertrauen der göttlichen Barmherzigkeit und begann als frommer Diener Christi innig zu beten, indem er neben anderen Psalmen besonders die Worte sprach: „Der Herr löst die Gefesselten und erleuchtet die Blinden."[117]. Amilius, der bei seinem Bett saß, neigte das Ohr zu ihm, um aus dem Mund des Sterbenden noch etwas als ehrwürdiges Vermächtnis zu hören, doch seine schwache Stimme war zu heiser, als dass er etwas hätte verstehen können.

Endlich gab er nach einem langen, erschöpfenden Todeskampf unter dem Gebet der frommen Brüder, die um ihn versammelt waren, den Geist auf und schloss sein im Dienste Christi vollbrachtes Leben durch ein glückseliges Ende, im Jahr des Herrn 1398, den Quatembersamstag nach Pfingsten, am Tage der heiligen Jungfrau Petronilla[118]. Sein Leichnam wurde auf dem Friedhof bei St. Lebuinus bestattet, wo auch andere Brüder, die nach ihm starben, im Frieden Christi ruhen, bis Christus am jüngsten Tage sie zusammen mit allen Gläubigen erweckt. Ihm sei Lob und Preis für einen so frommen Mann und demütigen Koch, dem es nach wenigen Jahren und geringfügiger Arbeit beschieden war, wie wir fromm glauben, den herrlichsten Lohn im Himmel zu empfangen. Ihm hat der ehrwürdige Vater Johannes Heusden, Prior in Windesheim[119], ein würdiges Zeugnis gegeben, indem er sprach: „Wie gern hätte ich zusammen mit einem solchen Mann und in seinem Stand sterben wollen!"

117 Ps. 145,7f.

118 In der Nacht vom 31. Mai (Petronella) zum 1. Juni (Quatembersamstag); s. o. Anm. 116.

119 Über Johannes Vos van Heusden s. Johannes Busch, Chronicon Windeshemense, De viris illustribus, cap. 10-21, GRUBE, S. 27-60. Vgl. LESSER 2005, S. 81ff.

Incipit devotum exercicium eiusdem fratris Iohannis[a].
Capitulum XIII.

Quid retribuam tibi Deus eterne pro omnibus que retribuisti michi? O dilecte Iohannes, miserere tui ipsius et pensa cum magna diligencia et omnibus viribus tuis preteritam vitam tuam, quid fuisti in seculo, quid adhuc es et quid promeruisti. Cogita inestimabilem bonitatem dilecti Domini nostri Iesu Christi, quam tibi ultra tam multos homines exhibuit, pensa quam graviter ultra alios te iudicabit, si te non emendaveris. Sta in timore et cogita, quod ille qui tam benigne tibi pepercit, forsitan diucius parcere nolit[b]. [307] Pone in corde tuo, quod hodie vel ad longius[c] cras sis moriturus et quorsum perges.

Ve michi Deus eterne, ubi fugiam a facie ire tue, quia peccata mea existunt super arenam maris. Verumptamen scio verissime, quod nichil ita tibi displicet sicut desperare, et quod non vis mortem peccatoris sed penitenciam. Dic ergo ad eum in gemitu cordis tui: „Aspice in me miserum peccatorem immensa pietas Dei, convertere ad me iniquum hominem patens misericordia. Ecce ego desolatus venio ad omnipotentem, vulneratus curro ad medicum, serva solitam pietatem tuam, qui tam diu gladium vindicte suspendisti. Dele numerum iniquitatum mearum multitudine miseracionum tuarum."

Multa alia potes etiam cogitare de misericordia Dei sicut de David, de sancto Petro et sancto Paulo, de Maria Magdalena et de publicanis et aliis multis peccatoribus, prout manifeste in tota vita Christi patet, quam misericors extitit erga penitentes qui ad eum accesserunt. In quibus non ponderavit quam multum peccaverunt, sed quantum amaverunt. Quapropter si ad istam dilectionem debeam pervenire, tunc summe michi necessarium est quod respiciam fragilitatem meam, et quod in veritate senciam [308] quod ex me ipso nichil boni possum, atque incessanter pre oculis habeam magnitudinem Dei et suam fideli-

a Incipit devotum exercicium eiusdem fratris Iohannis] Incipit devotum exercicium Iohannis Kessel *K11;* Incipit devotum exercicium eius *Le1/2, N1, P1;* Incipit devotum exercicium eius *korrigiert aus* Explicit devotum exercicium eius *Vi1.*

b diucius parcere nolit] diucius tibi parcere nolit *K11, Ki, Le1/2, N1, P1;* diucius parcere tibi nolit *Vi1.*

c ad longius] *fehlt in Vi1.*

Kapitel 13:
Geistliche Übungen des Bruders Johannes[120].

Womit, o ewiger Gott, soll ich dir alles vergelten, was du mir verliehen hast![121] O lieber Johannes, habe Mitleid mit dir selbst und bedenke dein verflossenes Leben sorgsam und nach Kräften! Sieh was du warst in der Welt, was du noch bist, und was du verdient hast! Bedenke die unschätzbare Güte unseres geliebten Herrn Jesus Christus, die er dir vor so vielen Menschen erzeigte, bedenke, dass er dich strenger als andere richten wird, wenn du dich nicht besserst! Fürchte dich und denke, dass er, der dich so gütig schonte, dich vielleicht nicht weiterhin schonen will. Nimm dir zu Herzen, dass du heute oder längstens morgen sterben wirst. Und wohin wirst du dann gelangen?

Wehe mir, ewiger Gott, wohin soll ich fliehen vor dem Antlitz deines Zornes[122]? Sind doch meine Sünden zahlreicher als der Sand des Meeres[123]. Doch weiß ich auch gewiss, dass nichts dir so sehr missfällt, als wenn der Mensch verzweifelt, und dass du nicht den Tod des Sünders willst, sondern seine Buße. Sprich also zu ihm mit seufzendem Herzen: „Blicke herab auf mich armen Sünder, o unermessliche Güte Gottes, wende dich mir schlechtem Menschen zu, o große Barmherzigkeit! Sieh, ich Trostloser komme zu dem Allmächtigen, ich Verwundeter laufe zu dem Arzt, übe deine gewohnte Milde an mir, der du das Racheschwert so lange ruhen ließest! Tilge die Zahl meiner Sünden durch die Fülle deiner Erbarmungen!"

Du kannst auch viele andere Beispiele der Barmherzigkeit Gottes betrachten, wie David, die heiligen Petrus und Paulus, die heilige Maria Magdalena, die Zöllner und viele andere Sünder. Zeigt doch das ganze Leben Christi, wie barmherzig er gegen alle reuigen Sünder war, die zu ihm kamen und bei denen nicht erwog, wie schwer sie gesündigt hatten, sondern wie sehr sie liebten. Wenn ich daher zu einer solchen Liebe gelangen soll, ist es mir am allernotwendigsten, dass ich meine Gebrechlichkeit ins Auge fasse und wahrhaft empfinde, dass ich aus mir selbst nichts Gutes vermag. Unablässig muss ich mir die Größe Gottes vor Augen halten und seine Treue, sowie meine eigene Gering-

120 Vgl. Dier, Scriptum, DUMBAR, S. 38: *Ipse descripsit exercitia in quibus solebat se exercere, que si quis legerit, poterit exinde haurire devotionem et fervorem.* Das 'Exercitium devotum' des Johannes Kessel ist auch in einer volkssprachigen Version überliefert: BRINKERINK 1903, S. 16-30 (abgedruckt unten Anhang 1). Da seine Lateinkenntnisse nur rudimentär waren, handelt es sich hierbei wohl um die Ursprungsfassung. Jedenfalls ist der von Thomas inserierte Text um den Einleitungsteil mit Kessels Rückblick auf sein früheres Leben gekürzt; s. dazu KLAUSMANN, S. 74-81. Vgl. auch oben Anm. 62 und Einführung, Anm. 9.

121 Ps. 115,12.

122 Ps. 138,7.

123 Vgl. Iob 6,2f.

tatem et mei ipsius parvitatem et infidelitatem ad ipsum, in quibus multa consideranda sunt. Nam si recte hec attendo, perducent me ad subiectionem omnium hominum et ad[a] mei ipsius contemptum, ita ut etiam desiderem contempni. Sed istud oportet veraciter sedula cogitacione exerceri sepius invocando Dominum, a quo utique venire oportebit.

Si igitur ad istam humilitatem et ad hanc dilectionem debeam pervenire, necessarium est michi ut habeam cotidianum exercicium et regulam, que me ad ista perducant. Itaque secundum dicta sanctorum necessarium michi est preterita peccata mea[b] aspicere et ea ante oculos semper habere et multum niti ea ponderare. Et istud valde supprimet me et humiliabit, ut[c] defectus fratrum meorum ac aliorum hominum non magnipendam nec leviter iudicem, sed cum compassione ad meliora traham. Et hoc expedit michi ut pro isto laborem et caveam aliorum facta vel verba curiose investigare, et utique fugiam detractionem, et si audiero quod nitar excusare et seorsum ponere et abicere. Multum etiam me iuvabit quod considerem virtutes fratrum meorum, de [309] quibus estimo quod maior pars numquam mortale commisit, et e contrario recenseam magnitudinem peccatorum meorum atque ita inveniam quod non sum dignus inter eos conversari nec ipsis servire, sed habeam eos in reverencia et sperem quod per bona opera eorum et oraciones perveniam ad vitam eternam.

Est etiam michi necessarium quod omni tempore pre oculis habeam Dei presenciam et cotidie nitar ab intra aliquid boni cogitare in opere meo, et singulariter sequi cupiam illud dignissimum speculum, vitam Domini nostri Iesu Christi, suam humilitatem, suam pietatem, suam pacienciam, suam despectionem et paupertatem et specialiter suam caritatem, et multum nitar unumquemque hominum[d] sicut Dei imaginem aspicere et omnia opera mea[e] sic traham quasi Christo[f] faciam, et istud multum alleviabit opus meum et benivolum me singulis prebebit. Conabor etiam ut oracionem meam attente et sine festinancia legam et frequenter in labore et opere meo genua mea flectam et modicum breviter cum attencione orem.

[a] ad] *fehlt in Le1/2, Vi1.*
[b] peccata mea] *korrigiert aus* mea peccata *K11.*
[c] ut] et *K11.*
[d] hominum] hominem *K11, Le1/2, Vi1.*
[e] mea] *korrigiert aus* mea mea *K11; fehlt in Vi1.*
[f] Christo] Cristo *K11.*

fügigkeit und Treulosigkeit gegen ihn – wie viel wäre hier zu erwägen! Und wenn ich das alles recht betrachte, so bringt es mich dazu, dass ich allen Menschen mich unterwerfe, mich selbst verachte und sogar wünsche von andern verachtet zu werden. Doch muss dies in beständigem Nachsinnen wahrhaft geübt werden, und oftmals muss ich dabei den Herrn anrufen, von dem ja diese Gabe kommen muss.

Soll ich also zu dieser Demut und Liebe gelangen, dann bedarf es notwendig einer täglichen Übung und Richtschnur, die mich dahin führen. So muss ich, wie die Heiligen gesagt haben, mir die Sünden der Vergangenheit vergegenwärtigen, täglich vor Augen haben und sorgfältig erwägen. Und dies wird mich sehr niederdrücken und demütigen, so dass ich die Fehler meiner Brüder und anderer Menschen nicht wichtig nehmen oder leichtfertig verurteilen, sondern wohlwollend zum Besten auslegen werde. Weil es gut für mich ist, will ich darauf hinarbeiten, wie auch mich davor hüten, die Taten und Worte anderer kritisch zu untersuchen, üble Nachrede meiden, und wenn ich etwas dergleichen höre, es entkräften, wegschieben und zurückweisen. Auch wird mir förderlich sein, dass ich die Tugenden meiner Brüder betrachte, von denen die meisten wohl noch nie eine Todsünde begangen haben, und dass ich die Größe meiner Sünden dagegen halte. Denn so werde ich finden, dass ich nicht würdig bin, unter ihnen zu leben und ihnen zu dienen, und werde sie achten und hoffen, dass ich durch ihre guten Werke und Gebete ins ewige Leben gelange.

Auch ist es mir notwendig, dass ich zu jeder Zeit die Gegenwart Gottes vor Augen habe und mich täglich bemühe, während meiner Arbeit im Inneren an etwas Gutes zu denken. Insbesondere aber will ich schauen auf jenen würdigen Spiegel, das Leben des Herrn Jesus Christus, seine Demut, seine Milde, seine Geduld, seine Missachtung und Armut, vor allem aber seine Liebe. Ich will jeden Menschen als das Bild Gottes ansehen und alle meine Werke so verrichten, als ob ich sie für Christus täte, was meine Arbeit mir sehr erleichtern wird und mich andern gegenüber freundlich sein lässt. Ich will darauf achten, mein Gebet aufmerksam und ohne Hast zu sprechen, und oftmals auch bei meiner Arbeit die Knie beugen zu einem kurzen aber andächtigen Gebet.

Omni mane tercia hora audiens campanam surgere debes absque mora, et statim aliquid boni cogitare cum gracia-[310]rum actione de misericordia Dei[a] et de tua miseria, et quod Deus ibidem presens sit et angeli et sancti, et adverte quid legis et ad quem loqueris. Flecte genua vel sede honeste sine accidia et reclinacione ad unum vel alterum[b] latus, et ita semper ages dum oras.

Finitis matutinis vel primis stude sacram scripturam, et si sopore deprimeris modicum ex studio tuo scribe. Quinta hora signata pertracta si aliquid agere habes in coquina, si nichil ibi agendum putas claude coquinam et liga libros aut si aliquid aliud tibi commissum est. Hoc age donec tempus sit intrandi coquinam.

Dum compulsatur ad missam, incipe legere terciam flexis genibus in domo usque ad psalmos et lege consequenter in via eundo ad ecclesiam quod restat. In ecclesia sedeas recte super genua tua per totam missam in aliquo angulo, et cogita de vita et passione dilecti Domini nostri Iesu Christi secundum consuetudinem tuam. Finita missa incipe sextam legere in ecclesia usque ad psalmos, deinde reliqua eundo per viam.

Cum de ecclesia reversus fueris in coquinam, ora primo[c] modicum et propone in corde tuo qualiter te velis habere [311] per diem et in quibus punctis tibi necessarium est[d] te emendare. Et ad hoc fortiter conare, habendo pre oculis, ut predictum est, illud divinum speculum vite et morum dilecti Domini nostri Iesu Christi, et quod sibi ministras et non hominibus.

Infra laborem et opus tuum debes sepe breviter orare flexis genibus cum attencione, et specialiter ad signum campane et quando in ecclesia pulsatur ad elevacionem sacri corporis Domini nostri Iesu Christi. Coge te sepius aliquid boni cogitare infra laborem tuum, videlicet de beneficiis Dei, de regno celorum, de iudicio, de morte, et quando aliquis pulsat ante coquinam, ut des responsum bonum. Et si habes tempus, stude parum in excerpto tuo. Quemcumque de fratribus in domo aut extra domum videris, illum aspice tamquam Christum et precipue illos qui curam domus gerunt. Et si aliquid a te desiderant, hoc leta facie cicius age.

a misericordia Dei] Dei misericordia *K11, Le1/2, Vi1.*
b vel alterum] vel ad alterum *K11, Le2, Vi1.*
c primo] primum *P1.*
d tibi necessarium est] tibi est necessarium *K11;* necessarium est *Vi1.*

Des Morgens sollst du[124], sobald die Glocke drei schlägt, unverzüglich aufstehen und sogleich in Dankbarkeit eine fromme Betrachtung anstellen über die Barmherzigkeit Gottes und dein Elend und darüber, dass Gott, die Engel und die Heiligen zugegen sind. Sei achtsam, was du betest und zu wem du sprichst. Beuge die Knie oder sitze aufrecht ohne Trägheit und ohne dich zur einen oder anderen Seite anzulehnen; und so sollst du dich immer verhalten, wenn du betest.

Nach der Matutin oder Prim lies etwas in der Heiligen Schrift, und wenn dich die Müdigkeit überkommt, so schreibe einiges von dem Gelesenen auf. Wenn es fünf Uhr schlägt, so überlege, ob du etwas in der Küche zu tun hast. Glaubst du, dass es da nichts zu tun gibt, so schließe die Küche ab und binde Bücher ein oder tu, was dir etwa sonst aufgetragen wurde, so lange, bis es Zeit ist, in die Küche zu gehen.

Wenn zur Messe geläutet wird, so beginne im Hause auf den Knien die Terz zu beten bis zu den Psalmen und bete das übrige anschließend auf dem Weg zur Kirche. In der Kirche selbst knie aufrecht in irgend einem Winkel während der ganzen Messe und widme dich der Betrachtung von Leben und Leiden unseres geliebten Herrn Jesus Christus, wie es deine Gewohnheit ist. Nach der Messe beginne noch in der Kirche die Sext zu beten bis zu den Psalmen, und das Übrige auf dem Rückweg.

Bist du von der Kirche in deiner Küche zurück, so bete zuerst ein wenig und fasse dann einen Vorsatz darüber, wie du dich an diesem Tag verhalten willst und in welchen Punkten du dich bessern musst. Bemühe dich ernstlich darum, indem du, wie gesagt, jenen göttlichen Spiegel des Lebens und der Sitten unsres Herrn Jesus Christus vor Augen hast und bedenkst, dass du ihm dienst, und nicht den Menschen.

Während der Arbeit und bei deinem Dienst sollst du oftmals niederknien zu kurzem und andächtigem Gebet, besonders beim Zeichen der Glocke oder wenn in der Kirche zur Erhebung des allerheiligsten Leibes unsres Herrn Jesus Christus geläutet wird. Gib dir Mühe, während deiner Arbeit öfter fromme Gedanken zu fassen, etwa von den Wohltaten Gottes, vom Himmelreich, vom Gericht und vom Tod. Und wenn jemand an der Küche pocht, so sieh zu, dass du ihm eine gute Antwort gibst. Hast du Zeit, so kannst du auch in deine Aufzeichnungen geistlicher Lesefrüchte schauen[125]. Wenn du im Haus oder draußen einem von den Brüdern begegnest, dann sieh in ihm Christus selbst, zumal in jenen, die für das Haus zu sorgen haben. Und wenn sie etwas von dir verlangen, so erfülle es schnell und mit froher Miene.

124 Den folgenden Tagesplan hat man als Zeugnis für das Leben im Fraterhaus zu Deventer herangezogen; vgl. VAN DER WANSEM, S. 121f.; ISERLOH, S. 524f.

125 Lat.: *stude parum in excerpto tuo.* Johannes Kessel hatte sich wie alle Devoten ein sogenanntes Rapiarium angelegt. Vgl. oben Anm. 62 und STAUBACH 2000.

Antequam incipias comedere lege 'Benedicite', et aliquid boni infra prandium studeas legere vel meditari, et caveas ne nimis festinanter edas et a delicato cibo et potu, nec plus quam fratres in mensa. Et cito surge cum aliquis infra prandium pulsat qui mense ministrat. [312] Facto prandio debes lectori de calido cibo providere et sicut fratres habuerunt. Et interim lege gracias et residua cibaria repone et vasa coquine singula ad loca sua quantocius vales.

Cum veneris ad cameram prandio completo statim lege nonam, ac deinde fac opera et labora[a] usque ad secundum pulsum vesperarum apud fratres minores, nisi aliquid aliud habueris agendum in domo vel foris, et tunc lege vesperas tuas. Et si amplius de tempore habes, cogita vel stude aliquid boni usque dum quarta hora signata sit, et tunc intrabis coquinam parando fratribus cenam.

Cena autem facta pertractabis de crastino die[b], quid tunc infirmi et fratres comedere debeant. Et cum res in coquina disposite fuerint, tunc vade ad cameram et lege completorium tuum, et postea potes studere et aliquid boni agere usque octava hora signetur. Post octavam horam debes scribere defectus tuos et cogitare aliquid boni de materia sancta et orare aliquid cum invocacione sanctorum, et cum istis ire dormitum circa horam nonam et niti cum sanctis meditacionibus obdormire. Et dum experrectus fueris, cogita statim de materia devota cum quibus iterum dormire queas. [313]

Ante omnia ista debeo preponere obedienciam, ita ut quicquid rectores domus iusserint vel aliter consulerint[c] quam ego concepi, statim in illis me relinquere volo et cito facere quod ipsi desiderant, et niti nullam rem nec ullum opus cum inordinato amore possidere, et sic facilius me relinquam. Debeo etiam niti ut habeam eos in reverencia et honore

[a] fac opera et labora] fac opera tua et labora *K11, Le1/2, P1, Vi1;* fac opera tua *N1.*
[b] die] diem *K11; fehlt in P1.*
[c] consulerint] consuluerint *K11, Le1/2, Vi1.*

Ehe du zu essen beginnst, bete das Tischgebet und sei darauf bedacht, während des Essens etwas Gutes zu lesen oder zu betrachten. Hüte dich allzu hastig zu essen oder von den besonders schmackhaften Speisen und Getränken zu nehmen oder mehr als die anderen Brüder am Tisch. Steh schnell auf, wenn während der Mahlzeit einer von denen klopft, die bei Tische dienen[126]. Ist das Mittagsmahl vorüber, so setze dem Vorleser warme Speisen vor, wie die übrigen Brüder sie hatten. Indessen aber bete das Dankgebet und bringe die übriggebliebenen Speisen und die Gefäße der Küche möglichst rasch an ihren Ort zurück.

Kommst du nach dem Essen in deine Kammer, so bete gleich die Non, und nachher beschäftige dich und arbeite bei den jüngeren Brüdern[127], bis das zweite Zeichen zur Vesper gegeben wird, es sei denn, du hättest etwas anderes im Hause oder draußen zu tun. Und dann bete deine Vesper. Hast du noch etwas Zeit, so denke oder lies etwas Gutes bis es vier Uhr schlägt; dann aber geh in die Küche und bereite den Brüdern das Abendessen.

Nach dem Abendessen überlege, was für den morgigen Tag zu tun sei und was dann die Kranken und die Brüder zu essen bekommen sollen. Wenn nun alles in der Küche geordnet ist, dann geh in deine Kammer und bete deine Komplet. Danach kannst du lesen oder sonst etwas Gutes tun, bis die Uhr acht schlägt. Nach acht Uhr schreib deine Fehler auf, denk an einen frommen Gegenstand und bete unter Anrufung der Heiligen. Nach solcher Vorbereitung begib dich gegen neun Uhr zur Ruhe und versuche unter heiligen Betrachtungen einzuschlafen. Und wenn du vorzeitig aufwachst, so denke gleich an etwas Frommes, womit du wieder einschlafen kannst.

Mehr als dies alles muss ich mir aber Gehorsam vornehmen, so dass ich bei allem, was die Leiter des Hauses anordnen oder anders für richtig halten als ich, ihnen sogleich nachgeben und rasch tun will, was sie verlangen. Auch will ich mich darum bemühen, kein Ding und keine Aufgabe mit unvernünftiger Vorliebe für mich zu wünschen, und so wird es mir leicht fallen, selbstlos zu sein. Ich will ferner die Hüter und

126 Weil sie etwas aus der Küche benötigen?

127 Oder: 'bei den Laienbrüdern', lat. *apud fratres minores* (hier nicht 'Minderbrüder' im technischen Sinne). Statusunterschiede im Fraterhaus beruhten auf Anciennität oder auf den Dignitätsstufen Priester – Kleriker – Laien. Sie zu ignorieren war für die Höhergestellten ebenso verdienstlich wie Respekt und Selbstgenügsamkeit der Tieferstehenden. Vgl. Thomas, Libellus spiritualis exercitii, cap. 10, POHL 2, S. 351 (*si reverentiam praelato et minoribus fratribus dulcedinem caritatis exhibuisti*), Dialogus III,21 (*humilitas omnium virtutum prima exquisita fuit a maiore usque ad minimum*), sowie III,26 (Streben nach Statuserhöhung als gefährliche Versuchung der Devoten). Kessel bezieht sich hier wohl auf die Brüder Matthias und Johannes, denen er bei ihren niedrigen Arbeiten helfen will, s. u. bei Anm. 129.

qui sunt custodes et procuratores domus, et multum precavere ne ullam duram cogitacionem neque suspicionem super eos acquiram, sed pie et simpliciter facere quod volunt, sine iudicando et perscrutando quare hoc vel illud, et habere utique pre oculis meam simplicitatem et quod non sum sapiens, et eorum sapienciam magnam reputare. Et utique ante oculos tenere, quod me ipsum eis resignavi in loco Dei et mei ipsius non sum, ad quod tamen me ipsum ex voto non obligavi, sed ex libera mera[a] voluntate et proposito, quia spero quod michi salubre sit taliter stare et non facere secundum meum videre et velle. Et idcirco volo cogitare mecum propter quid, et multum eos rogare ut velint me deprimere.

Insuper debeo niti ut in omnibus operibus meis ac verbis et cogitacionibus Deum plus timeam quam homines, ut [314] quicquid facio, quod hoc pure sit ad honorem Dei et ad sibi soli placendum. Et in quacumque re excedo, quod in illa Deum plus formidem offendere quam homines. Et utique me custodiam a iactancia et appetitu ostentacionis et laudis coram hominibus.

Sed et multum nitar ad silendum, quod me notabiliter iuvabit ad multa. Et quod loquar cum providencia, et interdum legam unum 'Ave Maria' antequam loquar vel respondeam, nec res magis dicam quam sint et caveam dissolucionem et multa verba et sonorosa, specialiter in coquina, et alios de istis studeam ammonere, qui horum quicquam fecerint. Et multum niti esse solus ubicumque possum et ab intra armatus, et quod utique numquam sim ociosus et caveam detractionem loqui vel audire.

In officio tibi commisso eris diligens ad custodiendum res bene exterius, et in hoc sis obediens atque unicuique benignus appareas, specialiter cibos infirmorum procurando et maxime domini Florencii, qui pene cotidie debilis est et infirmus. Quod omnibus hospitibus sim benivolus recipiendo eos tamquam Christum, sed non multum cum eis loquendo, et quod respiciam bene ad pauperes, et in his tantum agam quantum michi est [315] commissum pro posse meo, ita ut habeam eos in reverencia et exhibeam eis benignitatem et res michi commissas bene custodiam.

Quando foras exeo pro negocio, quod tunc nitar oculos meos bene custodire et aliquid boni legere vel cogitare in platea, et quanto cicius

[a] libera mera] libera et mera *K11;* libera mea *P1.*

Verwalter des Hauses achten und ehren und mich davor in acht nehmen, irgendeinen unfreundlichen Gedanken oder Argwohn gegen sie zu hegen, sondern will schlicht und einfach tun, was sie wollen, ohne über das Wie und Warum zu urteilen und nachzudenken. Stattdessen will ich mir meine eigene Beschränkheit vor Augen halten und mir sagen, dass ich nicht weise bin, ihre Weisheit dagegen hoch schätzen. Dabei muss ich auch fest im Auge behalten, dass ich selbst mich ihnen an Gottes statt ergeben habe und dass ich nicht mehr mein eigen bin. Allerdings habe ich mich nicht durch ein Gelübde verpflichtet, sondern aus freiem und aufrichtigem Willen und Vorsatz[128], weil ich hoffe, dass es mir heilsam ist, in diesem Stand zu leben und nicht nach meinem eigenen Gutdünken und Willen zu handeln. Bedenken also will ich bei mir selbst, weshalb ich dies getan habe, und sie ernstlich bitten, dass sie mich demütigen.

Überdies soll ich auch in allen meinen Gedanken, Worten und Werken danach streben, mehr Gott zu fürchten als die Menschen, damit alles, was ich tue, allein zur Ehre Gottes geschieht und zu seinem Wohlgefallen. Und wenn ich irgendeinen Fehler begehe, so soll ich mehr fürchten, Gott damit beleidigt zu haben als die Menschen. Schließlich soll ich mich auf alle Weise hüten vor Ruhmredigkeit, Prahlerei und Verlangen nach Lob vor den Menschen.

Ich will mich aber auch sehr bemühen, Stillschweigen zu wahren, was mir in vielen Dingen hilfreich sein wird, und nur mit Besonnenheit zu sprechen und zuweilen ein ‘Ave Maria’ zu beten, bevor ich rede oder antworte. Auch will ich die Dinge nie für größer ausgeben, als sie es sind, und mich hüten vor Ausgelassenheit und vor vielen hochtrabenden Worten, zumal in der Küche, und auch andere zurechtweisen, die so etwas tun. Wo immer ich kann, will ich für mich allein sein und innerlich gerüstet, aber niemals müßig. Schließlich will ich mich hüten, etwas Nachteiliges über jemanden zu sagen oder anzuhören.

In dem dir übertragenen Dienst sollst du dich sorgfältig um die äußeren Dinge kümmern und darin folgsam sein und freundlich gegen jeden, besonders in der Bereitung der Speisen für die Kranken und vor allem für Herrn Florens, der beinahe täglich schwach und kränklich ist. Vornehmen will ich mir auch, dass ich gegen alle Gäste wohlwollend sei und in ihnen Christus aufnehme, ohne jedoch viel mit ihnen zu reden, ferner dass ich nach den Armen sehe und ihnen meinem Auftrag und meinen Möglichkeiten gemäß Achtung und Wohltätigkeit erweise und dabei doch das mir anvertraute Gut sorgsam bewahre.

Wenn ich zu einer Besorgung aus dem Haus gehe, will ich meine Augen in strenger Hut halten, auf der Straße beten oder an etwas Gutes

128 Der Unterschied zwischen verpflichtendem *votum* und freiwilligem *propositum* ist für das Selbstverständnis der Semireligiosen und ihr besonderes Charisma der Demut grundlegend gewesen; vgl. oben Buch II,18, Anm. 83.

possum domum revertendo. Sepe etiam nitar revelare temptaciones meas, et ad minus infra octo dies uni[a] de defectibus meis conqueri et remedium inde accipere, et niti me semper reum dare et contra nullum arguere. Et si aliquid frango vel negligo, pro illo volo libenter veniam petere. Volo etiam me cavere a multa pregustacione cibi sine necessitate et a potacione extra tempus prandii sine licencia superiorum[b], et quod non faciam aliquid post tergum eorum quod non auderem facere in eorum presencia.

Multum etiam debeo niti omnia despectiva et humilia opera facere, et Mathiam et Iohannem fratres nostros inde relevare ubicumque possum, et habere eos in reverencia et ostendere me benivolum ad eos et promptum ad omne humile opus[c] coadiuvandum. Cavebo me quod numquam percipiatur a me querimonia de vestibus, de cibis [316] aut his similibus, sed pocius nitar sentire quod non sum dignus istis quibus indigeo. Debeo etiam niti studere libros qui me ad ista adiuvent, et totum studium meum ad ista trahere, et niti morose me habere in eundo, stando, sedendo et in consimilibus.

Est etiam michi utile quod magna reputem exercicia[d] domus istius super omnes alias domus[e], et quod habeam magnum affectum in opere meo in coquina et magnum propositum in hoc statu mori et pro nulla re michi adventura ab isto velle separari salva semper obediencia. Et quod in hoc magnam habeam fiduciam ad amantissimum Dominum nostrum, quod omnia peccata mea velit cum isto indulgere michi, et de omni opere quantumcumque parvo speciale premium largiri. Et licet multa alia bona opera sint que maiora et sanctiora sunt, quod tamen propterea non discedam ab opere meo, sed firmiter maneam super hoc et confidam quod michi nullum opus salubrius nec utilius est quam hoc ad quod me Dominus vocavit.

Insuper volo omni die post octavam horam me examinare in omni huiuscemodi modo et videre in quo amplius ex-[317]cessi, et spero fortiter proponere de cetero in hoc me utique emendare.

Explicit exercicium et propositum humilis et devoti hominis Iohannis Kessel quondam coci in domo domini[f] Florencii.

a uni] unum *K11, Le1/2, Vi1.*

b superiorum] superioris *Le1/2, N1, Vi1.*

c humile opus] opus humile *Le1/2, Vi1.*

d exercicia] *K11, Ki, Le1/2, N1, P1, Vi1;* excercia *R.*

e domus] domos *P1;* domos *korrigiert aus* exercicia *Vi1.*

f domini] *fehlt in Le2.*

denken und sobald wie möglich nach Hause zurückkehren. Auch will ich meine Versuchungen offenbaren und wenigstens alle acht Tage jemandem meine Fehler beklagen, Mittel dagegen erbitten und mich immer als schuldig bekennen, niemanden aber zurechtweisen. Und wenn ich etwas zerbreche oder versäume, will ich deswegen gern um Verzeihung bitten. Ich will mich auch hüten, unnötig oft von den Speisen zu kosten und ohne Erlaubnis der Vorgesetzten außer der Mahlzeit etwas zu trinken, und will auch nichts hinter ihrem Rücken tun, das ich mich nicht getrauen würde in ihrer Gegenwart zu tun.

Auch muss ich mich danach drängen, alle verachteten und niedrigen Arbeiten zu verrichten und unsere Brüder Matthias und Johannes davon zu entlasten, wo ich kann. Ich will ihnen mit Hochachtung und Freundlichkeit begegnen und bereit sein, ihnen bei allen niedrigen Arbeiten zu helfen[129]. Ich werde darauf bedacht sein, dass man niemals von mir eine Klage über Kleidung, Kost oder ähnliches hört, sondern will vielmehr denken, dass ich der Dinge gar nicht würdig bin, die mir für meine Bedürfnisse zu Verfügung stehen. Auch muss ich fleißig in Büchern studieren, die mir dazu behilflich sind, und alles was ich lese, darauf anwenden. In meiner äußeren Haltung, ob im Gehen, Stehen oder Sitzen, will ich mich stets ernsthaft und sittsam zeigen.

Nützlich ist es mir auch, dass ich die Übungen und Gebräuche unseres Hauses höher achte als die der anderen geistlichen Häuser und dass ich eine große Liebe zu meinem Küchendienst habe und den festen Vorsatz, in diesem Stande bis zum Tod zu verbleiben, ohne mich durch irgendetwas davon trennen zu lassen, sofern nicht der Gehorsam mich dazu nötigt. Und dass ich großes Vertrauen habe zu unserem geliebtesten Herrn, er werde mir deshalb alle meine Sünden verzeihen und jedes auch noch so geringe Werk besonders vergelten. Und wenn es auch viele andere guten Werke gibt, die größer und heiliger sind, so will ich deshalb trotzdem nicht von meinem Werk ablassen, sondern fest dabei bleiben und vertrauen, dass kein Werk mir heilsamer oder nützlicher sei als dieses, wozu der Herr mich berufen hat.

Schließlich will ich jeden Tag nach acht Uhr über alle diese Dinge mich erforschen und sehen, worin ich am meisten gefehlt habe; auch hoffe ich und will mir fest vornehmen, mich künftig darin zu bessern[130].

Hier endet das Exercitium und Propositum des demütigen und frommen Mannes Johannes Kessel, der vormals Koch im Herr-Florens-Hause war.

129 S. o. Anm. 127.

130 Dieser Schlusssatz ist gewissermaßen die Gebrauchsanweisung für das ganze Exercitium und steht daher an passender Stelle, auch wenn er wie ein „etwas unverbundener Nachtrag zum Tagesplan" wirkt (KLAUSMANN, S. 77).

De Arnoldo Schoenhovie[a] devoto clerico. Capittulum XIIII.

Cum Daventriensis ecclesia reverendi patris domini Florencii floreret presencia et multi de diversis partibus scolares Daventriam intrarent propter doctrine studium, venit illuc quidam de finibus Hollandie bone nature iuvenis expers malicie secularis Arnoldus nomine, filius Wyronis[b] viri fidelis et honesti civis Schoenhovie[c] civitatis. Hic igitur dum adhuc in domo parentum esset et scolas cum sodalibus pueris frequentaret, non est secutus itinera ludencium in plateis, sed solitus erat mane ecclesiam intrare et ibidem ad singula altaria oraciones et vota sua Deo offerre, tradens cor suum diluculo ad Dominum qui fecit illum. Hec autem primordia tam devote puericie fuerunt quedam indicia amplioris gracie promerende in virili etate. Nam Deo se protegente a [318] contagione carnis permansit immunis.

Ingressus ergo ut dixi oppidum Daventriense, magistro Iohanne de Arbore tunc regente presentavit se obtutibus domini Florencii ad habendum hospicium in domibus devotorum clericorum, quorum non parva multitudo in diversis domibus sub cura et disciplina devotissimi patris vivebat, sacris dominicis obediendo consiliis ac preceptis et nichilominus scolasticis libris insudando temporibus certis. Cernens itaque dominus Florencius Arnoldum ad serviendum Deo ferventer affectatum atque a seculo totaliter aversum, concessit ei mansionem in antiqua domo sua, ubi plures clerici numero fere viginti in communi bursa stabant, unam[d] communem mensam et sumptum habentes et in magna devocione Domino famulantes. Inter quos tres erant layci, unus procurator qui necessaria emebat, alius coquine prefuit, tercius vestes sarciebat. Ex illa domo postea quidam ad ordinem canonicorum regularium transierunt, quidam ad sacerdotalem gradum pervenerunt fructum alibi facientes de bonis exemplis que Daventrie didicerunt et viderunt.

Eodem tempore adiuvante domino Florencio et consulente domum illam inhabitare cepi, et fere per annum in congre-[319]gacione illa[e]

a Schoenhoevie] Scoenhovie *Le1, N1, Vi1;* Sconhovie *Le2.*
b Wyronis] Wironis *K11, Le1/2, P1.*
c Schoenhoevie] Scoenhovie *Le1/2, N1, P1, Vi1.*
d unum] unam *Le2; fehlt in Vi1.*
e congregacione illa] illa congregacione *K11, Le1/2, Vi1.*

Kapitel 14:
Von dem frommen Kleriker Arnold von Schoonhoven.

Zu der Zeit als die Kirche zu Deventer durch das Wirken des ehrwürdigen Vaters Florens im Flor stand und aus vielen Gegenden Schüler nach Deventer strömten, um sich dort zu bilden, kam auch aus dem Grenzraum Hollands ein gutgearteter und von der Bosheit der Welt unberührter junger Mann dahin mit Namen Arnold, der Sohn Wiros, eines frommen und ehrsamen Bürgers der Stadt Schoonhoven[131]. Als er noch im Elternhaus lebte und mit seinen Altersgenossen zur Schule ging, schloss er sich nicht den Spielen der Gassenjungen an, sondern besuchte stets morgens die Kirche, brachte vor jedem Altar Gott seine Gebete und Vorsätze dar und weihte schon in der Frühe sein Herz dem Herrn, der ihn erschaffen hatte[132]. Diese Erstlinge einer so frommen Kindheit aber waren gleichsam Anzeichen höherer Gnaden, die er im Mannesalter verdienen sollte. Denn Gott beschützte ihn, dass er von der Versuchung des Fleisches unberührt blieb.

Er kam also, wie gesagt, nach Deventer, und zwar als der Magister Johannes Boeme Rektor der Schule war[133]. Da stellte er sich Herrn Florens vor, um eine Unterkunft zu erhalten bei den frommen Schülern, die in großer Zahl unter der Fürsorge und Aufsicht des frommen Vaters in verschiedenen Häusern lebten, den heiligen Räten und Geboten des Herrn folgten und sich zu festgesetzten Zeiten ihren Schulaufgaben widmeten. Als nun Herr Florens sah, dass Arnold so eifrig danach verlangte Gott zu dienen und sich ganz von der Welt abgewandt hatte, bewilligte er ihm eine Wohnung in seinem 'Alten Haus'[134], wo ungefähr zwanzig Schüler in einer Gemeinschaft zusammenlebten, Mahlzeiten und allen sonstigen Bedarf miteinander teilten und Gott in großer Frömmigkeit dienten. Davon waren drei Laien, einer sorgte als Verwalter für den Einkauf alles Notwendigen, ein anderer war in der Küche tätig und ein dritter besserte die Kleidung aus. Aus diesem Hause traten später einige in den Orden der Regularkanoniker ein und einige wurden zu Priestern geweiht und wirkten an anderen Orten segensreich in Befolgung der guten Beispiele, die sie zu Deventer erfahren und gesehen hatten.

Um dieselbe Zeit zog auch ich mit Hilfe und Rat des Herrn Florens in dieses Haus ein und blieb ungefähr ein Jahr zusammen mit Arnold in jener Gemeinschaft, wo wir beide uns eine kleine Kammer und ein Bett

131 Näheres über ihn auch bei Dier, Scriptum, DUMBAR, S. 82f. Vgl. seine volkssprachige Vita bei BRINKERINK 1903, S. 31-37

132 Vgl. Ecclus. 39,6: [*sapiens*] *cor suum tradet ad vigilandum diluculo ad Dominum qui fecit illum et in conspectu Altissimi deprecabitur.*

133 S. oben Buch III,11, Anm. 27, und III,24, bei Anm. 72.

134 S. oben Buch III,20, Anm. 58.

cum Arnoldo permansi, simul una camerula unoque lecto ambo contenti. Ibi quippe didici scribere et sacram scripturam legere et que ad mores spectant devotosque tractatus audire. Ad seculi quoque contemptum forcius animabar, maxime dulci conversacione fratrum et pia ammonicione Arnoldi cotidie adiutus et instructus. Quidquid tunc scribendo lucrari potui in sumptus communes tradidi, et quod michi defuit, larga pietas dilecti domini mei Florencii pro me persolvit et paterne in omnibus subvenit.

Multa igitur devocionis signa in Arnoldo notavi, quia multum exemplaris et devotus fuit tam in domo quam in scolis, nulli molestus nec amarus, sed omnibus gratus et benignus. Omni mane hora quarta campana signacula dante statim evigilans alacriter surrexit et flexis genibus ante lectulum breviter oravit primicias oris sui Domino fervide[a] libans. Deinde celeriter se vestiendo ad locum oracionis pro matutinis beate Marie virginis et sancte crucis legendis tempestive processit, non faciens moram aliis, sed cunctos prevenire satagebat. Ad missam iturus festinavit esse cum primis, flectens humiliter genua circa [320] altaria audiendo officium misse cum supplici reverencia, nec cessans ab oracione et meditacione sacra donec missarum sollempnia essent rite finita. Amabat autem locum secretum a turbis remotum, ne impediretur in orando, et tanto fervencius tunc orabat quo secrecius existebat. Fugiebat hominum aspectus ne in aliquo notaretur esse devotus. Cavebat quoque ne vox eius audiretur foris, quia in privata oracione soli Deo volebat esse apertus.

Sed tamen non semper ita latere potuit, quin ardens lampas vel invitus foras crepitaret. Accidit ergo aliquociens me sibi assistente latenter, ut eo orante caute adverterem quid ageret, atque per illius fervorem ad precandum accensus fui, optans talem devocionis graciam quandoque sentire qualem ille fere cotidie videbatur habere. Nec mirum si devotus in orando fuit, qui sollicitus custos cordis et oris extitit ubicumque transisset. Nam et ex magna devocionis dulcedine sonus iubilacionis in eius gutture audiebatur quasi cibum suavissimum degustasset iuxta illud psalmiste verbum: „Exultaciones Dei in gutture eorum."

[a] Domino fervide] Domino suo fervide *K11*.

teilten[135]. Dort auch lernte ich Schönschrift, wurde zur Lektüre der Bibel und der Tugendliteratur angehalten und hörte fromme Unterweisungen. Auch erhielt ich dort einen starken Ansporn zur Weltverachtung, täglich unterstützt und belehrt durch den erfreulichen Umgang mit den Brüdern und die fromme Ermahnung Arnolds. Alles was ich mit Schreiben verdienen konnte, trug ich zu den gemeinsamen Ausgaben bei, und woran ich Bedarf hatte, das bezahlte die freigebige Milde des Herrn Florens für mich, der mir in allen Dingen väterlich zu Hilfe kam.

Viele Zeichen großer Frömmigkeit nahm ich an Arnold wahr, denn er war ein musterhafter und frommer junger Mann, sowohl im Hause als auch in der Schule, und keinem lästig und unangenehm, sondern gegen alle freundlich und gütig. Jeden Morgen um vier Uhr, wenn die Glocke das Zeichen gab, stand er, sogleich erwacht, hurtig auf, kniete vor dem Bett nieder zu einem kurzen Gebet und opferte Gott mit frommem Eifer die Erstlinge seines Mundes. Dann kleidete er sich schnell an und eilte zum Ort des Gebets, um die Matutin von der allerseligsten Jungfrau und vom heiligen Kreuz zu beten. Nie hielt er andere auf, sondern trachtete immer allen zuvorzukommen. Auf dem Weg zur Messe beeilte er sich bei den ersten zu sein, kniete demütig vor dem Altar, hörte die Messe mit ehrfürchtiger Andacht und ließ nicht ab von heiligen Gebeten und Betrachtungen, bis die ganze Feier vollendet war. Er liebte aber einen stillen und von der Menge abgeschiedenen Platz, um beim Gebet nicht abgelenkt zu werden, und betete umso inniger, je mehr er für sich allein war. Er entzog sich der Sicht der Menschen, damit er nicht wegen seines Verhaltens als Frömmler getadelt würde, und hütete sich auch, seine Stimme vernehmen zu lassen, weil er sich in seinem Privatgebet allein Gott eröffnen wollte.

Und doch konnte er sich nicht immer so verborgen halten, dass nicht sein Licht[136] auch gegen seinen Willen nach außen erstrahlt wäre. So geschah es bisweilen, dass ich unbemerkt Zeuge wurde, wie er betete, und durch seine Inbrunst auch selbst zum Gebet begeistert wurde mit dem Wunsch, zumindest manchmal die Gnade einer so tiefen Andacht zu empfinden, wie er sie beinahe täglich zu fühlen schien. Es war aber auch kein Wunder, wenn er andächtig im Gebet war, denn sorgfältig hütete er Herz und Mund, wo immer er sein mochte. So ließ er im Wohlgefühl der Andacht Jubellaute aus seiner Kehle vernehmen, als habe er von einer herrlichen Speise gekostet, gemäß dem Wort des Psalmisten: „Frohlockungen Gottes sind in ihrer Kehle."[137]

135 1398.

136 Dan. 10,6: *ardens lampas;* vgl. Mt. 5,15 und die entsprechenden Stellen der Synoptiker: *lucerna sub modio.*

137 Ps. 149,6.

Sedens in scolis cum pueris non advertit clamores pueriles, sed legente magistro scribebat lecta in papiro, postea [321] repetens ea per se vel cum socio, fabulas vanas devitans. Non se fudit ad externa, sed lectione firmata modicum legit in pagina sacra, sepe tacite orans aut intime suspirans, Deum in studio suo precipue querens. Si quid notabile invenisset, hoc assidenti socio caritative ostendit vel ad legendum tradidit sicque verbis sacris et bonis alloquiis multos a scurrilitatibus et risibus abstraxit.

Festivis diebus quam plures frequentantes cuiuscumque etatis vel artis fuissent secum ad domum domini Florencii pro audienda collacione duxit, gaudens et sperans de conversione aliquorum. Et Deo inspirante non est fraudatus a desiderio suo, quia vidit fructum laborum suorum in emendacione morum secularium iuvenum et seniorum. Sermo eius et exhortacio non de altis materiis nec de extraneis rebus, sed de vera conversione ad Deum et correctione vite secularis extitit. Et plus in bona simplicitate oris devoti quam in subtilitate sermonis latini profecit.

Postquam ergo competenter litteratus videbatur, reliquit scolasticalia et contulit se plenissime ad spiritualia studia, domum, parentes ac patriam suam obliviscens pro vita eterna, promptissime se subiciens iugo obediencie et cleri-[322]corum discipline, secundum laudabiles consuetudines domus antique a devotissimo patre domino Florencio primitus ordinatas. Non magnopere laboravit pro multa sciencia habenda, sed pro bona consciencia et puritate cordis servanda, sciens mundos corde beatos fore et Deo gratissime placere. Cepit autem instare et ferventer rogare, ut in domo domini Florencii posset habitare cunctis diebus vite sue, non affectans aliquem statum in toto mundo quam

Wenn er mit den Knaben in der Schule saß, gab er nicht acht auf ihr kindliches Lärmen, sondern brachte zu Papier, was der Lehrer vorlas, und wiederholte es dann für sich allein oder mit einem Gefährten. Er vermied alles eitle Geschwätz und kehrte sich nie nach außen, sondern las nach dem Ende des Unterrichts in der Heiligen Schrift, betete oftmals im Stillen oder seufzte aus tiefem Herzensgrunde und richtete sich bei seinem Studium vor allem auf Gott. Hatte er etwas Bemerkenswertes entdeckt, so teilte er es gern seinem Banknachbarn mit oder gab es ihm selbst zu lesen. So lenkte er durch heilige Worte und fromme Gespräche viele von albernem Gerede und Gelächter ab.

An Feiertagen führte er viele Studierende aller Altersstufen und Fächer mit sich in das Haus des Herrn Florens zur Teilnahme an den geistlichen Ansprachen dort und war in freudiger Erwartung, dass mancher sich dadurch bekehren würde[138]. Und durch Gottes Gnade blieb sein Wunsch nicht unerfüllt[139], denn er sah die Früchte seiner Bemühungen an der Besserung der Sitten vieler junger und alter Menschen weltlichen Standes. Seine Gespräche und Ermahnungen behandelten weder hochtheologische Themen noch die Geschehnisse der Welt, sondern die wahre Bekehrung zu Gott und die Besserung des Alltagslebens. Dabei wirkte er mehr durch seine einfache fromme Redeweise als durch eine anspruchsvolle lateinische Sprache.

Nachdem er also hinreichend ausgebildet war, verließ die Schule und wandte sich ganz den geistlichen Studien zu, indem er Vaterhaus und Heimat um des ewigen Lebens willen vergessend sich bereitwillig dem Joch des heiligen Gehorsams und der Zucht der Kleriker unterwarf, gemäß den von dem frommen Vater Herrn Florens eingeführten lobwürdigen Gebräuchen des 'Alten Hauses'. Er mühte sich nicht so sehr darum, viel Wissen zu erlangen, als ein gutes Gewissen und ein reines Herz zu bewahren, weil er wusste, dass jene, die reinen Herzens sind, Seligkeit erlangen und Gottes Wohlgefallen[140]. Und so begann er eifrig anzuhalten und dringend darum zu bitten, dass er im Hause des Herrn Florens wohnen dürfe alle Tage seines Lebens[141], da keine andere Stel-

138 An Feiertagen wurden in den Fraterhäusern geistliche Ansprachen – *collaciones* – für auswärtige Besucher gehalten, um sie für das devote Gemeinschaftsleben zu gewinnen. Über einen solchen 'Bekehrungsversuch' berichtet die Chronik des Fraterhauses Zwolle, SCHOENGEN, S. 120f.: [*Albertus de Kalker*] *dum scolas visitaret, acquisivit noticiam fratrum nostrorum,* [...] *qui* [...] *suadebant ei pro eterna salute sua, ut evaderet malam societatem* [...]. *Quibus diu ipse reluctabatur et deludebat eos, unde semel contigit, dum esset in collatione, quod legeretur materia de inferno, quod primo non curavit, cogitans apud se: „Adhuc me non captivastis."* – Vgl. PIETER BOONSTRA, Causa spiritualis instructionis. The Modern Devout *Collatio* as a community of learning, in: Ons Geestelijk Erf 88, 2017, S. 35-57.

139 Vgl. Ps. 77,30.

140 Mt. 5,8.

141 Biblische Wendung (AT): *cunctis diebus vite sue.*

talem vitam cum tam devotis et Deo dignis fratribus ducere sub strennuo magisterio et obediencia patris summe venerandi.

Adhuc enim vivebant in carne quos supra memoravi dilecti domini Florencii discipuli et alumpni devotissimi, dominus Lubbertus, dominus Henricus[a], dominus Gerhardus, dominus Amilius, dominus Iacobus et Iohannes Kessel cum aliis primitivis fratribus in domo illa plantatis Christi amore ferventibus et proximis suis lucis exempla monstrantibus, quorum humili consorcio et sinceritati[b] vite carissimus[c] frater Arnoldus[d] siciebat copulari, felicem se estimans si cum his florigenis[e] celibem vitam in terra agentibus mereretur toto tempore mortalitatis sue conversari. Illo igitur persistente in prece distulit dominus Florencius desiderium eius ex-[323]audire ut probaretur melius, ita dicens ad eum: „Discatis bene scribere, et tunc spes erit de vobis."

Quo audito tota diligencia nitebatur scribere adiscere[f], sepe vadens ad unum de bonis scriptoribus et petens ab eo plenius informari. Et dixit michi: „O si scirem bene scribere, ut possem[g] cicius cum domino Florencio habitare. Spero quod bene per graciam Dei vellem passiones meas vincere, si tantummodo scribere scirem." Et cum hec audissem, miratus sum probitatem eius et fervorem, quia omni conamine satagebat agere que dominus Florencius dixerat. Et ego versa vice cogitavi mecum dicens: „Bene vellem adiscere[h] scribere, si scirem me bene[i] emendare."

Verum ipse graciam Dei specialem habuit, que eum ad omne opus bonum instruxit, ut nil ei grave ad obediendum videretur. Quam graciam exerciciis devotis enutrire et oracionibus sedulis servare conabatur, ne in vacuum graciam Dei recepisse[j] argueretur. Igitur antequam

[a] Henricus] *fehlt in K11.*
[b] sinceritati] sinceritate *K11.*
[c] carissimus] karissimus *K11.*
[d] Arnoldus] Hernoldus *korrigiert aus* Harnoldus *K11.*
[e] florigenis] Florentigenis *Ascensius, Sommalius.*
[f] adiscere] addiscere *K11, Le1/2, N1, P1, Vi1.*
[g] possem] possum *R;* possem *K11, Le1/2, N1, P1, Vi1.*
[h] adiscere] addiscere *K11, Le1/2, N1, P1, Vi1.*
[i] me bene] bene me *K11.*
[j] recepisse] recipisse *K11;* accepisse *Le1/2, Vi1.*

lung in der ganzen Welt ihn so sehr anzog wie ein solches Leben mit den frommen und Gottes würdigen Brüdern unter der strengen Leitung und im Gehorsam dieses ehrwürdigen Vaters.

Denn damals lebten noch jene frommen Schüler und Zöglinge des geliebten Herrn Florens, von denen ich oben berichtet habe[142]: Lubbert Berner, Hendrik Bruyn, Gerhard von Zutphen, Amilius von Buren, Jakob von Vianen und Johannes Kessel mit anderen aus dem Kreis der ersten Brüder, die in jenem Haus aufwuchsen, von der Liebe zu Christus glühten und ihren Nächsten ein leuchtendes Vorbild zeigten. Arnold sehnte sich danach, ihrer demütigen Gemeinschaft und untadeligen Lebensform vereint zu werden, und schätzte sich glücklich, wenn er für wert gehalten würde, im Blütenkranz[143] dieser Männer, die auf Erden ein engelreines Leben führten[144], bis an sein Ende bleiben zu dürfen. Obwohl er nicht nachließ zu bitten, schob Herr Florens die Erfüllung seines Wunsches hinaus, um ihn besser zu prüfen, und sprach zu ihm: „Lernt gut schreiben, dann kann Hoffnung dazu werden!"

Als er dies gehört hatte, arbeitete er mit rastlosem Fleiß daran, die Schönschreibkunst zu erlernen, und ging oftmals zu einem der guten Schreiber, um sich von ihm unterweisen zu lassen. Er sagte zu mir: „O könnte ich doch schön schreiben, dass ich bald bei dem Herrn Florens wohnen dürfte! Ich hoffe dann mit Gottes Gnade meine Leidenschaften zu überwinden, wenn ich nur erst gut schreiben könnte." Bei diesen Worten bewunderte ich seine Redlichkeit und seinen Eifer, mit aller Kraft zu erfüllen, was Herr Florens gefordert hatte. Und meinerseits dachte ich umgekehrt und sagte zu mir: „Das Schönschreiben wollte ich wohl erlernen, wenn ich nur auch mich vollkommen bessern könnte."

Er hatte aber eine besondere Gabe Gottes, die ihn zu jedem guten Werk anleitete, so dass ihm keine Gehorsamspflicht schwer fiel. Und er mühte sich, diese Gnade durch fromme Übungen zu fördern und durch anhaltendes Gebet zu bewahren, damit ihm nicht vorzuwerfen sei, dass er die Gnade Gottes umsonst empfangen habe. Bevor er also in

142 S. oben Kap. 4, 6, 8, 9, 11 und 12.

143 Statt der handschriftlich bezeugten Lesart *cum his florigenis* konjizierte ASCENSIUS *cum his Florentigenis*, was SOMMALIUS übernahm und SILBERT übersetzte: 'unter diesen Kindern des Herrn Florens'. In der merkwürdigen Bezeichnung *florigeni* für die Brüder liegt jedenfalls eine Anspielung auf den Namen 'Florens'; vgl. auch die Eingangssätze dieses Kapitels und von Buch III,23.

144 Der Ausdruck *celibem vitam in terra agentibus* spielt auf die pseudoetymologische Verbindung von *caelum* und *caelebs* an; vgl. Beda, De tabernaculo 2, CCL 119A, S. 59: *caelibes quasi caelo beati cognominantur.* So bezeichnet Thomas den zölibatären Stand als 'Engelleben', Sermones ad novicios 1,1, POHL 6, S. 11: *Incipite modo caelibem vitam ducere cum angelis*; Sermones devoti 1, POHL 1, S. 85: *caelibem agit vitam et angelorum sequitur formam.*

in codice legeret vel scribere inciperet, breviter oravit mentem suam elevans ad Deum, similiter et in fine operis sui fecit gracias agendo. Exiens domum vel rediens ad cameram [324] coram imagine sua genua flexit et orans atque inclinans ad opus suum accessit. Ad singulas horas cum campana signaret, 'Ave Maria' vel quid simile legit. Cum adhuc frequentaret, si ianuam ecclesie apertam vidisset, quantum tempus permisit libenter ante vel post exitum scole ecclesiam intravit vel ad minus versus ecclesiam inclinavit.

Consuetudines bonas a senioribus inpositas sollicite observabat, nil quamlibet minimum scienter pretermittens. Ammoniciones de qualibet re parva sibi intimatas gratanter accepit et studiose emendare curavit. Omne verbum a superiore suo aut eius vicario dictum ita humiliter accepit, quasi ex ore Dei vel alicuius sancti audisset. Sed nec discutere vel diiudicare audebat aliter interpretando quam dictum erat. Idcirco magnam pacem intus habuit et tam Deo quam hominibus carus fuit et quasi semper letus in Domino ad omnia iussa sponte paratus.

Ante festivitates Christi et sanctorum cum magna intencione ad sacram communionem se studuit preparare et dicebat: „Iam magnum festum instat, preparemus nos devote ad suscipiendum Dominum." Item: „Hodie est festum istius sancti, imploremus ferventer eius suffragium." [325] Loquente quodam iuvene cum domino Florencio de vicio vane glorie et remedia postulante supervenit Arnoldus transiens ante illos. Quem videns dominus Florencius ait iuveni: „Quid dicis[a] de isto fratre? Habet ipse etiam vanam gloriam?" Respondit iuvenis: „Estimo quod non." Cui dominus Florencius: „Bene credo sic esse ut dicis."

Postquam ergo fere per annum affectus Arnoldi protractus esset et sufficienter probatus et tamen constans permaneret et longanimiter expectaret fraternitatem sibi concedi, misertus dominus Florencius peticionibus eius assumpsit eum, dans ei locum inter fratres suos quod ei erat letissimum, de quo maximas gracias Deo referebat. Tunc quasi de novo conversus et in perfectiorem statum vocatus esset, tam ferventer et humiliter conversari studuit, ut fieret omnibus exemplum virtutis et summe subiectionis, nil laxans a devocione pristina et consuetudine bona ab antiquioribus domus illius fratribus sibi tradita. Toto corde apprehendit disciplinam cotidianis renovacionibus se exercendo ad virtutes, secundum illud apostoli: „Renovamini autem spiritu mentis

[a] dicis] dicitis *K11*, *Vi1*.

einem Buche las oder zu schreiben begann, erhob er sein Gemüt mit einem kurzen Gebet zu Gott und tat so auch am Ende eines jeden Werks mit einer Danksagung. Wenn er das Haus verließ oder in sein Zimmer zurückkehrte, kniete er vor seinem Andachtsbild nieder, neigte sich im Gebet und ging dann an seine Arbeit. Bei jedem Stundenschlag betete er ein 'Ave Maria' oder etwas ähnliches. Als er noch die Schule besuchte, ging er, wenn er die Tür der Kirche offen sah und die Zeit es erlaubte, vor oder nach der Schule gern kurz hinein oder verneigte sich wenigstens ehrerbietig zu der Kirche hin.

Die gute von den Gründern eingeführte Hausordnung beachtete er peinlichst, ohne auch nur im geringsten wissentlich dagegen zu verstoßen. Ermahnungen auch in kleinen Dingen nahm er dankbar an und bemühte sich um Besserung. Jedes Wort des Oberen oder seines Stellvertreters nahm er so demütig auf, als habe er es aus dem Munde Gottes oder eines Heiligen vernommen. Auch wagte er nicht, das Gesagte zu prüfen und zu beurteilen oder anders als es gemeint war zu verstehen. Deshalb hatte er großen inneren Frieden und war sowohl bei Gott als bei den Menschen beliebt, beinahe immer fröhlich im Herrn und stets zu allem bereit, was ihm aufgetragen wurde.

Vor den Festtagen Christi und der Heiligen stellte er sich mit großem Verlangen auf die heilige Kommunion ein und sprach: „Ein großes Fest steht bevor; bereiten wir uns andächtig zum Empfang des Herrn!" Oder: „Heute ist das Fest dieses Heiligen, rufen wir eifrig seine Fürbitte an!" Als Herr Florens einmal mit einem jungen Bruder über die Sünde der Eitelkeit sprach und von ihm um ein Hilfsmittel dagegen gebeten wurde, kam Arnold zufällig daher und ging vorüber. Florens hatte ihn gesehen und fragte den Jungen: „Was hältst du von diesem Bruder? Ist er wohl von Eitelkeit erfüllt?" Jener antwortete: „Ich denke, nicht." Da sprach Herr Florens: „Ich glaube gern, dass es ist wie du sagst."

Nachdem Arnold mit seinem Wunsch fast ein Jahr lang hingehalten und genug geprüft worden war, aber beharrlich blieb und geduldig seine Aufnahme unter die Brüder erwartete, erhörte Herr Florens ihn endlich und nahm ihn in die Gemeinschaft auf, worüber der hocherfreut war und Gott von Herzen dankte. Und wie wenn er erst jetzt bekehrt und zu einem vollkommeneren Stande berufen wäre, bemühte er sich, so eifrig und demütig zu sein, dass er allen ein Vorbild der Tugend und Erniedrigung wurde. Auch ließ er nicht nach in seiner zuvor geübten Frömmigkeit und der Befolgung der guten Gewohnheiten des Hauses, in die er von den älteren Brüder eingewiesen worden war. Mit ganzem Herzen unterwarf er sich der Selbstzucht und übte sich täglich von neuem in der Tugend, gemäß dem Wort des Apostels: „Erneuert euch in Geist und Sinn."[145] Alle Trägheit schüttelte er von sich ab und

145 Eph. 4,23.

vestre." Excussit a se torporem alacer ad vigilandum et orandum, multum diligens ad [326] scribendum et negligentes bono zelo inductus pie et caritative ammonendo. Preter voluntatem rectoris sui non videbatur alia voluntas in eo vivere, illius facta et dicta magnificando et tamquam celitus emissa humiliter ea amplectendo. Et sic non solum in iuventute sua, sed usque ad ultimum vite tamquam innocens puer permansit obediens et subiectus.

In vestitu quoque, in sermone et moribus suis humilitatem et verecundiam exhibuit, trahens semper ad meliorem partem, si quid insolens vidisset aut defectuosum percepisset. Infimum locum querebat non ficte sed ex animo. Et sicut aliqui gravantur in humiliacionibus, sic ipse gravabatur in supportacione humiliacionis. Iocundus erat inter fratres, sine dissolucione tamen nec multum loquax, sed ori suo custodiam ponens et que edificacionis erant in medium proferens, multo libencius audiens quam docens. In labore erat fidelis et fervens et gravabatur si non semper adiuvaret fratres in braxatura de nocte surgendo. Ante horam[a] scribendi pennas suas parare solebat, ut eo magis expedicius scriberet et commune bonum promoveret. Sic nitebatur facta sua ordinare ne per eum fratres gravarentur, sed pocius aliquid utilitatis eis importaret. [327] Studebat ergo quantum potuit ne fratrum labores comederet ideoque communia et exteriora opera libenter faciebat. Et quod minus lucrari poterat scribendo, gaudebat suppleri per patrem suum carnalem, qui aliquam summam pecuniarum fratribus annuatim mittere consuevit.

Post obitum parentum suorum hereditatem ad se devolutam libenter ad communem usum fratrum dedisset, sed morte preventus impeditus fuit. Cum enim proposuisset ad Hollandiam pergere pro disposicione hereditatis sue, venit Sutphaniam ad fratres suos qui ibidem tunc morabantur, et paucis diebus illic peractis cepit post festum Philippi et Iacobi infirmari et sic dilata est itineracio[b] sua ad partes, ne forte alibi a

[a] horam] horas *Vi1*.
[b] itineracio] iteracio *Le1/2*.

war eifrig in Wachen und Beten, sorgfältig im Schreiben und mit frommem Eifer wohlwollend und liebevoll, wenn er die Nachlässigen ermahnte[146]. Außer dem Willen seines Oberen schien er gar keinen Willen zu haben; was dieser tat und sprach, das schätzte er hoch und nahm es demütig hin, gleich als kämen seine Anordnungen vom Himmel. Und so war er nicht nur in seiner Jugend, sondern blieb auch bis an sein Lebensende gleich einem unschuldigen Knaben gehorsam und ergeben.

Auch in seiner Kleidung, in seinen Reden und seinem Gebaren zeigte er Demut und Schüchternheit. Sah er bei jemandem irgendetwas Ungebührliches oder Fehlerhaftes, so legte er es immer zum Guten aus. Nicht aus Verstellung, sondern aus aufrichtigem Gemüt suchte er immer den letzten Platz, und wie manche sich über Demütigungen beklagen, so beklagte er sich, dass ihm Demütigungen erspart würden. Mit den Brüdern war er heiter, aber nicht ausgelassen oder gar geschwätzig, sondern hütete seine Zunge und trug nur vor, was zur geistlichen Erbauung geeignet war, und auch da hörte er lieber zu als selbst zu belehren. Bei der Arbeit war er gewissenhaft und eifrig. So war er mit sich unzufrieden, wenn er nicht immer nachts aufstand, um den Brüdern beim Bierbrauen zu helfen. Vor der für die Schreibarbeit festgesetzten Stunde machte er seine Federn zurecht, um desto ungehinderter schreiben zu können und das gemeine Gut zu fördern. Alles was er tat, suchte er so zu regeln, dass er den Brüdern nicht hinderlich, sondern von Nutzen war. Da ihm sehr daran lag, nicht von der Arbeit der Brüder zu leben, übernahm er gern alle äußeren und gemeinschaftlichen Aufgaben. Was er aber nicht durch Schreiben verdienen konnte, das trug er gern mit Hilfe seines leiblichen Vaters bei, der den Brüdern jährlich eine gewisse Geldsumme zu senden pflegte.

Gern hätte er nach dem Tode seiner Eltern sein Erbteil zum allgemeinen Nutzen der Brüder hingegeben, doch wurde er durch den Tod daran gehindert. Denn als er beschlossen hatte, nach Holland zu reisen, um über seine Erbschaft zu verfügen, kam er nach Zutphen, wo unsere Brüder sich damals aufhielten[147]. Dort wurde er wenige Tage nach seiner Ankunft krank, nach dem Fest der Apostel Philippus und Jakobus[148], und so verschob man die Weiterreise, damit er nicht etwa

146 Rudolf Dier van Muiden hat dies persönlich erlebt; s. Dier, Scriptum, DUMBAR, S. 82f.: *non omittebat ammonere si quid minus rectum vidisset, quod in memet ipso expertus sum. Nam in anno probationis mee pre ceteris fratribus ipse me sepissime ammonebat licet humiliter. In camera domini Iohannis Brinckerinc* [...] *ego aperui quadam vice unam fenestram, unde arguit me de presumptione.*

147 Wegen des Utrechter Bischofsschismas hatten die Brüder Deventer verlassen, um nicht das päpstliche Interdikt ignorieren zu müssen, wie es die städtische Obrigkeit verlangte. Arnold dagegen war mit der Hütung des Hauses in Deventer betraut. Vgl. Dier, Scriptum, DUMBAR, S. 82, und oben Anm. 78.

148 Festtag ist der 1. Mai.

consorcio fratrum elongatus consummaretur. Senciens ergo magis ac magis se infirmari, ita tamen quod non multum lecto decubuit, nam ipso die sancti Wyronis[a] episcopi, qui fuit penultimus dies vite sue, lectulum suum ipse sibi stravit et in crastino Wyronis[b], scilicet in die sancti Gengulfi[c] martiris, circa horam vesperarum dispositis rebus suis communicatus est sacro corpore Christi et etiam inunctus.

Sero autem facto cum valde debilem se sentiret, desideravit fratres ad se pariter convenire, quibus devote se commenda-[328]vit, ut fideliter pro eo orarent et cuidam devote virgini in Schiedam[d] nomine Lydewy[e] obitum suum denunctiarent, quam aliquando in partibus Hollandie visitavit, de qua multa miranda ex longa eius paciencia referuntur, que promiserat se oraturam pro eo. His dictis iacuit compos mentis sue usque ad decimam horam die discedente[f].

Veniens autem ad extremam horam nullam tristiciam ostendit, sed dixit se pacatum esse, et tunc presentibus fratribus et orantibus tradidit spiritum hora supradicta sine magna ut videbatur pena, quia cum devotis fratribus ab adolescencia sua conversatus est cum bona consciencia, tamquam verus Dei cultor et devotus Christi amator in humili statu clericali, per annos triginta et unum in congregacione fratrum perseverando. Defunctus est autem dulcis et amabilis frater anno Domini millesimo quadringentesimo tricesimo, mensis Maii die nono in civitate Sutphanie terre Gelrensis, et in cimyterio beate Marie virginis sepultus ad australem partem ecclesie.

Novicius:

Cum istorum virorum vitam audio, cogor vitam meam despicere, quia in istis conspicio quam longe adhuc a veris [329] virtutibus disto. Attamen michi proficere spero quod hec te narrante percepi, nam intendo me cordialiter emendare.

Senior:

Idcirco ista tibi breviter dixi, ut ad spiritualem fervorem te studeas dare et in humilibus exerciciis gaudeas conversari, nec umquam ad aliquam dignitatem vel honoris officium anheles, sed ad omnimodam subiectionem et viciorum extirpacionem labores, ut Deo amplius placere possis, qui humilibus semper dat specialem devocionis graciam et

a Wyronis] Wironis *K11, Le2, N1, P1, Vi1.*
b Wyronis] Wironis *K11, Le2, N1, P1.*
c Gengulfi] Gengulphi *K11.*
d Schiedam] Scheydam *Le1/2;* Scyedam *N1;* Sceydam *Vi1.*
e Lydewy] Lidewy *P1;* Leydewy *Vi1;* Lydewi *K11, Le2.*
f discedente] *korrigiert aus* descendente *P1;* descendente *Vi1.*

fern von der Gemeinschaft der Brüder sterben würde. Er fühlte, dass sein Zustand sich immer mehr verschlechterte, ohne sich jedoch niederzulegen, denn noch am Tag des heiligen Bischofs Wyro[149], einen Tag vor seinem Tod, machte er sich selbst sein Bett. Am Tage des heiligen Märtyrers Gangolf[150] aber, nach dem Feste des heiligen Wyro, zur Stunde der Vesper, als er bereits seine Angelegenheiten geordnet hatte, empfing er die heilige Kommunion und die letzte Ölung.

Als es nun Abend geworden war und er sich sehr schwach fühlte, wünschte er, dass die Brüder sich versammelten, und empfahl sich ihrem frommen Gebete. Auch bat er, dass sie einer frommen Jungfrau in Schiedam namens Lidewigis seinen Tod melden sollten, die er einst in Holland besucht hatte und von deren geduldigem Leiden viele wunderbare Dinge erzählt werden[151]. Sie hatte ihm nämlich versprochen, für ihn zu beten. Nach diesen Worten blieb er bei vollem Bewusstsein bis zehn Uhr in der Nacht.

Als dann seine letzte Stunde gekommen war, zeigte er keine Verzweiflung, sondern sagte, er sei in Frieden. Und während die um ihn versammelten Brüder für ihn beteten, gab er in jener Stunde seinen Geist auf, ohne großen Schmerz, wie es schien. Hatte er doch sein Leben von Jugend an in der Gemeinschaft der Brüder verbracht, mit einem guten Gewissen als ein wahrer Diener Gottes und andächtiger Liebhaber Christi, und einunddreißig Jahre in dem niederen Stand eines Klerikers ausgeharrt. Es starb aber dieser freundliche und liebenswerte Bruder im Jahr des Herrn 1430, am 9. Mai, in der Stadt Zutphen im Gelderland, und wurde dort auf dem Friedhof an der Südseite der Marienkirche bestattet.

Novize:

Wenn ich die Lebensgeschichte dieser Männer anhöre, so muss ich mein eigenes Leben geringschätzen, weil ich an ihnen sehe, wie weit ich noch von wahren Tugenden entfernt bin. Gleichwohl hoffe ich, dass mir nützen wird, was ich aus deinem Mund vernommen habe, denn ich will mir von Herzen vornehmen, mich zu bessern.

Senior:

Gerade deshalb auch habe ich dir dies in Kürze erzählt, damit du dich um frommen Eifer bemühen und mit Freuden demütigen Übungen widmen sollst. Auch darfst du nie nach Amt und Würden streben, sondern auf vollkommene Ergebung in Gehorsam und die Überwindung deiner Fehler hinarbeiten, um Gott besser zu gefallen, der den Demütigen stets die Gnade besonderer Frömmigkeit verleiht und den

149 Am 8. Mai.

150 In der Diözese Utrecht am 9. Mai.

151 Thomas hat ihre Vita verfasst, s. POHL 6, S. 315-453.

post presentis vite laborem bene exercitatis gloriam sempiternam. Amen[a].

Explicit liber quartus devoti fratris Thome Kempis[b].

[a] Amen] Finitur, Deo gracias *Le1; fehlt in Le2, Vi1.*

[b] Explicit liber quartus devoti fratris Thome Kempis] Explicit liber quartus dyalogi noviciorum *N1;* Explicit de doctrina christiana a fratre Thoma sancti Vedasti *P1;* Explicit liber quartus *K11, Vi1;* Explicit *Le2; fehlt in Le1.*

Wohlbewährten nach den Mühen des irdischen Lebens die ewige Glorie schenkt.

Schluss des vierten Buchs der Novizengespräche.

ANHÄNGE

Anhang 1
Devotum exercitium des Johannes Kessel
(volkssprachige Ursprungsfassung)[1]

Dit sijn sommige punten van deses heiligen mans oefninge:

In den irsten soe denck: wat God is, sine groetheit, sine wonderlike werke, sine hoecheit, sine mogentheit, ende veel ander. Soe denke: van sijnre guedertierenheit ende getrouheit tot ons, dat hij onse ziele geschapen heeft na sinen beelde ende gelikenisse, ende hemel ende eerde ende alle dinge om ons; baven al dit: doe wi ewelike weeren verdoemt toe rechte, doe zande hij sinen eengebaernen Soen Ihesum Christum in dese werlt, die soe arm, soe versmaet, soe schandeliken doet om ons geleden heeft; ende voert: van alle sinen leven, daer hij ons in bewesen heeft sine mynne ende den wech totten ewigen leven. Ende dat ynt gemene!

Bisonderlinge denke: dat hij di geschapen hevet niet een beest, niet een steen of diergelijc, mer een mensche; niet een Heiden, niet een Jode, niet in der tijt der dwelinge, mer een Kersten; dat hij di gespaert heeft in soe menigen doetliken sunden, daer menich mijnre gesellen ende ander lude in gestorven mogen wesen ende lichte verdoemt, mer my noch gespaert.

Dat hij in soe menigen anxte mijns lives mijn behoeder geweest hevet toe water ende toe lande, daer soevele menschen verdronken ende vermordet worden ende anders quelke vueren, ende my allene daervan verloesde, doe ic na al mijnre genoechten in quaetheiden nochtan levede ende hem dagelix vertoernde. Ende hij en kierde die ogen sijnre barmherticheit niet van my; mer dagelix vermaende hij my dicwijl vaderlic ende mynlic, my insprekende, dat ic my beteren ende bekieren solde. Ende ic dat soe menichwerve versmaet heb ende onder die vote getreden, ende hij nochtant niet of en liet! Dat hij my soe wonderlike behoet heeft van der echtschap, van priesterschap ende van olderman der coeplude te werden. Baven al: dat hij my getagen heeft tot deser steede uytter werlt, bina allene uyt al mijnre geselschap ende uyt groter sorge ende last daer ic soe hart in gebonden was.

Ende noch baven alle dit: doe ic alle dinck over hadde gegeven in der werlt ende meende Gode te dienen ende en wiste niet hoe ict beginnen solde, ende was blindelike gevallen op priester te werden, ende hij dat

[1] Leeuwarden, Tresoar, 686 Hs. (olim Provinciale Bibliotheek van Friesland 686 Hs.), fol. 233r–246r, hg. von Brinkerink 1903, S. 16–30 (danach hier abgedruckt). Vgl. van der Wansem, S. 17–23; Carasso-Kok, Nr. 324; Klausmann, S. 74–81. Die lateinische Fassung des Exercitium im Dialogus, Buch IV,13 ist wohl eine um den Eingangsteil gekürzte Übersetzung.

ansach mitten ogen sijnre barmherticheit dat ic aldus dweelde ende niement en vant die my den rechten wech wijsde, soe sande hij wonderlike sine baden tot my, die my toe Deuenter wijsden, dat my onbekent was. Ende heeft my daer gebracht in dit huys onder lude, die ic in al die werlt niet en solde wetten te vinden hoer gelijc, daer ic hape dat my zalichste is onder te wonen. Ende heeft my geset in enen dienst, die zalichste is mijnre zielen, ende heeft my soe mynnentlike verloest van allen tijtliken guede ende sorgen deser ellendiger werlt.

Ende ic, onzalige, ny van al mijnen leven hiervan onsen lieven Heren dancbaer geweest en heb noch en bijn, dat ic hem menichwerve willens ende wettens van puerre quaetheit vertoernt hebbe ende sine gebade gebraken, doe ic noch in die werlt was, alse in menigerhande sunden (die gheen noet en sijn te scriven die hij hier bijsunderlinge jamerlike beclaget ende vertelt in bytterheit sijns herten[2]). Baven alle dinge: sijnt dat ic, onzalige, toe Deuenter gecomen bijn omme my te beteren, soe heb ic my van begynne tot noch toe soe jamerlike traechlic gehadt in den dienst ons lieven Heren. (Voert bijsunderlinge beclaget hij sine dagelixe gebreke hier oetmoedelic.)

Ende uyt alle desen volget, dat my seer te ontsien is die ewige verdoemnisse; want ic heb anxt, dat al mijn leven heeft geweest gevenstheit, ende ic en weet niet, of ic gy hebt gehadt waer berou ende waerachtige bycht ende of ic gy dat heilige sacrament weerdelic heb ontfangen. Ende na den woerden der heiligen soe vinde ic in my vele saken der verdoemnissen, alse dat ic bina gheen wederspoet en hebbe, mer al gelucke. In al mijnen leven en heb ic meer eens sieck geweest, ende die bruders sijn bina alle gesont, alsoe dat ic niet weerdich en bijn den sieken te dienen.

Dat ic onder ene gedaente der heilicheit leve vleischelic, ende ic heb nu meer een rustlic leven dan doe ic was in die werlt. Ende ist dat ic sommige guede dinge gedaen heb, ic heb mijn loen daervoer ontfangen; want ic en mach nummermeer Gode te vollen danken van soe vele groter waldaden, die hij my verleent heeft ende luttel ander luden, ende dat hij my dus lange geleeden heeft ende niet verdoemt en heeft over menich jaer alse die anderen, die soe grotelic niet gesundiget en hebben[3].

Och, ewige God, wat sal ic dij wedergeven voer alle die dinge, die ghi my wedergegeven hebt? Och, lieve Iohannes, ontfarme dijns selves, ende overdenke mit groten erenste mit alle dinen crachten dese voerscreven zaken! Ende hieruyt leer dij selven kennen, wat du geweest hebste, wattu noch biste ende wattu verdient hebste, ende gedenke der grondeloser guetheit ons lieven Heren, die hij di bewesen heeft baven soe menigen menschen. Denke, hoe zwaerlic hij di ordelen sal baven ander menschen, ist dattu di niet en beterste. Stae in anxte ende denke, dat di diegene, die

[2] Nach Brinkerink 1903, S. 18 Anm. 2f., handelt es sich hier wie im übernächsten Satz um einen Einschub des Abschreibers.

[3] So weit der bei Thomas weggelassene Eingangsteil.

di dus guedertierlic gespaert heeft, lichte niet lange spaeren en wil. Sette in di selven, recht of du noch huden of margen ten langesten sterven solste ende waer du varen salste.

Wie my, o ewige God, waer sal ic vlien van den ansichte dijnre thoernicheit, want mijne sunden sijn baven dat zant des meers? Doch soe weet ic alte waerlic, dat di niet soeseer en myshaget alse mystrouwen, ende dattu niet en wilste den doet des sunders, mer penitencie. Segge daerom tot hem in suchten dijns herten: „Sie toe my, onsalige mensche, o mynlike guedertierenheit! Sie omme toe my, bose mensche, apenbaere barmherticheit, die mystroest coemt totten ontfarmhertigen Almechtigen! Gewondet loep ic totten arsedier; hoeldet die gewoente dijnre guedertierenheit, die dus lange hebste opgehangen dat zweert der wrake! Delige dat getal mijnre sunden mit menichvoldicheit dijnre barmherticheit!"

Vele andere mogestu denken van der barmherticheit Godes, als van Dauid, van Iuda, van sante Peter, van sante Pauwel, van sante Maria Magdalena, van den publicaen ende van veel ander sunderen, als apenbaer is in al den leven Christi, hoe barmhertich hij heeft geweest alle dien, die penitencie deden ende tot hem quemen. In welken hij niet en woech, hoe vele hoer sunden weeren, mer hoe vele dat sij mynneden. Hierom, sal ic tot deser mynnen comen, soe is my voer alle dinck noet, dat ic ansie mijns selves crancheit ende vorwaer voele, dat ic niet van my selven en vermach, ende dat ic altijt voer my heb die groetheit Godes ende sine trouwe tot my ende mijns selves cleynheit ende ontrouwe weder tot hem, daer vele bij te marken is. Want sie ic dat toe rechte an, het sal my brengen tot onderwerpinge alre menschen ende tot versmanisse mijns selves, ya oec tot begerte versmaet te wesen; mer dit moet bearbeyt wesen mit stedigen gedachten ende dicwijle onsen lieven Heren an te ropen, daert ommer al van comen moet.

Sal ic nu tot deser oetmoedicheit comen ende tot deser mynnen, soe is my noet, dat ic heb ene stedige oefninge ende regel, die my hiertoe leide. Ende soe dunct my na der heilighen woerde, dat my noet is stedes mijne sunden voerscreven an te sien ende die altijt voer ogen te hebben ende pynen die groet te wegen: dat sal my nederdrucken, soedat ic mijnre brudere ende ander lude gebreke niet groet rekenen en sal noch niet lichtlic ordelen; mer mit medelijden sal ict kieren ten besten. Ende dat is my noet, dat ic daer om arbeyde ende my huede voer curioeslic te onderzueken der lude werke of woerde ende ommer niet te willen achterclappen; ende ist dat ic sie hoer, dat ic sie pyne te ontschuldigen ende over ene zijde te slaen. Oec sal my seer helpen, dat ic dicwijle overlegge mijnre bruder duechden, die ic vermode dat die meestedeel ny doetlike sunde en deden, ende leggen die groetheit mijnre sunden daertegen: soe sal ic vinden, dat ic niet weerdich en bijn daer onder te wesen noch hem te dienen, mer sij in reverenciën te hebben ende te hapen, dat ic overmides hoeren gueden werken ende gebede sal comen totten ewigen leven.

Oec soe is my noet, dat ic my pyne alle tijt die tegenwoerdicheit Godes voer ogen te hebben ende stedes pynen wat guedes te denken in mijnen herten over mijnen werke, sonderlinge na te volgen dat weerde spyegel – dat is dat leven ons Heren Ihesu Christi, anmarkende sijn oetmoedicheit ende guedertierenheit, verduldicheit, versmaetheit ende armode, ende sonderlinge sine pyne, die hij uyt mynnen voer my geleeden heeft; ende pynen in elken mensche an te sien sijn beelde, ende al mijne werke alsoe te schicken, dat ic sij hem doe: ende dit sal mijn werck seer verlichten ende my guedertieren maken tot elken mensche. Ic sal my pynen, dat ic mijn gebet doe mit andacht sonder hasten, ende onder mijnen arbeit sal ic dicwijle mijne knyen bugen ende mit andachte wat cortlike bidden.

Des margens toe drien uren, ist dattu die clocke hoerste, soe salstu thants sonder marren opstaen ende verbeiden niet, dat men cloppet. Ende thant pyne di wat guets te denken mit dancberheit van der barmherticheit Godes ende dijns selves onsalicheit. Ende denke, dat God, die engelen ende die heiligen daer sijn in tegenwoerdicheit. Ende andenke, wat du leeseste in dijnre metten ende tot wien dat du sprecste, ende kniele of sitte eersamlic sonder tracheit ende sonder lennen an die ene zijt of an die ander; ende dus doe altoes, wanneer du bedeste.

Na der metten ende pryme soe studier die Heilige Scrift hent tot vijf uren toe; ende ist dattu overmits vaeck of lauheit niet studieren en mogest, soe scrive een luttel. Als die clock vijf slaet, soe leese: ‘God, wilt denken in mijne hulpe’, etc., mit eenre collecten. Dan overdenke, oftu iet te doen hebste in die kocken; weetstu daer niet te doen, soe slute die buecke of bynde sij; of is dij iet anders bevalen, dat doe, heent dattet tijt is ter kocken te gaen.

Als men te gader luyt ter myssen, soe begynne tercie te leesen totten psalmen toe bynnen huys op dine knyen ende voert onderwegen ter kerken wert. In der kerken soe sitte recht op dine knyen al die mysse doer argent in een hoecksken, ende denke van den leven ende lijden ons lieven Heren Ihesu Christi na dijnre gewonten. Als die mysse uyt is, soe begynne sexce te leesen totten psalmen toe in der kerken ende voert onderwegen.

Alse du in die kocken comest uytter kerken, soe bidde een luttel ende voersette in dijn herte, hoe du di hebben wilste over dach ende in welken punte het di noet is te beteren. Ende daertoe arbeide stercklic, hebbende voer ogen dat godlike spyegel des levens Christi, als voerseecht is.

Onder dinen arbeit salstu dicwijle cortlike wat guedes bidden op dine knyen mit andachte, sunderlinge als die clocke slaet ende als men luyt ter elevaciën in der kerken. Dwinge di dicwijle wat guedes te dencken onder dinen arbeit, als van den gaven Godes, van den rijke der hemelen, van den ordel, van den dode ende van den pynen der hellen. Pyne di soe wien du sieste van den bruderen, dattu dien ansieste alse Christum, sunderlinge die die bewaerres sijn des huyses; ende begeren sij iet van di, dat doe mit blijden ansichte ende antwoerde hem guedertierlic.

Eerstu beghynste te eten, soe leese irst dine benedicite, ende pyne di wat guedes te dencken onder den eten. Ende na den eten salstu voersien den lector warme spyse, gelic den broderen, die voer hebben gegeten. Ende daerentusschen leese dine gracie, ende sette die overlopen spyse op, ende vlie dine vate, als du cortlixst mogeste.

Als du in die kamer comeste, soe leese thant dine none. Ende daerna doe dijn werck, hent men anderwerve luyt te vesperen ten bruderen[4]; dan leese dine vesper. Toe vier uren soe ganc weder in die kocken ende doe alse tegen der maeltijt toe middage.

Als dat aventmael gedaen is, soe salstu overdenken, wat die bruders ende die zieken eten sullen in den tocomenden dage. Ende als die dinge in der kocken geschict sijn, soe gae ter kamer wert ende leese dine complete. Daerna mogestu studieren ende doen wat guets, hent die clock viij slaet, ende dan salstu scriven dine gebreke. Ende daerna denke wat guedes ende bidde wat mit anropinge der heiligen heent toe negen uren of een weinich voer negen uren: soe gae te bedde, ende pyne dij mit heiligen gedachten te ontslapen. Ende als du ontspringeste, soe denck tehant van der materiën, daer du dan weder in ontslapen mogeste.

Voer alle dese sal ic setten onderdanicheit. Ende als my enich van den bewaerres des huses wat heiten of raden te doen anders dan ic voerheb, daer wil ic my geringe in laten ende doen hastelic dat sij begeren, ende pynen my dat ic gheen dinck noch werck en besitte mit ongeordenierder mynnen: soe sal ic my te lichtliker conen laten. Ic sal my pynen, dat ic die meest te gemote gae, die my meest tegen sijn: daer sal ic meest in verdienen[5]. Ic sal my pynen diegene in reverenciën ende in weerdicheit te hebben, die onse huys bewaeren ende besorgen; ende hoeden my seer, dat ic gene harde gedachten op hem en crige noch suspicie; ende hebben ommer voer ogen mijne sympelheit ende onwijsheit, ende hoer wijsheit groet te rekenen; ende ommer te denken, dat ic mijns selves niet en bijn, mer dat ic my hem overgegeven heb in die stede Godes, daer ic my nochtan niet toe verbonden en heb mit beloften, mer mit slichten vryen wille. Ende hierom wil ic denken op mijn waeromme, ende bidden hem seer, dat sij my willen verdrucken.

In al mijnen gedachten, woerden ende werken sal ic my pynen God te ontsien meer dan den menschen, opdat soe wat dat ic doe, dattet al sij ter puerre eren Godes; ende in wat dingen ic my ontgae, dat ic daer God meer in ontfruchte dan den menschen. Ende ommer sal ic my hoeden voer beromlicheit of begerte gesien of gelaeft te wesen van den menschen.

Dat ic my seer pyne te zwijgen, dat sal my markelic helpen tot vele dingen, ende dat ic mit voersienicheit spreke; ende leesen ondertijden een 'Ave Maria', eer dat ic spreke of antwoerde, ende pynen my, dat ic die dinge yo niet meerre noch anders en segge dan sij sijn; ende te schuwen

4 Vgl. Dialogus: [...] *labora usque ad secundum pulsum vesperarum apud fratres minores.*

5 Dieser Satz fehlt bei Thomas.

luytruchtige woerde, sonderlinge in die kocken, ende pynen my die anderen daerin te vermanen. Waer dat ic mach, sal ic my pynen allene te wesen ende van bynnen gewapent, ende ommer niet leedich tot geenre tijt. Ende hoet di seer voer achtersprake te doen of te hoeren.

In officio, dat di bevalen is, soe salstu nerenstich sijn te bewaeren ende gehoersem daerin te sijn, ende elken guetlic daerin te wesen, ende sunderlinge die spyse der zieken te bezorgen, ende alremeest here Florens spyse. Ic sal allen gasten goedertieren wesen ende ontfangen gelijc Christum, mer niet vele en sal ic mit hem spreken. Dat ic yo wal sie totten armen ende daer soe veer in doe, als my bevalen is, na mijnen vermogen, alsoe dat ic sie hebbe in reverenciën ende bewijse hem guedertierenheit, ende hoer dinge, die my bevalen sijn, wal te bewaeren.

Als ic uytgae omme baetschappen, sal ic my pynen mijn ogen te bewaeren ende wat guets opter straten te denken, ende als ic irst kan, weder te huys te comen. Ic sal my pynen dicke te apenbaeren mijne becoringen, ende ten minnesten totter weke eens enen mijne gebreke te clagen ende raet daervan te nemen, ende pynen my altoes schuldich te geven ende tegen niement te arguieren. Ende breke ic of versume ic iet, daer wil ic vergiffenisse van bidden. Ic wil my hoeden voer vele smakens sonder noet, ende voer drinken tusschen tijden sonder orlof. Ende niet en sal ic doen achter hoeren rugge, die onse huys bewaeren, dat ic niet en dorste doen, of sijt seegen.

Ic sal seer pynen alle versmade neder dinge te doen, ende Mathias ende Iohannes onse bruderen daerin verlichten, waer dat ic mach, ende hebben sij in reverenciën ende bewijsen my guetlic tot hem. Ic sal my hoeden, dat men van my nummermeer en verneme enige clage van cleedinge of van spyse of diergelijck; mer ic sal my des onweerdich pynen te voelen dat ic hebbe. Die boecke sal ic studieren, die my hiertoe behulpelic sijn, ende trecken al mijn studium hiertoe, ende pynen my overal zedelic te hebben.

Het is my noet, dat ic groet rekenne die guede insettinge onses huses, ende dat ic ene grote meninge heb in al mijnen werken, ende een groet opset my daerin te sterven ende om gheen dinck, dat my toecomen mach, daervan te scheiden, ende een groet betrouwen daerin te hebben op onsen lieven Heren, dat hij my al mijne sunden daeromme wil vergeven, ende van elken werke, hoe cleyne het oec is, sunderlinge loen. Ende al ist dat vele ander werke sijn, die groter ende heiliger sijn, dat ic nochtant niet en scheide van mijnen werke, ganselic betrouwende, dat my gheen werck saliger noch nutter en is dan dit, daer my onse lieve Here toe geropen heeft.

Ic wil alle dage na acht uren my ondersueken in alle desen manieren ende sien in welken ic my meest ontgaen hebbe, ende hape sterkelic op te setten my daer voertmeer in te beteren mitter hulpe Godes.

Anhang 2
Devotum exercitium Lubberts ten Busch (vollständige Fassung)[6]

Incipit exercicium cuiusdam devoti fervidi et humilis presbyteri, scilicet Lubberti ten Busche.

Ante celebrationem cogita sperando, quomodo Dominus induet te vestimentis virtutum, presenciam angelorum milia milium inter quos stabis ministrans diversimode. Aliquando tamquam filius cuius dominus Ihesus Christus ostendit patri vulnera interpellando pro te. Item assume tibi personam rei et deprehensi in delicto sicut mulier adultera, dicens cum tremore astanti iudici: 'Noli me condempnare.'[7] Item tamquam obsessus undique vallatus ab hostibus, temptationum non valens per te effugere. Item tamquam pauper mendicus prostratus coram divite patrefamilias, inopiam et miseriam suam ostendens ei, petens panem gracie amplioris quo confortetur, consoletur et sustentetur ad resistendum malis.

Item induendo cogita illa esse antiqua vestimenta, peccata scilicet et passiones que ex te ipso contraxisti, que cotidie peccando reinducimus. Item quando te induis: 'Milia milium ministrabant'[8] etc. – Item illud: 'Quanta luce credis'[9] etc. Item ante casulam vel ante 'Confiteor': 'Amice quomodo huc intrasti non habens vestem nuptialem.'[10]

In accipiendo corpus Christi aliqua amatoria: 'Sic Deus dilexit mundum.'[11] 'Osculetur me osculo oris sui'[12], scilicet tangat me dulcedine presencie unigeniti filii, redemptoris mei.

Circa memoriam vivorum cogita magnum periculum eorum, cecitatem, periculosum ducatum seu ductum prelatorum suorum et alia quam plurima. Item pro vivis potes cogitare de vinculis Domini, ut per ea et propter ea liberet eos a vinculis mundi, dyaboli et malarum consuetudinum et periculis huius mundi. Item quod illum vel illum confortaret, ab illa passione vel ab illo malo liberaret.

Circa memoriam mortuorum cogita maximam penam eorum qui sunt in purgatorio, et desiderium eorum maximum ad sanctos et ad nos ut intercedamus pro eis ut liberentur, et qualiter clamant: 'Miseremini mei,

[6] Der Text folgt dem Druck von Vregt, S. 473–494, der mit Photographien der verlorenen Handschrift Deventer, Parochiebibliotheek 2, p. 129–156 (Sigle *Dav* der Handschriftenliste) verglichen und stellenweise korrigiert wurde. Die wörtlichen Übereinstimmungen mit der Textauswahl durch Thomas von Kempen im Dialogus IV,6 sind durch Fettdruck gekennzeichnet.

[7] Iob 10,2.

[8] Dan. 7,10.

[9] Ps.-Bernhard, Instructio sacerdotis, cap. 8, Migne PL 184, Sp. 785 B.

[10] Mt. 22,12.

[11] Io. 3,16.

[12] Cant. 1,1.

miseremini mei'[13], cum maxima admiratione quod tam parum advertimus maximam eorum penam, si nichil timemus.

Contra impetuositatem tuam:

Tuum erit laborare pro viciis tuis extirpandis et pro virtutibus acquirendis. Sed nisi pure ex corde Deo te ipsum resignaveris et sibi ulterius commiseris, generat tibi magis presumptionem et facit te durum et perplexum et anxium et pusillanimem. Non est igitur volentis neque currentis, sed solius miserentis Dei[14]. **Labora cum verecundia et quiete et timore, sed resigna et committe Deo, ut faciat sicut voluerit, et noli tristari vel deici, si nescis propositum tuum exequi. Forte sic est voluntas Dei, ut non confidas proprie virtuti.** Et interim quod es in opere, nullo modo innitaris importune proposito tuo, quasi utique sic pro primo velles facere, sed pocius ex fragilitate excede, et humilia te quam presumptuose et importune utique habere voluntatem tuam.

Debes usitare ut scribendo, loquendo, agendo non festines, quia in illis non potest gloria Domini queri, cum ita impetu homo fertur in rem quod omnes vires in eam extenduntur. In omni presenti actione et precipue in oracione sic te debes habere, quasi post hoc opus vel post hanc oracionem nichil esses aliud facturus.

In oracione nichil intende nisi Deo et psalmodie quasi in conspectu Dei. Et committe voluntati sue libere ex toto, et abice leviori modo quo poteris superfluas et vanas cogitationes, et ad hoc tende, quasi tu solus coram Deo et beata Virgine et omnibus sanctis stares, et ostende necessitatem et vulnera anime tue, et committe sibi oblivisci aliorum.

Sive in laudando virtutes vel reprobando vicia, sive in loquendo de quibusdam devotis seu eciam de aliis, cave semper de extremitatibus loqui cum duricia vel presumptione, quasi non possit aliter esse; quia ex hoc tibi nascitur mentis elatio, cordis duricia et tristis consciencia, et qui audiunt, possunt accendi ad iram et suspicari te presumptuosum et superbum, et non eos tantum edificat sicut si humiliter quasi obsecrando dubitative diceres, et non est modus Christi neque alicuius sanctorum.

Non est possibile secundum impetuositatem tuam, ut in momento vel cum impetu abicias passiones quasi numquam redituras, et si venerint iterum, desperare et sic continue turbari super illo, quod est contra naturam et fragilitatem. Nescis quia, velis nolis, Cananeus et Yebuzeus habitabunt intra fines tuos? Incede igitur per caritatem Dei et proximi, et in hoc veraciter proficis, si continue te quasi viciosum et infirmum in via Dei ab inimicis custodis. (Glosa: Scilicet a cogitationibus superbie, vane glorie et ceterorum viciorum resistendo eis et cotidie superfluas et carnales cogitationes et corporeas abradere, id semper attendendo, quod qui modica negligit, paulatim decidet[15].) Et sic continue aliquid invenires

[13] Iob 19,21.
[14] Rom. 9,16.
[15] Ecclus. 19,1.

amputandum. Oculi igitur tui semper sint ad Dominum, quoniam ipse de laqueo evellet pedes tuos. Et in te totaliter deficere, adiutorium suum invocare et voluntatem suam exequi, hic est profectus tuus.

Parva, corporales et superfluas cogitationes non nimis stricte observare, sed eciam eas non negligere in toto, quia sepe sub bona specie alias periculosiores inducunt. Et omnes ad unguem abradere non videtur forte virtutis humane, sed eas attendere et leviori modo quo poteris abradere, quia pili sunt, et caro semper superflua generat. Et sicut frequens potatio vel comestio tepefacit et nauseare facit stomachum et frangit calorem digestionis, sic frequens perseverancia inutilis tepefacit animam etc.

Ut hoc melius agas, omnino expedit tibi sensus custodire, quia proprium humane et infirme anime est, ut earum rerum qualitate quas respicit varietur, et sepe eius iudicium cum ipsa presentis rei specie ducitur, et iuxta hoc quod aspicit, intentio illius et sensus variatur. Et nitere non **attendere fratres in oracione, in colloquio vel ubicumque nec eciam quoscumque, quia valde alienaris a te ipso et dissolvit virtutem mentis, facit te suspiciosum et amarum, obscurat intellectum, generat Dei oblivionem et applausum hominum, obnubilat** veritatem, **turbat conscienciam.** Hoc ergo erit quod totiens tibi visum est, ex gracia Dei **cor pacificum et ab fantasmatibus rerum et a peccatis** habere **aversum et ad Deum** habere **conversum** et **faciem communem cum ceteris sine nimia austeritate aut serenitatis ostentatione, et apud te ipsum intus semper mane**re. Ad hoc multum expedit moderata abstinencia precipue a potu, quia valde lucidat cerebrum potus moderatus. **Et in quocumque opere aversus fueris ab ista forma, nitere reformare te, et sic semper tranquillo animo perficies voluntatem Dei et custodies te a viciis et semper hilaris perseverabis.**

Secundum Ancelmum quandocumque dices alicui defectus, cogita virtutes alterius et vicium tuum[16]. **Numquam debes alicui aliquid dure dicere vel obprobriose increpare aut deridere increpando. Obsecra** vel **mone ut caritas poscit, et** precipue **cave** semper **omni modo in omnibus vehemenciam,** et **omnia deliberato animo facito absque ostentatione.** Precipue quia multum importunus es, cave omnino a subita et non precogitata correptione eciam cuiuscumque. Hoc tibi multo tucius et humilius, et alteri magis utile. Cave eciam ut non leviter eciam precogitatus dicas alicui illo instanti quo deliquerit, quia postea dulcius capiet de quo in culpa positus amariter turbaretur.

[16] Vgl. Ps.-Anselm, Exhortatio ad contemptum temporalium, MIGNE PL 158, Sp. 683 (= Isidor, Synonyma 2,51, CCL 111B, S. 104): *Quando alium detrahis, te discute, quando alium mordes, tua peccata redargue, si vis detrahere, ad tua te peccata retorque. Non alterius delicta, sed propria cerne, vitia tua, non aliena, intende.* – Vgl. R. BULTOT, Les Synonyma d'Isidore de Séville, source principale de l'Exhortatio ad contemptum temporalium du Pseudo-Anselme, in: Revue bénédictine 78, 1968, S. 333–339; F. J. WORSTBROCK, Isidor von Sevilla, in: Die deutsche Literatur des Mittelalters. Verfasserlexikon, Bd. 11: Nachträge und Korrekturen, Berlin/ New York 2004, Sp. 717–746, hier Sp. 726.

Cogita de beneficiis Dei, de gaudiis; in brevi de hoc seculo te migraturum.

Assuesce cum gracia Dei quantum potes, ut **quandocumque turbidi animi es, pacienter et quiete sufferre illa, que sunt tibi contraria et passioni tue, et pro tunc nichil movere contra hoc vel de illo, ad quod importune agitaris. Pocius expecta donec gracia Dei et serenitas mentis redierit. Fuge interim ad cameram et ad oracionem tamquam infirmus et obsessus, et cogita: 'In paciencia vestra possidebitis animas vestras.'**[17] Et tunc cave de scandalo: Quid me persequeris[18] de levibus aut duris verbis? **Elige ad tempus solitudinem et laborare manibus, et pacienter orare et facere sine importunitate,** ab omnibus oculos avertere, intus manere. **Semper aliquid de Deo aut sacra scriptura ruminare, quod ad amorem vel timorem Dei aut ad horrorem viciorum te inflammat.**

Conclusio: **In omni actione temporali non nimis stricte attendere,** scilicet **exteriora et ornatum, sed intendere voluntati Dei solum** quomodo facias, scilicet in oracione, in colloquiis, in domuncula **cor et oculos avertere ab hominibus.** Et in conspectu Dei facere et loqui in omnibus factis tuis sicut sibi placet **et sibi totum committere,** et carnales et inutiles cogitationes continue leviori modo quo poteris abradere, **ab intra semper manere, exteriora oblivisci, ad celestia oracione, suspiriis, lectione, compunctione tendere et mentem ad predicta** spe et timore **frequenter exacuere, ostentationem et presumptionem fugere,** exteriora et occupationes cum deliberatione agere, non importune ex toto te sicut soles effundere; tamen ex hoc opera caritatis, ubi necessitas et pietas requirit, quasi in toto non abicere aut cum tristicia vel turbatione mentis ea trepide agere, eciam in eis resolvi importune ex toto et 'ach' clamare ad alia, sed tranquillo pocius animo ad horam in talibus cum custodia moderata interiorum tuorum mediocriter suspendere, secundum voluntatem Dei perficere et non nimis stricte te custodire cogitando: 'Caritas operit multitudinem peccatorum.'[19]

In omnibus operibus tuis hoc solum attende ut placeat Deo. Et ideo libere et humiliter omnia facias, quando scis sibi placere, et noli timere si hominibus displiceat. Et nitere **abicere ymagines hominum de corde. In hoc omnis virtus, omnis profectus, exequi voluntatem Dei et sibi placere,** hoc est virtuosum esse et promereri. Ideo semper **ad hoc tende, ut intentio tua sit ad Deum et** opus **secundum Deum, et abice passiones anime** que hoc inficiunt, et averte ab omnibus cor et oculos et respice te ipsum.

Hoc habe pro regula infallibili: Quidquid placet domino Florencio et fratribus, hoc vult Deus ut facias, quia ipsi inhabitantur a Deo, et ipsi nichil querunt nisi eius voluntatem, ideo numquam discerne.

[17] Lc. 21,19.
[18] Act. 9,4.
[19] 1. Petr. 4,8.

Quandocumque dominus Florencius presens est, **omnia fac cum consilio** suo, **et** quum **abest, eodem modo per omnia quasi ex Deo fac cum consilio domini Gerhardi, quia longe sapiencior, humilior, caucior et spiritualior et abstractior te est, et** sciunt sanctam **voluntatem Dei magis quam tu.** Post eum habe eodem modo Wilhelmum.

Disce in omnibus que non potes quiete exequi pro gracia Dei vel pro salute tua submittere semper sub voluntate Dei, cogitando: 'Sicut fuerit voluntas Dei, sic fiat.' Disce sepe a domino Florencio tamquam a Deo et ab aliis voluntatem Dei querere, non ad oculum importune sine affectu voluntatem tuam aut presumptionem tuam perficere, vel cor ad hoc inducere.

Nescis quam importunus, gulosus, iracundus, superbus, vanus, incompositus es ab intra in anima, quod numquam recta via incessisti et adhuc nescis incedere; sed vel timore deiceris leviter, aut presumptione nimia presumis non presumenda. Non scis virtuose movere, quia non scis tenere medium in quo virtus consistit; et sepe queris te, vel viciose afficeris ad multa, ad que alii non afficiuntur, propter que non potes clare videre quid Deo est magis acceptum, sicut alii. Confiteor Deo quod numquam virtuose movi vel feci aliquid, sed corrupta intentione aut indirecta via, scilicet ex applausu etc.

Item ex isto sequitur quod oportet te semper humiliter movere et scribere et raciones tuas tacere nisi extorsus ab aliis, et pocius semper alios audire. Item semper sub dubio tuum videre move et numquam presumere debes videre tuum; quia alii magis exonerati sunt a viciis, ideo clarius vident voluntatem Dei. Et licet tibi Deus daret modicum videre, tamen in respectu aliorum nichil est. Et si adhuc plus proficeres, aliter tibi deberet videri; recte sicut de prope videns candelam, quanto magis appropinquas, tanto clarius vides. Item nova et singularia numquam subito sed cum deliberatione movere et in illis magis timere.

Multociens cogita de peccatis cotidianis, ex qua radice procedunt. Item **cavenda est multum occasio viciorum.** Et **ex hoc** mirabiliter **potes humiliari**, si ex gracia Dei in multis non delinqueres, si occasio esset, quia per hoc melius cognosceres quid esses. **Et sepe in quiete videris tibi aliquid esse, sed effusus in exterioribus rebus apparet quid in te latuit.** Et non habes virtutes anime nec naturales in corpore, sed totus austerus amarus es, sed ex gracia Dei tamen posses huiusmodi refrenare.

Item **declinare ad divicias, ad delicias, ad honestatem et applausum hominum, ad curiositatem, ad delectationes terrenorum, ad propriam voluntatem et proprium videre, et fugere** et **non curare humilia** opera, et **ad huiusmodi declinare est regredi ad vicia et averti** ab exemplo **et maxime a regula patris spiritualis, quia hec est verissima via ad** omnes **virtutes.**

Longa locucio hominem calefacit et siccat linguam, sitim excitat, hominem **a se rapit,** de**ducit in ignoranciam, premeditationem aufert, inordinata profert** et ea in fine fesso et incitato spiritu a quo incipere non deberet. **Necessarium est homini multa dicere volenti frequens pre-**

meditatio et interpolatio sive pausatio, scilicet si secundum beneplacitum Dei loqueris vel non, vel **si declinas ad iactanciam et applausum, ad vanam gloriam. Necessitatem, pietatem et utilitatem attende in verbis** tuis, **sicut in omnibus operibus sanctis et maxime voluntatem Dei.**

Nullo modo loqui burdosa vel alios verbis ad hoc incitare expedit tibi. **Numquam** debes **improvise ex capite tuo derisorie alicui coram aliis** dicere **aliquem defectum, quia** facit te superbum et tristem et **est signum presumptionis et superbie, et malum exemplum aliis.** Sufficiat tibi tamen regula quam Dominus tibi dedit, scilicet: 'Si peccaverit'[20] etc. Coram multis eciam quibuscumque semper **cum premeditatione et** precogitare dicenda et nichil omnino nisi precogitate. Disce cum gracia Dei ubique cum premeditatione loqui, scilicet ne offendas Deum nec noceas proximo. **Disce parum et paucis verbis loqui et** scribere aliis. **Expectatio** alterius **in verbis, et** semper **time audire unde ledaris. Discut**ere illa **verba eciam cuiuscumque, an sint vera** et **detractoria,** et sic consencias vel reicias. **Firmiter propone per graciam Dei de malo nullius hominis dicere nec libenter audire nisi** cum proposito et **pia utilitate, et tamen maxime cave tibi ne seducaris.**

Ad hanc tende consuetudinem cum gracia Dei, basse sub paucis verbis loqui necessaria et utilia, scilicet diebus festivis ammonendo alios, et de passionibus tuis et inter fratres; alias tacere quantum bono modo potes.

Assuesce in oracione cor ab astantibus et ab inutilibus cogitationibus avertere sine magno conatu; et solum liber [?] habere ad oculos Dei et ad psalmodiam suspensum et recurvatum ad vicia aliqualiter sine anxietate et nimio rigore, et sic mediocri voce verba pronunciare sine omni attentione vocis tue vel aliorum vel que circa te sunt, nec effundere affectum in vocem duriorem sed corde, et affectum quantum potes tendere in beneplacito Dei et in verbis psalmodie, et ad hoc mediocrem vocem accommodare, et verba mediocriter basse et simpliciter proferre, et vulnera anime tue sepe Deo ostendere et quam imparatus es et pauper in virtutibus et cito morieris, et quantum tibi adhuc deficit, et quod solus potest et habet omnia dare.

Memoria Dei et sacre scripture cum aliquo affectu inducente ad hoc quod agis, cum custodia sensuum et cordis mediocri, sine austeritate et ostentatione externa in facie, ab intra absconsus manere, semper orare: 'Deus in adiutorium meum intende'[21] etc. aut quasi deficiens inter vicia cito racionem redditurus, ad beatam Virginem: 'Ave Maria'.

Item **assuesce ad nullam rem mundi, neque temporale neque spirituale, cor importune effundere, sed semper cum timore viciorum tuorum mediocriter abstrahere, cum discretione et pedetemptim incedere, ad horam te mutuare et numquam in toto a te recedere, sed in verbo Dei** aliqualiter semper, quantum medio modo potes, **cor tenere**

[20] Lc. 17,3.
[21] Ps. 69,2.

suspensum et reflexum contra vicia in communi, tamen tua **specialiter magis contra hoc quod tunc magis times. Et sic per graciam Dei cum bono moderamine et matura deliberatione coram oculis Dei loqui et facere, quidquid putas Deo** sibi **placere.**

Nullo modo credas importunitati et vane glorie tue excitantibus te ad ostentationem et suadentibus tibi sic homines non edificare verba tua vel facta vel minus sic compungi aut minus attente, sompnolenter, non curare que dicis. Et si sic esset, quid prodesset tibi si universum mundum lucreris[22]? Quid prodest tibi aliis propinare vitam et tibi mortem, alios ad viam reducere et te in via errare? Nec est via caritatis que incipit a se ipsa semper prius. Et ergo numquam sine turbatione recedis, quia viam caritatis non tenes. Et quomodo ita insanis, quod putas virtutes aliis cum importunitate et viciis imprimere? Inveterata superbia tua est; sed est magis voluntas Dei ut cum racione et humilitate et cum bono moderamine dicas et facias cum suavitate absque presumptione, ut dictum est, non totaliter te effundendo sine fictione. Hoc mirabiliter edificat homines et compungit corda eorum, quando tibi sic loqueris.

Et tunc Deus loquitur per te quia per humilitatem etc. que Deus est, et ipse invisibiliter illuminat sine te corda hominum, et trahuntur et alliciuntur sic magis, et est angelis et sanctis sic magis acceptum et maxime securum pro consciencia tua et proximo bonum exemplum. Sed quia predicta via non incedis, incurris oblivionem et contemptum Dei, perdis eius familiaritatem et caritatem, tedium ad sanctos et ad celestia, insensibilem et turbatam conscienciam, duriciam cordis et voluntatis, proprium videre, amorem ad vicia et amarum et turbidum ad omne bonum, anxietates et perplexitates innumeras, turbatum intellectum, excecatam racionem, importunam audaciam, fatuam sapienciam, et abicis omnem verecundiam, et incurris scandalum proximorum et derisionem demonum et maxime incautam locutionem.

In comestione mea non volo butirum et pisces simul comedere nisi valde modicum, quia gule excitatio est michi et inebriat caput meum, et cavere quantum possum a butiro, a pingui lardo, a pinguibus carnibus, quia ad predicta ex gula sum inclinatus, licet non turbarent caput meum. Et licet ex occasione oportet me aliquando de predictis comedere, comedam pocius minus et cavebo me de predictis cum grandi [...]. Item numquam siccum piscem nisi cum butiro modico cum uno ovo, sed numquam pro tota comestione.

In comestione semper **cave aviditatem et subitam comestionem, sed retrahe pocius, ut ceca et turbata concupiscentia illuminetur compunctione et aviditate lectionis, et cum quiete mastica aliquid de lectione.** Cave omnino repletionem, maxime panis, et cum modico pane comede potagium. Duo ova feria quarta et sabbato sufficiunt tibi cum modico butiro caseo. De butiro non magis de vespere vel de mane nisi

22 Mt. 16,26.

sicut priora duo membra pollicis, numquam salsos pisces, scilicet witine vel schelvisch; pocius duo ova et non plus. De pane comede quam necessarius est tibi ad cibum, quia multum indigestibilis est et gravat te. Cave omnino allium, et modicum de caseo sicut primum membrum pollicis. Vitare leverworste ende vette worste.

Quandocumque ex comestione turbatus es in capite vel gravatus, tunc fuge ad cameram, vel loquens cum hominibus magis caute conare ad custodiam, sed **tucius est tibi fugere et orare.** Item de lardo non plus capere quam in quantitate unius ovi, et de carnibus duo frusta ad quantitatem duorum ovorum. Quasi expulsus a deliciis paradisi tamquam servus prodigus, comede de siliquis cum labore et dolore[23] ruminando de lectione **aut de illa particula: 'Homo quidam fecit cenam magnam.'**[24] Item de piscibus quibuscumque numquam plus quam in quantitate duorum ovorum.

Ad humiliandum te in viciis exterioribus omnibus notis:

Ad humiliandum te cotidie sufficit tibi miseria tua et vicia tua, quia simplex es in naturalibus et anima tua gravata est cum valde grosso corpore et infirmo et intemperato, et cotidie minatur ruinam, et quod peius est, hoc non sentis nec attendis, et cum hoc es multum importunus, quod maxime aufert omnem sapienciam et discretionem, et es multum gulosus et vane gloriosus, superbus, austerus, iracundus, ex natura tristis, accidiosus multum pre aliis et ex infirmitate naturali inclinatus ad carnalia, avarus, immorigeratus. Sed quia ista non attendis et non times ista, cumulas vicium vicio, quia in predictis non habes te suspectum. Et quia ad multa viciose afficeris pre aliis, propter que omnia racio confunditur et intellectus obscuratur, consciencia perturbatur, et turbatus animus non sinit videre quid bonum est, propterea efficeris indiscretus, importunus, et quia non regis vicia tua nec habes ea suspecta, ipsa regunt te et ducunt te quo volunt, et scandalizas fratres, Deum contempnis, propriam conscienciam conturbas, et manes viciosus et in miseria et in anxia et turbata consciencia. Quid ergo mirum si alii despiciunt te, vel magis reputantur et plus intelligunt, qui excellunt te natura, gracia et virtutibus?

Hec omnia cederent tibi in bonum, si tantum recognoscere velles, et continue quando occasio se preberet, habere te in predictis suspectum et separari velles tunc ab eis et adherere voluntati Dei, et caute circumspicere velles, ne ab aliquo predictorum trahereris a Deo. Sed quia multum cathenatus es eis et quia in massam viciorum redactus, **restat** semper **alis magis credere et in te ipso trepidare.** Et quia in viciis predictis, precipue in importunitate et gula et superbia, es quasi inveteratus et quasi totus profusus, sicut olla que diu stetit cum urina raro vel numquam fit apta ad imponenda preciosa cibaria[25], restat semper cum timore agere et

[23] Vgl. Lc. 15,16.
[24] Lc. 14,16.
[25] S. oben Buch IV,4, bei Anm. 38.

continue cogitare: **'Beatus homo qui semper est pavidus'**[26]**, et veraciter** scire, **quando declinas a timore ad securitatem, declinas a Deo et capieris a demonibus et a passionibus tuis. Tamen sic debes timere, ut eo magis de Deo confidas, et quantum videris tibi infirmior, tanto te faciet forciorem.**

Ad humiliandum te ab intra ex viciis interioribus Deo et angelo et tibi notis:

Quasi nichil videtur ab intra, sed utinam Deus aperiret mihi oculos! Et tantum modicum vides in respectu quod es et quod alii fratres te vident et merito abhominarentur nisi humiliarent se. Multum curiosus ab intra et ab extra occupas te inutiliter vanis cogitationibus et externis rebus, et semper te effundis multum corruptus in affectionibus, multum vanus et inconstans in cogitationibus. Evagatio anime per diversa est cibus tuus, multum debilis in resistendo concupiscentiis tuis, multum incompositus in anima in veris virtutibus. Sed deberes bene importune tendere leviter ad aliqua extrema, scilicet ad nimiam severitatem vel ad nimiam dissolutionem, ad nimiam presumptionem vel ad nimiam tristiciam mentis, ad nimiam abstinentiam vel ad nimiam gulam.

Quare ergo superbis de virtute qui nullam virtutem in veritate habes? Multum habes de propria voluntate et de proprio consilio ex fatuitate et ex nimia superbia tua. In carnalibus tuis semper es vehemens et inquietus ex nimia concupiscentia interiori. Sepe superbia tua interior effunditur in facie sive in nimia presumptione aut nimia severitate aut seriositate. Semper deberet facies esse similis cum ceteris, sed intus dissimilis. Inter fratres habes te nimis spiritualiter ad extra, et dicis nimis pre aliis de passionibus et suspiras, et sepe signa ostentationis exhibes, et doces eos sicut superbi solent, presumptuose loqueris et postea et in illo instanti ex hoc turbaris. **Propter Deum disce ab aliis virtutes et mores, et time vanam gloriam tuam. Cristus tibi** timuit, **tibi didicit, tibi tacuit.** In colloquiis et in omnibus que agis es importunus sine timore et leviter effusus. **Disce ab intra manere et inter fratres et alios homines comiter et socialiter te habere et extolle eos;** compara corpus et animam ad eos et **cogita virtutes eorum et vicia tua. Semper de aliquo, cum quo es, virtutem aliquam cogita,** qua intentio tua dirigatur ad eum et affectus, **et vicium** aliquod **tuum.** Item **timor immoderatus vel nimia presumptio cotidie te impediunt.**

In ecclesia numquam reclinare cum capite basse vel cum brachiis super scampnum propter predicta, nisi aliquando sed rarissime propter fessitudinem modicum elevando caput. Assuesce ubicumque fueris, non reclinare cum brachiis aut cum dorso, quia accidiosus es et magis nutrit accidiam et generat tibi melancoliam et tepefacit spiritum.

Pro compunctione contra accidiam et exacuendum corporis mentis [...] quando indiges:

[26] Prov. 28,14.

Sancti viri quia brevitatem vite indesinenter aspiciunt, quasi cotidie morientes vivunt, et tanto solidius se mansuris preparant, quanto et nulla esse transitoria semper ex fine pensant. Immensum est quod sine termino sequitur, et parum est quidquid finitur. Pariter eciam cogitantes in brevi nos de hoc seculo migraturos. Cogita quam nulli sint dies tui qui preterierunt, et sic erunt futuri, et cogita quasi iam sint, et stares coram iudice racionem redditurus. Vide indesinenter per que offenditur et pro quibus ab eo dampneris. Item preterita peccata maiora.

Extenuatus a viciosis et inutilibus cogitationibus **accede ad studium sicut ad cibum capiendum anime, ut lectione refecta discat in illis anima occupari que legit, et oblivisci temporalia et refrenari a viciis.** Si fueris prioribus prius saturatus, non prodest tibi studium nec sapit tibi quod legis, quemadmodum si pleno stomacho ceperis cibum corporis vel sine necessitate sustentationis, sed propter solam delectationem carnis; non solum non nutrit corpus nec sapit palato stomachi, sed eructuans nauseando a se reicit hoc quod ex superfluitate repletus accepit.

Item ex isto sequitur quod numquam **multum simul est tibi utile studere sine masticatione et oracione, sed parum, et masticare cum oracione et desiderio, et mittere in ventrem anime et in mores et in virtutes, ut anima hiis quasi nutrimento sustentetur. Sicut corpus cibo, sic anima virtutibus reficitur.** Item ex isto sequitur quod **numquam debes aliqua studere que non reficiunt animam, quia fructus studii est fortitudo anime et propter virtutes acquirendas.**

Item sequitur quod **studere propter scire aut propter alios docere aut propter quodcumque aliud quam dictum est, non nutrit animam, sed facit eam insanam sicut superflui humores corp**oris, **et generat vanam gloriam, elatum cor, incompositos mores, vanas cogitationes, instabilitatem mentis, Dei oblivionem et contemptum, applausum hominum, turbatam conscienciam, tenebrosum intellectum** etc., **et magis exinanit et debilitat animam quam reficit.** Item sequitur quod **moderate studere et bene masticare** et non nimietate studii animam gravare **magis reficit animam quam inconsiderate multa absque masticatione.** Item **sequitur quod anima mortua est, que verba Dei indesinenter non digerit in mores et in virtutes, vel consumit se ipsam et fit putrida diversarum concupiscenciarum malarum, et consumitur a demonibus sicut corpus** mortuum **a vermibus.**

In pulsu horologii, in medio inimicorum versans, in te deficiens clama ad Deum: 'Ne derelinquas me, Domine Deus'[27] etc.; **aliquando ad beatam Virginem 'Ave Maria'. Cogita te a Deo respici, et opera tua ab angelis sibi presentari, quid boni fecisti, quantum profecisti, quid mali commisisti. Cum audis campanam: 'Surgite mortui, venite ad iudicium.'**[28]

27 Ps. 37,22.

28 Vgl. oben Buch IV,5, Anm. 56.

De humilitate ad rectorem:

Quando interrogas eos, **cogita quod Dominus in eis habitans loquitur per eos et dicit suam voluntatem, et quam periculosum est tibi sue dispositioni per eos resistere,** tibi inquam importuno, indiscreto, vano, pusillanimo et duro.

Semper dominicis diebus post matutinas vel post quartam horam require uni fratri passiones tuas.

Contra turbationem:

Quia simplex es, dyabolus leviter turbat te sub speci boni. Verbi gratia, cum audis legere ad mensam humiliter et distincte, vel cum audis orare alios humiliter, vel quando respicis mores diversorum fratrum aut aliorum ab extra, vel cum consiliare bona ab extra vides, tunc immediate absque consideracione eciam vis sic facere, et non est sic possibile, quia alii per longum exercicium acquisierunt talia que non potes importune statim imitari. Eciam aliquando est quod propter vicia tua non potes sic statim facere, et aliquando propter naturalia tua que non sunt ita apta sicut aliorum. Et licet scires modum eorum, tamen propter naturalia tua non posses sic facere. Et huiusmodi mores aliorum magis veniunt de radice virtutum interiorum et de corde quam ex aliqua composita fictione externa.

Ex isto sequitur ut in omni opere quod facis, consideratis naturalibus tuis, viciis anime tue, et gracia Domini nostri, facias absque attentione alicuius hominis melius quod potes, et committe Deo et noli turbari, si non potes alios sequi vel si non potes semper eodem modo facere; sed prout res sunt disposite tecum, ita nitaris facere melius quod potes et committe Deo. Ultra posse etc.

Pro affabilitate:

Cogita fratres tuos et omnes homines et te esse unius Domini, sed et redemptos eodem sanguine, ad unam patriam perventuri, quomodo ibi iam virtutes eorum in conspectu Domini et sanctorum lucent, quantum in futuro supra te lucebunt, quam multi sunt dissoluti ab extra et devoti ab intra et econverso.

Cogita plura esse bona aliis quam ab extra vides. Et si ab extra apparent dissoluti, cogita quantum ab intra dolent et quod bona voluntas eorum totum extinguit, et virtutes eorum que non vides, Deum semper facere amicum, et quod XII sunt hore diei.

Pro humilitate:

Semper niti sequi voluntatem aliorum in illis, que non sunt peccata vel contra Deum, et tuam voluntatem et consilium semper abicere.

Pro paciencia:

Omnia contraria et tibi dura cum labore et dolore capere et nulli ab extra importune cum impaciencia respondere.

Augustinus: Si consideramus misericordiam Dei, in nobis habemus formam aliis miserendi[29].

29 Ps.-Augustinus, Sermones ad Fratres in Eremo, Sermo 6, Migne PL 40, Sp. 1246.

Quia durus es ex superbia, semper **elige magis misereri et in hoc pocius excedere quam in duricia.** 'Qua mensura mensi fueritis' etc.[30] 'Euge serve nequam, nonne omne [debitum]'[31] etc.

Homo deberet semper timere et se fortiter emendare quando inveniret se circa aliquid pertinacem, nisi haberet totam sacram scripturam pro se, consilium sanctorum et consilium fratrum.

[30] Mt. 7,2.

[31] Vgl. Mt. 25,21 und 18,32.

Anhang 3
Notabilia verba e codice olim Deventer, Parochiebibliotheek 2

[Die Geert Grote und Florens Radewijns zugeschriebenen 'Notabilia verba', die Thomas dem zweiten und dritten Buch des Dialogus noviciorum beigegeben hat, sind in mehreren Handschriften separat überliefert[32]. Dem Gattungscharakter der Apophthegmata entsprechend variieren alle Textzeugen in Auswahl, Umfang und Autor-Zuschreibung. Die vollständigste Sammlung enthielt die 1940 beim deutschen Luftangriff auf Rotterdam verbrannte Handschrift Deventer, Parochiebibliotheek 2 aus dem Herr-Florens-Haus (Sigle *Dav* der Handschriftenliste). Da die betreffenden Seiten jedoch bereits 1882 von J. F. Vregt abgedruckt wurden[33] und zudem durch Photographien dokumentiert sind[34], kann diese Sammlung hier zum Vergleich mit den Dicta-Listen des Dialogus ediert werden[35]. Die Zählung der Aussprüche entspricht der durch Paragraphenzeichen markierten Textgliederung der Handschrift und dient der Zuordnung in den nachfolgenden Konkordanzen. – Für die Überlassung von Kopien der Handschriftenphotos sei auch an dieser Stelle Rijcklof Hofman herzlich gedankt.]

Incipiunt aliqua verba notabilia domini Florentii et magistri Gherardi Magni.

[1] Fuge mulieres.

[2] Tardus, obtusus responde ad quesita humiliter.

[3] Ante omnia, si possis, cognosce vicia tua et passiones tuas, grossiciem anime et corporis tui.

[4] Semper sis vigilans circa temptaciones et motus et passiones tuas.

[5] Si sentis motus superbie, vane glorie, vel alias passiones que procedunt ex natura tua infecta et temptacione dyaboli, si vigilas circa eas et sentis eas, vel reicis eas statim vel moraris in eis cogitando. Si moraris, malum est, si reicis eas, non nocent quantumcumque male. Si delectaris et moraris in eis, peius est.

[6] In confessione dic culpam tuam singulariter: „Sic feci, hoc feci", quia sic magis verecundaris. Et nota bene in quo stat culpa tua. Et hoc expone simplicibus verbis.

32 S. oben die Handschriftenliste mit den entsprechenden Hervorhebungen.

33 Vregt, S. 427–472 (Abdruck mit zahlreichen Lesefehlern und orthographischer Willkür).

34 Titus Brandsma Instituut Nijmegen, Album 160 und 161; vgl. van Dijk 2003, S. 356.

35 Die uneinheitliche Orthographie der Handschrift ist nach Möglichkeit beibehalten, Kürzel sind aufgelöst. Abweichende Lesarten des Dialogus (*Dial.*) sowie der Handschriften *br6*, *K15* und *Le3* werden nur bei Bedarf zur Korrektur des Textes herangezogen und in den Anmerkungen nachgewiesen. Konjekturen sind mit *Hrsg.* bezeichnet.

[7] Non debes malum alicuius dicere nisi ex proposito et deliberato animo, ubi possit isti cui dicis proficere, vel alteri de quo dicis.

[8] Non debes mulierem aliquam inspicere nisi ex proposito et deliberato animo, ubi possit tibi vel ei multum proficere. Melius est semper faciem mulieris cavere.

[9] Dic peccatum tuum cum verecundia et tristicia et magno proposito dimittendi, coram Deo et presbytero tuo.

[10] Accusa alium cum compassione, sicut cum infirmo fratre tuo.

[11] Valde malum exemplum est secularibus quod non custodis oculos tuos.

[12] Quando consciencia urget et recta racio dictat sic esse faciendum vel non, secundum hoc fac opus tuum; contra rectam racionem noli sequi conscienciam erroneam.

[13] Tunc consciencia est bona et racio tua recta, quando nichil facis nisi secundum sacram scripturam et intelligis eam sicut sancti exposuerunt eam, et non credas proprio capiti.

[14] In omni opere, in quibus timemus offendere Deum, vel racio praecedit delectationem vel econverso. Si delectacio precedit racionem, tunc illud opus facimus ex delectacione et raro ex racione, quamvis concurrit, et cum mala consciencia. Si racio precedit delectacionem, tunc, ut frequenter fit, ex racione et ex bona consciencia.

[15] Frequenter diu esse in ecclesia raro est utile, quia si diu oras et tedium tibi generatur, efficeris sompnolentus, vel vertis aures et oculos ad vana, et si diu oras et attediaris, invite reverteris ad oracionem, et ergo melius est breviter et vivaciter orare et ad alia opera spiritualia se vertere et frequenter sic orare.

[16] Bonum esset homini spirituali, quod temporalia sua tractaret in aliquo tempore deputato et postea rediret ad spiritualia, quasi oblitus nichil fecisset.

[17] Estimo quod[36] motus et cogitaciones que incidunt in corde nostro, non sunt in nostra potestate, sed tamen nostrum est aliquid boni in corde nostro plantare legendo, orando, ruminando, donec alii motus ab hiis victi succumbant et per graciam Dei cessent[37].

[18] Aliqui sunt in ecclesia Dei qui sunt tante superbie, quod[38] vel oportet eos regere alios vel omnino deficere et ad mundum reverti, quia nec sciunt se equare aliis nec subesse.

[19] Sicut homo trahitur ad res ad extra, ad videndum, loquendum, comedendum, bibendum, sic eciam homo trahitur invisibiliter ad invisibilia, ut ad iram, ad odium, ad amorem sui ipsius. Et sicut per illa exteriora concupiscendo ea trahimur quasi inviti (si tales motus inciperemus

36 quod] *Dial., br6; fehlt Dav.*

37 cessent] *Dial.;* cessant *Dav;* e cordibus nostris eiciantur *br6.*

38 quod] *Dial., br6; fehlt Dav.*

cognoscere et sentire resistendo eis), sic per exteriora deveniemus in noticiam interiorum latencium in nobis motuum.

[20] Sit comestio tua semper sicca et macra cum modico potu et modica pinguedine, et sit secundum posse tuum semper equalis in quantitate. Et quem cibum magis appetis et in quo magis delectaris, ab illo abstine eciam si est vilis; dico appetitu et desiderio carnali.

[21] Fuge mulieres ubicumque potes, nisi magna necessitas coegerit te. Nullo modo sis specialis alicui mulieri.

[22] Aliquando omnia membra hominis moventur secundum passionem suam, et secundum motus membrorum possunt passiones cognosci.

[23] Lingua, caput et totum corpus unius moventur secundum passionem que regnat in homine, scilicet vane glorie, invidie, avaricie, tarditatis, gule, luxurie, ipso tamen qui habet ignorante et non considerante.

[24] Si accusaris de aliquo peccato, tu statim confirma et deprime te in corde, et sic bis percuteris.

[25] Magister per medium annum nec bene potuit dormire nec comedere, et non potuit causam invenire. Sed postmodum invenit causam, que fuit tristicia. Ita latent passiones in nobis.

[26] Si contendas cum aliquo in aliquo facto, noli in verbis dicere: „Sic potest esse, bonum est", quasi sibi consentires et ex hoc humilis appareres tibi, et in corde tuo tue perverse racioni adheres.

[27] Ex tarditate et obtusitate fugis omnem difficultatem in verbis, factis et cogitacionibus et studiis.

[28] Cuilibet attribuentur sue proprie passiones maiores.

[29] Homo multum debet condescendere parentibus in operibus que non sunt contra legem Dei.

[30] Tu tardus et obtusus fugis omnem difficultatem. Multa fingis tibi ex humilitate dimittere, que ex ipsis difficultatibus proveniunt.

[31] Facies mulierum manent in corde hominum aliquando multis annis. Remedium est quod non videas earum facies et virorum aliquando.

[32] Aliquando loquendo cum mulieribus homo quasi cogitur inspicere. Hoc est, ut frequenter, quia habet faciem eius in mente ut[39] prius vidit eam.

[33] Debiles non iudicabunt facta superiorum, quia sepe falluntur.

[34] Nil tene secrete, vel in rebus vel in consciencia, quod non reveles.

[35] Raro loquere cum seculari quin confortes eum secundum statum suum.

[36] Fuge seculares omnes, specialiter presbyteros, maxime mulieres omnes in omnibus conviviis et rebus secularibus.

[37] Tunc passio ire vel vane glorie vel gule dominatur in te, quando ad extra in verbo vel signo vel facto secundum eandem passionem operaris.

[38] Vide in omnibus factis tuis quare facis illud, quid movet te ad hoc.

[39] ut] *Hrsg.;* et *Dav.*

[39] Factionem[40] cui appendit honor vel de qua potes vane gloriari, semper fuge, si posset per aliquem alium eque bene fieri.

[40] Quod in alio loco et per alium potuit bene fieri, dilige et exalta plus quam si per te fuisset factum.

[41] Noli hoc invidere quod alius sanctior sit et magis proficit vel maiorem famam habet, vel bonum de eo dicitur et non de te: valde periculosum est hoc in religiosis.

[42] Dilige omnes conversos equaliter in Deo, absentes sicut qui tecum sunt, quos tu informasti vel docuisti.

[43] Aliquando aliquid facimus ex racione, quod tamen postea continuamus ex passione quando racio cessat, ita quod aliquando mere contra racionem[41] facimus hoc idem, ut si aliquando predicaremus vel ex infirmitate delicate comederemus, postea quando non indigemus vel quando non oportet, volumus idem facere ex dominio superbie nostre vel vane glorie vel gastrimargie[42].

[44] Quando aliquod dampnum vel periculum vel gravem laborem evasimus, tunc quasi liberati et securi letamur. Et tunc esset magis dolendum, quia dyabolus videns non nos precavere et incautos magis insidiatur.

[45] Si facis opus humile et vile in presentia hominum, noli ridere; si rides, superbis quasi hoc opus ad te non pertineat.

[46] Altus cantus conturbat caput et sensum et devocionem extinguit.

[47] Disce intelligere quod oras, et sic expellentur vage cogitaciones.

[48] Non es verus confessor nisi doleas cum dolentibus et gaudeas cum gaudentibus. Quem non noscis vel de quo dubitas, vix tercio ictu absolve. Sanctus Bernardus solebat magnos remittere ad curatum proprium. Nisi de conversis loquor vel apparentibus conversis.

[49] Nil ita extinguit carnalia vicia sicut fervens studium. Ita patres in Egipto multis diebus simul studuerunt quod non comederent.

[50] Si in aliquo opere tuo bono interrumpit cogitacio vane glorie in medio vel in fine, attende diligenter et expelle si potes. Si in principio venit, periculosior est aliis, quia forte propter eam incipit opus suum; sic non potest esse in aliis.

[51] Assuesce et coge te in camera manere et in libro legere[43], donec sit tibi dulce, et grave cameram exire et cum desiderio et gaudio intrare.

[52] Quicquid speras ab alio posse fieri, non te intromittas ubi aliquid honoris vel vane laudis vel utilitatis vel carnalis amoris appendet. Sed in opere Dei et fratris, ubi contumelia, opprobrium et nullum commodum tuum speras, accede securus.

[53] Noli confricari carnaliter cum iuvenibus, sed seriose loquere et utiliter, ubi necesse est.

[40] factionem] *Dial.;* factioni *Dav.*

[41] racionem] *Hrsg.;* caritatem *Dav.*

[42] gastrimargie] *Hrsg.;* castimargie *Dav.*

[43] legere] *Dial.; fehlt Dav.*

[54] Organa, clamor, sonitus iuvant sepe in oracionibus, expellunt fantasmata, elevant cor hominis ad Deum et in gaudium spiritus, qui bene scit applicare.

[55] Excommunicaciones synodales multe non sunt nimis advertende, quia earum finis pure est pecunia, et specialiter ubi taxus absolucionis est appositus, cuius finis deberet esse caritas et salvacio animarum. Eciam non sunt omnino respuende.

[56] Fuge ad cellam quasi ad amicam tuam. Coge et violenta te in eam. Securus es in ea.

[57] In oracionibus suis debet homo semper desiderare graciam et misericordiam Domini nostri potius quam magna premia.

[58] In festo beate Virginis dixit semel: Maria cum audivit ab angelo quod esset mater Dei, non curavit, nec quod Elisabeth ad eam dixit: „Unde mihi hoc“ etc., sed repente ivit ad montana et servivit ei[44].

[59] Item: Si homo haberet loqui cum magno rege, procuraret sibi specialiores regis; sic de Maria que maxime specialis est Deo.

[60] Maria reputabat se indignam salutacione angelica.

[61] Omnia fierent homini dulcia, qui bene se exerceret in passione dominica.

[62] Al dichte solde wi onse herte opslaen toe den ewighen leven ende totter hyligher scrijft, ende versuchten ons vake om onser vleyschlicheyt.

[63] Ex quacumque festinancia sive in scribendo sive in aliis operibus perditur devocio. Igitur deberet homo valde cavere ut omnia faceret cum devocione et non cum consuetudine.

[64] Item homo deberet cogitare quando aliquid iniungeretur sibi contrarium corpori suo, quod corpus suum non esset sui, sed illius in cuius obediencia se dedisset, sicut in rei veritate est.

[65] Item homo deberet statuere unum tempus in die in quo provideret de viciis et passionibus suis, quomodo gracia Dei se vellet habere contra illas, et illas passiones statuere contra semetipsum quasi inimicos suos, assumendo arma sacre scripture et exemplum Ihesu Christi, et exercere se in una septimana in uno vicio vel in una virtute.

[66] Item homo deberet aliquando ymaginare quasi fetidus et quasi niger, quasi putridus staret coram iudicio cum viciis et concupiscenciis suis, que sunt vestimenta dyaboli.

[67] Item quanto homo omnia bona sua sive corporis sive anime fecerit communia, tanto omnia bona aliorum[45] erunt sibi communia.

[68] Item valde magnum esset, si homo semper abstraheret oculum suum a defectibus aliorum et excusaret illos, et in comparacione peccatorum suorum humiliaret se.

[69] Item dixit quod semel habuit suspicionem de uno sancto.

44 Lc. 1,39ff.

45 aliorum] *Dial.; fehlt Dav.*

[70] Item homo deberet sepe cogitare antiquam vitam suam et futura. Et ad hoc deberet sibi unum tempus in die deputare.

[71] Item dixit quod homo brevibus et simplicibus verbis deberet revelare intentum suum et non multum simul loqui, sed sepe pausare et videre si esset utile, et si conveniret audienti.

[72] Item pro nullo defectu ciborum vel pro illis que minus bene essent ordinata in mensa, deberet murmurare, sed signare in tabula sua, et aliis in collacione humiliter monere.

[73] Item homo deberet ad mensam accedere tamquam unus pauperrimus, quasi non esset dignus ad tam bonam mensam accedere, non cogitando quod aliquid sibi teneatur[46], sed contentari in illis que sibi apponuntur.

[74] Item homo deberet esse prompcior ad commune bonum et ad opus fratris sui quam ad proprium.

Amonicio ad unum scolarem:

[75] Oportet vos valde videre ne afficiamini circa doctrinas scolasticas, quia sciencia secularis est valde allectiva, sed per illas quasi per medium ire ad Dominum: Sicut qui vellet ire Traiectum pro magno frusto auri aut argenti, transit per silvas, per nemora, et quasi non cogitat de via nec quiescit donec ibi venerit. Videatis igitur, ne maneatis in medio.

[76] Item quantumcumque homo loqueretur cum hominibus, deberet niti ut imprimeret eis humilia.

[77] Item dixit quod non expediret sibi dicere in communi de superbia sua vel gula sua vel de tepiditate sua, sed diceret in singulari, tunc crederetur sibi.

[78] Item dixit quod homo deberet semper quando iret ad ad confessionem portare secum passiones suas in cedula, et excogitare aliqua contra illa, et tunc petere utrum liceret sibi sic vel sic facere contra illas.

[79] Item interrogavit semel quomodo homo deberet cogitare in labore. Responsis aliis dixit quod illi, qui laborant pro denario diurno, aliquando tantum cogitant de premio quod obliviscuntur omne onus laboris, et quanto premium est maius, tanto labor est eis facilior.

[80] Item dixit quod homo sepe deberet se resignare in die Deo, et audivit a magistro Gherardo quod unus erat sibi conquestus, quod nisi bis Deo resignasset se et opera sua.

[81] Item dixit uni quod deberet passionem suam ponere inter iudicium Dei et animam suam et sic accusare semetipsum coram Deo.

[82] Item si homo recte attenderet, numquam sine magno affectu et desiderio deberet legere sacram scripturam, ut posset eam implere. Et in principio lectionis bonum esset cogitare quod essent missule summi regis ad nos misse, qui non requirit a nobis aliquod servicium, sed intimat nobis eternam salutem nostram.

[46] quod aliquid sibi teneatur – 'dass ihm etwas geschuldet sei'; vgl. Epistolae obscurorum virorum, Böcking, Bd. I, S. 217: quod [...] non tenerer ei – 'dass ich ihm nicht verpflichet sei'.

[83] Item homo posset infra scripturam cogitare de causa laboris sui vel illud quod scriberet, et sepe orare et sepe suspirare, et maxime ad pietatem se exercere in iugi memoria Dei. Et quanto hoc melius fecerit, tanto acceptabilius est Deo opus suum, et eo fidelius operatur.

[84] Item sepe dixit ad socios suos: „Quam bene vobis est et quam secure statis quod potestis sic vivere sub obediencia." Et si antea scivisset, pro nulla re mundi incepisset alios regere, nisi ipse prius fuisset sub obediencia. Et nisi infirmitas corporis impediret, adhuc mallet esse sub magistro Egidio vel consimili.

[85] Item si esset sub obediencia, numquam vellet esse perplexus, et dixit quod quis deberet ponere onus super dorsum alterius in quo dubitaret.

[86] Item homo merito deberet se sub omnibus conversis humiliare, quantumcumque eciam novis, quia quid potest homo scire, cum Deus venit in cor eius, quantam graciam sibi tunc dederit vel quam magna castella ibi edificaverit, vel quociens cum ipso convivia habuit, vel qualiter sit in fide, spe et caritate, quamvis ab extra appareat dissolutus.

[87] Item dixit quod sepe impedivit eum in platea quod cogitaret se multum respici vel considerari ab hominibus, quasi aliquis esset. Sed contra tales cogitaciones deberet homo sepe sibi formare unum conceptum, sicut forte rei veritas est, quod haberent nauseam de eo et forte in corde cogitarent: „Wanne, hoe gaet die onghevallighe lollert."

[88] Item dixit quod numquam posset venire ad veram humilitatem nisi contempneretur ab aliis et in nullo curaretur. Et unus dixit ad eum quam magnum affectum haberet ad eum et multum eum diligeret, cui respondit: „Ita, scio bene quid michi esset utile."

[89] Item homo non deberet velle quod non haberet pediculos, quia statim erit cibus vermium, et sic posset se magis humiliare.

[90] Item quando boni homines desiderarent oraciones alicuius, possit cogitare et desiderare quod Deus propter suam magnam misericordiam et propter eorum affectum exaudiret eos, non propter ipsum, vel quod ipse aliquid esset.

[91] Item unus exaltabatur in aliquibus ab alio fratre, et confessus sibi quia consenciebat ei, respondit: „Melius esset vobis quod conculcaremini cum pedibus et merito possetis dolere."

[92] Item homo sepe deberet se ipsum inspicere et describere quid esset ablata gracia Dei, quia nisi vas terrenum, et non plus sciret facere quam lapis vel lignum. Et sic excludendo a se omne bonum quod tantummodo a Deo est, videret se omnibus creaturis viliorem que numquam sic Deum offenderunt.

[93] Item cum aliquis fratrum petit consilium, debet ei humiliter dicere illud quod de illo legit in sacra scriptura, vel videre suum, potius quam ficte se humiliare.

[94] Item semper est melius sequi videre aliorum quam proprium, nisi homo sciret melius et hoc deberet humiliter dicere, tamquam divinitus sibi revelatum propter humilitatem illius qui ab eo interrogaverit.

[95] Item homo in respiciendo fratres suos non solum deberet videre ad externos mores, sed pocius si talem obedienciam vel talem humilitatem et sic de aliis virtutibus consideratis in eis possit imitari, et videre de modo quomodo posset hoc complere.

[96] Item homo deberet habere contra illa vicia a quibus magis temptatur aliqua notabilia ex sacra scriptura ad obviandum eis quando venirent, sicut Dominus noster fecit: „Non in solo pane" etc. „Scriptum est: Non temptabis" etc.[47]

[97] Item in illis virtutibus in quibus homo tenderet proficere, deberet sibi signare gradus illarum virtutum, et examinare se semel in die, quantum in illis proficeret, et in qualibet virtute ponere finem et metam ad quem tenderet pervenire.

[98] Item si homo sentiret se de mane frigidum vel tepidum quando surgeret, tunc posset genuflectere et ingemiscere sepe. Et si hoc non prodesset sibi, deberet se postea caucius custodire ne multum loqueretur.

[99] Item si homo haberet multas fantasias, tunc deberet notabiliter[48] orare, quia alias[49] valde ledunt caput.

[100] Item per unum diem, antequam homo iret ad sacramentum, deberet se excitare[50] ad fervorem per aliqua bona de sacramento infra laborem et in aliis factis suis, et de vespere intime, cordialiter et humiliter iudicare se coram Domino, ut sic effugeret iram et iudicium Dei.

[101] Item in colloquiis semper nova sunt ponderanda, ut non faciliter moveantur, quia in illis est semper timor de periculo.

[102] Item cum homo Deo vel alicui inclinaret cum corpore, deberet ab intra eciam inclinare corde et voluntate, quia alias esset magis fictio quam humilitas.

[103] Item si homo circa aliquod afficeretur in mensa, deberet quandoque contrarium facere et niti ad vincendum.

[104] Ad hoc omnia exercicia et studia debet homo dirigere, ut passiones suas et defectus superet, quia alias parum proficiet sibi quidquid fecerit.

[105] Item in communi labore, salva obediencia et fraterna caritate, homo deberet cogitare de studio suo et stare in continua custodia sui ipsius, cavendo quantum possit multa verba.

[106] Et deberet se abicere quantum posset et indignum se reputare et niti facere cum devocione.

[107] Item dixit: Si homo non quereret nisi propriam pacem, merito possit subicere voluntatem suam voluntati fratris sui. O quam certum, quam tutum, quam securum est hoc facere!

[108] Item non est morbus tam gravis a quo verus obediens non curatur.

[47] Vgl. Mt. 4,4–7.

[48] notabiliter] *Dav;* vocaliter *Dial.*

[49] alias] *Hrsg.;* alie *Dav.*

[50] excitare] *K15;* exercere *Dav.*

[109] Item si homo pure resignasset se, non deberet plus sibi confidere vel desperare quam superior diceret.

[110] Item homo deberet se sepe resignare in die Deo et superiori suo et genua cordis pro licencia flectere et intellectualiter obedire; quod non sciret sibi placitum, non faceret.

[111] Item dixit: Miror quod qui sub obediencia esset, haberet dubia et non staret contentus.

[112] Discite a me quia mitis sum et humilis corde et invenietis requiem animabus vestris[51].

[113] O vos omnes qui transitis per viam, attendite et videte si est dolor sicut dolor meus[52].

[114] Veris monachis non est festivitas super terram[53].

[115] Nichil ardebit in inferno nisi propria voluntas[54].

Ad matutinas:

[116] Proponere de humilitate et affectione, si[55] ad aliquid inordinate afficeris, et de mundicia cordis et de presencia Dei, et cogitare quantum in illis proficis vel deficis, et alios defectus a quibus cotidie magis infestaris.

[117] Item modicum ante missam, si habetur tempus, vel post, de morte et vilitate corporis.

[118] In qualibet hora cogitare aut dicere: „Estote igitur parati", aut „vigilate ergo", quasi stares coram iudicio Dei redditurus racionem de operibus tuis, et cum hoc legere unum 'Ave Maria', ut beata Virgo intercedat pro te ad Dominum. Et infra quamlibet horam orare: „Ne derelinquas me, Domine Deus meus, ne discesseris a me. Intende in adiutorium"[56], vel „Providebam Dominum in conspectu meo semper" etc.[57], quasi presens esset, sicut est, et videret opera tua.

De bono:

[119] Item dixit: Bonus homo precipue cavere debet, ne aliquid boni propter consuetudinem faciat vel dimittat, sive sit oracio, sive ieiunium, sive aqua benedicta.

Quod bonum fiat pure propter Deum:

[120] Item dixit: Bonus homo cum aliquid boni facit, caute debet respicere ut utique illud bonum fiat pure propter Deum, et non concu-

51 Mt. 11,29.

52 Lam. 1,12.

53 Euagrius Monachus, Sententiae, MIGNE PL 20, Sp. 1182: *Ne dicas: Hodie festus dies, et bibamus vinum; et crastino Pentecoste, et manducabo carnem: eo quod non est festivitas apud monachos in terra ad replendum ventrem suum.*

54 Nicolaus de Aquavilla, Sermones moralissimi 38, CC CM 283, S. 376: *Debemus relinquere propriam voluntatem, quia, sicut dicit beatus Bernardus, sola propria voluntas ardebit in inferno.* Vgl. Bernhard von Clairvaux, Sermones in die Paschae 3,3, LECLERCQ/ROCHAIS 5, S. 105: *Cesset voluntas propria, et infernus non erit.*

55 si] *erg. Hrsg., fehlt Dav.*

56 Ps. 37,22.

57 Ps. 15,8.

piscat aliud nisi honorem Dei et edificacionem proximi. Quia quociens aliquid inordinate concupiscimus, tociens a Deo fornicamur.

De correpcione:

[121] Item dixit: Quandocumque aliquis viderit aliquid minus boni ab alio, humiliter debet ipsum increpare et dicere: „Karissime frater, hoc non apparet esse bonum; si velletis propter Deum dimittere de cetero; et ego rogo vos propter Deum quod quando videritis de me aliquid, quod michi velletis eciam dicere." Et ille est bonus et humilis modus.

De communi bono querendo in omnibus dixit uni:

[122] In omnibus potes querere commune bonum. Sic quando transis dormitum vel quando alii dormiunt, potes cogitare: „Utinam, Domine, si possem me habere tam quiete quod nullus per me impediretur vel inquietaretur." Sic eciam potes in surgendo, si alii forte adhuc dormierint. Sic eciam quando transis vel quando es inter fratres, cogitare potes: „Ach, si possem me habere, quod nullus per me scandalizaretur." Sic eciam potes querere commune bonum in vestibus cogitando: „Intime vellem quod diu posset ista tunica durare, ut frater meus interim posset illam habere qua forte ego bene indiguissem, si ista fuisset consumpta." Sic eciam potes in mensa cogitare: „Utinam si ille frater meus haberet unum bonum pullum bene coctum et meglinum[58] vini, quia utique bene indigeret, quia debilior est et delicate nutritus est quam ego. Utique si esset in potestate mea, procurarem sibi caritative" etc. Sic sepe eciam cogitare potes: „Ach Domine, quid noceret quod ego miser non reputarer vel expellerer ab istis bonis hominibus, et quod ego penuriam sepe paterer, ut alii exaltarentur, reciperentur et satis haberent? Utique, Domine, nichil." Et sic potes in omni tempore, in omni opere, sive cogitatione sive verbo semper querere communia proximi.

[123] Item dixit: Semper debes niti querere communia, quia si querere incipis te in minimis quantumlibet, cito prolaberis ad maiora.

[124] Item dixit: Specialiter studeas esse promptus et diligens in illo quod est commune bonum.

De custodia communis[59] boni:

[125] Item dixit: Quidquid est pro communi bono, tam caute et sollicite debemus custodire sicut sacra vasa altaris. Sic dixit quod boni libri sacre scripture tam sollicite custodiendi sunt tamquam verissimus thesaurus ecclesie.

De communi bono querendo in scriptura:

[126] Item dixit: In scriptura non solum debemus querere nos, scilicet quod bene scriberemus, sed eciam utilitatem communis boni, scilicet quod libri essent correcti et bene punctuati etc., quia nos non libenter studemus ex malis libris et incorrectis, sic eciam alii.

[58] Vgl. J. und W. Grimm, Deutsches Wörterbuch, s. v. 'Mengel': „Flüssigkeitsmaß [...] den vierten Teil eines Quarts haltend".

[59] communis] *Hrsg.;* hominis *Dav.*

De triplici utilitate communis vite:

[127] Item dixit: Communiter vivere ad tria utile est specialiter. Prima utilitas est quod tantam curam et tantam sollicitudinem deberet habere unus pro se ipso, sicut iam unus vel duo superiores habent pro magna multitudine. Secunda utilitas quod homo solus et per se existens non potest tam bene providere sibi in necessariis quibus indiget et quantum, sicut bene alter considerat. Eciam homo solus per se nullo modo potest tam bene videre vicia sua, sicut bene alii faciunt in congregacione. Tercia utilitas est quod homo existens in congregacione melius acquirit pacienciam et ceteras virtutes quam per se solus, sicut patet, quia quis deberet sic et tantum facere solus sicut bene cogitur in congregacione, sive sit in surgendo sive in studendo etc.

[128] Item dixit: Ve homini illi qui in communitate existens querit quod suum est, vel dicit aliquid esse suum vel estimat. Similiter: Ve homini illi qui in communitate existens murmurat in aliquo et dissentit communitati vel perturbat eam qualicumque modo.

De concordia morum et velle et unitate animarum:

[129] Item dixit: Quid prodest unitas corporum simul cohabitancium, si ibi non sit unitas morum et voluntatis? Sed tunc vere in unum habitamus, si unum volumus, unum sapimus et unius moris sumus.

[130] Item dixit: Ad hoc precipue nitatur, ut in omni opere suo, motibus et moribus suis studeat se conformare bonus homo communitati, sive sit in legendo, scilicet quod non tractius vel velocius legat, sive sit in comedendo, scilicet quod non singulariter sedeat vel tractius vel avidius comedat quam alii, et sic de aliis.

De consilio bonorum querendo:

[131] Item dixit: Nichil tam pacificum reddit hominem quam quod nichil ex se presumat facere, sed totum cum consilio et videre bonorum.

[132] Item dixit: Nichil tam securum et quietum reddit hominem quam acquiescere consiliis bonorum et semper credere salubrius sibi esse quod consulunt.

De cella:

[133] Item dixit: Bonus novicius quantumcumque potest debet custodire et amare cellam suam, et si contigerit eum impediri, semper debet corde esse in cella sua, vel anhelare et festinare ad eam.

De culpis conquerendis:

[134] Item dixit: Tu debes humiliter conqueri culpas tuas et specialiter, et non generaliter dicendo: „Ego sum superbus vel gulosus“ etc., sed specialiter in quibus superbus es vel quomodo, ea intencione ut alii sciant qualis es, et ut orent pro te et te non reputent. Et si per hoc optas eis placere quod tu dicis culpas tuas, dic tunc: „Ecce istud facio propter hoc ut placeam vobis et reputer humilis“, et cessabit superbia.

De contencione laudabili:

[135] Item dixit: Nos debemus invicem contendere, ut unus alium precedere possit in virtutibus.

Frater unus dixit:

[136] Nota quod in conquerendis culpis debes cavere conqueri desperative vel deiective. Maxime, si facis, cave ne alii considerent.

De devotione:

[137] Item dixit: Quantum potes stude devotioni, attende orando et attendendo oracioni etc.

De mala discretione fugienda:

[138] Item dixit: Noli discernere quidquam de illo quod tibi precipitur, vel quod vides vel audis, sed stude humiliter implere quod tibi iubetur; quia si vis discernere, vix umquam verus obediens eris.

De dilectione proximi:

[139] In omnibus que agimus semper debemus attendere dilectionem proximi, quia nisi illa creverit in nobis, parum prodest quidquid facimus.

Exhortatio ad dilectionem:

[140] Item Dominus Ihesus: „Si ego lavi vestros pedes dominus et magister, et vos debetis alter alterius lavare pedes."[60]

[141] Item: „Mandatum novum do vobis, ut diligatis invicem sicud dilexi vos."[61]

[142] Item: „In hoc agnoscent omnes quod discipuli mei estis, si dilectionem habueritis ad invicem."[62]

[143] Item: „Hoc est preceptum meum, ut diligatis invicem sicut dilexi vos."[63]

[144] Item: „Hoc mando vobis, ut diligatis invicem."[64]

[145] Item in legenda sancti Iohannis ewangeliste habetur, quod quocienscumque ducebatur inter discipulos suos ad ecclesiam, nichil eis dixit quam istud creberrime repetendo: „Filioli, diligite alter alterum, quia hoc est preceptum a Domino; quod si feceritis, satis est vobis."[65]

[146] Item Iohannes: „Deus caritas est, et qui manet in caritate, in Deo manet et Deus in eo manet."[66]

[147] Item sanctus Petrus in canonica sua prima capite quarto: „Estote prudentes et vigilate in oracionibus. Ante omnia autem mutuam in vobismetipsis caritatem continuam habentes, quia caritas operit multitudinem peccatorum."[67]

Cum invides virtuti fratris perpende:

[148] Item Augustinus: „Si enim sic nos amare voluerimus, quomodo se amant invicem membra corporis nostri, perfecta in nobis caritas po-

[60] Io. 13,14.

[61] Io. 13,34.

[62] Io. 13,35.

[63] Io. 15,12.

[64] Io. 15,17.

[65] Jacobus a Voragine, Legenda aurea, c. 9,9, hg. von THEODOR GRAESSE, Breslau ^{3}1890, S. 61.

[66] 1. Io. 4,16.

[67] 1. Petr. 4,7–8.

terit custodiri" etc. Quere in libro Augustini de verbis Domini, sermone: 'Qualiter vera et perfecta dilectio custodiri debet'[68].

Suspicio venenum caritatis[69]. *Ex profectibus religiosorum:*

[149] Et ideo nullum potest vere diligere, qui a nullo vere se diligi suspicetur. Timor enim suspiciosus non est in vera dilectione.

In eodem. De dilectione proximi et benignitate[70]*:*

[150] Servum bonum intus amorem ad proximum decet habere, exterius plenam benignitatem.

[151] Item dissolutio est devotioni, sicut aqua igni.

Contra deiectionem:

[152] Item dixit: Ex eo quod pauper es in virtutibus et debilis, non debes te deicere, sed magis humiliare, et debes cogitare: „Quia non magna habeo, volo illud parvum Deo offerre quod habeo, sicut Maria obtulit par turturum et non agnum" etc.[71]

Contra duriciam cordis:

[153] Item dixit: Mirum est si non transit nobis ad cor: „arescentibus hominibus pre timore" etc.[72]

[154] Och, quantum desiderabant prophete adventum Domini, et quomodo nos tam tepidi etc.

[155] Item dixit uni: De mane debes notare ad tabulam duo vel tria vicia de frequencioribus viciis tuis, et accipere spirituale certamen et exercicium contra illa vincenda, et percogitare debes si umquam contra illud vel illud vicium audivisti aliquod remedium vel legisti, et hoc assume tibi pro adiutorio vincendi. Et te consolando ad fortitudinem resistendi excita cogitando: „Nonne ego sum homo sicut ille vel ille, et Deus erit mihi tam propicius adiutor sicut sibi. Si ergo ipse vicit sic passiones suas, quid mihi deerit magis quam illi" etc.

De exercicio cogitationum:

[156] Item dixit: In istis duobus cotidie te exerce, scilicet quod memoria semper sit occupata sacra scriptura, et mens erecta et intenta amori Dei et proximi.

[157] Item dixit: Exerce te quantum potes in bonis cogitationibus, ut per graciam Dei facias tibi consuetudinem cogitandi bona, sicut es facilis

68 Vgl. Caesarius von Arles, Sermo 24: 'Excerpta de libro sancti Augustini qualiter vera et perfecta dilectio debeat custodiri', CCL 103, S. 107ff.

69 Aelred von Rievaulx, De spiritali amicitia 3,89, CC CM 1, S. 336: *Prae omnibus autem cavenda suspicio est, amicitiae venenum, ut numquam male de amico sentiamus, nec mala dicenti credamus vel consentiamus.* Vgl. David von Augsburg, De exterioris et interioris hominis compositione, hg. von PP. Collegii S. Bonaventurae, Quaracchi 1899, 2,1,5, S. 70: *Suspicio est quando sine rationabili praesumtione reputo aliquid factum esse mali vel aliquem velle malum facere, et non est ita.*

70 Vgl. ebd. 3,36, S. 240ff. (keine wörtliche Übereinstimmung).

71 Lc. 2,24.

72 Lc. 21,26.

cogitare inutilia et vana, quia sicut amor amore vincitur, sic consuetudo consuetudine superatur[73].

[158] Item dixit in communi collacione: Omni exercicio bonus homo debet niti se exercere in bonis cogitationibus, quia ex illis omnes virtutes derivantur sicut caritas, devocio, compunctio, oracio, etc.

De exercicio passionis Christi:

[159] Item dixit: Bonus homo debet niti ubique se exercere in passione Domini, proponendo sibi vitam et mores eius ubique tamquam speculum in quo speculetur se, quantum conveniant cum ipso vel discordant mores eius et passiones sue etc.

De exemplo sive malo sive bono:

[160] Item dixit: Quicumque aliquem suo exemplo vel dicto vel verbo retrahit vel laxat a servicio Dei, magis peccat contra Dominum quam si ipsum corporaliter crucifixisset. Hoc patet, quia cariorem reputavit animam humanam corpore et sanguine suo que dedit pro anima, quia quicumque aliquid emit, carius habet quod emit quam quod ipse dat. Et econverso patet similiter quam carum sit Deo exemplo vel verbo vel facto trahere aliquem ad Deum et confortare ut amplius proficiat etc.

De fraterna caritate:

[161] Item dixit: Quando aliquis vocatur ad colloquium ab alio infra oracionem, debet statim sine scrupulo et murmuracione dimittere, quia in hac parte maior est fraterna caritas; quia ego sepe incepi bis vel ter completorium et quia semper dimisi propter hoc.

De fraterna caritate:

[162] Item dixit: Quando aliquis vocatur ad colloquium, non debet se querere sicut aliqui solent, quia quando interrogantur vel student vel vident ad librum etc., sed debet tantum advertere ad hoc quod ab eo interrogatur, et dicere breviter quid sibi videtur.

[163] Item dixit: Ille vere est frater et amicus alterius, qui odit vicia sua et iuvat ipsum ea vincere.

Contra fantasias:

[164] Item dixit uni: Semper debes niti te occupare aliquibus[74] bonis et omnino non attendere fantasias et esse sicut homo qui multum impeditus est: Si illum alius alloquitur, non audit quid sibi dicit, vel statim negligit. Sic et tu fac.

[165] Quanto periculosum est multum sepe loqui et conversari cum hominibus secularibus potestatem habentibus sive dignitatem, utputa

[73] Zu diesem Dictum Geert Grotes vgl. Staubach 2011, S. 199f. Seine Quelle ist Caesarius von Arles, Sermo 45, CCL 103, S. 201: *Sed forte dicit aliquis: Ita consuetudinem fecerunt malae et turpes cogitationes in corde meo, ut eas a me nulla possim ratione repellere. Omnibus enim notum est quia amor amore vincitur; incipiamus bonas cogitationes diligere, et statim nos Deus ab illis quae malae sunt dignabitur liberare.* Vgl. auch Ovid, Remedia amoris v. 452/62: *Nunc saltem novus est inveniendus amor* [...] *Successore novo vincitur omnis amor.*

[74] aliquibus] *Dial.;* aliis *Dav.*

sunt presbyteri, scabini, canonici et alii divites. Racio est quod natura timens illos multum, sepe homo applaudit eis et assentit verbis eorum, quod est valde cavendum. Remedium vero illius est quod homo non inspiciat illos sine necessitate, eciam quod homo intra se cogitet dicens: „Ecce quid iste, nisi cibus vermium vilissimus, saccus stercoris, quem ergo timeres? Nonne homo sicut tu?“ Et sic de similibus, prout melius competerit alicui.

[166] Item homo debet studere semper querere communia, sive eciam sit in scribendo, loquendo, sedendo, et sic in omnibus aliis rebus.

[167] Item: Quando quis corripitur, maxime cavere debet ne illum a quo vel propter quem corripitur, econverso corripiat. Sed si sciverit quidquam dignum correptione, expectet ad aliud tempus conveniencius sibi, ne alter vel ipsemet inflammetur iracundia vel alia passione.

[168] Item: Quando quis corripitur, astans et audiens hoc non debet cogitare quod ita sit, sed quod propter aliam causam, scilicet humilitatis, corripitur. Et debet intra se cogitare quod multo magis esset dignus correptione etc. quam ille.

[169] Item bonus homo multum debet sibi cavere de multiloquio. Quamvis ubique necessarium sit, tamen maxime apud seculares, quia raro loquitur homo quin peniteat postea.

[170] Item: Quivis apud seculares debet se abstinere cum omni diligentia a risu et cachinnatione, quia qualem ipsi viderint hominem ab extra, talem ipsum iudicant ab intra, quamvis tamen aliquando talis non est ab intra, ut fragilitate propria aliquando apparet ab extra.

[171] Item: Quivis bonus iuvenis debet niti secundum ea que studet vitam suam componere cum omni diligentia, quia aliter parum sibi prodest multum studere et scire, quum dyaboli multa sciunt de sacra scriptura, quamvis tamen nichil eis prodest etc.

[172] Item: Si quis de mane tardus et piger fuerit, non debet desperare, quum Deus potest sibi dare graciam devotionis quando sibi placuerit. Et est imaginandum simili modo sicut de carbone, quasi totaliter extinctus, tamen si perflatur, cito exardescit totus.

[173] Item: Quidquid iubetur alicui a bonis et sanctis hominibus, tenendum est ita firmiter ac si Deusmet iuberet illi. Exemplum habemus de sancto Anthonio, sicut patet in vita sua[75], et de multis aliis sanctis patribus.

[174] Item: Quidquid homo facit, cum discretione et modo debet facere, et consilio bonorum hominum precipue.

[175] Item: Quando aliquis transit ad laborem, debet prevenire laborem brevi oraciuncula, et infra laborem cogitare de studio suo bono sive de alio bono quodcumque fuerit.

[75] Vita b. Antonii auctore Athanasio c. 2f., Migne PL 73, Sp. 127f.

[176] Item: Qui studet bona, debet notare notabiliora super sedulam[76] aliquam, et de illis cogitare et loqui, et vitam suam secundum illa ordinare ut prius dictum est.

[177] Item: Quivis bonus homo debet niti sic esse et se habere ab intra sicut apparet ab extra, sive in vestibus, sive verbis aut quibuscumque aliis modis, ne de eo verificetur quod de ypocritis scriptum est, scilicet quod appareat ab extra quasi sepulchrum dealbatum, intus autem plenus omni immundicia et ypocrisi etc.[77]

[178] Item: Quicunque nititur vicia sua vincere, caducam huius mundi pompam spernere debet[78] et pro Christo pati iniurias. Pre omni meditacione sepe ruminet vitam domini nostri Ihesu Christi, scilicet quam humiliter se habuit omnibus diebus vite sue, quam multa paciebatur cotidie obprobria et subsannationes, et quod existens creator et dominus omnium erat subditus et obediens creaturis, et tandem inexprimibilem et amarissimam mortem pro redemptione suorum inimicorum perpessus est.

[179] Item: Bonus novicius quocienscumque viderit vel audierit aliquid sinistri a proximo suo, quantum potest debet excusare in corde suo, quia revera quanto plus aliquid suspicatur de reliquo, tanto immundiorem se noscat et culpabiliorem.

[180] Item: Semper conandum omnia opera facere secundum communitatem, sive sit in legendo sive sit in comedendo vel bibendo, sive in vigilando sive in sedendo sive in stando sive in loquendo, scilicet quod non tractius legat unus quam communitas, vel velocius vel tractius comedat, vel velocius quam alius sedeat in mensa cum manibus quam communitas omnium fratrum, et sic de ceteris omnibus actibus.

[181] Item: Semper niti debet servus Christi breviter loqui et submissa voce, et cavere ibi loqui ubi non debet, videlicet in coquina, in cella, in transitu stando. Sed si coegerit necessitas eum, loquatur quanto cicius et brevius poterit. Sed si multum est, eat ad locum secretiorem licenciatum ad loquendum.

[182] Item: Quando loquitur quis bonus discipulus, pausare potest infra loquelam, et videre caute utrum expediat quod loquitur etc. prout sibi melius convenit.

[183] Item multum debet niti servus Christi quod semper loquela sua edificet audientes et attrahat magis ad servicium Christi cum sermone suo, quia nichil placabilius facere possumus Deo quam laborare pro convertendis animabus, quia hoc fuit totum opus suum per totam vitam suam, quia anima preciosior est omni re que umquam fuit preter Deum, quum pro nulla re tam cara Deus voluit animam suam dare quam dedit pro anima nostra. Et ergo econverso nichil iniuriosius possumus Deo facere quam aliquem nostro malo quocunque exemplo scandalizare vel a

76 sedula = cedula; s. Nr. 78, 203 und 254.

77 Mt. 23,27.

78 debet] *erg. Hrsg., fehlt Dav.*

servicio Dei laxare, quia in veritate hoc peius est quam ipsum carnaliter cum Iudeis crucifixisse, ut patet.

[184] Item pre omnibus actibus bonus servus Christi debet niti pro puritate cordis et semper bonas exercitationes et meditationes sibi acquirere, quum ex illis omnes alie virtutes habent fundamentale principium, quia exinde surgit caritas, oracio, devotio etc. Et ideo semper stare studeat in firma custodia suorum operum, verborum et cogitationum, et sancta precipue occupatione, sic quod spiritualiter numquam sit ociosus.

[185] Item: In oracione duo sunt attendenda et premeditanda, scilicet magna pietas et misericordia Domini nostri, et nostra infirmitas et miseria.

[186] Item: Semper orandum est hylari vultu et corde, et si aliquis turbulentus fuerit in corde, debet niti habere hylarem vultum, et turbulencia cessabit in corde.

[187] Item: In oracione nichil homo debet querere nisi graciam et misericordiam Dei.

[188] Item: Appetitus per studium acquisitus et suspirium ad Deum est verissima oracio.

[189] Item: Ante horas, precipue ante 'Deus in adiutorium meum'[79], bonus homo debet perpendere maiores defectus suos, quibus pro illo tempore affligitur, et sic cum suspirio invocare Domini adiutorium et incipere 'Deus in adiutorium' etc.

[190] Item: Sic bonus homo orare debet cum oraverit, quasi sit presentatus ante sedem maiestatis in excelso throno, ubi milia milium angelorum ministrant Deo et decies centena milia assistunt ei.

De studio, qualiter sit studendum:

[191] Item: Bonus homo in studio vel lectione non debet querere scientiam, sed saporem et devotionem, quia melius est modicum spiritus quam multa litera vel scientia.

[192] Item: Inicium omnis studii debet esse timor sive amor Dei.

[193] Item: Certo tempore studere debet servus Dei et certa immoratione, non curiose et fortuite percurrendo.

[194] Item: Servus Dei debet niti lectionem interrumpere oraciuncula, sic scilicet quod hauriat affectum ex lectione et ex illo affectu formet oracionem.

[195] Item: Servus Dei nimium debet niti, ut ordinet vitam suam secundum lectionem sanctam, non quod tantum habeat verba lectionis sacre, quia pulchrorum verborum et cogitatuum valde levis est emptio, sed operum bonorum valde difficilis.

Quomodo servus Dei habeat se in opere et quid attendat:

[196] Item: In omni genere servus Dei debet tria attendere, scilicet quid sit illud opus quod facit, et quare facit, et quomodo facit.

[197] Item: Quidquid homo fecerit, si non senserit se inde humiliorem, nichil sciat se omnino esse lucratum.

[79] Ps. 69,2.

[198] Item: Quidquid boni homo facit, semper caute respiciat, ne illud propter consuetudinem faciat, qualecumque bonum eciam fuerit.

[199] Item: Caute inspicere debet, ut quando aliquid boni facit, ut illud simpliciter et pure ad honorem et gloriam Dei et propter Deum fiat, et non se ipsum querat qualicumque modo[80]. Et huius mali verum signum est quod quis peius et remissius agit in abscondito quam in aperto loco.

[200] Item: Pre omnibus bonis meditationibus et exerciciis servus Dei debet niti bonas cogitaciones continue in corde ruminare, quia ex illis omnes virtutes procedunt tamquam ex originali principio.

[201] Item: Studium dilatandum est semper ad se, ad proximum et ad Deum. Et sic omnis bona cogitacio dilatanda est, sive quodlibet opus bonum.

[202] Item: Semper servus Dei debet niti ut habeat se in cauta custodia, scilicet ut videat quantum proficiat vel deficiat cotidie. Et specialiter debet habere custodiam oris, ne loquatur quod non deceat nec edificet audientem, quia ex illa improvidencia veniunt perturbationes, scandala et oblocutiones.

[203] Item: Servus Dei cotidie debet considerare vicia quibus illo die magis affligitur, et illa de mane notare ad tabulam vel ad sedulam, ubi notat cotidianas culpas, et tunc sero quando notat culpas suas, videre quantum profecerit illo die in virtutibus, et quot vicia vicerit, et sic omni die facere studeat.

[204] Item: Servus Christi in omni opere suo debet secum ante inicium operis pactum facere, quod taliter vel taliter vult se habere in illo opere, et niti ut utique non leviter hoc frangat. Sic eciam debet facere quando transit comestum, quia debet precogitare intra se: „Iam taliter vis te habere“, et sic de aliis omnibus operibus.

[205] Item: Bonus discipulus quantumcumque potest diligat et custodiat cameram suam, et si contigerit aliquando ipsum abesse, tamen cor suum sit continue in ea, et festinet quantum valet ad eam.

[206] Item: Quando duo vel plures colloquuntur, quivis respiciat quod non ad inutilia sermo procedat, et si sic contigerit, intelligens hoc absque omni verecundia debet alteri dicere caritative et humiliter: „Bone frater, discedamus, quia non expedit nos plus loqui, sed eamus ad cameram, et faciamus aliquid melius[81].“

[207] Item: Servus Dei quantumcumque potest niti debet quod cor suum avertat a creaturis et a concupiscenciis terrenis. Et quanto in illo plus profecerit, tanto crescit appetitus ad amorem Dei.

[208] Item: Quivis desiderans proficere studeat sibi vim facere, hoc est nitatur vicia sua vincere, sic quod desideria vincat desideriis, affectus affectibus, ut qui prius desideravit sublimia, iam desideret humilia etc.

80 Vgl. oben Nr. 120.

81 aliquid melius] *Dial.;* ad melius *Dav;* aliquid quod melius nobis est et utilius *br6.*

[209] Bonus obediens numquam debet parvipendere mandatum, quantumcumque leve videatur, quia magnus timor est de illis, qui de mandatis levibus non curant et parvipendunt.

[210] Tunc dyabolus in veritate fugit a nobis, quando perspexerit nos humiles et unicordes, quia ipse est pater superbie et discordie.

[211] Nos non debemus attendere proximum nostrum prout pulchrum vel divitem vel huiusmodi, sed prout sanguine Christi redemptum et respersum; quia Dominus sanguinem suum preciosissimum non fudit pro vili corpore, sed specialiter pro nobili anima.

[212] Item: Servus Dei multum debet niti pro pace et concordia habenda cum fratribus suis et semper eis assentire, dummodo non fuerit contra Deum, quia nichil angeli plus diligunt et libencius vident in nobis quam quod simus invicem pacifici et concordes.

[213] Item: Servus Christi quidquid boni facit, numquam sit securus, sed semper timeat de se ipso, ne forte reprobus inveniatur coram domino nostro Ihesu Christo.

[214] Item: Pre omnibus servus Dei debet niti, ut omnes homines in corde suo reputet sanctiores et meliores se.

[215] Item: Devotio non est nisi desiderium anime ad Deum.

Consilium domini Florencii quod dedit cuidam scriptori:

[216] Disce bene scribere, ut habeas delectacionem et sic vincas tedium, et non passim numerare: „Nunc tantum scripsi, adhuc tantum restat.“ Sed scribe medio modo quando bene succedit, quando male tunc tractim, vel quiescens ora ne turberis, quia hoc est Deo magis acceptum et corpori et anime magis quietum. Item debes pennam ante bene parare et probare antequam incipias scribere, et sine importunitate incipe scribere, sed cum suspirio et recordacione quomodo te habeas in scriptura, et infra sepe suspirare. Et modicum fige animum ad intuitum, et quando notabile [?] diucius, ut posses carnales motus vincere. Non sufficeret quod unus scriberet totum, quando omnes scribunt cum turbacione et murmure.

[217] Item dixit: Nichil tam pacificum reddit hominem quam quod nichil ex se presumat facere, sed totum cum consilio et videre bonorum, et semper acquiescere consiliis bonorum, et quidquid consulunt sibi salubrius esse videri[82].

[218] Item dixit uni: Ex eo quod pauper es in virtutibus et debilis, non debes te deicere, sed magis humiliare. Et debes cogitare: „Quia magnum non habeo, volo illud parvum si quid habuero Deo offerre“; sic Maria optulit par turturum.

[219] Item dixit uni: Semper debes niti esse letus ab intra et spiritualiter et cogitare: „Tristicia vestra vertetur in gaudium“[83], et huic similia. Et propter ista duo debes gaudere: primo quia vocatus es a Domino de mundo, secundo quia habes bonum locum ad serviendum Deo et bonos fratres.

82 Wie oben Nr. 131f.

83 Io. 16,20.

[220] Item dixit uni: Pro nulla re mundi sis nimium sollicitus, sed sis in pace, quasi iam haberes vel cito esses habiturus.

[221] Item dixit: Sola causa turbacionis est quod non resistis cogitacionibus primis que turbacionem inducunt, et tantum eas curas et cum illis litigas; et illa eciam te deiciunt.

[222] Item dixit: Sola causa nos turbari[84] non est in potestate dyaboli sed nostra.

[223] Item. Si quis fuerit turbulentus in corde, debet niti habere cor mundum, hilarem vultum, et turbulencia tunc magis cessabit.

[224] Item Magister G. G.: Pro nulla re mundi deberet homo turbari.

Contra pusillanimitatem:

[225] Item dixit uni: Ad vincendam pusillanimitatem nullum melius remedium quam non curare nec sollicitum esse, sed aliud cogitare et omnino non litigare.

[226] Item dixit eidem: Forte numquam liberaberis a passione pusillanimitatis: sis ergo in pace. – Sic dixit uni habenti malum caput: Si non potes Deo servire bono capite, fac quod potes malo capite, et sufficit, sis in pace.

[227] Item dixit uni: Non debes sollicitus esse nec curare scrupulos levium peccatorum et cogitacionum inutilium et superfluorum, sed sic cura illos quasi inevitabiles, sicut dicit sanctus Bernardus in uno sermone, et cogita quod tibi dimittuntur per aquam benedictam et oracionem dominicam a Domino[85].

[228] Item dixit uni pusillanimi: Ista duo attendes in omnibus: primo quod stricte teneas quidquid tibi precipitur a superiori tuo, non parvipendas nec negligas quamlibet parvum: hoc est obstinatorum et perversorum; secundo quod si transgressus fueris preceptum, summe tibi caveas ne propter hoc deiciaris nec turberis, sed sta omnino contentus et in pace cordis, sic tamen quod displiceat tibi forefecisse, et humiliter et ex corde emendare et de cetero tibi cavere proponas. Et hoc sufficit.

[229] Item Magister G.: Quando homo aliquod malum inveniret in se, scilicet malum habitum, deberet videre quo duceretur et traheretur per illam [!] funem, se interrogando: „Quid velles si hoc eveniret secundum maliciam tuam?", ut posset pervenire ad radicem illius male consuetudinis et habitus.

84 turbari] *Le3; fehlt Dav.*

85 Vgl. Ps.-Augustinus, Sermo 103, Migne PL 39, Sp. 1946 = Johannes Cassianus, Conlationes 23,13, CSEL 13, S. 659: *Carnalibus tenebris circumfusi quadam lege peccati ab eo quod bonum novimus cogamur avelli, scilicet ad curas cogitationesque terrenas ab illa mentis celsitudine decidentes, ad quas nos lex peccati, id est illa sententia Dei non inmerito condemnavit, quam primus delictor excepit. Et inde est, quod beatus apostolus cum apertissime fateatur inevitabili se vel omnes sanctos peccati huius necessitate constringi, tamen neminem eorum ob hoc esse damnandum audenter enuntiat.* [...] *Cotidiana gratia Christi omnes sanctos suos ab hac lege peccati et mortis, in qua iugiter nolentes incurrere coguntur, cum remissionem debitorum suorum Dominum deprecantur, absolvit.*

[230] Item: Qui facit illud quod scit, multum meretur scire, et qui non facit illud quod scit, multum meretur cecitatis.

[231] Item dixit: Ad nichil debes afficere vel nichil diligere nisi simpliciter et pure propter Deum, quia propter quamcumque aliam causam affici totum est fornicari a Deo.

[232] Item: In omnibus que agimus, semper debemus attendere dilectionem proximi, quia nisi illa creverit in nobis, parum prodest quidquid facimus.[86]

[233] Item habetur in scriptis: „Caritas patiens est, benigna est, caritas non emulatur, non agit perperam, non inflatur, non est ambiciosa, non querit que sua sunt, non inritatur, non cogitat malum, non gaudet super iniquitatem, congaudet autem veritati; omnia suffert, omnia credit, omnia sperat, omnia sustinet."[87]

[234] Item dixit: Servus Christi sepe in die debet se in corde abnegare et totum se commendare Deo et superiori suo, scilicet quod velit sibi in omnibus obedire. Et in huius signum solemus exterius inclinare, quod ad nichilum valet nisi nos ab intra abnegaverimus.

[235] Item dixit: Parum prodest obedire in illis que homini placent facere et delectent; sed hoc est magnum obedire in illis que sunt contraria homini et gravia, et hec est vera obediencia.

[236] Item dixit: Quantumcumque parvum consuetudinis nostre fuerit, si quis tamen humiliter studuerit facere, totum imputabitur ei pro obediencia; quod si neglexerit et non curaverit, timeo ne punietur graviter tamquam inobediens. Bona que habentur hic sunt electa ultra modum communem et humanum.

[237] Item dixit uni: Semper debes querere communia in omnibus; quia si queris te in minimis, cito perlaberis ad maiora. Et specialiter studeas esse promptus in opere quod est pro communi bono, quodcumque fuerit.[88]

[238] Item Magister G. dixit: Bonus homo semper debet niti ut habeat officium aliquod, dirigens ipsum ad communitatem.

[239] Item: Quando homo vile aliquod opus facit, puta lavare scutellas, mundare domum etc., homo potius debet admittere vanam gloriam[89] quam propter[90] hoc dimittere quia ipse nimis magnus esset.

[86] In der Hs. folgt eine Wiederholung der Abschnitte 161–163, die hier übergangen werden.

[87] 1. Cor. 13,4–7.

[88] In der Hs. folgt eine Wiederholung der Abschnitte 125 und 126, die hier übergangen werden.

[89] Gemeint ist wohl: 'Man soll eher die eigene Eitelkeit eingestehen als den Dienst zurückweisen'. Vgl. Grotes 'Conclusa et proposita', Dialogus II,18: *Hec inanis gloria, memoria et fama etiam per philosophos tam excellenter est reprobata, ut vix eam aliquis dignus laude admitteret.* Ebd.: *propter tuam quietem pacem quam posses* [...] *ordinare non dimittes.*

[90] propter] *Le3;* semper *Dav.*

[240] Item Magister G.: Bonus homo non debet esse nimis manifestus in secretis et enormibus peccatis, ne illud bonum, quod in eo videtur, scandalizetur. Sed est multum bonum, quod revelet secreta et enormia amico suo speciali secreto.

[241] Item: Si quando quis loqueretur de viciis et passionibus, debet primo et principaliter se notare et magis respicere et retorquere ad passiones et ad mala sua quam aliorum.

[242] Magnum signum superbie est, quando homo noluerit nosci in suis defectibus. Homo non debet ire ita ignotus aliis in defectibus.

[243] Item dixit: Pre omnibus virtutibus et in omnibus stude te humiliare specialiter, in corde et eciam extra coram fratribus.

[244] Item dixit: Quidquid homo fecerit, si non senserit se inde humiliorem, nichil estimet se esse lucratum[91].

[245] Item dixit uni: Cum es in labore cum aliis, semper cogita et senti eos melius operari quam te. Et ideo caute inspice qualiter ipsi operantur, quia non est aliquis tam iuvenis et tam parvus, quin ab eo multa posses addiscere, si attenderes humiliter.

[246] Item dixit uni: Sic stude humilitati sicut sancti docent, scilicet alios maiores te reputando et in veritate sentiendo etc. et non secundum tuas melancolias, sic quod inde deiciaris et magis timidus et pusillanimis efficiaris.

[247] Item dixit: Semper debemus nos niti humiliare sub Deo et sub proximo: Sub Deo, quanta bona nobis miseris peccatoribus et sibi continue iniuriantibus cotidie facit et fecit et quam parum regraciamur sibi etc. Et sub proximo, eius virtutes et nostros defectus consimilando, semper ipsum meliorem et sanctiorem nobis reputando etc.

[248] Item dixit: Servus Christi optans proficere in humilitate sepe debet sibi ipsi dura proponere et despecta et semetipsum arguere, iudicare, condempnare, tacitis cogitacionibus suam vilitatem considerando, ut cum venerit quod humiliaretur, quod tunc sciret humiliter et patienter pati propter priores meditaciones.

[249] Item dixit uni: Quando sentis te passionatum invidia, suspicione, inani gloria etc., responde tibi ab intra et dic: „Fi fi, quod tu tam miser et adhuc tam debilis es, quod ex aliorum profectu deficis et deterior efficeris“, et te ab intra humilia et confunde.

[250] Item Magister G.: Summa scienciarum est scire se nescire.

[251] Item dixit: Sciencia scienciarum est scire se nichil scire.

[252] Quanto plus homo scit se distare a perfectione, tanto propius[92] est perfectioni.

[253] Item dixit: Inicium vane glorie est sibi ipsi placere.

[254] Item scripsit in una cedula: In presentia aliorum supprime te, disce ex corde querere et mittere ad alios; compara sensus et corpus et

91 Wie oben Nr. 197.

92 tanto propius] *Le3;* tam prope *Dial.;* tanto prope *Dav.*

animam et vires eius et virtutes et vicia tua ad alios et nulla comparatio: Non es dignus respicere faciem immundissimis oculis, respice pedes et terram, ubique vide templum Dei, ymaginem trinitatis, precium sanguinis Ihesu Christi. Quid me persequeris, quid me persequeris, quid me crucifigis? Quidquid uni ex minimis etc.[93]

[255] Magister G.: In nullo melius cognoscitur homo quam in hoc quod laudatur.

[256] Item dixit: Semper debes niti aliquid boni cogitare et notare de alio, et semper virtutes et numquam vicia.

[257] Item dixit: Quandocumque aliquis viderit aliquid mali de proximo suo, nitatur quando potest in corde excusare et semper ad melius interpretari. Et quanto quis plus suspicatur super alio, tanto in veritate immundiorem et culpabiliorem se sciat.

[258] Item dixit: Vigiles debemus esse in oracione et non leviter desistere, nec cogitare quod Deus non vult me exaudire. Sed quociens repellimur, numquam desperemus.

[259] Item dixit uni: In omni oracione tria debes attendere, scilicet vilitatem tuam unde humilieris, beneficia Dei vel alia unde ad fervorem exciteris, et presenciam Dei unde ad reverenciam accendaris. Et sepe attendas infra oracionem si ista cogitas; et si non, reitera sepe donec acquiras usum bonum.

[260] Item dixit: Numquam debemus orare perfunctorie, scilicet tantum propter consuetudinem et preceptum, sed semper ex devocione.

[261] Item dixit: Bonus homo cavere debet ne quid boni propter consuetudinem faciat vel dimittat, sive sit oracio, sive ieiunium, sive aqua benedicta etc.[94]

[262] Item dixit: Servus Christi quando aliquid boni facit, caute debet respicere, ut utique illud bonum fiat pure propter Deum et non affectet aliquid nisi honorem Dei et edificacionem proximi, quia quociens aliquid inordinate extra Deum concupiscimus, tociens a Deo fornicamur[95].

[263] Item M. G. forte: Primo homo devotus sentit quandam perplexitatem nervorum qui sunt in ore stomachi, proprie een tehoepcrupinghe[96] nervorum, deinde sentit vel habet calorem cordis, post hoc unionem, post hoc ardorem.

[264] Pusillanimes orare deberent tamquam ad pium patrem et legentes de eo ewangelio: „Si filius petit patrem, pro pane non dat ei lapidem" etc.[97] Ecce quam magnam fiduciam prestat nobis Dominus ad orandum.

[265] Item solet respondere dyabolo quod velit interrogare socios, quando aliquid sibi suggerit; tunc stat confusus.

93 Mt. 10,42 und 25,40.

94 Wie oben Nr. 119.

95 Wie oben Nr. 120.

96 tehoepcrupinghe] *Dav;* tehoepe crapinghe *Le3.*

97 Mt. 7,9; Lc. 11,11.

[266] Item M. G.: Maxima temptacio hominis est non temptari. Quamdiu homo invenit in se aliquid ad amputandum, tunc stat bene; sed quando nichil invenerit, tunc respiciat, tunc custodiat se.

[267] Item: In omni re mundi est temptacio, quamvis homo non sentiat.

[268] Item dixit: Debemus invicem contendere, ut unus alium precedat in virtutibus, et numquam faciamus nobis videri quod satis facimus aut habemus, sed semper extendamus ad anteriora, obliviscentes quod habemus.

[269] Item dixit: Mirum est si non transit nobis ad cor: „arescentibus hominibus pre timore“[98]. Sed inferior totum facit [?]. Och, quantum prophete desiderabant adventum Christi et quomodo nos tam tepidi sumus![99]

[270] Item: Infirma membra Christi exhortari, consolari, subvenire, condolere, sed fortia honorare, exaltare verbo, corde et opere, et ad hoc laborare, aliis recommendare et congaudere.

[271] Item: Studendum est nobis, ut virtutum pocius appetitu et desiderio regni celorum quam noxiis viciorum recogitacionibus nosmetipsos ad compunctionem laudabilem provocemus.

[272] Item: Sancti patres habuerunt breves oraciones infra laborem, ne impediretur labor, quia magnum et sanctum, ymmo et necessarium est laborare manibus.

[273] Item dixit uni: Quando debes ire et laborare exterius, tunc debes primo tecum cautionem et pactum facere, quod talia et talia vis cogitare infra laborem, et hoc debes signare ad tabulam, et sepe inspicere eam, utrum sic facis et non eris dissolutus. Item debes eciam proponere tempus et quando modicum vis orare, scilicet 'Ave Maria' infra laborem et hoc sepe.

[274] Item dixit: Non sufficit quod interius laboremus, sed eciam necesse est exterius laborare, quod utique sancti docuerunt nos et eciam sanctus Paulus, ut testatur de se[100].

[275] Item habuit in scriptis: Ocium est sentina omnium viciorum[101]. In desideriis est omnis ociosus[102].

[276] Item dixit: Homo pro hiis tantum debet lugere et tristari, scilicet pro peccatis suis et fratrum suorum, pro eo quod non proficit multum et pro eterne requiei dilacione. Et argumentum huius tristitie est, quod homo sic tristis paciens est, benignus est, humilis et affabilis etc. Et omnis alia de causa tristicia mortem operatur et est mala et vitanda.

[277] Item dixit: Nemo potest lugere animas qui diligit aliquid carnale et temporale; et solum anima est lugenda et non corpus.

98 Lc. 21,26.

99 Wie oben Nr. 153 und 154.

100 Vgl. etwa 1. Cor. 4,12; Eph. 4,28; 1. Thess. 4,11.

101 Vgl. Wilhelm von St.-Thierry, Epistula ad Fratres de Monte Dei, c. 81, CC CM 88, S. 244: *Omnium autem et tentationum et cogitationum malarum et inutilium sentina, otium est.*

102 Prov. 13,4 (iuxta LXX).

[278] Item dixit uni: Semper magis sperabis de eterna gloria quam timebis de gehenna.

[279] Item dixit: Quivis caveat sibi ne scandalizet alios moribus suis, sed studeat mores suos corrigere et honeste se ubique habere et maxime apud seculares, ut magis edificentur etc.

[280] Item dixit: Quicumque aliquem suo exemplo etc. ut supra[103]. Et econverso patet quam carum sit Deo exemplo bono, verbo vel facto trahere aliquem ad Deum, vel confortare ut amplius proficiat: nichil maius hoc sacrificio.

[281] Item dixit: Ad nichil eciam valet cogitare passionem Domini vel alia quecumque, nisi in eis meditari et proficere in virtutibus acquirendis, in passionibus vincendis quis studeat.

[282] Item dixit uni: Quando magnum appetitum habes in cibis infra refectionem, cogita quod multi sedent tecum in mensa qui fastidium et nauseam habent comedendi, et magis desiderant studere vel orare quam comedere.

[283] Item dixit: Quivis nitatur custodire oculos suos et specialiter in mensa, quia numquam aperiuntur oculi nisi cor disposuerit, quia fenestre cordis sunt.

[284] Magno labore oportet nos contra carnalia pugnare, si volumus ea superare.

[285] Item dixit: Multum gaudere deberemus quod pauperes essemus, quoniam ipsorum est regnum celorum. Et quum dixit: „Beati pauperes spiritu"[104], non solum notavit apostolos, sed eciam nos, quoniam in omnem terram exivit sonus eorum[105].

[286] Item dixit: Pacienter ymo debemus tolerare infirmitates fratrum nostrorum.

[287] Item: Quid prodest quod homo ab extra fingat se pacientem, et ab intra murmurat et impaciens est?

[288] Item dixit: Quando alicui aliquid contingit quod est sibi contrarium, cogitabit quod de manu Dei hoc venit, et sit omnino ab intra paciens et quietus, sive iubeatur longius scribere, sive tardius ad prandium etc.

[289] Item dixit: Quando increparis pro aliquo defectu, noli nimis attendere defectum multum vel paucum[106], vel modum quomodo deliquisti, ne amplius deiciaris, sed tantum attendere debes modum emendacionis tue, quum facies contrarium defectui illi etc.

[290] Item dixit: Servus Christi multum nitatur pro pace et tranquillitate cordis et specialiter tempore communicacionis, quia tunc dyabolus specialiter solet et nititur hominem occupando turbare cum scrupulis levium peccatorum. Sed omnino homo non debet curare quodcumque

[103] Wie Nr. 160.

[104] Mt. 5,3.

[105] Ps. 18,5.

[106] defectum multum vel paucum] *Le3; fehlt Dav.*

adduxerit memorie, sed niti se occupare aliis bonis cogitacionibus, quibus illa negligat, et omnino caveat litigare cum eis, quia quanto magis litigat, tanto magis se implicat. Et est simile quomodo si quis aliquem iecerit luto et ille econverso iaceret: quanto plus iaceret, tanto immundior fieret. Ergo securior fuga.

[291] Item dixit M. G.: Qualibus cogitacionibus vadit homo dormitum, cum talibus surgit. Et ergo beatus Benedictus noluit quod fratres sui de vespere, quando debebant ire dormitum, legerent aliquid de quinque libris Moysi; sed legebant tres psalmos, vel sex, vel novem, vel xij ad maius[107].

[292] Item dixit: Unum signum est de veris filiis Dei, quod ipsi relinquunt successive plus et plus temporalia et dilatantur in amore fraternali.

[293] Item dixit: „Miserere anime tue placens Deo“[108], hoc est: homo debet primo operam anime proprie facere antequam aliis subveniat.

[294] Item idem: Raro vel numquam comedimus, quin dyabolus cooperetur nobis, quia mirabiliter habitat in membris nostris.

[295] Item: Mentem mundam facit memoria mortis, profunda custodia sensuum, frequentes, breves et iterate oraciones, meditacio scripture et eternorum.

[296] Item: Diffidencia generat sollicitudinem. Bona opera et iusta tollunt diffidenciam, timorem, sollicitudinem, dant spem et cor.

[297] In collacionibus: „Novimus tunc pro preteritis peccatis satisfecisse, cum ipsi motus atque affectus per quos penitenda commisimus, fuerint de nostris cordibus amputati.“[109]

[298] Item Joseph: „Omnia namque quamvis utilia ac necessaria videantur, spernenda sunt, tantum ut ire perturbatio devincatur, pacisque tranquillitas illibata servetur. Quia nec ira nec tristicia perniciosius quidquam, nec caritate utilius est credendum.“[110]

[299] Item dixit uni: Quare ita timidus es? Quod si placere hominibus appetis, nescis quod qui hominibus placent, confusi sunt. Et displicere times, cogita quod modica confusio hic perpessa delet eternam confusionem coram omnibus sanctis et omni creatura in iudicio paciendam.

[300] Item dixit: Stude cor tuum avertere a creaturis, et sepe cum magna vi avertere. Erige cor ad Deum, cogitando quod ipse te cognoscit et omnes cogitaciones et opera tua sibi aperta sunt. Illi soli placere et hunc timere studeas. Et posito quod omnibus placeres et Deo displiceres, quid esset?

[301] Item dixit: Si times quando cantas vel legis, fac totum sine providencia et advertencia tui et vocis, sed tantum attende sensum et verba etc.

107 Benedicti Regula 42,3f., CSEL 75, S. 114f.: *Si tempus fuerit prandii, mox surrexerint a cena, sedeant omnes in unum et legat unus Collationes vel Vitas Patrum aut certe aliud quod aedificet audientes, non autem Eptaticum aut Regum, quia infirmis intellectibus non erit utile illa hora hanc scripturam audire, aliis vero horis legantur.*

108 Ecclus. 30,24.

109 Johannes Cassianus, Conlationes 20,11, CSEL 13, S. 567.

110 Ebd. 16,7, S. 445.

[302] Item dixit: Contraria contrariis curantur. Sic servus Christi semper debet niti ut vicium virtute superet, ut quandocumque aliquid superbie vel elacionis in cogitacionem venerit, cogitet remedium huic: „Discite a me, quia mitis sum et humilis corde.“[111] Et sic quando appetit placere aliis, cogitet id fatuarum virginum: „Date nobis de oleo vestro“[112], vel huic similia. Et sic faciat contra omnia alia vicia.

[303] Item dixit: Dum vanam gloriam sentiremus, cogitare deberemus illud ewangelicum: „Amen, amen, dico vobis, receperunt mercedem suam.“[113] Item illud: „Amen, dico vobis, nescio vos.“[114]

[304] Item alter dixit, ut cogitaremus quod non solum bona opera perdimus, sed eciam debitores eterne pene efficimur.

[305] Item hec in scriptis ex vitis patrum: „Fructus namque spiritus est caritas ...“[115]. – „Qui irascitur fratri suo reus est iudicio; qui autem dicit fatue, reus factus est gehenne ignis.“[116] Hec habuit in scriptis.

[306] Hic morbus radicitus est eruendus, quia iusta causa nec iniusta licet irasci, et nequaquam nos cum ea templum Spiritus sancti effici possumus.

[307] Sicut aqua extinguit ignem, ita luctus iram[117].

Ex epistola M. G. ad fratrem infirmum in capite:

[308] Conveniens materia dyabolice activitatis est capitis debilitas et discrasis. Convenientia instrumenta sunt fantasmata turbata, melancolica et terrena, que facillime meringis et conservativis viribus ordinantibus non resistentibus transponit, componit et dividit si permittatur, prout vult temptator[118].

[309] Item idem in eodem libro: Ante omnia videtur multum congruum ut sitis letus[!] spiritualiter. Nam tristicia et pusillanimitas et solitudo si ad multum venirent, melancolicum faciunt, ut ait Ypocras in aphorismos[119] etc.

111 Mt. 11,29.
112 Mt. 25,8.
113 Mt. 6,16.
114 Mt. 25,12.
115 Das vollständige Zitat Gal. 5,22–24 hier gekürzt.
116 Mt. 5,22.
117 Vgl. Ecclus. 3,33.
118 Vgl. den umständlichen Versuch einer Erklärung dieser dunklen Passage und des rätselhaften Wortes 'meringis' bei Vregt, S. 472, Anm. 1.
119 Hippokrates, Aphorismen 6,23.

Konkordanz der 'Notabilia verba' in der Handschrift *Dav* (olim Deventer, Parochiebibliotheek 2) und in den Grote- und Radewijns-Viten des Dialogus noviciorum

Hs. *Dav*	**Dialogus**
1	Radewijns 5
2	Radewijns 4
3	Radewijns 1
4	Radewijns 2
5	Radewijns 3
6	Radewijns 8
7	Radewijns 9
8	Radewijns 5
9	Radewijns 7
10	Radewijns 10
11	Radewijns 6
12	
13	Radewijns 11
14	
15	
16	Radewijns 12
17	Radewijns 13
18	Radewijns 14
19	
20	
21	
22	Radewijns 15
23	Radewijns 15
24	
25	Radewijns 16
26	
27	
28	
29	
30	
31	
32	
33	Radewijns 17
34	Radewijns 18
35	Radewijns 19
36	Radewijns 20
37	
38	
39	Radewijns 33
40	Radewijns 34
41	Radewijns 35
42	Radewijns 32
43	
44	
45	Radewijns 21
46	Radewijns 23
47	Radewijns 22
48	
49	Radewijns 36
50	
51	Radewijns 37
52	
53	
54	
55	
56	Radewijns 38
57	Radewijns 24
58	
59	Radewijns 26
60	Radewijns 25
61	Radewijns 27
62	Radewijns 28
63	Radewijns 29
64	Radewijns 30
65	
66	
67	Radewijns 31
68	
69	
70	
71	
72	
73	
74	
75	Radewijns 40
76	Radewijns 39
77	
78	

79	
80	
81	
82	
83	
84	Radewijns 41
85	Radewijns 42
86	Radewijns 43
87	
88	Radewijns 44
89	
90	
91	Radewijns 45
92	
93	Radewijns 46
94	Radewijns 47
95	
96	
97	
98	
99	Radewijns 48
100	
101	
102	
103	
104	Radewijns 49
105	Radewijns 50
106	
107	
108	Radewijns 51
109	Radewijns 52
110	Radewijns 53
111	Radewijns 54
112	
113	
114	
115	
116	
117	
118	
119	
120	Grote 10 + Radewijns 55
121	
122	Radewijns 56

123	Radewijns 57
124	
125	Radewijns 58
126	Radewijns 59
127	
128	Radewijns 60
129	Radewijns 61
130	Radewijns 62
131	Radewijns 63
132	Radewijns 63
133	
134	
135	
136	
137	Radewijns 65
138	Radewijns 64
139	
140	
141	
142	
143	
144	
145	
146	
147	
148	
149	
150	
151	Radewijns 66
152	Radewijns 67
153	
154	
155	
156	
157	
158	
159	
160	
161	
162	
163	Radewijns 68
164	Radewijns 69
165	Radewijns 70
166	
167	

168	
169	Radewijns 71
170	Radewijns 71
171	Radewijns 72
172	Radewijns 73
173	
174	
175	
176	
177	
178	
179	
180	
181	Radewijns 74
182	
183	Radewijns 75
184	Radewijns 76
185	
186	
187	
188	
189	
190	
191	Radewijns 77
192	
193	
194	
195	Radewijns 78
196	Radewijns 82
197	Radewijns 79
198	
199	Radewijns 55+80
200	
201	
202	Radewijns 81
203	
204	Radewijns 84
205	Radewijns 85
206	Radewijns 86
207	Grote 20 + Radewijns 87
208	Radewijns 88
209	Radewijns 89
210	Radewijns 90

211	Radewijns 91
212	Radewijns 92
213	Radewijns 93
214	Radewijns 94
215	Radewijns 95
216	
217	Radewijns 63
218	Radewijns 67
219	
220	
221	
222	
223	
224	Grote 1
225	
226	
227	
228	
229	
230	Grote 2
231	
232	
233	
234	
235	Grote 3
236	Radewijns 96
237	Radewijns 57
238	
239	
240	
241	
242	
243	Grote 4
244	Radewijns 79
245	
246	
247	Radewijns 94
248	Radewijns 97
249	Radewijns 98
250	
251	Grote 5
252	Grote 6
253	Grote 7
254	

255	Grote 8
256	Grote 9
257	
258	Grote 11
259	
260	
261	
262	Grote 10 + Radewijns 55
263	
264	Grote 12
265	Grote 15
266	Grote 14
267	Grote 13
268	
269	
270	
271	
272	
273	
274	
275	
276	
277	
278	Grote 16
279	Grote 17
280	
281	
282	

283	
284	Radewijns 99
285	
286	
287	
288	
289	
290	
291	Grote 18
292	
293	
294	Radewijns 100
295	
296	
297	
298	
299	Grote 19
300	Grote 20 + Radewijns 87
301	
302	
303	
304	
305	
306	
307	
308	
309	

Konkordanz der 'Notabilia verba' in den Grote- und Radewijns-Viten des Dialogus noviciorum mit der Handschrift *Dav* (olim Deventer, Parochiebibliotheek 2)

Grote	**Hs. *Dav***
1	224
2	230
3	235
4	243
5	251
6	252
7	253
8	255
9	256
10	120+262
11	258
12	264
13	267
14	266
15	265
16	278
17	279
18	291
19	299
20	207+300

Radewijns	**Hs. *Dav***
1	3
2	4
3	5
4	2
5	1+8
6	11
7	9
8	6
9	7
10	10
11	13
12	16
13	17
14	18
15	22
16	25
17	33
18	34
19	35
20	36
21	45
22	47
23	46
24	57
25	60
26	59
27	61
28	62
29	63
30	64
31	67
32	42
33	39
34	40
35	41
36	49
37	51
38	56
39	76
40	75
41	84
42	85
43	86
44	88
45	91
46	93
47	94
48	99
49	104
50	105
51	108
52	109
53	110
54	111

55	120
56	122
57	123+237
58	125
59	126
60	128
61	129
62	130
63	131f.+217
64	138
65	137
66	151
67	152+218
68	163
69	164
70	165
71	169+170
72	171
73	172
74	181
75	183
76	184
77	191

78	195
79	197+244
80	199
81	202
82	196
83	
84	204
85	205
86	206
87	207+300
88	208
89	209
90	210
91	211
92	212
93	213
94	214+247
95	215
96	236
97	248
98	249
99	284
100	294

LITERATURVERZEICHNIS

[Aufgenommen sind nur die abgekürzt zitierten Titel. Abgekürzt zitiert werden außerdem folgende Quellenreihen: Patrologiae Cursus completus, Series Latina (= MIGNE PL), Corpus Scriptorum Ecclesiasticorum Latinorum (= CSEL), Corpus Christianorum, Series Latina (= CCL), Corpus Christianorum, Continuatio mediaevalis (= CC CM).]

ALBERTS/ HULSHOFF] WYBE JAPPE ALBERTS/ ADAM L. HULSHOFF (Hgg.), Het Frensweger handschrift betreffende de geschiedenis van de Moderne Devotie, Groningen 1958

ASCENSIUS] Opera Thomae a Campis cognomento Malleoli [...] aucta et diligentius recognita, hg. von IODOCUS BADIUS ASCENSIUS, [Paris] 1523

BODEMANN] ULRIKE BODEMANN (Hg.), Kempener Thomas-Vorträge, Kempen 2002

BODEMANN-KORNHAAS] ULRIKE BODEMANN-KORNHAAS, Die kleineren Werke des Thomas von Kempen. Eine Liste der handschriftlichen Überlieferung, in: Ons Geestelijk Erf 76, 2002, S. 116–154

BODEMANN/ STAUBACH] ULRIKE BODEMANN/ NIKOLAUS STAUBACH (Hgg.), Aus dem Winkel in die Welt. Die Bücher des Thomas von Kempen und ihre Schicksale (Tradition – Reform – Innovation 11), Frankfurt/M. u. a. 2006

BÖCKING] EDUARD BÖCKING (Hg.), Epistolae obscurorum virorum (Ulrichi Hutteni Operum Supplementum), Bd. I, Leipzig 1864, Bd. II,1, Leipzig 1869

BOLLMANN/ STAUBACH] ANNE BOLLMANN/ NIKOLAUS STAUBACH (Hgg.), Schwesternbuch und Statuten des St. Agnes-Konvents in Emmerich, Emmerich 1998

BRANDSMA] TITUS BRANDSMA, Twee berijmde levens van Geert Groote, in: Ons Geestelijk Erf 16, 1942, S. 5–51

BREURE] LEEN BREURE, Doodsbeleving en levenshouding. Een historisch-psychologische studie betreffende de Moderne Devotie in het IJsselgebied in de 14e en 15e eeuw, Hilversum 1987

BRINKERINK 1901/02/03] DIRK A. BRINKERINK (Hg.), Biographiën van beroemde mannen uit de Deventer kring, in: Archief voor de Geschiedenis van het Aartsbisdom Utrecht 27, 1901, S. 400–423; 28, 1902, S. 1–37; 225–276; 321–343; 29, 1903, S. 1–39

BRINKERINK 1902a] DIRK A. BRINKERINK (Hg.), De 'Vita venerabilis Ioannis Brinckerinck', in: Nederlandsch Archief voor Kerkgeschiedenis N.S. 1, 1902, S. 314–354

Brugman] Johannes Brugman, Epistola ad quosdam fratres domus Domini Florencii, in: WILLEM MOLL, Johannes Brugman en het godsdienstig leven onzer vaderen in de vijftiende eeuw, 2 Bde., Amsterdam 1854, Bd. 2, S. 198–217

CARASSO-KOK] MARIJKE CARASSO-KOK, Repertorium van verhalende historische bronnen uit de middeleeuwen, 's-Gravenhage 1981

DIEFENBACH] LORENZ DIEFENBACH, Glossarium latino-germanicum mediae et infimae aetatis, Frankfurt/M. 1857

Dier] Rudolf Dier van Muiden, Scriptum de magistro Gherardo Grote, domino Florencio et multis aliis devotis fratribus, in: GERHARD DUMBAR (Hg.), Analecta seu vetera aliquot scripta inedita, Bd. 1, Deventer 1719, S. 1–113

DUMBAR] GERHARD DUMBAR (Hg.), Analecta seu vetera aliquot scripta inedita, Bd. 1, Deventer 1719

ELM 1985] KASPAR ELM, Die Bruderschaft vom gemeinsamen Leben. Eine geistliche Lebensform zwischen Kloster und Welt, Mittelalter und Neuzeit, in: Geert Grote en de Moderne Devotie, hg. von J. ANDRIESSEN u. a. (Middeleeuwse Studies 1 = Ons Geestelijk Erf 59, 2–3, 1985), Nijmegen/Antwerpen 1985, S. 470–496

ELM 1998] KASPAR ELM, Vita regularis sine regula. Bedeutung, Rechtsstellung und Selbstverständnis des mittelalterlichen und frühneuzeitlichen Semireligiosentums, in: Häresie und vorzeitige Reformation im Spätmittelalter, hg. von FRANTIŠEK ŠMAHEL (Schriften des Historischen Kollegs 39), München 1998, S. 239–273

EPINEY-BURGARD] GEORGETTE EPINEY-BURGARD, Gérard Grote (1340–1384) et les débuts de la Dévotion moderne (Veröffentlichungen des Instituts für Europäische Geschichte Mainz 54), Wiesbaden 1970

FASBENDER] CHRISTOPH FASBENDER, *Imitatio fratrum* und *Cura monialium.* Thomas Finck bearbeitet den 'Dialogus noviciorum' des Thomas von Kempen, in: BODEMANN/ STAUBACH (s. dort), S. 202- 214

FRIEDBERG] Corpus iuris canonici, hg. von EMIL FRIEDBERG, 2 Bde., Leipzig 1879

GRUBE] KARL GRUBE (Hg.), Des Augustinerpropstes Iohannes Busch Chronicon Windeshemense und Liber de reformatione monasteriorum (Geschichtsquellen der Provinz Sachsen 19) Halle 1886

HOFMAN 2002] RIJCKLOF HOFMAN, Thomas als Biograph, in: BODEMANN (s. dort), S. 21–31

HOFMAN 2011] Gerardi Magni Sermo ad clerum Traiectensem de focaristis, hg. von RIJCKLOF HOFMAN (CC CM 235 = Gerardi Magni opera omnia II,1), Turnhout 2011

Horn] Petrus Horn, Vita Magistri Gerardi Magni, hg. von WILHELMUS J. KÜHLER, in: Nederlandsch Archief voor Kerkgeschiedenis, n. s. 6, 1909, S. 332–370

ISERLOH] ERWIN ISERLOH, Die Devotio moderna, in: Handbuch der Kirchengeschichte, hg. von HUBERT JEDIN, Bd. 3,2, Freiburg/ Basel/ Wien 1968, S. 516–538

Kirchenreform] Kirchenreform von unten. Gerhard Zerbolt von Zutphen und die Brüder vom gemeinsamen Leben, hg. von NIKOLAUS STAUBACH (Tradition – Reform – Innovation 6), Frankfurt/M. u. a. 2004

KLAUSMANN] THEO KLAUSMANN, Consuetudo consuetudine vincitur. Die Hausordnungen der Brüder vom gemeinsamen Leben im Bildungs- und Sozialisationsprogramm der Devotio moderna (Tradition – Reform – Innovation 4), Frankfurt/M. u. a. 2003

KOCK] THOMAS KOCK, Zerbolt inkognito. Auf den Spuren des Traktats 'De vestibus pretiosis', in: Kirchenreform (s. dort), S. 165–235

KORS] MIKEL M. KORS, Het propositum bij de moderne devoten. De verschriftlijking van een kernbegrip uit de vadertijd, in: Ons Geestelijk Erf 71, 1997, S. 145–180

KRAUSS] SUSANNE KRAUSS, Die Devotio moderna in Deventer. Anatomie eines Zentrums der Reformbewegung (Vita Regularis. Abhandlungen 31), Berlin 2007

KÜHLER 1909] WILHELMUS J. KÜHLER, De 'Vita Magistri Gerardi Magni' van Petrus Horn, in: Nederlandsch Archief voor Kerkgeschiedenis, n. s. 6, 1909, S. 325–370

Kühler 1932] Wilhelmus J. Kühler, De betrouwbaarheid der geschiedschrijving van Thomas a Kempis, in: Nederlandsch Archief voor Kerkgeschiedenis, n. s. 25, 1932, S. 49–68

Kühler 1933] Wilhelmus J. Kühler, De oorspronkelijke Vita Gerardi Magni en haar schrijver, in: Studiën. Tijdschrift voor godsdienst, wetenschap en letteren, n. r. 65, 1933, S. 66–105

Leclercq/ Rochais] Jean Leclercq/ Henri-Marie Rochais (Hgg.), S. Bernardi opera, 8 Bde., Rom 1957–1977

Legrand 2001] Francis Joseph Legrand (Hg.), Gérard Zerbolt de Zutphen, Manuel de la réforme intérieure/ Tractatus devotus de reformacione virium anime (Sous la règle de Saint Augustin 8), Turnhout 2001

Legrand 2006] Francis Joseph Legrand (Hg.), Gérard Zerbolt de Zutphen, La montée du cœur/ De spiritualibus ascensionibus (Sous la règle de Saint Augustin 11), Turnhout 2006

Legrand/ Mertens] Florens Radewijns, Petit manuel pour le dévot moderne/ Tractatulus devotus, hg. von Francis Joseph Legrand, Introduction Thom Mertens (Sous la règle de Saint Augustin 6), Turnhout 1999

Lesser 2004] Bertram Lesser, *Collocutio de profectu et defectu.* Ein Dokument geistlicher Selbstkritik aus dem Fraterhaus in Deventer, in: Kirchenreform (s. dort), S. 102–118

Lesser 2005] Bertram Lesser, Johannes Busch: Chronist der Devotio moderna. Werkstruktur, Überlieferung, Rezeption (Tradition – Reform – Innovation 10), Frankfurt/M. u. a. 2005

Malou] Jean-Baptiste Malou, Recherches historiques et critiques sur le véritable auteur du livre de l'Imitation de Jésus-Christ, Paris/ Tournai 1858

Mertens 1996] Thom Mertens, Collatio und Codex im Bereich der Devotio moderna, in: Der Codex im Gebrauch, hg. von Christel Meier u.a., München 1996, S. 163–182

Mertens 2004] Thom Mertens, Zerbolts letzter Sommer. Die Amersfoorter Briefe aus dem Jahr 1398, in: Kirchenreform (s. dort), S. 120–142

Monasticon Fratrum 3] Monasticon Fratrum Vitae Communis, hg. von Ernest Persoons/ Anton G. Weiler, Teil 3: Niederlande (Archief- en Bibliotheekwezen in België, Extranummer 20), Brüssel 2004

Monasticon Windeshemense 3] Monasticon Windeshemense, hg. von Wilhelm Kohl/ Ernest Persoons/ Anton G. Weiler, Teil 3: Niederlande (Archief- en Bibliotheekwezen in België, Extranummer 16), Brüssel 1980

Mooren] Joseph H. Mooren, Nachrichten über Thomas a Kempis, Arnheim 1855

Mulder] Willelmus Mulder (Hg.), Gerardi Magni Epistolae (Tekstuitgaven van Ons Geestelijk Erf 3), Antwerpen 1933

Pohl 1–7] Michael Joseph Pohl (Hg.), Thomae Hemerken a Kempis Opera omnia, 7 Bde., Freiburg/Br. 1902–1922

Post 1942/43] Regnerus R. Post, De onderlinge verhouding van de vier oude Vitae Gerardi Magni en haar betrouwbaarheid, in: Studia Catholica 18, 1942, S. 313–336; 19, 1943, S. 9–20

Post 1968] Regnerus R. Post, The Modern Devotion. Confrontation with Reformation and Humanism (Studies in medieval and Reformation thought 3), Leiden 1968

Scheepsma] Wybren Scheepsma, 'Verzamelt de overgebleven brokken, opdat niets verloren ga'. Over Latijnse en Middelnederlandse levensbeschrijvingen

uit de sfeer van de Moderne Devotie, in: PAUL WACKERS u. a. (Hgg.), Verraders en bruggenbouwers. Verkenningen naar de relatie tussen Latinitas en Middelnederlands letterkunde, Amsterdam 1996, S. 211–238 und 334–346

SCHOENGEN] MICHAEL SCHOENGEN (Hg.), Jacobus Traiecti alias de Voecht, Narratio de inchoatione domus clericorum in Zwollis, Amsterdam 1908

SOMMALIUS] Venerabilis Viri Thomae Malleoli a Kempis [...] Opera omnia, hg. von HENRICUS SOMMALIUS S.J., Köln 1728 [Erstausgabe Antwerpen 1600/01]

STAUBACH 1991] NIKOLAUS STAUBACH, Pragmatische Schriftlichkeit im Bereich der Devotio moderna, in: Frühmittelalterliche Studien 25, 1991, S. 418–461

STAUBACH 1994] NIKOLAUS STAUBACH, Von der persönlichen Erfahrung zur Gemeinschaftsliteratur. Entstehungs- und Rezeptionsbedingungen geistlicher Reformtexte im Spätmittelalter, in: Ons Geestelijk Erf 68, 1994, S. 200–228

STAUBACH 1996] NIKOLAUS STAUBACH, Das Wunder der Devotio moderna. Neue Aspekte im Werk des Windesheimer Geschichtsschreibers Johannes Busch, in: Windesheim 1395–1995. Kloosters, teksten, invloeden, hg. von A. J. HENDRIKMAN u.a., Nijmegen 1996, S. 170–185

STAUBACH 1997] NIKOLAUS STAUBACH, Gerhard Zerbolt von Zutphen und die Apologie der Laienlektüre in der Devotio moderna, in: Laienlektüre und Buchmarkt im späten Mittelalter, hg. von THOMAS KOCK/ RITA SCHLUSEMANN, Frankfurt/M. u. a. 1997, S. 221–289

STAUBACH 2000] NIKOLAUS STAUBACH, Diversa raptim undique collecta: Das Rapiarium im geistlichen Reformprogramm der Devotio moderna, in: Literarische Formen des Mittelalters: Florilegien – Kollektionen – Kompilationen, hg. von KASPAR ELM (Wolfenbütteler Mittelalter-Studien 15), Wiesbaden 2000, S. 115–147

STAUBACH 2002] NIKOLAUS STAUBACH, Von der Nachfolge Christi und ihren Folgen, oder: Warum wurde Thomas von Kempen so berühmt?, in: BODEMANN (s. dort), S. 85–104

STAUBACH 2004] NIKOLAUS STAUBACH, Zwischen Kloster und Welt? Die Stellung der Brüder vom gemeinsamen Leben in der spätmittelalterlichen Gesellschaft, in: Kirchenreform (s. dort), S. 368–426

STAUBACH 2006] NIKOLAUS STAUBACH, Eine unendliche Geschichte? Der Streit um die Autorschaft der 'Imitatio Christi', in: STAUBACH/ BODEMANN (s. dort), S. 9–35

STAUBACH 2011] NIKOLAUS STAUBACH, Die Meditation im spirituellen Reformprogramm der Devotio moderna, in: Meditatio – Refashioning the Self. Theory and Practice in Late Medieval and Early Modern Intellectual Culture, hg. von KARL ENENKEL/ WALTER MELION, Leiden/ Boston 2011, S. 181–207

STAUBACH/ SUNTRUP] Was dürfen Laien lesen? Gerhard Zerbolt von Zutphen, De libris teutonicalibus/ Een verclaringhe vanden duytschen boeken, hg. von NIKOLAUS STAUBACH/ RUDOLF SUNTRUP, Münster 2019

SUDMANN] STEFAN SUDMANN, Der 'Dialogus Noviciorum' des Thomas von Kempen: Textgestalt und Textüberlieferung, in: BODEMANN/ STAUBACH (s. dort), S. 188–201.

TESSER] JOANNES TESSER, Is Dier de Muden de oudste biograaf van Geert Groote?, in: Historisch Tijdschrift 11, 1932, S. 29–37

TIECKE] JOANNES G. J. TIECKE, De werken van Geert Groote, Utrecht/Nijmegen 1941

VAN DER WANSEM] CAROLUS VAN DER WANSEM, Het ontstaan en de geschiedenis der Broederschap van het Gemene Leven tot 1400, Leuven 1958

van Dijk, M., 2004] Mathilde van Dijk, How to be a good shepherd in *Devotio Moderna*: The example of Johannes Brinckerinck, in: Theo Clemens/ Wim Janse (Hgg.), The Pastor bonus. Papers read at the British-Dutch colloquium at Utrecht 2002 (Nederlands Archief voor Kerkgeschiedenis 83, 2004), S. 139–154

van Dijk, M., 2006] Mathilde van Dijk, Disciples of the deep desert: Windesheim biographers and the imitation of the desert fathers, in: Mathilde van Dijk/ Jitse Dijkstra (Hgg.), The encroaching desert. Egyptian hagiography and the medieval west, Leiden 2006, S. 257–280

van Dijk, R., 1991] Rudolf Th. M. van Dijk, Thomas Hemerken a Kempis, in: Dictionnaire de spiritualité, ascétique et mystique Bd. 15, 1991, Sp. 817–826

van Dijk, R., 1998] Rudolf Th. M. van Dijk, De spiritualiteit van de devote regulier. Beschouwingen over de Agnietenbergkroniek van Thomas van Kempen, in: Ons Geestelijk Erf 72, 1998, S. 54–104

van Dijk, R., 2003] Rudolf Th. M. van Dijk, Prolegomena ad Gerardi Magni opera omnia, in: Gerardi Magni opera omnia I (CC CM 192), Turnhout 2003, S. 7–744

van Engen, H.] Hildebrand van Engen, De derde orde van Sint-Franciscus in het middeleeuwse bisdom Utrecht, Hilversum 2006

van Engen, J., 2004] John van Engen, Epistolae Fratrum, in: Kirchenreform (s. dort), S. 143–161

van Engen, J., 2008] John van Engen, Sisters and Brothers of the Common Life. The Devotio Moderna and the world of the later middle ages, Philadelphia 2008

van Geest] Paul van Geest, Thomas a Kempis (1379/80–1471). Een studie van zijn mens- en godsbeeld, Kampen 1996

van Ginneken] Jacob van Ginneken, Geert Groote's levensbeeld naar de oudste gegevens bewerkt, Amsterdam 1942

van Woerkum] Martin Th. P. van Woerkum, Het libellus 'Omnes, inquit, artes', een rapiarium van Florentius Radewijns, 3 Bde., Proefschrift, Leuven 1950

van Zijl] Theodore P. van Zijl, Gerard Groote, ascetic and reformer (1340–1384) (The Catholic University of America. Studies in Mediaeval History, New Series 18), Washington, D. C. 1963

Vennebusch 2–4] Joachim Vennebusch, Die theologischen Handschriften des Stadtarchivs Köln, Bd. 2–4, Köln 1980–1986

Vregt] Johannes F. Vregt, Eenige ascetische tractaten afkomstig van de Deventersche Broederschap van het Gemeene leven, in: Archief voor de Geschiedenis van het Aartsbisdom Utrecht 10, 1882, S. 321–498

Weiler] Anton G. Weiler, Volgens de norm van de vroege kerk. De geschiedenis van de huizen van de broeders van het Gemene leven in Nederland (Middeleeuwse Studies 13), Nijmegen 1997